图 1-9　交通控制平台上的
Arduino 车辆队列

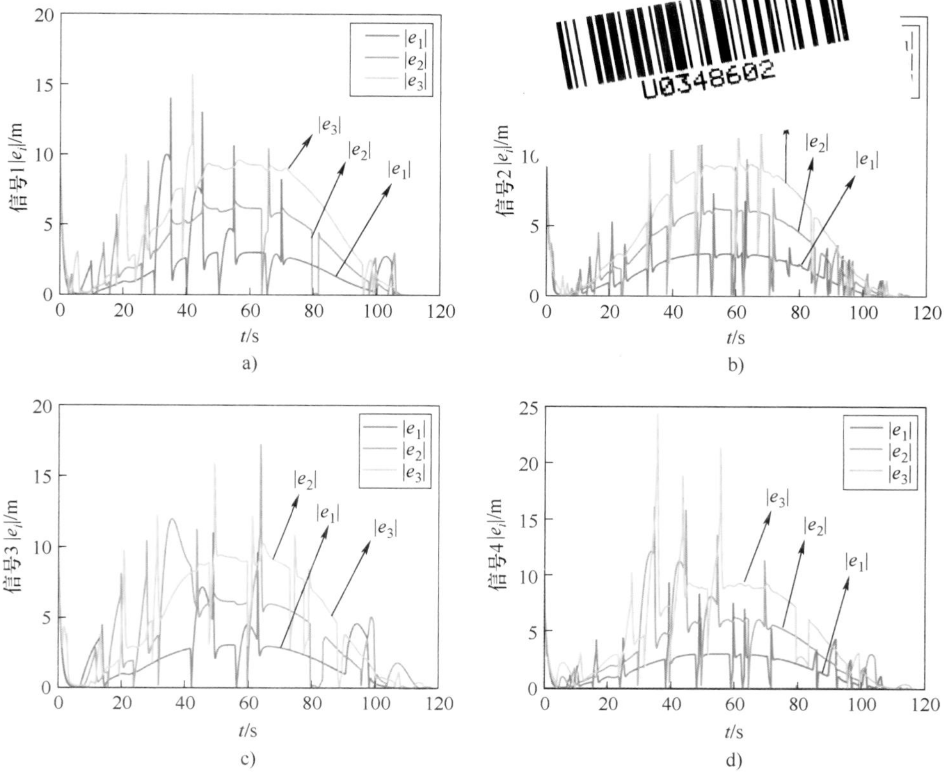

图 2-5　基于参考文献[4]中提出的自适应控制器得到的车间距误差 $|\boldsymbol{e}_i|$

a）由信号 1 得到的曲线　b）由信号 2 得到的曲线　c）由信号 3 得到的曲线　d）由信号 4 得到的曲线

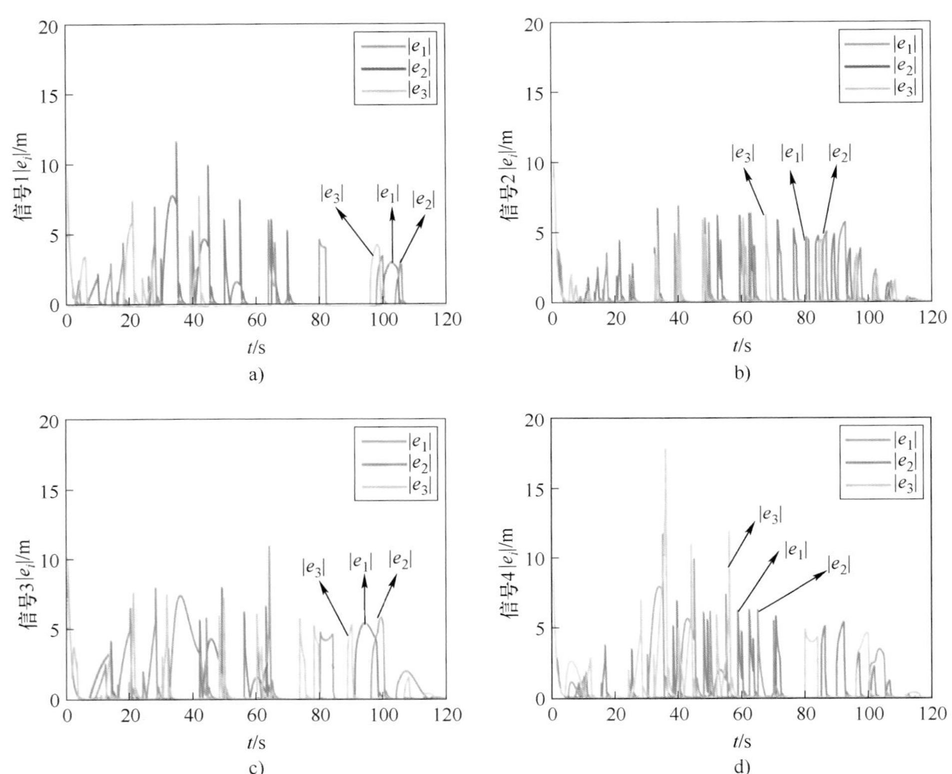

图 2-6　基于有限时间-滑模控制式(2-24)得到的车间距误差 $|\boldsymbol{e}_i|$

a）由信号 1 得到的曲线　b）由信号 2 得到的曲线

c）由信号 3 得到的曲线　d）由信号 4 得到的曲线

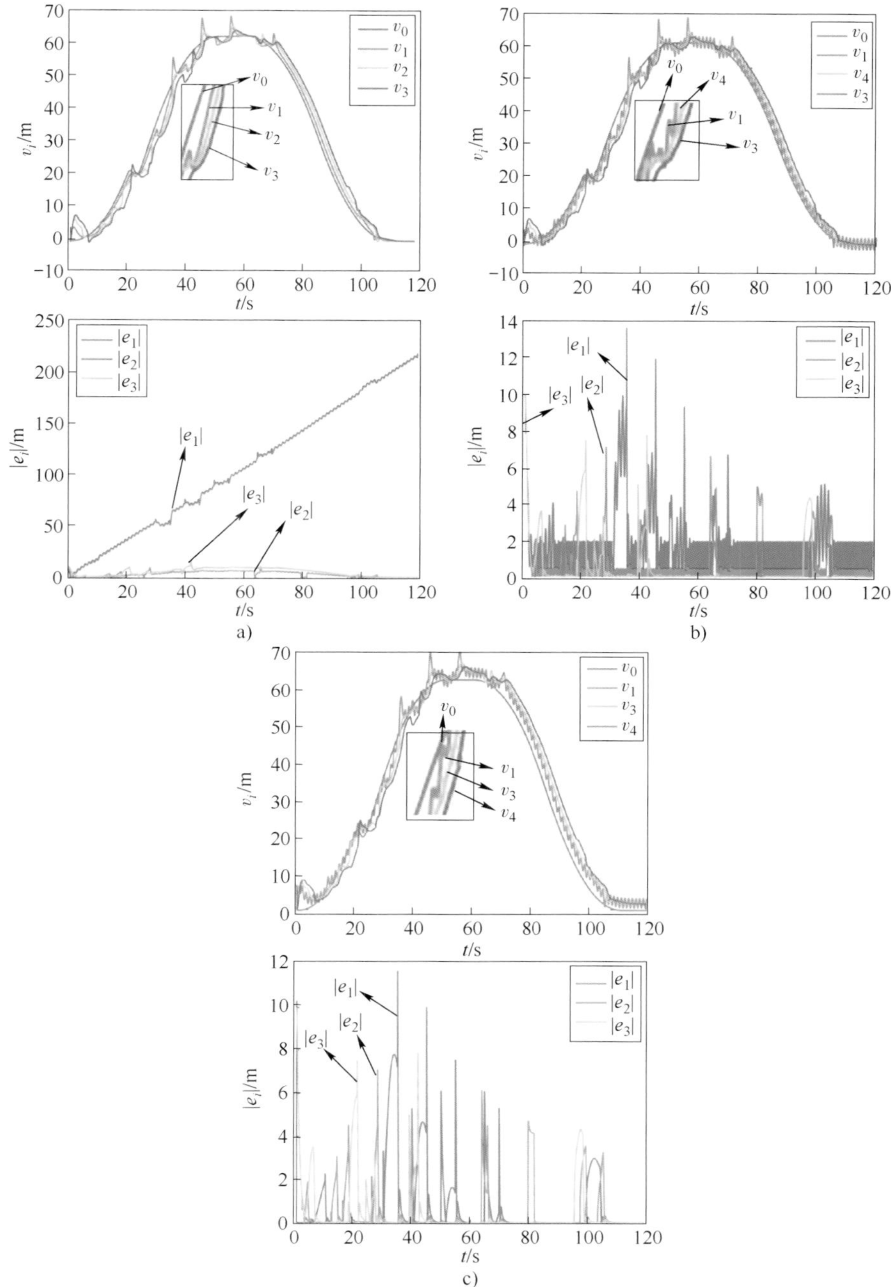

图 2-8　在外部干扰及通信信号 1 扰动影响下，速度 v_i 和间距误差 $|e_i|$ 的分布

a）基于参考文献[7]提出的自适应控制器下的曲线图　b）有限时间-滑模控制器得到的曲线图

c）鲁棒-有限时间-滑模控制得到的曲线图

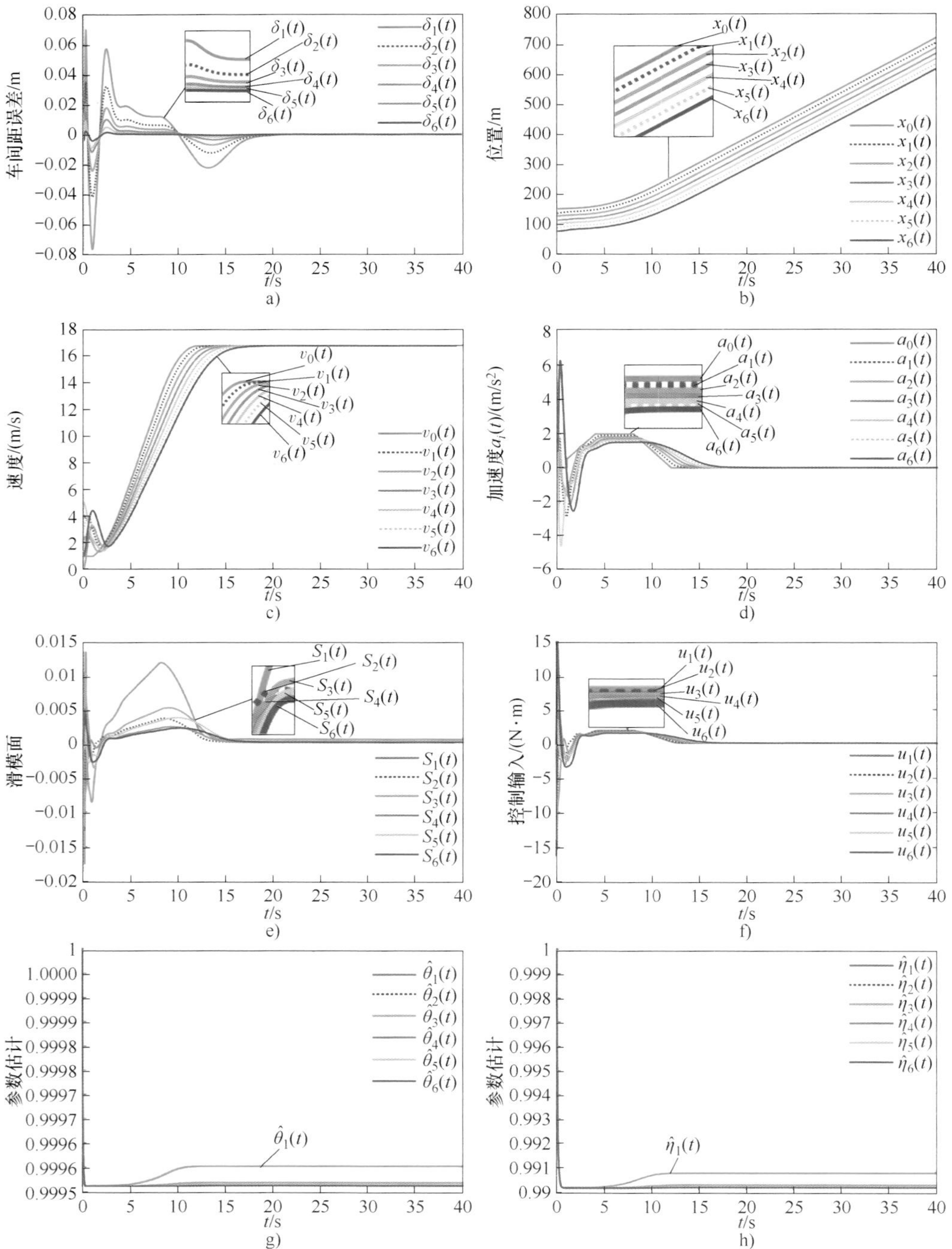

图 6-2　无执行器故障和饱和影响下的基于推论 6.1 得到的仿真结果

a）车间距误差　b）位置　c）速度　d）加速度　e）滑模面

f）执行机构的控制输入　g）估算 $\hat{\theta}_i(t)$　h）估算 $\hat{\eta}_i(t)$

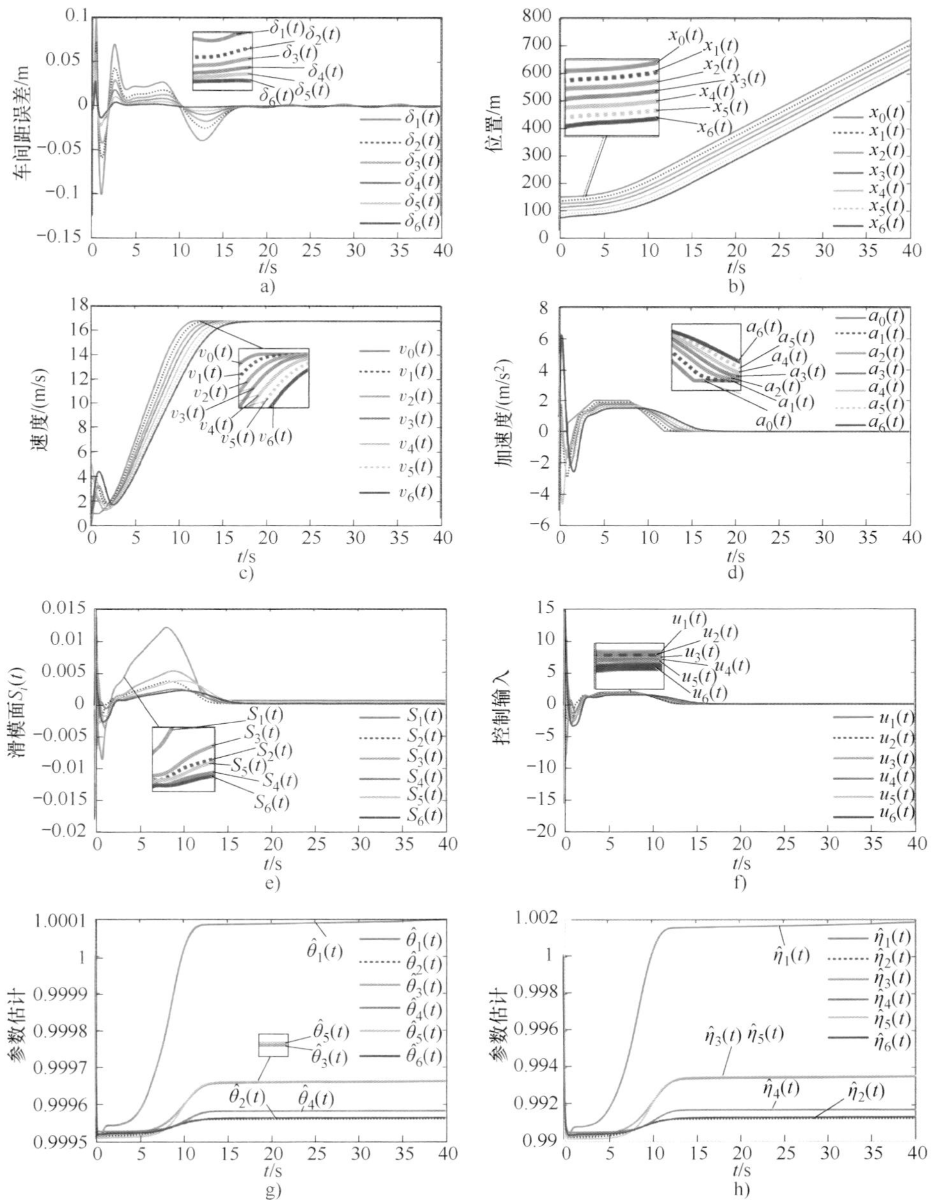

图 6-3　考虑执行器故障和饱和的推论 6.1 下的仿真结果

a）车间距误差　b）位置　c）速度　d）加速度　e）滑模面

f）执行机构的控制输入　g）估算 $\hat{\theta}_i(t)$　h）估算 $\hat{\eta}_i(t)$

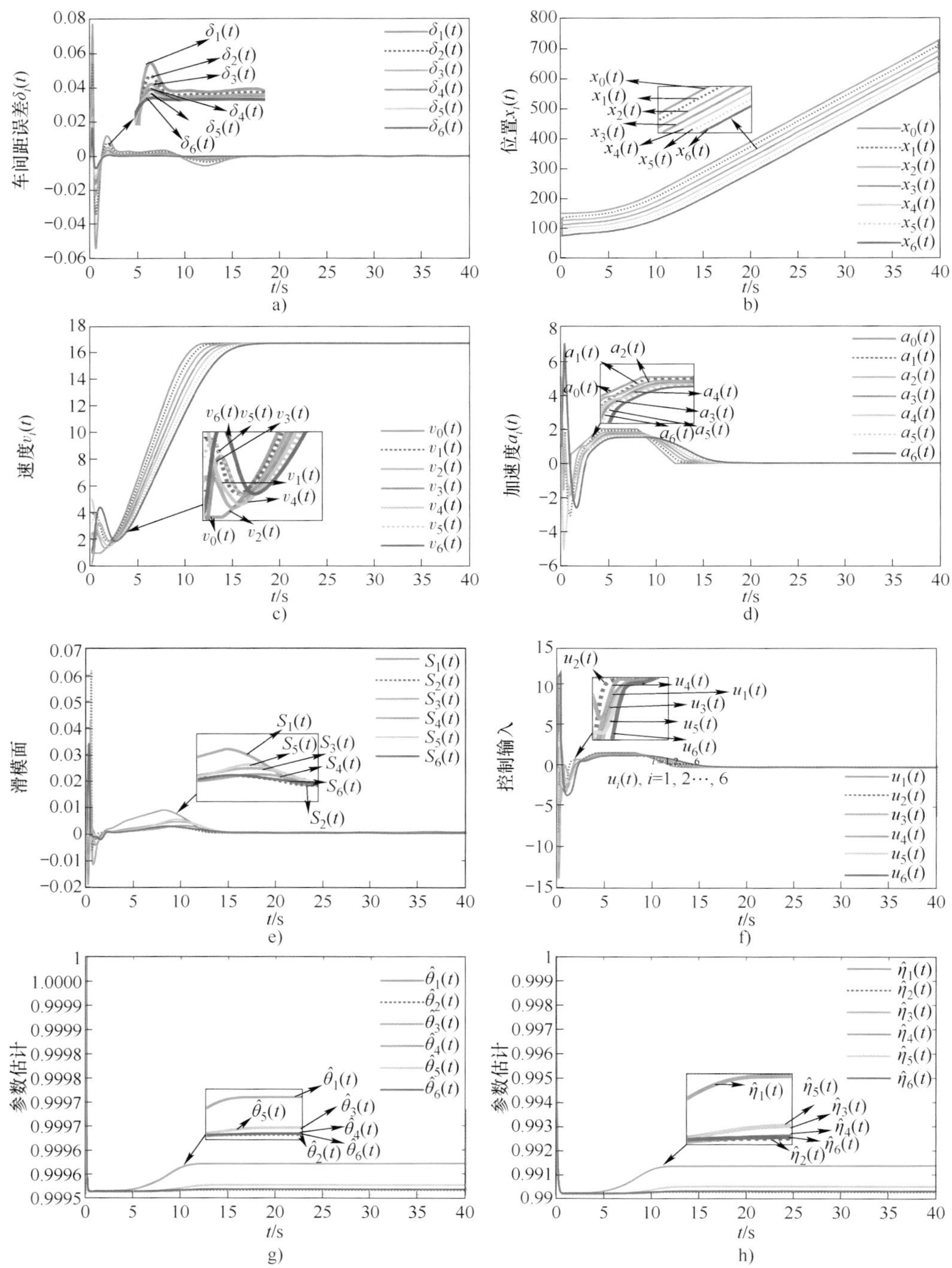

a)

b)

c)

d)

e)

f)

g)

h)

图 6-4　基于定理 6.1 得到的执行器故障和饱和时的仿真结果

a）车间距误差　b）位置　c）速度　d）加速度　e）滑模面

f）执行机构的控制输入　g）估算 $\hat{\theta}_i(t)$　h）估算 $\hat{\eta}_i(t)$

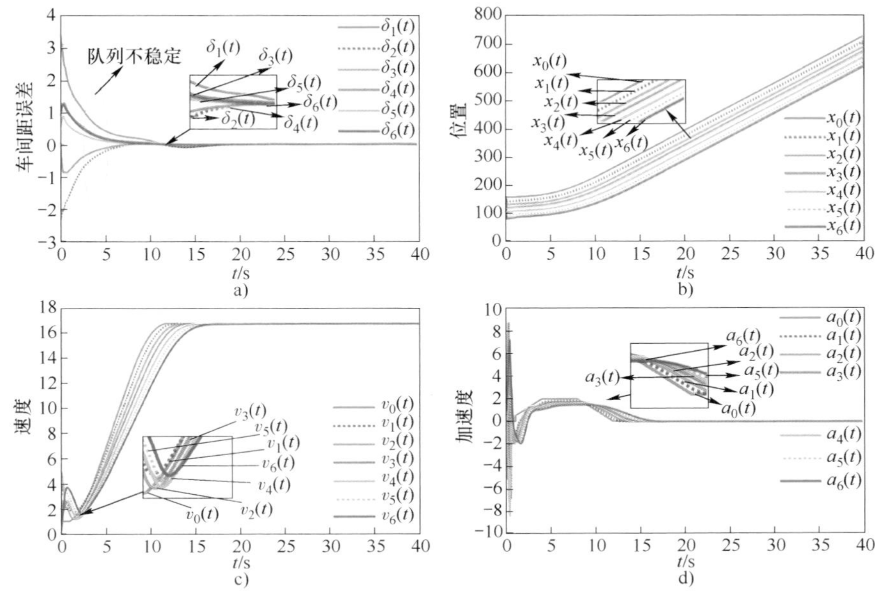

图 6-5　考虑执行器故障和饱和影响下基于推论 6.2 得到的仿真结果

a）车间距误差　b）位置　c）速度　d）加速度

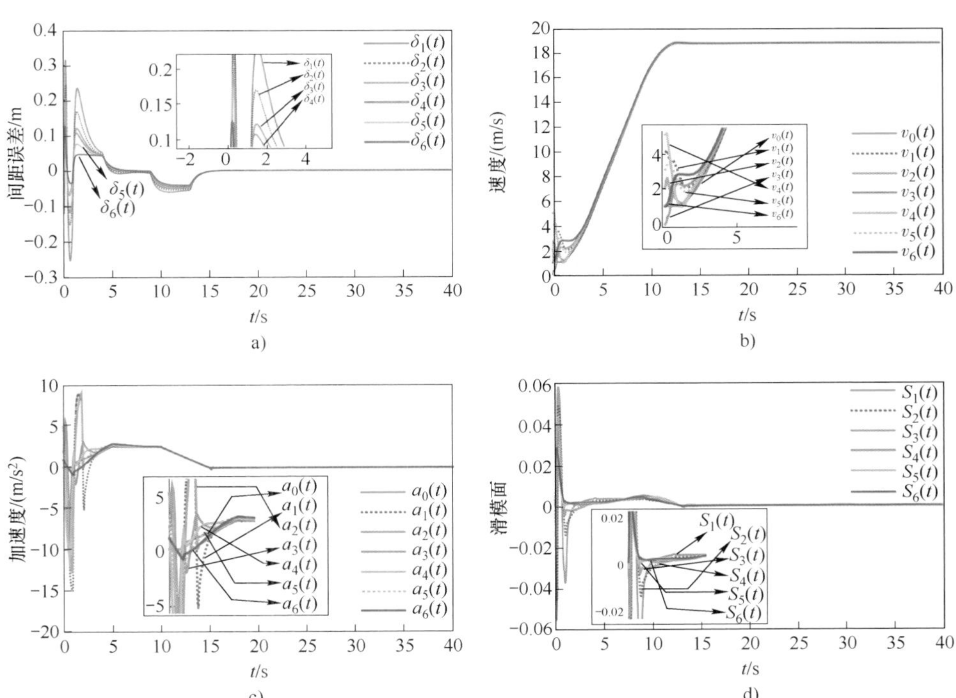

图 7-2　考虑参考文献[8]中采用该方法处理执行器故障、输入量化和死区非线性得到的仿真结果

a）间距误差　b）速度　c）加速度　d）滑模面

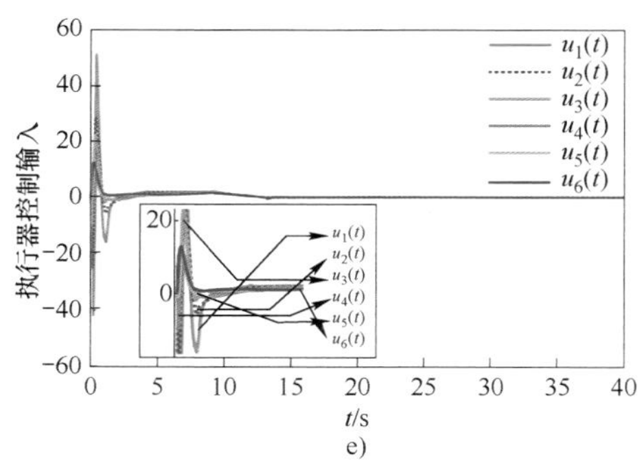

e)

图 7-2　考虑参考文献[8]中采用该方法处理执行器故障、输入量化和死区非线性得到的仿真结果（续）

e）执行器控制输入

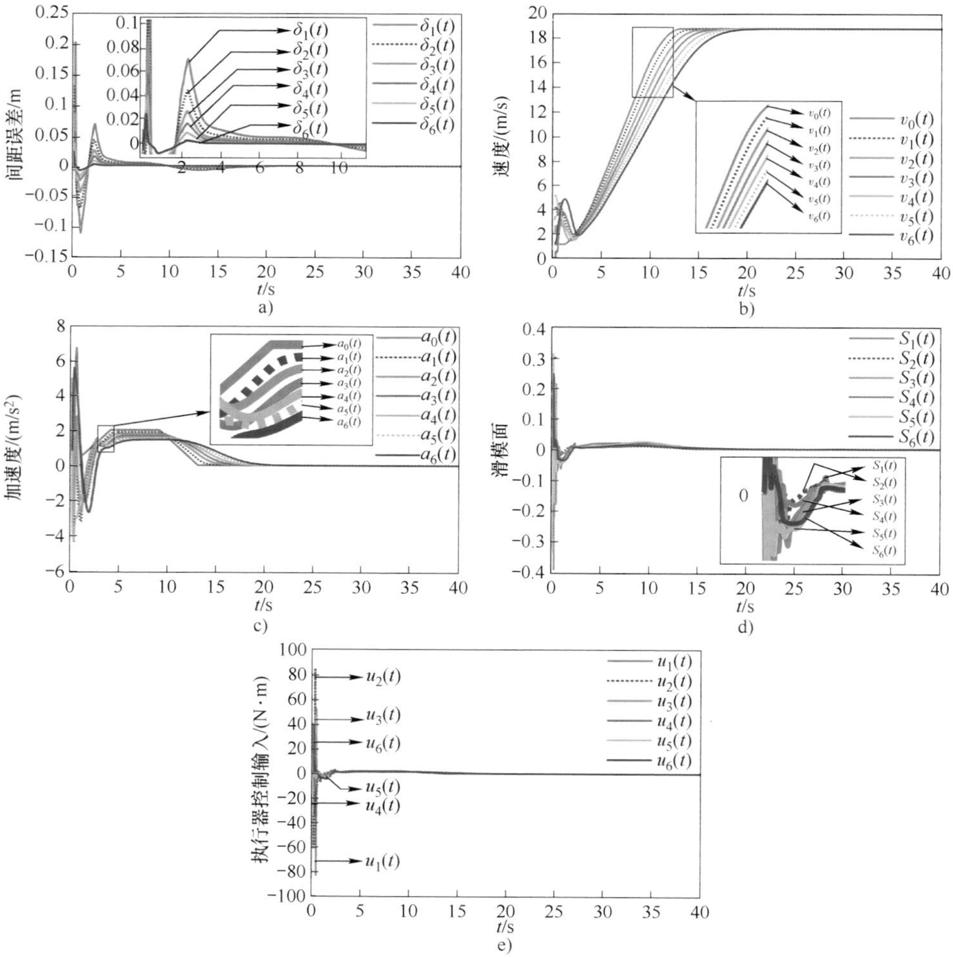

图 7-3　基于本章所提的方法，考虑执行器故障、输入量化和死区非线性得到仿真结果

a）间距误差　b）速度　c）加速度　d）滑模面　e）执行器控制输入

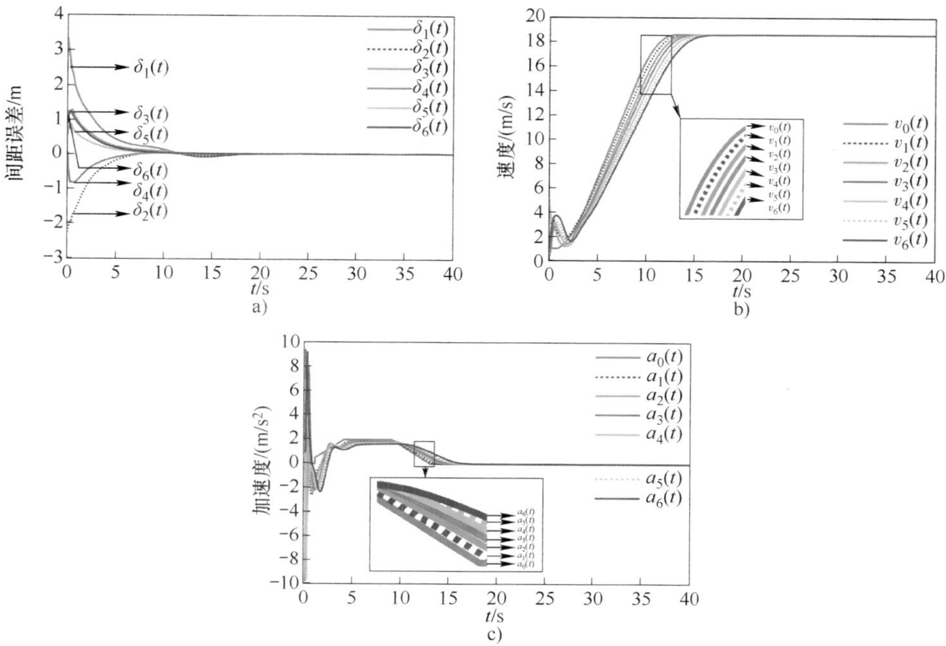

图 7-4 基于参考文献[12]所提的传统二次型车间距，考虑执行器故障、输入量化和死区非线性得到的仿真结果

a）间距误差 b）速度 c）加速度

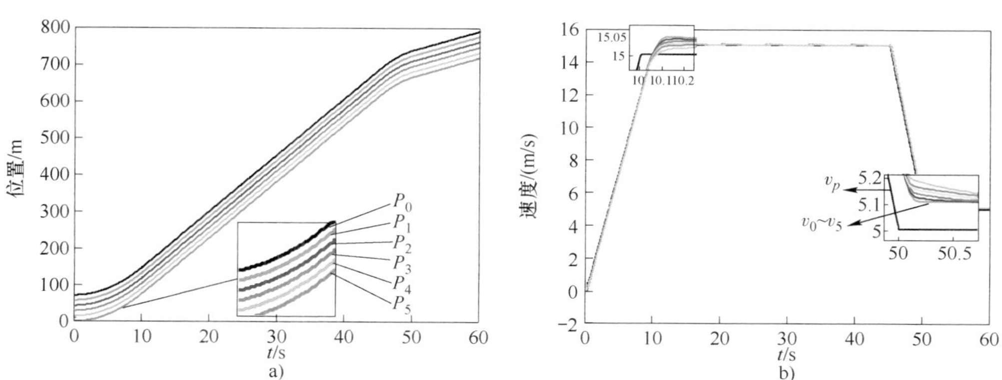

图 8-4 初始跟踪误差为零的预设性能控制的仿真结果

a）位置 b）速度

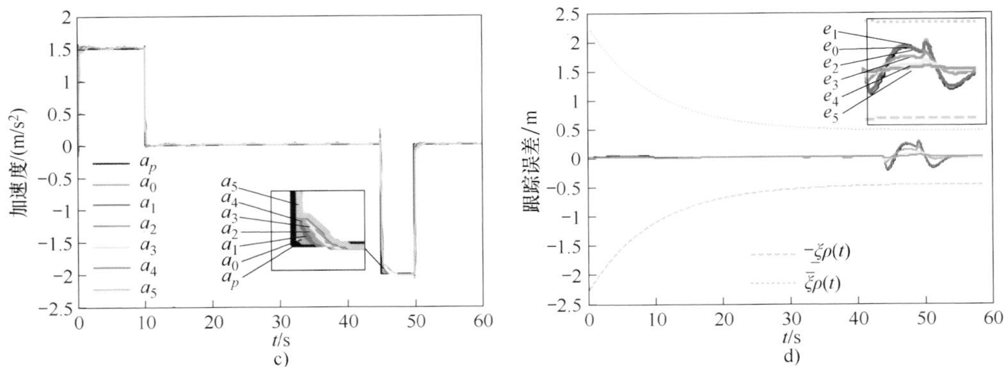

图 8-4　初始跟踪误差为零的预设性能控制的仿真结果(续)

c) 加速度　d) 跟踪误差

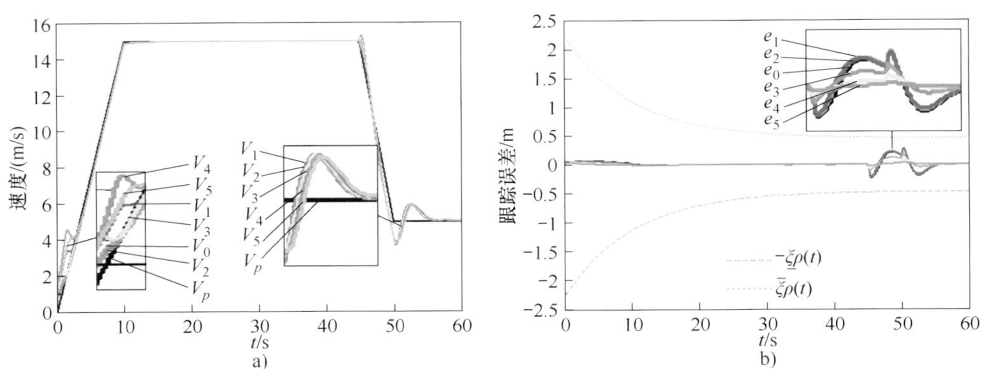

图 8-5　参考文献[2]中零初始跟踪误差的单一预设性能的仿真结果

a) 速度　b) 跟踪误差

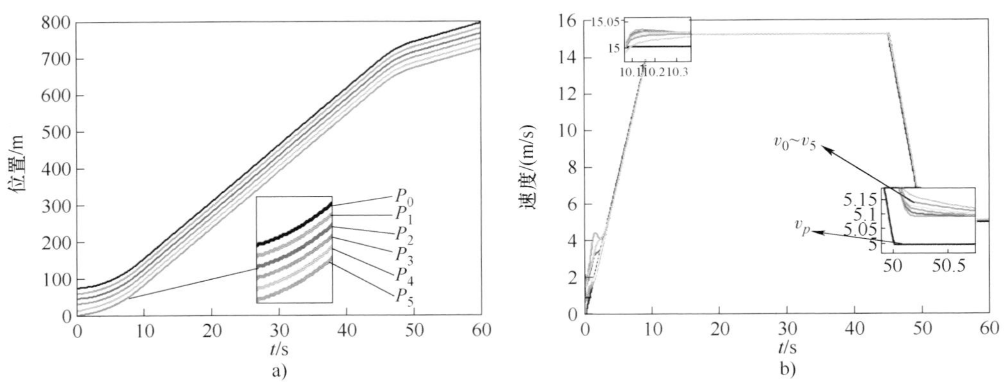

图 8-6　初始跟踪误差为非零的预设性能控制仿真结果

a) 位置　b) 速度

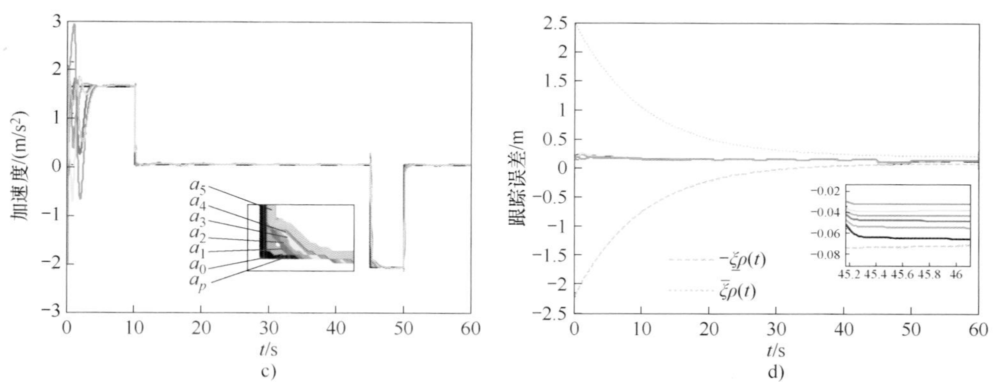

图 8-6　初始跟踪误差为非零的预设性能控制仿真结果（续）

c）加速度　d）跟踪误差

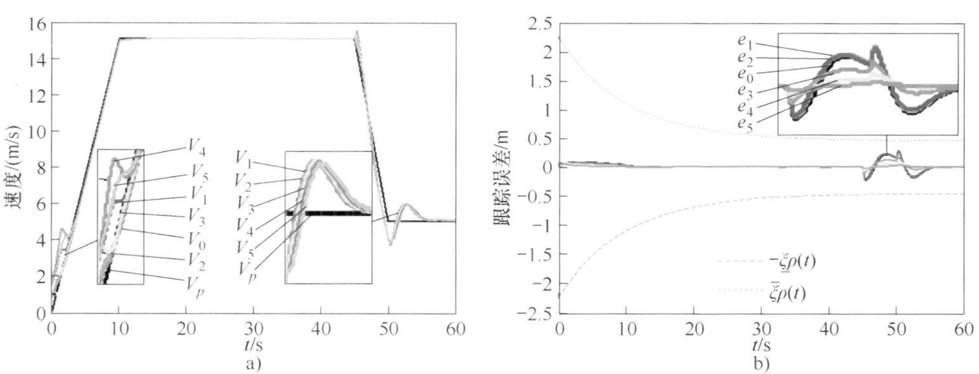

图 8-7　参考文献[2]中的单一预设性能控制在非零初始跟踪误差下的仿真结果

a）速度　b）跟踪误差

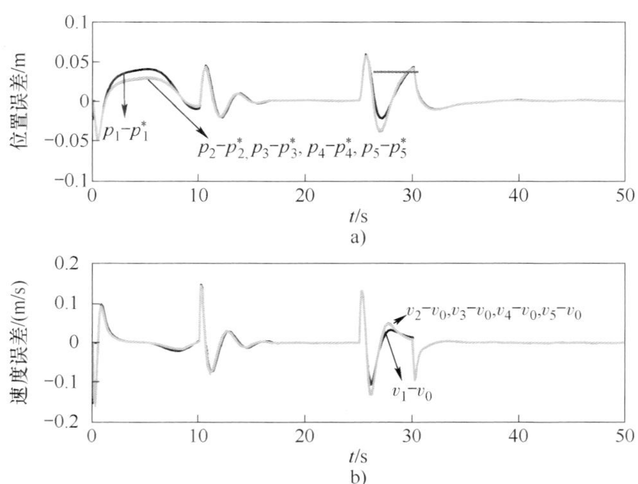

图 9-3　LP 通信拓扑下的跟踪控制结果

a）位置误差　b）速度误差

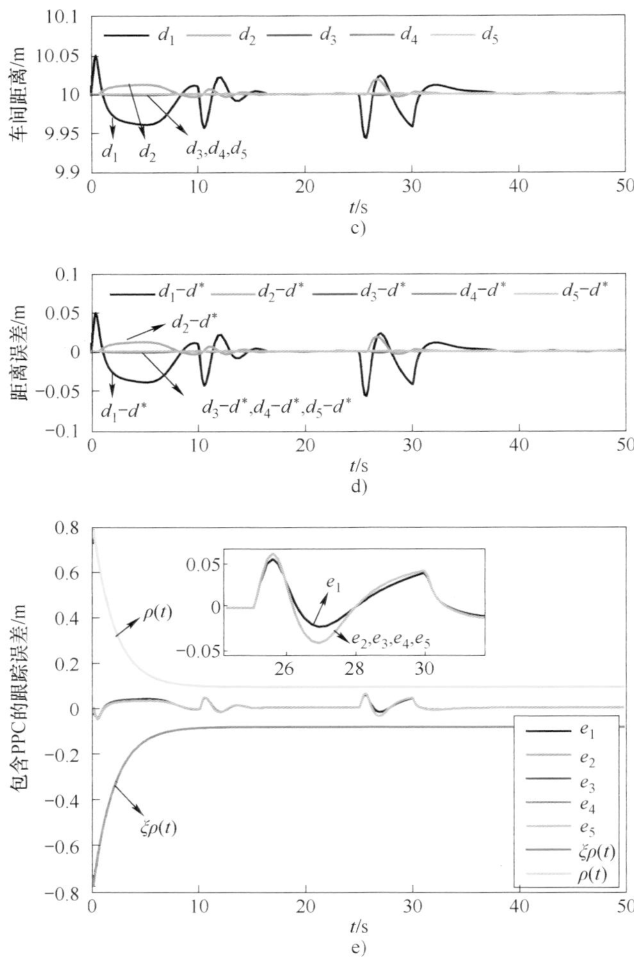

图 9-3 LP 通信拓扑下的跟踪控制结果(续)

c) 车间距离 d) 距离误差 e) 包含 PPC 的跟踪误差

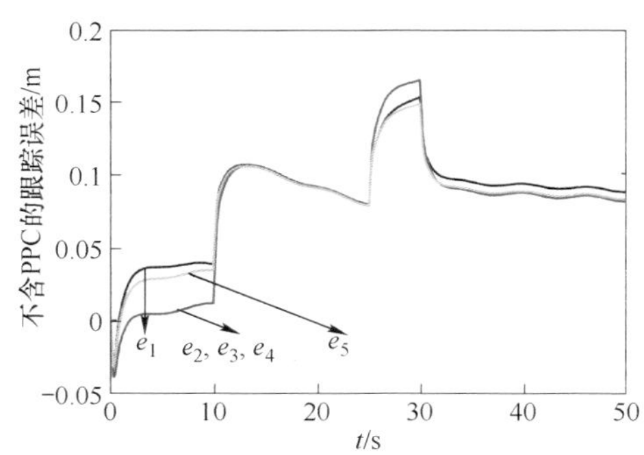

图 9-4 没有采用预设性能策略，基于 LP 通信拓扑得到的跟踪误差

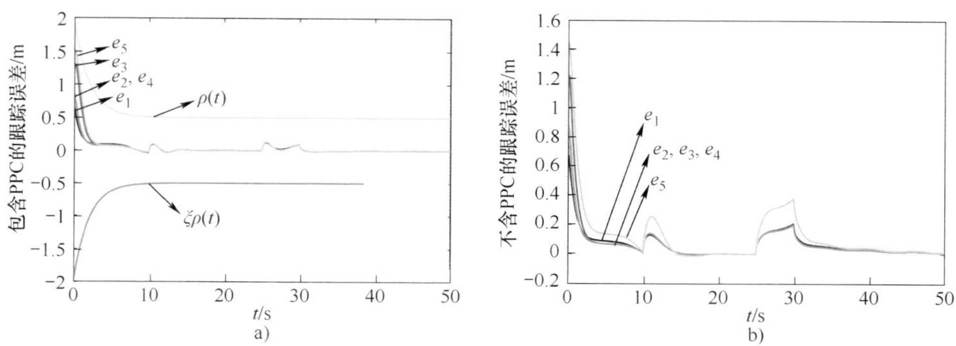

图 9-5　非零初始跟踪误差影响下的基于 LP 通信拓扑下的跟踪误差

a）包含 PPC 的跟踪误差　b）不含 PPC 的跟踪误差

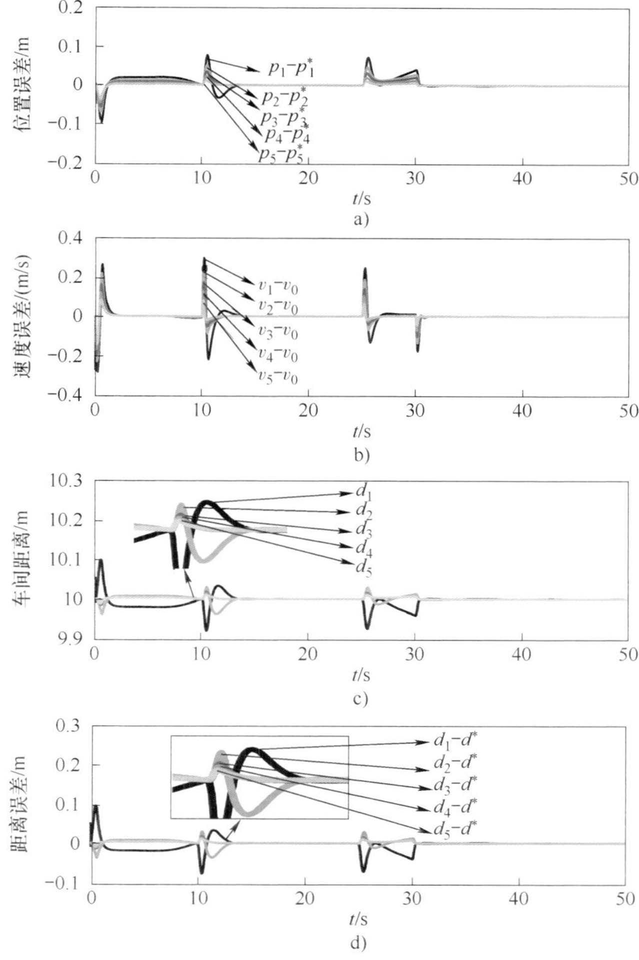

图 9-6　采用 LB 通信拓扑的指定性能跟踪控制结果

a）位置误差　b）速度误差　c）车间距离　d）距离误差

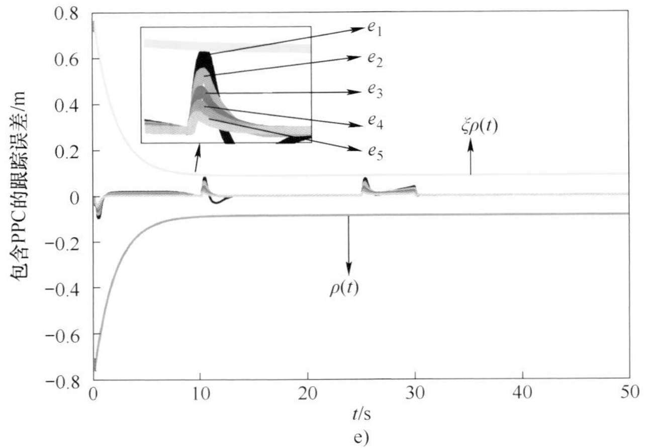

e)

图 9-6　采用 LB 通信拓扑的指定性能跟踪控制结果(续)

e) 包含 PPC 的跟踪误差

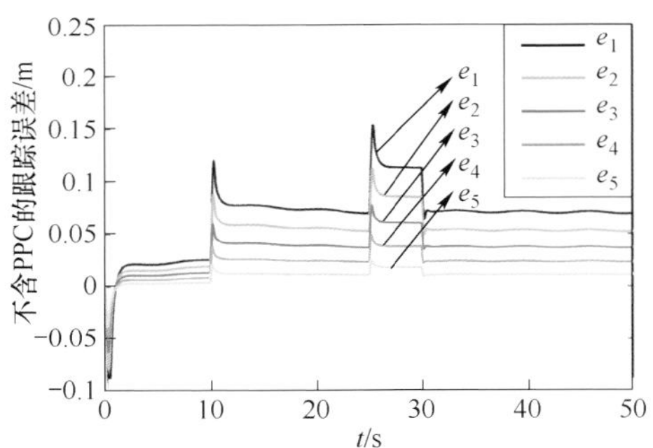

图 9-7　没有采用预设性能控制策略的 LB 通信拓扑的跟踪误差

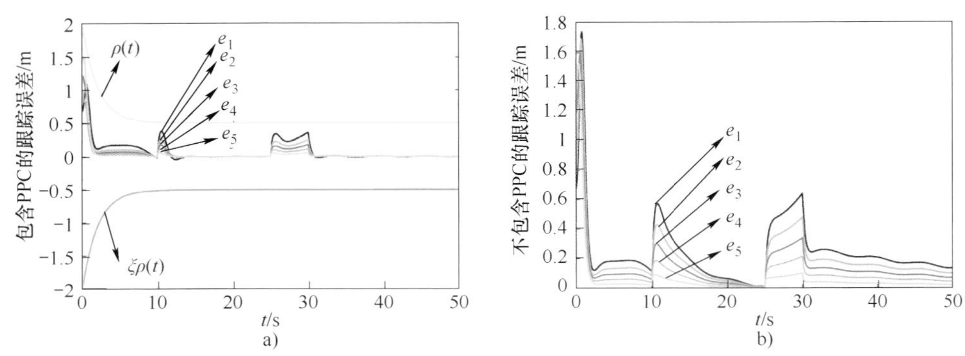

图 9-8　LB 通信拓扑考虑非零初始跟踪误差影响的跟踪误差

a) 包含预设性能控制的跟踪误差　b)不包含预设性能控制的跟踪误差

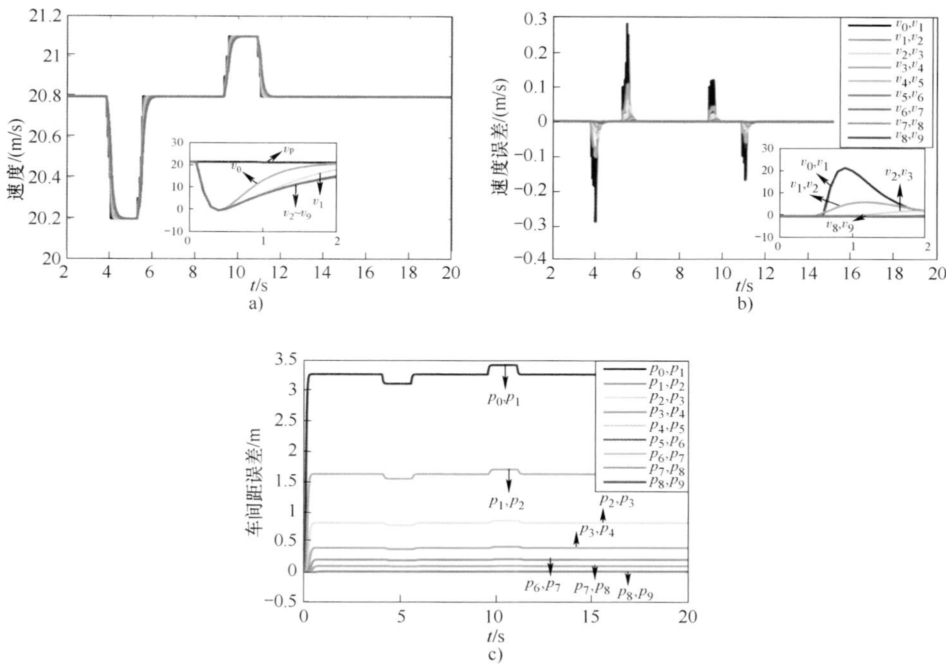

图 10-8　车队跟踪规划的参考速度，响应和间隔传播特性

a）速度　b）速度误差　c）车间距误差

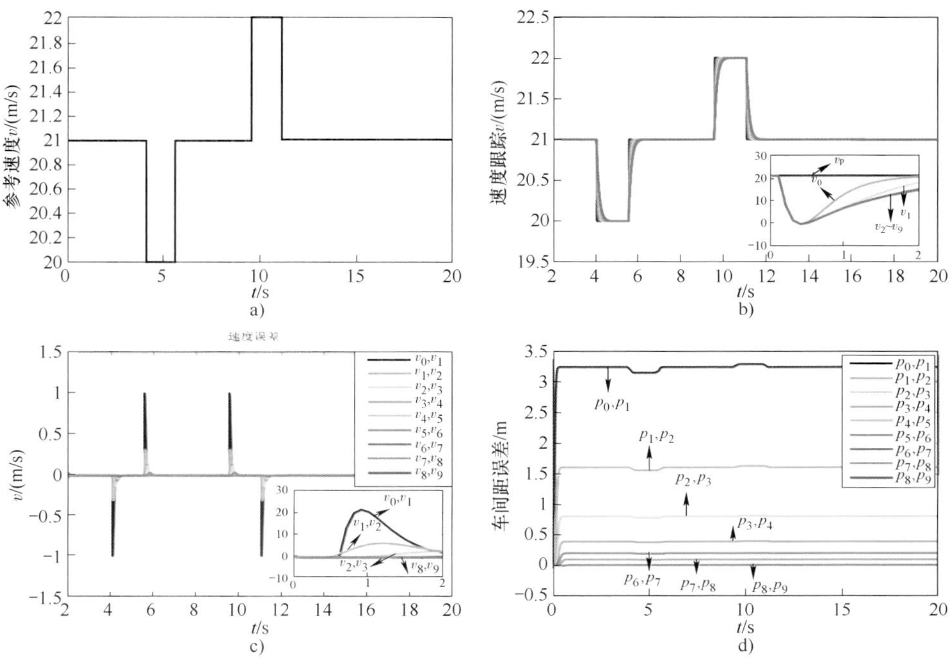

图 10-9　车队跟踪提前设定的参考速度，响应和间距传播特性

a）参考速度　b）速度跟踪　c）速度误差　d）车间距误差

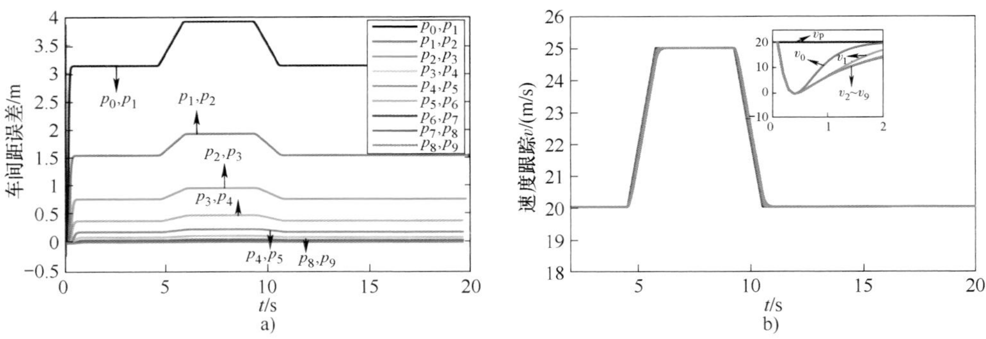

图 10-10　车队最大加速度 2m/s²：响应和间距传播特性

a）车间距误差　b）速度跟踪

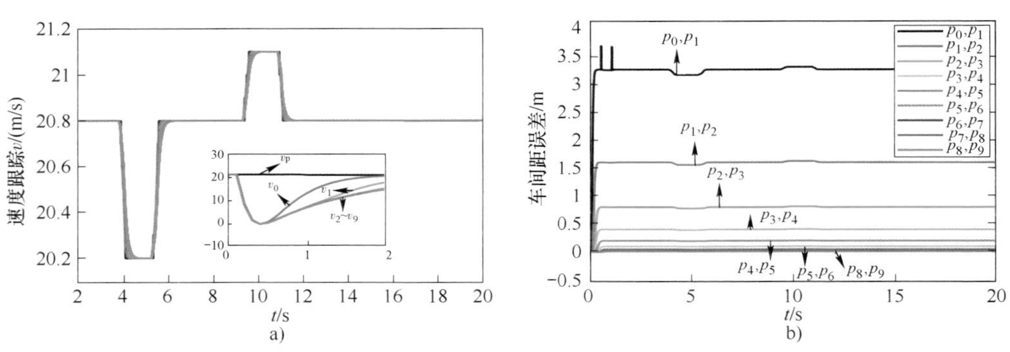

图 10-11　车队集总扰动、响应与间距传播特性

a）速度跟踪　b）车间距误差

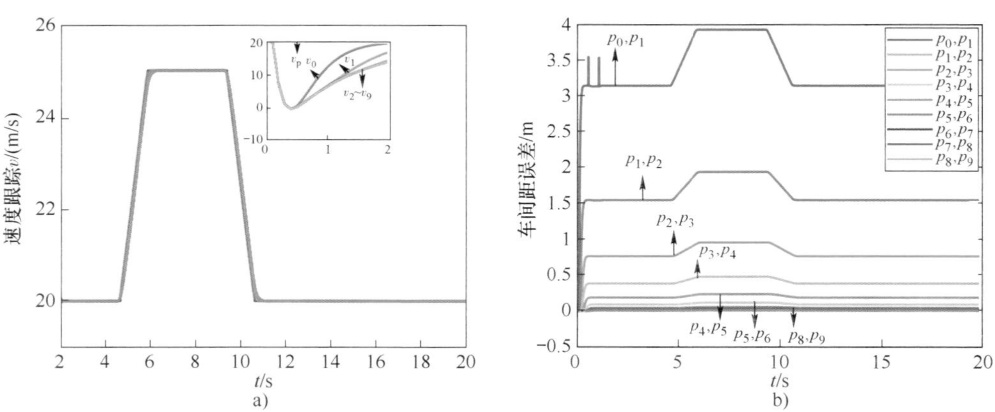

图 10-13　双轴半挂车车队的集总扰动：响应和间距传播特性

a）速度跟踪　b）车间距误差

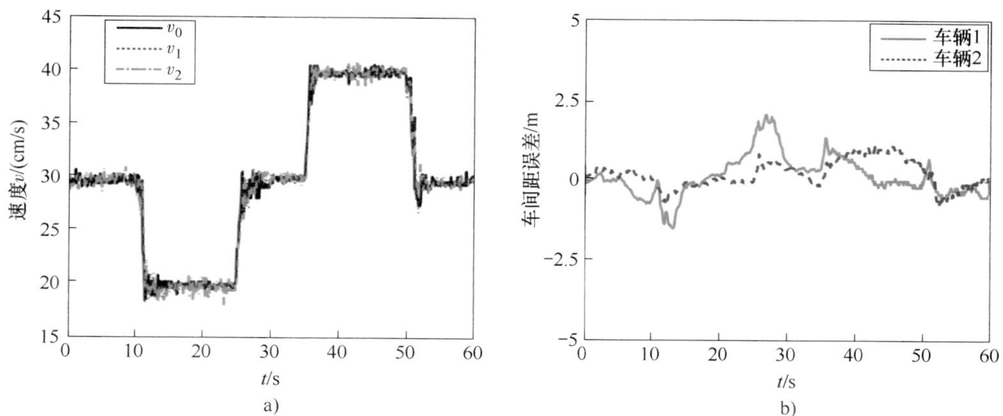

图 10-16　Arduino 汽车实验

a）速度　b）车间距误差

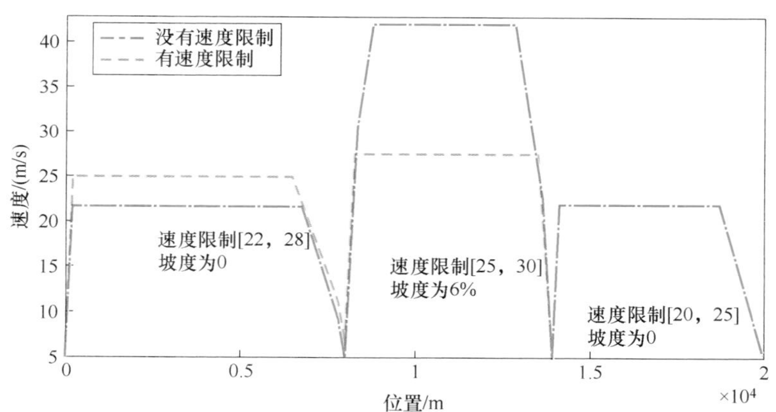

图 11-4　包含上坡的最优速度轨迹

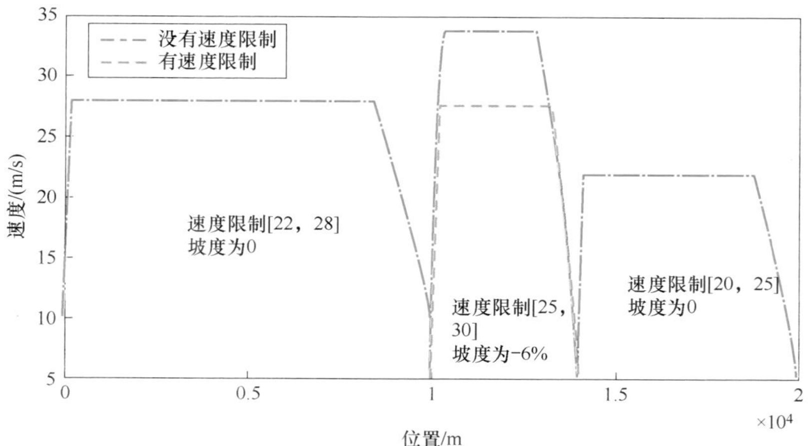

图 11-5　包括下坡的最优速度轨迹

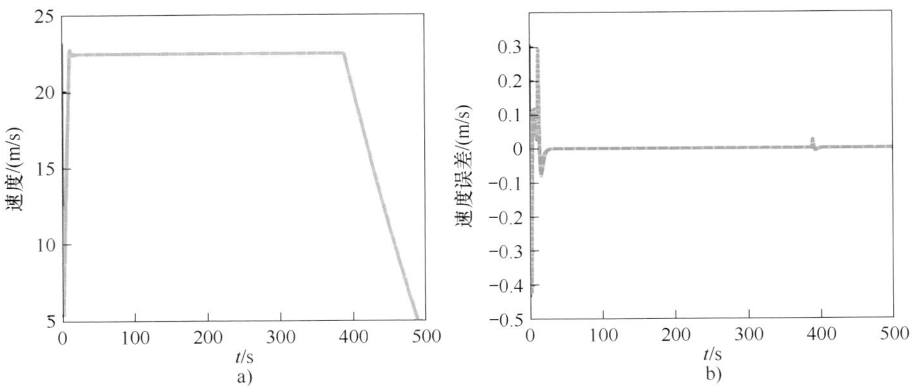

图 11-6　速度轨迹跟踪控制

a）第 i 辆车的速度轨迹　b）第 i 辆车的速度误差

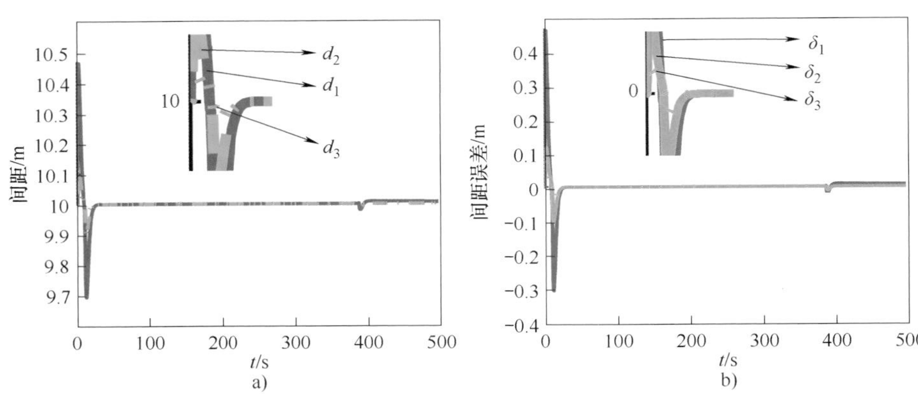

图 11-7　车辆间距控制

a）第 i 辆车辆的间距　b）第 i 辆车辆的间距误差

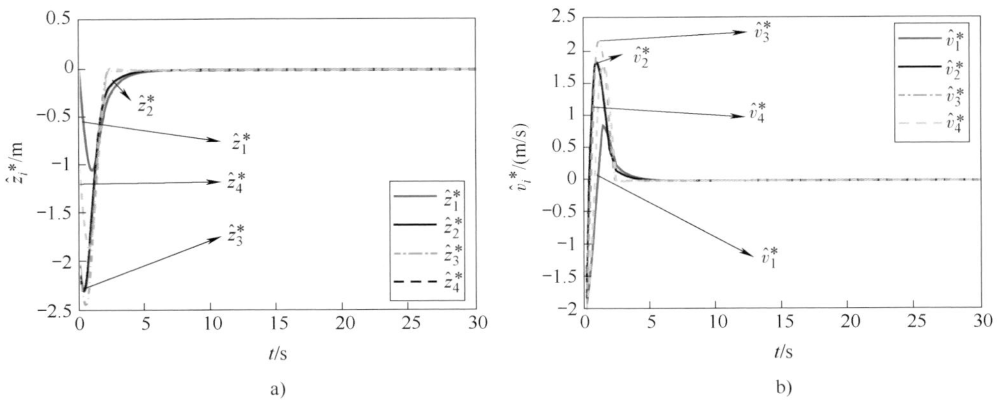

图 12-5　LBPF 通信拓扑下的车队利用分层控制方法得到的控制性能

a）$\hat{z}_i^*$　b）$\hat{v}_i^*$

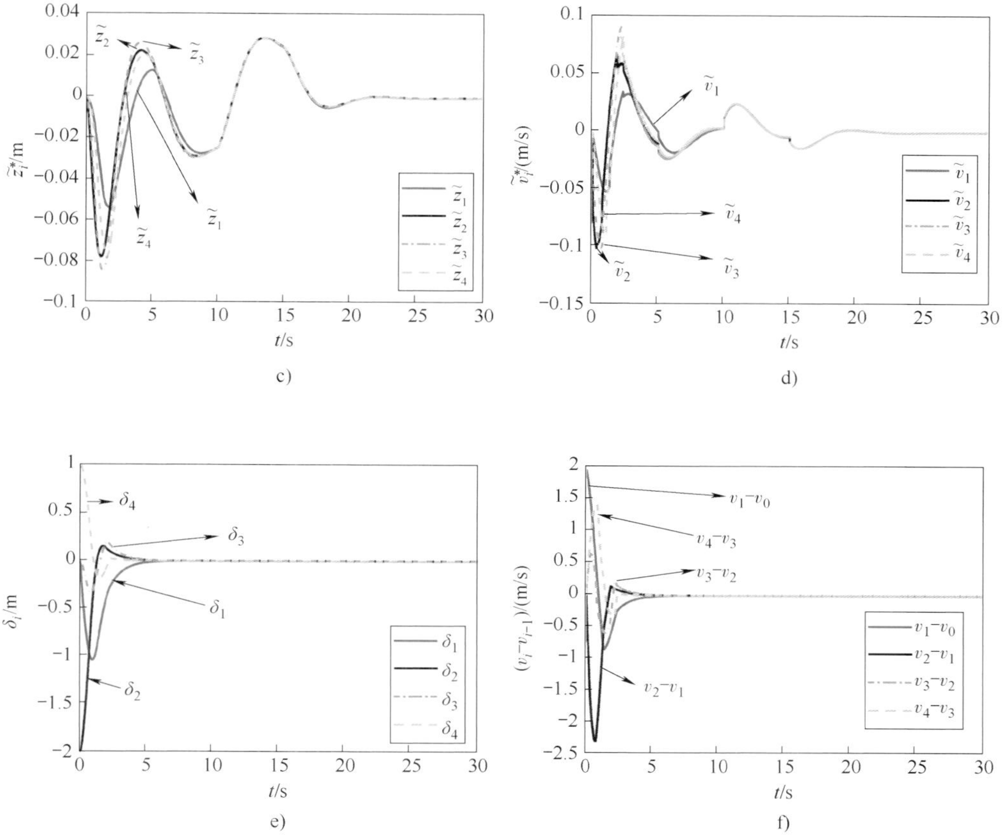

c)

d)

e)

f)

图 12-5　LBPF 通信拓扑下的车队利用分层控制方法得到的控制性能(续)

c) $\tilde{z}_i^*$　d) $\tilde{v}_i^*$　e) δ_i　f) $v_i - v_{i-1}$

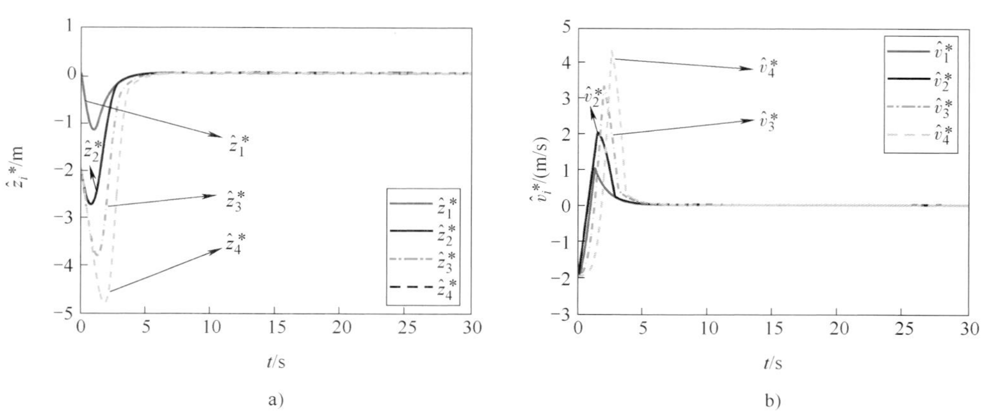

图 12-6　BPF 通信拓扑结构下车辆队列基于分层控制方法得到控制性能

a) $\hat{z}_i^*$　b) $\hat{v}_i^*$

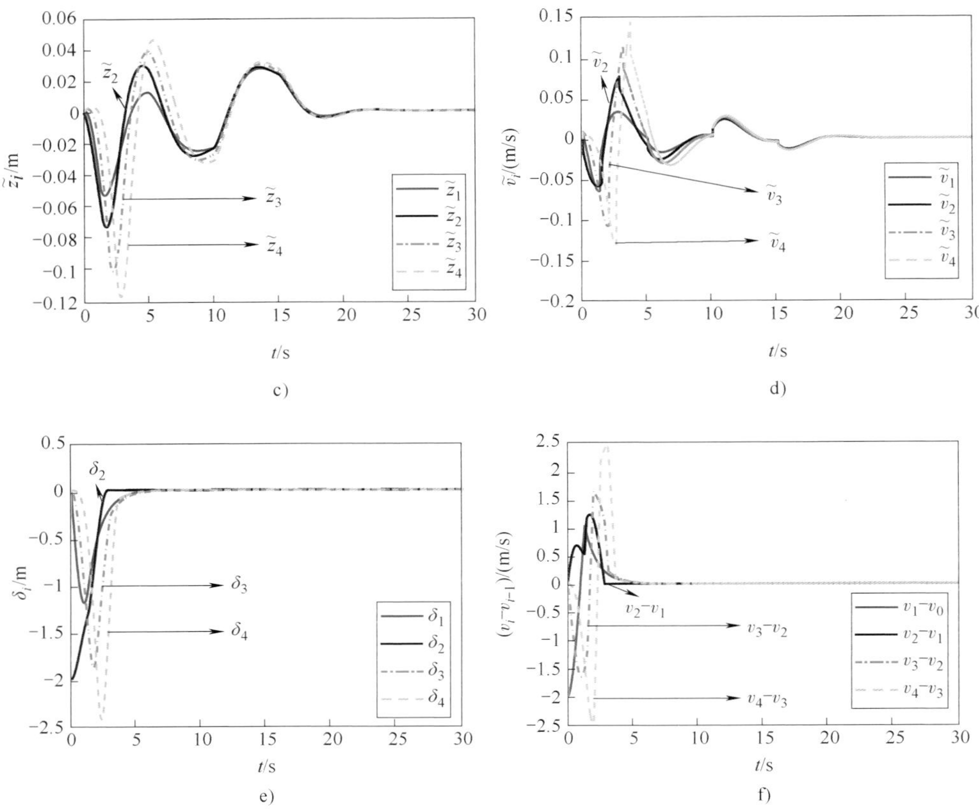

图 12-6 BPF 通信拓扑结构下车辆队列基于分层控制方法得到控制性能（续）

c）$\tilde{z}_i$ d）$\tilde{v}_i$ e）δ_i f）v_i-v_{i-1}

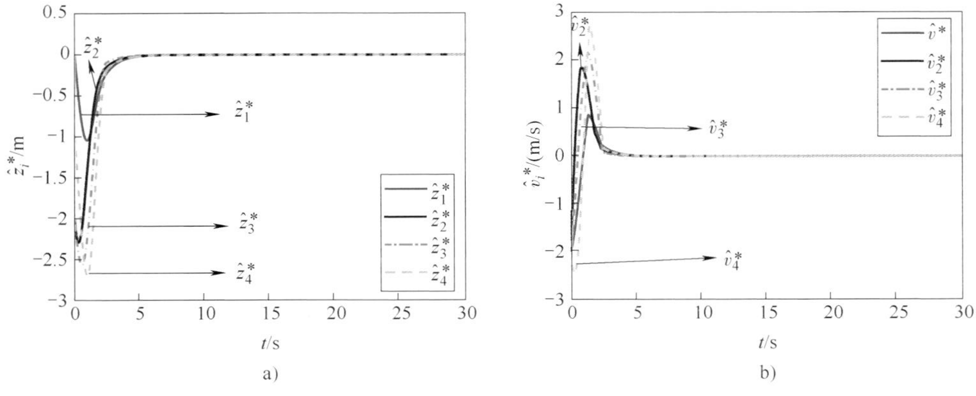

图 12-7 TBPF 通信拓扑结构下车辆队列基于分层控制方法得到控制性能

a）$\hat{z}_i^*$ b）$\hat{v}_i^*$

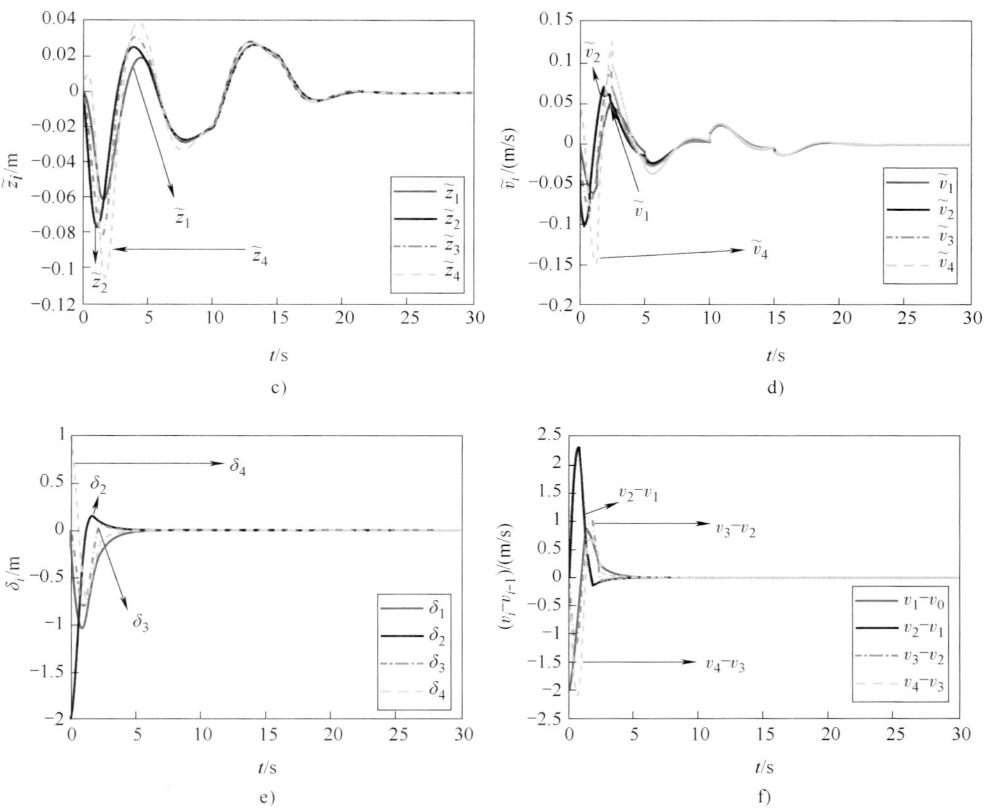

图 12-7　TBPF 通信拓扑结构下车辆队列基于分层控制方法得到控制性能（续）

c）$\tilde{z}_i$　d）$\tilde{v}_i$　e）δ_i　f）v_i-v_{i-1}

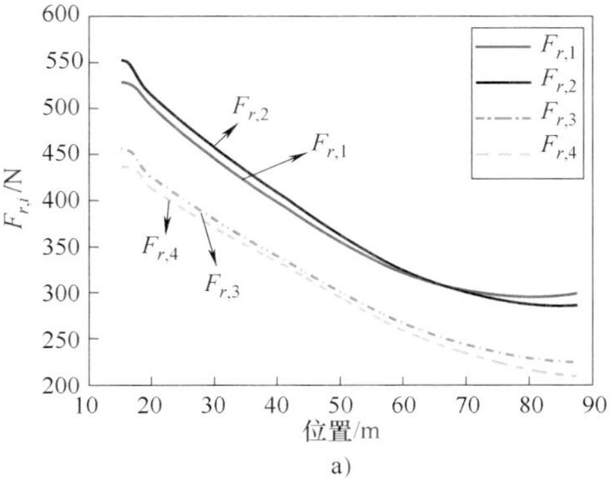

图 12-8　跟随车辆的阻力 $F_{r,i}(t)$

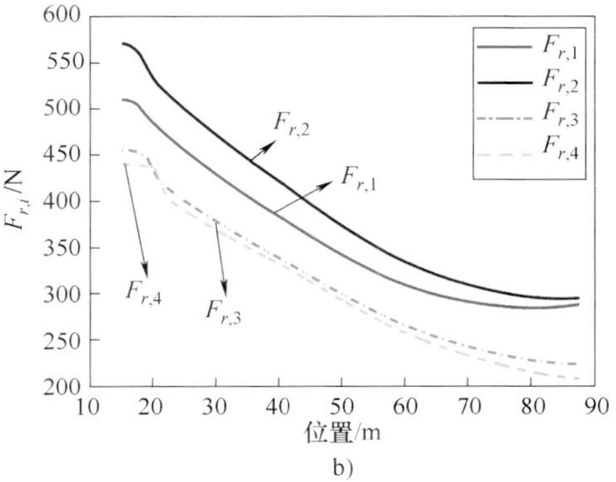

a）具有 LBPF 通信拓扑的车队　b）具有 BPF 通信拓扑的车队

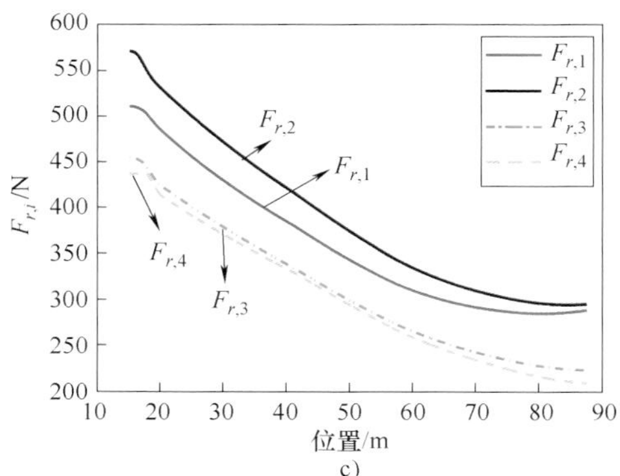

图 12-8　跟随车辆的阻力 $F_{r,i}(t)$（续）

c）具有 TBPF 通信拓扑的车队

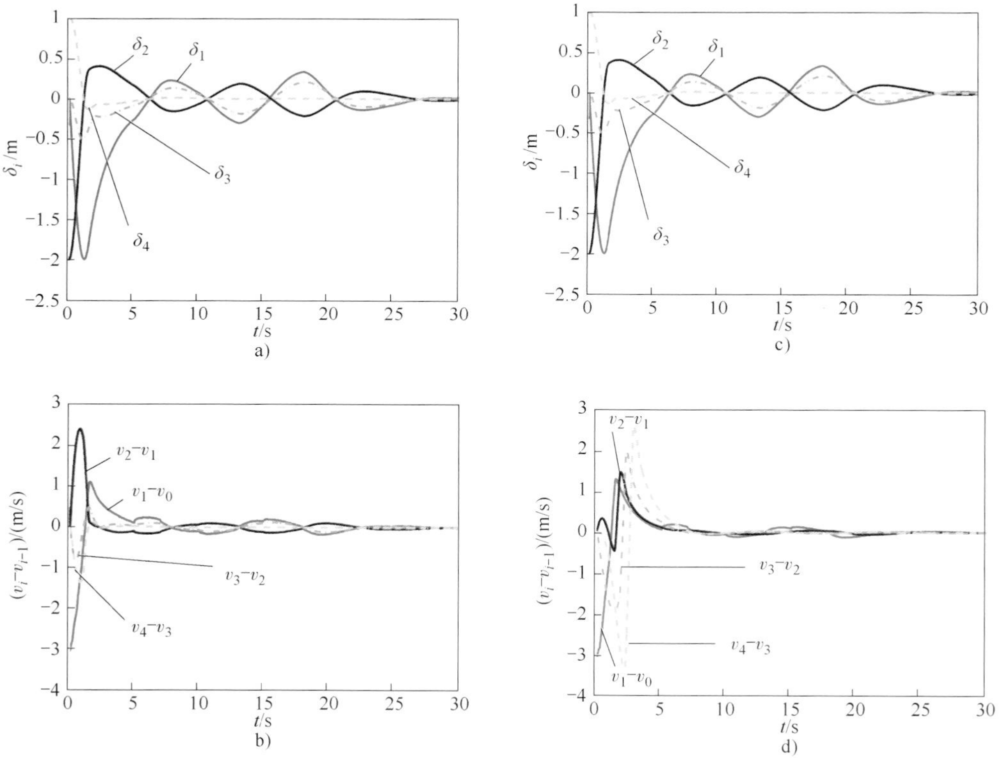

图 12-10　在加速度扰动影响下，基于 LBPF、BPF 和 TBPF 通信拓扑，利用分层控制方法得到的车队车间距误差 δ_i 和速度误差 $v_i - v_{i-1}$

a）基于 LBPF 的 δ_i　b）基于 LBPF 的 $v_i - v_{i-1}$

c）基于 BPF 的 δ_i　d）基于 BPF 的 $v_i - v_{i-1}$

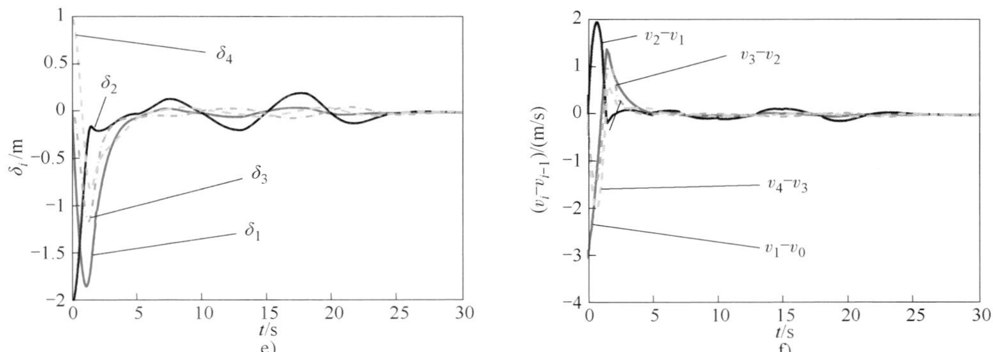

图 12-10 在加速度扰动影响下，基于 LBPF、BPF 和 TBPF 通信拓扑，利用分层控制方法得到的车队车间距误差 $\boldsymbol{\delta}_i$ 和速度误差 $\boldsymbol{v}_i-\boldsymbol{v}_{i-1}$（续）

e）基于 TBPF 的 δ_i f）基于 TBPF 的 v_i-v_{i-1}

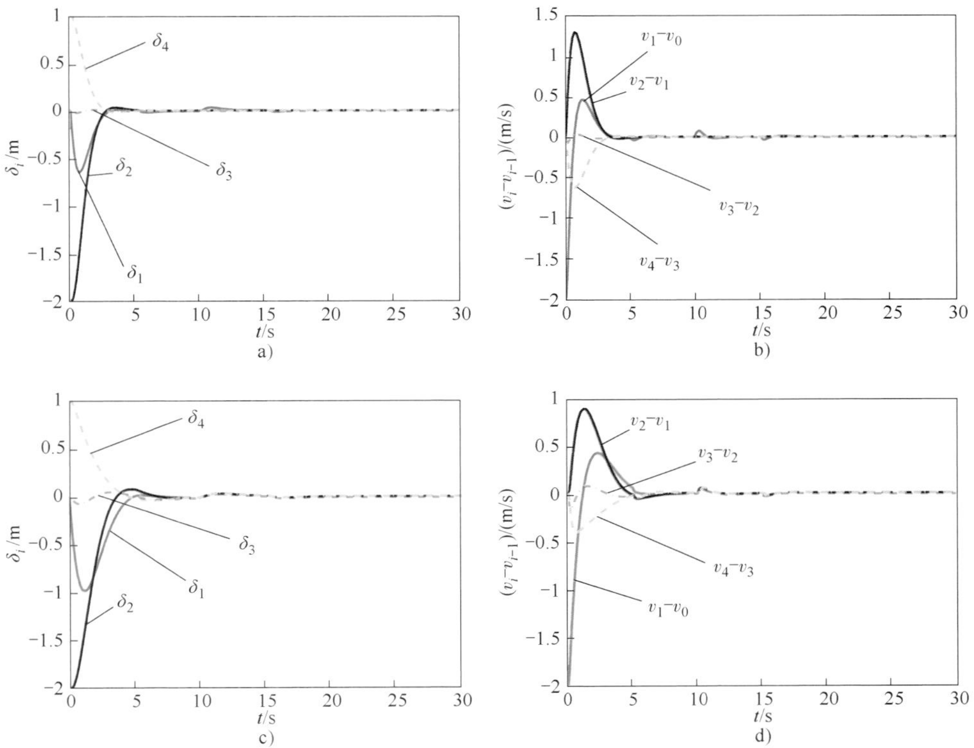

图 12-11 针对确定 TCDD，利用本章设计的具有的分层控制结构的车队控制方法得到的 $\boldsymbol{\delta}_i$ 和 $\boldsymbol{v}_i-\boldsymbol{v}_{i-1}$ 与使用参考文献[6]中的 $\boldsymbol{H}_\infty$ 控制器且没有跟踪优化控制方法得到的 $\boldsymbol{\delta}_i$ 和 $\boldsymbol{v}_i-\boldsymbol{v}_{i-1}$ 对比

a）本章的 δ_i b）本章的 v_i-v_{i-1} c）参考文献[6]的 δ_i d）参考文献[6]的 v_i-v_{i-1}

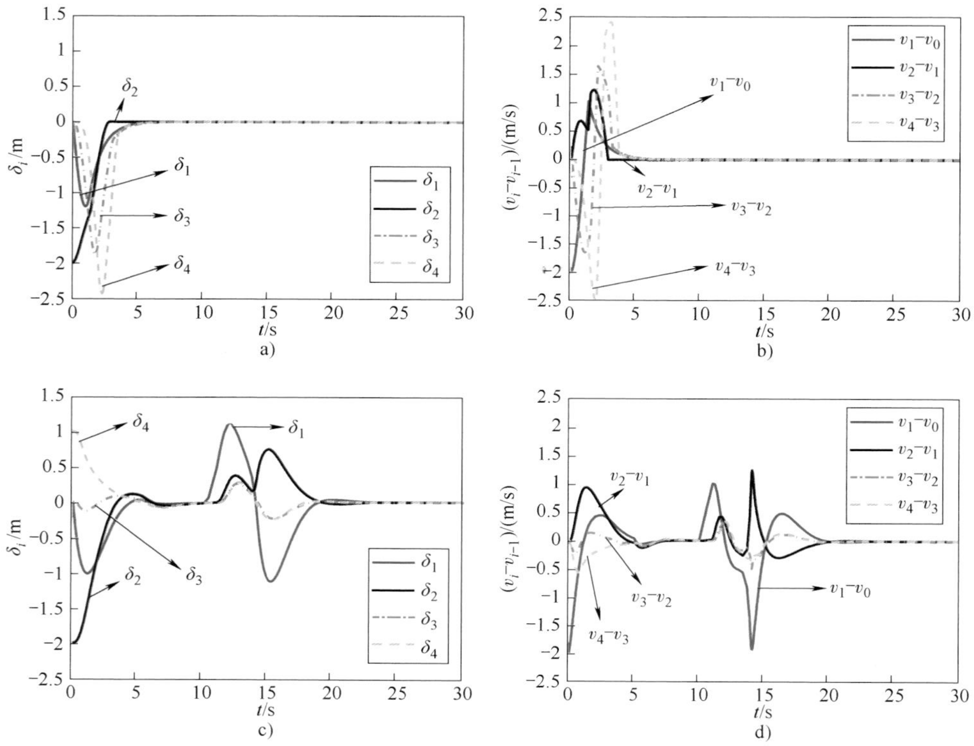

图 12-12　针对不确定的 TCDD，利用 ASM 控制器得到的 δ_i 和 v_i-v_{i-1} 与基于参考文献[6]中的 H_∞ 控制器得到的 δ_i 和 v_i-v_{i-1} 的对比结果

a）ASM 控制器的 δ_i　b）ASM 控制器的 v_i-v_{i-1}

c）参考文献[6]基于 H_∞ 控制器的 δ_i　d）参考文献[6]基于 H_∞ 控制器的 v_i-v_{i-1}

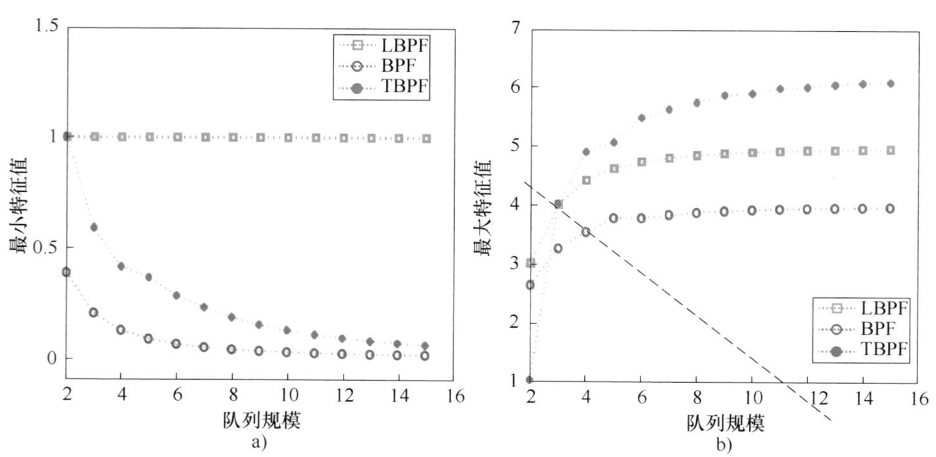

图 12-13　拓扑结构分别为 LBPF、BPF 和 TBPF 时对应的拉普拉斯矩阵的最小特征值和最大特征值

a）最小特征值　b）最大特征值

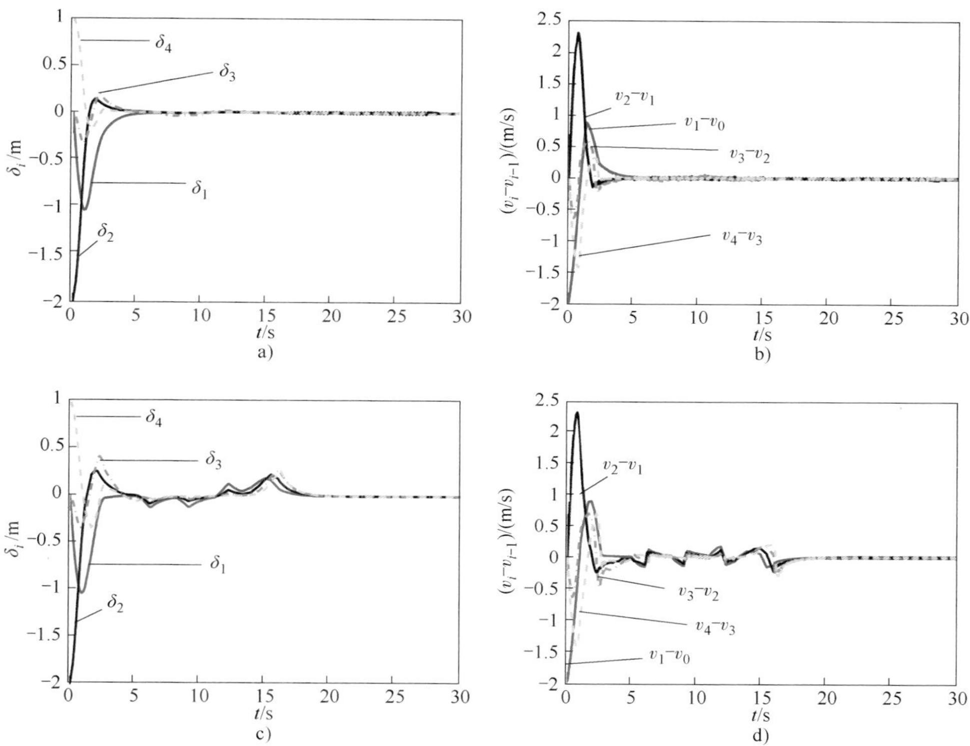

图 12-15　在切换通信拓扑影响下的分层控制器的控制性能

a）S_1 下的 $\delta_i(t)$　b）S_1 下的 $v_i(t)-v_{i-1}(t)$　c）S_2 下的 $\delta_i(t)$　d）S_2 下的 $v_i(t)-v_{i-1}(t)$

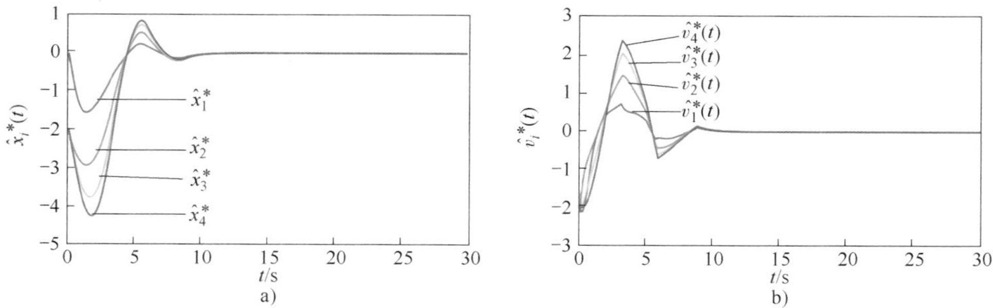

图 13-5　在 BPF 拓扑下，车队控制系统利用所设计控制框架下得到的仿真结果

a）参考位置误差 $\hat{x}_i^*(t)$　b）参考速度误差 $\hat{v}_i^*(t)$

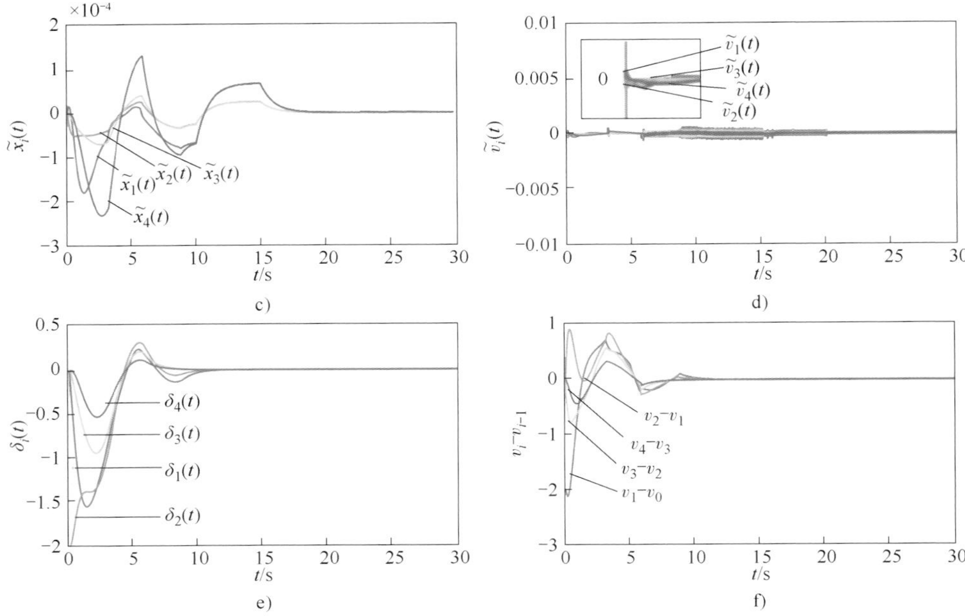

图 13-5　在 BPF 拓扑下，车队控制系统利用所设计控制框架下得到的仿真结果（续）

c）位置跟踪误差 $\tilde{x}_i(t)$　d）速度跟踪误差 $\tilde{v}_i(t)$　e）间距误差 $\delta_i(t)$　f）速度误差 v_i-v_{i-1}

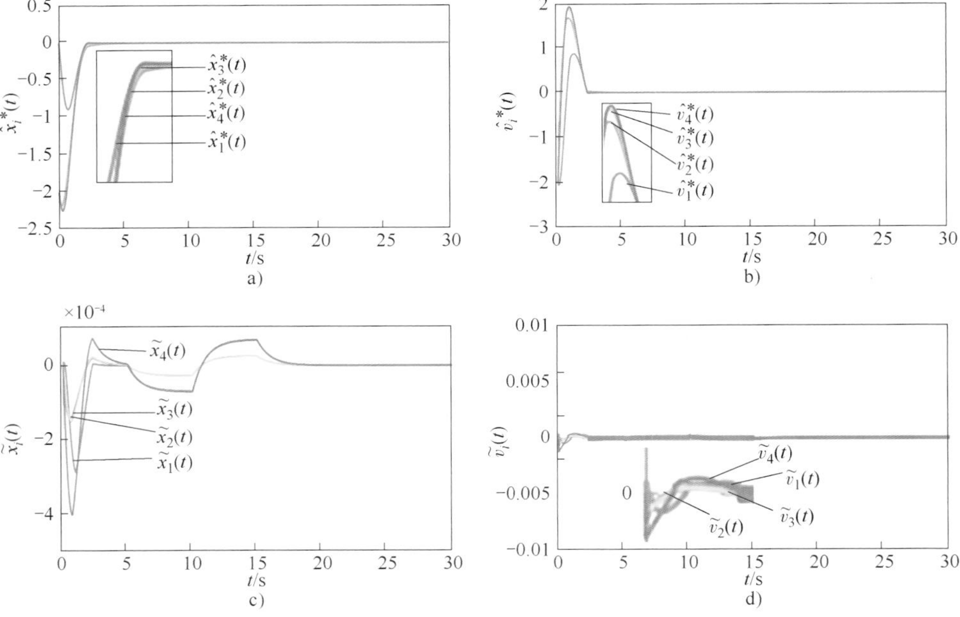

图 13-6　车辆队列在 LBPF 通信拓扑下，利用所设计的控制器得到的仿真结果

a）参考位置误差 $\hat{x}_i^*(t)$　b）参考速度误差 $\hat{v}_i^*(t)$　c）位置跟踪误差 $\tilde{x}_i(t)$　d）速度跟踪误差 $\tilde{v}_i(t)$

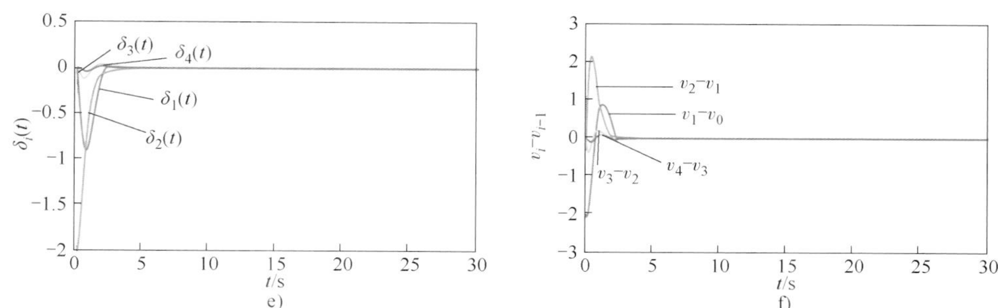

图 13-6　车辆队列在 LBPF 通信拓扑下，利用所设计的控制器得到的仿真结果(续)

e）间距误差 $\delta_i(t)$　f）速度误差 v_i-v_{i-1}

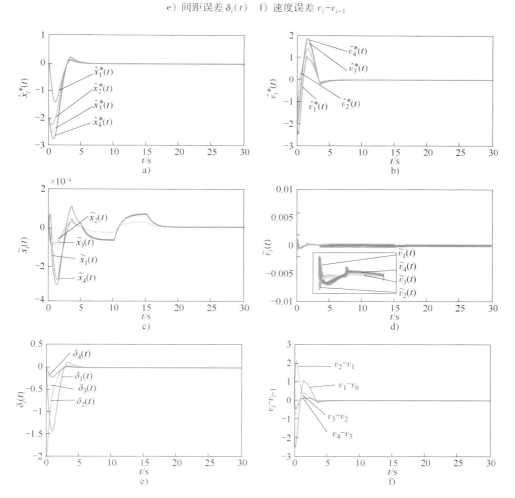

图 13-7　车辆队列在 TBPF 拓扑下，利用所设计控制器得到的仿真结果

a）参考位置误差 $\hat{x}_i^*(t)$　b）参考速度误差 $\hat{v}_i^*(t)$　c）位置跟踪误差 $\tilde{x}_i(t)$　d）速度跟踪误差 $\tilde{v}_i(t)$

e）间距误差 $\delta_i(t)$　f）速度误差 v_i-v_{i-1}

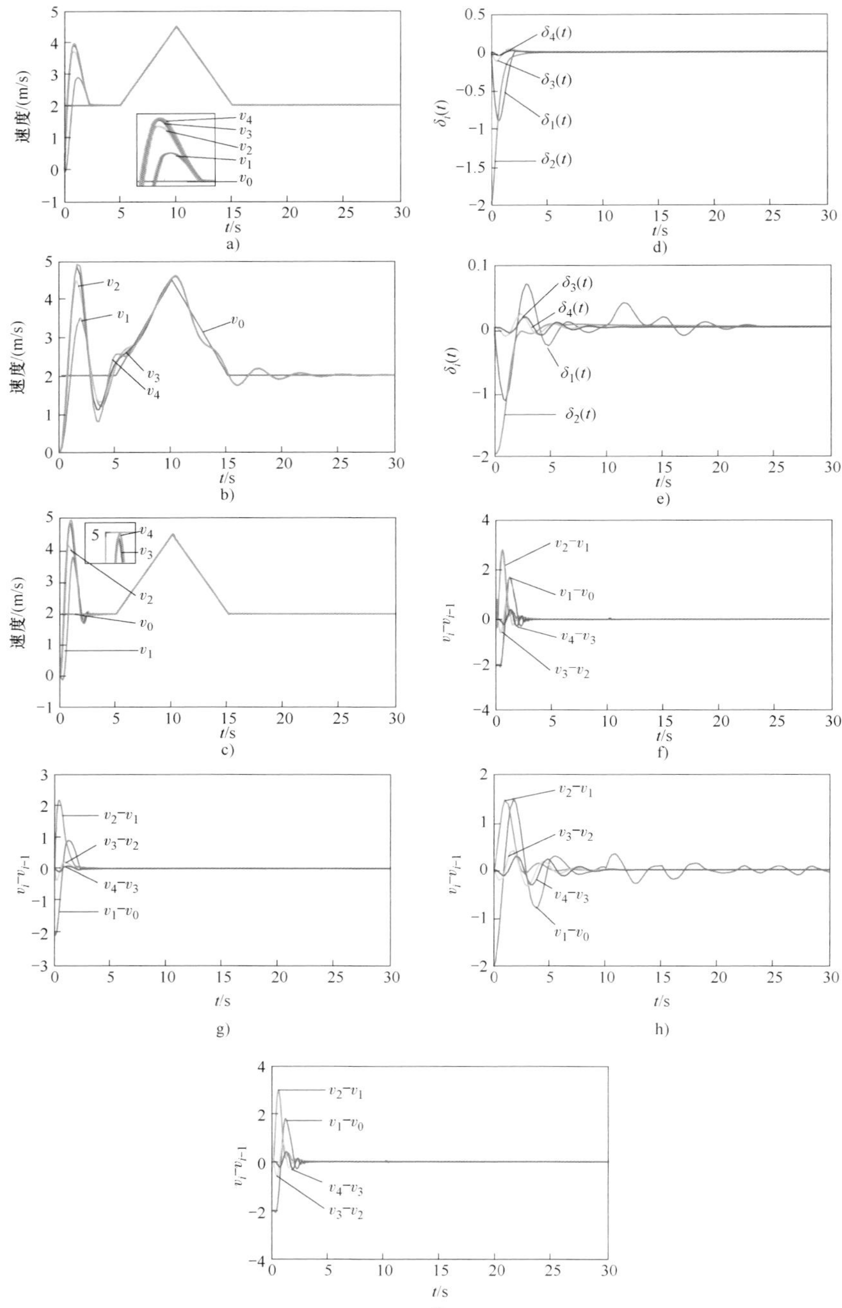

图 13-9　在 LBPF 通信拓扑下，将本章所提方法(左)与参考文献[12]中和第 12 章的车队控制方法的仿真对比实验

a）车辆速度 v_i(本章方法)　b）车辆速度 v_i(参考文献[12]方法)　c）车辆速度 v_i(第 12 章方法)
d）间距误差 $\delta_i(t)$(本章方法)　e）间距误差 $\delta_i(t)$(参考文献[12]方法)　f）间距误差 $v_i - v_{i-1}$(第 12 章方法)
g）速度误差 $v_i - v_{i-1}$(本章方法)　h）速度误差 $v_i - v_{i-1}$(参考文献[12]方法)
i）速度误差 $v_i - v_{i-1}$(第 12 章方法)

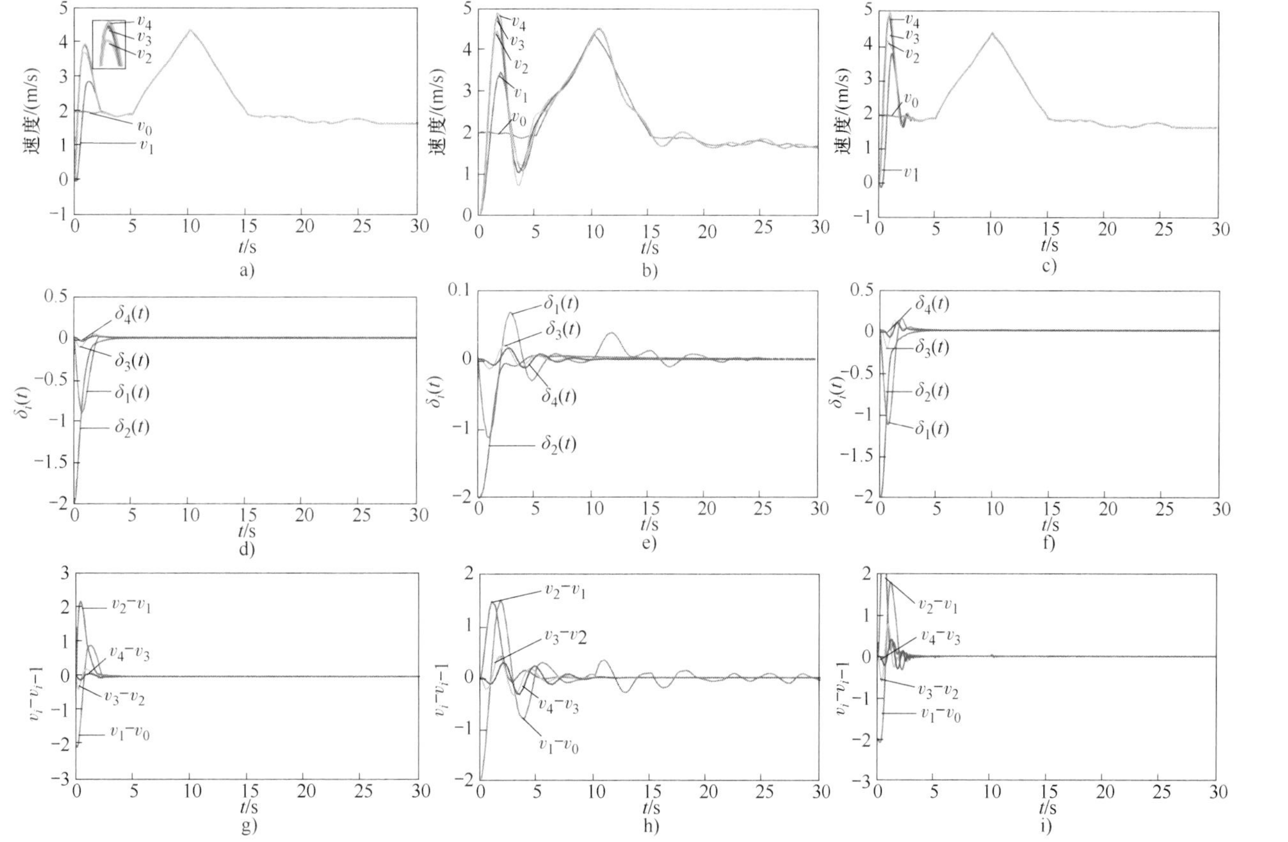

图 13-11 在 LBPF 通信拓扑下考虑具有随机加速度变化率的队列，对比本章方法(左)、参考文献[13]方法(中)和参考文献[1]方法的控制性能(见彩插)

a) 车辆速度 v_i(本章方法) b) 车辆速度 v_i(参考文献[13]方法) c) 车辆速度 v_i(参考文献[1]方法) d) 间距误差 $\delta_i(t)$(本章方法) e) 间距误差 $\delta_i(t)$(参考文献[13]方法) f) 间距误差 $\delta_i(t)$(参考文献[1]方法) g) 速度误差 v_i-v_{i-1}(本章方法) h) 速度误差 v_i-v_{i-1}(参考文献[13]方法) i) 速度误差 v_i-v_{i-1}(第 12 章方法)

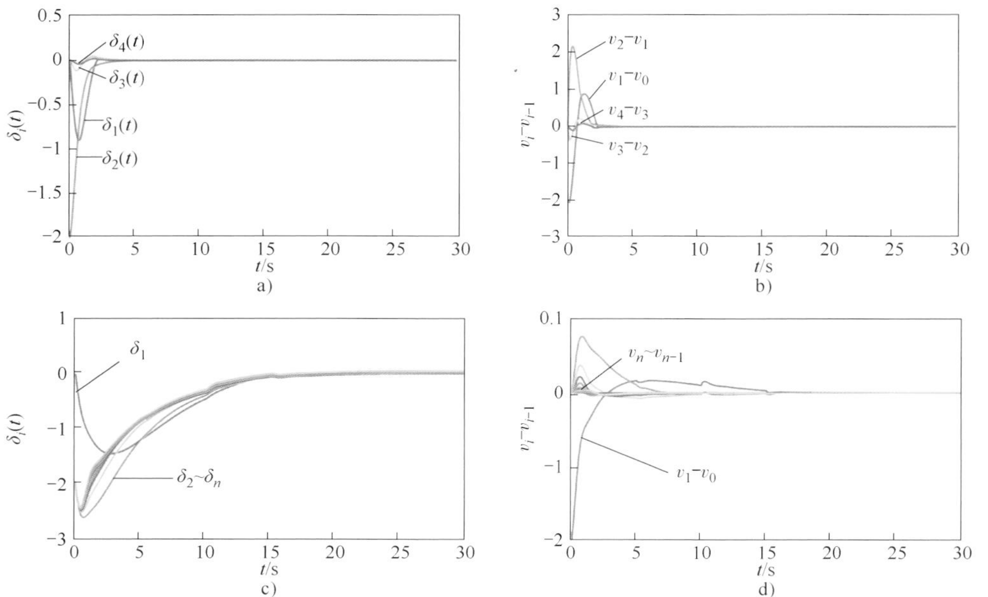

图 13-12　在 LBPF 下的 20 辆车的仿真结果，本章方法和参考文献[13]集中控制方法

a）间距误差 $\delta_i(t)$（本章方法）　b）速度误差 v_i-v_{i-1}（本章方法）

c）间距误差 $\delta_i(t)$（参考文献[13]方法）　d）速度误差 v_i-v_{i-1}（参考文献[13]方法）

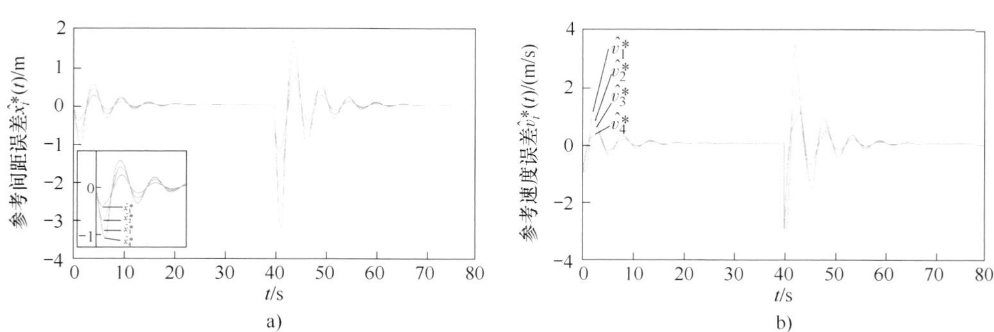

图 14-6　基于 NN 型拓扑仿真结果

a）参考间距误差　b）参考速度误差

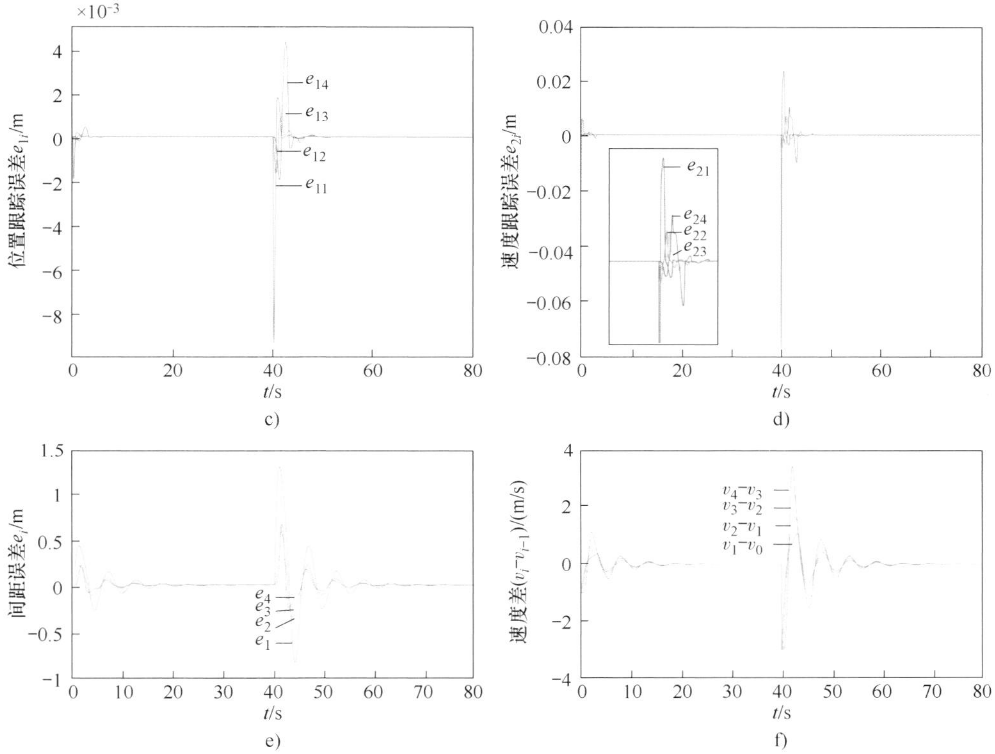

图 14-6　基于 NN 型拓扑仿真结果(续)

c) 位置跟踪误差　d) 速度跟踪误差　e) 间距误差　f) 速度差

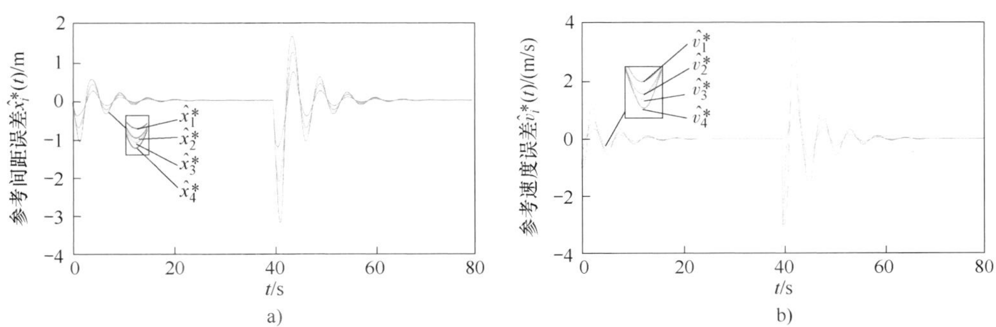

图 14-7　基于 2-NN 拓扑仿真结果

a) 参考间距误差　b) 参考速度误差

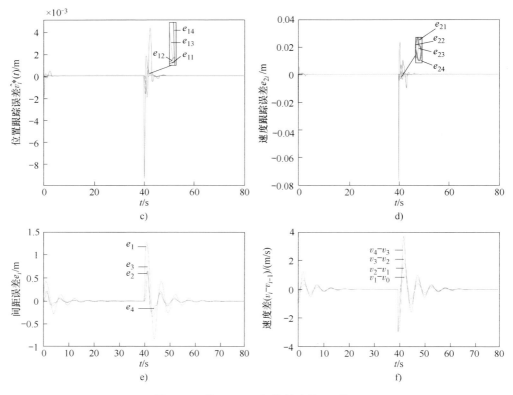

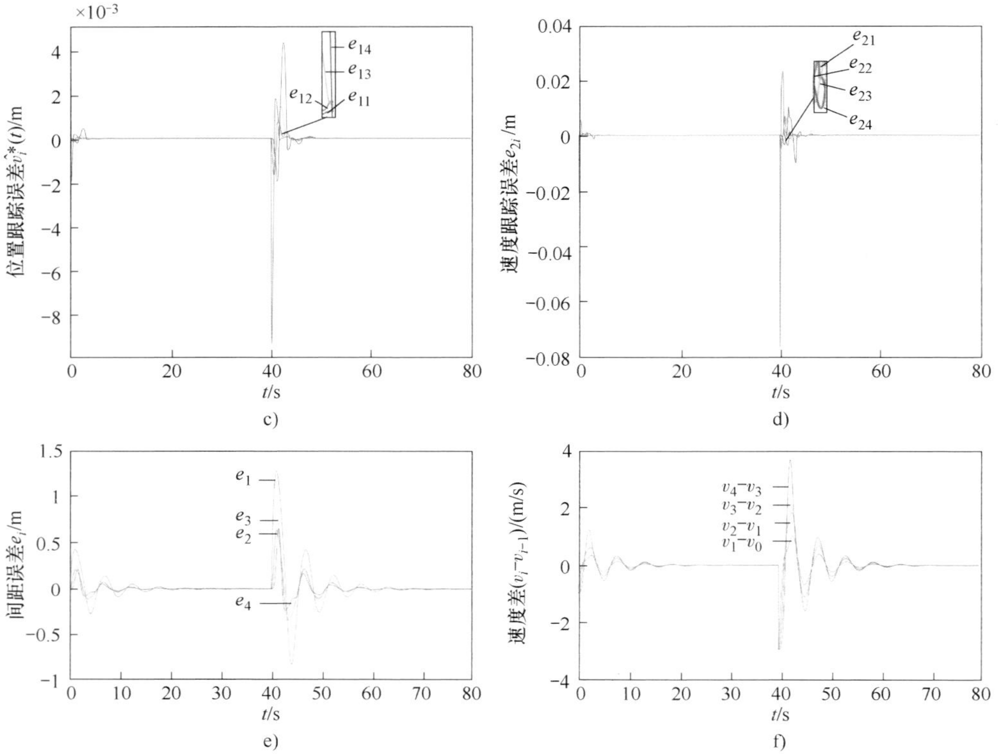

图 14-7　基于 2-NN 拓扑仿真结果(续)

c）位置跟踪误差　d）速度跟踪误差　e）间距误差　f）速度差

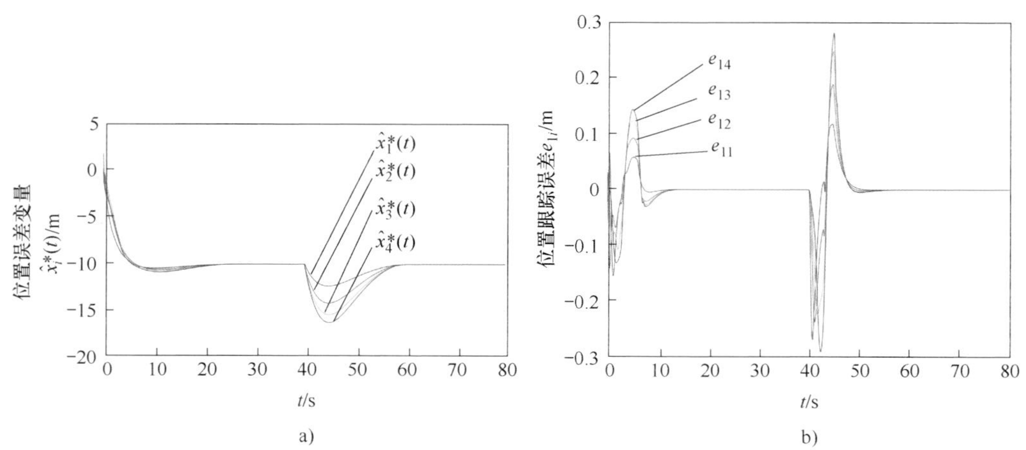

图 14-8　基于 NN 拓扑与参考文献[1]的对比实验结果

a）位置误差变量　b）位置跟踪误差

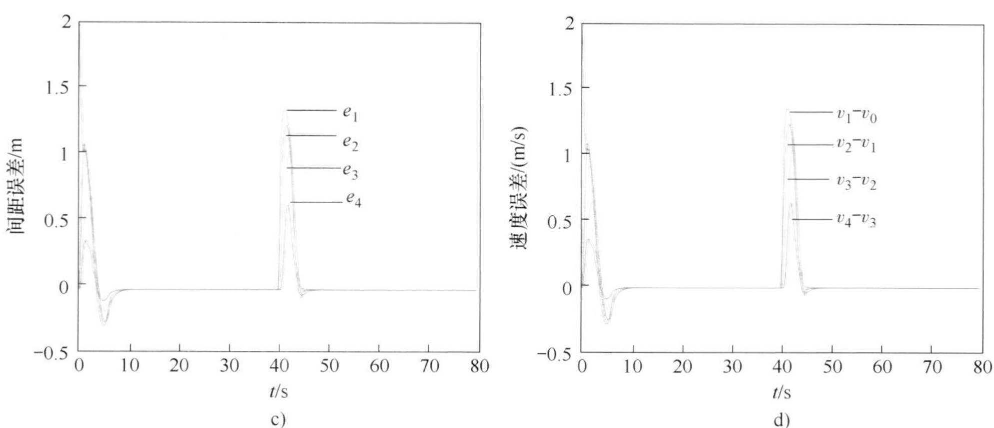

图 14-8　基于 NN 拓扑与参考文献[1]的对比实验结果(续)

c）间距误差　d）速度误差

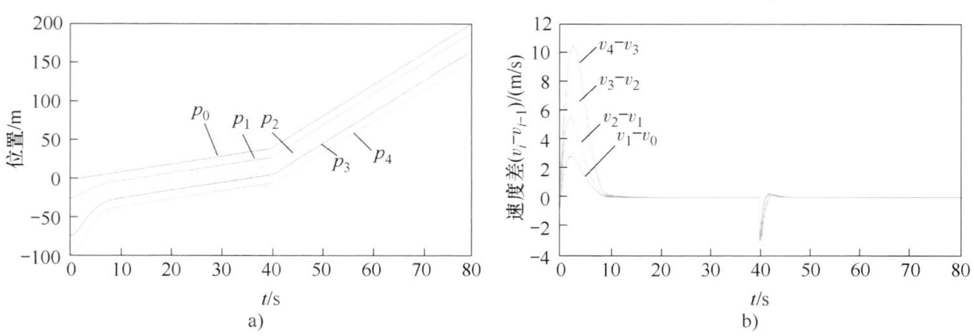

图 14-9　基于 NN 拓扑与参考文献[18]的对比实验结果

a）位置　b）速度差

智能交通与运载工程前沿技术丛书

网联车辆系统：通信、控制及优化

文世喜　郭　戈　著

机械工业出版社

本专著归纳总结了作者团队围绕智能网联车辆（CAVs）系统的分析与设计，在轨迹规划、车辆协作控制以及车间通信等领域取得的重要研究成果。本专著考虑了车间通信限制以及传感器/执行器故障影响下的车辆协作控制技术，并利用不同的建模方法及控制策略，解决了车辆协作控制中的轨迹优化，跟踪控制及车间通信冲突问题。本专著包含 14 章，分成 3 个部分，其中第 1~5 章是第 1 部分，讨论了网联车辆协作控制与通信的协同设计问题；第 6~9 章是第 2 部分，考虑了执行器故障下的保性能控制问题；第 10~14 章是第 3 部分，关注了 CAVs 系统的轨迹跟踪控制问题和速度规划问题。

本专著详尽介绍了 CAVs 系统分析与设计的公式、算法及其在数值仿真、实验中的应用。每章都给出相关的参考文献，可帮助读者系统学习该领域相关的知识。本专著可作为学习网联车辆的建模及控制算法的教程，也有助于本领域研究人员及工程师将相关的建模和算法应用于理论研究及技术创新中。

图书在版编目（CIP）数据

网联车辆系统：通信、控制及优化/文世喜，郭戈著. —北京：机械工业出版社，2023. 12

（智能交通与运载工程前沿技术丛书）

ISBN 978-7-111-74599-0

Ⅰ. ①网… Ⅱ. ①文… ②郭… Ⅲ. ①汽车-智能通信网-协调控制-研究 Ⅳ. ①U463. 67

中国国家版本馆 CIP 数据核字（2024）第 028119 号

机械工业出版社（北京市百万庄大街 22 号　邮政编码 100037）

策划编辑：罗　莉　　　　责任编辑：罗　莉

责任校对：杨　霞　牟丽英　　封面设计：鞠　杨

责任印制：张　博

天津光之彩印刷有限公司印刷

2024 年 6 月第 1 版第 1 次印刷

169mm×239mm · 18. 75 印张 · 18 插页 · 386 千字

标准书号：ISBN 978-7-111-74599-0

定价：149. 00 元

电话服务　　　　　　　　网络服务

客服电话：010-88361066　　机　工　官　网：www. cmpbook. com

　　　　　010-88379833　　机　工　官　博：weibo. com/cmp1952

　　　　　010-68326294　　金　　书　　网：www. golden- book. com

封底无防伪标均为盗版　　机工教育服务网：www. cmpedu. com

前　言

随着车辆与车辆之间的通信和车辆与路边设施之间的通信技术的快速应用，CAVs（Connected and Automated Vehicles，智能网联车辆）能够实现车辆状态信息和道路交通信息的收集与共享。由此 CAVs 实现了车辆的自动驾驶、车辆自动跟随、车辆协作控制以及车辆与交通信号灯的协同控制。鉴于 CAVs 在提高道路通行效率及保证车辆行驶安全上具有的优势，其已成为新一代智能交通系统中能够缓解交通拥堵、减少交通事故、实现节能减排的新兴技术之一。但是，在智能交通系统中实现 CAVs 的控制与决策依赖于实时、可靠的信息收集与传送、恰当的决策制定以及对控制命令的准确执行。然而，当前 CAVs 系统在测量、通信、控制中面临着挑战难题，其会对 CAVs 控制性能及安全性产生重要影响。

本专著包含了过去 10 年，课题组围绕 CAVs 系统的分析与设计中，在轨迹规划、车辆协作控制以及车间通信领域取得的重要研究成果。本专著考虑了车间通信限制以及传感器/执行器故障影响下的车辆协作控制技术，并利用不同的建模方法及控制策略，解决了车辆协作控制中的轨迹优化、跟踪控制及车间通信冲突问题。本专著包含 14 章，分成 3 个部分，其中，第 1~5 章是第 1 部分，讨论了网联车辆协作控制与通信的协同设计问题；第 6~9 章是第 2 部分，考虑了执行故障下的保性能控制问题；第 10~14 章是第 3 部分，关注了 CAVs 系统的轨迹跟踪控制问题和速度规划问题。

第 1 章解决了基于固定车间距策略，CAVs 系统在变化的车间通信范围影响下的控制问题。根据领队车辆与每辆跟随车辆之间的通信连接状态，将 CAVs 系统建模成为切换控制系统，并且其控制器依赖于通信状态连接矩阵。基于切换系统理论，得到了领队-跟随车队控制系统稳定性分析与控制器设计的一组充分条件，由此得到控制器的设计算法。通过为依赖于通信状态连接矩阵的控制器增加限制条件，可保证队列稳定性与零稳态车间距误差要求。

第 2 章考虑了 CAVs 系统存在的通信扰动和通信延时问题。针对异质 CAVs 系统，构建了由 CACC（Cooperative Adaptive Cruise Control，协作式自适应巡航控制）系统和 ACC（Adaptive Cruise Control，自适应巡航控制）系统构成的混合参考系统。以此提出了依据车间通信状态进行切换的 CACC-ACC 控制模型。通过建立 CAVs 误差系统并基于有限时间滑模型控制理论，设计的控制算法，可保证 CAVs

系统的队列稳定性以及零稳态车间距误差。

第 3 章考虑了 CAVs 系统涉及的车间通信拓扑与控制器的协同设计问题。基于协同感知信息传输机制，实现了车间通信拓扑的分配。所设计的依赖于车间通信拓扑的采样反馈控制器，可有效消除车间通信存在的随机丢包以及外部扰动。基于优化控制以及动态规划技术，建立一致设计框架，实现从所有车队可行的车间通信拓扑中，同时获得最优的车间通信拓扑以及控制器增益，并且适用于固定以及周期切换的车间通信拓扑情况。基于建立的一致控制框架，提出了车队控制算法，不但可以保证单车稳定性，还在保证车队的队列稳定性的同时，优化车队的性能指标。所提的算法可实现离线计算且只需执行一次，因此，其计算量少、易于实现。

第 4 章考虑了车间通信拓扑随机切换、通信延时和外部扰动影响下的车辆队列的采样控制问题，提出了基于跟随误差的采样控制方法。考虑了采样数据通过车载自组织网络进行传输时存在的车间通信延时。引入随机马尔可夫链描述车队中动态的车间通信拓扑的切换过程。由此构建了具有基于马尔可夫随机切换模式的延时控制系统。基于马尔可夫跳跃系统理论，得到了能够保证队列跟踪误差（即间距、速度和速度误差）指数稳定的一组充分条件。并利用此条件设计车队控制器增益，并将结果推广到马尔可夫链转移率部分未知的情况。

第 5 章将基于动态的事件触发策略的车间通信机制应用于 CAVs 系统，速度、加速度的采样数据通过车载网络的传输频率，以此节省有限的车间通信资源。设计了一种基于跟踪误差（车间距、速度误差和加速度误差）的采样反馈控制器，可保证 CAVs 跟踪误差系统，在基于动态事件触发策略的车间通信机制下，满足稳定性要求的充分条件。此外，建立了确定动态事件触发策略参数的设计标准，以保证 CAVs 系统的性能。

第 6 章考虑了执行器故障以及饱和对 CAVs 系统控制的影响。基于非线性车辆动力学模型以及新颖的二次型车间距策略，提出了自适应容错控制方法。引入的改进二次型车间距策略，可移除零初始跟踪误差的假设。利用神经网络近似逼近车辆模型中存在的非线性函数。基于 PID 型滑模控制技术以及李亚普诺夫稳定性理论，得到的车队自适应容错控制器，能够保证单车稳定性、队列稳定性以及道路交通流的稳定性。

第 7 章设计了容错控制策略来处理执行机构故障、输入量化以及死区非线性，对车队控制性能的影响。考虑由执行器故障引起的车辆的速度以及加速度的扰动对车间距策略的影响，提出了新颖的车间距策略，其可移除零初始车间误差的假设。通过利用径向基函数神经网络逼近车辆动力学方程中的非线性项，得到自适应控制器补偿近似误差和模型不确定参数。基于李亚普诺夫稳定性理论，推导出了能保证单车辆稳定性和车队稳定性的自适应滑模容错控制器。

第 8 章为 CAVs 系统提出了预测性能并发控制策略，消除 CAVs 系统模型存在的未知参数、扰动以及执行器饱和对控制性能的影响。基于虚拟领队车间双向信息流结构，引入了新的车间距策略。通过跟踪误差的变换以及为处理执行器饱和引入的辅助系统，提出了分布式自适应预测性能并发控制器。通过对分布式自适应预测性能并发控制器的设计，其能够保证 CAVs 系统的跟踪误差是一致稳定的。

第 9 章基于领队-跟随以及前车-后车型双向通信拓扑结构，分别为车队提出了两种自适应滑模控制策略，解决了 CAVs 系统模型存在的未知参数、扰动以及执行器饱和影响下的预设性能控制问题，以此，满足了队列稳定性以及强队列稳定性要求。其中，利用光滑双曲正切函数近似处理了执行器的饱和非线性性，并通过引入自适应控制律解决了不确定的模型参数以及外部扰动。

第 10 章针对由重型卡车构成的 CAVs 系统，考虑了其涉及的速度优化以及跟踪控制问题。结合了燃油-时间成本函数以及滚动动态规划技术，提出的车队平均速度规划算法。可方便于为由不同重量和尺寸的车辆构成的车队规划速度，并且更加节能。考虑非线性车辆模型、道路坡度，基于离散分布控制策略为跟随车辆设计的跟踪控制器保证队列稳定性要求。

第 11 章建立了分层的车队控制结构，用于解决 CAVs 系统速度规划和跟踪控制问题。其由速度规划层和队列控制层组成。上层为速度规划层，以最小油耗和行程时间为目标，基于 Pontryagin 原理，为车队规划了最优的速度轨迹；下层为跟踪控制层，利用分布式滑模控制策略实现了车辆的队列跟踪控制，基于期望的车间距满足了 CAVs 系统的队列稳定性要求。

第 12 章考虑了 CAVs 系统的分布式轨迹优化与自适应控制问题。由此构建了分布式、分层的控制结构用于实现轨迹优化与轨迹跟踪控制。上层控制器，利用分布式连续凸优化技术，为每辆跟随车辆设计了期望的行驶轨迹。当车辆的间距误差最小时，实现跟随车辆与领队车辆的行驶轨迹一致。下层提出了自适应滑模控制器，实现了对上层的优化轨迹的跟踪控制。基于滑模控制理论，设计了能够满足内稳定性和队列稳定性的控制器参数以及克服不确定模型参数的参数自适应律。

第 13 章基于二次型车间距策略，研究了 CAVs 系统的轨迹规划和队列控制问题。通过在二次型车间距策略引入期望的收敛速度项，提高了车辆速度规划的灵活性。利用分布式凸优化技术，得到了可优化车辆轨迹的算法，保证车间距误差最小。提出了一种新颖的 PID 型滑模控制器，该控制器具有双高能量到达率，明显改善了车队控制性能和抗抖动能力。

第 14 章基于有限时间理论，解决了 CAVs 系统涉及的轨迹规划和队列控制问题。通过利用分布式优化控制理论，以最小化车间距离误差为目标，得到了车辆优化的行驶轨迹。依据建立的跟踪误差动态方程，设计了有限时间终端滑模控制器，实现了对优化轨迹的跟踪控制。该方法在消除抖动、零稳态误差以及队列稳定性方面具有显著优势。

本专著详尽介绍了 CAVs 系统分析与设计的公式、算法及其在数值仿真、实验中的应用。每章都给出相关的参考文献，可帮助读者学习该领域相关的知识。同时，本专著也可用于本科生及研究生学习网联车辆涉及的相关建模以及控制算法，还可帮助研究人员以及工程师将书中的建模、算法应用于理论研究及技术创新中。

本专著中的研究工作得到了国家自然科学基金的资助，项目编号为 60974013、61273107、61573077、U1808205、61803062 及 62173079，部分研究工作得到了辽宁省自然科学基金项目（编号为 2022-MS-406）以及辽宁省教育厅项目（编号为 LJKMZ20221840）的资助。非常感谢基金委在过去 10 年对课题研究工作的资助。同时，特别感谢李丹丹、王琼、李平、雷鸿博、赵梓唯、杨冬琪、康健、张忍永康等多位课题组成员的努力工作与辛勤付出。

作　者

目　录

第2部分 车辆执行机构限制影响下的保性能控制

第 3 部分 轨迹规划与控制

第 1 部分

网联车辆通信与控制

第 1 章　车间通信范围变化影响下的控制

1.1　引言

网联车辆可以通过车载自组网（Vehicular Ad Hoc Network，VANET）与相邻车辆以及路侧设备共享信息（如位置、速度），因此网联车辆队列控制和协作式自适应巡航控制（CACC）已成为解决交通拥堵和交通事故等道路交通难题的重要技术[1]之一。将行驶在道路上的网联车辆排列成纵向队列并保持较小的车间距，一方面，可提高道路交通车流量；另一方面，可降低车间空气阻力，以此减少燃油消耗以及尾气排放，故其受到了广泛的关注[2-3]。CACC 技术是自适应巡航控制（ACC）技术的拓展，除了利用车载传感器，还可通过车间通信实现车辆协作控制，在智能交通领域具有广阔的应用前景[4-5]。由于在 ACC 模式下，车辆无法获得前方车辆的信息，导致车辆由加速或减速引起的速度扰动会不断向车辆后方传递并被放大，从而引起队列不稳定[6]。而 CACC 技术依靠车辆之间的通信进行车间信息的交换，因此车辆能够获取前方车辆信息用于其控制器设计，以此克服队列不稳定。此外，与 ACC 技术相比，采用 CACC 技术可产生较少的车头时距，在提高道路的通行能力和交通容量[7]的同时，还可降低车间空气阻力、减少燃油消耗及尾气排放[8]。

网联车队所采用的典型间距策略为：恒定间距（Constant-Spacing，CS）策略和恒定时距（Constant-Time-Headway-Spacing，CTHS）策略，二者的主要区别是所需车间距是否与车辆速度有关[9-10]。其中采用 CS 策略可以提高道路通行能力，但很难保证队列稳定性。而 CTHS 策略则更有助于提高交通安全性。

随着车间通信技术的快速发展，车辆队列控制可采用多种类型的通信拓扑进行通信（见图 1-1）[11]。然而，对于任一通信拓扑，采用 CS 车间距策略并不能一定满足队列稳定性。例如，参考文献[12]基于匀质车队，在采用前车跟随式（Predecessor Following，PF）通信拓扑和 CS 策略的条件下，证明了由于互补的灵敏度积分约束影响，故车队不能满足队列稳定性。参考文献[13]证明了车辆队列采用双向跟随式通信拓扑，队列稳定性受到了基本限制。在参考文献[12，14]中，采用领航跟随式（Leader Predecessor Following，LPF）通信拓扑，可以周期性地将领队车的信息广播给每辆跟随车辆，在 CS 策略下具有较好的队列稳定性能。

目前已有大量研究关注在 CS 策略和 LPF 通信拓扑条件下的队列稳定性问题，考虑的重要因素包括：通信限制、最优控制、非线性动力学、传感器有限范围、不确定的车辆模型及干扰。参考文献[15]分析了跟随车辆接收领队车辆状态信息存在定常延时情况下的队列稳定性。参考文献[16]研究了通信延迟对队列稳定性的影响。参考文献[17]和[18]研究了存在的通信限制对 LPF 车辆队列控制的影响，包括通信延迟、丢包和量化。参考文献[19]基于包容原理提出了一种分布式重叠控制律，能够保证系统的稳态性能和队列稳定性。参考文献[20]采用分布式滚动时域控制策略来处理非线性车辆动力学问题。在上述算法中，所设计的控制器时不需要前车的加速度信息。参考文献[21]基于代数图论和 Routh-Hurwitz 稳定性判据分析了车辆队列的稳定性和可扩展性。参考文献[22]提出了一种保性能控制器，以处理执行器延迟(例如，油门和制动延迟)和传感范围限制问题。

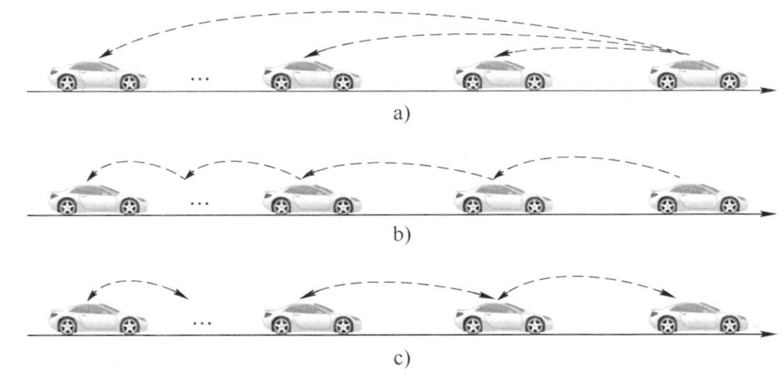

图 1-1　车辆队列控制通信拓扑

a）领航跟随式　b）前车跟随式　c）双向跟随式

本章主要对采用 CS 策略和 LPF 通信拓扑的车队进行稳定性分析与控制器设计。其中，领队车辆与跟随车辆之间的通信连接状态是时变的。在这种情况下，对于任意时刻，车队中可能没有车辆或存在部分/全部车辆，能够接收到从领队车辆广播的状态信息。因此，将车辆队列系统建模成为切换系统[23-24]，车辆控制器根据每辆跟随车的通信连接状态进行切换。基于平均驻留时间技术和分段 Lyapunov-Krasovskii 泛函，给出了车队的稳定性分析与控制器设计的标准，并提出了一种实用的 LPF 队列控制算法。本章的主要贡献如下：

1）为基于 CS 策略和 LPF 通信拓扑的车辆队列建立了新颖的具有切换形式的网联车队控制模型，描述了车辆通信范围变化的影响。

2）提出了有效的车辆队列控制结构，该结构的控制器增益依赖于领队车辆与跟随车辆之间的通信连接状态。

3）针对延时切换车队控制系统，提出了新颖的稳定性分析与控制器设计条件。

4）提出了一种基于通信连接状态矩阵的反馈控制器，所设计的控制器增益，可同时满足队列稳定性要求以及稳态误差要求。

符号说明：本章的符号说明如下，$\boldsymbol{A}^{\mathrm{T}}$ 表示 $\boldsymbol{A}$ 矩阵的转置，$\boldsymbol{I}$ 为具有适当维数的单位矩阵，$\boldsymbol{A}\geqslant 0(\boldsymbol{A}>0)$ 表示 $\boldsymbol{A}$ 为半正定(正定)矩阵，$\boldsymbol{A}\geqslant\boldsymbol{B}(\boldsymbol{A}\geqslant\boldsymbol{B})$ 表示 $\boldsymbol{A}-\boldsymbol{B}\geqslant 0$ $(\boldsymbol{A}-\boldsymbol{B}>0)$；$\mathbb{R}^n$ 表示 n 维实欧氏空间，$\mathbb{R}^{n\times m}$ 表示所有 $n\times m$ 实矩阵的集合；$\|\cdot\|$表示向量的欧氏范数；diag{…}表示块对角矩阵。

1.2 问题描述

在高速公路场景下，考虑由 $N+1$ 辆车构成的车辆队列，假设车队以恒定间距策略水平直线行驶(见图 1-2)。车辆 r 的位置、速度和加速度由 z_r、v_r 和 $a_r(r=0,1,\cdots,N)$ 表示，其中 $r=0$ 时代表领队车辆，其他情况代表跟随车辆。每辆跟随车都装有车载传感器，以测量其与前车之间的距离。领队车周期性地通过 VANET 向所有跟随车发送其状态信息(速度和加速度)，假设领队车的通信范围足够长，即可以覆盖车队内所有跟随车辆。将每辆跟随车辆的最大速度定义为 $v_{\max}$，并令 $v_0\leqslant v_{\max}$ 以避免速度饱和造成车队不稳定[7]。此外，假设领队车匀速行驶，即当 $t\to\infty$ 时，$\dot{z}_0(t)=v_0(t)$ 且 $\dot{v}_0(t)=0$。

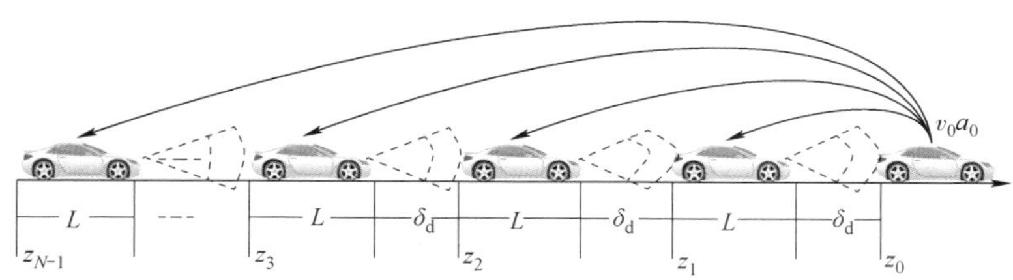

图 1-2 车辆队列示意图

定义第 r 辆跟随车的间距误差为

$$\delta_r(t)=z_{r-1}(t)-z_r(t)-L-\delta_{\mathrm{d}} \tag{1-1}$$

其中，δ_{d} 为期望车辆间距；L 为车身长度。车辆 r，$r=1,2,\cdots,N$ 的动力学方程描述如下：

$$\dot{\delta}_r(t)=\dot{z}_{r-1}(t)-\dot{z}_r(t)=v_{r-1}(t)-v_r(t) \tag{1-2}$$

$$\ddot{\delta}_r(t)=a_{r-1}(t)-a_r(t) \tag{1-3}$$

$$\dot{a}_r(t)=-a_r(t)/\varsigma+u_r(t)/\varsigma \tag{1-4}$$

其中，ς 为发动机时间常数；$u_r(t)$ 为车辆 r 的控制输入。

考虑车辆制动时的安全性，则车间距应不小于制动距离。根据参考文献[25]提出的 PATH 算法，采用下式表示制动距离 d_{brk}：

$$d_{\mathrm{brk}}=\frac{1}{2}\left(\frac{v_r^2}{\kappa_1}-\frac{\Delta v_r}{\kappa_2}\right)+v_r\tau'+d_0 \tag{1-5}$$

其中，$\Delta v_r = v_r - v_{r-1}$是相邻车辆之间的相对速度；$\kappa_1$ 是车辆 r 最大减速度；κ_2 是前车 $r-1$ 的最大减速度；τ'为制动系统的延迟时间；d_0 为最小距离。

考虑当车辆执行控制命令时存在执行器时间延迟 τ（例如，油门延时和制动延时）的影响，则式(1-4)可修改为

$$\dot{a}_r(t) = -a_r(t)/\varsigma + u_r(t-\tau)/\varsigma \tag{1-6}$$

定义 $x(t)=\mathrm{Col}[x_r(t)]_{r=1}^{N}$ 和 $\boldsymbol{u}(t)=\mathrm{Col}[u_r(t)]_{r=1}^{N}$ 分别表示状态向量和控制向量，其中，“Col”表示列向量，且 $\boldsymbol{x}_r(t)=[\delta_r \quad \dot{\delta}_r \quad \ddot{\delta}_r \quad v_0-v_r \quad a_0-a_r]^{\mathrm{T}}$。根据式(1-2)、式(1-3)、式(1-6)，车辆队列状态方程表示为

$$\dot{x}(t) = \boldsymbol{A}x(t) + \boldsymbol{B}u(t-\tau) \tag{1-7}$$

其中，

$$\boldsymbol{A} = \begin{bmatrix} A_1 & & \\ & 0 & \\ & & A_N \end{bmatrix},\ \boldsymbol{B} = \begin{bmatrix} -B_{11} & & & \\ B_{21} & -B_{22} & & \\ & 0 & 0 & \\ & & B_{N1} & -B_{N2} \end{bmatrix}$$

$$\boldsymbol{A}_r = \begin{bmatrix} 0 & 1 & 0 & 0 & 0 \\ 0 & 0 & 1 & 0 & 0 \\ 0 & 0 & \dfrac{-1}{\varsigma} & 0 & 0 \\ 0 & 0 & 0 & 1 & 0 \\ 0 & 0 & 0 & 0 & \dfrac{-1}{\varsigma} \end{bmatrix},\ \boldsymbol{B}_{r1} = \begin{bmatrix} 0 \\ 0 \\ \dfrac{1}{\varsigma} \\ 0 \\ 0 \end{bmatrix},\ \boldsymbol{B}_{r2} = \begin{bmatrix} 0 \\ 0 \\ \dfrac{1}{\varsigma} \\ 0 \\ \dfrac{-1}{\varsigma} \end{bmatrix}。$$

本书采用 LTE-V2V 网络支持可靠的 V2V 通信，一个 LTE 帧由 10 个子帧构成，其中每个子帧长度为 1ms。通常，领队车状态信息的大小在 50 字节到 500 字节之间，当 LTE 网络的带宽为 10MHz 时，若采用适当的调制和编码方案，则一个子帧足以用于车辆传输其状态信息。本章采用信噪比(SINR)来表征 V2V 通信的可靠性。在一个子帧中，其接收端(第 r 辆跟随车)的 SINR 表示为[26]

$$\gamma_r = \frac{p_{\mathrm{V2V}} h_r}{I_r + H_0} \tag{1-8}$$

其中，p_{V2V}是领队车与跟随车 i 之间的传输功率；h_r 是信道增益；包含从领队车到跟随车 i 的路径损耗和遮蔽效应；I_r 是来自单元用户的干扰；H_0 为每个子帧中噪声的功率。由于车队具有移动性，故无线信道(例如 h_r)的状态是动态变化的。当信噪比高于目标信噪比的阈值 γ_{V2V}时，则称 V2V 通信的数据传输率是可靠的。然而，不可靠的数据传输率可能会导致通信延迟、丢包和介质访问限制等通信问题。因此，假设车辆队列的速度可以使 V2V 信道的信噪比满足 $\gamma_r > \gamma_{\mathrm{V2V}}$，即跟随车 r 与领队车通信时，V2V 通信中的数据传输率是可靠的。

在 VANET 中，变化的通信范围会影响领队车与每辆跟随车之间的连接状态，定义一个二进制变量 $\gamma_r(t)\in\{0,1\}$ 表示跟随车 r 和领队车之间的连接状态，即，如果跟随车 r 与领队车的距离在当前通信范围内，那么 $\gamma_r(t)=1$；否则 $\gamma_r(t)=0$。定义矩阵 $\boldsymbol{M}_{\sigma(t)}=\operatorname{diag}\{\boldsymbol{\Delta}_1(t),\boldsymbol{\Delta}_2(t),\cdots,\boldsymbol{\Delta}_N(t)\}$，其中 $\Delta_r(t)=\operatorname{diag}\{1,1,1,\gamma_r(t),\gamma_r(t)\}$ 表示跟随车与领队车的连接状态，$\sigma(t)\in\{0,1,2,\cdots,N\}$ 表示切换信号。连接状态矩阵 $\boldsymbol{M}_{\sigma(t)}$ 的所有可能值均在有限集合 $\{\boldsymbol{M}_0,\boldsymbol{M}_1,\boldsymbol{M}_2,\cdots\boldsymbol{M}_N\}$ 中，其中 M_σ，$\sigma\in\{0,1,2,\cdots,N\}$ 表示如下：

$$
\begin{aligned}
&\boldsymbol{M}_0=\operatorname{diag}\{\Pi_{12},\Pi_{22},\cdots,\Pi_{N2}\}\\
&\boldsymbol{M}_1=\operatorname{diag}\{\Pi_{11},\Pi_{22},\cdots,\Pi_{N2}\}\\
&\boldsymbol{M}_2=\operatorname{diag}\{\Pi_{11},\Pi_{21},\Pi_{32},\cdots,\Pi_{N2}\}\\
&\boldsymbol{M}_3=\operatorname{diag}\{\Pi_{11},\Pi_{21},\Pi_{31},\Pi_{42},\cdots,\Pi_{N2}\}\\
&\vdots\\
&\boldsymbol{M}_N=\operatorname{diag}\{\Pi_{11},\Pi_{21},\cdots,\Pi_{N1}\}
\end{aligned}
$$

其中，$\Pi_{r1}=\operatorname{diag}\{1,1,1,1,1\}$；$\Pi_{r2}=\operatorname{diag}\{1,1,1,0,0\}$。连接状态矩阵 $\boldsymbol{M}_{\sigma(t)}$ 的示意图如图 1-3 所示。

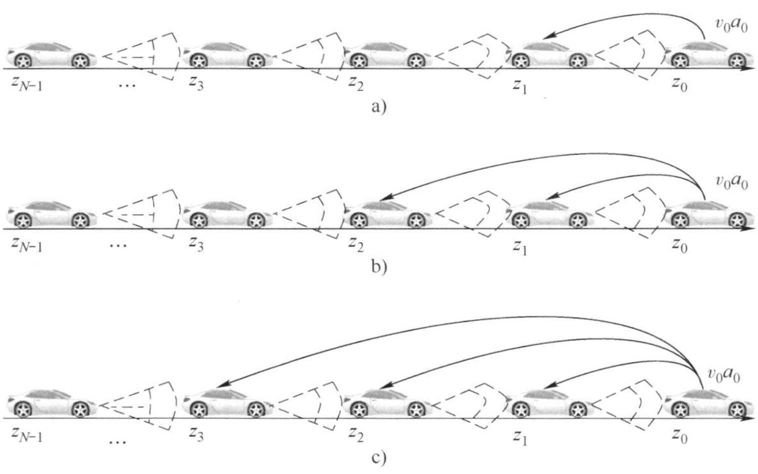

图 1-3　连接状态矩阵

a) $\boldsymbol{M}_{\sigma(t)}=\boldsymbol{M}_1$　b) $\boldsymbol{M}_{\sigma(t)}=\boldsymbol{M}_2$　c) $\boldsymbol{M}_{\sigma(t)}=\boldsymbol{M}_3$

当 $\gamma_r(t)=1$ 时，跟随车辆 r 可以接收到领队车辆的 v_0 和 a_0 值，用以计算速度误差 $v_{0r}=v_0-v_r$ 与加速度误差 $a_{0r}=a_0-a_r$；否则，则将速度误差和加速度误差通过置零策略分别设为 $v_{0r}=0$ 以及 $a_{0r}=0$，故跟随车 r 的控制器具有以下切换形式：

$$u_r(t)=\begin{cases}k_\sigma^p\delta_r+k_\sigma^v\dot{\delta}_r+k_\sigma^a\ddot{\delta}_r+k_\sigma^{ve}v_{0r}+k_\sigma^{ae}a_{0r}, & \gamma_r(t)=1\\ k_\sigma^p\delta_r+k_\sigma^v\dot{\delta}_r+k_\sigma^a\ddot{\delta}_r, & \gamma_r(t)=0\end{cases} \tag{1-9}$$

其中，$k_\sigma^p,k_\sigma^v,k_\sigma^a,k_\sigma^{ve},k_\sigma^{ae}$ 为与连接状态矩阵 $\boldsymbol{M}_\sigma$ 相关的控制器设计增益。根据式(1-9)，车辆队列的反馈控制器(见图 1-4)可表示为

$$u(t)=M_{\sigma(t)}K_{\sigma(t)}x(t) \tag{1-10}$$

其中，$K_{\sigma(t)}\in\{K_0,K_1,K_2,\cdots,K_N\}$；$K_\sigma=\mathrm{diag}\{\overline{K}_\sigma^1,\overline{K}_\sigma^2,\cdots,\overline{K}_\sigma^N\}$ 为与连接状态矩阵相关的反馈控制器增益，且 $\overline{K}_\sigma^r=\mathrm{diag}\{k_\sigma^p,k_\sigma^v,k_\sigma^a,k_\sigma^{ve},k_\sigma^{ae}\}$。设 $\alpha_\sigma(t)$ 为在时间间隔$[0,t)$内，跟随车的连通状态矩阵与 $\boldsymbol{M}_\sigma$ 相等时的总时间。则定义模态率 $\alpha_\sigma=\alpha_\sigma(t)\Big/\sum\limits_{\sigma=0}^{N}\alpha_\sigma(t)$。

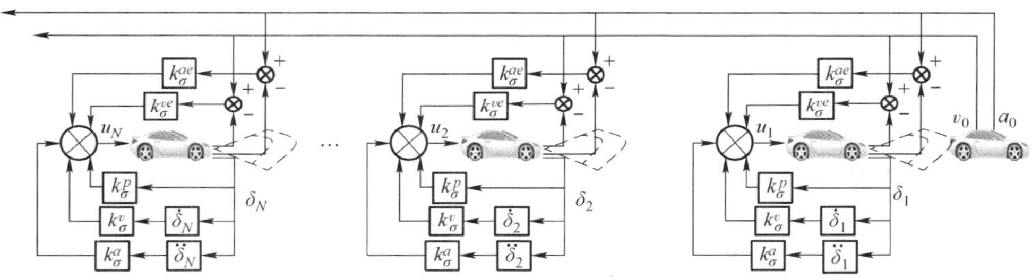

图 1-4　车辆队列控制结构

将反馈控制器式(1-10)代入式(1-7)，设初始条件为 $x(t)=\phi(t)=\phi(t_0)$，其中 $t\in[-\tau,0)$。则车辆队列的状态空间方程可以改写为

$$\begin{cases}\dot{x}(t)=Ax(t)+BM_{\sigma(t)}K_{\sigma(t)}\boldsymbol{x}(t-\tau), & t\geqslant t_0\\ x(t)=\phi(t)=\phi(t_0), & t\in[-\tau,0)\end{cases} \tag{1-11}$$

车辆队列控制系统的控制目标为：设计一个依赖连通状态的反馈控制器式(1-10)，可保证每辆跟随车辆均能与领队车辆保持相同的行驶速度及期望的车间距。即队列控制系统式(1-11)在通信范围变化和执行器延迟影响下需要满足以下条件：

1）单车稳定性：整个闭环车辆队列控制系统式(1-11)为均方指数稳定的。

2）稳态性能：所有车辆的间距误差 $\delta_r(t)$ 都趋近于零。

3）队列稳定：跟随车辆的距离误差不会随着车队中跟随车辆数目的增加而逐渐放大。令 $G_r(s)=\delta_r(s)/\delta_{r-1}(s)$，有 $\|G_r(s)\|\leqslant 1$，其中，$\delta_r(s)$ 为间距误差 $\delta_r(t)$ 的拉普拉斯变换。

定义 1.1[27]：如果存在正数 c 且 $\rho<0$，若对于任何初始条件 $\phi(t_0)\in\mathbb{R}^n$，$x(t)$ 满足下式，则认为系统式(1-11)是指数稳定的

$$\|x(t)\|\leqslant c\mathrm{e}^{\rho(t-t_0)}\|\phi(t_0)\|,\ \forall t\geqslant t_0 \tag{1-12}$$

其中，ρ 为衰减速率。

定义 1.2[28]：对于切换信号 $\sigma(t)$，$t \geqslant t_0$，令 $N(k)$ 表示 $\sigma(t)$ 在时间间隔$[t_0, t)$内的切换次数。若 $N(t) \leqslant N_0 + (t - t_0)/T_a$ 对于 $N_0 > 0$ 与 $T_a > 0$ 成立，那么称 T_a 为平均驻留时间，N_0 为抖动界。为简单起见，不失一般性，假定 $N_0 = 0$。

引理 1.1[29-30]：对于标量 $\lambda \in (0,1)$，定义 $\boldsymbol{R} \in \mathbb{R}^{n \times n}$ 为正定矩阵，$\boldsymbol{W}_1 \in \mathbb{R}^n$ 和 $\boldsymbol{W}_2 \in \mathbb{R}^n$ 为实向量。定义函数 $f(\lambda)$ 作为 λ 上的交互式凸组合：

$$f(\lambda) = \frac{1}{\lambda}\boldsymbol{W}_1^{\mathrm{T}}\boldsymbol{R}\boldsymbol{W}_1 + \frac{1}{1-\lambda}\boldsymbol{W}_2^{\mathrm{T}}\boldsymbol{R}\boldsymbol{W}_2$$

如果存在矩阵 $\boldsymbol{S} \in \mathbb{R}^{n \times n}$，使$\begin{bmatrix} \boldsymbol{R} & \boldsymbol{S} \\ \boldsymbol{S} & \boldsymbol{R} \end{bmatrix} \geqslant 0$，则有以下不等式成立：

$$f(\lambda) \geqslant \begin{bmatrix} \boldsymbol{W}_1 \\ \boldsymbol{W}_2 \end{bmatrix}^{\mathrm{T}} \begin{bmatrix} \boldsymbol{R} & \boldsymbol{S} \\ \boldsymbol{S} & \boldsymbol{R} \end{bmatrix} \begin{bmatrix} \boldsymbol{W}_1 \\ \boldsymbol{W}_2 \end{bmatrix}$$

证明：引理 1.1 可直接由参考文献[29]中的定理 1 给出。

1.3 网联车队切换控制

本节首先分析切换延时车辆队列控制系统式(1-11)的稳定性，并设计控制器。然后为控制器设置约束条件，以保证队列稳定性。并求得依赖连接状态矩阵的控制器增益保证稳态间距误差为零。

对于切换系统式(1-11)，引入分段的二次型 Lyapunov-Krasovskii 泛函如下：

$$V_\sigma(t) = \boldsymbol{x}^{\mathrm{T}}(t)\boldsymbol{P}_\sigma\boldsymbol{x}(t) + \mathrm{e}^{-\lambda_\sigma t}\int_{t-\tau}^{t} \mathrm{e}^{\lambda_\sigma s}\boldsymbol{x}^{\mathrm{T}}(s)\boldsymbol{Q}_\sigma\boldsymbol{x}(s)\,\mathrm{d}s + \mathrm{e}^{-\lambda_\sigma t}\int_{-\tau}^{0}\int_{t+\theta}^{t} \mathrm{e}^{\lambda_\sigma s}\dot{\boldsymbol{x}}^{\mathrm{T}}(s)\boldsymbol{R}_\sigma\dot{\boldsymbol{x}}(s)\,\mathrm{d}s\mathrm{d}\theta \tag{1-13}$$

其中，$\lambda_\sigma > 0$，$\boldsymbol{P}_\sigma > 0$，$\boldsymbol{Q}_\sigma > 0$ 且 $\boldsymbol{R}_\sigma > 0$。Lyapunov-Krasovskii 泛函 $V_\sigma(t)$ 的性质见引理 1.2。为方便表示，令 $\boldsymbol{\ell}_r$，$r = 1,2,3,4$ 为块矩阵，且 $\boldsymbol{\ell}_{rg} = \boldsymbol{\ell}_r - \boldsymbol{\ell}_g$。如：$\boldsymbol{\ell}_1 = [\boldsymbol{I}_n, 0, 0, 0]^{\mathrm{T}}$，$\boldsymbol{\ell}_{12} = [\boldsymbol{I}_n, -\boldsymbol{I}_n, 0, 0]^{\mathrm{T}}$。

引理 1.2：给定标量 $\lambda_\sigma > 0$，若存在实矩阵 $\boldsymbol{P}_\sigma > 0$，$\boldsymbol{Q}_\sigma > 0$，$\boldsymbol{R}_\sigma > 0$ 与适当维数的实矩阵 $\boldsymbol{S}_\sigma$ 使得以下不等式成立

$$\begin{bmatrix} \boldsymbol{R}_\sigma & \boldsymbol{S}_\sigma \\ \boldsymbol{S}_\sigma & \boldsymbol{R}_\sigma \end{bmatrix} \geqslant 0,\ \boldsymbol{\Omega}_\sigma = \begin{bmatrix} \boldsymbol{\psi}_\sigma & \tau\boldsymbol{G}_\sigma\boldsymbol{R}_\sigma \\ * & -\boldsymbol{R}_\sigma \end{bmatrix} < 0 \tag{1-14}$$

其中，

$$\begin{aligned} \boldsymbol{\psi}_\sigma = {} & \boldsymbol{\ell}_1^{\mathrm{T}}(\lambda_\sigma\boldsymbol{P}_\sigma + \boldsymbol{Q}_\sigma)\boldsymbol{\ell}_1 + \boldsymbol{G}_\sigma\boldsymbol{P}_\sigma\boldsymbol{\ell}_1^{\mathrm{T}} + \boldsymbol{\ell}_1\boldsymbol{P}_\sigma\boldsymbol{G}_\sigma^{\mathrm{T}} - \\ & \mathrm{e}^{-\tau\lambda_\sigma}\boldsymbol{\ell}_3^{\mathrm{T}}\boldsymbol{Q}_\sigma\boldsymbol{\ell}_3 - \boldsymbol{\ell}_4^{\mathrm{T}}\boldsymbol{Q}_\sigma\boldsymbol{\ell}_4 - \mathrm{e}^{-\tau\lambda_\sigma}\begin{bmatrix} \boldsymbol{\ell}_{23} \\ \boldsymbol{\ell}_{12} \end{bmatrix}^{\mathrm{T}} \begin{bmatrix} \boldsymbol{R}_\sigma & \boldsymbol{S}_\sigma \\ \boldsymbol{S}_\sigma & \boldsymbol{R}_\sigma \end{bmatrix} \begin{bmatrix} \boldsymbol{\ell}_{23} \\ \boldsymbol{\ell}_{12} \end{bmatrix} \end{aligned}$$

且 $\boldsymbol{G}_\sigma = \boldsymbol{A}\boldsymbol{\ell}_1 + \boldsymbol{B}_\sigma\boldsymbol{M}_\sigma\boldsymbol{K}_\sigma\boldsymbol{\ell}_3$，那么式(1-13)中定义的 Lyapunov-Krasovskii 泛函 $V_\sigma(t)$ 具

有以下性质

$$\dot{V}_\sigma(t)+\lambda_\sigma V_\sigma(t)\leqslant 0 \tag{1-15}$$

证明： 由式(1-13)中所定义的 $V_\sigma(t)$ 可得

$$\begin{aligned}\dot{V}_\sigma(t)+\lambda_\sigma V_\sigma(t)\leqslant & 2\dot{\boldsymbol{x}}_i^{\mathrm{T}}(t)\boldsymbol{P}_\sigma\boldsymbol{x}(t)-\lambda_\sigma\int_{t-\tau}^{t}\mathrm{e}^{\lambda_\sigma(s-t)}\boldsymbol{x}^{\mathrm{T}}(s)\boldsymbol{Q}_\sigma\boldsymbol{x}(s)\mathrm{d}s+\\ & \boldsymbol{x}^{\mathrm{T}}(t)\boldsymbol{Q}_\sigma\boldsymbol{x}(t)-\boldsymbol{x}^{\mathrm{T}}(t-\tau)\boldsymbol{Q}_\sigma\boldsymbol{x}(t-\tau)-\\ & \lambda_\sigma\int_{-\tau}^{0}\int_{t+\theta}^{t}\mathrm{e}^{\lambda_\sigma(s-t)}\dot{\boldsymbol{x}}^{\mathrm{T}}(s)\boldsymbol{R}_\sigma\dot{\boldsymbol{x}}(s)\mathrm{d}\theta\mathrm{d}s+\\ & \tau\dot{\boldsymbol{x}}^{\mathrm{T}}(t)\boldsymbol{R}_\sigma\dot{\boldsymbol{x}}(t)-\mathrm{e}^{-\tau\lambda_\sigma}\xi_\sigma(t)+\lambda_\sigma V_\sigma(t)\end{aligned} \tag{1-16}$$

其中，$\xi_\sigma(t)=\int_{t-\tau}^{t}\dot{\boldsymbol{x}}^{\mathrm{T}}(s)\boldsymbol{R}_\sigma\dot{\boldsymbol{x}}(s)\mathrm{d}s$。

定义 $\phi(t)=[\boldsymbol{x}^{\mathrm{T}}(t)\quad \boldsymbol{x}^{\mathrm{T}}(t-d(t))\quad \boldsymbol{x}^{\mathrm{T}}(t-\tau)]^{\mathrm{T}}$，有

$$\begin{aligned}\xi_\sigma(t)&=-\tau\int_{t-\tau}^{t-d(t)}\dot{\boldsymbol{x}}^{\mathrm{T}}(s)\boldsymbol{R}_\sigma\dot{\boldsymbol{x}}(s)\mathrm{d}s-\tau\int_{t-d(t)}^{t}\dot{\boldsymbol{x}}^{\mathrm{T}}(s)\boldsymbol{R}_\sigma\dot{\boldsymbol{x}}(s)\mathrm{d}s\\ &\leqslant-\frac{\tau}{\tau-d(t)}\phi^{\mathrm{T}}(t)\ell_{23}^{\mathrm{T}}\boldsymbol{R}_\sigma\ell_{23}\phi(t)-\frac{\tau}{d(t)}\phi^{\mathrm{T}}(t)\ell_{12}^{\mathrm{T}}\boldsymbol{R}_\sigma\ell_{12}\phi(t)\text{。}\end{aligned}$$

由引理 1.1，可得

$$\xi_\sigma(t)\leqslant-\phi^{\mathrm{T}}(t)\begin{bmatrix}\ell_{23}\\ \ell_{12}\end{bmatrix}^{\mathrm{T}}\begin{bmatrix}\boldsymbol{R}_\sigma & \boldsymbol{S}_\sigma\\ \boldsymbol{S}_\sigma & \boldsymbol{R}_\sigma\end{bmatrix}\begin{bmatrix}\ell_{23}\\ \ell_{12}\end{bmatrix}\phi(t) \tag{1-17}$$

易得 $\dot{\boldsymbol{x}}(t)=\boldsymbol{G}_\sigma\phi(t)$。并由式(1-15)~式(1-17)，可得

$$\dot{V}_\sigma(t)+\lambda_\sigma V_\sigma(t)\leqslant\phi^{\mathrm{T}}(t)\{\boldsymbol{\psi}_\sigma+\tau^2\boldsymbol{G}_\sigma^{\mathrm{T}}\boldsymbol{R}_\sigma\boldsymbol{G}_\sigma\}\phi(t) \tag{1-18}$$

若 $\boldsymbol{\psi}_\sigma+\tau^2\boldsymbol{G}_\sigma^{\mathrm{T}}\boldsymbol{R}_\sigma\boldsymbol{G}_\sigma<0$，则有 $\dot{V}_\sigma(t)+\lambda_\sigma V_\sigma(t)\leqslant 0$。对于矩阵不等式 Ω_σ，依据 Schur 补引理可得不等式 $\dot{V}_\sigma(t)+\lambda_\sigma V_\sigma(t)\leqslant 0$。证毕。

下面给出本章的主要结果。

定理 1.1： 考虑通信范围变化的领队-跟随车队列控制系统结构。对于标量 $\lambda_\sigma>0$，$\kappa>0$，和 $\mu\geqslant 1$，若车辆队列系统式(1-11)的平均驻留时间满足

$$T_{\mathrm{a}}>T_{\mathrm{a}}^*,T_{\mathrm{a}}^*=\frac{\ln\mu}{\sum_{\sigma=0}^{N}\lambda_\sigma\alpha_\sigma} \tag{1-19}$$

且存在实矩阵 $\hat{\boldsymbol{P}}_\sigma>0$，$\boldsymbol{Q}_\sigma>0$，$\boldsymbol{R}_\sigma>0$，以及实矩阵 $\hat{\boldsymbol{K}}_\sigma$，和适当维数的 $\boldsymbol{S}_\sigma$ 满足下列不等式：

$$\begin{bmatrix}\boldsymbol{R}_\sigma & \boldsymbol{S}_\sigma\\ \boldsymbol{S}_\sigma & \boldsymbol{R}_\sigma\end{bmatrix}\geqslant 0,\ \hat{\Omega}_\sigma=\begin{bmatrix}\boldsymbol{\psi}_\sigma & \tau\hat{\boldsymbol{G}}_\sigma^{\mathrm{T}}\\ * & 2\kappa\hat{\boldsymbol{P}}_\sigma-\kappa^2\boldsymbol{R}_\sigma\end{bmatrix} \tag{1-20}$$

$$\boldsymbol{P}_i\leqslant\mu\boldsymbol{P}_j,\ \boldsymbol{Q}_i\leqslant\mu\boldsymbol{Q}_j,\ \boldsymbol{R}_i\leqslant\mu\boldsymbol{R}_j,\quad\forall i,j\in\{0,1,2,3,\cdots,N\} \tag{1-21}$$

其中，

$$\boldsymbol{\psi}_\sigma=\boldsymbol{\ell}_1^{\mathrm{T}}(\lambda_\sigma\hat{\boldsymbol{P}}_\sigma+\boldsymbol{Q}_\sigma)\boldsymbol{\ell}_1+\hat{\boldsymbol{G}}_\sigma\boldsymbol{\ell}_1^{\mathrm{T}}+\boldsymbol{\ell}_1\hat{\boldsymbol{G}}_\sigma^{\mathrm{T}}-\mathrm{e}^{-\tau\lambda_\sigma}\boldsymbol{\ell}_3^{\mathrm{T}}\boldsymbol{Q}_\sigma\boldsymbol{\ell}_3-\boldsymbol{\ell}_4^{\mathrm{T}}\boldsymbol{Q}_\sigma\boldsymbol{\ell}_4-\mathrm{e}^{-\tau\lambda_\sigma}\begin{bmatrix}\boldsymbol{\ell}_{23}\\ \boldsymbol{\ell}_{12}\end{bmatrix}^{\mathrm{T}}\begin{bmatrix}\boldsymbol{R}_\sigma & \boldsymbol{S}_\sigma\\ \boldsymbol{S}_\sigma & \boldsymbol{R}_\sigma\end{bmatrix}\begin{bmatrix}\boldsymbol{\ell}_{23}\\ \boldsymbol{\ell}_{12}\end{bmatrix};$$

$$\hat{\boldsymbol{G}}_\sigma=\boldsymbol{A}_\sigma\boldsymbol{\ell}_1\hat{\boldsymbol{P}}_\sigma+\boldsymbol{B}_\sigma\boldsymbol{M}_\sigma\hat{\boldsymbol{K}}_\sigma\boldsymbol{\ell}_3。$$

则每辆跟随车辆以衰减率 $\rho/2$ 指数稳定，其中 $\rho=\frac{1}{T_{\mathrm{a}}}\ln\mu-\sum_{\sigma=0}^{N}\lambda_\sigma\alpha_\sigma$，其状态衰减由下式估计

$$\|x(t)\|<\sqrt{b/a}\,\mathrm{e}^{\frac{\rho(t-t_0)}{2}}\|\phi(t_0)\| \tag{1-22}$$

其中，

$a=\min\{\lambda_{\min}(\boldsymbol{P}_\sigma)\}$ 且 $b=\max\{\lambda_{\max}(\boldsymbol{P}_\sigma)+\tau\lambda_{\max}(\boldsymbol{Q}_\sigma)+\tau^2\lambda_{\max}(\boldsymbol{R}_\sigma)/2\}$。

此外，依赖连接状态的车辆队列控制器为

$$\boldsymbol{K}_\sigma=\hat{\boldsymbol{P}}_\sigma^{-1}\hat{\boldsymbol{K}}_\sigma \tag{1-23}$$

证明：首先，在满足定理 1.1 中条件式(1-20)的情况下，证明控制器增益式(1-23)可以使式(1-13)中 Lyapunov-Krasovskii 泛函 $V_\sigma(t)$满足在式(1-15)中给出的性质。在不等式(1-14)中，令 $\hat{\boldsymbol{P}}_\sigma=\boldsymbol{P}_\sigma$，定义如下变量：$\hat{\boldsymbol{K}}_\sigma=\hat{\boldsymbol{P}}_\sigma\boldsymbol{K}_\sigma$，$\boldsymbol{S}=\mathrm{diag}\{\boldsymbol{I}_n,\boldsymbol{R}_\sigma^{-1}\hat{\boldsymbol{P}}_\sigma\}$。在式(1-14)的两边同时乘以 S，即可得式(1-20)，其中，$\hat{\boldsymbol{P}}_\sigma\boldsymbol{R}_\sigma^{-1}\hat{\boldsymbol{P}}_\sigma$ 与不等式 $\hat{\boldsymbol{P}}_\sigma\boldsymbol{R}_\sigma^{-1}\hat{\boldsymbol{P}}_\sigma\leqslant\kappa^2\boldsymbol{R}_\sigma-2\kappa\hat{\boldsymbol{P}}_\sigma$ 有关。其满足引理 1.1 的条件，则不等式(1-15)成立。

然后，证明车辆队列切换控制系统式(1-11)是指数稳定的。令 $0<t_1<t_2<\cdots<t_k<t$ 表示切换信号 $\sigma(t)$的切换时间点。根据式(1-15)，可得

$$V_{\sigma(t)}(t)\leqslant\mathrm{e}^{-\lambda_{\sigma(t_k)}(t-t_k)}V_{\sigma(t_k)}(t_k) \tag{1-24}$$

结合定理 1.1 给出的条件式(1-21)和式(1-13)定义的 Lyapunov-Krasovskii 泛函 $V_{\sigma(t)}(t)$，对于任何 $x_i(t)$可得

$$V_i(t)\leqslant\mu V_j(t),\ \forall i,j\in\{0,1,2,\cdots,N\} \tag{1-25}$$

根据式(1-25)，有

$$V_{\sigma(t)}(t)\leqslant\mu\mathrm{e}^{-\lambda_{\sigma(t_k)}(t-t_k)}V_{\sigma(\bar{t}_k)}(t_k)$$

其中，$\bar{t}_k$ 为切换时间点 t_k 的前一个时间。

易得

$$V_{\sigma(t)}(t)\leqslant\mu^2\mathrm{e}^{-\lambda_{\sigma(t_k)}(t-t_k)}\mathrm{e}^{-\lambda_{\sigma(t_{k-1})}(t_k-t_{k-1})}V_{\sigma(t_{k-1})}(t_{k-1}) \tag{1-26}$$

根据式(1-26)递归可得

$$\begin{aligned}V_{\sigma(t)}(t)&\leqslant\mu^{N(t)}\mathrm{e}^{-\lambda_{\sigma(t_k)}(t-t_k)}\mathrm{e}^{-\lambda_{\sigma(t_{k-1})}(t_k-t_{k-1})}\mathrm{e}^{-\lambda_{\sigma(t_{k-2})}(t_{k-1}-t_{k-2})}\cdots\mathrm{e}^{-\lambda_{\sigma(t_0)}(t_1-t_0)}V(t_0)\\&\leqslant\mu^{\frac{t-t_0}{T_{\mathrm{a}}}}\mathrm{e}^{\sum_{\sigma=0}^{N}-\lambda_\sigma\alpha_\sigma(t-t_0)}V(t_0)=\left(\mu^{\frac{1}{T_{\mathrm{a}}}}\mathrm{e}^{\sum_{\sigma=0}^{N}-\lambda_\sigma\alpha_\sigma}\right)^{t-t_0}V(t_0)\\&\leqslant\left(\mathrm{e}^{\frac{1}{T_{\mathrm{a}}}\ln\mu-\sum_{\sigma=0}^{N}\lambda_i\alpha_i}\right)^{t-t_0}V(t_0)=\mathrm{e}^{\rho(t-t_0)}V(t_0)\end{aligned} \tag{1-27}$$

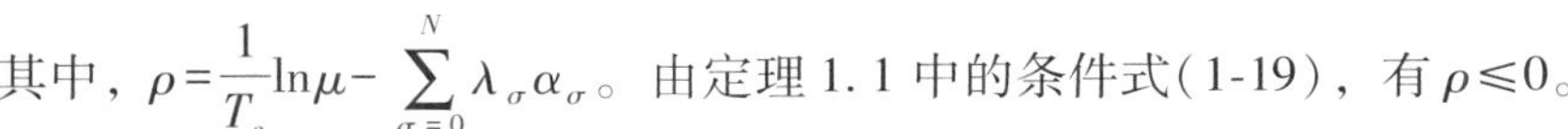

其中，$\rho=\dfrac{1}{T_{\mathrm{a}}}\ln\mu-\sum_{\sigma=0}^{N}\lambda_{\sigma}\alpha_{\sigma}$。由定理 1.1 中的条件式(1-19)，有 $\rho\leqslant 0$。

考虑分段的二次型 Lyapunov-Krasovskii 泛函 $V_{\sigma(t)}(t)$，存在 $a>0$ 和 $b>0$ 使得下式成立

$$a\|\boldsymbol{x}(t)\|^{2}\leqslant V_{\sigma(t)}(t)<b\mathrm{e}^{\rho(t-t_0)}\|\phi(t_0)\|^{2} \tag{1-28}$$

其中，$a\|\boldsymbol{x}(t)\|^{2}\leqslant V_{\sigma(t)}(t)$，$V_{\sigma(t)}(t)<b\|\phi(t_0)\|^{2}$。

由不等式(1-28)可得

$$\|\boldsymbol{x}(t)\|<\sqrt{b/a}\,\mathrm{e}^{\frac{\rho(t-t_0)}{2}}\|\phi(t_0)\| \tag{1-29}$$

即每辆跟随车辆都能以衰减率 $\rho/2$ 指数稳定。

上节所设计的控制器可以保证每辆跟随车的单车稳定性。然而，对于动力学耦合车辆队列控制系统，满足单车稳定性并不能保证队列稳定性。为满足队列稳定性和零稳态误差，则需要为控制器添加附加限制。由于队列稳定性与通信拓扑相耦合，故如何分析车辆队列切换控制系统的队列稳定性仍是一个具有挑战性的难题[31-32]。本章对于队列稳定性和零稳态间距误差的讨论主要集中在由连接状态矩阵决定的控制器增益上。

根据式(1-3)，有

$$\dddot{\delta}_{r}(t)=\dot{a}_{r-1}(t)-\dot{a}_{r}(t) \tag{1-30}$$

对式(1-30)进行拉普拉斯变换，可以得到传递函数 $\delta_r(s)/\delta_{r-1}(s)$。由于本章考虑变化的通信范围，故传递函数 $\delta_r(s)/\delta_{r-1}(s)$ 分为以下几种情况。

情况 1.1： 跟随车 r 及其前车(跟随车 $r-1$)都在领队车的通信范围内，有

$$G_1(s)=\frac{k_{\sigma}^{p}+k_{\sigma}^{v}s+k_{\sigma}^{a}s^{2}}{(\varsigma s^{3}+s^{2})\mathrm{e}^{\tau s}+k_{\sigma}^{p}+k_{\sigma}^{v}s+k_{\sigma}^{a}s^{2}+k_{\sigma}^{ve}s+k_{\sigma}^{ae}s^{2}} \tag{1-31a}$$

情况 1.2： 跟随车 r 及其前车(跟随车 $r-1$)都不在领队车的通信范围内。此时，$v_{0r}=v_{0(r-1)}=0$ 且 $a_{0r}=a_{0(r-1)}=0$，可得

$$G_2(s)=\frac{k_{\sigma}^{p}+k_{\sigma}^{v}s+k_{\sigma}^{a}s^{2}}{(\varsigma s^{3}+s^{2})\mathrm{e}^{\tau s}+k_{\sigma}^{p}+k_{\sigma}^{v}s+k_{\sigma}^{a}s^{2}} \tag{1-31b}$$

情况 1.3： 跟随车 $r-1$ 在领队车的通信范围内，然而跟随车 r 不处于其范围内，则有

$$G_3(s)=\frac{k_{\sigma}^{p}+k_{\sigma}^{v}s+k_{\sigma}^{a}s^{2}}{(\varsigma s^{3}+s^{2})\mathrm{e}^{\tau s}+k_{\sigma}^{p}+k_{\sigma}^{v}s+k_{\sigma}^{a}s^{2}+k_{\sigma}^{ve}s\sum\limits_{j=1}^{r-1}\delta_j(s)+k_{\sigma}^{ae}s^{2}\sum\limits_{j=1}^{r-1}\delta_j(s)} \tag{1-31c}$$

其中，$v_0(t)-v_{r-1}(t)=\sum_{j=1}^{r-1}\dot{\delta}_j(t)$；$a_0(t)-a_{r-1}(t)=\sum_{j=1}^{r-1}\ddot{\delta}_j(t)$。

接下来，将证明式(1-31c)是式(1-31b)的一个特例。对于传递函数 $G_3(s)$ 分母中的项 $\sum_{j=1}^{r-1}s\delta_j(s)$，有

$$\sum_{j=1}^{r-1} s\delta_j(s) = \frac{sG_1(s)\delta_{r-1}(s) - sG_1^{1-r}(s)\delta_{r-1}(s)}{G_1(s)-1}$$

其中，$\dfrac{\delta_j(s)}{\delta_{j-1}(s)} = G_1(s)$。根据终值定理，可以推导出$\lim\limits_{s\to 0} sG_1(s)\delta_{r-1}(s) = 0$，则有$\lim\limits_{s\to 0}\sum\limits_{j=1}^{r-1} s\delta_j(s) = 0$。同样，易得$\lim\limits_{s\to 0}\sum\limits_{j=1}^{r-1} s^2\delta_j(s) = 0$。因此传递函数式(1-31c)等于式(1-31b)。

如前所述，可保证队列稳定性的充分条件为$|\delta_r(\mathrm{j}\omega)/\delta_{r-1}(\mathrm{j}\omega)| \leqslant 1$。

定理 1.2：对于间距误差的传递函数式(1-31)，如果由连接状态决定的反馈控制器满足以下条件：

$$\begin{aligned}
&(\mathrm{a})\ k_\sigma^p > 0\\
&(\mathrm{b})\ (1+k_\sigma^a+d^* k_\sigma^{ae})^2-(k_\sigma^a)^2>0\\
&(\mathrm{c})\ k_\sigma^a+d^* k_\sigma^{ae}<0\\
&(\mathrm{d})\ \varsigma(k_\sigma^v+d^* k_\sigma^{ve})-k_\sigma^p=0\\
&(\mathrm{e})\ 1+(k_\sigma^v+d^* k_\sigma^{ve})-(k_\sigma^v)^2-2d^* k_\sigma^{ae}k_\sigma^p>0
\end{aligned} \tag{1-32}$$

则对于每个求解得到的反馈控制器增益，条件$|\delta_r(\mathrm{j}\omega)/\delta_{r-1}(\mathrm{j}\omega)| \leqslant 1$始终成立。当$\gamma_i(t)=1$时$d^*=1$；否则$d^*=0$。

证明：将$|\delta_r(\mathrm{j}\omega)/\delta_{r-1}(\mathrm{j}\omega)| \leqslant 1$改写为

$$|G(\mathrm{j}\omega)| = \left|\frac{\delta_r(\mathrm{j}\omega)}{\delta_{r-1}(\mathrm{j}\omega)}\right| = \sqrt{\frac{a}{a+b}}$$

其中，

$$a = [(k_\sigma^p - k_\sigma^a w^2)^2 + (k_\sigma^v w)^2];$$

$$\begin{aligned}
b = {}& w^4[1+2(k_\sigma^a+d^* k_\sigma^{ae})\cos(\omega\tau)+(d^* k_\sigma^{ae})^2+2d^* k_\sigma^a k_\sigma^{ae}]+\\
& w^3 2\sin(\omega\tau)[(k_\sigma^v+d^* k_\sigma^{ve})-\varsigma(k_\sigma^a+d^* k_\sigma^{ae})]+w^2\{1-(k_\sigma^v)^2+\\
& (k_i^v+d^* k_\sigma^{ve})[1+2\varsigma\cos(\omega\tau)]-2[\cos(\omega\tau)+d^* k_\sigma^{ae}]k_\sigma^p\}+2\varsigma k_\sigma^p w\sin(\omega\tau)。
\end{aligned}$$

可见$a>0$。为保证$|G(\mathrm{j}\omega)| \leqslant 1$成立，需证明定理 1.2 所述的条件可使$b \geqslant 0$成立。根据式(1-32)中的(a)，又由$\cos(\omega\tau) \leqslant 1$和$\sin(\omega\tau) \leqslant w\tau \leqslant 1$，其中$w>0$，则有

$$\begin{aligned}
b \geqslant {}& w^4[1+2(k_\sigma^a+d^* k_\sigma^{ae})+(d^* k_\sigma^{ae})^2+2k_\sigma^a d^* k_\sigma^{ae}]+\\
& 2w^4\tau[(k_\sigma^v+d^* k_\sigma^{ve})-\varsigma(k_\sigma^a+d^* k_\delta^{ae})]+\\
& w^2 2\cos(w\tau)[\varsigma(k_\sigma^v+d^* k_\sigma^{ve})-k_\sigma^p]+\\
& w^2\{1+(k_\sigma^v+d^* k_\sigma^{ve})-(k_\sigma^v)^2-2d^* k_\sigma^{ae}k_\sigma^p\}+2\varsigma k_\sigma^p w^2\tau
\end{aligned} \tag{1-33}$$

由式(1-32)中的(b)～(e)可知$b \geqslant 0$。

接下来证明所得的反馈控制器可以保证零稳态间距误差。定义ξ_0为t时刻前车速度与稳态速度的偏差，即$\xi_0(t)=v_0(t)-v_0$。根据式(1-1)，有

$$\dddot{\delta}_1(t)=\ddot{\xi}_0(t)-\dot{a}_1(t) \tag{1-34}$$

令 $r=1$，将微分方程式(1-4)和反馈控制器式(1-10)代入式(1-34)中，可得跟随车辆 1 的车间距误差方程如下：

$$\varsigma\dddot{\delta}_1(t)=\varsigma\ddot{\xi}_0(t)+\dot{\xi}_0(t)-\ddot{\delta}_1(t)-[k_\sigma^p\delta_1(t-\tau)+(k_\sigma^v+k_\sigma^{ve})\dot{\delta}_1(t-\tau)+(k_\sigma^a+k_\sigma^{ae})\ddot{\delta}_1(t-\tau)] \tag{1-35}$$

将式(1-35)两边同时作拉普拉斯变换，并考虑领队车速度变化，跟随车 1 的间距误差为

$$H(s)=\frac{\delta_1(s)}{\xi_0(s)}=\frac{\varsigma s^2+s}{\varsigma s^3+s^2+[(k_\sigma^a+k_\sigma^{ae})s^2+(k_\sigma^v+k_\sigma^{ve})s+k_\sigma^p]\mathrm{e}^{-\tau s}} \tag{1-36}$$

假设领队车在有限时间 t_f 内达到最终稳态值。因此，对于 $t\geqslant t_f$ 有 $\xi_0(t)-\xi_0(t_f)=0$，即

$$\xi_0(s)=\frac{\xi_0(t_f)}{s} \tag{1-37}$$

根据终值定理及式(1-35)～式(1-37)，可得

$$\begin{aligned}\lim_{t\to\infty}\delta_r(t)&=\lim_{s\to0}s\frac{\delta_r(s)}{\delta_{r-1}(s)}\frac{\delta_{r-1}(s)}{\delta_{r-2}(s)}\cdots\frac{\delta_1(s)}{\xi_0(s)}\xi_0(s)\\&=\lim_{s\to0}sG^{i-1}(s)H(s)\xi_0(s)=0\end{aligned} \tag{1-38}$$

因此，车辆 r 的稳态误差为零。

注 1.1： 上述关于队列稳定性和零稳态间距误差的讨论与实际的车辆队列切换控制系统是不等价的。其主要原因在于没有考虑多种不同控制器模式切换的情况由于模式率、平均驻留时间与队列稳定性之间没有建立确定的关系。此外，当 LPF 拓扑中有多个跟随车辆时，当有跟随车辆在 PF 通信拓扑中，能够保证 LPF 车队队列稳定的跟随车辆的数目不易确定。并且根据参考文献[18]和[20]，跟随车的数量也会影响车辆队列稳定性。这些问题将在今后的研究工作中加以探讨。

算法 1.1： 车辆队列控制算法

1）为车辆队列控制设计基于间距、速度和加速度误差的反馈控制器式(1-9)。

2）根据定理 1.1 和定理 1.2，利用线性矩阵不等式技术得到由连接状态决定的反馈控制器增益 $\boldsymbol{K}_\sigma$，$\sigma\in\{0,1,2,\cdots,N\}$，使其满足定理 1.2 的条件(d)。

3）如果得到的控制器增益 K_σ 满足定理 1.2 中给出的条件(a)、(b)、(c)、(e)约束，则其可以用于车辆队列稳定控制。否则，重置矩阵 $\boldsymbol{P}_\sigma$、$\boldsymbol{Q}_\sigma$、$\boldsymbol{R}_\sigma$ 和其他相关参数，返回到步骤 2)。

1.4　仿真实验

本节通过仿真实验，将所提的控制方法应用于采用 LPF 通信拓扑且具有可变通信范围的车队列控制系统。在仿真中，车辆的长度为 $L=4.46\mathrm{m}$。发动机时间常

数为$\varsigma=0.25$。在时间[0,90s)中，领队车辆的加速度(单位为m/s^2)为

$$a_0=\begin{cases}0, & 0\leqslant t<25\\ -0.25, & 25\leqslant t<30\\ 0.25, & 30\leqslant t<40\\ 0.35, & 40\leqslant t<50\\ 0, & t\geqslant 50\end{cases}$$

由领队车加速度a_0可知，车辆队列的最大行驶速度约为7.5m/s，最大减速度$\kappa_1=\kappa_2=7m/s^2$，最小相对速度$\Delta v_r=0m/s$，延迟时间$\tau'=0.1s$，最小车间距$d_0=5m$，通过式(1-5)可以推导出最大制动距离为$d_{brk}=9.8m$。因此，期望车间距可选为$\delta_d=10m$。

此外，假设LTE-V2V网络的载波频率为2GHz，带宽为10MHz。通常，LTE-V2V网络在高速公路上的有效通信距离为320m，其中车辆行驶的绝对速度为70~140km/h，相对速度为140~280km/h。网络的传输功率为$p_{V2V}=10dBm$且目标SINR阈值为$\gamma_{V2V}=10dB$。根据式(1-8)及参考文献[34]中给出的V2V通道模型参数可知$\gamma_r>\gamma_{V2V}$。因此，在领队车的速度下，通信通道中的数据传输率是可靠的。

所设计控制器的参数为$\lambda_1=\lambda_2=\lambda_3=\lambda_4=0.8$，$\mu=1.2$。利用提出的车辆队列控制算法，得出一组由连接状态决定的控制器：

$\overline{\boldsymbol{K}}_0^r=\mathrm{diag}\{4,2,-3,30,2\}$，$\overline{\boldsymbol{K}}_1^r=\mathrm{diag}\{3,5,-1,18,-2\}$，$\overline{\boldsymbol{K}}_2^r=\mathrm{diag}\{1,1.5,-3,6.5,2\}$，$\overline{\boldsymbol{K}}_3^r=\mathrm{diag}\{0.5,2,1,2,-5\}$，$\overline{\boldsymbol{K}}_4^r=\mathrm{diag}\{0.25,1,4,1,-6\}$。

跟随车与领队车的连接状态如图1-5a~图1-7a所示，其中$\sigma(t)=i$，$i=0、1、2、3、4$，即有i辆连续的跟随车可以与领队车通信。图1-5a~图1-7a的模式率α_σ见表1-1。图1-5a~图1-7a连续切换信号的平均驻留时间分别为1.5s、1.67s、2.25s，均大于$T_a^*=0.23s$。利用所设计的车辆队列控制器，跟随车在不同模式率α_σ下的车间距误差、速度和加速度如图1-5b~d、图1-6b~d和图1-7b~d所示。从图中可以看出，本章所提出的由连接状态决定的反馈控制器能够有效地镇定跟踪误差。对比图1-5~图1-7可见，不同模式率α_σ值可能会影响车队的最大间距误差、误差的收敛速度、对领队车辆的速度和加速度的跟踪性能。具体为

1）与采用相同的模式率α_0相比，较大模式率α_4具有更好的队列稳定性(见图1-5和图1-6)。

表1-1　车辆队列控制模式率α_i

情况	α_0	α_1	α_2	α_3	α_4
1	5/90	17/90	29/90	16/90	23/90
2	5/90	13/90	12/90	11/90	49/90
3	41/90	0	0	0	49/90

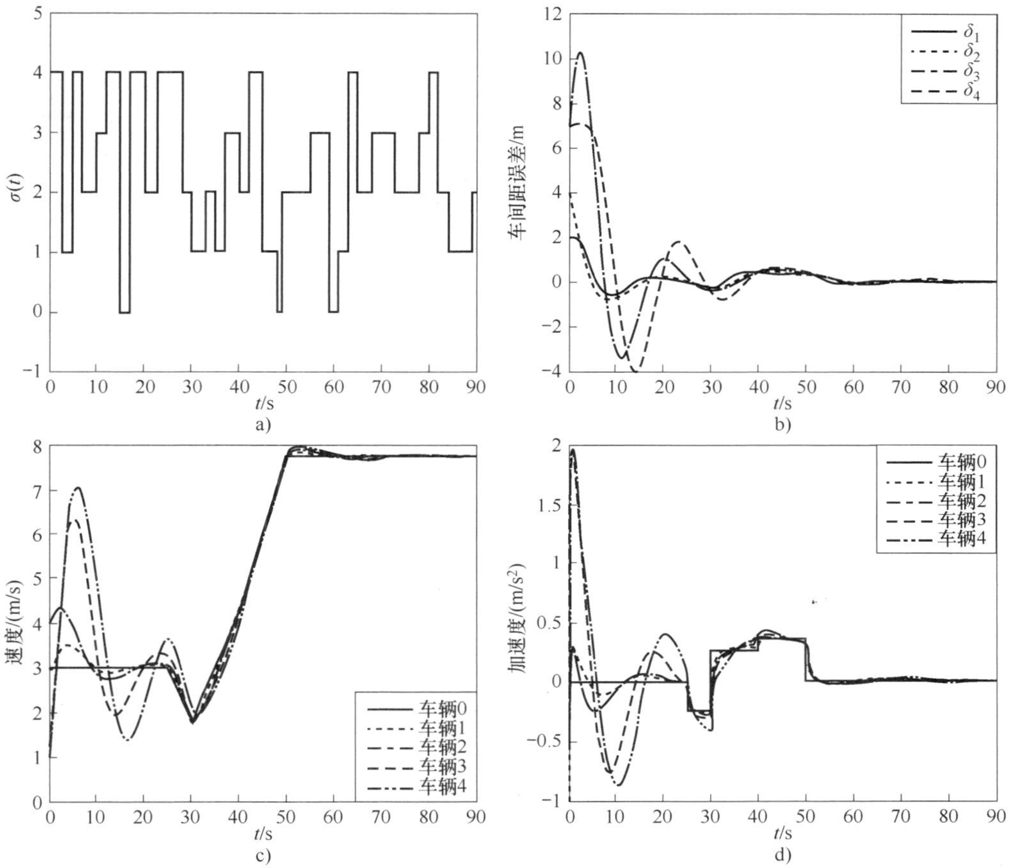

图 1-5　基于情况 1.1，通信范围变化的车队控制性能

a）车辆队列连接状态　b）车间距误差　c）速度　d）加速度

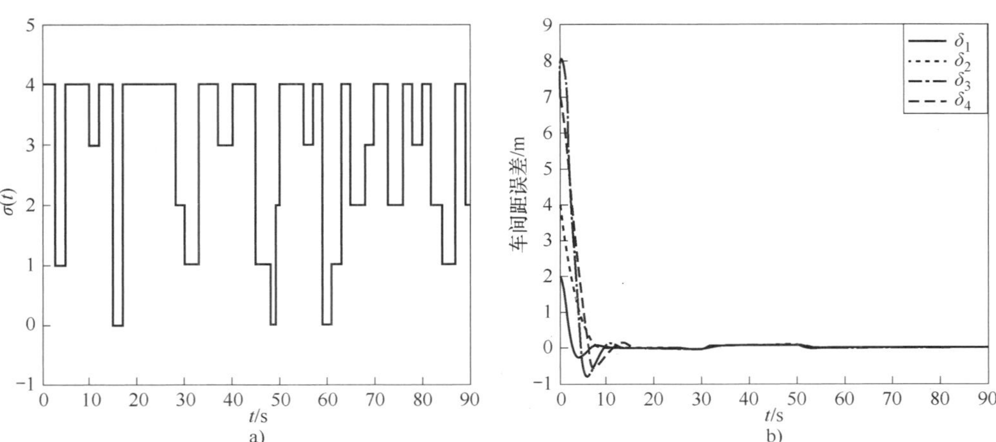

图 1-6　基于情况 1.2，通信范围变化的车队控制性能

a）车辆队列连接状态　b）车间距误差

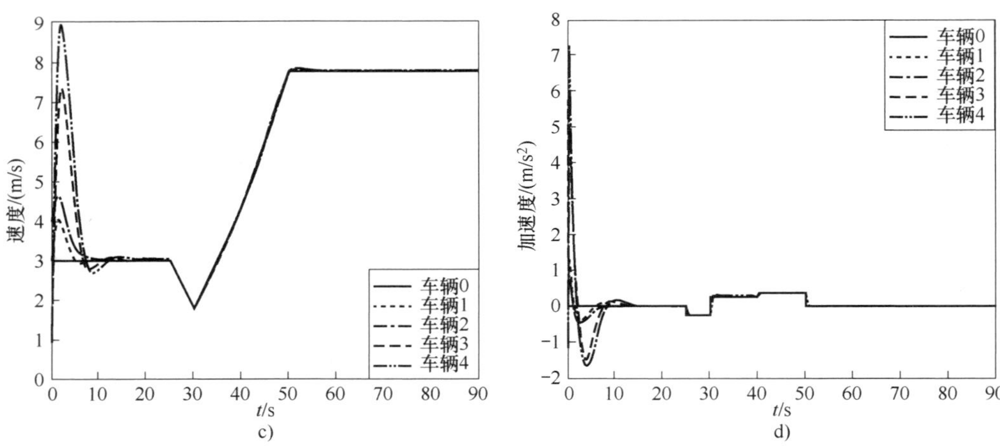

图 1-6　基于情况 1.2，通信范围变化的车队控制性能(续)

c）速度　d）加速度

2)与采用相同的模式率 α_4 相比，较小的模式率 α_0 具有更好的队列稳定性(见图 1-6 和图 1-7)。

3）对于不同的模态率 α_0 与 α_4，$\sum_{j=1}^{4}\alpha_j$ 的值越大队列稳定性越好(见图 1-5 和图 1-7)。

因此，车辆队列中的跟随车辆可从领队车辆进行通信的时间越长，则队列稳定性越好。

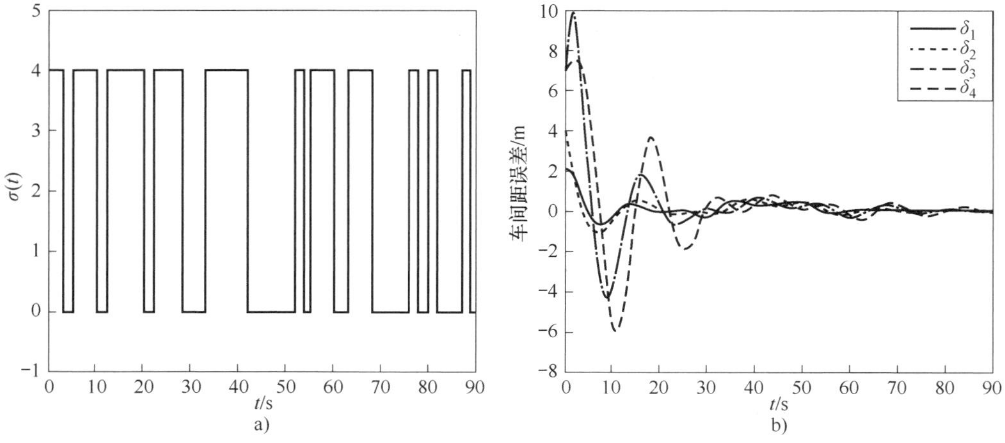

图 1-7　基于情况 1.3，通信范围变化的车队控制性能

a）车辆队列连接状态　b）车间距误差

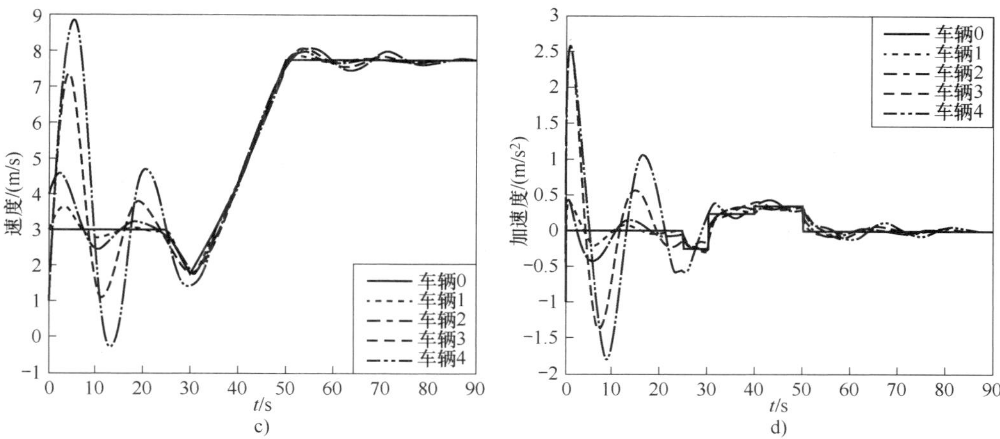

图 1-7 基于情形 1.3，通信范围变化的车队控制性能（续）

c）速度 d）加速度

接着与参考文献[33]中设计的滑模控制器进行对比仿真实验，跟随车的连接状态如图 1-8a 所示，其中跟随车的连通性状态在时间间隔 0~30s 内处于正常，而之后其连通性状态会发生改变。对于同样的情况，在采用基于参考文献[33]的滑模控制器时，可见车辆队列只能在时间间隔 0~30s 内保证稳定性要求，如图 1-8d 所示。在 30s 之后，跟随车无法准确地跟踪领队车的速度和加速度，且间距误差不稳定，如图 1-8a~c 所示。虽然参考文献[33]中的滑模控制器具有较好的鲁棒性，但车间通信范围变化影响队列稳定性。因此有必要考虑通信距离的变化对 LF 车辆队列稳定性的影响。

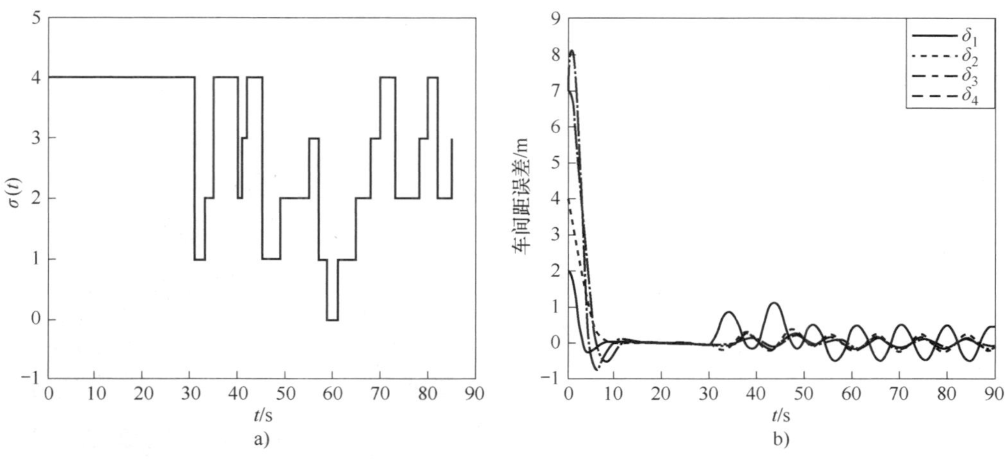

图 1-8 基于参考文献[33]滑模控制器的车队控制性能

a）车辆队列连接状态 b）车间距误差

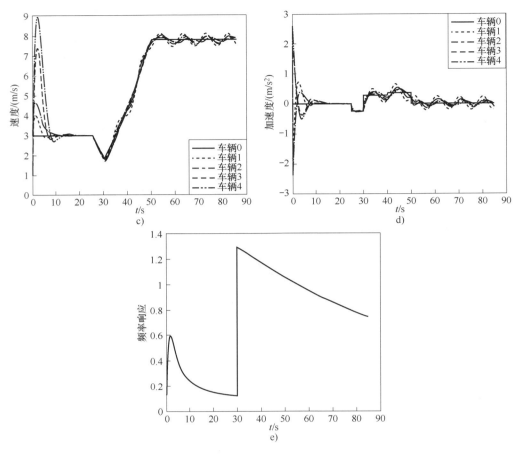

图 1-8　基于参考文献[33]滑模控制器的车队控制性能（续）

c）速度　d）加速度　e）频率响应 $\|G_r(s)\| = \|\delta_r(s)/\delta_{r-1}(s)\|$

基于 Arduino 智能小车实验（见图 1-9、图 1-10）表明，当使用 LPF 拓扑时，所提出的控制器设计方法对于具有通信范围变化车辆队列的控制效果是最好的。每辆 Arduino 车都使用夏普公司生产的红外传感器 GP2D12 进行距离测量。速度和加速度分别由安装在后轮轴上的增量编码器和安装在车辆顶部的加速度传感器测量。领队 Arduino 车通过无线通信模块 APC220 将速度和加速度发送给每辆

图 1-9　交通控制平台上的 Arduino 车辆队列（见彩插）

跟随车辆，其数据传输速率为 1200~19200bit/s，最大传输范围为 1000m。车载计算单元用于生成控制命令，控制 Arduino 智能小车的两个车轮。跟随车的连接状态如图 1-10 所示。在实验中，Arduino 车之间通信的传输速率为 7800~8900bit/s，其中数据传输过程中的丢包率如图 1-11 所示。如图 1-11 所示，当以大约 15cm/s 的速度运行时，Arduino 车之间的数据传输是可靠的。因此，Arduino 车队的领队车的速度设定为 15cm/s。另一方面，Arduino 智能小车的最大减速度为 5cm/s，其制动系统的延迟时间为 0.15s。由式(1-5)可知，Arduino 车队的制动距离为 29.75cm，最小制动距离为 5cm。因此，将 Arduino 车辆之间的理想间距设置为 30cm。

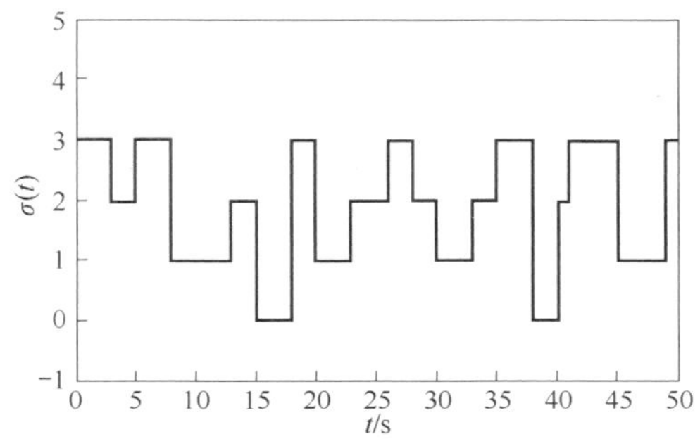

图 1-10　领航车-跟随车 Arduino 车辆队列的连接状态

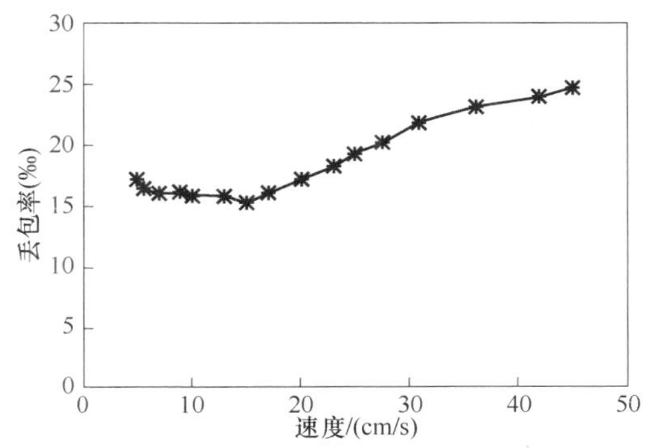

图 1-11　Arduino 智能小车之间通信时，数据传输的丢包率

在实验中，前车的速度如图 1-12b 所示，包含了加速与减速两种情况。通过计算机程序模拟各跟随车与领队车的连通性状态，如图 1-10 所示。Arduino 车的车间距和速度分别如图 1-12a 和图 1-12b 所示。从这些图中可以观察到，每一辆 Arduino 车都可以保持预定的恒定距离同时快速准确地跟踪领队车的速度。故本章所提出的控制器设计方法是有效的。在同样的情况下，当使用基于参考文献[33]的滑模控制器时，Arduino 车的车间距和速度如图 1-13 所示。在变化通信范围的影响下，间距误差在车队下游被放大，且速度响应不稳定。

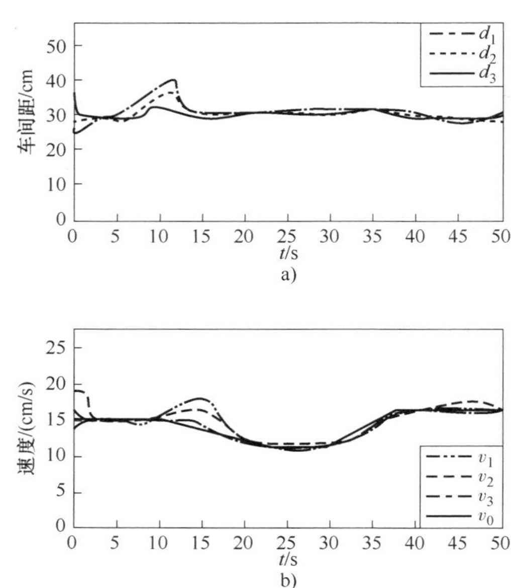

图 1-12　基于本章控制算法的 Arduino 智能小车的控制性能

a）车间距　b）速度

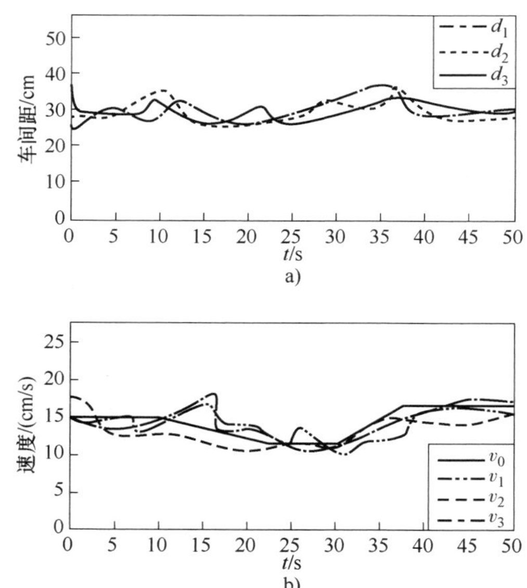

图 1-13　基于参考文献[33]控制算法的 Arduino 智能小车的控制性能

a）车间距　b）速度

1.5　本章小结

本章基于 LPF 通信拓扑结构，采用恒定的车辆间距策略，解决了车间通信范围变化影响下的车辆队列控制问题。建立了切换控制模型，刻画跟随车辆连接状态对车辆队列控制的影响。对车辆切换系统的稳定性进行分析，给出了反馈控制器设计的条件，并提出一种实用的车辆队列控制算法，得到了由连通状态矩阵决定的控制器增益，同时保证队列稳定性及零稳态车间距误差。最后通过仿真实验和Arduino车队实验，验证了算法的有效性。

本章所提出的车辆队列控制方法没有建立模式率、平均驻留时间和队列稳定性之间的关系，故车辆队列切换控制系统的队列稳定性分析依然有待改进。此外，当 LPF 拓扑中有多辆跟随车辆时，确定 LPF 拓扑中能保证队列稳定性的跟随车辆的数量也是值得关注的重要问题。今后将考虑通信范围变化的不确定异质车辆队列控制，其中每辆跟随车都具有不同的动力学方程，且参数未知(例如，发动机时间常数ς)。同时考虑提出一种自适应切换技术满足鲁棒队列稳定性，以处理通信范围变化对 LPF 车辆队列的影响。

参考文献

[1] WEN S，GUO G，CHEN B，et al. Cooperative adaptive cruise control of vehicles using a resource-efficient communication mechanism[J]. IEEE Trans. Intell. Vehicles，2019，4(1)：127-140.

[2] KWON J W，CHWA D. Adaptive bidirectional platoon control using a coupled sliding mode control method[J]. IEEE Trans. Intell. Transp. Syst，2014，15(5)：2040-2048.

[3] DOLK V S，PLOEG J，HEEMELS W P M H. Event-triggered control for string-stable vehicle platooning[J]. IEEE Trans. Intell. Transp. Syst，2017，18(12)：3486-3500.

[4] VAHIDI A，ESKANDARIAN A. Research advances in intelligent collision avoidance and adaptive cruise control[J]. IEEE Trans. Intell. Transp. Syst，2003，4(3)：143-153.

[5] LI S，LI K，RAJAMANI R，et al. Model predictive multi-objective vehicular adaptive cruise control[J]. IEEE Trans. Control Syst. Technol，2011，19(3)：556-566.

[6] NIEUWENHUIJZE M R I，VAN KEULEN T，Öncü S，et al. Cooperative driving with a heavy-duty truck in mixed traffic：Experimental results[J]. IEEE Trans. Intell. Transp. Syst，2012，13(3)：1026-1032.

[7] VAN AREM B，VAN DRIEL C J G，VISSER R. The impact of cooperative adaptive cruise control on traffic-flow characteristics[J]. IEEE Trans. Intell. Transp. Syst，2006，7(4)：429-436.

[8] JIA D，LU K，WANG J，et al. A survey on platoon-based vehicular cyber-physical systems[J]. IEEE Commun. Surveys Tuts，2016，18(1)：263-284.

[9] GHASEMI A，KAZEMI R，AZADI S. Stable decentralized control of platoon of vehicles with heter-

ogeneous information feedback[J]. IEEE Trans. on Veh. Tech, 2013, 62(9): 4299-4308.

[10] MILANES V, SHLADOVER S E, SPRING J, et al. Cooperative adaptive cruise control in real traffic situations[J]. IEEE Trans. Intell. Transp. Syst, 2014, 15(1): 296-305.

[11] ZHENG Y, LI S E, WANG J. Stability and scalability of homogeneous vehicular platoon: Study on the influence of information flow topologies[J]. IEEE Trans. Intell. Transp. Syst, 2016, 17(1): 14-26.

[12] SEILER P, PANT A, HEDRICK K. Disturbance propagation in vehicle strings[J]. IEEE Trans. Autom. Control, 2004, 49(10): 1835-1842.

[13] BAROOAH P, HESPANHA J P. Error amplification and disturbance propagation in vehicle strings with decentralized linear control[C]. Proc. 44th IEEE Conf. Decision Control, Eur. Control Conf. (CDC-ECC), 2005, 4964-4969.

[14] SHEIKHOLESLAM S, DESOER C A. Longitudinal control of a platoon of vehicles with no communication of lead vehicle information: A system level study[J]. IEEE Trans. Veh. Technol, 1993, 42(4): 546-554.

[15] PETERS A, RICHARD H M, OLIVER M. Leader tracking in homogeneous vehicle platoons with broadcast delays[J]. Automatica, 2014, 50(1): 64-74.

[16] LIU X, GOLDSMITH A, MAHAL S, et al. Effects of communication delay on string stability of vehicle platoons[C]. Proc. IEEE Intell. Transport. Syst, 2000, 625-630.

[17] SEILER P, SENGUPTA R. An approach to networked control[J]. IEEE Trans. Autom. Control, 2005, 50(3): 356-364.

[18] GUO G, YUE W. Hierarchical platoon control with heterogeneous information feedback[J]. IET Control Theory & Appl, 2011, 5(15): 1766-1781.

[19] STANKOVIC S, STRANOJEVIC M, SILJAK D. Decentralized overlapping control of a platoon of vehicles[J]. IEEE Trans. Contr. Syst. Technol, 2000, 8(5): 816-831.

[20] DUNBAR W, CAVENEY D. Distributed receding horizon control of vehicle platoons: Stability and string stability[J]. IEEE Trans. Autom. Control, 2012, 57(3): 620-633.

[21] ZHENG Y, LI S E, WANG J. Stability and scalability of homogeneous vehicular platoon: Study on the influence of information flow topologies[J]. IEEE Trans. Intell. Transp. Syst, 2016, 17(1): 14-26.

[22] GUO G, YUE W. Autonomous platoon control allowing range-limited sensors[J]. IEEE Trans. Veh. Technol, 2012, 61(7): 2901-2912.

[23] BALDI S, ROSA M R, FRASCA P, et al. Platooning merging maneuvers in the presence of parametric uncertainty[J]. IFAC-Papers On Line, 2018, 51(23): 148-153.

[24] ACCIANI F, FRASCA P, STOORVOGEL A, et al. Cooperative adaptive cruise control over unreliable networks: an observer-based approach to increase robustness to packet loss[C]. European Control Conference (ECC), 2018.

[25] SEILER P, SONG B, HEDRICK J K. Development of a collision avoidance system[C]. ITS Advanced Controls and Vehicle Navigation Systems SAE Special Publications, 1998, 97-103.

[26] MEI J, ZHENG K, ZHAO L, et al. Joint Radio Resource Allocation and Control for Vehicle Pla-

tooning in LTE-V2V Network[J]. IEEE Trans. Veh. Technol, 2019, 67(12): 12218-12230.

[27] LIBERZON D. Switching in systems and control[M]. Boston: Birkhauser, 2013.

[28] ZHAI G S, HU B. YASUDA. Disturbance attenuation properties of time-controlled switched systems [J]. J. Franklin Inst, 2001, 338: 765-779.

[29] PARK P, KO J W, JEONG C. Reciprocally convex approach to stability of systems with time-varying delays[J]. Automatica, 2011, 47(1): 235-238.

[30] ZHANG X, HAN Q L, SEURE A, et al. Overview of recent advances in stability of linear systems with time-varying delays[J]. IET Control Theory & Appl, 2019, 13(1): 1-16.

[31] SEILER P, PANT A, HEDRICK K. Disturbance propagation in vehicle strings [J]. IEEE Trans. Autom. Control, 2004, 49(10): 1835-1842.

[32] MIDDLETON R H, BRASLAVSKY J H. String instability in classes of linear time-invariant formation control with limited communication range[J]. IEEE Trans. Autom. Control, 2010, 55(7): 1519-1530.

[33] YANAKIEV D, KANELLAKOPOULOS L. Longitudinal control of automated CHVs with significant actuator delays[J]. IEEE Trans. Veh. Technol, 2001, 50(5): 1289-1297.

[34] FU F, MIHAELA S. Structure-aware stochastic control for transmission scheduling [J]. IEEE Trans. Veh. Technol, 2012, 61(9): 3931-3945.

第 2 章　通信扰动影响下的网联车辆控制

2.1　引言

在第 1 章中，涉及的是匀质网联车辆(即车队中所有车辆具有相同的尺寸、重量)。但在实际中，网联车辆通常是异质的(如车辆具有不同的传动系统、参数和网络参数引起的不确定性)。对于异质车队，车辆的动力学和车间距策略是不相同的，因此，车辆速度的有界性并不意味着所有车辆的车间距误差是有界的，反之亦然。因此，若异质车队满足队列稳定性，则必须要保证所有车辆的速度和间距误差同时有界。其涉及的稳定性分析与控制器设计，相比于匀质车队的情况，更复杂性、更具有挑战性[1]。

对于实际中的车间通信网络，由于网络带宽有限，造成车间传输的数据可能会出现丢包、延迟以及中断等情况，从而影响车队控制性能。参考文献[2]研究了车队的丢包问题，提出了突发性的数据包生成算法。参考文献[3]给出了一种调度和控制的协同设计方法，以解决车队系统的通信冲突和随机丢包问题。参考文献[4]通过马尔可夫链对网络拓扑结构进行建模，以解决随机丢包的问题，同时保证车队的稳定性。参考文献[5]提出了一种图论方法，以保证在有时间延迟和干扰的情况下的队列稳定性和鲁棒性。参考文献[6]考虑到通信链路的限制，研究了具有恒时距策略的 CACC 系统的实际队列稳定性。

另一方面，由于信道带宽有限，通信扰动不可避免存在于规模较大的车队中。除了参考文献[7]中提到的 CACC-ACC 切换控制方法外，目前还没有相关的方法用于解决对异质车队控制中面临的通信扰动问题。在参考文献[7]中，提出了基于平均驻留时间技术的异质车队自适应 CACC-ACC 切换控制策略，虽然该方法能保证跟踪误差有界，但不能保证队列稳定性。

为此需要提出一种新的异质车队控制方法，在通信条件变化和通信干扰的影响下，保证队列稳定性。为此本章结合有限时间镇定技术和滑模控制技术的优势[8]，在通信延时以及通信扰动影响下，为异质车队提出了有限时间切换控制方法。车队通过在 CACC 与 ACC 模式之间的切换，解决车间通信扰动问题。基于增广模型控制方法，在通信延时影响下，保证了异质车队在有限时间内实现队列稳定性要求。在此基础上，分析了外部扰动影响下的队列稳定性。本章的创新点如下：

1）对于具有通信延时的、混合 CACC-ACC 控制模型，基于 Routh-Hurwitz 稳定性判据和频域分析方法设计了具有 CACC-ACC 切换的控制器，该方法可保证队列稳定性和零稳态间距误差。

2）在通信扰动影响下，建立了异质车队跟踪误差系统，在此基础上分析、证明了车辆跟踪误差的收敛性。

3）提出了基于滑模控制技术的有限时间切换控制算法，该算法可在通信扰动影响下，保证车队控制的鲁棒稳性，减少车间距误差抖动并提高安全性。

符号说明：N 表示自然数集合；上标 T 表示矩阵转置，$|\cdot|$表示函数最小上界；$\boldsymbol{I}_n$ 表示单位矩阵；$\mathrm{sgn}(\cdot)$表示符号函数。

2.2　问题描述

在 VANET 环境中，由 M 辆车构成的异质车队（见图 2-1）行驶在水平道路上，其中 $p_i(t)$，$v_i(t)$ 和 $a_i(t)$，$i\in(i=0,1,2,\cdots,M-1)$ 分别表示车辆的位置（m），速度（m/s），加速度（m/s^2），$i=0$ 表示领队车，每辆车只能与前车通信，并通过无线通信传输车辆的控制信息。所有的跟随车辆安装的车载传感器，用于测量其与前车之间的距离。接下来，将给出异质车队模型和控制目标。

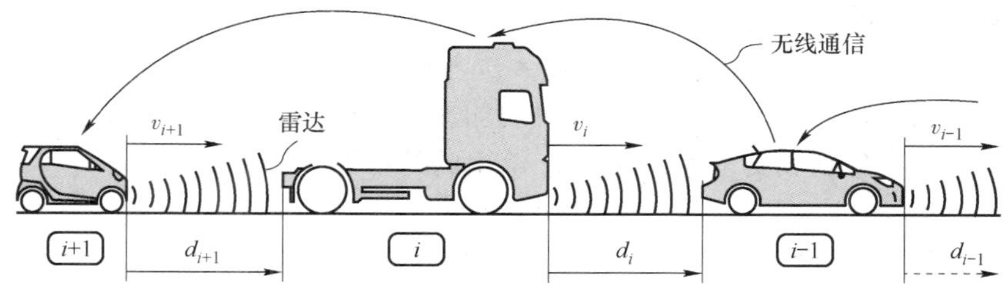

图 2-1　异质车队前车-跟随车通信拓扑[9]

跟随车 i 的间距误差定义为

$$e_i(t)=d_i(t)-d_{r,i}(t),\ \forall i\in S_M \tag{2-1}$$

其中，$d_i(t)=p_{i-1}(t)-p_i(t)-L_i$ 为前后两车的实际距离，L_i 为第 i 辆车的车长（m）；$d_{r,i}$为期望的车间距；$S_M=\{i\in N\mid 1\leqslant i\leqslant M-1\}$。式（2-1）中采用恒时距（CTH）策略，定义为

$$d_{r,i}=h_iv_i(t)+r_i,\ \forall i\in S_M \tag{2-2}$$

其中，h_i 表示设定的时距（秒或时间差），r_i 是给定的安全距离。跟随车辆 i 的动力学方程可描述为

$$\begin{bmatrix}\dot{p}_i\\ \dot{v}_i\\ \dot{a}_i\end{bmatrix}=\begin{bmatrix}0&1&0\\0&0&1\\0&0&-\dfrac{1}{\tau_i}\end{bmatrix}\begin{bmatrix}p_i\\ v_i\\ a_i\end{bmatrix}+\begin{bmatrix}0\\0\\1\end{bmatrix}u_i \tag{2-3}$$

其中，u_i 表示车辆 i 的控制输入；τ_i 是发动机的时间常数。注意本章考虑的异构车队体现在发动机时间常数不同。

本章的控制目标是，设计具有切换模式的控制输入 $u_i(t)$，$\forall i\in S_M$，在有限时间内，保证异构车队式(2-3)在通信扰动影响下，实现车队跟踪控制的渐进稳定和队列稳定，也即满足以下控制目标：

1）稳态性能：所有车辆的间距误差 $e_i(t)$ 趋于零。

2）队列稳定性：由领队车辆加速度引起的扰动，不会随着车辆的增加，而逐渐被放大，即对任意的 $\omega>0$，有 $|\Gamma_i(\mathrm{j}\omega)|\leqslant 1$ 成立，其中 $\Gamma_i(\mathrm{j}\omega)=\dfrac{a_i(\mathrm{j}\omega)}{a_{i-1}(\mathrm{j}\omega)}$，$a_i(\mathrm{j}\omega)$ 是 $a_i(t)$ 的频域表达式。

2.3 混合 CACC-ACC 控制

本节建立了混合 CACC-ACC 的车队控制参考模型，并设计了基于混合 CACC-ACC 控制器镇定系统。

定义领队车的控制输入为

$$h_0\dot{u}_0=-u_0+u_r \tag{2-4}$$

其中，u_r 为系统输入，表示领队车期望的加速度；h_0 为领队车辆设置的时距。考虑到发动机功率限制和安全性，针对 u_r 给出的约束如下：

$$a_{\min}\leqslant u_r\leqslant a_{\max} \tag{2-5}$$

在图 2-2 所示的 CACC 系统结构中，CACC 控制器形式如下：

$$h^C\dot{u}^C_{bl,i}=-u^C_{bl,i}+K^C_p e_i+K^C_d\dot{e}_i+u^C_{bl,i-1}(t-\theta_i) \tag{2-6}$$

其中，CACC 的车头时距设置为 $h_i=h^C$，$\forall i\in S_M$；K^C_p，K^C_d 为待确定控制参数；θ_i 为通信延时；$u^C_{bl,0}=u_0$。不失一般性，将控制器的初始条件设置为 0，即 $u^C_{bl,i}(0)=0$，$\forall i\in S_M$。对于非匀质车队，注意 θ_i 对于不同的车辆，特别是对于异质网联车辆，其值可能是不同的。在不可靠的通信条件下，其值甚至可能是时变的。由于本章主要考虑通信扰动，为了便于讨论，本章考虑具有相同恒定时间的车间通信延时，即 $\theta_i=\theta$。

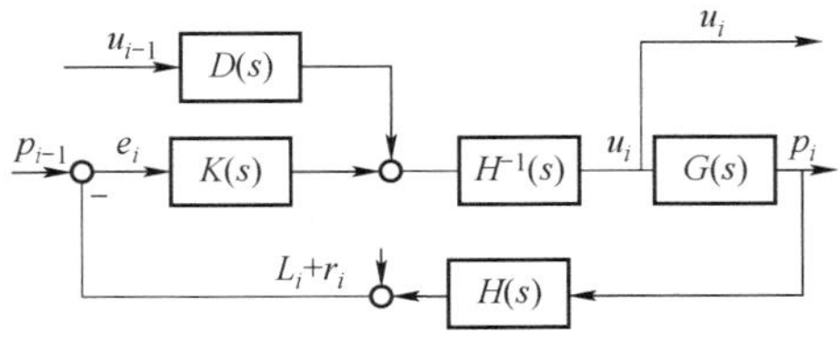

图 2-2　CACC 系统结构图

利用式(2-1)~式(2-3)和式(2-6)，$\tau_i=\tau_0$ 和 $u_{i,m}=u_{bl,i}^C$，可描述匀质 CACC 模型为

$$\begin{bmatrix}\dot{e}_{i,m}\\ \dot{v}_{i,m}\\ \dot{a}_{i,m}\\ \dot{u}_{i,m}\end{bmatrix}=\underbrace{\begin{bmatrix}0 & -1 & -h^C & 0\\ 0 & 0 & 1 & 0\\ 0 & 0 & -\dfrac{1}{\tau_0} & \dfrac{1}{\tau_0}\\ \dfrac{K_p^C}{h^C} & -\dfrac{K_d^C}{h^C} & -K_d^C & -\dfrac{1}{h^C}\end{bmatrix}}_{A_m^C}\underbrace{\begin{bmatrix}e_{i,m}\\ v_{i,m}\\ a_{i,m}\\ u_{i,m}\end{bmatrix}}_{x_{i,m}}+\underbrace{\begin{bmatrix}1 & 0\\ 0 & 0\\ 0 & 0\\ \dfrac{K_d^C}{h^C} & \dfrac{1}{h^C}\end{bmatrix}}_{B_w^C}\underbrace{\begin{bmatrix}v_{i-1}\\ u_{bl,i-1}^C(t-\theta)\end{bmatrix}}_{w_i},\ \forall i\in S_M \tag{2-7}$$

式中，$x_{i,m}$和 w_i 分别表示车辆 i 状态向量和外部输入向量。

然后给出以下定理，可保证匀质车队的 CACC 系统的稳定性。

定理 2.1：考虑匀质车队的 CACC 系统式(2-7)，如果 CACC 控制器参数满足以下 Routh-Hurwitz 条件：

$$\begin{aligned}&h^C>0,\quad K_p^C>0,\quad K_d^C>0,\quad K_d^C>\tau_0K_p^C(h^C)^2-2K_d^C\tau_0(h^C)^2\geqslant 0\\&-2K_p^C(h^C)^2+(h^CK_d^C)^2-4K_d^C\tau_0-2K_d^C\theta-2\tau_0K_p^C\theta\geqslant 0\\&(h^CK_p^C)^2-4K_p^C\geqslant 0\end{aligned}\tag{2-8}$$

则系统式(2-7)在平衡点 $\boldsymbol{x}_{i,m,\text{eq}}=(0,\bar{v}_0,0,0)^{\text{T}}$ 附近是渐进稳定的并且车队是队列稳定的。其中，$\bar{v}_0$ 是当 $u_r=0$ 时，v_0 的平衡状态。

证明：矩阵 $\boldsymbol{A}_m^C$ 的特征值为

$$|\lambda\boldsymbol{I}_4-\boldsymbol{A}_m^C|=\tau_0\lambda^4+\left(\frac{\tau_0}{h^C}+1\right)\lambda^3+\left(\frac{1}{h^C}+K_d^C\right)\lambda^2+\left(\frac{K_d^C}{h^C}+K_p^C\right)\lambda+\frac{K_p^C}{h^C}=0 \tag{2-9}$$

如果式(2-6)的控制器参数满足 $h^C>0$，$K_p^C>0$，$K_d^C>0$ 和 $K_d^C>\tau_0K_p^C$，则车队控制系统满足 Routh-Hurwitz 稳定性。根据参考文献[10]中的稳定性理论，车队系统式(2-7)可以渐进收敛到平衡点。

另外，证明车队的队列稳定性。根据 CACC 系统的结构图(见图 2-2)，其中 $\Gamma_i(s)$为

$$\Gamma_i(s)=\frac{a_i(s)}{a_{i-1}(s)}=\frac{1}{H(s)}\frac{D(s)+G(s)K(s)}{1+G(s)K(s)} \tag{2-10}$$

其中车辆的传递函数为

$$G(s)=\frac{p_i(s)}{u_i(s)}=\frac{1}{s^2(\tau_0s+1)} \tag{2-11}$$

式(2-11)由 $\dddot{p}_i=-\dfrac{1}{\tau_0}\ddot{p}_i+\dfrac{1}{\tau_0}u_i$ 得到，涉及的车间距传递函数 $H(s)$可表示为

$$H(s)=h^Cs+1 \tag{2-12}$$

反馈控制律为

$$K(s)=K_p^C+K_d^C s \tag{2-13}$$

考虑通信延时[$D(s)=\mathrm{e}^{-\theta s}$]，由式(2-10)可得 $\Gamma_i(s)$ 为

$$\Gamma_i(s)=\frac{\mathrm{e}^{-\theta s}(s^3\tau_0+s^2)+K_\mathrm{p}^C+K_\mathrm{d}^C s}{(h^C s+1)(\tau_0 s^3+s^2+K_\mathrm{p}^C+K_\mathrm{d}^C s)} \tag{2-14}$$

将 $s=\mathrm{j}\omega$，代入式(2-14)可得

$$|\Gamma_i(\mathrm{j}\omega)|=\frac{\sqrt{b_1}}{\sqrt{(h^C\omega)^2+1}\sqrt{(K_p^C-\omega^2)^2+b_2}} \tag{2-15}$$

其中，

$b_1=\omega^4+\tau_0{}^2\omega^6+(K_\mathrm{d}^C\omega)^2+2K_\mathrm{d}^C\omega^3\sin(\theta\omega)-2K_\mathrm{d}^C\tau_0\omega^4\cos(\theta\omega)+(K_\mathrm{p}^C)^2-2\omega^2K_\mathrm{p}^C\cos(\theta\omega)-2\tau_0\omega^3K_\mathrm{p}^C\sin(\theta\omega)$；

$b_2=(K_d^C\omega-\tau_0\omega^3)^2$。

对于 $\forall\,\omega>0$，考虑到有 $\sin(\theta\omega)\leqslant\theta\omega$ 和 $|\cos(\theta\omega)|\leqslant 1$ 成立，若以下条件满足：

$$\begin{aligned}&(h^C\tau_0)^2\omega^6+[(h^C)^2-2K_\mathrm{d}^C\tau_0(h^C)^2]\omega^4+[-2K_\mathrm{p}^C(h^C)^2+(h^CK_\mathrm{d}^C)^2-\\&4K_\mathrm{d}^C\tau_0-2K_\mathrm{d}^C\theta-2\tau_0K_\mathrm{p}^C\theta]\omega^2+(h^CK_\mathrm{p}^C)^2-4K_\mathrm{p}^C\geqslant 0\end{aligned} \tag{2-16}$$

对于 $\forall\,\omega>0$，则有 $\sup\limits_{\omega}|\Gamma_i(\mathrm{j}\omega)|\leqslant 1$ 成立。将控制器参数式(2-8)代入式(2-16)可得，$|\Gamma_i(\mathrm{j}\omega)|\leqslant 1$ 对任何的 $\omega>0$，也即车队是稳定的。

注 2.1：在没有通信延迟[$D(s)=1$]的情况下，根据式(2-10)，$\Gamma_i(s)$ 可简化为

$$\Gamma_i(s)=\frac{a_i(s)}{a_{i-1}(s)}=\frac{1}{H(s)}=\frac{1}{h^C s+1} \tag{2-17}$$

因此，对于任意 $h^C>0$，式(2-17)可保证队列稳定性条件得到满足。此外，应该提到的是，假设车队为匀质网联车辆，基于加速度、位置、速度和车间距误差定义的讨论队列稳定性所需要的传递函数是相等的。对于匀质车队有等式：

$$a_i(s)/a_{i-1}(s)=p_i(s)/p_{i-1}(s)=v_i(s)/v_{i-1}(s)。$$

令 $L_i=r_i=0$，则车间误差方程式(2-1)的拉普拉斯变换 $E_i(s)$ 可表示为 $E_i(s)=p_{i-1}(s)-H(s)p_i(s)$。对其进行变换，最终可以得到：$E_i(s)/E_{i-1}(s)=a_i(s)/a_{i-1}(s)$。

注 2.2：应该指出的是，当涉及延时问题时，考虑异质和时变的延迟更为合理和实用。对于具有异质时变延迟的网联车辆系统，可利用 Lyapunov-Razumikhin 方法[11]或 Lyapunov-Krasovskii 方法[12]来设计车辆控制器保证队列稳定性。由于本章主要考虑的不是通信延时问题而是通信扰动问题，因此假设车辆模型涉及的前车输入都具有同样的延时。这一假设是合理的，一方面，在车队控制系统中，相对于采样周期，通信延迟较小；另一方面，与加速度扰动等其他因素相比，其影响可以忽略。

注 2.3：事实上，CACC 的控制器的设计并不是唯一的，其加速度/减速项，有利于提高系统的性能。已有的研究工作(例如参考文献[13,14])中提出的控制律

中，包含了跟随车辆和前车的加速度信息，如

$$h^C \dot{u}_{\mathrm{bl},i}^C = -u_{\mathrm{bl},i}^C + K_\mathrm{p}^C e_i + K_\mathrm{d}^C \dot{e}_i + K_\mathrm{dd}^C \ddot{e}_i + u_{\mathrm{bl},i-1}^C \tag{2-18}$$

其中，$\ddot{e}_i$ 包含相关车辆的加速。然而，正如定理 2.1 所示，所设计的低阶控制器式(2-6)可以实现零稳态误差和队列稳定性控制目标，但其并没有利用加速度信息，而只利用车间距误差和速度误差。加速度信息的引入是必要的，并且需要额外的测量和通信。

在本节，建立了性匀质的 CACC-ACC 混合的动力学模型以保证队列稳定要求，其作为车队控制的参考模型。在车辆间通信扰动影响下，系统式(2-7)可能出现队列不稳定的情况，因为控制信息 $u_{\mathrm{bl},i-1}^C$ 不再存在。在 ACC 模式下，每一辆车都可以通过车载传感器获得前车的状态信息。系统根据车间通信的情况选择 CACC 间距策略(用 h^C 表示)或 ACC 间距策略(用 h^L 表示)，其中，上标 L 表示车间通信扰动。根据 California PATH[15] 的结果，ACC 控制策略中涉及的时距一般要比 CACC 策略的大。为此，采用参考文献[4]中的 ACC 控制器，其形式如下：

$$h^L \dot{u}_{\mathrm{bl},i}^L = -u_{\mathrm{bl},i}^L + K_\mathrm{p}^L e_i + K_\mathrm{d}^L \dot{e}_i \tag{2-19}$$

其中，K_p^L 和 K_d^L 为待设计控制参数，和 $u_{\mathrm{bl},i}^L(0)=0$，$\forall i \in S_M^L$，S_M^L 是集合 S_M 的一个子集，其包含向与前车进行通信的车辆的编号。同时，集合 S_M^C 定义为 S_M 的子集，其包含与前车可保持车间通信的车辆的编号，与 CACC 情况类似，匀质 ACC 模型可描述为

$$\begin{bmatrix} \dot{e}_{i,m} \\ \dot{v}_{i,m} \\ \dot{a}_{i,m} \\ \dot{u}_{i,m} \end{bmatrix} = \underbrace{\begin{bmatrix} 0 & -1 & -h^L & 0 \\ 0 & 0 & 1 & 0 \\ 0 & 0 & -\dfrac{1}{\tau_0} & \dfrac{1}{\tau_0} \\ \dfrac{K_\mathrm{p}^L}{h^L} & -\dfrac{K_\mathrm{d}^L}{h^L} & -K_\mathrm{d}^L & -\dfrac{1}{h^L} \end{bmatrix}}_{A_m^L} \underbrace{\begin{bmatrix} e_{i,m} \\ v_{i,m} \\ a_{i,m} \\ u_{i,m} \end{bmatrix}}_{\boldsymbol{x}_{i,m}} + \underbrace{\begin{bmatrix} 1 & 0 \\ 0 & 0 \\ 0 & 0 \\ \dfrac{K_\mathrm{d}^L}{h^L} & 0 \end{bmatrix}}_{B_w^L} \underbrace{\begin{bmatrix} v_{i-1} \\ u_{\mathrm{bl},i-1}^C \end{bmatrix}}_{w_i}, \quad \forall i \in S_M^L \tag{2-20}$$

在此基础上，本章给出保证匀质 ACC 系统队列稳定性的引理。

引理 2.1[7]：考虑匀质 ACC 动力学式(2-20)，如果 ACC 的控制器参数满足以下 Routh-Hurwitz 条件：

$$\begin{aligned} & h^L>0, \quad K_\mathrm{p}^L>0, \quad K_\mathrm{d}^L>0, \quad K_d^L>\tau_0 K_p^L \\ & (h^L)^2-2K_\mathrm{d}^L\tau_0(h^L)^2+\tau_0^2 \geqslant 0 \\ & 1\text{-}2K_\mathrm{p}^L(h^L)^2+(h^L K_\mathrm{d}^L)^2-2K_\mathrm{d}^L\tau_0 \geqslant 0 \\ & (h^L K_\mathrm{p}^L)^2-2K_\mathrm{p}^L \geqslant 0 \end{aligned} \tag{2-21}$$

则动力学方程式(2-20)将在平衡点 $\boldsymbol{x}_{i,m,\mathrm{eq}}$ 附近是渐进稳定的，并且车队可满足队列稳定性要求。

因此，对于基于 CACC 策略的匀质车队，当车间通信存在扰动时，可以从

式(2-7)设计的能够保证队列稳定 CACC 策略切换到式(2-20)设计的 ACC 策略。当通信恢复后，可以从能够保证队列稳定 ACC 策略切换到保证队列稳定 CACC 策略。

2.4 有限时间滑模控制器设计

本节给出车辆跟踪误差系统模型，在此基础上设计分段连续控制器，可在有限时间内，将异质车队系统式(2-3)镇定到其平衡点。

跟踪误差定义如下：

$$\begin{aligned} e_{1i} &= \widetilde{p}_i = p_i - p_{i,m} \\ e_{2i} &= \widetilde{v}_i = v_i - v_{i,m} \\ e_{3i} &= \widetilde{a}_i = a_i - a_{i,m} \quad \forall i \in S_M \end{aligned} \tag{2-22}$$

将式(2-3)代入式(2-22)，建立异质车队状态跟踪误差系统如下：

$$\begin{aligned} \dot{e}_{1i} &= e_{2i} \\ \dot{e}_{2i} &= e_{3i} \\ \dot{e}_{3i} &= -\frac{1}{\tau_i}a_i + \frac{1}{\tau_i}u_i + \frac{1}{\tau_0}a_{i,m} - \frac{1}{\tau_0}u_{i,m} \end{aligned} \tag{2-23}$$

其中

$$u_{i,m} = \begin{cases} u_{bl,i}^C & 当 \quad i \in S_M^C \\ u_{bl,i}^L & 当 \quad i \in S_M^L \end{cases}$$

有限时间-滑模控制器设计如下：

$$u_i = -\frac{\tau_0}{\Lambda_i^*}\left[c_3 \operatorname{sgn}(e_{3i})\,|e_{3i}|^{\alpha_3} + c_2 \operatorname{sgn}(e_{2i})\,|e_{2i}|^{\alpha_2} + c_1 \operatorname{sgn}(e_{1i})\,|e_{1i}|^{\alpha_1}\right] + a_i + \frac{u_{i,m} - a_{i,m}}{\Lambda_i^*} \tag{2-24}$$

其中 $\Lambda_i^* = \dfrac{\tau_0}{\tau_i}$和 c_j，$j=1,2,3$ 是常数，使得多项式 $p^3+c_3p^2+c_2p+c_1$ 是 Hurwitz。α_j 可以由以下条件确定：

$$\alpha_{j-1} = \frac{\alpha_j\alpha_{j+1}}{2\alpha_{j+1}-\alpha_j},\ j=2,3 \tag{2-25}$$

其中，$\alpha_4=1$，$\alpha_3=\alpha$，$\alpha\in(1-\varepsilon,1)$，$\varepsilon\in(0,1)$。

定理 2.2：有限时间-滑模控制器式(2-24)，可保证具有任意的初始条件的跟踪误差系统式(2-23)，在有限时间内收敛到零点。

证明：将控制输入式(2-24)代入式(2-23)，得到理想滑模簇为

$$\begin{aligned} \dot{e}_{1i} &= e_{2i} \\ \dot{e}_{2i} &= e_{3i} \\ \dot{e}_{3i} &= -c_3 \operatorname{sgn}(e_{3i})\,|e_{3i}|^{\alpha_3} - c_2 \operatorname{sgn}(e_{2i})\,|e_{2i}|^{\alpha_2} - c_1 \operatorname{sgn}(e_{1i})\,|e_{1i}|^{\alpha_1} \end{aligned} \tag{2-26}$$

根据参考文献[16]，跟踪误差 e_{ji}在有限时间内沿滑模簇收敛到零。

注 2.4：在参考文献[7]中，利用平均停留时间技术，考虑了通信扰动影响下的CACC 问题，并提出一种自适应切换控制器来补偿异质性车辆存在的参数不确定问题。但在该方法中，参考模型与实际系统之间的状态跟误差只能是有界的。因此，无法准确地完成控制目标。本章设计滑模控制律式(2-24)，可使异质误差系统式(2-23)的状态，在有限时间内可收敛到零，保证异质车队系统达到预期的性能。

考虑到实际中不可避免的外部干扰，根据车辆动力学方程，基于参考文献[17]，提出鲁棒-有限时间滑模控制器，描述如下：

$$\begin{bmatrix}\dot{p}_i\\ \dot{v}_i\\ \dot{a}_i\end{bmatrix}=\begin{bmatrix}0 & 1 & 0\\ 0 & 0 & 1\\ 0 & 0 & -\dfrac{1}{\tau_i}\end{bmatrix}\begin{bmatrix}p_i\\ v_i\\ a_i\end{bmatrix}+\begin{bmatrix}0\\ 0\\ \dfrac{1}{\tau_i}\end{bmatrix}u_i+\begin{bmatrix}0\\ 0\\ \mu_i\end{bmatrix} \tag{2-27}$$

其中，μ_i 是由风、路况、建模误差等引起的外部干扰。

假设 2.1：扰动项 μ_i 及其导数是有界的，即

$$|\mu_i|\leqslant C_{1i},\quad |\dot{\mu}_i|\leqslant C_{2i} \tag{2-28}$$

其中，C_{1i}、$C_{2i}>0$ 都是已知的正常数。

将式(2-27)代入式(2-22)，车队跟踪误差系统的扰动可改写为

$$\begin{aligned}&\dot{e}_{1i}=e_{2i}\\ &\dot{e}_{2i}=e_{3i}\\ &\dot{e}_{3i}=-\frac{1}{\tau_i}a_i+\frac{1}{\tau_i}u_i+\frac{1}{\tau_0}a_{i,m}-\frac{1}{\tau_0}u_{i,m}+\mu_i\end{aligned} \tag{2-29}$$

滑模面选择为

$$s_i=\dot{e}_{3i}+c_3(e_{3i})\,|e_{3i}|^{\alpha_3}+c_2(e_{2i})\,|e_{2i}|^{\alpha_2}+c_1(e_{1i})\,|e_{1i}|^{\alpha_1} \tag{2-30}$$

鲁棒-有限时间滑模控制器设计为

$$u_i=\frac{\tau_0}{\Lambda_i^*}(u_{i,eq}+u_{i,n}) \tag{2-31}$$

$$u_{i,\mathrm{eq}}=\frac{\Lambda_i^* a_i+u_{i,m}-a_{i,m}}{\tau_0}-c_3(e_{3i})\,|e_{3i}|^{\alpha_3}c_2(e_{2i})\,|e_{2i}|^{\alpha_2}-c_1(e_{1i})\,|e_{1i}|^{\alpha_1} \tag{2-32}$$

$$\dot{u}_{i,n}+\beta_i u_{i,n}=\kappa_i \tag{2-33}$$

$$\kappa_i=-(C_{2i}+\epsilon_i+\eta_i)(s_i) \tag{2-34}$$

其中，$u_{i,n}(0)=0$，β_i 和 η_i 是两个正常数，选择 ϵ_i 满足 $\epsilon_i\geqslant\beta_i C_{1i}$。

定理 2.3：鲁棒-有限时间滑模控制器式(2-31)~式(2-34)，可在有限时间内，保证跟踪误差系统式(2-29)的状态从任意初始条件出发，最终收敛到零。

证明：根据参考文献[17]可以很容易得出结论。

注 2.5：在式(2-34)中，由于 $\dot{e}_{3i}$在式(2-30)是不可获得的，导致 s_i 是不可获得

的。对于式(2-31)$\text{sgn}(s_i)$的计算，可以使用参考文献[18]中提出的算法。

2.5 数值仿真

为了验证本章所提的控制方法的有效性，本章使用 MATLAB/Simulink 软件进行仿真实验，将结果与参考文献[7]中，提出的自适应控制策略进行比较。

考虑一个由3+1辆车组成的异质车队(包含领队车)，每辆车的长度为5m。四辆跟随车辆的起始位置分别为0m，-30m，-60m，-90m。发动机时间常数 $\tau_0=0.1$，$\tau_1=0.15$，$\tau_2=0.2$，$\tau_3=0.25$。其余仿真参数分别为 $h^L=1.1$，$h^C=1$，$r=15$，$K_p^C=4.1$，$K_d^C=4.5$，$K_p^L=1.66$，$K_d^L=1.62$ 和 $\theta=0.1$，满足 Routh-Hurwitz 条件。为了与实际车辆控制保持一致，图2-3给出的车队加速度情况，车队存在的加速、减速情况。有限时间-滑模控制器式(2-24)中的参数分别为 $\alpha_1=7/16$，$\alpha_2=7/13$，$\alpha_3=7/10$，$c_1=80$，$c_2=66$，$c_3=15$。参考文献[7]中提出的自适应控制器为

$$
\begin{aligned}
&u_i=u_{\text{bl},i}+u_{\text{ad},i}\\
&u_{\text{ad},i}=-\boldsymbol{\Theta}_i^{\text{T}}\boldsymbol{\Phi}_i\\
&\dot{\boldsymbol{\Theta}}_i^{\text{T}}=[0,0,100/\tau_0,0]P_k\tilde{\boldsymbol{x}}_i\boldsymbol{\Phi}_i^{\text{T}}+\boldsymbol{F}_i^{\text{T}}
\end{aligned}
\tag{2-35}
$$

其中

$$
\boldsymbol{\Phi}_i=[u_{\text{bl},i},-a_i]^{\text{T}}\tag{2-36}
$$

$$
\tilde{\boldsymbol{x}}_i=[e_i-e_{i,m},v_i-v_{i,m},a_i-a_{i,m},0]^{\text{T}}\tag{2-37}
$$

$P_k>0$ 是一个对称矩阵

$$
\boldsymbol{A}_m^{\text{T}}\boldsymbol{P}_k+\boldsymbol{P}_k\boldsymbol{A}_m+0.6\boldsymbol{P}_k\leqslant 0\tag{2-38}
$$

如果车间通信没有干扰，则 $\boldsymbol{A}_m=\boldsymbol{A}_m^C$；如果车间通信存在干扰，则 $\boldsymbol{A}_m=\boldsymbol{A}_m^L$。$\boldsymbol{F}_i$ 是参考文献[7]中的定义的一个投影值。

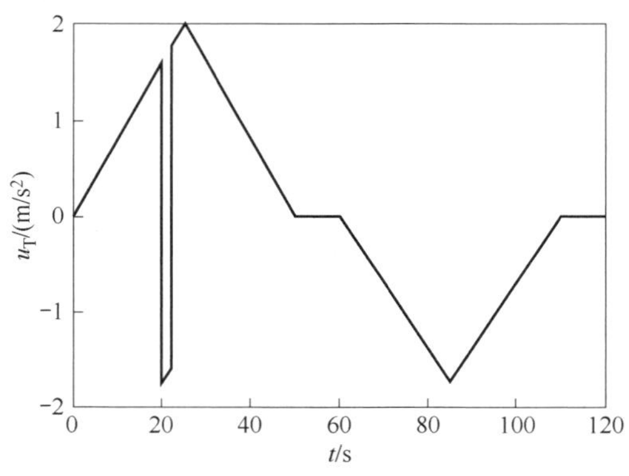

图 2-3 期望车队加速度

不失一般性，在随机通信中断情况下，分别进行四组对比实验，如图 2-4 所示，其中 $\sigma_i=0$ 表示通信正常，$\sigma_i=1$ 表示通信中断。

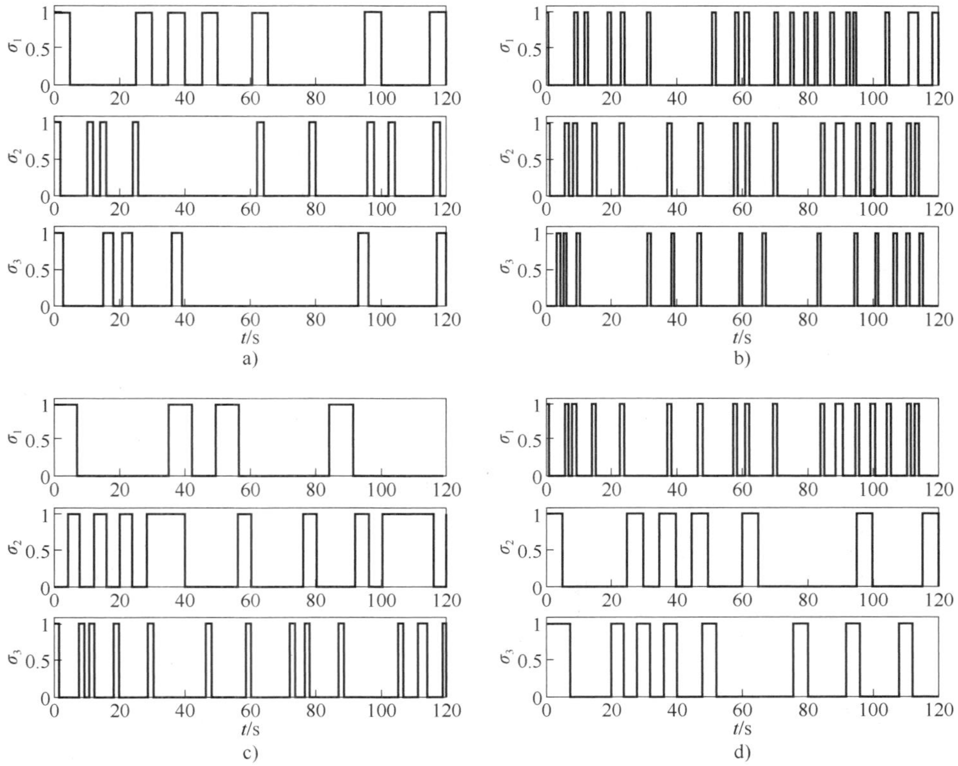

图 2-4　通信扰动信号

a）信号 1　b）信号 2　c）信号 3　d）信号 4

仿真结果如图 2-5 和图 2-6 所示。通过误差曲线可以看出，由于曲线不存在小于零的情况，碰撞是可避免的。但是，从间距误差分布可明显看出，在自适应控制器作用下误差幅值沿车队出现了向后逐渐放大的情况。主要原因在于自适应控制器作用下的状态跟踪误差是有界的，不能保证队列稳定性要求。本章所设计的有限时间-切换的方案，可有效避免出现这种情况。

为了便于对性能进行对比，在自适应控制器（或有限时滑模控制器）作用下，定义的车间距误差为 $E_a=\sum_{i=1}^{3}|e_i|$（或 E_f）。仿真中，变量 E_a-E_f 的值如图 2-7 所示。从中可看出，在每种情况下 E_a 一般都大于 E_f，因此，所设计的有限时间的切换方案优于现有的方法。

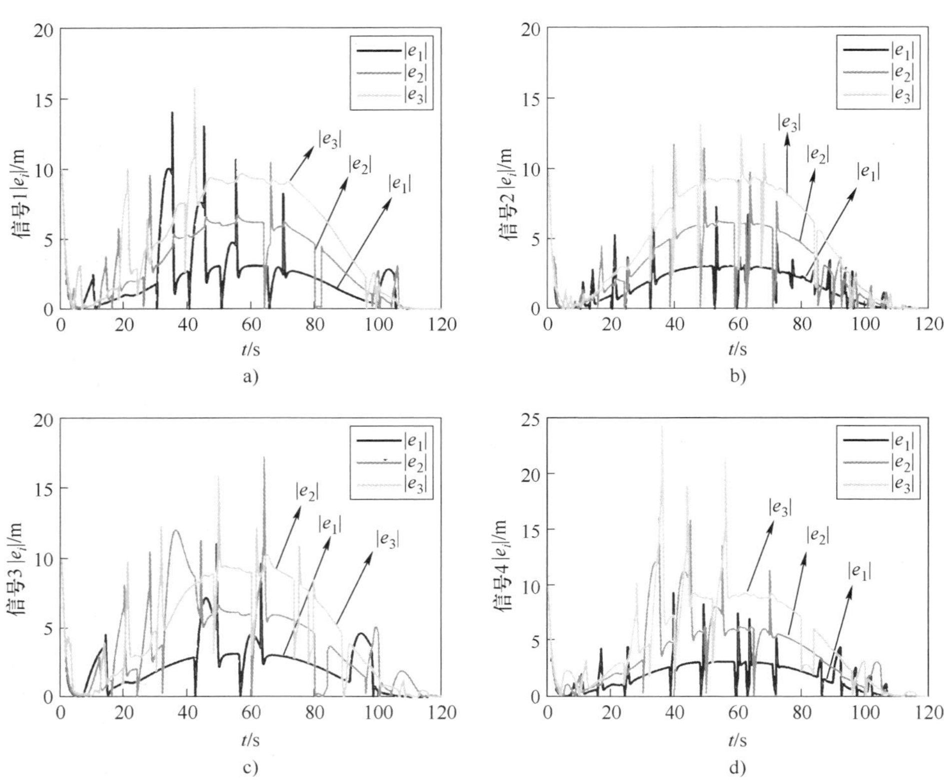

图 2-5　基于参考文献[4]中提出的自适应控制器得到的车间距误差 $|\boldsymbol{e}_i|$（见彩插）

a）由信号 1 得到的曲线　b）由信号 2 得到的曲线　c）由信号 3 得到的曲线　d）由信号 4 得到的曲线

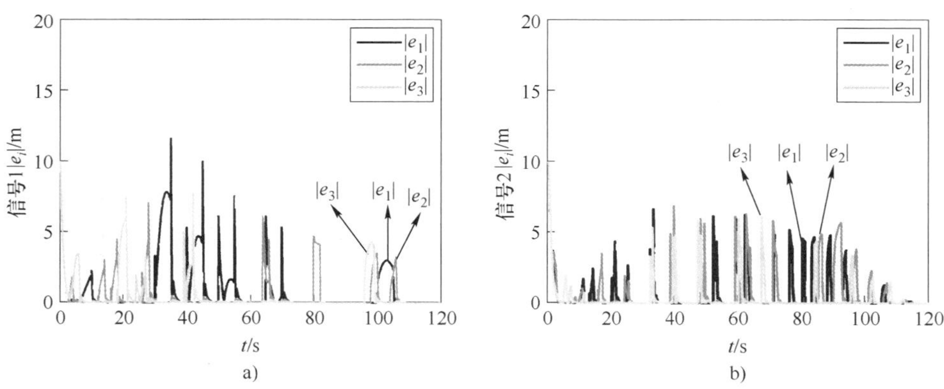

图 2-6　基于有限时间-滑模控制式(2-24)得到的车间距误差 $|\boldsymbol{e}_i|$（见彩插）

a）由信号 1 得到的曲线　b）由信号 2 得到的曲线

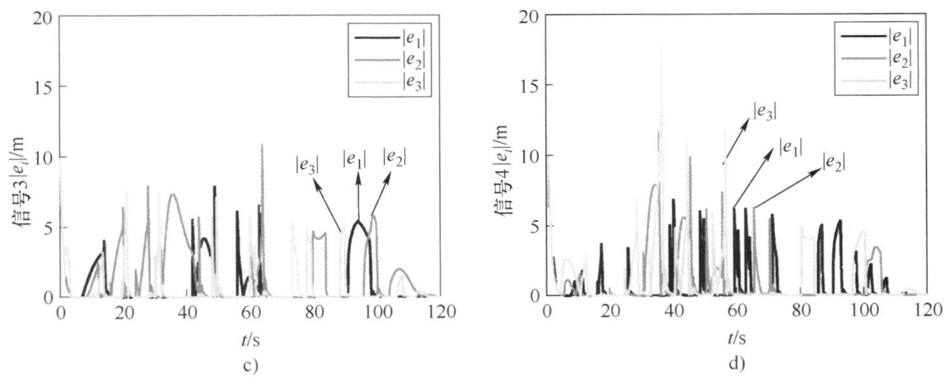

图 2-6　基于有限时间-滑模控制式(2-24)得到的车间距误差 $|e_i|$(续)(见彩插)

c) 由信号 3 得到的曲线　d) 由信号 4 得到的曲线

信号1 (E_a-E_f)/m　　信号2 (E_a-E_f)/m

t/s　　t/s

a)　　b)

信号3 (E_a-E_f)/m　　信号4 (E_a-E_f)/m

t/s　　t/s

c)　　d)

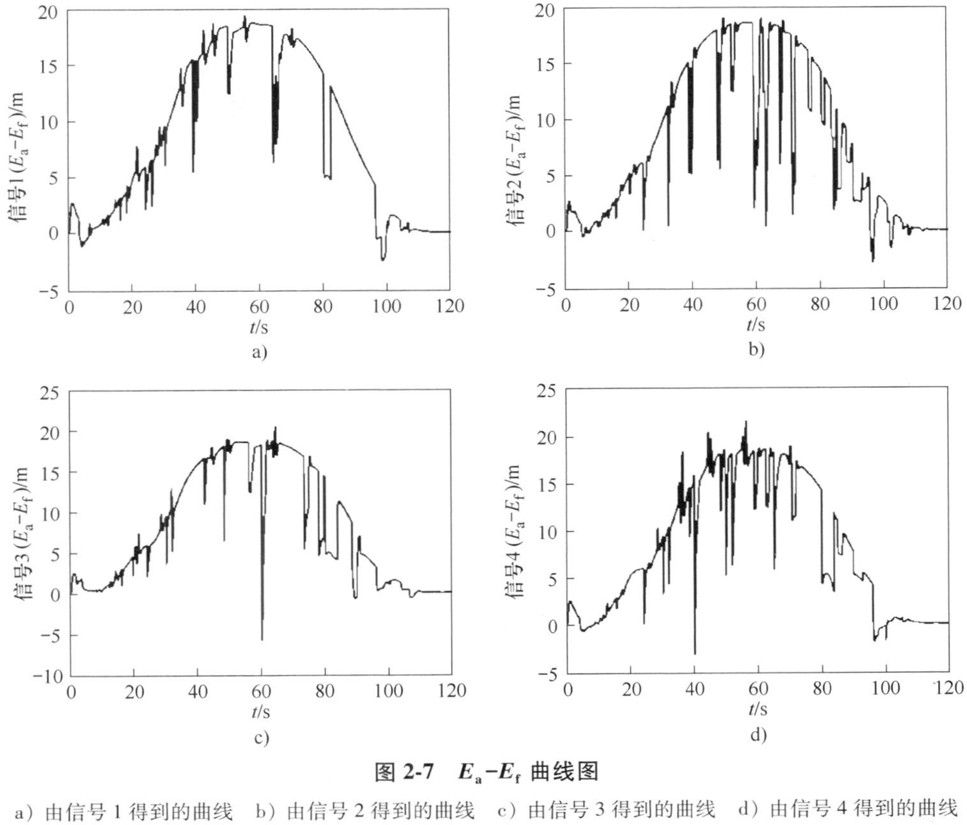

图 2-7　E_a-E_f 曲线图

a) 由信号 1 得到的曲线　b) 由信号 2 得到的曲线　c) 由信号 3 得到的曲线　d) 由信号 4 得到的曲线

最后，本章研究了外部干扰、通信干扰影响下的车队控制问题。为此，在车辆 1 中引入扰动 $\mu_1=60\sin(5t)$，作为通信扰动 1。基于参考文献[7]中自适应控制和有限时间-滑模控制策略式(2-24)，得到的仿真结果分别如图 2-8a 和图 2-8b 所示。从图 2-8a 可以看出，车辆的速度震荡严重，特别是车辆位置经常出现重叠现象。

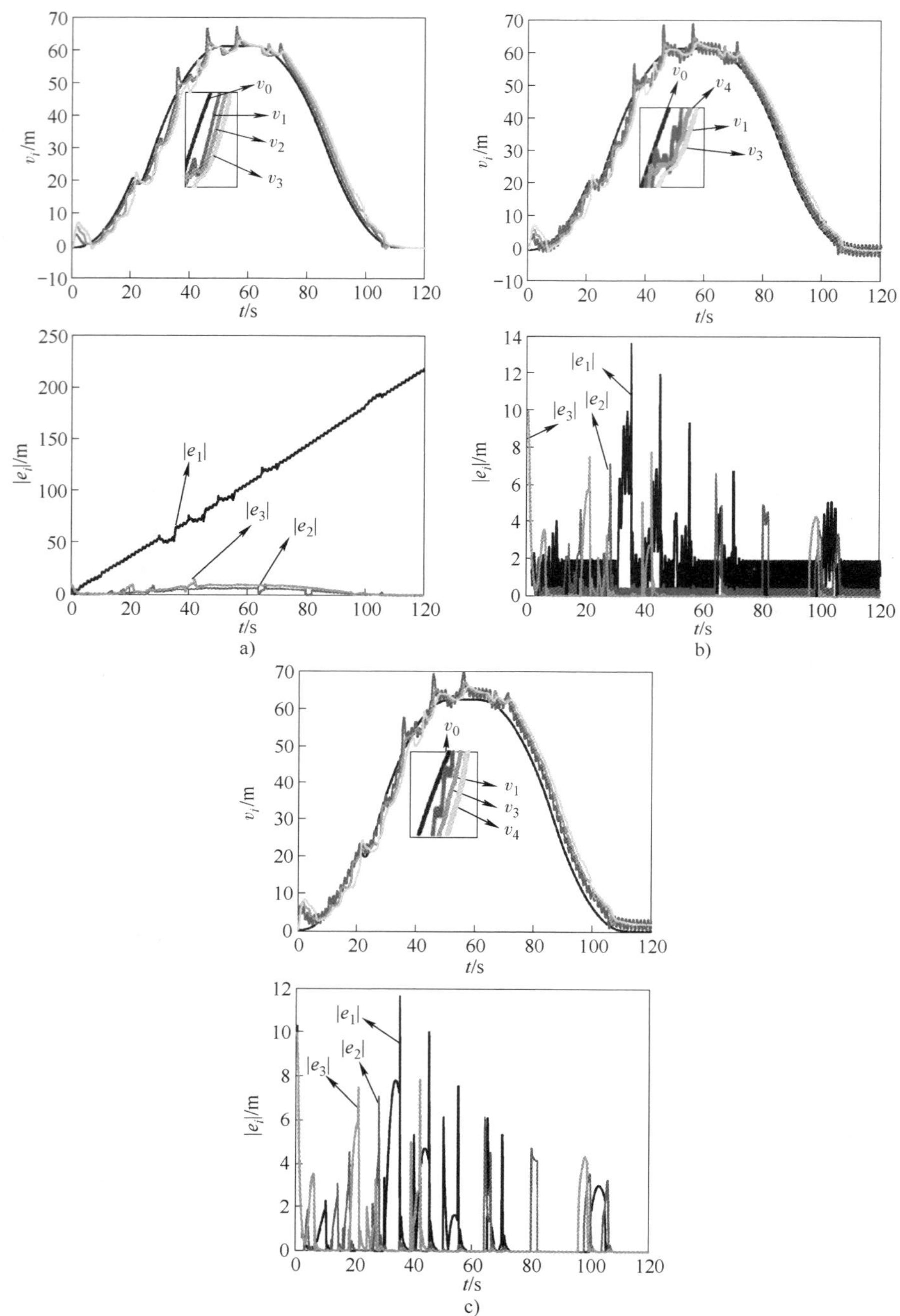

图 2-8　在外部干扰及通信信号 1 扰动影响下，速度 v_i 和间距误差 $|e_i|$ 的分布(见彩插)

a) 基于参考文献[7]提出的自适应控制器下的曲线图　b) 有限时间-滑模控制器得到的曲线图

c) 鲁棒-有限时间-滑模控制得到的曲线图

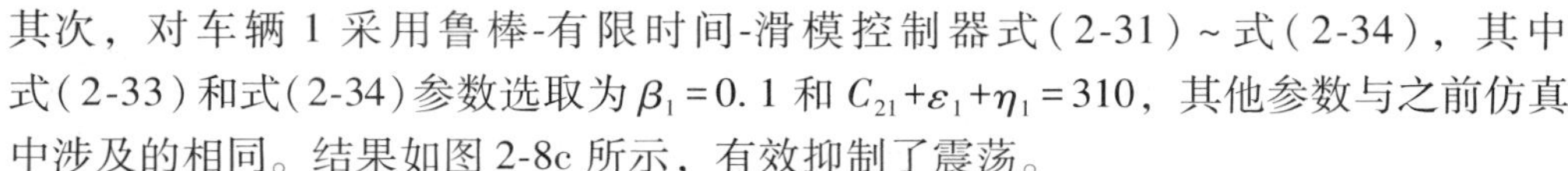

其次，对车辆 1 采用鲁棒-有限时间-滑模控制器式(2-31)~式(2-34)，其中式(2-33)和式(2-34)参数选取为 $\beta_1=0.1$ 和 $C_{21}+\varepsilon_1+\eta_1=310$，其他参数与之前仿真中涉及的相同。结果如图 2-8c 所示，有效抑制了震荡。

2.6 本章小结

本章考虑通信延迟和干扰影响下的异质车辆队列的有限时间切换控制策略。该控制方案包括基于 CACC-ACC 切换的控制器和有限时间滑模控制器，用以补偿异质动力学方程存在的外部干扰。此控制策略可同时保证内稳定性和队列稳定性要求。

参考文献

[1] XIAO L, GAO F. Practical string stability of platoon of adaptive cruise control vehicles[J]. IEEE Trans. Intell. Transp. Syst, 2011, 12(4): 1184-1194.

[2] CARPENTER S E, SICHITIU M L. BUR-GEN: A bursty packet generator for vehicular communication channels[J]. IEEE Trans. Veh. Technol, 2018, 67(11): 10232-10242.

[3] GUO G, WEN S. Communication scheduling and control of a platoon of vehicles in VANETs[J]. IEEE Trans. Intell. Transp. Syst, 2016, 17(6): 1551-1563.

[4] NGUYEN T, WANG L Y, YIN G, et al. Impact of communication erasure channels on control performance of connected and automated vehicles[J]. IEEE Trans. Veh. Technol, 2018, 67(1): 29-43.

[5] PIRANI M, HASHEMI E, SIMPSON-PORCO J W, et al. Graph theoretic approach to the robustness of k-nearest neighbor vehicle platoons[J]. IEEE Trans. Intell. Transp. Syst, 2017, 18(11): 3218-3224.

[6] NAUS G J L, VUGTS R P A, PLOEG J, et al, Steinbuch M. String-stable CACC design and experimental validation: A frequency-domain approach [J]. IEEE Trans. Veh. Technol, 2010, 59(9): 4268-4279.

[7] HARFOUCH Y A, YUAN S, BALDI S. An adaptive switched control approach to heterogeneous platooning with intervehicle communication losses [J]. IEEE Trans. Control Netw. Syst, 2018, 5(3): 1434-1444.

[8] FENG Y, HAN F, YU X. Chattering free full-order sliding-mode control[J]. Automatica, 2014, 50(4): 1310-1314.

[9] PLOEG J, VAN DE WOUW N, NIJMEIJER H. Lp string stability of cascaded systems: Application to vehicle platooning[J]. IEEE Trans. Control Syst. Technol, 2014, 22(2): 786-793.

[10] KHALIL H K. Nonlinear Systems[M]. Upper Saddle River, NJ, USA: Prentice-Hall, 2002.

[11] DI BERNARDO M, SALVI A, SANTINI S. Distributed consensus strategy for platooning of vehicles in the presence of time-varying heterogeneous communication delays [J]. IEEE Trans

Intell. Transp. Syst, 2015, 16(1): 102-112.

[12] LI Y, TANG C, PEETA S, et al. Nonlinear consensus-based connected vehicle platoon control incorporating car-following interactions and heterogeneous time delays [J]. IEEE Trans. Intell. Transp. Syst, 2019, 20(6): 2209-2219.

[13] PLOEG J, VAN DE WOUW N, NIJMEIJER H. Lp string stability of cascaded systems: Application to vehicle platooning[J]. IEEE Trans. Control Syst. Technol, 2014, 22(2): 786-793.

[14] PLOEG J, SCHEEPERS B T M, VAN NUNEN E, et al. Design and experimental evaluation of cooperative adaptive cruise control[C]. Proc. 14th Int. IEEE Conf. Intell. Transp. Syst. (ITSC), 2011: 260-265.

[15] MILANÉS V, SHLADOVER S E, SPRING J, et al. Cooperative adaptive cruise control in real traffic situations[J]. IEEE Trans. Intell. Transp. Syst, 2014, 15(1): 296-305.

[16] BHAT S P, BERNSTEIN D S. Geometric homogeneity with applications to finite-time stability[J]. Math.Control, Signals, Syst, 2005, 17(2): 101-127.

[17] FENG Y, HAN F, YU X. Chattering free full-order sliding-mode control[J]. Automatica, 2014, 50(4): 1310-1314.

第3章　车间通信拓扑分配与控制协同

3.1　引言

车间通信拓扑(Inter-Vehicle Communication Topology，IVCT)是影响网联车辆队列控制的一个重要因素。第1章和第2章中涉及的稳定性分析和控制器设计的都是基于典型的IVCT得到的，如前车跟随式(Predecessor Following，PF)和领队-跟随式(Leader Predecessor Following，LPF)。当前的网联车辆队列控制已经涉及各种复杂类型的通信拓扑，例如双向跟随式(Bidirectional Predecessor Following，BPF)、双前车跟随式(Two Predecessor Following，TPF)、多前车跟随式(Multiple-PF，MPF)和混合通信拓扑[1]。例如，Zheng等人在参考文献[2]中研究了通信拓扑结构对车队稳定性和可达性的影响。Zheng等人在参考文献[3]给出了通信拓扑的选择标准，并利用非对称控制来提高车队系统的稳定裕度。Zheng等人在参考文献[4]中研究了具有无向通信拓扑结构的网联车辆队列的分布式H_∞控制。Li等人在参考文献[5]中提出了一种车辆队列分布式控制方法，考虑PF、TPF、BPF和LPF等通信拓扑结构对控制性能的影响。但在上述文献中获得的结果需要提前设定车队的IVCT。

由于IVCT和控制器两方面是相互耦合的，提高网联车辆队列控制性能的一种有效方式是在一致的控制框架中协同设计IVCT和控制器两部分。近年来，IVCT与控制器的协同设计受到了越来越多的关注。在参考文献[6]中，通过使用Routh-Hurwitz稳定性准则和Rayleigh-Riz定理，基于一致性理论实现无向拓扑的选择和控制设计，以此提高车队的稳定裕度。在参考文献[7]中，使用空间不变系统方法协同设计IVCT和控制器，以此满足队列稳定性要求。在所提出的协同设计过程中，利用最小二乘法逼近代数Riccati方程的解。上述文献的结论可用于具有理想车间通信的有限类型IVCT的车队，如参考文献[6]中的无向拓扑和参考文献[7]中的前向型、后向型和星形拓扑。然而，考虑到实际车间通信的状态，参考文献[6]和[7]中考虑固定的IVCT可能不适用于车队。而在实际的车队控制中，具有切换形式的IVCT是很常见的[8-9]，例如，IVCT可以周期性地从所有可用的通信拓扑中进行切换。造成这种情况的可能原因有：①车队中车辆的加入和离开；②行驶车辆与网络信道之间时变的连接状态，以及不可避免的握手信息交换；③资源限制(例如无线网络的带宽、传输功率和通信网络的无线资源)对车间通信的影响。为此，本章的目标是：从可行的车间通信拓扑集合中为车队分配 IVCT，并以此建立 IVCT 分配和控制协同设计与优化方法。

与参考文献[6]和[7]不同，本章将从可行的车间通信拓扑集中，为车队分配车间通信拓扑。考虑不可靠的车间通信以及外部扰动，本章将建立一致的框架，用于实现车间通信拓扑的分配与车队控制的协同设计。本章采用 LTE-V2V 网络，其主要原因在于 LTE-V2V 网络具有更小的车间通信延时以及更高的通信速率[13]。另外，在 LTE-V2V 的集中通信模式下，中心控制单元可利用协同感知信息传输机制，实现车间通信拓扑的分配。同时，提出了依赖于车间通信拓扑的采样反馈控制器。基于优化控制以及动态规划技术，建立一致设计框架，实现从所有车队可行的车间通信拓扑中，同时获得最优的车间通信拓扑以及相应的控制器增益，并且可同时适用于固定以及周期切换的车间通信拓扑情况。基于建立的一致控制框架，提出了车队控制算法，不但可保证单车的稳定性，还可以保证车队的队列稳定性同时，优化车队的性能指标。所提的算法可实现离线计算且只需执行一次，因此，其计算量少、易于实现。本章的主要贡献如下：

1）为匀质车队提出了新颖的依赖于车间通信拓扑的采样控制策略，其可有效抑制随机数据丢包以及扰动对车队控制性能的影响，同时保证车队性能指标最小。

2）通过求解定义的组合搜索问题，可为车队从可行的车间通信集合中，确定最优的车间通信拓扑以及由通信拓扑决定的控制器增益。对于给的车间通信拓扑图，同样可为车队确定相关的最优控制器，反之亦然。

3）针对常见的车间通信拓扑，对车队进行了随机队列稳定性分析。所得结果建立了队列稳定性与影响车队控制性能的因素之间的关系，如数据丢包概率、第 i 辆跟随车辆的邻居车辆的个数，以及第 i 辆跟随车辆与领队车辆之间的连接状态。

符号说明：符号 $\mathbb{R}^n$ 表示 n 维欧几里得空间；$\mathrm{diag}\{\cdot\}$ 表示分块对角矩阵；$\boldsymbol{I}_N$ 表示 $N\times N$ 阶单位矩阵；$\mathbf{1}_m$ 为元素全为 1 的 m 维向量。对于矩阵 $\boldsymbol{P}$，$\boldsymbol{P}=\boldsymbol{P}^{\mathrm{T}}>0$。对于向量 $\boldsymbol{x}$，$\|\boldsymbol{x}\|_{\boldsymbol{Q}}^2=\boldsymbol{x}^{\mathrm{T}}\boldsymbol{Q}\boldsymbol{x}$。上标 T 和 $\mathcal{T}$ 分别表示矩阵的转置和共轭转置。$\|\boldsymbol{x}\|_p$ 为向量 $\boldsymbol{x}$ 的 p 范数，$|\cdot|$表示向量的模。

3.2 问题描述

考虑在水平道路上行驶的 $N+1$ 辆匀质车辆(见图 3-1)。定义 z_i、v_i 和 a_i 分别为车辆 i 的位置、速度和加速度，$i=0,1,\cdots,N$。每辆跟随车($i=1,\cdots,N$)采用基于跟踪误差的反馈控制，其通过 LTE-V2V 网络从其邻车收集协同感知信息，用于

更新控制输入。描述车间信息流向的 IVCT，由控制中心分配，该控制中心由 eNB(Evolved Node B)充当。本节基于车辆间的协同感知信息传播机制，建立 IVCT 分配和控制协同设计模型。

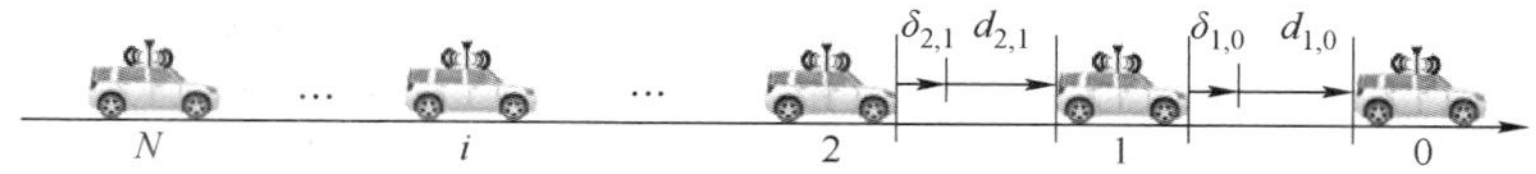

图 3-1　车辆队列控制

根据参考文献[5]和[6]中的反馈线性化技术，本章采用的线性车辆动力学模型为：

$$\begin{aligned} \dot{z}_i(t) &= v_i(t) \\ \dot{v}_i(t) &= a_i(t) \\ \dot{a}_i(t) &= -a_i(t)/\varsigma + u_i'(t)/\varsigma \end{aligned} \tag{3-1}$$

其中，ς为一阶加速度动力学的时间常数；$u_i'(t)$表示所需加速度的控制输入。在实际中，车辆可能会受外部干扰，如风、空气阻力、道路坡度。用 $\omega_i(t)$表示车辆动力学中涉及的外部干扰。结合式(3-1)，可得

$$\dot{a}_i(t) = -a_i(t)/\varsigma + u_i'(t)/\varsigma + \omega_i(t) \tag{3-2}$$

假设该扰动 $\omega_i(t) \sim \mathcal{N}(0,\nu_\omega)$满足协方差为 ν_ω、均值为零的高斯分布。

在车辆队列内，协同感知信息的传播可分为两个阶段。在第一阶段中，根据车间通信拓扑结构，控制中心向车辆发送协同感知信息。该协同感知信息包括车辆的控制信息(控制器结构和参数)和 U-subframe 的分配方案，建立车间通信(Inter-Vehicle Communication，IVC)信道利用分配的 U-subframe 实现通信。在第二阶段，根据所分配的 U-subframe，每个车辆通过所建立的 V2V 通信信道将其协同感知信息(例如，位置、速度和加速度)传输给其邻车辆。依据参考文献[3]，协同感知信息大小的变化范围通常在 50~500B 之间。在带宽为 10MHz 的 LTE 网络中，通过选择适当的解码和编码方案，一个U-subframe 足以满足车辆传输协同感知信息的需要。假定可用的 U-subframe 的数量，可同时满足所有车辆进行 V2V 通信的需要。图 3-2 给出了由 4 辆车组成的车队，通过利用协同感知信息传播机制，车辆间形成了前车跟随式 PF 通信拓扑。

车辆队列的 IVCT 可用有向连接图 $\mathcal{G}_N=(\mathcal{V}_N,\mathcal{E}_N)$表示，其中 $\mathcal{V}_N=\{1,2,\cdots,N\}$为车辆的集合，$\mathcal{E}_N\subseteq\mathcal{V}_N\times\mathcal{V}_N$ 为边的集合，定义边为 $\varepsilon_{ij}\triangleq(i,j)\in\mathcal{E}_N$，意味着从车辆 j 到车辆 i 有一条有向的通信链路，即$(i,j)\in\mathcal{E}_N$。$\boldsymbol{A}=[a_{ij}]_{n\times n}$表示图 $\mathcal{G}_N$ 的邻接矩阵，其中对所有的车辆 i，$a_{ii}=0$，且如果 $\varepsilon_{ij}\in\mathcal{E}_N$ 时 $a_{ij}=1$；否则，$a_{ij}=0$。$\boldsymbol{D}=\mathrm{diag}\{d_1, d_2,\cdots,d_n\}$表示图 $\mathcal{G}_N$ 的牵引矩阵，其中对角线元素表示为 $d_i=\sum_{j=1}^{N}a_{ij}$。相应地，拉普拉斯矩阵 $\boldsymbol{L}$ 描述了跟随车之间通信关系，定义为 $\boldsymbol{L}=\boldsymbol{D}-\boldsymbol{A}$。路径是图中所连接边的

序列。如果任何节点之间存在路径，则图 $\mathcal{G}$ 称为连通的。跟随车辆的邻居车辆集合定义为

$$\boldsymbol{N}_i=\{j\in\mathcal{V}_N \mid a_{ij}=1\} \tag{3-3}$$

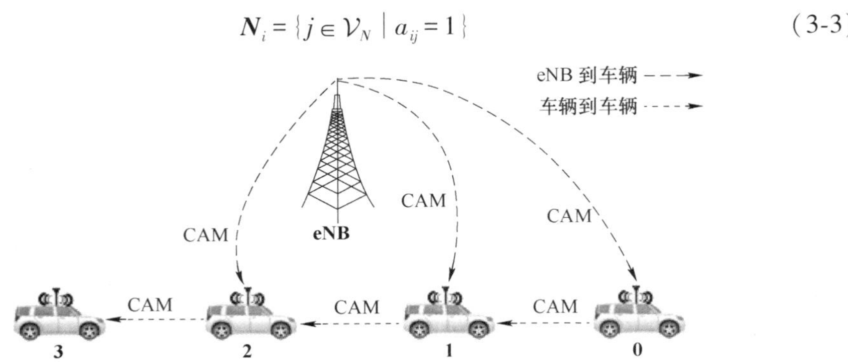

图 3-2　eNB 利用 CAM 传播机制实现 PF 通信拓扑

为了描述领队车辆和跟随车辆之间的通信关系，定义了一个由 $N+1$ 个节点组成的增广有向图 $\mathcal{G}_{N+1}=(\mathcal{V}_{N+1},\mathcal{E}_{N+1})$，其中包括车辆队列的领队车辆和跟随车辆。与参考文献[6]类似，$\boldsymbol{P}=\mathrm{diag}\{p_1,p_2,\cdots,p_N\}$ 为连接矩阵，用来表示跟随车辆与领队车辆之间的通信情况：如果 $(i,0)\in\mathcal{E}_{N+1}$，则 $p_i=1$；否则 $p_i=0$。请注意，$(i,0)\in\mathcal{E}_{N+1}$ 意味着该节点 i 可以获取领队车辆的信息。车辆节点 i 与领队车辆之间的通信情况，可用以下集合来描述：

$$\boldsymbol{P}_i=\begin{cases}\{0\}, & p_i=1\\ \varnothing, & p_i=0\end{cases} \tag{3-4}$$

其中，符号 $\varnothing$ 表示空集。

在本章中，将矩阵 $\boldsymbol{H}=\boldsymbol{L}+\boldsymbol{P}$ 定义为车辆队列中的 IVCT。此外，矩阵 $\boldsymbol{H}$ 可从集合 $\boldsymbol{\mathcal{M}}=\{\boldsymbol{H}_1,\boldsymbol{H}_2,\cdots,\boldsymbol{H}_q\}$ 中选择其值。对于网络带宽有限的、规模较大的车辆队列，假设该集合包含有限数量的可用 IVCT。此外，做出如下假设：

假设 3.1：增广有向图 $\mathcal{G}_{N+1}$ 中，包含至少一个从领队车辆出发的有向生成树。

假设 3.1 意味着领队车辆在图 $\mathcal{G}_{N+1}$ 中是全局可达的。也即，所有跟随车辆都可以直接或间接地获取领队车辆的信息，是保证单车稳定性的前提。

根据车辆与其邻居车辆 $j(j\in\boldsymbol{I}_i=\boldsymbol{N}_i\cup\boldsymbol{P}_i)$ 之间的信息交互，定义车辆 i 的跟踪误差：

$$\begin{aligned}\delta_{i,j}(t)&=z_i(t)-z_j(t)-d_{i,j}\\ e^v_{i,j}(t)&=v_i(t)-v_j(t)\\ e^a_{i,j}(t)&=a_i(t)-a_j(t)\end{aligned} \tag{3-5}$$

其中，$\delta_{i,j}(t)$、$e^v_{i,j}(t)$ 和 $e^a_{i,j}(t)$ 分别定义为车辆 i 和其邻居 j 之间的间距误差、速度误差和加速度误差。根据参考文献[12]，$d_{i,j}$ 为期望的车间距离：

$$d_{i,j}=(i-j)h_v v_i+(i-j)d \tag{3-6}$$

其中，常数 $h_v>0$ 表示车头时距；d 为最小安全距离。本章车辆队列控制采用恒时距车间距策略。

由于 CAM 以周期 hs，周期性进行其信息的更新，因此，每辆跟随车辆的控制器，需要周期性的收集包含其邻居车辆的运动状态的 CAM。因此，将连续时间 t 划分为多个时隙，令其编号为 $k\in\{0,1,2,\cdots\}$，这里每个时隙的时间长度与周期 $h>0$ 相同。对于第 k 个时隙，车辆 i 的采样反馈控制器为

$$u_i'(t)\equiv u_i'(kh),\ t\in[kh,(k+1)h) \tag{3-7}$$

且

$$u_i'(kh)=-\sum_{j\in \boldsymbol{I}_i} k_i^p(\boldsymbol{H})\bar{\delta}_{i,j}(kh)+k_i^v(\boldsymbol{H})\bar{e}_{i,j}^v(kh)+k_i^a(\boldsymbol{H})\bar{e}_{i,j}^a(kh)$$

其中，$k_i^p(\boldsymbol{H})$、$k_i^v(\boldsymbol{H})$ 和 $k_i^a(\boldsymbol{H})$ 为待设计的反馈控制器增益，其值依赖于控制中心分配的 IVCT。$\bar{\delta}_{i,j}(kh)$、$\bar{e}_{i,j}^v(kh)$ 和 $\bar{e}_{i,j}^a(kh)$ 为控制器 $u_i'(kh)$ 进行更新时所需的实际跟踪误差。

由于 U-subframe 可以重复使用，用于支持移动用户和跟随车辆的通信，因此，引起了 V2V 通信信道和移动用户通信信道之间的干扰。对于第 k 个时隙，第 ij 条 V2V 通信信道的传输功率为 $\Xi_{ij}(kh)$。信道增益用 $\boldsymbol{\eta}_{ij}(kh)$ 表示，其包含了路径损耗、第 ij 条 V2V 通信信道存在的阴影效应。$I_{ij}(kh)$ 表示蜂窝用户占用同一 U-subframe 时产生的干扰。因此，由参考文献[13]可知，第 ij 条 V2V 通信信道的信噪比(Signal-to-Interference-plus-Noise Ratio，SINR)可定义为

$$\gamma_{ij}(kh)=\frac{\Xi_{ij}(kh)\boldsymbol{\eta}_{ij}(kh)}{I_{ij}(t)+N_0},\ i\neq j\in\{0,1,2,\cdots,N\} \tag{3-8}$$

其中，N_0 为每个 U-subframe 中附加的噪声功率。这里，利用 SINR 来描述 V2V 通信信道的可靠性。具体来说，如果第 ij 条 V2V 信道的 SINR 低于规定的 SINR 的阈值 $\boldsymbol{\gamma}_{\mathrm{V2V}}$，即 $\boldsymbol{\gamma}_{ij}(kh)<\boldsymbol{\gamma}_{\mathrm{V2V}}$，则通过第 ij 条 V2V 信道的数据传输是不可靠的，可能导致数据丢包。为此，引入伯努利随机变量 $\theta_{ij}(\cdot)$，用于描述第 ij 条 V2V 通信信道的数据丢包的状态。对于第 k 个时隙，如果 $\theta_{ij}(kh)=1$，邻居 j 的状态信息可通过第 ij 条 V2V 通信信道成功传输到车辆 i，则有 $\bar{\delta}_{i,j}(kh)=\delta_{i,j}(kh)$，$\bar{e}_{i,j}^v(kh)=e_{i,j}^v(kh)$ 和 $\bar{e}_{i,j}^a(kh)=e_{i,j}^a(kh)$；否则 $\theta_{ij}(kh)=0$，发生了数据丢包现象，采用参考文献[13]和[14]中的置零策略，则跟踪误差为 $\bar{\delta}_{i,j}(kh)=0$，$\bar{e}_{i,j}^v(kh)=0$ 和 $\bar{e}_{i,j}^a(kh)=0$。由此，通过第 ij 条 V2V 通信信道，数据成功传送的概率为

$$\bar{\theta}_{ij}=\boldsymbol{E}\{\theta_{ij}(kh)\}=\boldsymbol{Pr}\{\theta_{ij}(kh)=1\} \tag{3-9}$$

假设 3.2：每个伯努利随机变量 $\theta_{ij}(kh)$ 具有相同的期望，即 $\boldsymbol{E}\{\theta_{ij}(kh)\}=\bar{\theta}_{ij}=\bar{\theta}_i$，$0\leqslant\bar{\theta}_i\leqslant 1$。

考虑到随机丢包的影响，则式(3-7)中的采样反馈控制器可以描述为

$$u_i'(t)=-\sum_{j\in \boldsymbol{I}_i}\theta_{ij}(kh)[k_i^p(H)\delta_{i,j}(kh)+k_i^v(H)e_{i,j}^v(kh)+ k_i^a(H)e_{i,j}^a(kh)]\quad t\in[kh,(k+1)h) \tag{3-10}$$

定义状态变量 $\hat{\boldsymbol{x}}_i(t)=[\delta_{i,0}(t)\quad e_{i,0}^v(t)\quad e_{i,0}^a(t)]^{\mathrm{T}}$；跟随车 i 的跟踪误差动力学方程，可描述为

$$\dot{\hat{\boldsymbol{x}}}_i(t)=\boldsymbol{\Phi}_i\hat{\boldsymbol{x}}_i(t)+\boldsymbol{\Gamma}u_i'(t)+\boldsymbol{\Gamma}\omega_i(t) \tag{3-11}$$

其中，$\boldsymbol{\Phi}_i=\begin{bmatrix}0&1&h_{iv}\\0&0&1\\0&0&-\dfrac{1}{\varsigma}\end{bmatrix}$，$h_{iv}=i*h_v$；$\boldsymbol{\Gamma}=\begin{bmatrix}0\\0\\\dfrac{1}{\varsigma}\end{bmatrix}$。

对于 $t\in[kh,(k+1)h)$，结合状态方程 $\hat{\boldsymbol{x}}_i(t)$，可将采样控制器式(3-10)写成如下形式：

$$u_i'(t)=-\overline{\boldsymbol{K}}_i(\boldsymbol{H})\sum_{j\in \boldsymbol{I}_i}\theta_{ij}(kh)[\hat{\boldsymbol{x}}_i(kh)-\hat{\boldsymbol{x}}_j(kh)] \tag{3-12}$$

其中，$\overline{\boldsymbol{K}}_i(\boldsymbol{H})=[k_i^p(\boldsymbol{H})\quad k_i^v(\boldsymbol{H})\quad k_i^a(\boldsymbol{H})]$为控制器增益矩阵；此外，通过定义状态向量 $\boldsymbol{x}(t)=[\hat{\boldsymbol{x}}_1^{\mathrm{T}}(t),\ \hat{\boldsymbol{x}}_2^{\mathrm{T}}(t),\ \cdots,\ \hat{\boldsymbol{x}}_N^{\mathrm{T}}(t)]^{\mathrm{T}}$ 和控制输入向量 $\boldsymbol{u}'(t)=[u_1'(t),\ u_2'(t),\ \cdots,\ u_N'(t)]^{\mathrm{T}}$，可以得到整个车辆队列的控制输入为

$$\boldsymbol{u}'(t)=-(\boldsymbol{H}(\theta(kh))\otimes\overline{\boldsymbol{K}}_i(\boldsymbol{H}))\boldsymbol{x}(kh),\ t\in[kh,(k+1)h) \tag{3-13}$$

其中，$\boldsymbol{H}(\theta(kh))=\boldsymbol{L}(\theta(kh))+\boldsymbol{P}(\theta(kh))$ 为随机矩阵，且 $\boldsymbol{L}(\theta(kh))=[l_{ij}(\theta_{ij}(kh))]_{N\times N}$，$l_{ii}(\theta_{ii}(kh))=\sum\limits_{j=1,j\neq i}^{N}-l_{ij}(\theta_{ij}(kh))$ 和 $l_{ij}(\theta_{ij}(kh))=l_{ij}\theta_{ij}(kh)$，$\boldsymbol{P}(\theta(kh))=\mathrm{diag}\{\theta_{10}(kh)p_1,\theta_{20}(kh)p_2,\cdots,\theta_{N0}(kh)p_N\}$。正如式(3-13)所示，很明显，IVCT 和控制器这两部分具有强耦合性。对于理想的 IVC，当 $i\neq j$ 时 $\theta_{ij}(kh)=1$，控制器式(3-12)可重新描述为

$$\boldsymbol{u}'(t)=-(\boldsymbol{H}\otimes\overline{\boldsymbol{K}}_i(\boldsymbol{H}))\boldsymbol{x}(kh),\ t\in[kh,(k+1)h) \tag{3-14}$$

该控制器形式正是参考文献[4]和[6]中，没有忽略不可靠车间通信得到的控制器形式。

考虑到随机数据丢包和外部扰动，本章的控制目标是从集合 $\mathcal{M}$ 中为车间通信分配最优的车间通信拓扑 $\boldsymbol{H}$ 及设计控制器，保证所有跟随车辆都能以期望的间距跟踪领队车辆的轨迹，即，满足以下条件：

1）单车稳定性：式(3-5)中每个跟随车辆的车间距误差和速度误差为均方稳定，即

$$\begin{cases}\lim\limits_{t\to\infty}\boldsymbol{E}\{\|e_{i,0}^v(t)\|^2\}=0\\ \lim\limits_{t\to\infty}\boldsymbol{E}\{\|\delta_{i,i-1}(t)\|^2\}=0\end{cases} \tag{3-15}$$

在本章中，假定领队车辆匀速行驶，即 $a_0=0$。

2）随机队列稳定性：在零初始条件下，传递函数

$$G(s)=\frac{\delta_{i,0}(s)}{\delta_{i-1,0}(s)},\ i=2,3,\cdots,N \tag{3-16}$$

其中，$\delta_{i,0}(s)$为车间距误差 $\delta_{i,0}(t)$的拉氏变换。

对于任意 $w>0$，满足

$$\boldsymbol{E}\{|G(\mathrm{j}\omega)|\}\leqslant 1 \tag{3-17}$$

3）对于任意时隙 k，能够保证为车队系统定义的 LQ 性能指标的值最小。

$$\lim_{F\to\infty}\boldsymbol{E}\left\{\sum_{v=0}^{F}\|\boldsymbol{x}((k+v)h)\|_{\boldsymbol{Q}}^2+\|\boldsymbol{u}((k+v)h)\|_{\boldsymbol{R}}^2\right\} \tag{3-18}$$

其中，F 表示迭代步长；$\boldsymbol{Q}\in\mathbb{R}^{3N\times 3N}$和 $\boldsymbol{R}\in\mathbb{R}^{N\times N}$分别为对称、正定矩阵，分别表示性能指标函数中涉及的惩罚矩阵。

3.3　车辆队列的通信拓扑分配与控制协同设计

在本节中，构建统一的车辆队列控制框架，用于实现最优的 IVCT 分配和反馈控制器增益的协同设计，其中，涉及 IVCT 可以是固定的及周期性切换的。首先，利用 LQ 控制和动态规划技术，为每一个 IVCT 设计了与之相匹配的最优反馈控制器增益。然后，通过求解定义的组合搜索问题，确定最优的 IVCT 和相关的控制器增益，从而保证定义的 LQ 性能指标最小。接着，对车辆队列的队列稳定性进一步分析，对反馈控制器增益进行进一步的限制。最后，提出了通信拓扑分配和控制的协同设计的算法。

由于车辆采用了采样控制器，为此，利用零阶保持器，以采样周期 h 对连续时间的跟踪误差系统式(3-11)进行离散化。所以得到的离散化的跟踪误差系统为

$$\hat{\boldsymbol{x}}_i(k+1)=\boldsymbol{A}_i\hat{\boldsymbol{x}}_i(k)+\boldsymbol{B}_1u_i'(k)+\boldsymbol{B}_1\boldsymbol{\omega}_i(k) \tag{3-19}$$

其中

$$\boldsymbol{A}_i=\begin{bmatrix}1 & h & \varsigma^2\mathrm{e}^{-h/\varsigma}+\varsigma h-\varsigma^2+h_{iv}\varsigma(1-\mathrm{e}^{-h/\varsigma})\\ 0 & 1 & -\varsigma\mathrm{e}^{-h/\varsigma}+\varsigma\\ 0 & 0 & \mathrm{e}^{-h/\varsigma}\end{bmatrix}$$

$$\boldsymbol{B}_1=\begin{bmatrix}\varsigma^2(-\mathrm{e}^{-h/\varsigma}+1)+h(-\varsigma+h)\\ \varsigma(\mathrm{e}^{-h/\varsigma+1}-1)+h\\ -\mathrm{e}^{-h/\varsigma}+1\end{bmatrix}$$

将控制器式(3-13)代入式(3-19)，则闭环车辆队列控制系统可描述成：

$$\boldsymbol{x}(k+1)=\boldsymbol{A}\boldsymbol{x}(k)-\boldsymbol{B}[\theta(k)]\boldsymbol{K}_{\mathcal{H}}\boldsymbol{x}(k)+\boldsymbol{B}_1\boldsymbol{\omega}(k) \tag{3-20}$$

其中，$\boldsymbol{A}=\mathrm{diag}\{\boldsymbol{A}_1,\boldsymbol{A}_2,\cdots,\boldsymbol{A}_N\}$；$\boldsymbol{B}[\theta(k)]=\boldsymbol{H}[\theta(k)]\otimes\overline{\boldsymbol{B}}_1$；$\overline{\boldsymbol{B}}_1=\boldsymbol{B}_1\times\boldsymbol{1}_3^{\mathrm{T}}$ 和 $\boldsymbol{B}_1=\boldsymbol{I}_N\otimes\boldsymbol{B}_1$。

外部扰动向量 $\boldsymbol{\omega}(k)=[\omega_1(k),\ \omega_2(k),\ \cdots,\ \omega_N(k)]^{\mathrm{T}}$ 且 $\boldsymbol{\omega}(k)\sim\mathcal{N}(0_N,\nu_\omega)$。控制增益 $\boldsymbol{K}_{\mathcal{H}}=\mathrm{diag}\{\boldsymbol{\Delta}_K^1,\cdots,\boldsymbol{\Delta}_K^N\}\in\mathbb{R}^{3N\times 3N}$ 且 $\boldsymbol{\Delta}_K^i=\mathrm{diag}\{\overline{\boldsymbol{K}}_i(\mathcal{H})\}$。定义 $u(k)=-\boldsymbol{K}_{\mathcal{H}}\boldsymbol{x}(k)$ 作为待设计的控制器部分，那么式(3-20)中的闭环车辆队列控制系统可重新描述为

$$\boldsymbol{x}(k+1)=\boldsymbol{A}\boldsymbol{x}(k)+\boldsymbol{B}[\theta(k)]u(k)+\boldsymbol{B}_1\boldsymbol{\omega}(k) \tag{3-21}$$

在本节中，给出固定车间通信拓扑($\boldsymbol{H},\boldsymbol{H}\in\mathcal{M}$)分配和控制协同设计的结果。为此，为车辆队列控制系统定义了如下 LQ 性能指标式(3-22)

$$J_\infty(\boldsymbol{x}(k),\boldsymbol{H},\ \mu(\boldsymbol{x}(k),\boldsymbol{H}))=\lim_{F\to\infty}\boldsymbol{E}\Big\{\sum_{\upsilon=0}^{F}(\|\boldsymbol{x}(k+\upsilon)\|_Q^2+\|u(k+\upsilon)\|_R^2)\boldsymbol{x}(k),\boldsymbol{H}\Big\} \tag{3-22}$$

其中，$\mu(\boldsymbol{x}(k),\boldsymbol{H})$ 为将跟踪误差向量 $\boldsymbol{x}(k)$ 映射到控制输入 $u(k)$ 的控制律，即 $u(k)=\mu(\boldsymbol{x}(k),\boldsymbol{H})$。

定理 3.1：考虑车辆队列控制系统采用固定的车间通信拓扑，$\boldsymbol{H}\in\mathcal{M}$，对于任意时隙 k，式(3-22)中定义的 LQ 性能指标满足：

$$\min_{\mu(x(k),\boldsymbol{H})}J_\infty(\boldsymbol{x}(k),\boldsymbol{H},\mu(\boldsymbol{x}(k),\boldsymbol{H}))=\lim_{F\to\infty}\boldsymbol{x}^{\mathrm{T}}(k)\boldsymbol{P}_{\boldsymbol{H}}\boldsymbol{x}(k)+\sum_{\upsilon=1}^{F}\alpha^{\upsilon}\mathrm{trace}(\nu_\omega\boldsymbol{B}_1^{\mathrm{T}}\boldsymbol{P}_{\boldsymbol{H}}\boldsymbol{B}_1) \tag{3-23}$$

其中，$\alpha\in(0,1)$ 为折扣因子。正定矩阵 $\boldsymbol{P}_{\boldsymbol{H}}\in\mathbb{R}^{3N\times 3N}$ 满足

$$\boldsymbol{P}_{\boldsymbol{H}}=\boldsymbol{Q}+\alpha\boldsymbol{A}^{\mathrm{T}}\boldsymbol{P}_{\boldsymbol{H}}\boldsymbol{A}-\alpha\boldsymbol{A}^{\mathrm{T}}\boldsymbol{P}_{\boldsymbol{H}}(\overline{\boldsymbol{H}}\otimes\overline{\boldsymbol{B}}_1)\boldsymbol{K}_{\boldsymbol{H}} \tag{3-24}$$

且

$$\boldsymbol{K}_{\boldsymbol{H}}=\alpha(\overline{\boldsymbol{R}}+\alpha(\overline{\boldsymbol{H}}\otimes\overline{\boldsymbol{B}}_1)^{\mathrm{T}}\boldsymbol{P}_{\boldsymbol{H}}(\overline{\boldsymbol{H}}\otimes\overline{\boldsymbol{B}}_1))^{-1}(\overline{\boldsymbol{H}}\otimes\overline{\boldsymbol{B}}_1)^{\mathrm{T}}\boldsymbol{P}_{\boldsymbol{H}}\boldsymbol{A} \tag{3-25}$$

其中，$\overline{\boldsymbol{R}}=\boldsymbol{R}\otimes\boldsymbol{I}_3$，$\overline{\boldsymbol{H}}=\overline{\boldsymbol{L}}+\overline{\boldsymbol{P}}$ 且 $\overline{\boldsymbol{L}}=[\bar{l}_{ij}]_{N\times N}$，$\bar{l}_{ii}=-\sum\limits_{j=1,\ j\neq i}^{N}\bar{l}_{ij}$ 且 $\bar{l}_{ij}=l_{ij}\bar{\theta}_{ij}$。$\overline{\boldsymbol{P}}=\mathrm{diag}\{\bar{\theta}_{10}p_1,\bar{\theta}_{20}p_2,\cdots,\bar{\theta}_{N0}p_N\}$。此外，依赖通信拓扑 $\boldsymbol{H}$ 矩阵的车辆队列的最优反馈控制器为

$$\mu^*(\boldsymbol{x}(k),\boldsymbol{H})\triangleq-\boldsymbol{K}_{\boldsymbol{H}}\boldsymbol{x}(k) \tag{3-26}$$

证明：对于有限的时间长度 F，在时隙 k 处，车辆队列的 LQ 性能指标函数式(3-22)为

$$J_k(\boldsymbol{x}(k),\boldsymbol{H},\ \mu(\boldsymbol{x}(k),\boldsymbol{H}))=\boldsymbol{E}\Big\{\sum_{\upsilon=0}^{F}(\|\boldsymbol{x}(k+\upsilon)\|_Q^2+\|u(k+\upsilon)\|_R^2)\boldsymbol{x}(k),\boldsymbol{H}\Big\}$$

由于($\boldsymbol{A}_i,\boldsymbol{B}_1$)对跟踪误差系统式(3-19)是可控的，因此($\boldsymbol{A},\boldsymbol{B}$)且 $\boldsymbol{B}=\boldsymbol{H}\otimes\overline{\boldsymbol{B}}_1$ 对跟踪误差系统也是可控的。采用参考文献[12]中的动态规划算法，在时隙 k，基于通信拓扑结构 $\boldsymbol{H}$ 得到的车辆队列控制涉及的 LQ 性能指标为

$$\begin{aligned}
&J_{k+F}(\boldsymbol{x}(k+F),\boldsymbol{H},\mu(\boldsymbol{x}(k+F),\boldsymbol{H}))\\
&=\boldsymbol{x}^{\mathrm{T}}(k+F)\boldsymbol{Q}\boldsymbol{x}(k+F)J_k(\boldsymbol{x}(k),\boldsymbol{H},\mu(\boldsymbol{x}(k),\boldsymbol{H}))\\
&=\boldsymbol{E}\{\|\boldsymbol{x}(k)\|_Q^2+\|u(k)\|_R^2+\alpha J_{k+1}(\boldsymbol{x}(k+1),\boldsymbol{H},\mu(\boldsymbol{x}(k+1),\boldsymbol{H}))\boldsymbol{x}(k),\boldsymbol{H}\}
\end{aligned} \tag{3-27}$$

与参考文献[15]相类似，从 J_{k+F-1} 开始进行迭代，则可得到

$$
\begin{aligned}
J_k(\boldsymbol{x}(k),\boldsymbol{H},\mu(\boldsymbol{x}(k),\boldsymbol{H}))= \min_{\mu(\boldsymbol{x}(k),\boldsymbol{H})} \boldsymbol{E}\{&\boldsymbol{x}^{\mathrm{T}}(k)(\boldsymbol{Q}+\alpha\boldsymbol{A}^{\mathrm{T}}\boldsymbol{P}_{\boldsymbol{H}}(k+1)\boldsymbol{A})\boldsymbol{x}(k)+\\
&\boldsymbol{u}^{\mathrm{T}}(k)(\boldsymbol{R}+\alpha\boldsymbol{B}^{\mathrm{T}}(\theta(k))\boldsymbol{P}_{\boldsymbol{H}}(k+1)\boldsymbol{B}(\theta(k)))\boldsymbol{u}(k)+\\
&2\alpha\boldsymbol{u}^{\mathrm{T}}(k)\boldsymbol{B}^{\mathrm{T}}(\theta(k))\boldsymbol{P}_{\boldsymbol{H}}(k+1)\boldsymbol{A}\boldsymbol{x}(k)+\\
&\sum_{v=0}^{F-1}\alpha^{v+1}\boldsymbol{\omega}^{\mathrm{T}}(k+v)\boldsymbol{B}_1^{\mathrm{T}}\boldsymbol{P}_{\boldsymbol{H}}(k+v+1)\boldsymbol{B}_1\boldsymbol{\omega}(k+v)\boldsymbol{x}(k),\boldsymbol{H}\}
\end{aligned}
\tag{3-28}
$$

由于干扰满足 $\omega(t)\sim\mathcal{N}(0_N,\nu_\omega)$，因此式(3-28)可以重新写成：

$$
\begin{aligned}
J_k(\boldsymbol{x}(k),\boldsymbol{H},\mu(\boldsymbol{x}(k),\boldsymbol{H}))= \min_{\mu(\boldsymbol{x}(k),\boldsymbol{H})} &\boldsymbol{x}^{\mathrm{T}}(k)(\boldsymbol{Q}+\alpha\boldsymbol{A}^{\mathrm{T}}\boldsymbol{P}_{\boldsymbol{H}}(k+1)\boldsymbol{A})\boldsymbol{x}(k)+\\
&\boldsymbol{u}^{\mathrm{T}}(k)(R+\alpha\boldsymbol{E}\{\boldsymbol{B}^{\mathrm{T}}(\theta(k))\boldsymbol{P}_{\boldsymbol{H}}(k+1)\times\boldsymbol{B}(\theta(k))\boldsymbol{H}\}\boldsymbol{u}(k)+\\
&2\alpha\boldsymbol{u}^{\mathrm{T}}(k)\boldsymbol{E}\{\boldsymbol{B}^{\mathrm{T}}(\theta(k))\boldsymbol{H}\}\boldsymbol{P}_{\boldsymbol{H}}(k+1)\boldsymbol{A}\boldsymbol{x}(k)+\\
&\sum_{v=1}^{F}\alpha^{v}\mathrm{trace}(\nu_\omega\boldsymbol{B}_1^{\mathrm{T}}\boldsymbol{P}_{\boldsymbol{H}}(k+v)\boldsymbol{B}_1)
\end{aligned}
\tag{3-29}
$$

对控制输入 $u(k)$ 求导并令其等于 0，由此可得其最小值为

$$\mu^*(\boldsymbol{x}(k),\boldsymbol{H})=-\boldsymbol{K}_{\boldsymbol{H}}(k)\boldsymbol{x}(k) \tag{3-30}$$

其中，

$$\boldsymbol{K}_{\boldsymbol{H}}(k)=\alpha(\boldsymbol{R}+\alpha\boldsymbol{E}\{\boldsymbol{B}^{\mathrm{T}}(\theta(k))\boldsymbol{P}_{\boldsymbol{H}}(k+1)\boldsymbol{B}(\theta(k))\boldsymbol{H}\})^{-1}\times\boldsymbol{E}\{\boldsymbol{B}^{\mathrm{T}}(\theta(k))\boldsymbol{H}\}\boldsymbol{P}_{\boldsymbol{H}}(k+1)\boldsymbol{A} \tag{3-31}$$

且

$$\boldsymbol{P}_{\boldsymbol{H}}(k)=\boldsymbol{Q}+\alpha\boldsymbol{A}^{\mathrm{T}}\boldsymbol{P}_{\boldsymbol{H}}(k+1)\boldsymbol{A}-\alpha\boldsymbol{A}^{\mathrm{T}}\boldsymbol{P}_{\boldsymbol{H}}(k+1)\boldsymbol{E}\{\boldsymbol{B}^{\mathrm{T}}(\theta(k))\boldsymbol{H}\}\boldsymbol{K}_{\boldsymbol{H}}(k) \tag{3-32}$$

将上式代入式(3-29)中，可得

$$J_k(\boldsymbol{x}(k),\boldsymbol{H},\mu(\boldsymbol{x}(k),\boldsymbol{H}))=\boldsymbol{x}^{\mathrm{T}}(k)\boldsymbol{P}_{\boldsymbol{H}}(k)\boldsymbol{x}(k)+\sum_{v=1}^{F}\alpha^{v}\mathrm{trace}(\nu_\omega\boldsymbol{B}_1^{\mathrm{T}}\boldsymbol{P}_{\boldsymbol{H}}(k+v)\boldsymbol{B}_1) \tag{3-33}$$

计算式(3-31)和式(3-32)的数学期望，可得

$$\boldsymbol{K}_{\boldsymbol{H}}(k)=\alpha(\boldsymbol{R}+\alpha(\overline{\boldsymbol{H}}\otimes\overline{\boldsymbol{B}}_1)^{\mathrm{T}}\boldsymbol{P}_{\boldsymbol{H}}(k+1)(\overline{\boldsymbol{H}}\otimes\overline{\boldsymbol{B}}_1))^{-1}\times(\overline{\boldsymbol{H}}\otimes\overline{\boldsymbol{B}}_1)^{\mathrm{T}}\boldsymbol{P}_{\boldsymbol{H}}(k+1)\boldsymbol{A} \tag{3-34}$$

和

$$\boldsymbol{P}_{\boldsymbol{H}}(k)=\boldsymbol{Q}+\alpha\boldsymbol{A}^{\mathrm{T}}\boldsymbol{P}_{\boldsymbol{H}}(k+1)\boldsymbol{A}-\alpha\boldsymbol{A}^{\mathrm{T}}\boldsymbol{P}_{\boldsymbol{H}}(k+1)(\overline{\boldsymbol{H}}\otimes\overline{\boldsymbol{B}}_1)^{\mathrm{T}}\boldsymbol{K}_{\boldsymbol{H}}(k) \tag{3-35}$$

根据参考文献[15]中的定理 4.4.1，可得离散时间 Riccati 方程式(3-35)的解将收敛于一个正定的、对称矩阵 $\boldsymbol{P}_{\boldsymbol{H}}$，即

$$\lim_{k\to\infty}\boldsymbol{P}_{\boldsymbol{H}}(k)=\boldsymbol{P}_{\boldsymbol{H}} \tag{3-36}$$

此外，$\boldsymbol{P}_{\boldsymbol{H}}$ 是定理 3.1 中的代数矩阵方程式(3-24)的唯一解。当迭代长度 F 趋于无穷时，定理 3.1 的中式(3-23)显然已经成立。

根据定理 3.1，可以得到与集合 $\mathcal{M}$ 中每个 IVCT 相对应的最小 LQ 性能指标数

式(3-23)。为寻找最优的 IVCT 实现式(3-23)的最小化，可通过求解最优 IVCT 和控制器协同设计问题：

$$\boldsymbol{H}^{*}=\arg\min_{H\in\mathcal{M}}\left[\boldsymbol{x}^{\mathrm{T}}(k)\boldsymbol{P}_{H}\boldsymbol{x}(k)+\sum_{v=1}^{F}\alpha^{v}\mathrm{trace}(\nu_{\omega}\boldsymbol{B}_{1}^{\mathrm{T}}\boldsymbol{P}_{H}\boldsymbol{B}_{1})\right] \tag{3-37}$$

其中涉及的反馈控制器为

$$\mu^{*}(\boldsymbol{x}(k),\boldsymbol{H}^{*})=-\boldsymbol{K}_{H^{*}}\boldsymbol{x}(k) \tag{3-38}$$

组合搜索问题式(3-37)，可通过算法 3.1 来求解。

在本节中，考虑车辆队列控制中周期性切换的 IVCT 的分配和控制的协同设计。具体来说，中心控制器按照既定的顺序 $\vec{\boldsymbol{H}}_{T}=\{\boldsymbol{H}(0),\boldsymbol{H}(1),\cdots,\boldsymbol{H}(T-1)\}$ 周期性地从集合 $\mathcal{M}$ 中选择 IVCT 作为车间通信拓扑，其周期为 T。对于时隙 k，为车队分配的通信拓扑为 $\boldsymbol{H}(\tau_k)$，其中，

$$\tau_{k}=\mathrm{rem}\{k/T\} \tag{3-39}$$

这里，rem{ }表示取余操作。由此，车辆队列的 LQ 性能指标函数为

$$J_{\infty}(\boldsymbol{x}(k),\vec{\boldsymbol{H}}_{T},\mu(\boldsymbol{x}(k),\boldsymbol{H}(\tau_{k})))=\lim_{F\to\infty}\boldsymbol{E}\left\{\sum_{v=0}^{F}(\|\boldsymbol{x}(k+v)\|_{\boldsymbol{Q}}^{2}+\|u(k+v)\|_{\boldsymbol{R}}^{2})\boldsymbol{x}(k),\boldsymbol{H}(\tau_{k})\right\} \tag{3-40}$$

注 3.1：需要注意的是，对于有向通信拓扑，如 PF 或双向 PF，当车辆队列中有车辆加入或离开时，可以重新建立 IVCT，以此保持相同的结构。在本章研究的切换通信拓扑分配问题中，没有关于拓扑类型的具体假设。换句话说，切换拓扑可以是非结构化的。

在给出本节的主要结论之前，首先给出能够保证车辆控制系统镇定解存在需要满足的必要条件。

引理 3.1：对于时间间隔$(k,k+T)$，从集合 $\vec{H}_{T}$ 中，基于周期性切换 IVCT，所得到的车辆队列控制系统$(\boldsymbol{A},\boldsymbol{B}(\theta(k)))$是 T-步长可控的，需要下式成立：

$$\mathrm{rank}\{Y(T,\vec{\boldsymbol{H}}_{T})\}=3N \tag{3-41}$$

其中，

$$Y(T,\vec{\boldsymbol{H}}_{T})\triangleq[\vec{\boldsymbol{B}}(k+T-1),\boldsymbol{A}\vec{\boldsymbol{B}}(k+T-2),\cdots,\boldsymbol{A}^{T-1}\vec{\boldsymbol{B}}(k)] \tag{3-42}$$

且矩阵$\vec{\boldsymbol{B}}(k)=-\boldsymbol{H}(\tau_{k})\otimes\overline{\boldsymbol{B}}_{1}$。

证明：根据在参考文献[13]中给出的周期系统的可控性证明，很容易得到结果。

令集合$\mathcal{M}_{T}$包含所有满足引理 3.1 的、可行的通信拓扑，并且其周期为 T，也即 $\vec{\boldsymbol{H}}_{T}$ 值来自于集合$\mathcal{M}_{T}=\{\vec{\boldsymbol{H}}_{T}^{1},\vec{\boldsymbol{H}}_{T}^{2},\cdots,\vec{\boldsymbol{H}}_{T}^{q}\}$。

定理 3.2：考虑车队控制具有的周期性切换的通信拓扑 $\vec{\boldsymbol{H}}_{T}$，即 $\vec{\boldsymbol{H}}_{T}\in\mathcal{M}_{T}$，则对于任意时隙 k，式(3-40)中定义的 LQ 性能指标满足：

$$\begin{aligned}&\min_{\mu(\boldsymbol{x}(k),\boldsymbol{H}(\tau_k))} J_\infty(\boldsymbol{x}(k),\vec{\boldsymbol{H}}_T,\mu(\boldsymbol{x}(k),\boldsymbol{H}(\tau_k)))\\&=\boldsymbol{x}^{\mathrm{T}}(k)\boldsymbol{P}_T(\tau_k)\boldsymbol{x}(k)+\sum_{v=1}^{\infty}\alpha^v\operatorname{trace}(\nu_\omega\boldsymbol{B}_1^{\mathrm{T}}\boldsymbol{P}_T(\tau_{k+v})\boldsymbol{B}_1)\end{aligned}\tag{3-43}$$

其中 $\boldsymbol{P}_T(\tau_k)\in\mathbb{R}^{3N\times3N}$为以下周期 Riccati 方程的正定解

$$\boldsymbol{P}_T(\tau_k)=\boldsymbol{Q}+\alpha\boldsymbol{A}^{\mathrm{T}}\boldsymbol{P}_T(\tau_{k+1})\boldsymbol{A}-\alpha\boldsymbol{A}^{\mathrm{T}}\boldsymbol{P}_T(\tau_{k+1})(\overline{\boldsymbol{H}}(\tau_k)\otimes\overline{\boldsymbol{B}}_1)\boldsymbol{K}_H(\tau_k)\tag{3-44}$$

且

$$K_{\boldsymbol{H}}(\tau_k)=\alpha(\overline{\boldsymbol{R}}+\alpha(\overline{\boldsymbol{H}}(\tau_k)\otimes\overline{\boldsymbol{B}}_1)^{\mathrm{T}}\boldsymbol{P}_T(\tau_{k+1})(\overline{\boldsymbol{H}}(\tau_k)\otimes\overline{\boldsymbol{B}}_1))^{-1}\times(\overline{\boldsymbol{H}}(\tau_k)\otimes\overline{\boldsymbol{B}}_1)^{\mathrm{T}}\boldsymbol{P}_T(\tau_{k+1})\boldsymbol{A}\tag{3-45}$$

其中，矩阵 $\overline{\boldsymbol{H}}(\tau_k)$对应集合 $\vec{\boldsymbol{H}}_T$ 中包含的 IVCT $\boldsymbol{H}(\tau_k)$，与式(3-25)中的矩阵 $\overline{\boldsymbol{H}}$ 有相同的定义。此外，最优的控制策略为

$$\mu^*(x(k),\mathcal{H}(\tau_k))\triangleq-K_{\mathcal{H}}(\tau_k)x(k)\tag{3-46}$$

证明：按照定理 3.1 的证明过程，很容易得到 Riccati 方程式(3-44)。此外，式(3-44)是周期 Riccati 方程[14]。

类似于式(3-37)中定义的组合搜索问题，基于定理 3.2，控制中心可以确定一组最优的 IVCT，即集合 $\mathcal{M}_T$ 中的 $\vec{\boldsymbol{H}}_T^*=\{\boldsymbol{H}^*(0),\boldsymbol{H}^*(1),\cdots,\boldsymbol{H}^*(T-1)\}$ 通过求解以下优化问题得到：

$$\arg\min_{\vec{\boldsymbol{H}}_T\in\mathcal{M}_T}\left[\boldsymbol{x}^{\mathrm{T}}(k)\boldsymbol{P}_T(\tau_k)\boldsymbol{x}(k)+\sum_{v=1}^{F}\alpha^v\operatorname{trace}(\nu_\omega\boldsymbol{B}_1^{\mathrm{T}}\boldsymbol{P}_T(\tau_{k+v})\boldsymbol{B}_1)\right]\tag{3-47}$$

由此，可得到相关的最优的控制策略为

$$\mu^*(\boldsymbol{x}(k),\boldsymbol{H}^*(\tau_k))\triangleq-\boldsymbol{K}_{\boldsymbol{H}^*}(\tau_k)\boldsymbol{x}(k)\tag{3-48}$$

为了简化 $\boldsymbol{P}_T(\tau_k)$的解，利用参考文献[16]中提到的对循环系统的描述方法，可将时变 Riccati 方程式(3-44)变换为相应的时不变方程。车辆队列控制系统式(3-21)相关的循环系统的矩阵 $\hat{\boldsymbol{A}}\in\mathbb{R}^{3TN\times3TN}$和 $\hat{\boldsymbol{B}}(\hat{\theta}_T)\in\mathbb{R}^{3TN\times3TN}$为

$$\hat{\boldsymbol{A}}=\begin{bmatrix}0&0&\cdots&0&\mathcal{A}\\\mathcal{A}&0&\cdots&0&0\\0&\mathcal{A}&\cdots&0&0\\\vdots&\vdots&\ddots&\vdots&\vdots\\0&0&\cdots&\mathcal{A}&0\end{bmatrix}$$

$$\hat{\boldsymbol{B}}(\hat{\theta}_T)=\begin{bmatrix}\boldsymbol{0}&\boldsymbol{B}(\theta(T-1))\\\widetilde{\boldsymbol{B}}(\theta)&\boldsymbol{0}^{\mathrm{T}}\end{bmatrix}$$

其中，矩阵 $\boldsymbol{0}$ 是一个 $3N\times3(T-1)N$ 维的零矩阵。$\widetilde{\boldsymbol{B}}(\theta)=\operatorname{diag}\{B(\theta(0)),B(\theta(1)),\cdots,B(\theta(T-2))\}$。

定义 $\hat{\boldsymbol{Q}}=\operatorname{diag}\{\boldsymbol{Q},\boldsymbol{Q},\cdots,\boldsymbol{Q}\}\in\mathbb{R}^{3TN\times3TN}$和 $\hat{\boldsymbol{R}}=\operatorname{diag}\{\overline{R},\overline{R},\cdots,\overline{R}\}\in\mathbb{R}^{3TN\times3TN}$。可得到

时不变 Riccati 方程

$$\hat{\boldsymbol{P}}_T=\hat{\boldsymbol{Q}}+\alpha\hat{\boldsymbol{A}}^{\mathrm{T}}\hat{\boldsymbol{P}}_T\hat{\boldsymbol{A}}-\alpha\hat{\boldsymbol{A}}^{T}\hat{\boldsymbol{P}}_T\boldsymbol{E}\{\hat{\boldsymbol{B}}\mid\vec{\boldsymbol{H}}_T\}\hat{\boldsymbol{K}}_{\vec{\boldsymbol{H}}}\tag{3-49}$$

且

$$\hat{\boldsymbol{K}}_{\vec{\boldsymbol{H}}_T}=\alpha(\hat{\boldsymbol{R}}+\alpha\boldsymbol{E}\{\hat{\boldsymbol{B}}^{\mathrm{T}}\hat{\boldsymbol{P}}_T\hat{\boldsymbol{B}}\mid\vec{\boldsymbol{H}}_T\})^{-1}\boldsymbol{E}\{\hat{\boldsymbol{B}}^{\mathrm{T}}\mid\vec{\boldsymbol{H}}_\tau\}\hat{\boldsymbol{P}}_\tau\hat{\boldsymbol{A}}\tag{3-50}$$

其中，$\hat{\boldsymbol{P}}_T=\mathrm{diag}\{\boldsymbol{P}_T(0),\boldsymbol{P}_T(1),\cdots,\boldsymbol{P}_T(T-1)\}$，$\hat{\boldsymbol{K}}_{\vec{\boldsymbol{H}}_T}=\mathrm{diag}\{\boldsymbol{K}_{\boldsymbol{H}}(0),\ \boldsymbol{K}_{\boldsymbol{H}}(1),\cdots,\boldsymbol{K}_{\boldsymbol{H}}(T-1)\}$。通过计算式(3-49)和式(3-50)的期望，Riccati 方程可以写为

$$\hat{\boldsymbol{P}}_T=\hat{\boldsymbol{Q}}+\alpha\hat{\boldsymbol{A}}^{\mathrm{T}}\hat{\boldsymbol{P}}_T\hat{\boldsymbol{A}}-\alpha\hat{\boldsymbol{A}}^{\mathrm{T}}\hat{\boldsymbol{P}}_T\breve{\boldsymbol{B}}\hat{\boldsymbol{K}}_{\vec{\boldsymbol{H}}_T}\tag{3-51}$$

且

$$\hat{\boldsymbol{K}}_{\vec{\boldsymbol{H}}_T}=\alpha(\hat{\boldsymbol{R}}+\alpha\breve{\boldsymbol{B}}^{\mathrm{T}}\hat{\boldsymbol{P}}_T\boldsymbol{B}^{\mathrm{T}})^{-1}\breve{\boldsymbol{B}}^{\mathrm{T}}\hat{\boldsymbol{A}}\tag{3-52}$$

其中，$\breve{\boldsymbol{B}}=\begin{bmatrix}\boldsymbol{0} & \overline{\boldsymbol{H}}(T-1)\otimes\overline{\boldsymbol{B}}_1\\ \widetilde{\boldsymbol{B}} & \boldsymbol{0}^{\mathrm{T}}\end{bmatrix}$，且 $\widetilde{\boldsymbol{B}}=\mathrm{diag}\{\overline{\boldsymbol{H}}(0)\otimes\overline{\boldsymbol{B}}_1,\cdots,\overline{\boldsymbol{H}}(T-2)\otimes\overline{\boldsymbol{B}}_1\}$。

因此，式(3-47)中的矩阵 $\boldsymbol{P}_T(\tau_k)$ 和 $K_{\boldsymbol{H}}(\tau_k)$，可通过分别可以提取矩阵 $\hat{\boldsymbol{P}}_T$ 和 $\hat{\boldsymbol{K}}_{\vec{\boldsymbol{H}}_T}$的对角线上的第$(\tau_k+1)$个 $3N\times3N$ 维的矩阵块得到，同时，也是 Riccati 方程式(3-51)和式(3-52)的解。式(3-48)中的最优控制器增益 $K_{\boldsymbol{H}^*}(\tau_k)$，可通过提取集合 $\vec{\mathcal{H}}_T^*$ 中与通信拓扑 $\boldsymbol{H}^*(\tau_k)$ 相关的增益矩阵 $\hat{\boldsymbol{K}}_{\vec{\boldsymbol{H}}_T^*}$ 的对角线上的第(τ_k+1)个 $3N\times3N$ 矩阵块。

在本节中，给出相关的条件用于对式(3-38)和式(3-48)中求出的控制器增益进行限制，从而满足式(3-17)中定义的随机队列稳定性要求。

将控制器式(3-7)代入动力学方程式(3-2)中，在零初始条件下，进行拉普拉斯变换，可得

$$\begin{aligned}\left(s+\frac{1}{\varsigma}\right)a_i(s)=&-\frac{1}{\varsigma}\sum_{j\in\boldsymbol{I}_i}\theta_{ij}(s)\left[k_i^p(\delta_{i,0}(s)-\delta_{j,0}(s))+\right.\\&\left.k_i^v(e_{i,0}^v(s)-e_{j,0}^v(s))+k_i^a(e_{i,0}^a(s)-e_{j,0}^a(s))\right]+\frac{1}{\varsigma}\omega_i(s)\end{aligned}\tag{3-53}$$

其中，$\theta_{ij}(s)$和$\omega_i(s)$分别是随机变量$\theta_{ij}(t)$和扰动$\omega_i(t)$的拉普拉斯变换。为了描述简便，k_i^p、k_i^v 和 k_i^a 表示增益矩阵 $\boldsymbol{K}_{\boldsymbol{H}^*}$ 或 $\boldsymbol{K}_{\boldsymbol{H}^*}(\tau)$，$\tau\in\{0,1,\cdots,T-1\}$的控制器增益。

根据式(3-5)中定义的跟踪误差，可得

$$\ddot{\delta}_{i,0}(t)=a_i(t)-h_{iv}\dot{a}_i(t)\tag{3-54}$$

在零初始条件下，对式(3-54)进行拉普拉斯变换，得到

$$a_i(s)=\frac{s^2\delta_{i,0}(s)}{1-sh_{iv}}\tag{3-55}$$

在式(3-55)中利用 $e_{i,0}^v(s)=\dfrac{a_i(s)}{s}$和 $e_{i,0}^a(s)=a_i(s)$代入到式(3-53)，经过代数计

算得到

$$\varsigma s^3\delta_{i,0}(s)+s^2\delta_{i,0}(s)-\omega_i(s)-\sum_{j\in \boldsymbol{I}_i}\theta_{ij}(s)[k_i^p(1-sh_{iv})+sk_i^v+k_i^a s^2]\delta_{i,0}(s)=$$
$$\sum_{j\in \boldsymbol{I}_i}\theta_{ij}(s)[k_i^p(1-sh_{jv})+k_i^v s+k_i^a s^2]\delta_{j,0}(s) \tag{3-56}$$

对式(3-56)两边取数学期望，由于变量 $\omega_i(s)$ 的均值为零，可得

$$E\{\delta_{i,0}(s)\}=E\left\{\sum_{j\in \boldsymbol{I}_i}H_{ij}(s)\delta_{j,0}(s)\right\} \tag{3-57}$$

且传递函数为

$$H_{ij}(s)=\frac{\theta_{ij}(s)[k_i^p(1-sh_{jv})+sk_i^v+s^2k_i^a]}{\varsigma_i s^3+s^2+\sum_{j\in \boldsymbol{I}_i}\theta_{ij}(s)[k_i^p(1-sh_{iv})+sk_i^v+s^2k_i^a]} \tag{3-58}$$

关于队列稳定性，给出了以下引理。

引理 3.2：车辆队列是随机队列稳定的(即 $\boldsymbol{E}\{|G(\mathrm{j}\omega)|\}\leqslant 1$)，如果式(3-58)中表示的传递函数 $H_{ij}(s)$ 满足

$$\boldsymbol{E}\{\|H_{ij}(s)\|_\infty\}\leqslant\frac{1}{\mu_i},\ j\in \boldsymbol{I}_i \tag{3-59}$$

其中，μ_i 表示集合 $\boldsymbol{I}_i$ 中的邻居车辆的数量。

证明：根据参考文献[17]中的 Parseval 定理，得到

$$\begin{aligned}\boldsymbol{E}\{\|\delta_{i,0}(t)\|_2^2\}&=\boldsymbol{E}\left\{\int_{-\infty}^{\infty}|\delta_{i,0}(t)|^2\mathrm{d}t\right\}=\frac{1}{2\pi}\boldsymbol{E}\left\{\int_{-\infty}^{\infty}|\delta_{i,0}(\mathrm{j}\omega)|^2\mathrm{d}\omega\right\}\\&=\frac{1}{2\pi}\boldsymbol{E}\left\{\int_{-\infty}^{\infty}\left|\textstyle\sum_{j\in \boldsymbol{I}_i}H_{ij}(\mathrm{j}\omega)\delta_{j,0}(\mathrm{j}\omega)\right|^2\mathrm{d}\omega\right\}\end{aligned} \tag{3-60}$$

其中 $\|\delta_{i,0}(t)\|_2^2=\int_{-\infty}^{\infty}|\delta_{i,0}(t)|^2\mathrm{d}t$ 为 $\delta_{i,0}(t)$ 的 L_2 范数的 2 次方项。

根据参考文献[18]中的 Cauchy-Schwarz 不等式，得到

$$\begin{aligned}\boldsymbol{E}\{\|\delta_{i,0}(t)\|_2^2\}&\leqslant\frac{1}{2\pi}\boldsymbol{E}\left\{\sum_{j\in \boldsymbol{I}_i}\delta_{j,0}(\mathrm{j}\omega)^{\mathrm{T}}H_{ij}^{\mathrm{T}}(\mathrm{j}\omega)H_{ij}(\mathrm{j}\omega)\delta_{j,0}(\mathrm{j}\omega)\right\}\\&\leqslant\boldsymbol{E}\left\{\sum_{j\in \boldsymbol{I}_i}\sup_{w}|H_{ij}(\mathrm{j}\omega)|^2\frac{1}{2\pi}*\int_{-\infty}^{\infty}\left(\sum_{j\in \boldsymbol{I}_i}\delta_{j,0}^2(\mathrm{j}\omega)\right)\mathrm{d}\omega\right\}\\&\leqslant\boldsymbol{E}\left\{\sum_{j\in \boldsymbol{I}_i}(\|H_{ij}(\mathrm{j}\omega)\|_\infty^2\cdot\|\delta_{j,0}(t)\|_2^2)\right\}\end{aligned} \tag{3-61}$$

根据式(3-17)中的传递函数 $G(s)$ 的定义，得到

$$\delta_{j,0}(s)=G^{j-i}(s)\delta_{i,0}(s) \tag{3-62}$$

在将式(3-62)代入式(3-61)时，得到

$$\boldsymbol{E}\{\|\delta_{i,0}(t)\|_2^2\}\leqslant\mu_i\boldsymbol{E}\{\|\delta_{i,0}(t)\|_2^2\sum_{j\in \boldsymbol{I}_i}(\|H_{ij}(\mathrm{j}\omega)G^{j-i}(\mathrm{j}\omega)\|_\infty^2)\} \tag{3-63}$$

意味着

$$\boldsymbol{E}\{\|H_{ij}(\mathrm{j}\omega)G^{j-i}(\mathrm{j}\omega)\|_\infty^2\}\leqslant\frac{1}{\mu_i} \tag{3-64}$$

根据引理 3.2 中的条件式(3-59)，可知 $E\{\|G^{j-i}(\mathrm{j}\omega)\|_\infty^2\}=\sup\limits_{\omega>0}E\{|G^{j-i}(\mathrm{j}\omega)|^2\}\leqslant 1$。

因此，$\boldsymbol{E}\{\sup\limits_{w>0}|G(\mathrm{j}\omega)|\}\leqslant 1$，保证了随机队列稳定性。证明完毕。

基于引理 3.2，给出了以下定理来限制控制器增益的条件，从而保证随机队列稳定性的要求。

定理 3.3：对于车辆队列的车间距误差系统式(3-57)，若车辆队列能够保证式(3-17)中定义的随机队列稳定性，当且仅当跟随车辆 i 能够满足条件式(3-65)或式(3-67)

$$\begin{cases}\tau_{i2}\geqslant 0\\ \tau_{i1}\geqslant 0\end{cases}\tag{3-65}$$

或

$$\begin{cases}\tau_{i2}\geqslant 0\\ \tau_{i1}\leqslant 0\\ \Delta d_i\leqslant 0\end{cases}\tag{3-66}$$

其中，$\tilde{\theta}_i=\sum\limits_{j\in \boldsymbol{I}_i}\bar{\theta}_{ij}$ 且

$$\tau_{i1}=(\tilde{\theta}_i^2-\mu_i^2\bar{\theta}_{ij}^2)(k_i^a)^2-2\tilde{\theta}_i\varsigma(k_i^v-k_i^p h_{iv})+1+2\tilde{\theta}_i k_i^a$$

$$\tau_{i2}=-2(\tilde{\theta}_i^2-\mu_i^2\bar{\theta}_{ij}^2)k_i^p k_i^a-2\tilde{\theta}_i k_i^p+(\tilde{\theta}_i^2-\mu_i^2)(k_i^v-k_i^p h_{iv})^2$$

$$\Delta d_i=\tau_{i1}^2-4\varsigma^2\tau_{i2}$$

证明：将 $s=\mathrm{j}\omega$ 代入式(3-58)中 $H_{ij}(s)$，可以推导出

$$\boldsymbol{E}\{|H_{ij}(\mathrm{j}\omega)|^2\}=\frac{N_{ij}}{D_{ij}}=\frac{\bar{\theta}_{ij}^2[(k_i^a\omega^2-k_i^p)^2+\omega^2(k_i^v-k_i^p h_{jv})^2]}{[\tilde{\theta}_i(k_i^p-k_i^a\omega^2)-\omega^2]^2+[\tilde{\theta}_i(k_i^v-k_i^p h_{iv})\omega-\varsigma\omega^3]^2}\tag{3-67}$$

因此，得到

$$D_{ij}-\mu_i^2 N_{ij}=\Delta_i(w)+(\tilde{\theta}_i^2-\mu_i^2\bar{\theta}_{ij}^2)(k_i^p)^2\tag{3-68}$$

其中，$\Delta_i(\omega)=\varsigma\omega^6+\tau_{i1}\omega^4+\tau_{i2}\omega^2$。

利用定理 3.3 中的条件和 $\tilde{\theta}_i^2-\mu_i^2\bar{\theta}_{ij}^2\geqslant 0$，可以得到 $\Delta_i(\omega)\geqslant 0$。因此，$D_{ij}-\mu_i^2 N_{ij}\geqslant 0$，因此，可得 $\boldsymbol{E}\{\|H_{ij}(s)\|_\infty\}=\boldsymbol{E}\{\sup\limits_{w>0}|H_{ij}(\mathrm{j}\omega)|^2\}\leqslant\dfrac{1}{\mu_i}$。根据引理 3.2，可知随机队列稳定性得到满足。

结合队列稳定性分析的结果，分别提出了算法 3.1 和算法 3.2 用于解决式(3-37)和式(3-47)中定义的组合搜索问题。因此，对于具有固定切换 IVCT 和周期切换 IVCT 的车辆队列控制，可以同时确定最优 IVCT 和相关的反馈控制器。算法 3.1 和算法 3.2 的计算成本很低，因为它们只需要在时隙 $k=0$ 时各执行一次。此外，值得注意的是，对于递推方程式(3-24)和方程式(3-51)的解式(3-37)和式(3-47)，其中涉及的求和项可以离线计算。

算法 3.1：固定 IVCT 的车辆队列控制

初始化：选择参数 $\alpha(0)$、$Q(0)$、$R(0)$、$\Delta\alpha$ 和迭代时间 F 的初始值，其中 $\Delta\alpha$ 表示特定的步长。且 $\alpha=\alpha(0)$、$Q=Q(0)$、$R=R(0)$。

步骤 1：根据式(3-37)和式(3-38)，当 $k=0$ 时，控制中心通过以下步骤确定最优通信拓扑 $\boldsymbol{H}^*$ 和相关的反馈控制器增益 $\boldsymbol{K}_{H^*}$。

1）利用式(3-24)中集合 $\mathcal{M}$ 中拓扑 $\boldsymbol{H}_1$ 集求解 P_{H_1}，同时，依据初始跟踪误差 $x(0)$ 计算 $J_F(x(0),H_1,\mu(x(0),H_1))$。令 $J_{\min}=J_F(x(0),\ H_1,\ \mu(x(0),H_1))$，$m=2$。

2）利用式(3-24)中的拓扑 $\boldsymbol{H}_m$ 求解 $P_{\mathcal{H}_m}$，同时，计算 $J_F(x(0),\boldsymbol{H}_m,\mu(x(0),\boldsymbol{H}_m))$。

3）如果 $J_{\min}>J_F(x(0),\boldsymbol{H}_m,\mu(x(0),\boldsymbol{H}_m))$，则设置 $J_{\min}=J_F(x(0),\boldsymbol{H}_m,\mu(x(0),\boldsymbol{H}_m))$，$\boldsymbol{H}^*=\boldsymbol{H}_m$ 以及 $K_{H^*}=K_{H_m}$。如果 $m=q$，则找到最优的 IVCT H^* 和相关的控制增益 K_{H^*}，并进入到步骤 2。

4）增加 m 的值并返回第 2)中。

步骤 2：控制中心对定理 3.3 的队列稳定性条件进行验证，以此到的控制增益 K_{H^*}。如果 K_{H^*} 是不可行的，则设置 $\alpha=\alpha+\Delta\alpha$ 并返回到步骤 1，以此重新计算 H^* 和控制器增益 $\boldsymbol{K}_{H^*}$。如果 $\alpha\geqslant 1$，则设置一组新的参数 $\alpha(0)$，$Q(0)$，v，并返回到步骤 1。

步骤 3：控制中心根据 H^* 分配车辆队列车间通信的 U-subframe。然后，每辆跟随车辆通过利用 $\boldsymbol{K}_{H^*}$ 和收集的协同感知信息(包含其邻车辆状态信息)，用于控制输入的更新。

算法 3.2：IVCT 周期性切换的车辆队列控制

初始化：选择参数 $\alpha(0)$、$\boldsymbol{Q}(0)$、$\boldsymbol{R}(0)$、$\Delta\alpha$ 和迭代时间 F 的初始值，其中 $\Delta\alpha$ 表示步长。且 $\alpha=\alpha(0)$、$Q=Q(0)$、$R=R(0)$。

步骤 1：根据式(3-47)和式(3-48)，在 $k=0$ 时，控制中心通过以下步骤确定最优通信拓扑 $\overrightarrow{H}_T^*$ 和相关的反馈控制器增益 $\hat{\boldsymbol{K}}_{\overrightarrow{H}_T^*}$。

1）利用式(3-24)中的集合 $\mathcal{M}_T$ 中的拓扑集 $\overrightarrow{H}_T^1$ 集求解 $\hat{P}_T^1$，并设置初始跟踪误差 $x(0)$ 计算 $J_F(x(0),\overrightarrow{H}_T^1,\mu(x(0),H_1(\tau_0)))$。设置 $J_{\min}=J_F(x(0),\overrightarrow{H}_T^1,\mu(x(0),H_1(\tau_0)))$ 和 $m=2$。

2）使用式(3-24)中的集合 $\mathcal{M}_T$ 中的拓扑集 $\overrightarrow{H}_T^m$ 求解 $\hat{\boldsymbol{P}}_T^m$ 并计算 $J_F(x(0),\overrightarrow{H}_T^m,\mu(x(0),H_m(\tau_0)))$。

3）如果 $J_{\min}>J_F(x(0),\overrightarrow{H}_T^m,\mu(x(0),H_m(\tau_0)))$，则设置 $J_{\min}=J_F(x(0),\overrightarrow{H}_T^m,\mu(x(0),H_m(\tau_0)))$，$\overrightarrow{H}_T^*=\overrightarrow{H}_T^m$ 和 $\hat{\boldsymbol{K}}_{H^*}=\hat{\boldsymbol{K}}_{\overrightarrow{H}_T^m}$。如果 $m=q$，则已经找到最优的 IVCT $\overrightarrow{H}_T^*$ 和相关的控制增益 $\hat{\boldsymbol{K}}_{\overrightarrow{H}_T^*}$，并进入步骤 2。

4）增大 m 的值，并返回到 2)条。

步骤 2：控制中心依据定理 3.3 中的队列稳定性条件，对增益矩阵 $\hat{\boldsymbol{K}}_{\overrightarrow{H}_T^*}$ 中每个 $K_{H^*}(\tau)$，$\tau\in\{0,1,2,\cdots,T-1\}$ 进行验证。如果 $\hat{\boldsymbol{K}}_{\overrightarrow{H}_T^*}$ 不可行，则设置 $\alpha=\alpha+\Delta\alpha$ 并返回到步骤 1，重新计算 $\overrightarrow{H}_T^*$ 和控制器增益 $\hat{\boldsymbol{K}}_{\overrightarrow{H}_T^*}$。如果 $\alpha\geqslant 1$，则设置一组新的参数 $\alpha(0)$，$Q(0)$，v，并返回到步骤 1。

步骤 3：控制中心根据集合 $\overrightarrow{H}_T^*$ 中通信拓扑 $H^*(\tau_k)$，为车辆队列分配能够实现车间通信的 U-subframe。然后，每个跟随车通过 $\hat{\boldsymbol{K}}_{\overrightarrow{H}_T^*}$ 中的 $\boldsymbol{K}_{H^*}(\tau_k)$ 和从其邻车辆收集的协同感知信息，更新其控制输入。

注 3.2：算法 3.1 和算法 3.2 也可以在时隙 $k\neq 0$ 处执行。在这种情况下，控制中心需要利用跟踪误差向量 $x(k)$ 来求解式(3-37)和式(3-47)中，定义的组合搜索问题。考虑到协同感知信息的传播机制，可能不是所有的车辆都能直接与控制中心通信，从而传输其状态信息（如位置、速度和加速度）。但控制中心可根据全局定位系统提供的位置信息，更容易计算出每个跟随车的间距误差 $\delta_{i,0}(t)$，因此，可以使用以下观测器来估计跟踪误差向量 $x(k)$。

$$\hat{\boldsymbol{x}}(k)=\boldsymbol{A}\hat{\boldsymbol{x}}(k-1)+\boldsymbol{B}(\theta(k-1))\boldsymbol{u}(k-1)+\boldsymbol{L}(k)(\boldsymbol{y}(k)-\boldsymbol{C}\hat{\boldsymbol{x}}(\boldsymbol{k}-1))+\boldsymbol{B}_1\omega(k-1) \tag{3-69}$$

其中，$\boldsymbol{L}(k)$ 为观测器增益。$\boldsymbol{y}(k)=[y_1(k),\ y_2(k),\ \cdots,\ y_N(k)]^{\mathrm{T}}=\boldsymbol{C}\boldsymbol{x}(k)$ 表示输出向量且 $y_i(k)=\overline{\boldsymbol{C}}_i x_i(k)$、$\overline{\boldsymbol{C}}_i=[1\quad 0\quad 0]$、$\boldsymbol{C}=\mathrm{diag}\{\overline{\boldsymbol{C}}_1,\overline{\boldsymbol{C}}_2,\cdots,\overline{\boldsymbol{C}}_N\}$。依据参考文献[19]，可对观测器式(3-69)进行设计。

3.4 仿真实验

在本节中，对所提出的 IVCT 分配和控制的协同的有效性进行验证。考虑车辆队列是由一辆领队车辆和四辆跟随车辆构成的。总仿真时间为 100s。在仿真中，采用 Monte Carlo 方法来评估跟踪误差的概率。所有的仿真实验，在 0~100s 内，都重复了 100 次。取 100 个样本的平均值近似跟踪误差的期望。

在仿真中，采用了以下非线性车辆动力学模型。

$$\begin{aligned}&\dot{z}_i(t)=v_i(t)\\&\dot{v}_i(t)=\frac{1}{m_i}\left(\varpi_{T,i}\frac{T_i(t)}{R_i}-C_{A,i}v_i^2(t)-m_i g f\right)\\&\varsigma\dot{T}_i(t)+T_i(t)=T_{i,\mathrm{des}}(t)\end{aligned} \tag{3-70}$$

其中，m_i 为车辆质量；$C_{A,i}$为空气阻力系数；g 为重力加速度；f 为滚动阻力系数；T_i 表示实际的驱动/制动力矩；$T_{i,\mathrm{des}}$为期望的驱动/制动力矩，R_i 为轮胎半径；$\varpi_{T,i}$ 是动力传动系统的机械效率。相关参数的值见表 3-1。

表 3-1　车辆仿真参数

参数	符号	数值
空气阻力系数	$C_{A,i}$	0.492
重力加速度	g	$0.98\mathrm{m/s^2}$
滚动阻力系数	f	0.01
动力传动系统的机械效率	$\varpi_{T,i}$	0.9
车辆质量	m_i	$2.9\times10^3\mathrm{kg}$
惯性延迟	ς	0.20s
车头时距	h_v	0.7s
最小安全距离	d	3m
轮胎半径	R_i	0.3m

如图 3-3 所示，车辆队列控制系统具有分层结构，其由上层控制器和下层控制器组成。上层控制器用于决定所需的加速度 a_{ides}。下层控制器，通过利用以下逆模型，产生驱动力矩 α_{thrdes} 或制动力矩 b_{brkdes} 实现对所需要的加速度 a_{ides} 的跟踪控制。

$$T_{i,\mathrm{des}}(t)=\frac{1}{\varpi_{T,i}}(C_{A,i}v_i(t)(2\varsigma\dot{v}_i+v_i)+m_igf+m_iu_i'(t))R_i \tag{3-71}$$

其中，$u_i'(t)$ 是由采样反馈控制器式(3-7)设计的控制输入。将所需的驱动/制动力矩式(3-71)代入非线性车辆动力学式(3-70)，可以得到线性车辆动力学模型式(3-1)。

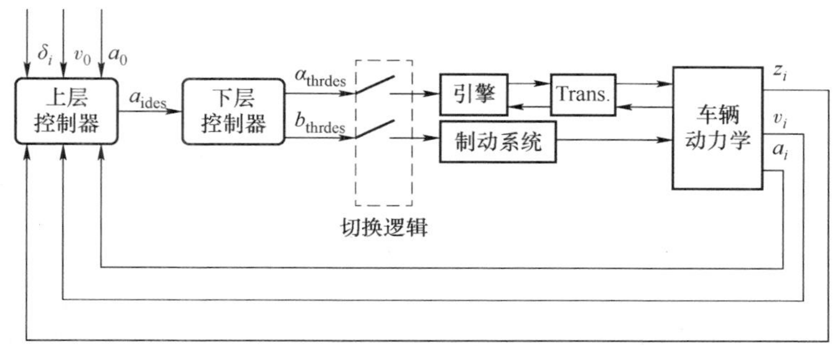

图 3-3　车辆队列的控制器结构

在每个采样时刻，领队车辆的加速度 $a_0(kh)$（单位为 m/s^2）取值如下：

$$a_0(kh)=\begin{cases}0, & k\leqslant 10\\ 2, & 10<k\leqslant 15\\ -1, & 15<k\leqslant 20\\ 0, & k>20\end{cases}$$

图 3-4 给出了领队车辆运行时期望的速度和加速度的变化情况。车辆队列的初始跟踪误差为零，在仿真实验中采用白噪声 $\omega_i(t)$ 来模拟外部干扰。

另一方面，假设 LTE-V2V 网络的载波频率为 2GHz，带宽为 10MHz。依据相关标，一个 LTE 帧由 10 个子帧组成，每个子帧的时间长度为 1ms。传输功率为 $\Xi_{ij}(kh)=10\text{dBm}$，给定的 SINR 阈值为 $\gamma_{V2V}=10\text{dB}$。由式(3-8)，根据参考文献[10]中设定的 V2V 信道模型的参数，V2V 通信信道的数据包丢概率约为 0.1。因此，数据包的到达率为 $\bar{\theta}_{ij}=0.9$。车队内，协同感知信息的更新周期设置为 $h=10\text{ms}$，与 LTE 的时隙长度相等。

在本节中，对于由五辆车辆构成的车辆队列，在固定 IVCT 下，分别利用最优控制器式(3-26)和参考文献[7]中设计的控制器进行对比仿真实验。为了评估控制性能，在时段[0,Fh)内，定义 LQ 性能指标为

$$J(Fh)=\sum_{\upsilon=0}^{F}(\|x(\upsilon h)\|_{\boldsymbol{Q}}^2+\|u(\upsilon h)\|_{\boldsymbol{R}}^2) \tag{3-72}$$

且矩阵 $\boldsymbol{Q}=\boldsymbol{I}_{12}$、$\boldsymbol{R}=\boldsymbol{I}_4$。

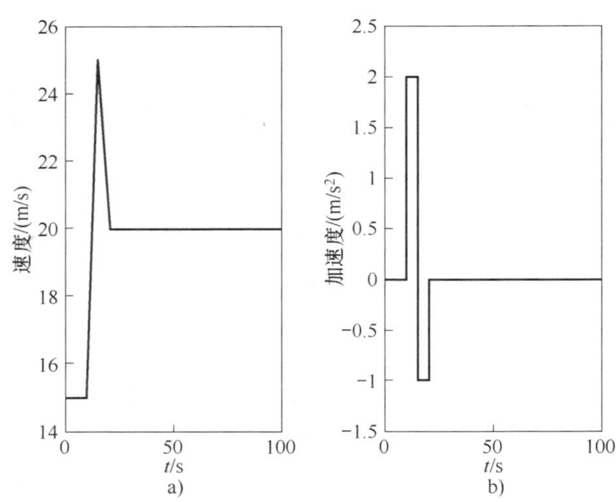

图 3-4　领队车辆的速度和加速度

a）速度　b）加速度

首先，考虑基于固定 IVCT 的车辆队列的对比仿真实验，其中忽略了数据丢包和外部干扰的影响，其主要原因在于，参考文献[7]所设计的控制器没有考虑数据丢包和外部干扰的影响。这里，考虑零初始条件不成立的情况，即每辆跟随车辆的初始跟踪误差不为零。在参考文献[7]中，反馈控制器和通信拓扑结构的协同设计是在 z 域内完成的。为了简便，将 ARE 解的近似阶数设为 $n=1$。根据表 3-1 中列出的仿真参数，利用参考文献[7]中的方法，得到了双向通信(即 BPF)拓扑和反馈控制器的协同设计结果。由于空间限制，省略了 ARE 求解 $\breve{P}(z)$ 的结果和控制器增益 $\breve{L}(z)$。相比之下，通过利用车辆队列的算法 3.1，基于 BPF 拓扑，每辆跟随车的最优反馈控制器式(3-26)的增益为 $\overline{\boldsymbol{K}}_1(\boldsymbol{H})=[0.3\quad 7\quad 9]$，$\overline{\boldsymbol{K}}_2(\boldsymbol{H})=[0.25\quad 6\quad 8.1]$，$\overline{\boldsymbol{K}}_3(\boldsymbol{H})=[0.32\quad 5.7\quad 9.2]$和 $\overline{\boldsymbol{K}}_4(\boldsymbol{H})=[0.41\quad 6.8\quad 8.9]$，其中折扣率为 $\alpha=0.07$，且第 ij 条通信信道的数据包到达概率为 $\overline{\theta}_{ij}=1$。基于本章所设计的控制器和参考文献[7]设计的控制器，车辆队列的跟踪性能如图 3-5 和图 3-6 所示。在图 3-6 中，通过利用参考文献[7]中的反向双向 Z 变换的方法，得到了相同的跟踪误差。在时间间隔[0,20s]内，利用式(3-26)中所设计的控制器不满足队列稳定性。由于本章提出的队列稳定性是在频域下定义的，因此需要给定零初始条件。相比之下，参考文献[7]设计的控制器可满足车队的队列稳定性要求。由于队列稳定性定义在 z 域中，其可克服由初始条件引起的扰动。因此，在非零初始跟踪误差条件下，采用参考文献[7]设计的控制器的车辆队列，具有更好的队列稳定性性能。然而，当跟踪误差达到稳定时，本章设计的反馈控制器同样可以保证队列稳定性。

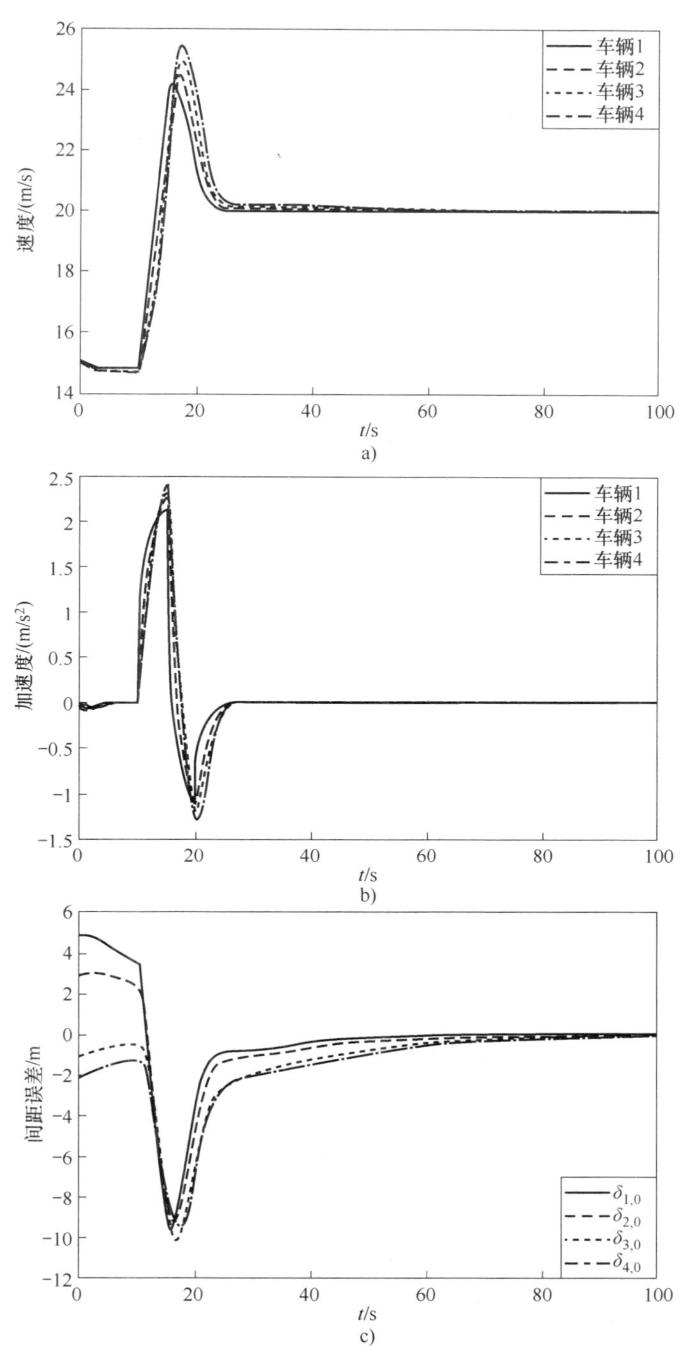

图 3-5　不考虑数据丢包和干扰，基于 BPF 通信拓扑采用式(3-26)中的控制器得到的车辆队列跟踪性能

a）速度　b）加速度　c）间距误差

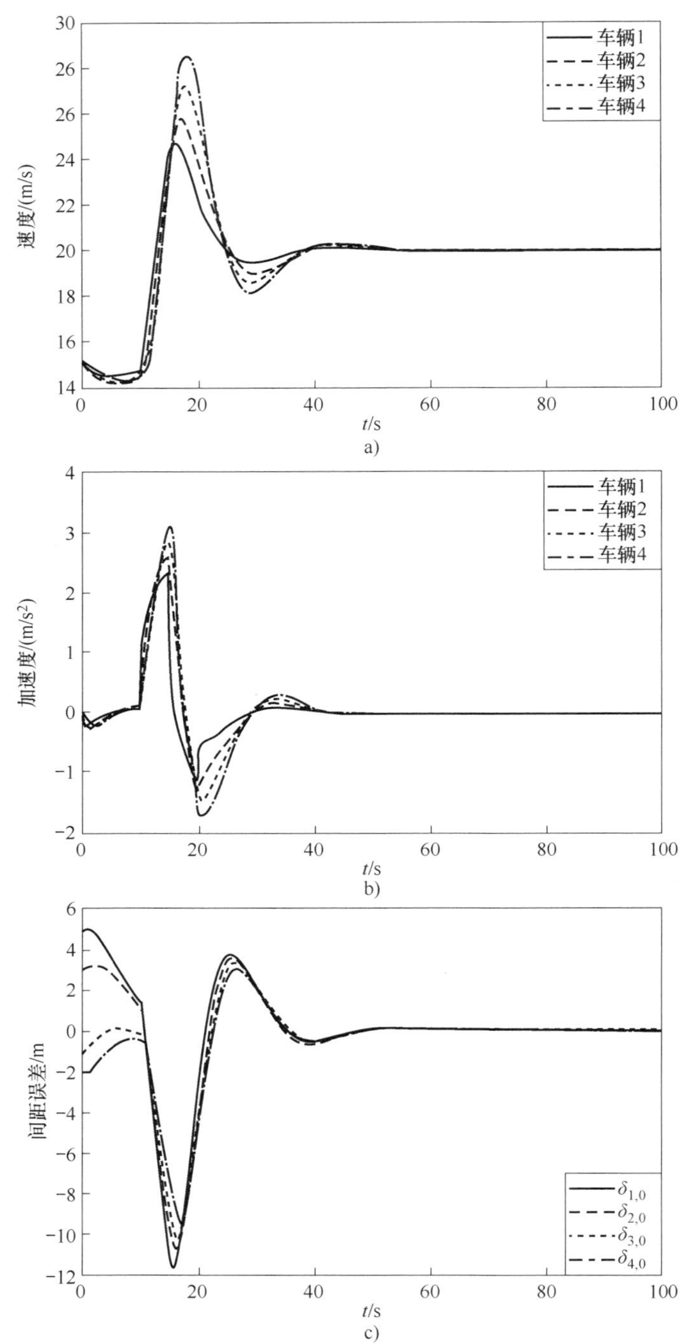

图 3-6　不考虑数据丢包和干扰 BPF 通信拓扑下采用参考文献[7]中的协同设计方法，得到的车辆队列跟踪性能，不考虑数据丢包和干扰

a）速度　b）加速度　c）间距误差

接下来，考虑数据丢包和外部干扰影响下的车队仿真实验。将每辆跟随车辆的初始跟踪误差设为零。在这种情况下，利用算法 3.1，可得式(3-26)中的最优反馈控制器的增益为 $\overline{\boldsymbol{K}}_1(\boldsymbol{H})=[1.3\quad 5.2\quad 8.9]$、$\overline{\boldsymbol{K}}_2(\boldsymbol{H})=[1.5\quad 6.6\quad 9.2]$、$\overline{\boldsymbol{K}}_3(\boldsymbol{H})=[1.7\quad 5.6\quad 7.8]$ 和 $\overline{\boldsymbol{K}}_4(\boldsymbol{H})=[1.6\quad 5.4\quad 8.3]$。分别利用式(3-26)中的控制器和参考文献[7]提出的控制器，车辆队列的跟踪性能如图 3-7 和图 3-8 所示。在图 3-7 和图 3-8 中，其 LQ 性能指标函数分别为 46519dB 和 79620dB。由此可知应用本章所提出的控制器，车辆队列具有较小的 LQ 性能指标并具有更好的控制性能，主要原因为，在参考文献[7]的协同设计中忽略了数据丢包和外部干扰的影响。需要注意的是，图 3-7a 和图 3-7b 所示的速度和加速度不满足队列稳定性要求，因为定理 3.3 得到的对反馈增益的限制条件，仅适用于由间距误差 δ_{i0} 定义的队列稳定性。

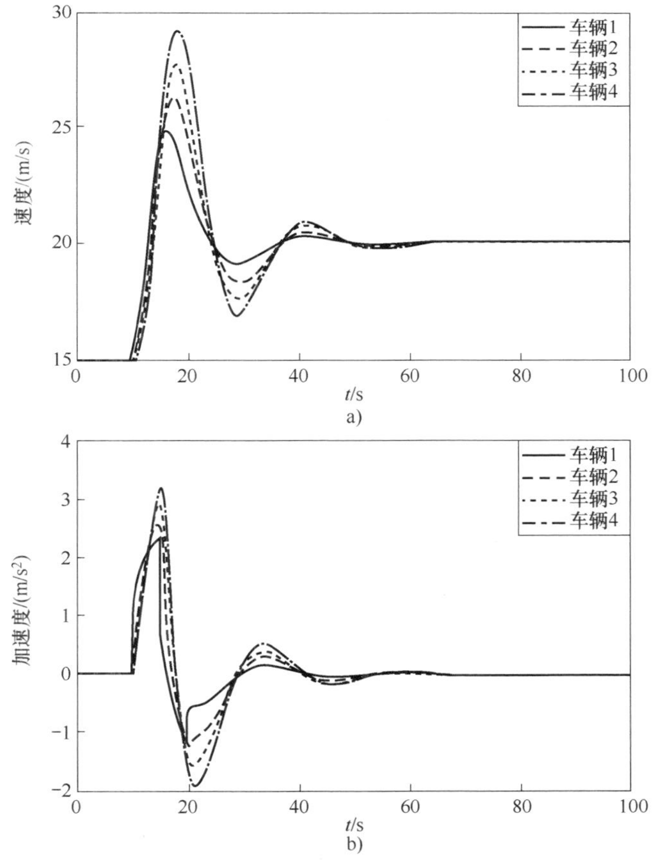

图 3-7　考虑数据丢包和干扰，BPF 通信拓扑下车辆队列采用式(3-26)中的控制器得到的跟踪性能

a）速度　b）加速度

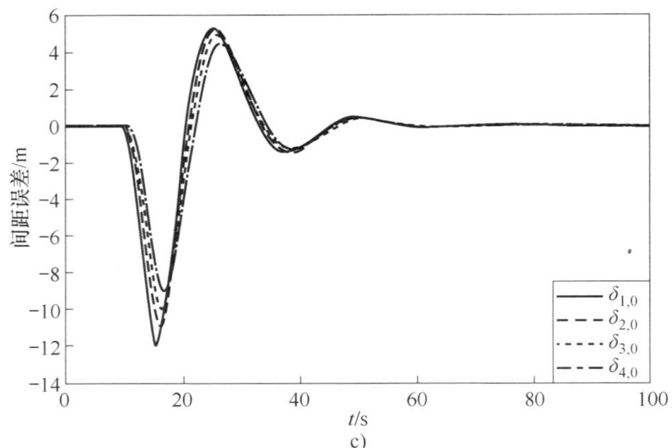

图 3-7　考虑数据丢包和外部干扰，BPF 通信拓扑下车辆队列采用式(3-26)中的控制器得到的跟踪性能(续)

c）间距误差

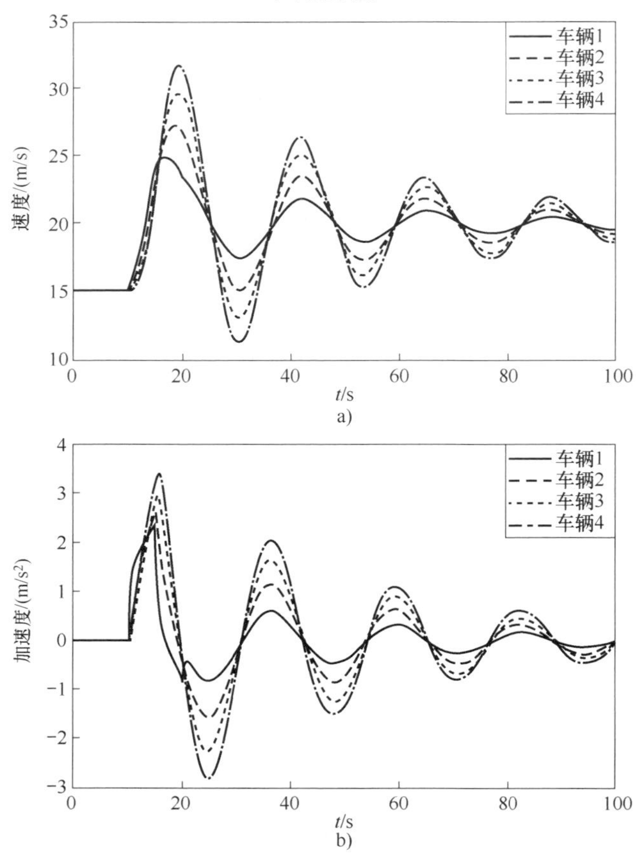

图 3-8　考虑数据包丢失和干扰，BPF 通信拓扑下车辆队列采用参考文献[7]中提出的协同设计方法得到的跟踪性能

a）速度　b）加速度

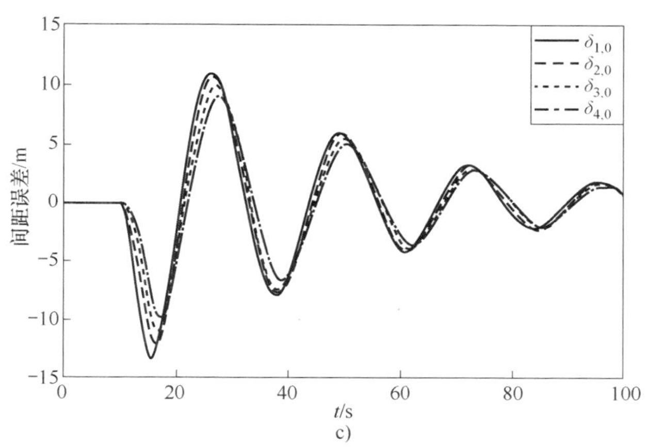

图 3-8 考虑数据包丢失和干扰，BPF 通信拓扑下车辆队列采用参考文献[7]中提出的协同设计方法得到的跟踪性能(续)

c) 间距误差

接下来，考虑基于 all-to-all 型通信拓扑的车队仿真实验，其中，每辆跟随车辆可以与队列中的其他车辆进行信息交换。利用算法 3.1，考虑相同的仿真参数，得到了车辆队列控制在 all-to-all 型通信拓扑下的反馈控制器为 $\overline{\boldsymbol{K}}_1(\boldsymbol{H})=[0.8\quad 9\quad 10]$、$\overline{\boldsymbol{K}}_2(\boldsymbol{H})=[0.64\quad 7.1\quad 7]$、$\overline{\boldsymbol{K}}_3(\boldsymbol{H})=[0.71\quad 8.3\quad 9.6]$和 $\overline{\boldsymbol{K}}_4(\boldsymbol{H})=[0.93\quad 8.7\quad 10.4]$。利用得到的最优反馈控制器，车辆队列的跟踪性能如图 3-9 所示。与图 3-7 中给出的跟踪性能相比，很明显，基于 all-to-all 型通信拓扑的车辆队列控制性能要优于基于 BPF 通信拓扑的车队控制性能(见超调量、收敛速度和最大间距误差)。此外，图 3-9 中的 LQ 性能指标函数值为 34599dB，其小于图 3-7 中的值。根据参考文献[3]和[4]的分析结果可知，当跟随车辆可从领队车辆获得的信息越多，其控制性能越好。与 BPF 型通信拓扑相比，在 all-to-all 通信拓扑下，每辆跟随车都可以直接从领队车辆获取信息。值得注意，车队的控制性能与通信拓扑的拉普拉斯矩阵的特征值相关。对于具有 BPF 型通信拓扑的车队，由于通信拓扑的拉普拉斯矩阵的特征值较小，减弱了控制器的作用效果，因此跟踪误差较大。

与第一组实验中考虑的情况类似，在本节给出了由 V2V 通信信道状态变化，产生的周期性 IVCT 切换影响下的车辆队列控制的对比实验结果。如图 3-10 所示，车辆队列采用 n-VLA 型车间通信拓扑结构，其中，分别考虑了 $n=1$、$n=2$ 和 $n=3$ 的情况。在 1-VLA 拓扑中，车辆 i 与其前一个车辆之间的距离由车载传感器直接测量。因此，1-VLA 拓扑不需要车间通信，因为速度误差 $e^v_{i,i-1}$ 和加速度误差 $e^a_{i,i-1}$ 可以通过间距误差 $\delta_{i,i-1}$ 进行估计[20]，例如 $e^v_{i,i-1}(k)=\dfrac{\delta_{i,i-1}(k)-\delta_{i,i-1}(k-1)}{h}$ 和 $e^v_{i,i-1}(k)=$

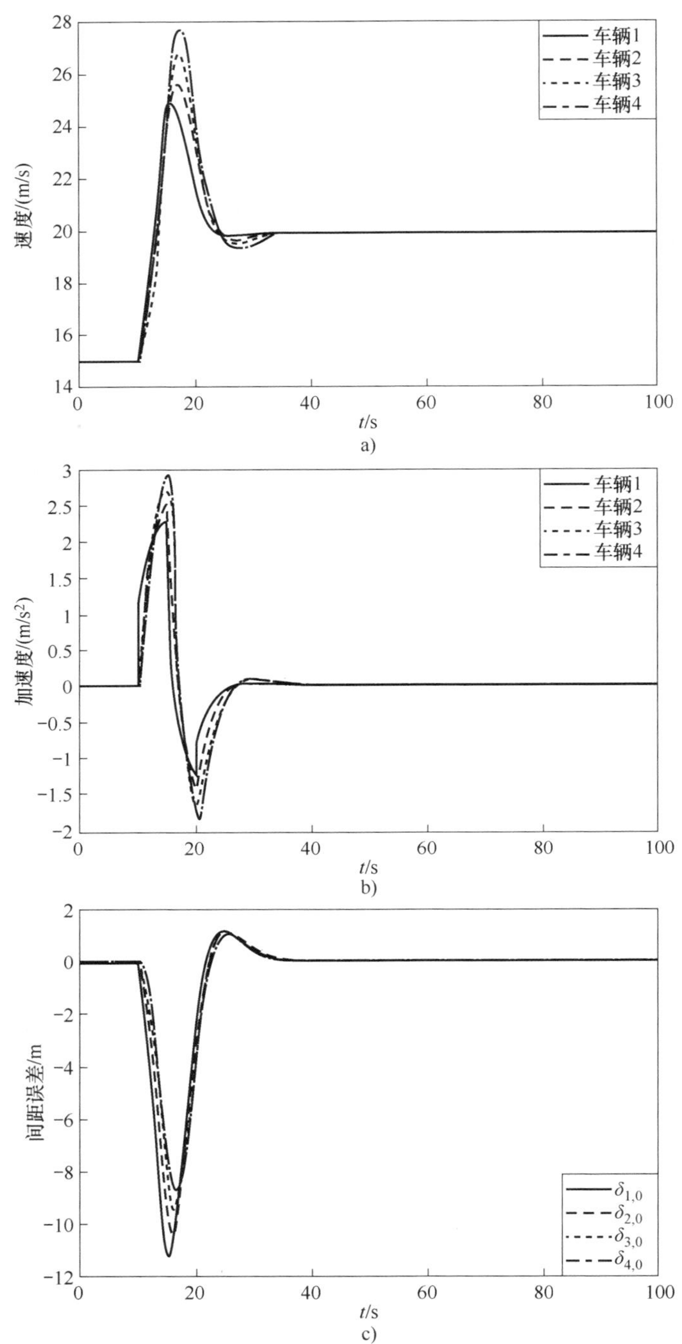

图 3-9　基于 all-to-all 型拓扑结构采用本章所提的协同设计方法得到车辆队列的跟踪性能

a）速度　b）加速度　c）间距误差

$\frac{\delta_{i,i-1}(k)-\delta_{i,i-1}(k-1)}{h}$。在 2-VLA 和 3-VLA 拓扑结构中，相应车辆的速度和加速度通过 LTE-V2V 网络进行传输。根据 IVC 通信信道的状态，假设 IVCT 周期性在 1-VLA、2-VLA 和 3-VLA 之间进行切换，切换周期为 100ms，即周期 $T=10$。然后，控制中心根据集合 $\vec{H}_T^m$，$m=1,2,\cdots,6$ 中给出的顺序周期为该车辆分配 IVCT，其中集合 $\mathcal{M}_T$中涉及的 $\vec{H}_T^m$ 的所有可用的 IVCT 见表 3-2。其仿真目标是共同确定 IVCT 分配策略和相关的控制器增益，从而使式(3-72)中的性能指标 $J(Fh)$ 最小，同时保证单个车辆的稳定性和队列稳定性。通过算法 3.2，得到队列的性能指标函数的最小值与通信集 $\vec{H}_T^6$ 有关，其中，相关的反馈控制器增益和性能指标函数的值分别列在表 3-3 和表 3-4 中。

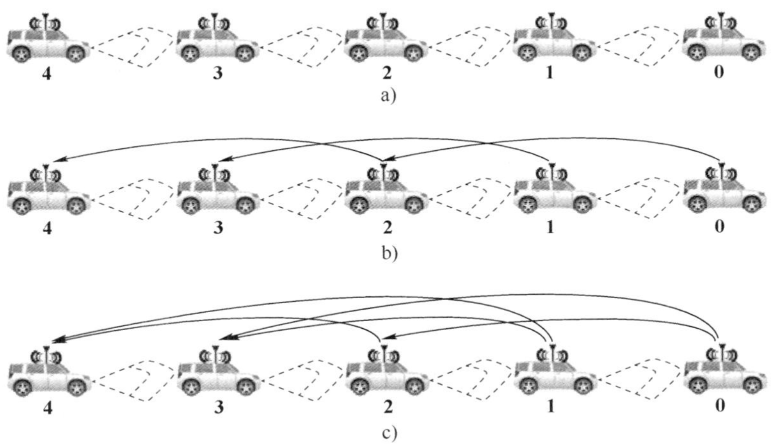

图 3-10　实验仿真中的车辆队列的车间通信拓扑结构

a) 1-VLA　b) 2-VLA　c) 3-VLA

表 3-2　集合 $\vec{H}_T^m$ 中周期性切换通信拓扑

$\vec{H}_T^m$	$H(\tau)$									
	$\tau=0$	$\tau=1$	$\tau=2$	$\tau=3$	$\tau=4$	$\tau=5$	$\tau=6$	$\tau=7$	$\tau=8$	$\tau=9$
$m=1$	1-VLA	1-VLA	1-VLA	1-VLA	2-VLA	2-VLA	2-VLA	3-VLA	3-VLA	3-VLA
$m=2$	1-VLA	1-VLA	1-VLA	3-VLA	3-VLA	3-VLA	2-VLA	2-VLA	2-VLA	2-VLA
$m=3$	3-VLA	3-VLA	2-VLA	2-VLA	2-VLA	2-VLA	2-VLA	1-VLA	1-VLA	1-VLA
$m=4$	1-VLA	1-VLA	1-VLA	1-VLA	1-VLA	2-VLA	2-VLA	1-VLA	2-VLA	3-VLA
$m=5$	1-VLA	1-VLA	2-VLA	3-VLA	1-VLA	2-VLA	3-VLA	1-VLA	2-VLA	3-VLA
$m=6$	3-VLA	3-VLA	3-VLA	3-VLA	3-VLA	3-VLA	1-VLA	2-VLA	2-VLA	2-VLA

表 3-3　与集合 $\overrightarrow{H}_T^6$ 中每个通信拓扑相关联的跟随车辆的控制器增益

	$\overline{\boldsymbol{K}}_i(H(0))$	$\overline{\boldsymbol{K}}_i(H(1))$	$\overline{\boldsymbol{K}}_i(H(2))$	$\overline{\boldsymbol{K}}_i(H(3))$	$\overline{\boldsymbol{K}}_i(H(4))$	$\overline{\boldsymbol{K}}_i(H(5))$	$\overline{\boldsymbol{K}}_i(H(6))$	$\overline{\boldsymbol{K}}_i(H(7))$	$\overline{\boldsymbol{K}}_i(H(8))$	$\overline{\boldsymbol{K}}_i(H(9))$
$i=1$	[1.6 5.2 6.1]	[1.4 4.6 5.3]	[1.3 2.8 5.1]	[1.1 3.4 5.2]	[1.0 4.8 5.35]	[1.3 2.4 6.2]	[1.2 5.1 4.4]	[1.0 2.8 6.1]	[1.5 4.8 6.2]	[1.8 5.8 7.0]
$i=2$	[1.7 6.4 7.2]	[1.8 5.6 8.7]	[1.6 5.2 6.1]	[0.9 3.6 7.1]	[1.3 2.8 6.7]	[1.2 2.6 5.3]	[0.8 1.6 6.0]	[0.9 4.2 7.9]	[0.8 2.4 6.7]	[1.2 3.7 6.2]
$i=3$	[1.5 6.2 7.3]	[1.9 6.1 6.8]	[1.6 5.7 6.9]	[1.4 4.5 5.8]	[0.6 5.4 6.2]	[0.7 5.1 7.2]	[0.9 5.7 7.2]	[0.8 6.3 7.4]	[0.9 5.1 8.2]	[1.6 5.1 7.2]
$i=4$	[1.3 6.5 7.0]	[1.2 5.2 8.1]	[1.1 4.2 7.3]	[2.0 4.1 5.0]	[1.2 3.1 7.3]	[1.4 4.2 8.1]	[1.1 4.9 7.8]	[1.4 6.8 8.3]	[1.3 6.6 7.1]	[1.1 5.9 6.4]

表 3-4　基于周期性切换通信拓扑结构，车辆队列的性能指标函数

	$\overrightarrow{H}_T^1$	$\overrightarrow{H}_T^2$	$\overrightarrow{H}_T^3$	$\overrightarrow{H}_T^4$	$\overrightarrow{H}_T^5$	$\overrightarrow{H}_T^6$
$J(Fh)$/dB	53393	52673	49214	47719	44669	42708

通过周期性分配集合 $\overrightarrow{H}_T^6$ 中的最优通信拓扑 $H(\tau)$ 以及相关的控制器增益 $\overline{\boldsymbol{K}}_i(H(\tau))$，$\tau=0,1,\cdots,9$，可得车辆队列的控制性能如图 3-11 所示。很明显，保证了单车稳定性和队列稳定性。在相同的仿真场景中，考虑数据丢包和外部干扰以及集合 $\overrightarrow{H}_T^6$ 中的 IVCT 周期性切换的情况，图 3-12 给出了基于参考文献[7]中所提出的控制器的控制效果。可以看出，其控制性能降低，导致性能指标函数增大，其中，图 3-12 的性能指标函数为 $J(k)=82513\text{dB}$。

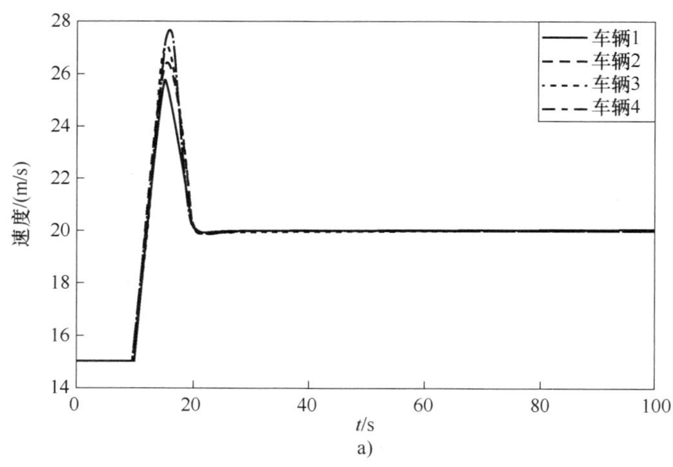

图 3-11　基于集合 $\overrightarrow{H}_T^6$ 中的周期性拓扑切换，利用本章所提的协同控制方法得到的车辆队列控制性能

a）速度

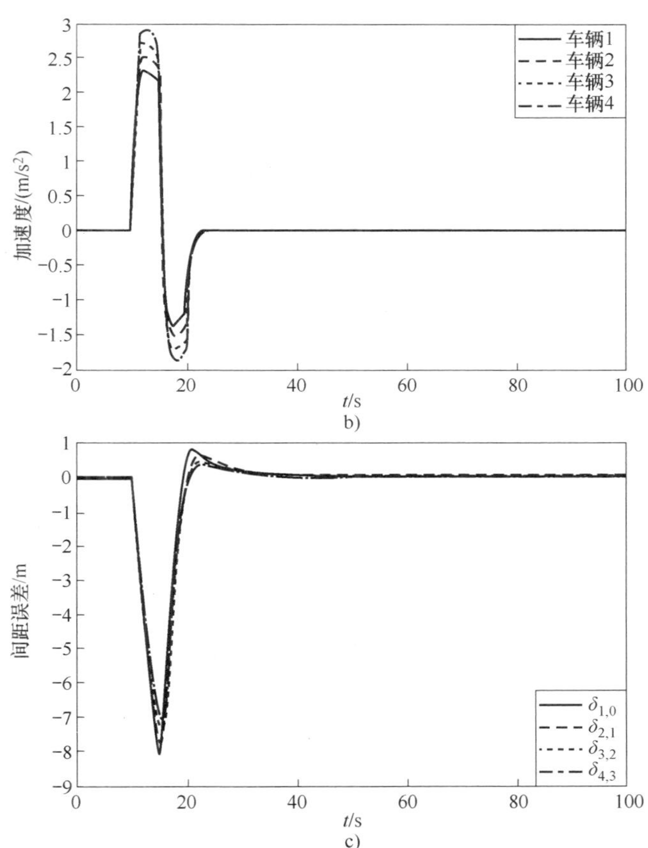

图 3-11　基于集合 $\overrightarrow{H}_T^6$ 中的周期性拓扑切换，利用本章所提的协同控制方法得到的车辆队列控制性能（续）

b）加速度　c）间距误差

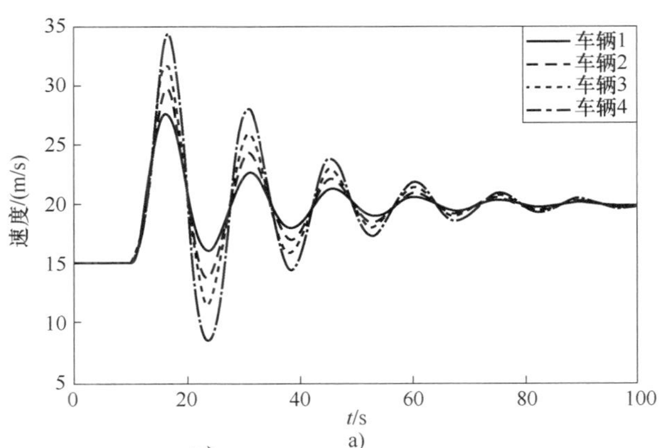

图 3-12　基于集合 $\overrightarrow{H}_T^6$ 中的周期性拓扑切换，利用参考文献[7]中所设计的控制器得到的车辆队列控制性能

a）速度

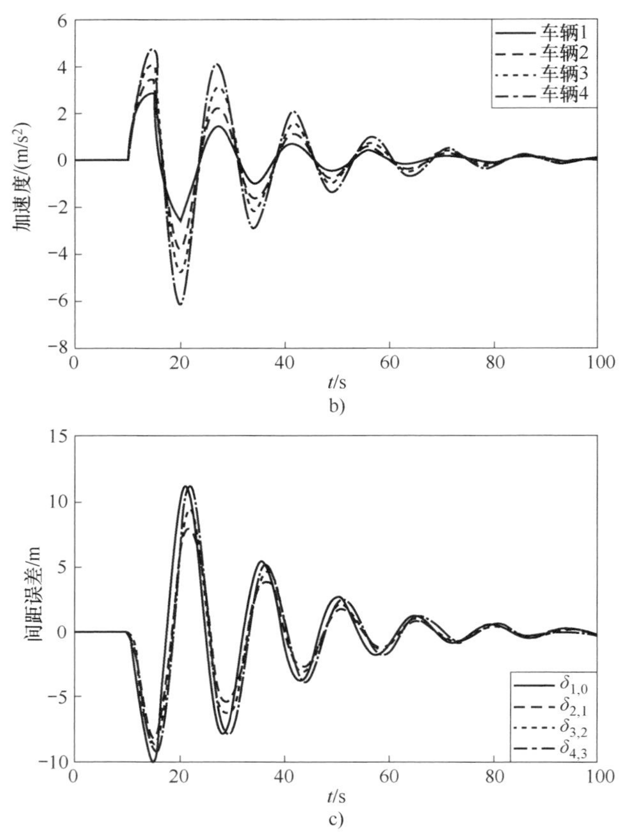

图 3-12　基于集合 $\overrightarrow{H}_T^6$ 中的周期性拓扑切换，利用参考文献[7]中所设计的控制器得到的车辆队列控制性能（续）

b）加速度　c）间距误差

3.5　本章小结

本章研究了 LTE-V2V 网络中车辆队列的 IVCT 分配和控制的协同设计问题。考虑 IVCT、数据丢包和干扰的影响，建立了基于采样控制的车辆队列控制模型。基于最优控制和动态规划技术，建立了统一的控制框架用于同时确定最优 IVCT 和相关的反馈控制器。在车间通信分配与控制协同设计的过程中，考虑了固定的和周期性切换的 IVCT。基于所建立的协同设计方法得到的算法，不仅保证了单车稳定性和随机队列稳定性，同时可保证所定义的性能指标函数最小。通过仿真实验验证了所提的协同设计算法的有效性。

参考文献

[1] WILLKE T L, TIENTRAKOOL P, MAXEMCHUK N F. A survey of inter vehicle communication protocols and their applications [J]. IEEE Commun. Surveys Tuts, 2009, 11(2): 3-20.

[2] ZHENG Y, LI S E, WANG J, et al. Stability and scalability of homogeneous vehicular platoon: Study on the influence of information flow topologies [J]. IEEE Trans. Intell. Transp. Syst, 2016, 17(1): 14-26.

[3] ZHENG Y, LI SE, LI K, et al. Stability margin improvement of vehicular platoon considering undirected topology and asymmetric control [J]. IEEE Trans. Control Syst. Technol, 2016, 24(4): 1253-1265.

[4] ZHENG Y, LI SE, LI K, et al. Platooning of connected vehicles with undirected topologies: Robustness analysis and distributed H-infinity controller synthesis [J]. IEEE Trans. Intell. Transp. Syst, 2018, 19(5): 1353-1364.

[5] LI SE, QIN X, LI K, et al. Robustness analysis and controller synthesis of homogeneous vehicular platoons with bounded parameter uncertainty [J]. IEEE/ASME Trans. Mechatronics, 2017, 22(2): 1014-1025.

[6] ZHENG Y, LI S, LI K, et al. Stability margin improvement of vehicular platoon considering undirected topology and asymmetric control [J]. IEEE Trans. Control Syst. Technol, 2016, 24(4): 1253-1265.

[7] FIROOZNIA A, PLOEG J, WOUW N, et al. Co-Design of Controller and Communication Topology for Vehicular Platooning [J]. IEEE Trans. Intell. Transp. Syst, 2017, 12(4): 1184-1194.

[8] WEN S X, GUO G. Sampled-data control for connected vehicles with markovian switching topologies and communication delay [J]. IEEE Trans. Intell. Transp. Syst, 2016, 21(2): 2930-2942.

[9] LI K, BIAN Y, LI SE, et al. Distributed model predictive control of multi-vehicle systems with switching communication topologies [J]. Part C: Emerg. Technol, 2020, 118: 1-18.

[10] 3GPP TR 36. 885 Study on LTE-based V2X Services [S]. (Release 14), 2016.

[11] LI Z, HU B, LI M, et al. String stability analysis for vehicle platooning under unreliable communication links with event-triggered strategy [J]. IEEE Trans. Veh. Technol, 2019, 68(3): 2152-2164.

[12] DARBHA S, KONDURI S, PAGILLA PR. Benefits of V2V communication for autonomous and connected vehicles [J]. IEEE Trans. Intell. Transp. Syst, 2019, 20(5): 1954-1963.

[13] MEI J, et al. Joint radio resource allocation and control for vehicle platooning in LTE-V2V network [J]. IEEE Trans. Veh. Technol, 2018, 67(12): 12218-12230.

[14] GUO G, I WEN S X. Communication scheduling and control of a platoon of vehicles in VANETs [J]. IEEE Transactions on Intelligent Transportation Systems, 2016, 17(6): 1551-1563.

[15] BERTSEKAS D P. Dynamics Programming and optimal control (Athena Scientific optimization and computation) [M]. Belmont, MA, USA: Althena Scientific, 2005.

[16] BITTANTI S, COLANERI P. Periodic Systems-Filtering and control [M]. London, Spring-

Verlag，2009.

[17] ARFKEN G B，WEBER H J. Mathematical methods for physicists [M]. New York，USA：Academic Press，1970.

[18] STEELE J M. The Cauchy-Schwarz Master Class：An Introduction to the Art of Mathematical Inequalities [M]. Cambridge，UK：Cambridge University Press，2004.

[19] QUEVEDO D E，AHLEN A，JOHANSSON K H. State estimation over sensor networks with correlated wireless fading channels [J]. IEEE Trans. Autom. Control，2013，58(3)：581-593.

[20] LIU Y，PAN C，GAO H，et al. Cooperative spacing control for interconnected vehicle systems with input delays [J]. IEEE Trans. Veh. Technol，2017，66(12)：10692-10704.

第4章 具有切换拓扑和通信时延的网联车辆控制

4.1 引言

值得注意的是，在1~3章的研究内容中，通常假定车间通信是可靠的，并且车间的通信拓扑是固定的或是周期性切换的。然而这种假设在实际车队控制中很难实现，在车载自组织网络中，车辆之间的连接状态可能会随着环境的变化而发生变化。由于车辆的高速运动，导致无线通信信道的状态任意变化，因此，移动车辆稳定的连接状态不会一致保持，频繁地车间信息交互不可避免。考虑具有切换的车间通信拓扑以及通信延时影响下的车队控制问题，仍然是具有挑战性的难题。本章考虑了随机车间通信切换拓扑、通信延时和外部干扰影响下的车辆队列的采样控制问题。其控制目标是建立新的车辆队列控制框架，使得队列中的车辆可以保持期望间距和一致的速度行驶。为此，假设每辆跟随车辆在其采样时刻，都可以获得自己的状态信息和其邻居车辆的状态信息，并且所有的采样数据都通过车载自组织网络进行传输，但在数据传输过程中存在通信延时。为了描述变化车队中变化的信息流，引入随机马尔可夫链来表示车队中动态的车间通信拓扑的切换过程。然后，考虑延时影响，基于马尔可夫跳跃系统理论，得到了能够保证队列跟踪误差(即间距、速度和速度误差)均方指数稳定的一组充分条件。这些条件同样也可用于车队控制器增益设计的条件，并将结果推广到马氏链转移率部分未知的情况。本章的贡献总结如下：

1）考虑通信延时以及非线性外部扰动影响下，为网联车队控制系统建立了基于马尔可夫链的采样控制模型。与参考文献[2]相比，其考虑的无向拓扑和扰动建立的车队控制模型可以看作是本章中的一个特例。

2）本章为车辆队列控制系统提出了新的稳定性分析方法。与参考文献[2]中采用的频域分析方法不同，本章所提的方法不需要假定零初始条件，因此，本章设计的方法更加实用。

3）对于车队控制器具有的固定控制器增益以及可变的控制器增益，所设计的控制策略都可保证跟踪误差是均方指数稳定的。并且在零初始条件下，跟踪误差可以满足给定的干扰抑制指标。此外，所得结果已经推广到马尔可夫链的部分转移率未知的情况。

符号说明： $\mathbb{R}^n$ 是 n 维欧几里得空间；$\mathrm{diag}\{\cdot\}$ 代表块对角矩阵；$\boldsymbol{I}_3\in\mathbb{R}^{3\times3}$ 表示一个单位矩阵；$E\{\cdot\}$ 表示求数学期望；$\boldsymbol{P}\geqslant0$ 意味着实对称矩阵 $\boldsymbol{P}$ 是正定的(半正定的)；$\|\cdot\|$表示欧几里得范数;$\boldsymbol{X}^{\mathrm{T}}$ 是矩阵 $\boldsymbol{X}$ 的转置；$\otimes$表示矩阵的克罗内克积；$*$ 表示矩阵的对称元素；$\lambda_{\min}(\cdot)$是对称矩阵的最小特征值。

4.2 问题描述

基于车载自组织网络，如图 4-1 所示，考虑在水平道路上行驶的 $N+1$ 辆车组成的车辆队列。每辆车都可以通过车载自组织网络与其相邻车辆通信，用于获取信息(例如，位置 z_i、速度 v_i 以及加速度 a_i)。每辆跟随车采用采样控制策略，并且使用接收到的信息进行控制器的控制输入的更新。

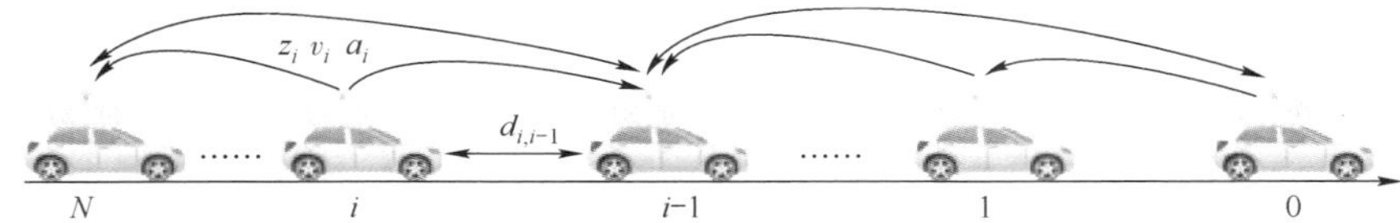

图 4-1 车辆队列

车辆动力学系统包含由发动机、传动系统、制动系统、空气阻力、轮胎摩擦、滚动阻力和重力等环节构成。为了推导出一个简化的纵向车队控制模型，做以下合理假设[3-6]：

1）仅考虑车辆纵向运动，忽略横向和垂直运动；

2）针对良好的路面和常规驾驶条件，忽略轮胎的滑移；

3）车辆视为刚体，且左右完全对称，忽略前后轴的载荷转移；

4）车辆动力系统的输入与输出特性满足一阶惯性环节。

基于上述假设，简化后的非线性车辆动力学模型给出如下：

$$\begin{cases}\dot{z}_i(t)=v_i(t)\\ \dot{v}_i(t)=\dfrac{1}{m_i}\left(\varpi_{T,i}\dfrac{T_i(t)}{R_i}-C_{A,i}v_i^2(t)-m_igf\right)\\ \varsigma\dot{T}_i(t)+T_i(t)=T_{i,\mathrm{des}}(t)\end{cases}\tag{4-1}$$

其中，m_i 是车辆的质量；$C_{A,i}$是混合空气动力阻力系数；g 是重力加速度；f 是滚动阻力系数；T_i 表示实际驱动/制动扭矩；$T_{i,\mathrm{des}}$是期望的驱动/制动扭矩；ς是车辆动力系统具有的惯性延迟，R_i 表示轮胎半径；$\varpi_{T,i}$是传动系统的机械效率。

通过引入以下反馈线性化定律[3,4]，可得

$$T_{i,\mathrm{des}}(t)=\frac{1}{\varpi_{T,i}}[C_{A,i}v_i(t)(2\varsigma\dot{v}_i+v_i)+m_igf+m_iu_i]R_i \tag{4-2}$$

其中，u_i 是新引入的控制输入，则线性车辆模型式(4-1)可以描述成如下的形式

$$\begin{cases}\dot{z}_i(t)=v_i(t)\\ \dot{v}_i(t)=a_i(t)\\ \dot{a}_i(t)=-a_i(t)/\varsigma+u_i(t)/\varsigma\end{cases} \tag{4-3}$$

这里，式(4-3)将用于分析与设计。设 $\boldsymbol{x}_i(t)=[z_i\quad v_i\quad a_i]^{\mathrm{T}}$，则车辆的状态空间模型可以简化为

$$\dot{\boldsymbol{x}}_i(t)=\boldsymbol{A}\boldsymbol{x}_i(t)+\boldsymbol{B}_1u_i(t) \tag{4-4}$$

其中，

$$\boldsymbol{A}=\begin{bmatrix}0&1&0\\0&0&1\\0&0&-\dfrac{1}{\varsigma}\end{bmatrix},\ \boldsymbol{B}_1=\begin{bmatrix}0\\0\\-\dfrac{1}{\varsigma}\end{bmatrix}。$$

实际中，车辆可能会受到阵风、空气阻力和道路坡度角等的干扰。用 $\boldsymbol{\omega}(\boldsymbol{x}_i,t)$ 表示车辆系统中的存在的所有外部扰动，即

$$\dot{\boldsymbol{x}}_i(t)=\boldsymbol{A}\boldsymbol{x}_i(t)+\boldsymbol{B}_1u_i(t)+\boldsymbol{\omega}(x_i,t) \tag{4-5}$$

假设函数 $\boldsymbol{\omega}(x_i,t)$ 是关于时间 t 的、一致 Lipschitz 连续函数，即，存在一个正常数，使得下面的不等式对于所有的 x_i 都成立，$x_0\in\mathbb{R}^n$：

$$\|\boldsymbol{\omega}(x_i,t)-\boldsymbol{\omega}(x_0,t)\|\leqslant\varrho\|x_i-x_0\| \tag{4-6}$$

式(4-6)中的 Lipschitz 条件给出了外部扰动的变化率的上限。由于扰动 $\boldsymbol{\omega}(x_i,t)$ 的存在，参考文献[2]中所提的稳定性分析和控制器设计方法将不再适用。

车队的通信拓扑可以由有向连通图 $\mathcal{G}_N=(\mathcal{V}_N,\mathcal{E}_N)$ 表示，其中，$\mathcal{V}_N=\{1,2,\cdots,N\}$ 表示车辆集合；$\mathcal{E}_N\subseteq\mathcal{V}_N\times\mathcal{V}_N$ 是边的集合。定义 $\varepsilon_{ij}\triangleq(i,j)\in\mathcal{E}_N$ 作为边意味着存在从车辆 j 到车辆 i 的定向通信链路，即$(i,j)\in\mathcal{E}_N$。令 $N_i\triangleq\{j\mid\varepsilon_{ij}\in\mathcal{E}_N\}$ 作为车辆 i 的相邻车辆的集合。$\boldsymbol{A}=[a_{ij}]_{n\times n}$表示图 $\mathcal{G}_N$ 的邻接矩阵，对于任意车辆 i，$a_{ii}=0$，并且如果 $\varepsilon_{ij}\in\mathcal{E}_N$，则 $a_{ij}=1$，否则 $a_{ij}=0$。图 $\mathcal{G}_N$ 的度矩阵是 $\boldsymbol{D}=\mathrm{diag}\{d_1,d_2,\cdots,d_n\}$，其中对角线元素为 $d_i=\sum_{j\in\boldsymbol{N}_i}a_{ij}$。相应地，有向图 $\mathcal{G}$ 的拉普拉斯矩阵定义为 $\boldsymbol{L}=\boldsymbol{D}-\boldsymbol{A}$。路径是图中的一条连通的边。如果任意节点之间存在路径，则称图 $\mathcal{G}_N$ 是连通的。

为了刻画领队车与跟随车之间的通信，定义一个增广的有向图 $\mathcal{G}_{N+1}=(\mathcal{V}_{N+1},\mathcal{E}_{N+1})$，其具有一组节点，$N+1$ 个顶点，$\mathcal{V}_{N+1}=\{1,2,\cdots,N+1\}$，包括一辆领队车和 N 辆跟随车。如参考文献[2]所述，对角矩阵 $\boldsymbol{P}=\mathrm{diag}\{p_1,p_2,\cdots,p_n\}$ 用于表示每辆跟随车与跟领队车的连接情况：如果存在$(0,i)\in\mathcal{E}_{N+1}$，则 $p_i=1$，否则 $p_i=0$。注意到$(0,i)\in\mathcal{E}_{N+1}$意味着车辆 i 可与领队车辆进行通信。车辆 i 与领队车辆之间的通信情况可以用以下集合来描述：

$$\boldsymbol{P}_i=\begin{cases}\{0\}, & p_i=1\\ \{i\}, & p_i=0\end{cases} \tag{4-7}$$

考虑一组有向图 $\mathcal{G}_{\sigma(t)}\in\{\mathcal{G}_1,\mathcal{G}_2,\cdots,\mathcal{G}_q\}$，其中 $\sigma(t)$ 代表一个连续时间的马尔可夫过程，其值取自于有限集 $\mathcal{S}=\{1,2,\cdots,q\}$。具有切换的通信拓扑可能是由于车载自组织网络中不断变化的信道状态导致的[7]。马尔可夫过程的转移率定义为

$$\text{prob}\{\sigma(t+\Delta t)=s\mid\sigma(t)=r\}=\begin{cases}\pi_{rs}\Delta t+O(\Delta t) & r\neq s\\ 1+\pi_{rr}\Delta t+O(\Delta t) & r=s\end{cases}$$

其中，$\Delta t>0$，当 $\Delta t\to 0$ 时 $O(\Delta t)\to 0$，并且 π_{rs} 是从模式 r 到模式 s 的转换速率，对于 $r\neq s$ 满足 $\pi_{rs}>0$，对于 $r\in\mathcal{S}$ 满足 $r\neq s$ 且 $\pi_{rr}=-\sum\limits_{s=1,\ s\neq r}^{m}\pi_{rs}$。此外，相应的转移率矩阵由 $\boldsymbol{\pi}=[\pi_{rs}]$ 定义。将通信拓扑表示为 $H_{\sigma(t)}\in\{H_1,H_2,\cdots,H_q\}$。本章中，做出如下假设[2,6]：

假设 4.1：增广图 $\mathcal{G}_{N+1}$ 至少包含一个源于领队车辆的有向生成树。

假设 4.1 意味着在 $\mathcal{G}_{N+1}$ 中领队车辆的信息是全局可达的。也就是说，每一辆跟随车可以直接或间接地获得领队车辆的信息，这样的假设是保证车队内部稳定的前提。

由于车辆间通信并不完全可靠，所以考虑通信延迟影响下的采样控制。设 τ_{ij} 表示车辆 i 通过网络从集合 $\boldsymbol{I}_i=\boldsymbol{N}_i\cup\boldsymbol{P}_i$ 中的车辆 j 接收到的传输信息具有的延迟。因此，集合 $\boldsymbol{I}_i$ 中所有车辆的第 k 个采样数据到达车辆 i 时的最大时间延迟可以定义为 $\tau_k=\max_j\{\tau_{ij}\mid j\in\boldsymbol{I}_i\}$。对于 $t\in[kh+\tau_k,(k+1)h+\tau_{k+1})$，其中 h 为采样周期，则第 i 辆跟随车的控制器为

$$u_i(t)=-\sum_{j\in\boldsymbol{I}_i}k_p[z_i(kh)-z_j(kh)-d_{i,j}]+k_v[v_i(kh)-v_j(kh)]+k_a[a_i(kh)-a_j(kh)] \tag{4-8}$$

其中，d_{ij} 表示车辆 i 和车辆 j 之间的期望车间距离。这里采用的是恒定车间距策略，即 $d_{i,i-1}=d_0$，$d_0>0$，k_p、k_v 和 k_a 是待确定的控制器增益。

为车辆 i 定义如下车辆跟踪误差：

$$\begin{cases}\hat{z}_i(t)=z_i(t)-z_0(t)-d_{i,0}\\ \hat{v}_i(t)=v_i(t)-v_0(t)\\ \hat{a}_i(t)=a_i(t)-a_0(t)\end{cases} \tag{4-9}$$

则式(4-8)中的控制器可以重新列写为

$$u_i(t)=-\boldsymbol{K}\sum_{j\in\boldsymbol{I}_i}[\hat{\boldsymbol{x}}_i(kh)-\hat{\boldsymbol{x}}_j(kh)] \tag{4-10}$$

其中，$i=1,\cdots,N$，$t\in[kh+\tau_k,(k+1)h+\tau_{k+1})$，$\boldsymbol{K}=[k_p\quad k_v\quad k_a]$ 和 $\hat{\boldsymbol{x}}_i(t)=[\hat{z}_i(t)\quad\hat{v}_i(t)\quad\hat{a}_i(t)]^{\mathrm{T}}$ 分别表示反馈增益和状态向量。式(4-10)中的控制器需要车辆的所有状态量是可测量的。然而，当车载传感器出现故障或测量能力有限时，

车辆的某些状态可能是不可测量的或是测量不可靠的。在这种情况下，可以引入观测器来实现对不可测量的状态的重构，然后利用基于观测器的控制策略来实现车辆队列控制[8]。

注意到 $\hat{\boldsymbol{x}}_i(kh)=\hat{\boldsymbol{x}}_i[t-(t-kh)]$，令 $\tau_k(t)=t-kh$，$t\in[kh+\tau_k,(k+1)h+\tau_{k+1})$，$k\in\mathbb{N}$。对于 $t\in[kh+\tau_k,(k+1)h+\tau_{k+1})$，$k\in\mathbb{N}$，有 $\tau_k\leqslant\tau_k(t)\leqslant h+\tau_{k+1}$ 成立。令 $\alpha=\min_k\{\tau_k \mid k\in\mathbb{N}\}$，$\beta=h+\max_k\{\tau_k \mid k\in\mathbb{N}\}$，定义 $\boldsymbol{x}(t)=[\hat{\boldsymbol{x}}_1^{\mathrm{T}}(t),\hat{\boldsymbol{x}}_2^{\mathrm{T}}(t),\cdots,\hat{\boldsymbol{x}}_N^{\mathrm{T}}(t)]^{\mathrm{T}}$，$\boldsymbol{u}(t)=[u_1(t),u_2(t),\cdots,u_N(t)]^{\mathrm{T}}$，对于 $t\in[kh+\tau_k,(k+1)h+\tau_{k+1})$，存在

$$\boldsymbol{u}(t)=\boldsymbol{H}_{\sigma(kh)}\otimes\boldsymbol{K}\boldsymbol{x}[t-\tau_k(t)] \tag{4-11}$$

对于 $t\in[-\beta,0]$，初始条件假设为 $\boldsymbol{x}(t)=\boldsymbol{\phi}(t)=\boldsymbol{\phi}(t_0)$，则车队闭环系统可以描述为

$$\begin{cases}\dot{\boldsymbol{x}}(t)=(\boldsymbol{I}_N\otimes\boldsymbol{A})\boldsymbol{x}(t)-\boldsymbol{H}_{\sigma(t)}\otimes\boldsymbol{B}\boldsymbol{K}\boldsymbol{x}(t-\tau_k(t))+\boldsymbol{W}(x,t),\ t\in[kh+\tau_k,(k+1)h+\tau_{k+1})\\ \boldsymbol{x}(t)=\boldsymbol{\phi}(t)=\boldsymbol{\phi}(t_0),\ t\in[-\beta,0]\end{cases} \tag{4-12}$$

其中，$\boldsymbol{B}=\boldsymbol{I}_N\otimes\boldsymbol{B}_1$，而外部干扰向量 $\boldsymbol{W}(x,t)=[\boldsymbol{W}^{\mathrm{T}}(x_1,t),\ \boldsymbol{W}^{\mathrm{T}}(x_2,t),\ \cdots,\ \boldsymbol{W}^{\mathrm{T}}(x_N,t)]^{\mathrm{T}}$，$\boldsymbol{W}(\boldsymbol{x}_i,t)=\omega(\boldsymbol{x}_i,t)-\omega(\boldsymbol{x}_0,t)$。对于具有固定的车辆间通信拓扑 $\boldsymbol{H}_{\sigma(t)}=\boldsymbol{H}=\boldsymbol{L}+\boldsymbol{P}$，并且不考虑通信延迟时 $\tau_k(t)=0$，等式(4-12)则变为参考文献[2]中考虑的车队控制模型。

将位置的跟踪误差定义为车队系统的输出向量 $\boldsymbol{y}(t)$，可以得到下式

$$\boldsymbol{y}(t)=[\hat{z}_1(t),\ \hat{z}_2(t),\ \cdots,\ \hat{z}_N(t)]^{\mathrm{T}}=\boldsymbol{C}\boldsymbol{x}(t) \tag{4-13}$$

其中，$\boldsymbol{C}=\boldsymbol{I}_N\otimes\boldsymbol{C}_1$，并且 $\boldsymbol{C}_1=[1\quad 0\quad 0]$。

本章的控制目标是建立网联车辆队列控制的设计方法，满足以下性能指标：

1）对任意初始跟踪误差，每辆跟随车辆能够保持与领队车辆具有相同的速度以及期望的车辆间距，即

$$\begin{cases}\lim\limits_{t\to\infty}\|v_i(t)-v_0(t)\|=0\\ \lim\limits_{t\to\infty}\|z_i(t)-z_{i-1}(t)-d_{i,i-1}\|=0\end{cases} \tag{4-14}$$

2）在零初始条件下，对于所有非零扰动向量 $W(x,t)$，车队系统输出 $\boldsymbol{y}(t)$ 满足以下扰动抑制指标

$$\int_0^{\infty}\mathbb{E}\{\|\boldsymbol{y}(t)\|\}\mathrm{d}t\leqslant\int_0^{\infty}\mathbb{E}\{\gamma^2\|\boldsymbol{W}(x,t)\|\}\mathrm{d}t \tag{4-15}$$

其中，$\gamma>0$。不等式(4-15)与下式等价

$$\mathbb{E}\left\{\left\|\frac{\boldsymbol{y}(t)}{\boldsymbol{W}(x,t)}\right\|_{\infty}\right\}\leqslant\gamma^2$$

其是一种典型的、依据系统存在的外部扰动，定义的系统鲁棒性的概念，用于反映扰动的传播情况。通常，队列稳定性[9-10]要求相对距离误差 $\Delta_i(t)$ 满足 $\left\|\dfrac{\Delta_i(t)}{\Delta_{i-1}(t)}\right\|\leqslant 1$。但

这种严格队列稳定性依赖于通信拓扑结构[2,11]，因此，当存在切换拓扑和通信延迟时，其稳定性条件很难满保证。为此，如参考文献[2]和[11]中所述，利用式(4-15)可避免干扰在车队中的传播，从而将其抑制在某个较小的范围内。

定义 4.1：如果存在常数 $\lambda>0$，$\rho>0$，使得下式成立，则称车队控制系统式(4-12)是均方指数稳定的。

$$\mathbb{E}\{\|\boldsymbol{x}(t)\|^2\}\leqslant\lambda e^{-\rho t}\mathbb{E}\{\|\boldsymbol{\phi}(t_0)\|^2\}$$

4.3 车队控制系统的稳定性分析

本节针对完全/部分已知的马尔可夫链转移率情况，给出能够保证车队控制系统式(4-12)的稳定性所需的条件。为了实现 4.2 节中提出的控制目标，首先建立以下李亚普诺夫泛函(LKF)：

$$V(t,\boldsymbol{x}_t,\dot{\boldsymbol{x}}_t)=\sum_{i=1}^{3}V_i(t,\boldsymbol{x}_t,\dot{\boldsymbol{x}}_t)\tag{4-16}$$

其中，

$$V_1(t,\boldsymbol{x}_t,\dot{\boldsymbol{x}}_t)=\boldsymbol{x}^{\mathrm{T}}(t)\boldsymbol{P}_r\boldsymbol{x}(t)$$

$$V_2(t,\boldsymbol{x}_t,\dot{\boldsymbol{x}}_t)=\int_{t-\alpha}^{t}\boldsymbol{x}^{\mathrm{T}}(t)\boldsymbol{Q}_1\boldsymbol{x}(t)\mathrm{d}s+\int_{t-\beta}^{t-\alpha}\boldsymbol{x}^{\mathrm{T}}(t)\boldsymbol{Q}_2\boldsymbol{x}(t)\mathrm{d}s$$

$$V_3(t,\boldsymbol{x}_t,\dot{\boldsymbol{x}}_t)=\int_{-\alpha}^{0}\int_{t+\theta}^{t}\dot{\boldsymbol{x}}^{\mathrm{T}}(s)\boldsymbol{R}_1\dot{\boldsymbol{x}}(s)\mathrm{d}s\mathrm{d}\theta+\int_{-\beta}^{-\alpha}\int_{t+\theta}^{t}\dot{\boldsymbol{x}}^{\mathrm{T}}(s)\boldsymbol{R}_2\dot{\boldsymbol{x}}(s)\mathrm{d}s\mathrm{d}\theta$$

这里，$\boldsymbol{x}_t(\theta)=\boldsymbol{x}(t+\theta)$、$\theta\in[-\beta,0]$、$\boldsymbol{P}_r>0(r=1,2,\cdots,q)$、$\boldsymbol{Q}_1>0$、$\boldsymbol{Q}_2>0$、$\boldsymbol{R}_1>0$、$\boldsymbol{R}_2>0$。为了便于处理，令 $\psi(t)=[\boldsymbol{x}^{\mathrm{T}}(t),\ \boldsymbol{W}^{\mathrm{T}}(\boldsymbol{x},t),\ \boldsymbol{x}^{\mathrm{T}}(t-\tau_k(t)),\ \boldsymbol{x}^{\mathrm{T}}(t-\alpha),\boldsymbol{x}^{\mathrm{T}}(t-\beta)]^{\mathrm{T}}$，令输入矩阵块 $\boldsymbol{\ell}_i$ 满足 $\boldsymbol{\ell}_{i,j}=\boldsymbol{\ell}_i-\boldsymbol{\ell}_j$。为了便于理解，给出特例 $\boldsymbol{\ell}_1=[\boldsymbol{I}_{3N}\quad 0\quad 0\quad 0\quad 0]$ 和 $\boldsymbol{\ell}_{12}=[\boldsymbol{I}_{3N}\quad -\boldsymbol{I}_{3N}\quad 0\quad 0\quad 0]$。

首先考虑基于马尔可夫随机切换的车间拓扑的转移速率是完全已知的情况，给出以下结果：

定理 4.1：考虑车载自组织网络中的车辆队列受马尔可夫切换拓扑、通信延迟和外部干扰的影响。对于给定标量 $\beta>\alpha>0$，$\varrho>0$，$\gamma>0$，当存在实对称正定矩阵满足 $\boldsymbol{P}_r\in\mathbb{R}^{3N\times3N}(r=1,2,\cdots,q)$，$\boldsymbol{Q}_1\in\mathbb{R}^{3N\times3N}$，$\boldsymbol{Q}_2\in\mathbb{R}^{3N\times3N}$，$\boldsymbol{R}_1\in\mathbb{R}^{3N\times3N}$，$\boldsymbol{R}_2\in\mathbb{R}^{3N\times3N}$，且存在适当维数的矩阵 $\boldsymbol{Y}_m\in\mathbb{R}^{3N\times15N}(m=1,2)$ 使得以下列矩阵不等式成立，则车队控制系统的跟踪误差是均方指数稳定的。

$$\boldsymbol{\Omega}_{rm}=\begin{bmatrix}Y_r & \boldsymbol{\Gamma}_r^{\mathrm{T}}(\alpha^2\boldsymbol{R}_1+\delta\boldsymbol{R}_2) & \delta\boldsymbol{Y}_m^{\mathrm{T}} & \boldsymbol{\ell}_2^{\mathrm{T}}\\ * & -(\alpha^2\boldsymbol{R}_1+\delta\boldsymbol{R}_2) & 0 & 0\\ * & * & -\delta\boldsymbol{R}_2 & 0\\ * & * & * & -\gamma^{-2}\boldsymbol{I}_{3N}\end{bmatrix}<0\tag{4-17}$$

其中，$r=1,2,\cdots,q$；$m=1,2$；$\delta=\beta-\alpha$。

$$
\begin{aligned}
\boldsymbol{Y}_r=&\boldsymbol{\ell}_1^{\mathrm{T}}\left[\sum_{s=1}^{q}\pi_{rs}\boldsymbol{P}_s+\boldsymbol{Q}_1+\varrho^2\boldsymbol{I}_{3N}-\boldsymbol{C}^{\mathrm{T}}\boldsymbol{C}\right]\boldsymbol{\ell}_1+\boldsymbol{\ell}_1^{\mathrm{T}}\boldsymbol{P}_r\boldsymbol{\Gamma}_r+\\
&\boldsymbol{\Gamma}_r\boldsymbol{P}_r\boldsymbol{\ell}_1+-\boldsymbol{\ell}_2^{\mathrm{T}}\boldsymbol{\ell}_2+\boldsymbol{\ell}_4^{\mathrm{T}}(\boldsymbol{Q}_2-\boldsymbol{Q}_1)\boldsymbol{\ell}_4-\boldsymbol{\ell}_5^{\mathrm{T}}\boldsymbol{Q}_2\boldsymbol{\ell}_5-\\
&\boldsymbol{\ell}_{14}^{\mathrm{T}}\boldsymbol{R}_1\boldsymbol{\ell}_{14}-\boldsymbol{\ell}_{35}^{\mathrm{T}}\boldsymbol{Y}_1-\boldsymbol{Y}_1^{\mathrm{T}}\boldsymbol{\ell}_{35}-\boldsymbol{\ell}_{43}^{\mathrm{T}}\boldsymbol{Y}_2-\boldsymbol{Y}_2^{\mathrm{T}}\boldsymbol{\ell}_{43}
\end{aligned}
$$

$$
\boldsymbol{\Gamma}_r=(\boldsymbol{I}_N\otimes\boldsymbol{A})\boldsymbol{\ell}_1+\boldsymbol{\ell}_2-(\boldsymbol{H}_r\otimes\boldsymbol{BK})\boldsymbol{\ell}_3
$$

此外，在零初始条件下，跟踪误差满足定义的扰动抑制指标。

证明： 定义 $V(t,\boldsymbol{x}_t,\dot{\boldsymbol{x}}_t)$ 中的 $\mathfrak{J}$ 关于 $t\in[kh+\tau_k,(k+1)h+\tau_{k+1})$ 的弱无穷小算子为

$$
\mathfrak{J}V(t,\boldsymbol{x}_t,\dot{\boldsymbol{x}}_t)=\lim_{\Delta\to0^+}\frac{1}{\Delta}\{\mathbb{E}\{V(t+\Delta,\boldsymbol{x}_{t+\Delta},\dot{\boldsymbol{x}}_{t+\Delta})\mid\boldsymbol{x}_t,\sigma(t)=r\}-V(t,\boldsymbol{x}_t,\dot{\boldsymbol{x}}_t)\} \tag{4-18}
$$

结合式(4-18)，可得

$$
\mathfrak{J}V(t,\boldsymbol{x}_t,\dot{\boldsymbol{x}}_t)=\sum_{i=1}^{3}\mathfrak{J}V_i(t,\boldsymbol{x}_t,\dot{\boldsymbol{x}}_t) \tag{4-19}
$$

其中，

$$
\mathfrak{J}V_1(t,\boldsymbol{x}_t,\dot{\boldsymbol{x}}_t)=2\psi^{\mathrm{T}}(t)\boldsymbol{\ell}_1^{\mathrm{T}}\left[\boldsymbol{P}_r\boldsymbol{\Gamma}_r+\frac{1}{2}\sum_{s=1}^{q}\pi_{rs}\boldsymbol{P}_s\boldsymbol{\ell}_1\right]\psi(t)
$$

$$
\mathfrak{J}V_2(t,\boldsymbol{x}_t,\dot{\boldsymbol{x}}_t)=\psi^{\mathrm{T}}(t)\{\boldsymbol{\ell}_1^{\mathrm{T}}\boldsymbol{Q}_1\boldsymbol{\ell}_1+\boldsymbol{\ell}_4^{\mathrm{T}}(\boldsymbol{Q}_2-\boldsymbol{Q}_1)\boldsymbol{\ell}_4-\boldsymbol{\ell}_5^{\mathrm{T}}\boldsymbol{Q}_2\boldsymbol{\ell}_5\}\psi(t)
$$

$$
\mathfrak{J}V_3(t,\boldsymbol{x}_t,\dot{\boldsymbol{x}}_t)=\psi^{\mathrm{T}}(t)\{\boldsymbol{\Gamma}_r^{\mathrm{T}}[(\alpha^2\boldsymbol{R}_1+\delta\boldsymbol{R}_2)]\boldsymbol{\Gamma}_r\}\psi(t)+\eta_1+\eta_2
$$

$$
\eta_1=-\alpha\int_{t-\alpha}^{t}\dot{\boldsymbol{x}}^{\mathrm{T}}(s)\boldsymbol{R}_1\dot{\boldsymbol{x}}(s)\mathrm{d}s
$$

$$
\eta_2=-\int_{t-\alpha}^{t-\beta}\dot{\boldsymbol{x}}^{\mathrm{T}}(s)\boldsymbol{R}_2\dot{\boldsymbol{x}}(s)\mathrm{d}s
$$

为了处理积分项 η_1 和 η_2，需要以下两个引理：

引理 4.1[12]：对于任意常数矩阵 $\boldsymbol{R}>0\in\mathbb{R}^{n\times n}$，标量 $\alpha>0$，以及向量函数 $\dot{\boldsymbol{x}}:[-\alpha,0]\to\mathbb{R}^n$，有以下不等式成立：

$$
\begin{aligned}
&-\alpha\int_{t-\alpha}^{t}\dot{\boldsymbol{x}}^{\mathrm{T}}(s)\boldsymbol{R}\dot{\boldsymbol{x}}(s)\mathrm{d}s\\
&\leqslant-[\boldsymbol{x}(t)-\boldsymbol{x}(t-\alpha)]^{\mathrm{T}}\boldsymbol{R}[\boldsymbol{x}(t)-\boldsymbol{x}(t-\alpha)]
\end{aligned} \tag{4-20}
$$

引理 4.2[13]：令 $\int_{t-\alpha(t)}^{t}\dot{\boldsymbol{x}}^{\mathrm{T}}(s)\mathrm{d}s=\boldsymbol{E}\boldsymbol{\phi}(t)$，其中 $\boldsymbol{E}\in\mathbb{R}^{n\times k}$，$\boldsymbol{\phi}(t)\in\mathbb{R}^k$，对于任意的常数矩阵 $\boldsymbol{R}>0\in\mathbb{R}^{n\times n}$，$\boldsymbol{Y}\in\mathbb{R}^{n\times k}$，时变函数 $\tau(t)$ 满足 $0<\tau(t)\leqslant\beta$，且向量函数 $\dot{\boldsymbol{x}}:[-\alpha,0]\to\mathbb{R}^n$，则有以下不等式成立：

$$
\begin{aligned}
&-\int_{t-\alpha(t)}^{t}\dot{\boldsymbol{x}}^{\mathrm{T}}(s)\boldsymbol{R}\dot{\boldsymbol{x}}(s)\mathrm{d}s\\
&\leqslant\boldsymbol{\phi}^{\mathrm{T}}(t)[\alpha(t)\boldsymbol{Y}^{\mathrm{T}}\boldsymbol{R}^{-1}\boldsymbol{Y}-\boldsymbol{E}^{\mathrm{T}}\boldsymbol{Y}-\boldsymbol{Y}^{\mathrm{T}}\boldsymbol{E}]\boldsymbol{\phi}(t)
\end{aligned} \tag{4-21}
$$

应用引理 4.1 可得

$$
\eta_1\leqslant\psi(t)^{\mathrm{T}}\boldsymbol{\ell}_{14}^{\mathrm{T}}\boldsymbol{R}_1\boldsymbol{\ell}_{14}\psi(t) \tag{4-22}
$$

注意到

$$\eta_2 = -\int_{t-\beta}^{t-\tau_k(t)} \dot{\boldsymbol{x}}^{\mathrm{T}}(s)\boldsymbol{R}_2\dot{\boldsymbol{x}}(s)\,\mathrm{d}s - \int_{t-\tau_k(t)}^{t-\alpha} \dot{\boldsymbol{x}}^{\mathrm{T}}(s)\boldsymbol{R}_2\dot{\boldsymbol{x}}(s)\,\mathrm{d}s \tag{4-23}$$

应用引理 4.2 可得

$$\begin{aligned}\eta_2 \leqslant \psi^{\mathrm{T}}(t)\{(\beta-\tau_\kappa(t))\boldsymbol{Y}_1^{\mathrm{T}}\boldsymbol{R}_2^{-1}\boldsymbol{Y}_1 - \boldsymbol{\ell}_{33}^{\mathrm{T}}\boldsymbol{Y}_1 - \\ \boldsymbol{Y}_1^{\mathrm{T}}\boldsymbol{\ell}_{35} + (\tau_\kappa(t)-\alpha)\boldsymbol{Y}_2^{\mathrm{T}}\boldsymbol{R}_2^{-1}\boldsymbol{Y}_2 - \boldsymbol{\ell}_{43}^{\mathrm{T}}\boldsymbol{Y}_2 - \boldsymbol{Y}_2^{\mathrm{T}}\boldsymbol{\ell}_{43}\}\psi(t)\end{aligned} \tag{4-24}$$

通过式(4-6)中给出的 Lipschitz 函数的性质，可以得到以下不等式：

$$\|\boldsymbol{W}(\boldsymbol{x}_i,t) - \boldsymbol{W}(\boldsymbol{x}_0,t)\| \leqslant \varrho\|\boldsymbol{x}_i(t) - \boldsymbol{x}_0(t)\| \tag{4-25}$$

其与下式等价

$$\boldsymbol{W}^{\mathrm{T}}(\boldsymbol{x},t)\boldsymbol{W}(\boldsymbol{x},t) \leqslant \varrho^2\boldsymbol{x}(t)^{\mathrm{T}}\boldsymbol{x}(t) \tag{4-26}$$

对于 $t\in[kh+\tau_k,(k+1)h+\tau_{k+1})$，在等式(4-19)和等式式(4-22)～式(4-26)两边取数学期望，可得

$$\mathbb{E}\{\Im V(t,\boldsymbol{x}_t,\dot{\boldsymbol{x}}_t)\} \leqslant \mathbb{E}\{\psi^{\mathrm{T}}(t)\boldsymbol{\Sigma}_r\psi(t)\} \tag{4-27}$$

其中，$\boldsymbol{\Sigma}_r = Y_r + \boldsymbol{\Gamma}_r^{\mathrm{T}}(\alpha^2\boldsymbol{R}_1 + \delta\boldsymbol{R}_2)\boldsymbol{\Gamma}_r + (\beta-\tau_k(t))\boldsymbol{Y}_1^{\mathrm{T}}\boldsymbol{R}_2^{-1}\boldsymbol{Y}_1 + (\alpha-\tau_k(t))\boldsymbol{Y}_2^{\mathrm{T}}\boldsymbol{R}_2^{-1}\boldsymbol{Y}_2$。这说明如果 $\boldsymbol{\Sigma}_r<0$，则存在一个足够小的常数 $c_1>0$，使得下式成立。

$$\mathbb{E}\{\Im V(t,\boldsymbol{x}_t,\dot{\boldsymbol{x}}_t)\} \leqslant -c_1\mathbb{E}\{\|\boldsymbol{x}(t)\|^2\} \tag{4-28}$$

则车队控制系统式(4-12)是均方稳定的。即，控制目标的满足条件式(4-14)。

在式(4-27)右边添加项 $-\boldsymbol{y}^{\mathrm{T}}(t)\boldsymbol{y}(t)+\gamma^2\boldsymbol{W}^{\mathrm{T}}(\boldsymbol{x},t)\boldsymbol{W}(\boldsymbol{x},t)$，如果下列线性矩阵不等式(LMI)满足

$$\boldsymbol{\Sigma}_r' = \boldsymbol{\Sigma}_r - \boldsymbol{\ell}_1^{\mathrm{T}}\boldsymbol{C}^{\mathrm{T}}\boldsymbol{C}\boldsymbol{\ell}_1 + \gamma^2\boldsymbol{\ell}_2^{\mathrm{T}}\boldsymbol{\ell}_2\psi(t)0 \leqslant 0 \tag{4-29}$$

则可得到

$$\mathbb{E}\{\Im V(t,\boldsymbol{x}_t,\dot{\boldsymbol{x}}_t) + \boldsymbol{y}^{\mathrm{T}}(t)\boldsymbol{y}(t) - \gamma^2\boldsymbol{W}^{\mathrm{T}}(\boldsymbol{x},t)\boldsymbol{W}(\boldsymbol{x},t)\} \leqslant 0 \tag{4-30}$$

在零初始条件下，将式(4-30)两边从 $t=0$ 到 $t=\infty$ 进行积分，可得

$$\int_0^\infty \mathbb{E}\{\|\boldsymbol{y}(t)\|\}\,\mathrm{d}t \leqslant \int_0^\infty \mathbb{E}\{\gamma^2\|\boldsymbol{W}(\boldsymbol{x},t)\|\}\,\mathrm{d}t \tag{4-31}$$

即控制目标中的条件式(4-15)成立。

为了说明均方指数的稳定性，定义一个新的函数 $\mathcal{V}=\mathrm{e}^{-\varepsilon t}V(t,\boldsymbol{x}_t,\dot{\boldsymbol{x}}_t)$，其中 $\varepsilon>0$ 是待确定的参数，同时可得

$$\Im\mathcal{V} = \mathrm{e}^{-\varepsilon t}[\varepsilon V(t,\boldsymbol{x}_t,\dot{\boldsymbol{x}}_t) + \Im V(t,\boldsymbol{x}_t,\dot{\boldsymbol{x}}_t)] \tag{4-32}$$

将式(4-32)两边从 0 到 $T>0$ 进行积分，并取期望值，可得

$$\begin{aligned}&\mathbb{E}\{\mathrm{e}^{-\varepsilon T}V(t,\boldsymbol{x}_t,\dot{\boldsymbol{x}}_t)\} - \mathbb{E}\{V(0,\boldsymbol{x}_0,\dot{\boldsymbol{x}}_0)\} \\ &= \int_0^T \varepsilon\mathrm{e}^{-\varepsilon t}\mathbb{E}\{V(t,\boldsymbol{x}_t,\dot{\boldsymbol{x}}_t)\}\,\mathrm{d}t + \int_0^T \mathrm{e}^{-\varepsilon t}\mathbb{E}\{V(t,\boldsymbol{x}_t,\dot{\boldsymbol{x}}_t)\}\,\mathrm{d}t\end{aligned} \tag{4-33}$$

通过应用参考文献[14]相同的方法，易知，存在标量 $\rho>0$，使得对于 $T\geqslant 0$，有

$$\mathbb{E}\{V(T,\boldsymbol{x}_T,\dot{\boldsymbol{x}}_T)\} \leqslant \rho\mathrm{e}^{-\varepsilon T}\mathbb{E}\{\|\boldsymbol{\phi}(t_0)\|^2\} \tag{4-34}$$

由于 $V(T,\boldsymbol{x}_T,\dot{\boldsymbol{x}}_T) \geqslant \kappa\boldsymbol{x}^{\mathrm{T}}(T)\boldsymbol{x}(T)$，其中 $\kappa=\min_{r=1,2,\cdots,q}\{\lambda_{\min}(\boldsymbol{P}_r)\}$

$$\mathbb{E}\{\|\boldsymbol{x}(T)\|^2\} \leqslant \frac{\rho}{\kappa}\mathrm{e}^{-\varepsilon T}\mathbb{E}\{\|\boldsymbol{\phi}(\theta)\|^2\} \tag{4-35}$$

易知，队列控制系统式(4-12)是均方指数稳定的。注意到 $\boldsymbol{\Sigma}_r$ 是 $\boldsymbol{Y}_1^{\mathrm{T}}\boldsymbol{R}_2^{-1}\boldsymbol{Y}_1$ 和 $\boldsymbol{Y}_2^{\mathrm{T}}\boldsymbol{R}_2^{-1}\boldsymbol{Y}_2$ 在 $\tau_k(t)\in[\alpha,\beta]$。因此，若 $\boldsymbol{\Sigma}_r'\leqslant 0$，则需要以下不等式成立：

$$\Upsilon_r+\boldsymbol{\Gamma}_t^{\mathrm{T}}(\alpha^2\boldsymbol{R}_1+\delta\boldsymbol{R}_2)\boldsymbol{\Gamma}_r+\delta\boldsymbol{Y}_m^{\mathrm{T}}\boldsymbol{R}_2^{-1}\boldsymbol{Y}_m+\gamma^2\boldsymbol{\ell}_2^{\mathrm{T}}\boldsymbol{\ell}_2\leqslant 0 \tag{4-36}$$

其中，$r=1,2,\cdots,q$；$m=1,2$。将 Schur 补定理应用于等式(4-36)，可得不等式(4-17)以保证 $\boldsymbol{\Sigma}_r'\leqslant 0$。

定理 4.1 中考虑的是马尔可夫过程具有完全已知的转移率的情况。然而在实际中，转移率是未知的。对于这种情况，将给出可行的解决方案。

本节将上述结果扩展到部分转移率未知的马尔可夫切换拓扑情况，例如：

$$\begin{bmatrix} \pi_{11} & ? & \pi_{13} & \cdots & ? \\ \pi_{21} & ? & ? & \cdots & \pi_{2q} \\ \vdots & \vdots & \vdots & \ddots & \vdots \\ ? & \pi_{q2} & ? & \cdots & \pi_{qq} \end{bmatrix} \tag{4-37}$$

其中“?”表示未知的转移速率，为了使符号更加清晰，对于 $\forall r\in\mathcal{S}$，定义符号 $\boldsymbol{\Pi}^r$ 表示

$$\boldsymbol{\Pi}^r=\boldsymbol{\Pi}_k^r\cup\boldsymbol{\Pi}_{uk}^r$$

$\boldsymbol{\Pi}_k^r=\{s:\pi_{rs}$对于 $s\in\mathcal{S}$，π_{rs}是已知的$\}$ $\boldsymbol{\Pi}_{uk}^r=\{s:\pi_{rs}$对于 $s\in\mathcal{S},\pi_{rs}$是未知的$\}$

此外，如果 $\boldsymbol{\Pi}_k^r\neq\varnothing$，它可以被进一步描述为

$$\boldsymbol{\Pi}_k^r=\{k_1^r,k_2^r,\cdots,k_m^r\} \tag{4-38}$$

其中，m 为非负整数，$1\leqslant m\leqslant q$；$k_r^s\in Z^+$，$1\leqslant k_r^s\leqslant q$，$s=1,2,\cdots,m$ 表示转移率矩阵 π 的第 $\boldsymbol{r}$ 行中集合 $\boldsymbol{\Pi}_k^r$ 的第 s 个已知元素。

下面给出基于转移率不完全已知的马尔可夫切换的时延队列控制系统式(4-12)的稳定性条件：

定理 4.2：考虑基于 VANET 的车辆队列受到马尔可夫随机切换拓扑、通信延迟和外部干扰的影响，其中马尔可夫随机过程的转移率是部分已知的。假设 4.1 成立，对于给定的标量 $\beta>\alpha>0$，$\varrho>0$，$\gamma>0$，如果存在实对称正定矩阵 $\boldsymbol{P}_r\in\mathbb{R}^{3N\times 3N}(r=1,2,\cdots,q)$，$\boldsymbol{Q}_1\in\mathbb{R}^{3N\times 3N}$，$\boldsymbol{Q}_2\in\mathbb{R}^{3N\times 3N}$，$\boldsymbol{R}_1\in\mathbb{R}^{3N\times 3N}$，$\boldsymbol{R}_2\in\mathbb{R}^{3N\times 3N}$，$\boldsymbol{Z}_r\in\mathbb{R}^{3N\times 3N}$，以及存在适当维数矩阵 $\boldsymbol{Y}_m\in\mathbb{R}^{3N\times 3N}(m=1,2)$，满足下列矩阵不等式

$$\hat{\boldsymbol{\Omega}}_{rm}=\begin{bmatrix} \hat{\Upsilon}_r & \boldsymbol{\Gamma}_r^{\mathrm{T}}(\alpha^2\boldsymbol{R}_1+\delta\boldsymbol{R}_2) & \delta\boldsymbol{Y}_m^{\mathrm{T}} & \boldsymbol{\ell}_2^{\mathrm{T}} \\ * & -(\alpha^2\boldsymbol{R}_1+\delta\boldsymbol{R}_2) & 0 & 0 \\ * & * & -\delta\boldsymbol{R}_2 & 0 \\ * & * & * & -\gamma^{-2}\boldsymbol{I}_{3N} \end{bmatrix}<0 \tag{4-39}$$

$$\boldsymbol{P}_s-\boldsymbol{Z}_r\leqslant 0,\ \boldsymbol{P}_s-\boldsymbol{Z}_r\leqslant 0,\ r\in\Pi_{uk}^r,\ s\neq r \tag{4-40}$$

$$\boldsymbol{P}_s-\boldsymbol{Z}_r\leqslant 0,\ r\in\Pi_{ik}^r,\ s=r \tag{4-41}$$

则车队控制系统式(4-12)是均方指数稳定的。其中，

$$\hat{Y}_r=\overline{Y}_r+\ell_1^{\mathrm{T}}\sum_{s\in\Pi_k^r}\pi_{rs}(\boldsymbol{P}_s-\boldsymbol{Z}_r)\ell_1$$

$$\overline{Y}_r=\ell_1^{\mathrm{T}}[\boldsymbol{Q}_1+\varrho^2\boldsymbol{I}_{3N}-\boldsymbol{C}^{\mathrm{T}}\boldsymbol{C}]\ell_1+\ell_1^{\mathrm{T}}\boldsymbol{P}_r\boldsymbol{\Gamma}_r+\boldsymbol{\Gamma}_r\boldsymbol{P}_r\ell_1+\gamma^2-\ell_2^{\mathrm{T}}\ell_2+\ell_4^{\mathrm{T}}(\boldsymbol{Q}_2-\boldsymbol{Q}_1)\ell_4-\ell_5^{\mathrm{T}}\boldsymbol{Q}_2\ell_5-\ell_{14}^{\mathrm{T}}\boldsymbol{R}_1\ell_{14}-\ell_{35}^{\mathrm{T}}\boldsymbol{Y}_1-\boldsymbol{Y}_1^{\mathrm{T}}\ell_{35}-\ell_{43}^{\mathrm{T}}\boldsymbol{Y}_2-\boldsymbol{Y}_2^{\mathrm{T}}\ell_{43}$$

$$\boldsymbol{\Gamma}_r=(\boldsymbol{I}_N\otimes\boldsymbol{A})\ell_1+\ell_2-(\boldsymbol{H}_r\otimes\boldsymbol{BK})\ell_3$$

此外，在零初始条件下，跟踪误差能够满足给定的扰动抑制指标。

证明：考虑到状态转移概率无法完全获得的情况，由于$\sum_{s=1}^{q}\pi_{rs}=0$，以下零方程适用于任意矩阵$\boldsymbol{Z}_r=\boldsymbol{Z}_r^{\mathrm{T}}$。

$$-\boldsymbol{\psi}^{\mathrm{T}}(t)\ell_1^{\mathrm{T}}\sum_{s=1}^{q}\pi_{rs}\boldsymbol{Z}_r\ell_1\boldsymbol{\psi}(t)=0 \tag{4-42}$$

选择与式(4-16)中定义的相同的李亚普诺夫泛函，并将等式(4-42)的左侧部分，添加到式(4-27)中的$V(t,\boldsymbol{x}_t,\dot{\boldsymbol{x}}_t)$涉及的弱无穷小算子$\Im$中去，可得

$$\mathbb{E}\{\Im V(t,\boldsymbol{x}_t,\dot{\boldsymbol{x}}_t)\}\leqslant\mathbb{E}\left\{\psi^{\mathrm{T}}(t)\left(\boldsymbol{\Sigma}_r+\ell_1^{\mathrm{T}}\sum_{s=1}^{q}\pi_{rs}\boldsymbol{Z}_r\ell_1\right)\psi(t)\right\} \tag{4-43}$$

根据下式

$$\sum_{s=1}^{q}\pi_{rs}(\boldsymbol{P}_s-\boldsymbol{Z}_r)=\sum_{s\in\Pi_k^r}\pi_{rs}(\boldsymbol{P}_s-\boldsymbol{Z}_r)+\sum_{s\in\Pi_{uk}^r}\pi_{rs}(\boldsymbol{P}_s-\boldsymbol{Z}_r)$$

然后式(4-43)可以被重新写为

$$\mathbb{E}\{\Im V(t,\boldsymbol{x}_t,\dot{\boldsymbol{x}}_t)\}\leqslant\mathbb{E}\left\{\psi^{\mathrm{T}}(t)\left[\tilde{\boldsymbol{\Sigma}}_r+\ell_1^{\mathrm{T}}\sum_{s\in {}_{uk}^{r}}\pi_{rs}(\boldsymbol{P}_s-\boldsymbol{Z}_r)\ell_1\right]\psi(t)\right\} \tag{4-44}$$

其中，

$$\hat{\boldsymbol{\Sigma}}_r=\overline{\boldsymbol{\Sigma}}_r+\ell_1^{\mathrm{T}}\sum_{s\in\Pi_k^r}\pi_{rs}(\boldsymbol{P}_s-\boldsymbol{Z}_r)\ell_1$$

$$\tilde{\boldsymbol{\Sigma}}_r=\overline{Y}_r+\boldsymbol{\Gamma}_r^{\mathrm{T}}(\alpha^2\boldsymbol{R}_1+\delta\boldsymbol{R}_2)\boldsymbol{\Gamma}_r+(\beta-\tau_k(t))\boldsymbol{Y}_1^{\mathrm{T}}\boldsymbol{R}_2^{-1}\boldsymbol{Y}_1+(\alpha-\tau_k(t))\boldsymbol{Y}_2^{\mathrm{T}}\boldsymbol{R}_2^{-1}\boldsymbol{Y}_2$$

对于所有的$r\neq s$，有$\pi_{rr}=-\sum_{s=1,\ s\neq r}^{m}\pi_{rs}$且$\pi_{rs}\geqslant 0$成立，即对于所有的$r\in S$，有$\pi_{rr}<0$成立。因此，如果$r\in\Pi_k^r$，矩阵不等式(4-40)成立，且$\hat{\Sigma}_r\leqslant 0$意味着存在足够小的常数$c_1>0$，使得不等式(4-28)成立，则车队控制系统式(4-12)是均方指数稳定的。另一方面，如果$r\in\Pi_{uk}^r$，则矩阵不等式(4-40)和式(4-41)以及$\hat{\Sigma}_r\leqslant 0$成立。同样意味着存在足够小的常数$c_1>0$，使得不等式(4-28)也成立。

注意到$\hat{\boldsymbol{\Sigma}}_r\leqslant 0$同样是$\boldsymbol{Y}_1^{\mathrm{T}}\boldsymbol{R}_2^{-1}\boldsymbol{Y}_1$和$\boldsymbol{Y}_2^{\mathrm{T}}\boldsymbol{R}_2^{-1}\boldsymbol{Y}_2$在$\tau_k(t)\in[\alpha,\beta]$上一个凸组合。因

此，如果 $\hat{\boldsymbol{\Sigma}}_r \leqslant 0$，则下列 LMI 成立：

$$\widetilde{\Upsilon}_r+\boldsymbol{\Gamma}_r^{\mathrm{T}}(\alpha^2\boldsymbol{R}_1+\delta\boldsymbol{R}_2)\boldsymbol{\Gamma}_r+\delta\boldsymbol{Y}_m^{\mathrm{T}}\boldsymbol{R}_2^{-1}\boldsymbol{Y}_m+\gamma^2\boldsymbol{\ell}_2^{\mathrm{T}}\boldsymbol{\ell}_2+\boldsymbol{\ell}_1^{\mathrm{T}}\sum_{s\in \Pi_k^r}\boldsymbol{\pi}_{rs}(\boldsymbol{P}_s-\boldsymbol{Z}_r)\boldsymbol{\ell}_1\leqslant 0 \tag{4-45}$$

对于 $r=1,2,\cdots,q$ 且 $m=1,2$，对于矩阵不等式(4-39)应用 Schur 补定理，可得不等式(4-45)。利用与定理 4.1 的相同的证明过程，易知车辆队列系统是均方指数稳定的，并且满足给定的扰动抑制指标 γ。证明完毕。

注 4.1：已有的车辆队列控制的研究，忽略了通信延时或切换拓扑的影响。虽然参考文献[3]和[4]给出了针对无向固定拓扑的队列控制器设计的充分和必要条件。但是研究结果不能扩展到本章所研究的情况，因为通信延迟和外部干扰的影响是在有向的切换通信拓扑下讨论的。定理 4.1 和定理 4.2 的结果为车队控制器的设计提供了充分条件。定理 4.1 和定理 4.2 的可行性，可通过集中求解 LMI 式(4-17)和式(4-39)得到验证。因此，LMI 式(4-17)和式(4-39)的维数取决于队列中的车辆数量 N。对于较大的 N，造成处理变增益的控制器涉及的计算成本增高。然而，相关计算可利用计算机进行离线计算。

注 4.2：定理 4.1 和定理 4.2 建立了队列控制系统的通信拓扑、采样周期、通信延迟和控制器增益之间的关系。例如，给定一组通信拓扑 $\boldsymbol{H}_r$、采样周期 h 和控制器增益 $\boldsymbol{K}$，可以使用定理 4.1 通过分别求解定理 4.1 和定理 4.2 中的一组 LMI 来获得允许的最大传输延迟 $\tau_k(t)$。

4.4　车队控制器设计

基于定理 4.1 和定理 4.2 中的稳定性判据，分别给出具有固定增益和可变增益的控制器存在的充分条件。

不考虑切换拓扑和通信延迟的影响，等式(4-12)可以改写为

$$\dot{\boldsymbol{x}}(t)=(\boldsymbol{I}_N\otimes\boldsymbol{A})\boldsymbol{x}(t)-\boldsymbol{H}_r\otimes\boldsymbol{BKx}(t) \tag{4-46}$$

对于车队控制系统式(4-46)，下述引理提供了一种设计稳定控制器的方法。

引理 4.3[9]：令 λ_{ri}，$i=1,2,\cdots,l$ 作为 $\boldsymbol{H}_r$ 的实特征值，λ_{ri}^*，$i=(l+1),(l+2),\cdots,(l+m)$ 是包含重数的共轭特征值。对于匀质车辆队列式(4-46)，如果存在正标量 υ 和对称矩阵 $\boldsymbol{Q}>0$，使得

$$\boldsymbol{AQ}+\boldsymbol{QA}^{\mathrm{T}}-\upsilon\boldsymbol{B}_1\boldsymbol{B}_1^{\mathrm{T}}<0 \tag{4-47}$$

$$\upsilon\leqslant\min_{1\leqslant r\leqslant q}\left(\frac{\lambda_{ri}(\boldsymbol{H}_r)+\lambda_{ri}^*(\boldsymbol{H}_r)}{2}\right) \tag{4-48}$$

那么能够保证车队控制系统式(4-46)的稳定性的、可行的控制器增益 $\boldsymbol{K}$ 为

$$\boldsymbol{K}=\frac{1}{2}\boldsymbol{B}_1^{\mathrm{T}}\boldsymbol{Q} \tag{4-49}$$

将式(4-49)与定理 4.1 和定理 4.2 相结合，可以很容易分别获得具有完全已知

以及部分已知转移率的车队控制系统式(4-12)，相对应的控制器增益。

针对切换拓扑和较大传输延迟的情况，固定控制器增益不会总能保证理想的车队控制性能。为此，考虑如下的变增益控制器：

$$u(t)=\boldsymbol{H}_{\sigma(kh)}\otimes\boldsymbol{K}_{\sigma(kh)}\boldsymbol{x}[t-\tau_k(t)],t\in[kh+\tau_k,(k+1)h+\tau_{k+1})$$

在本小节中，给出依赖于通信拓扑的车队控制器的可变增益 $\boldsymbol{K}_r$ 的设计结果。

1）具有完全已知转换速率的反馈增益求解方案：

定理 4.3：考虑在马尔可夫切换拓扑、通信延迟和外部干扰的情况下的车辆队列控制，其中马尔可夫链的转移率是完全已知的。根据假设 4.1，对于给定的标量 $\beta>\alpha>0$，$\mu>0$，$\gamma>0$，且$\varrho>0$，如果存在实对称正定矩阵 $\widetilde{\boldsymbol{P}}_r\in\mathbb{R}^{3\times3}(r=1,2,\cdots,q)$，$\widetilde{\boldsymbol{Q}}_{1r}\in\mathbb{R}^{3N\times3N}$，$\widetilde{\boldsymbol{Q}}_{2r}\in\mathbb{R}^{3N\times3N}$，$\widetilde{\boldsymbol{R}}_{1r}\in\mathbb{R}^{3N\times3N}$，$\widetilde{\boldsymbol{R}}_{2r}\in\mathbb{R}^{3N\times3N}$和适当维数矩阵 $\widetilde{\boldsymbol{K}}_r\in\mathbb{R}^{1\times3}$，$\widetilde{\boldsymbol{Y}}_m\in\mathbb{R}^{3N\times15N}(m=1,2)$满足矩阵不等式(4-50)。则在零初始条件下，车队控制系统式(4-12)是均方指数稳定的，并且满足给定的干扰抑制指标。

$$\widetilde{\boldsymbol{\Omega}}_{rm}=\begin{bmatrix}\widetilde{\boldsymbol{Y}}_r & \widetilde{\boldsymbol{\Gamma}}_r^{\mathrm{T}} & \widetilde{\boldsymbol{\Xi}}_{2r}^{\mathrm{T}} & \widetilde{\boldsymbol{\Xi}}_{3r}^{\mathrm{T}} & \delta\boldsymbol{Y}_{rm}^{\mathrm{T}} & \boldsymbol{\ell}_2^{\mathrm{T}}\\ * & \widetilde{\boldsymbol{\Xi}}_{1r} & 0 & 0 & 0 & 0\\ * & * & -\widetilde{\boldsymbol{\Lambda}}_r & 0 & 0 & 0\\ * & * & * & -\boldsymbol{I}_{3N} & 0 & 0\\ * & * & * & 0 & -\sigma\widetilde{\boldsymbol{R}}_{2r} & 0\\ * & * & * & * & * & -\gamma^{-2}\boldsymbol{I}_{3N}\end{bmatrix}<0 \tag{4-50}$$

$r=1,2,\cdots,q$；$m=1,2$；$\delta=\beta-\alpha$；

$$\widetilde{\boldsymbol{Y}}_r=\boldsymbol{\ell}_1^{\mathrm{T}}[\widetilde{\boldsymbol{Q}}_{1r}+\varrho^2\boldsymbol{I}_{3N}+\boldsymbol{C}^{\mathrm{T}}\boldsymbol{C}]\boldsymbol{\ell}_1+\boldsymbol{\ell}_1^{\mathrm{T}}\widetilde{\boldsymbol{\Gamma}}_r+\widetilde{\boldsymbol{\Gamma}}_r\boldsymbol{\ell}_1+(\gamma^2-1)\boldsymbol{\ell}_2^{\mathrm{T}}\boldsymbol{\ell}_2+\boldsymbol{\ell}_4^{\mathrm{T}}(\widetilde{\boldsymbol{Q}}_{2r}-\widetilde{\boldsymbol{Q}}_{1r})\boldsymbol{\ell}_4-$$
$$\boldsymbol{\ell}_5^{\mathrm{T}}\widetilde{\boldsymbol{Q}}_{2r}\boldsymbol{\ell}_5-\boldsymbol{\ell}_{14}^{\mathrm{T}}\widetilde{\boldsymbol{R}}_{1r}\boldsymbol{\ell}_{14}-\boldsymbol{\ell}_{35}^{\mathrm{T}}\boldsymbol{Y}_{1r}-\widetilde{\boldsymbol{Y}}_{1r}^{\mathrm{T}}\boldsymbol{\ell}_{35}-\boldsymbol{\ell}_{43}^{\mathrm{T}}\widetilde{\boldsymbol{Y}}_{2r}-\widetilde{\boldsymbol{Y}}_{2r}^{\mathrm{T}}\boldsymbol{\ell}_{43}$$

$$\widetilde{\boldsymbol{\Gamma}}_r=(\boldsymbol{I}_N\otimes\boldsymbol{A}\widetilde{\boldsymbol{P}}_r)\boldsymbol{\ell}_1+(\boldsymbol{I}_N\otimes\widetilde{\boldsymbol{P}}_r)\boldsymbol{\ell}_2-(\boldsymbol{H}_r\otimes\boldsymbol{B}\widetilde{\boldsymbol{K}}_r\boldsymbol{\ell}_3)$$

$$\widetilde{\boldsymbol{\Xi}}_{1r}=\mu^2(\alpha^2\widetilde{\boldsymbol{R}}_{r1}+\delta\widetilde{\boldsymbol{R}}_{2r})-2\mu\boldsymbol{I}_N\otimes\widetilde{\boldsymbol{P}}r$$

$$\widetilde{\boldsymbol{\Xi}}_{2r}=[\sqrt{\pi_{r1}}(\boldsymbol{I}_N\otimes\widetilde{\boldsymbol{P}}r),\cdots,\sqrt{\pi_{rr-1}}(\boldsymbol{I}_N\otimes\widetilde{\boldsymbol{P}}r),\sqrt{\pi_{rr+1}}(\boldsymbol{I}_N\otimes\widetilde{\boldsymbol{P}}r),\cdots,$$
$$\sqrt{\pi_{rq}}(\boldsymbol{I}_N\otimes\widetilde{\boldsymbol{P}}r)]^{\mathrm{T}}\boldsymbol{\ell}_1$$

$$\widetilde{\boldsymbol{\Xi}}_{3r}=\varrho(\boldsymbol{I}_N\otimes\widetilde{\boldsymbol{P}}_r)$$

$$\widetilde{\boldsymbol{\Lambda}}_r=\mathrm{diag}\{\boldsymbol{I}_N\otimes\widetilde{\boldsymbol{P}}_1,\cdots,\boldsymbol{I}_N\otimes\widetilde{\boldsymbol{P}}_{N-1},\cdots,\boldsymbol{I}_N\otimes\widetilde{\boldsymbol{P}}_q\}$$

此外，控制器增益可由下式求解

$$\boldsymbol{K}_r=\widetilde{\boldsymbol{K}}_r\widetilde{\boldsymbol{P}}_r^{-1} \tag{4-51}$$

证明：令 $\boldsymbol{P}_r=\boldsymbol{I}_N\otimes\boldsymbol{U}_r$ 作为定理 4.1 中式(4-17)的条件，并且定义$\widetilde{\boldsymbol{P}}_r=\boldsymbol{U}_r^{-1}$，$\widetilde{\boldsymbol{Q}}_{1r}=\boldsymbol{P}_r^{-1}\boldsymbol{Q}_1\boldsymbol{P}_r^{-1}$，$\widetilde{\boldsymbol{Q}}_{2r}=\boldsymbol{P}_r^{-1}\boldsymbol{Q}_2\boldsymbol{P}_r^{-1}$，$\widetilde{\boldsymbol{R}}_{1r}=\boldsymbol{P}_r^{-1}\boldsymbol{R}_1\boldsymbol{P}_r^{-1}$，$\widetilde{\boldsymbol{R}}_{2r}=\boldsymbol{P}_r^{-1}\boldsymbol{R}_2\boldsymbol{P}_r^{-1}$，$\boldsymbol{J}_r=\mathrm{diag}\{\boldsymbol{P}_r^{-1},\boldsymbol{P}_r^{-1},\boldsymbol{P}_r^{-1},\boldsymbol{P}_r^{-1},\boldsymbol{P}_r^{-1}\}$，$\widetilde{\boldsymbol{Y}}_{mr}=\boldsymbol{J}_r\boldsymbol{Y}_{mr}\boldsymbol{J}_r(m=1,2)$，$\widetilde{\boldsymbol{K}}_r=\boldsymbol{K}_r\boldsymbol{U}_r^{-1}$。将式(4-17)的两边分别前乘和

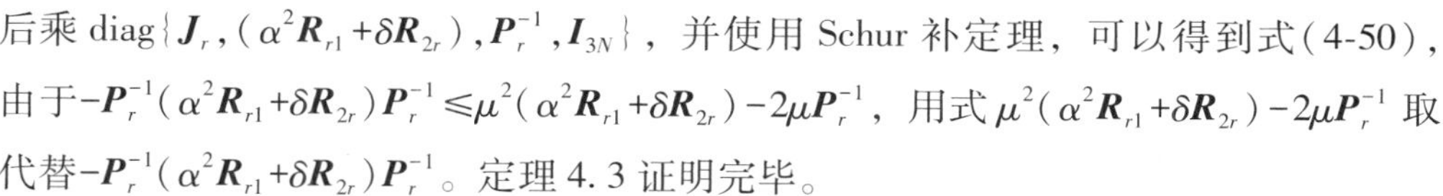

后乘 $\mathrm{diag}\{\boldsymbol{J}_r,(\alpha^2\boldsymbol{R}_{r1}+\delta\boldsymbol{R}_{2r}),\boldsymbol{P}_r^{-1},\boldsymbol{I}_{3N}\}$，并使用 Schur 补定理，可以得到式(4-50)，由于$-\boldsymbol{P}_r^{-1}(\alpha^2\boldsymbol{R}_{r1}+\delta\boldsymbol{R}_{2r})\boldsymbol{P}_r^{-1}\leqslant\mu^2(\alpha^2\boldsymbol{R}_{r1}+\delta\boldsymbol{R}_{2r})-2\mu\boldsymbol{P}_r^{-1}$，用式 $\mu^2(\alpha^2\boldsymbol{R}_{r1}+\delta\boldsymbol{R}_{2r})-2\mu\boldsymbol{P}_r^{-1}$ 取代替$-\boldsymbol{P}_r^{-1}(\alpha^2\boldsymbol{R}_{r1}+\delta\boldsymbol{R}_{2r})\boldsymbol{P}_r^{-1}$。定理 4.3 证明完毕。

2）转移率部分已知的反馈增益求解。

定理 4.4： 考虑队列控制受马尔可夫切换拓扑、通信延迟和外部干扰的影响，其中马尔可夫链的转移率是部分已知的。根据假设 4.1，对于给定的标量 $\beta>\alpha>0$，$\mu>0$，$\gamma>0$，$\varrho>0$，如果存在实对称正定矩阵 $\widetilde{\boldsymbol{P}}_r\in\mathbb{R}^{3\times3}(r=1,2,\cdots,q)$，$\widetilde{\boldsymbol{Q}}_{1r}\in\mathbb{R}^{3N\times3N}$，$\widetilde{\boldsymbol{Q}}_{2r}\in\mathbb{R}^{3N\times3N}$，$\widetilde{\boldsymbol{R}}_{1r}\in\mathbb{R}^{3N\times3N}$，$\widetilde{\boldsymbol{R}}_{2r}\in\mathbb{R}^{3N\times3N}$，$\widetilde{\boldsymbol{Z}}_r\in\mathbb{R}^{3\times3}$以及适当维数矩阵 $\widetilde{\boldsymbol{Y}}_m\in\mathbb{R}^{3N\times15N}(m=1,2)$和 $\widetilde{\boldsymbol{K}}_r\in\mathbb{R}^{1\times3}$使得式(4-52)~式(4-55)成立。则在零初始条件下，车队控制系统式(4-12)是均方指数稳定的并且满足给定的干扰抑制指标。

$$\begin{bmatrix}\widetilde{\boldsymbol{Y}}_r^1 & \widetilde{\boldsymbol{\Gamma}}_r^{\mathrm T} & (\widetilde{\boldsymbol{\Xi}}_{2r}^1)^{\mathrm T} & \widetilde{\boldsymbol{\Xi}}_{3r}^{\mathrm T} & \delta\boldsymbol{Y}_{rm}^{\mathrm T} & \boldsymbol{\ell}_2^{\mathrm T}\\ * & \widetilde{\boldsymbol{\Xi}}_{1r} & 0 & 0 & 0 & 0\\ * & * & -(\widetilde{\boldsymbol{\Lambda}}_r^1)^{\mathrm T} & 0 & 0 & 0\\ * & * & * & -\boldsymbol{I}_{3N} & 0 & 0\\ * & * & * & 0 & -\sigma\widetilde{\boldsymbol{R}}_{2r} & 0\\ * & * & * & * & * & -\gamma^{-2}\boldsymbol{I}_{3N}\end{bmatrix}<0,\ r\in\Pi_k^r \tag{4-52}$$

$$\begin{bmatrix}\widetilde{\boldsymbol{Y}}_r^2 & \widetilde{\boldsymbol{\Gamma}}_r^{\mathrm T} & (\widetilde{\boldsymbol{\Xi}}_{2r}^2)^{\mathrm T} & \widetilde{\boldsymbol{\Xi}}_{3r}^{\mathrm T} & \delta\boldsymbol{Y}_{rm}^{\mathrm T} & \boldsymbol{\ell}_2^{\mathrm T}\\ * & \widetilde{\boldsymbol{\Xi}}_{1r} & 0 & 0 & 0 & 0\\ * & * & -(\widetilde{\boldsymbol{\Lambda}}_r^2)^{\mathrm T} & 0 & 0 & 0\\ * & * & * & -\boldsymbol{I}_{3N} & 0 & 0\\ * & * & * & 0 & -\sigma\widetilde{\boldsymbol{R}}_{2r} & 0\\ * & * & * & * & * & -\gamma^{-2}\boldsymbol{I}_{3N}\end{bmatrix}<0,\ r\in\Pi_{uk}^r \tag{4-53}$$

$$\begin{bmatrix}-\widetilde{\boldsymbol{Z}}_r & \widetilde{\boldsymbol{P}}_r\\ * & \widetilde{\boldsymbol{P}}_s\end{bmatrix}<0,\ r\in\Pi_{uk}^r,\ s\neq r \tag{4-54}$$

$$\widetilde{\boldsymbol{P}}_s-\widetilde{\boldsymbol{Z}}_r\geqslant0,\ r\in\Pi_{uk}^r,\ s=r \tag{4-55}$$

其中，Π_{uk}^r为式(4-38)中 $k_1^r,k_2^r,\cdots,k_m^r$，并且 $k_m^r=r$，$r=1,2,\cdots,q$ 且 $m=1,2$。

$$\widetilde{Y}_r^1=\widetilde{Y}_r+\pi_{rr}\boldsymbol{\ell}_1^{\mathrm T}(I_N\otimes\widetilde{\boldsymbol{P}}_r)\boldsymbol{\ell}_1-\sum_{s\in\Pi_k^r}\pi_{rs}\boldsymbol{\ell}_1^{\mathrm T}(I_N\otimes\widetilde{Z}_r)\boldsymbol{\ell}_1$$

$$\widetilde{\Upsilon}_r^2=\widetilde{\Upsilon}_r-\sum_{s\in\Pi_k^r}\pi_{rs}\ell_1^{\mathrm{T}}(\boldsymbol{I}_N\otimes\widetilde{\boldsymbol{Z}}_r)\ell_1$$

$$\widetilde{\Xi}_{2r}^1=[\sqrt{\pi_{rk_1^r}}(\boldsymbol{I}_N\otimes\widetilde{\boldsymbol{P}}r),\sqrt{\pi_{rk_2^r}}(\boldsymbol{I}_N\otimes\widetilde{\boldsymbol{P}}r),\cdots,\sqrt{\pi_{rk_{l-1}^r}}(\boldsymbol{I}_N\otimes\widetilde{\boldsymbol{P}}r),$$
$$\sqrt{\pi_{rk_{l+1}^r}}(\boldsymbol{I}_N\otimes\widetilde{\boldsymbol{P}}r),\cdots,\sqrt{\pi_{rk_m^r}}(\boldsymbol{I}_N\otimes\widetilde{\boldsymbol{P}}r)]\ell_1$$

$$\widetilde{\Xi}_{2r}^2=[\sqrt{\pi_{rk_1^r}}(\boldsymbol{I}_N\otimes\widetilde{\boldsymbol{P}}r),\sqrt{\pi_{rk_2^r}}(\boldsymbol{I}_N\otimes\widetilde{\boldsymbol{P}}r),\cdots,\sqrt{\pi_{rk_m^r}}(\boldsymbol{I}_N\otimes\widetilde{\boldsymbol{P}}r)]\ell_1$$

$$\widetilde{\boldsymbol{\Lambda}}_r^1=\mathrm{diag}\{\boldsymbol{I}_N\otimes\widetilde{\boldsymbol{P}}_{k_1^r},\boldsymbol{I}_N\otimes\widetilde{\boldsymbol{P}}_{k_2^r},\cdots,\boldsymbol{I}_N\otimes\widetilde{\boldsymbol{P}}_{k_{l-1}^r},\boldsymbol{I}_N\otimes\widetilde{\boldsymbol{P}}_{k_{l+1}^r},\cdots,\boldsymbol{I}_N\otimes\widetilde{\boldsymbol{P}}_{k_m^r}\}$$

$$\widetilde{\boldsymbol{\Lambda}}_r^2=\mathrm{diag}\{\boldsymbol{I}_N\otimes\widetilde{\boldsymbol{P}}_{k_1^r},\boldsymbol{I}_N\otimes\widetilde{\boldsymbol{P}}_{k_2^r},\cdots,\boldsymbol{I}_N\otimes\widetilde{\boldsymbol{P}}_{k_m^r}\}$$

此外，控制器增益可由下式给出

$$\boldsymbol{K}_r=\widetilde{\boldsymbol{K}}_r\widetilde{\boldsymbol{P}}_r^{-1} \tag{4-56}$$

证明：矩阵变量 $\boldsymbol{P}_r$，$\widetilde{\boldsymbol{P}}_r$，$\widetilde{\boldsymbol{Q}}_{r1}$，$\widetilde{\boldsymbol{Q}}_{r2}$，$\widetilde{\boldsymbol{R}}_{r1}$，$\widetilde{\boldsymbol{R}}_{r2}$，$\widetilde{\boldsymbol{Y}}_{m*}$ 和 $\widetilde{\boldsymbol{K}}_r$ 的形式与定理 4.1 和 4.3 的证明相同。令 $\boldsymbol{I}_N\otimes\widetilde{\boldsymbol{Z}}_r=\boldsymbol{P}_r^{-1}\boldsymbol{Z}_r\boldsymbol{P}_r^{-1}$，将式(4-39)两边前乘和后乘 $\mathrm{diag}\{\boldsymbol{J}_r,(\alpha^2\boldsymbol{R}_{r1}+\delta\boldsymbol{R}_{2r}),\boldsymbol{P}_r^{-1},\boldsymbol{I}_{3N}\}$，并且利用 Schur 补定理，可得

$$\begin{aligned}&\widetilde{\boldsymbol{Y}}_r+\widetilde{\boldsymbol{\Gamma}}_r^{\mathrm{T}}(\alpha^2\widetilde{\boldsymbol{R}}_{1r}+\delta\widetilde{\boldsymbol{R}}_{2r})\widetilde{\boldsymbol{\Gamma}}_r+\delta\widetilde{\boldsymbol{Y}}_m^{\mathrm{T}}\widetilde{\boldsymbol{R}}_{2r}^{-1}\widetilde{\boldsymbol{Y}}_m+\gamma^2\ell_2^{\mathrm{T}}\ell_2-\\&\sum_{s\in\Pi_k^r}\pi_{rs}\ell_1^{\mathrm{T}}(\boldsymbol{I}_N\otimes\widetilde{\boldsymbol{Z}}_r)\ell_1+\sum_{s\in\Pi_k^r}\pi_{rs}\ell_1^{\mathrm{T}}(\boldsymbol{I}_N\otimes\widetilde{\boldsymbol{P}}_r\widetilde{\boldsymbol{P}}_s^{-1}\widetilde{\boldsymbol{P}}_r)\ell_1\leqslant 0\end{aligned} \tag{4-57}$$

将式(4-40)和式(4-41)两边分别乘以 $\boldsymbol{P}_r^{-1}$，可以得到

$$\widetilde{\boldsymbol{P}}_r\widetilde{\boldsymbol{P}}_s^{-1}\widetilde{\boldsymbol{P}}_r-\widetilde{\boldsymbol{Z}}_r\leqslant 0,\ r\in\Pi_{uk}^r,\ s\neq r \tag{4-58}$$

$$\widetilde{\boldsymbol{P}}_s-\widetilde{\boldsymbol{Z}}_r\geqslant 0,\ r\in\Pi_{uk}^r,\ s=r \tag{4-59}$$

当 $\pi_{rr}\leqslant 0$，$r\in\mathcal{S}$，如果 $r\in\Pi_k^r$，式(4-57)可重新描述成

$$\begin{aligned}&\widetilde{\boldsymbol{Y}}_r+\widetilde{\boldsymbol{\Gamma}}_r^{\mathrm{T}}(\alpha^2\widetilde{\boldsymbol{R}}_{1r}+\delta\widetilde{\boldsymbol{R}}_{2r})\widetilde{\boldsymbol{\Gamma}}_r+\delta\widetilde{\boldsymbol{Y}}_m^{\mathrm{T}}\widetilde{\boldsymbol{R}}_{2r}^{-1}\widetilde{\boldsymbol{Y}}_m+\gamma^2\ell_2^{\mathrm{T}}\ell_2-\sum_{s\in\Pi_k^r}\pi_{rs}\ell_1^{\mathrm{T}}(\boldsymbol{I}_N\otimes\widetilde{\boldsymbol{Z}}_r)\ell_1+\\&\sum_{s\in\Pi_k^r,s\neq r}\pi_{rs}\ell_1^{\mathrm{T}}(\boldsymbol{I}_N\otimes\widetilde{\boldsymbol{P}}_r\widetilde{\boldsymbol{P}}_s^{-1}\widetilde{\boldsymbol{P}}_r)\ell_1+\pi_{rr}(\boldsymbol{I}_N\otimes\widetilde{\boldsymbol{P}}_r)\leqslant 0\end{aligned} \tag{4-60}$$

通过应用 Schur 补定理以及与定理 4.1 相类似的证明，可知式(4-60)与式(4-50)等价。如果 $r\in\Pi_{uk}^r$，则通过应用 Schur 补定理和定理 4.1 类似的证明，可知式(4-57)等价于式(4-53)。此外，通过应用 Schur 补定理，式(4-58)等价于式(4-54)。因此，如果式(4-52)~式(4-55)成立，对于具有部分已知的转移率，根据定理 4.2，可知车队控制系统式(4-12)是均方指数稳定的。由此，控制目标式(4-14)和式(4-15)可以由反馈控制器式(4-10)来完成，并且期望的控制器增益由式(4-56)给出。证明完毕。

4.5　仿真验证

本节中，通过仿真实验验证所提的控制方法的有效性。车队控制系统的分层控制结构如图 4-2 所示，其中上层控制器决定式(4-8)中的期望加速度 a_{ides}，下层控制器产生节气门扭矩 a_{thrdes} 和制动扭矩 b_{thrdes}。表 4-1 中给出了式(4-1)中的参数。领队车的加速度 $a_0(t)$（单位为 m^2/s）设置如下：

$$a_0(t)=\begin{cases}1, & t\leqslant 10\\ -0.15t+2.5, & 10<t\leqslant 20\\ 0.15t-3.5, & 20<t\leqslant 30\\ 1, & 30<t\leqslant 40\\ -0.1t+5, & 40<t\leqslant 50\\ 0, & t>50\end{cases}$$

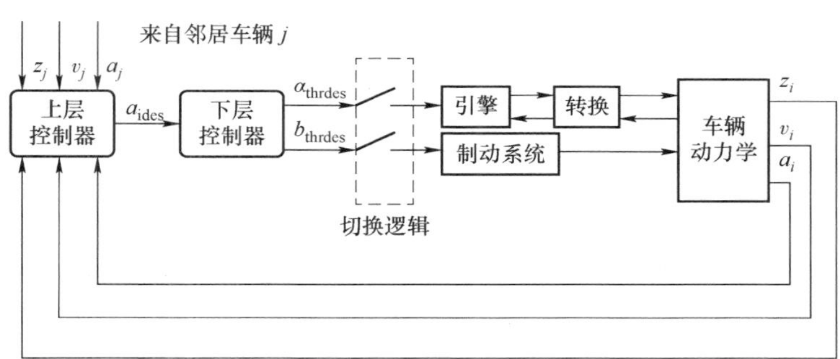

图 4-2　车辆控制器结构

表 4-1　车辆仿真参数

参数	符号	取值
空气动力阻力系数	$C_{A,i}$	0.492
重力加速度	g	0.98m/s^2
滚动阻力系数	f_i	0.01
传动系统的机械效率	$\varpi_{T,i}$	0.9
车辆质量	m_i	$2.9\times10^3\text{kg}$
惯性延迟	ς	0.25s
采样周期	h	0.1s
车身长度	L	7m
通信延迟	$\tau(t)$	0.25s

（续）

参数	符号	取值
期望间距	$d_{i,i-1}$	25m
扰动系数	γ	1.25
轮胎半径	R_i	0.3

图 4-3 给出了用于队列控制的 LPF、PF、BPF 和 TPF 通信拓扑。从图 4-3 中可以看出，领队车辆在图 $\mathcal{G}_r$，$r=1,2,3,4$ 中全局可达，其中，$\mathcal{G}_1=$'LBF'，$\mathcal{G}_2=$'PF'，$\mathcal{G}_3=$'BPF'，$\mathcal{G}_4=$'TPF'。由于通信拓扑 H_r 的特征值会影响车队控制系统的稳定性和收敛速度，图 4-4 给出了不同车队规模、不同拓扑的特征值，其中 y 轴表示特征值的最大实部。

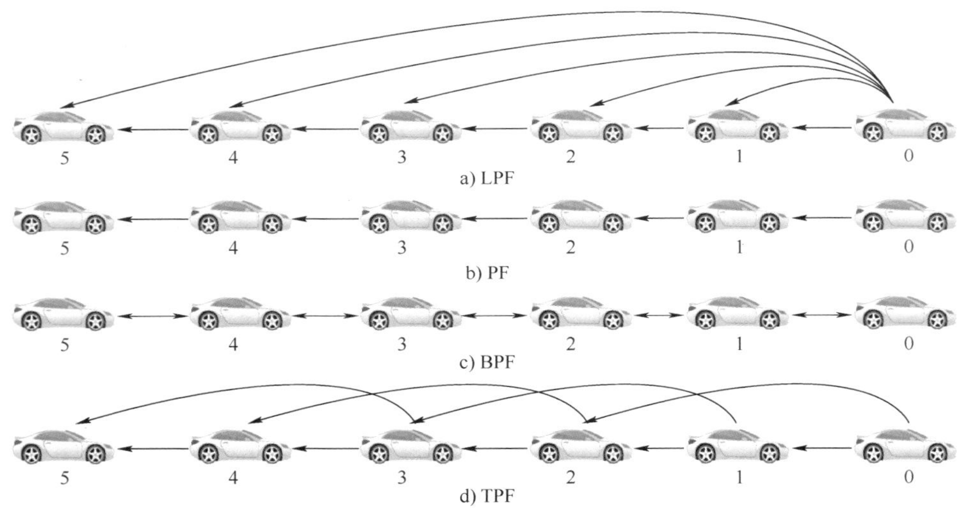

图 4-3　车辆通信拓扑结构

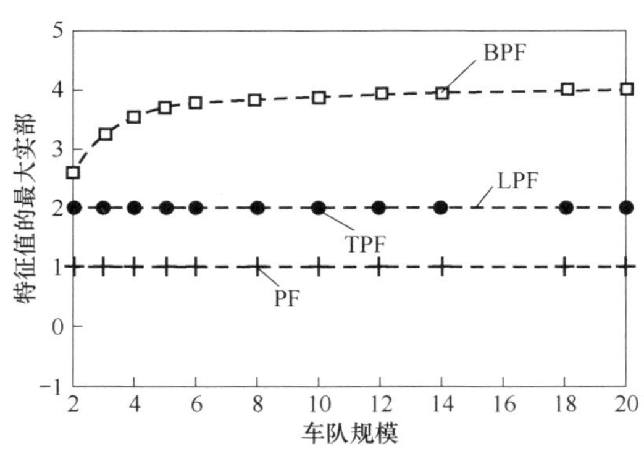

图 4-4　依据车队规模和不同通信拓扑的最大特征值实部之间比较

从图 4-4 可以看出 PF 通信模式下由于只可与前车通信，因此其特征值总是“1”。TPF 和 LPF 通信模式下具有相同的特征值，最大的特征值为“2”。由于 BPF 模式可与后车通信，较大的车队规模导致通信拓扑 $\boldsymbol{H}_3$ 具有较大的特征值。通过 MATLAB 工具箱，定理 4.1 和定理 4.2 中的 LMI 的可行性结果见表 4-2 和表 4-3。

表 4-2　定理 4.1 和定理 4.2 中的 LMI 对于通信时延的可行性

$\mathcal{G}_r$	τ_{ij}			
	0.05s	0.10s	0.15s	0.20s
$r=1$	可行	可行	可行	不可行
$r=2$	可行	可行	可行	可行
$r=3$	可行	可行	不可行	可行
$r=4$	可行	可行	可行	可行

表 4-3　定理 4.1 和定理 4.2 中 LMI 对于给定的扰动抑制性能指标 γ 减小时的可行性

$\mathcal{G}_r$	γ			
	1.5	1.25	1.00	0.75
$r=1$	可行	可行	可行	可行
$r=2$	可行	可行	不可行	不可行
$r=3$	可行	可行	可行	不可行
$r=4$	可行	可行	可行	不可行

根据引理 4.3，反馈控制器增益为 $\boldsymbol{K}=[4.24 \quad 20.91 \quad 28.77]$，其中 $\upsilon=0.0603$，马尔可夫切换通信拓扑的部分已知转移率矩阵给出如下：

$$\boldsymbol{\pi}=[\pi_{ij}]=\begin{bmatrix} -1.1 & ? & ? & 0.15 \\ ? & -1 & ? & 0.3 \\ 0.4 & ? & -1 & ? \\ ? & 0.5 & ? & -0.95 \end{bmatrix} \tag{4-61}$$

仿真实验Ⅰ：

车间通信拓扑的切换状态如图 4-5 所示，其中 y 轴的值 1、2、3、4 表示切换信号 $\sigma(t)$ 的值。例如，当 $\mathcal{G}_{\sigma(t)}=\mathcal{G}_1$ 时，$\sigma(t)=1$。在参数 $\varrho=0.01$，通信延迟 $\tau_{ij}=0.1$s，扰动项 $\omega(x_i,t)=0.01\sin(x_i)$ 的情况下，利用 MATLAB LMI 工具箱，定理 4.2 的 LMI 是可行的。每辆跟随车的间距误差、速度和加速度分别在图 4-6 中给出。与参考文献[2]不同的是，图 4-6 中每辆跟随车的初始跟踪误差不需要为 0，从图中可以看出，在马尔可夫驱动的切换拓扑、通信延迟和外部干扰的影响下，车队控制系统是稳定的。

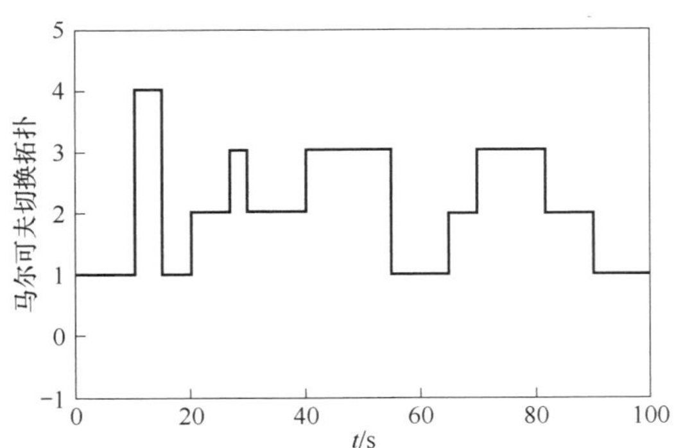

图 4-5　马尔可夫链驱动的切换通信拓扑

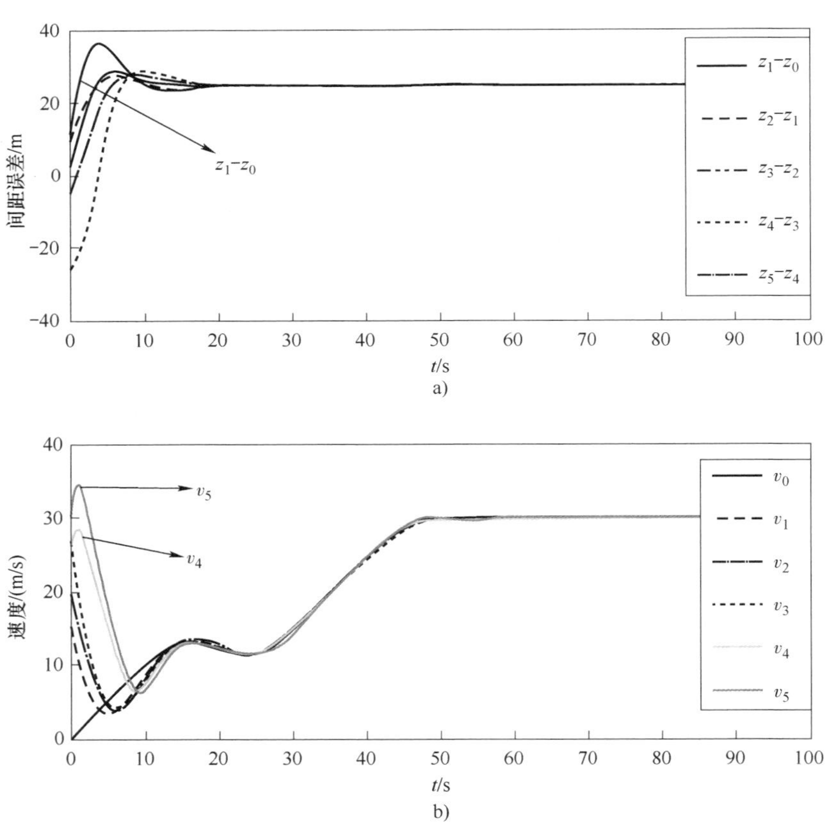

图 4-6　基于固定增益控制器当车间通信延迟 $\tau_{ij}=0.1$s 时车辆队列的仿真结果

a）间距误差　b）速度

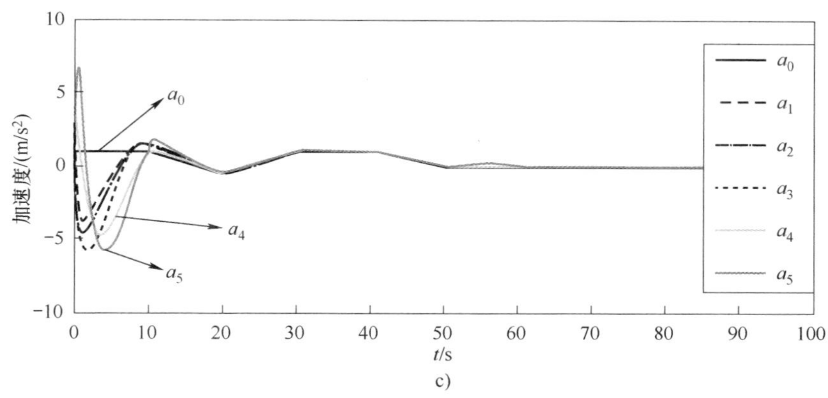

图 4-6　基于固定增益控制器当车间通信延迟 $\tau_{ij}=0.1$s 时车辆队列的仿真结果（续）

c）加速度

仿真实验Ⅱ：

在上述仿真中考虑的通信延时为 $\tau_{ij}=0.15$s，然而，当通信延迟继续增大时，具有固定增益控制器，可能不会保证车队控制系统的稳定性。其原因是，根据定理 4.2 中的关于固定控制增益的结果，其允许的最大的通信延时为 $\tau_k(t)=0.225$s。因此，对于 $\tau_{ij}=0.15$s 的情况，使用定理 4.4 中的给出的可变增益控制器，其中可变增益为 $\boldsymbol{K}_1=[4\quad 5\quad 8]$、$\boldsymbol{K}_2=[3\quad 2.5\quad 6]$、$\boldsymbol{K}_3=[2\quad 4.5\quad 7]$、$\boldsymbol{K}_4=[0.9\quad 2\quad 10]$。与仿真实验Ⅰ中考虑的仿真情况相同，其允许的最大延迟 $\tau_k(t)$ 为 0.37s。图 4-7 给出了利用变增益控制器下的车辆队列间距误差、速度和加速度。易知，本章设计的变增益控制器可以使车队稳定。

仿真实验Ⅲ：

在本节中，将本章提出的算法与参考文献[2]中提出的车辆队列控制方法的控制效果，进行对比。如图 4-8 所示，考虑到用与仿真实验Ⅰ具有相同参数，在马尔可夫链驱动的切换拓扑和通信延迟的影响下，参考文献[2]中提出的车辆队列控制方法是不稳定的。主要的原因在于，参考文献[2]所提的控制器式(4-37)假定了可靠的车间通信和固定的通信拓扑。此外，无法求得当参考文献[2]中的控制器增益为式(4-37)时，定理 4.2 的 LMI 式(4-39)~式(4-41)的可行解，所以无法保证车队的稳定性要求。

仿真实验Ⅳ：

仿真实验中，由于马尔可夫链驱动的切换拓扑的性质与队列稳定性有关。在这里，采用的固定控制器增益与仿真实验Ⅰ中的相同。依据转移率矩阵式(4-61)，得到了图 4-9 和图 4-11 所示的另一组通信拓扑。为了便于比较，定义一些符号。定义 $G_r(t)$ 为时间间隔$[0,t)$内拓扑 $\mathcal{G}_r$ 出现的总时间，则 $g_r=G_r(t)/t$ 称为拓扑 $\mathcal{G}_r$ 的模式速率，见表 4-4。定义 $N(t)$ 表示时间间隔$[0,t]$内不同拓扑之间的切换次数，则

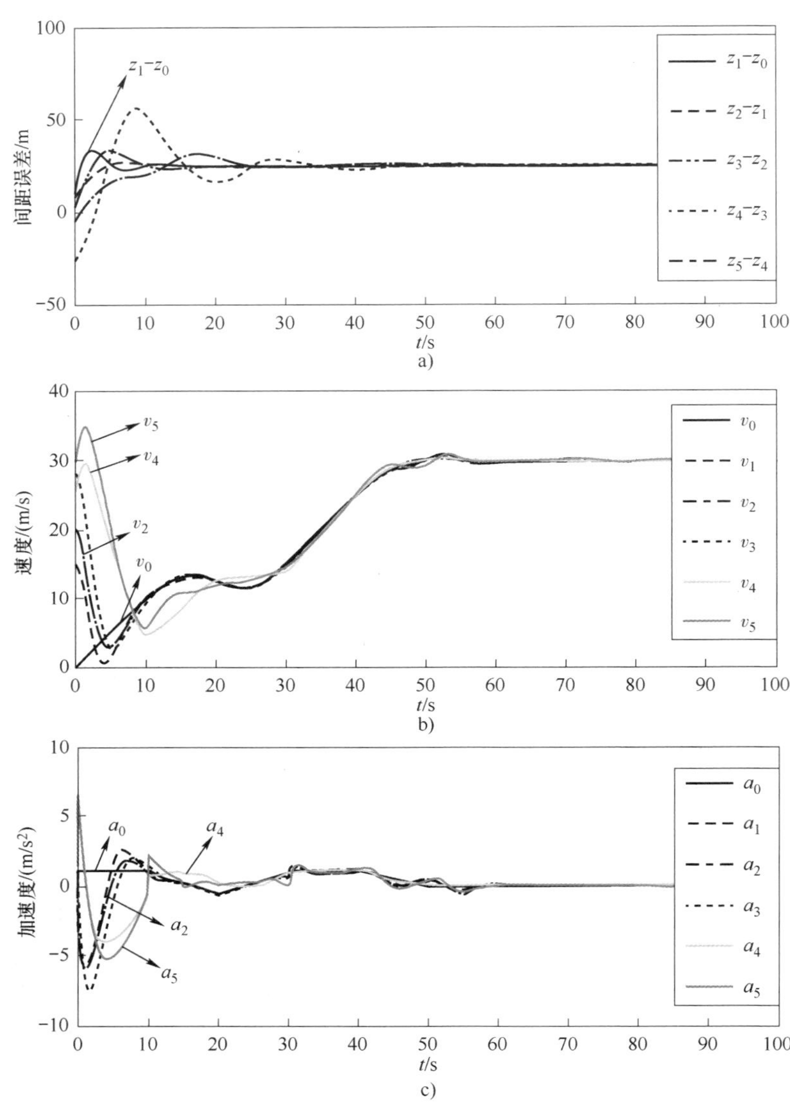

图 4-7　基于固定增益控制器当通信延迟 $\tau_{ij}=0.15\mathrm{s}$ 时得到的的车辆队列的仿真结果

a）间距误差　b）速度　c）加速度

$t/[N(t)+1]$称作平均驻留时间。为了测试动态跟踪性能，如参考文献[3]中所述，使用以下性能指标：

$$J=\sum_{k=0}^{T}\sum_{i=1}^{N}\frac{1}{2}[\hat{\boldsymbol{x}}_i(kh)-\hat{\boldsymbol{x}}_{i-1}(kh)]^{\mathrm{T}}\boldsymbol{\Lambda}[\hat{\boldsymbol{x}}_i(kh)-\hat{\boldsymbol{x}}_{i-1}(kh)] \tag{4-62}$$

表 4-4 通信拓扑 H_r 的模式速率

G	g_r			
	g_1	g_2	g_3	g_4
$r=1$	0.35	0.30	0.30	0.05
$r=2$	0.40	0.25	0.20	0.15

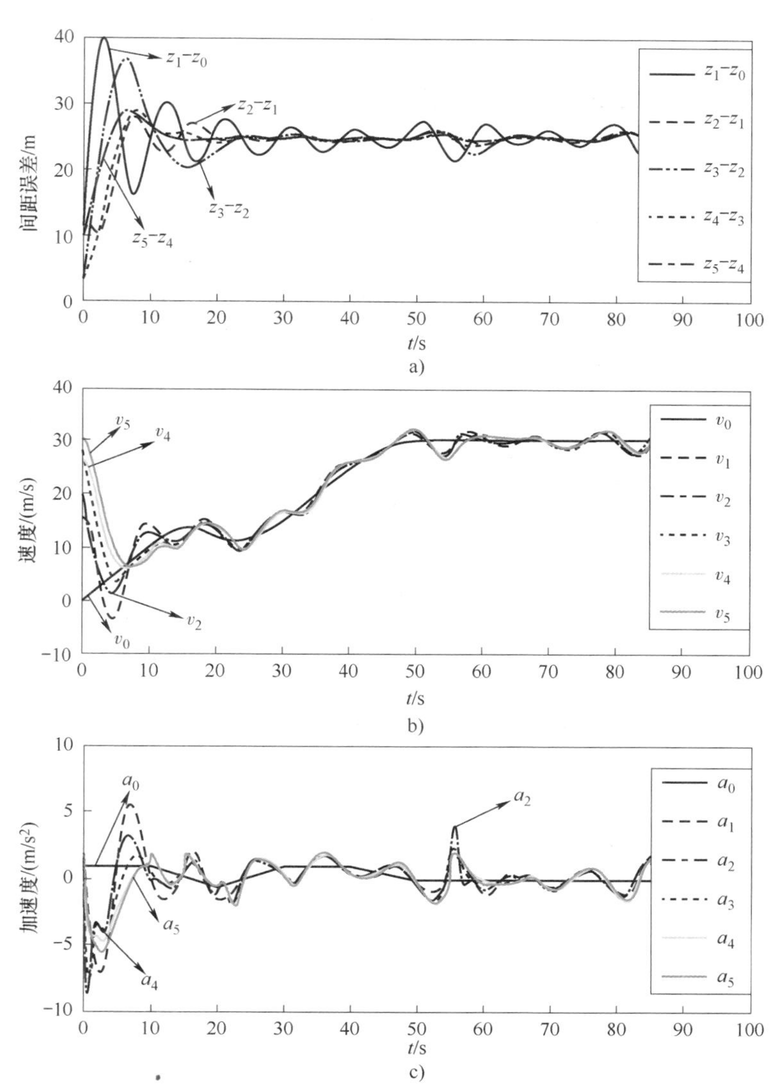

图 4-8 基于参考文献[2]中设计的固定增益控制器当通信延迟 $\tau_{ij}=0.15$s 时车辆队列的仿真结果

a) 间距误差 b) 速度 c) 加速度

其中，$\boldsymbol{\Lambda}=\mathrm{diag}\{K^{p},K^{v},K^{a}\}$为加权因子；$T$为时间间隔$[0,t]$内的采样次数。在上述性能指标下，给出一些仿真对比结果，并对模式率和平均驻留时间进行讨论。

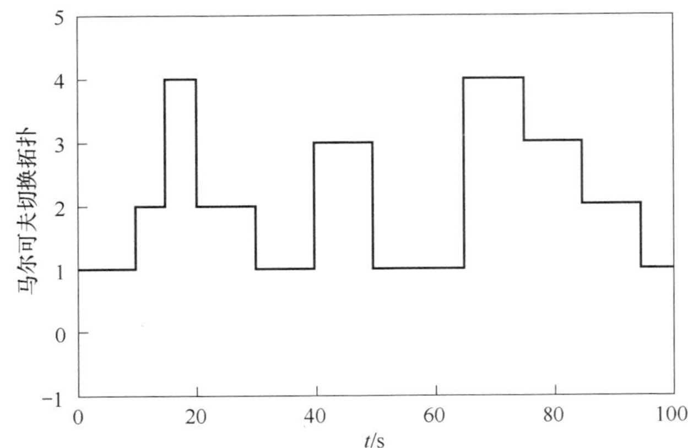

图 4-9　模式速率 $g_1=40\%$的对应马尔可夫链驱动的切换通信拓扑

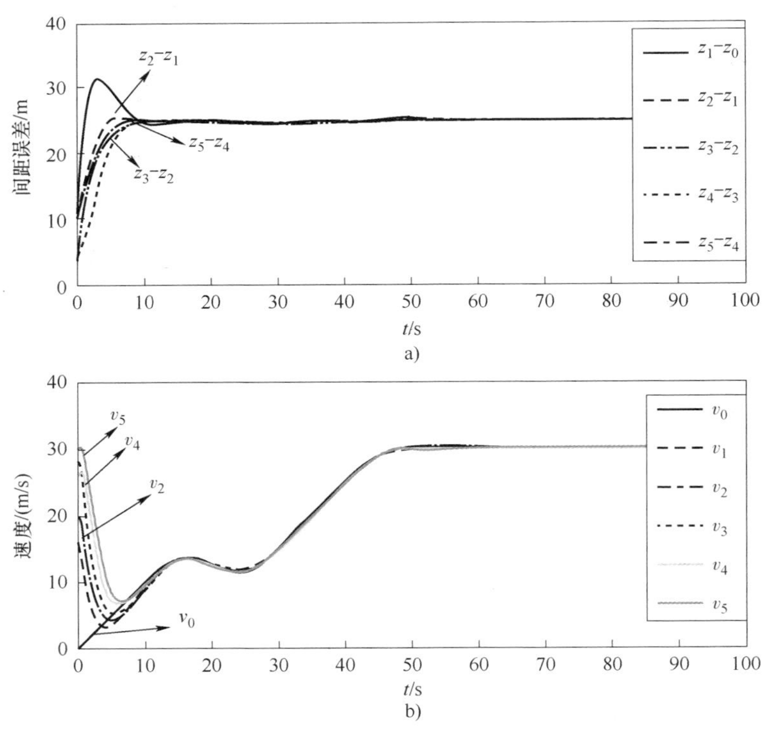

图 4-10　基于固定增益控制器当模式速率 $g_1=40\%$时车队的仿真结果

a）间距误差　b）速度

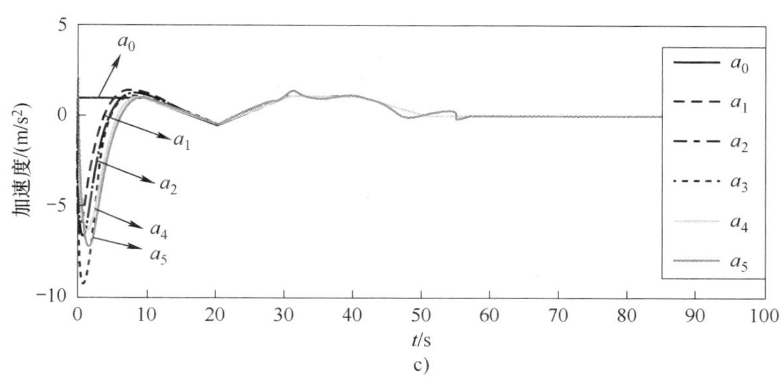

图 4-10　基于固定增益控制器当模式速率 $g_1 = 40\%$ 时车队的仿真结果(续)

c) 加速度

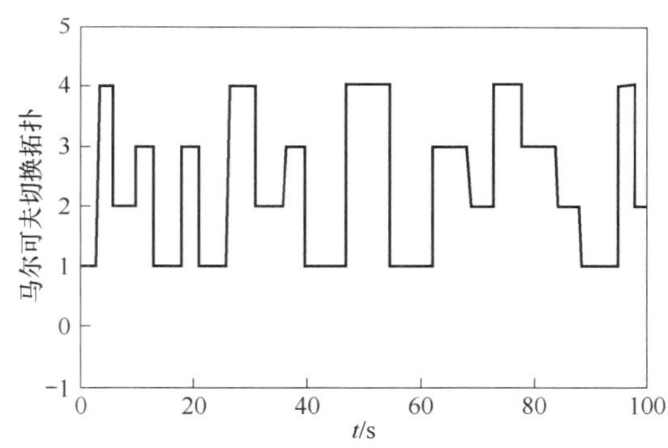

图 4-11　平均驻留时间为 2.5s 时的车队马尔可夫链驱动的切换通信拓扑

1) 具有较大模式速率 g_1(即 $\mathcal{G}_1$ =“LPF”)的车队具有较好的稳定性，其可通过分别比较图 4-6 和图 4-10 中定义的性能指标 J(见表 4-5)得到。对于图 4-5 和图 4-9 中的切换拓扑，模式率 g_r 在表 4-2 中列出。这一结论与参考文献[2]、[4]、[9]中的分析结果一致。

2) 对于相同的模式率 g_1，若车辆控制系统的平均驻留时间越大，则其的稳定性能越好。此结论可通过对比图 4-10 和图 4-12 中的性能指标 J(见表 4-5)得出。图 4-9 和图 4-11 中的切换拓扑切换的平均驻留时间分别为 5s 和 2.5s。

注意到，本章的结论是基于线性的车辆队列模型得到的。在实际的车辆控制中，不确定的非线性动力学(如未建模动力学和扰动)是不可避免的。仿真实验中，利用参考文献[15]的队列模型(1)和表 3 中的参数，研究了车辆非线性动力学特性对所设计的反馈控制器的影响。利用本章提出的控制器得到的车辆间距误差、速度和加速度结果如图 4-13 所示。从所得的结果可以看出，当存在不确定非线性动力学、通信限制和外界干扰时，车队的控制性能明显下降。

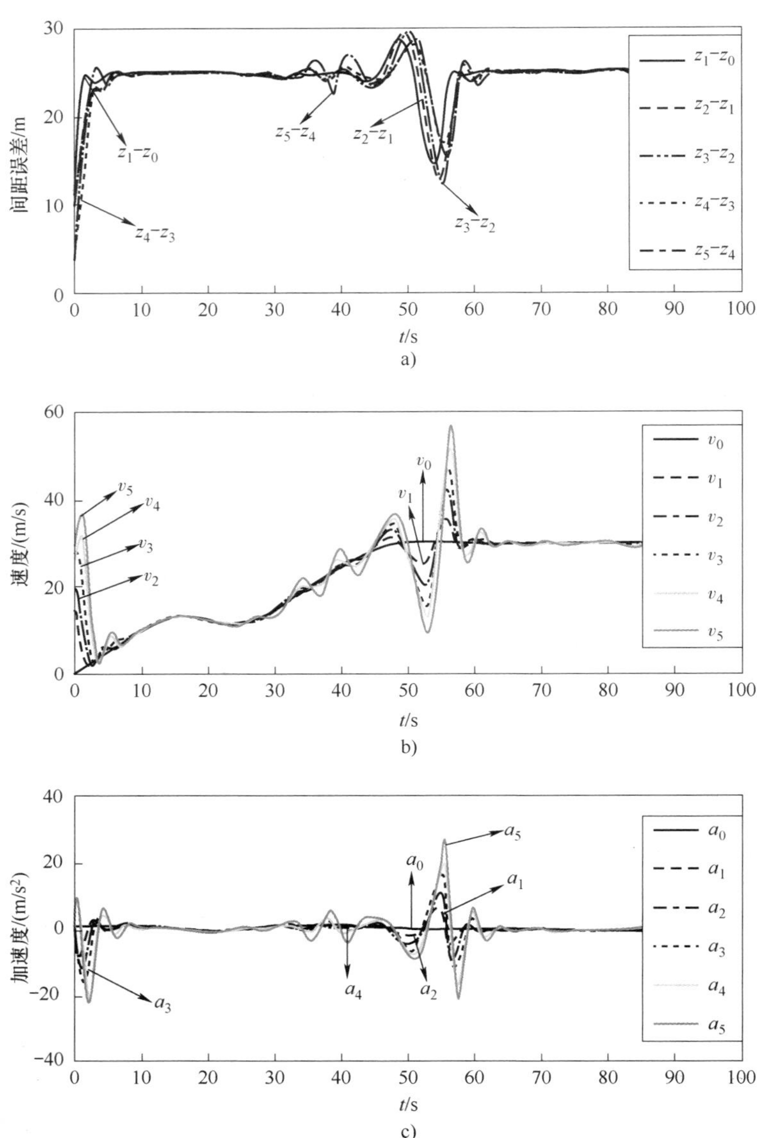

图 4-12　使用本章设计的固定增益控制器，当平均驻留时间为 2.5s 时，车辆队列的仿真结果

a）间距误差　b）速度　c）加速度

表 4-5　依据不同的仿真结果中车队的状态响应计算得到的 J 值

	图 4-6	图 4-10	图 4-12
$r=2$	573	432	751

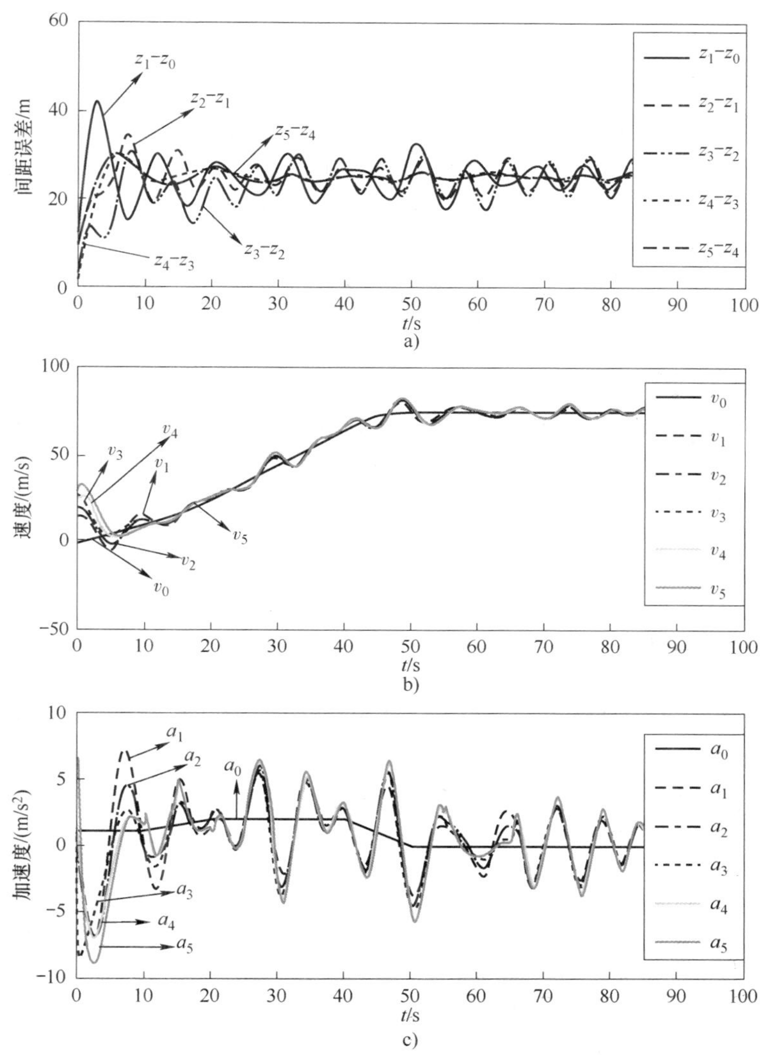

图 4-13　参考文献[15]利用本章设计控制器得到的仿真结果

a）间距误差　b）速度　c）加速度

4.6　本章小结

本章设计了一种采样控制方法，解决车辆队列控制系统在切换拓扑、通信延迟和外部干扰影响下的控制问题。该方法是基于时滞马尔可夫跳变系统理论得到的。本章证明了固定增益和可变增益控制方案对于队列控制都是可行的，但是可变增益控制器具有提高鲁棒性和设计灵活的优点。

参考文献

[1] FU F, VAN DER SCHAAR M. Structure-aware stochastic control for transmission scheduling[J]. IEEE Trans. Veh. Technol, 2012, 61(9): 3931-3945.

[2] ZHENG Y, LI S E, LI K, et al. Platooning of connected vehicles with undirected topologies: Robustness analysis and distributed H-infinity controller synthesis[J]. IEEE Trans. Intell. Transp. Syst, 2018, 19(5): 1353-1364.

[3] ZHENG Y, LI S E, WANG J, et al. Stability and scalability of homogeneous vehicular platoon: Study on the influence of information flow topologies[J]. IEEE Trans. Intell. Transp. Syst, 2016, 17(1): 14-26.

[4] ZHENG Y, LI S, LI K, et al. Stability margin improvement of vehicular platoon considering undirected topology and asymmetric control[J]. IEEE Trans. Control Syst. Technol, 2016, 24(4): 1253-1265.

[5] LI S E, QIN X, LI K, et al. Robustness analysis and controller synthesis of homogeneous vehicular platoons with bounded parameter uncertainty[J]. IEEE/ASME Trans. Mechatronics, 2017, 22(2): 1014-1025.

[6] REN W, BEARD R W. Consensus seeking in multiagent systems under dynamically changing interaction topologies[J]. IEEE Trans. Autom. Control, 2005, 50(5): 655-661.

[7] TOOR Y, MUHLETHALER P, LAOUITI A. Vehicle ad hoc networksApplications and related technical issues[J]. IEEE Commun. Surveys Tuts, 2008, 10(3): 74-88.

[8] WEN S, GUO G. Observer-based control of vehicle platoons with random network access[J]. Robot. Auton. Syst, 2019, 115: 28-39.

[9] SEILER P, PANT A, HEDRICK K. Disturbance propagation in vehicle strings[J]. IEEE Trans. Autom. Control, 2004, 49(10): 1835-1842.

[10] MIDDLETON R H, BRASLAVSKY J H. String instability in classes of linear time invariant formation control with limited communication range[J]. IEEE Trans. Autom. Control, 2010, 55(7): 1519-1530.

[11] LI S, et al. Distributed platoon control under topologies with complex eigenvalues: Stability analysis and controller synthesis[J]. IEEE Trans. Control Syst. Technol, 2019, 27(1): 206-220.

[12] HAN Q. Absolute stability of time-delay systems with sector-bounded nonlinearity[J]. Automatica, 2005, 41(12): 2171-2176.

[13] ZHANG X M, HAN Q L. Novel delay-derivative-dependent stability criteria using new bounding techniques[J]. Int. J. Robust Nonlin. Control, 2013, 23(13): 1419-1432.

[14] MAO X. Robustness of exponential stability of stochastic differential delay equations[J]. IEEE Trans. Autom. Control, 1996, 41(3): 442-447.

[15] MA Y, LI Z, MALEKIAN R, et al. Hierarchical fuzzy logic-based variable structure control for vehicles platooning[J]. IEEE Trans. Intell. Transp. Syst, 2019, 20(4): 1329-1340.

第5章　基于事件触发通信机制的控制研究

5.1　引言

值得注意的是，在第1~4章中，所得的结果主要是采用了基于时间触发(Time-triggered Communication Mechanism，TCM)机制的车间通信，即车辆之间的数据是以相等的时间间隔、周期性传送的。这种数据传送方式会对网联车辆的通信效率，其主要原因在于：①车载网络带宽有限以及有限的网络覆盖范围；②高速行驶的车辆不能一直保持车间通信。在TCM机制下，即使车辆相邻两次的采样数据差别不是很大，车队控制器依然利用传感器的采样数据周期性地更新CACC系统的控制输入。这实际上是对车载自组织网络(VANET)和专用短程通信的IEEE 802.11p通信协议中有限的通信资源的一种浪费[1]。车间通信网络传递的是数字信号，而车载网络一般具有有限的数据传输速率。如参考文献[2]所述，较高通信速率降低了车间通信信道的可靠性，且增加了传输延迟。毫无疑问，不可靠的车间通信将不可避免地影响CACC系统的控制性能[3-5]。为了提高车间通信的可靠性和质量，只传输能够保证稳定的CACC系统需要的信息，避免对不必要的数据进行传送。因此，如何设计车间通信机制，从而有效利用有限的通信资源以此提高车间通信资源的利用效率，是网联车辆队列控制中悬而未决的难题。其主要难点在于，需要确定采样数据通过车载网络传送的时刻，以此保证系统期望的性能，这是本章的第一个研究动机。

与TCM车间通信机制不同，基于事件触发机制的(Event-triggered Communication Mechanism，ECM)数据传送策略已经成为网络化控制系统中的热点研究方向[6-9]。ECM数据传送机制的核心思想为：采样数据是否需要通过网络进行传送，是由事件条件决定的。其中，涉及的事件条件是由系统的状态以及相关的阈值共同确定的。只有当事件条件被触发时，系统的采样数据才会通过网络进行传输。因此，采样数据通过网络传输的次数明显减少了，进而节省了有限的车间通信资源。通常，事件触发机制可分为两类，如，静态的(Static ECM，SECM)和动态的(Dynamic ECM，DECM)。与静态的事件触发机制不同，动态的事件触发机制的阈值参数可依据相关的调整规则实时在线调整[8-9]。阈值参数决定了采样数据通过车载网络传送的时刻以及频率，这与车间通信网络上的数据传输速率密切相关。由于IEEE 802.11p 标准可以提供 3Mbit/s、4.5Mbit/s、6Mbit/s、9Mbit/s、12Mbit/s、18Mbit/s、24Mbit/s 和 27Mbit/s 的各种数据传输速率，因此阈值参数应该随时间动态变化，进而反映这些随时间变化的数据传输速率。然而，如何将 DECM 扩展到 CACC 系统尚不清楚。因此，本章的第二个动机是为 CACC 系统设计基于 DECM 的车间通信机制，并将其应用于速度跟踪和保持车间距。

在本章中，我们旨在为 CACC 系统设计一种可节省车间通信资源的通信机制，同时，考虑执行器延时（如油门和制动延时）和干扰（由前车加速引起）的影响。为了保持距离和跟踪速度，考虑异构信息反馈，设计了一种基于跟踪误差的采样控制策略。为此，本章将动态的 TCM 车间通信机制应用于车队控制系统，以此建立节省车间通信资源的车间通信机制。并考虑执行器延时以及扰动的影响。在本章中，假设采样数据反馈控制器的控制器参数具有能够保证队列稳定性要求的规定值。具体而言，间距误差可以由车载传感器直接计算，而第 i 辆跟随车辆的速度和加速度误差根据前车的速度和加速度计算，涉及的速度和加速度可通过车间通信进行传输。为了节省车间通信网络有限的通信资源，CACC 系统采用 DECM 通信机制，其中阈值参数可以通过预定义的调整规则在线确定。在DECM 通信机制下，只有触发了定义的事件，第 i 辆跟随车辆的采样速度和加速度才会被传输到与其相邻的车辆。由此显著降低了采样数据的传输频率。接着，得到了车辆队列跟踪误差系统，在基于 DECM 的采样数据反馈控制器下，能够保证稳定性的充分条件。此外，建立了确定 DECM 参数的设计标准，以保证CACC 系统的性能。仿真实验表明，采用 DECM 机制的 CACC 系统不仅降低了通过车间通信进行数据传输的传输频率，而且保证了跟踪控制的性能。本章的主要贡献如下：

1）为车队控制系统建立了可节省有限通信资源的车间通信机制。与传统的基于时间触发机制的采样控制相比，对通过传感器测量得到的采样速度和加速度值的传送是由事件触发条件决定的。

2）在执行器延时以及扰动影响下，得到的充分条件，保证了车队控制系统在基于 DECM 机制的采样控制下的稳定性要求。所得条件有效平衡了车队性能与所需通信资源之间的矛盾。

3）为车队控制系统建立了可节省车间通信资源以及具有 H_∞ 鲁棒性能的控制器协同控制框架。在所构建框架下，基于 DECM 机制的车间通信涉及的参数可由车间通信资源以及稳定性能要求相关条件同时决定。

符号说明： $\arg\min_p\{f(p)\}$ 表示 $f(p)$ 取最小值时 p 的值；$\otimes$表示矩阵的克罗内克乘积；$\mathrm{diag}\{a_i\}$ 表示对角线元素为 a_i 的对角矩阵；$\boldsymbol{I}$ 是一个适当维数的单位矩阵；$\boldsymbol{P}>0$ 表示 $\boldsymbol{P}$ 是一个正定矩阵；$*$ 表示对称矩阵中的对称项。

5.2 问题描述

在 VANET 环境下，考虑在水平道路上行驶(见图 5-1)的由 $N+1$ 辆车辆组成的车辆队列。z_i、v_i 和 a_i 分别表示第 $i(i=0,1,\cdots,N)$ 辆车的位置、速度和加速度，其中 $i=0$ 表示领队车辆。每辆跟随车辆均安装了车载传感器，用于测量其与前一辆车辆之间的距离。每辆车通过车载自组网络将其状态信息(即速度和加速度)传输给其跟随车辆。考虑到 VANET 中有限的通信资源，将采用分布式动态事件触发通信机制，来减少测量的速度和加速度，通过车载自组网络传输的频率。

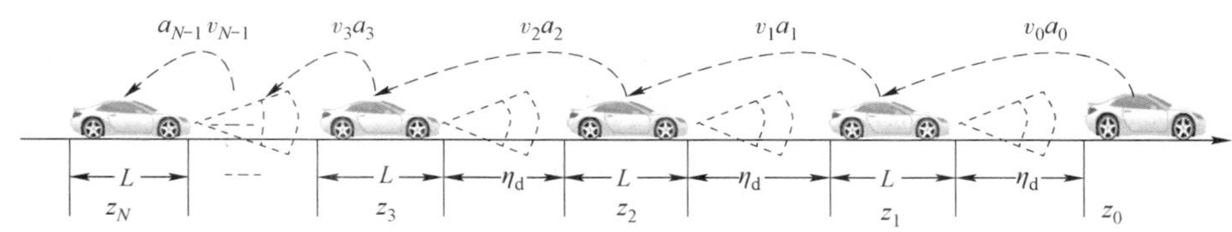

图 5-1　车辆队列控制系统

对于每辆跟随车辆，其动力学系统包含发动机、传动线、制动系统、空气阻力、轮胎摩擦、滚动阻力和重力等环节。为了推导出一个简化的纵向车辆队列控制模型，需要以下合理的假设[10]：

1）仅考虑车辆纵向运动，忽略横向和垂直运动；

2）针对良好的路面和常规驾驶条件，忽略轮胎的滑移；

3）车辆视为刚体，且左右完全对称，忽略前后轴的载荷转移；

4）车辆动力系统的输入与输出特性满足一阶惯性环节。

根据上述假设，简化后的非线性车辆动力学模型为

$$\begin{cases}\dot{z}_i(t)=v_i(t)\\ \dot{v}_i(t)=\dfrac{1}{m_i}\left[\varpi_{T,i}\dfrac{T_i(t)}{R_i}-C_{A,i}v_i^2(t)-m_igf\right]\\ \varsigma_i\dot{T}_i(t)+T_i(t)=T_{i,\mathrm{des}}(t)\end{cases}\tag{5-1}$$

其中，m_i 表示车辆质量；$C_{A,i}$ 表示空气阻力系数；g 表示重力加速度；f 表示滚动阻力系数；$T_i(t)$ 表示实际的驱动和制动力矩；$T_{i,\mathrm{des}}(t)$ 表示期望的驱动和制动力矩；ς_i 表示车辆的惯性延迟；R_i 表示轮胎半径；$\varpi_{T,i}$ 表示动力传动系统的机械效率。

利用参考文献[10]、[11]和[12]所提的反馈线性化技术，车辆的非线性动力学模型式(5-1)可以转换为线性模型，以此简化控制器的设计。为此，构造了以下反馈线性化控制律，具体如下：

$$T_{i,\mathrm{des}}(t)=\frac{1}{\varpi_{T,i}}[C_{A,i}v_i(t)(2\tau_i\dot{v}_i+v_i)+m_igf+m_iu_i]R_i \tag{5-2}$$

其中，u_i 为线性化之后的输入信号。由此可得到线性的车辆动力学模型：

$$\begin{cases}\dot{z}_i(t)=v_i(t)\\ \dot{v}_i(t)=a_i(t)\\ \dot{a}_i(t)=-a_i(t)/\varsigma_i+u_i(t)/\varsigma_i\end{cases} \tag{5-3}$$

在实际的车辆队列控制系统中，对于异质车辆队列(即$\varsigma_i=\varsigma$)，车辆的动力模型和控制器$u_i(t)$是各不相同的。另外，车辆的执行机构不可避免地存在延迟(例如，驱动延时和制动延时)。为了简单起见，定义 τ 表示执行器存在的延时。因此，式(5-3)中的第三个方程可以改写为

$$\dot{a}_i(t)=-a_i(t)/\varsigma+u_i(t-\tau)/\varsigma \tag{5-4}$$

定义车辆队列的间距误差、速度误差和加速度误差，分别为

$$\begin{cases}e_i^{\delta}(t)=\delta_i(t)-\delta_i^d(t)\\ e_i^{v}(t)=v_{i-1}(t)-v_i(t)\\ e_i^{a}(t)=a_{i-1}(t)-a_i(t)\end{cases} \tag{5-5}$$

其中，$\delta_i(t)=z_{i-1}(t)-z_i(t)-L$ 为相邻车辆之间的距离；$\delta_i^d(t)=h_vv_i(t)+z_0$ 为期望距离。h_v 表示车头时距，z_0 为最小安全距离，L 为车身长度。本章中，车队系统采用恒时距策略来调节车辆之间的车间距离。

基于跟踪误差(如，车间距误差、速度误差和加速度误差)，为第 i 辆跟随车辆设计了如下的反馈控制器：

$$u_i(t)=k_pe_i^{\delta}(t)+k_ve_i^{v}(t)+k_ae_i^{a}(t) \tag{5-6}$$

其中，k_p、k_v 和 k_a 是反馈控制器的增益。

假设 5.1：利用参考文献[12]中的方法，可用于设计控制器式(5-6)的增益，从而保证队列稳定性要求，即传递函数满足$\|G_{\Delta_i}(s)\|\leqslant 1$，其中，$G_{\Delta_i}(s)=\dfrac{\Delta_i(s)}{\Delta_{i-1}(s)}$，$\Delta_i$ 是采集的信号(例如车间距误差、速度或加速度)。

反馈控制器式(5-6)采用的是异构的信息反馈，其中，间距误差 $e_i^{\delta}(t)$可以根据其自身的$v_i(t)$和车载传感器的测量的距离$\delta_i(t)$得到。然而，速度误差 $e_i^{v}(t)$和加速度误差 $e_i^{a}(t)$，则需要通过利用前车的速度和加速度来计算，前车信息是通过车间通信网络传输的。因此，第 i 辆跟随车辆的输出状态$[e_i^{\delta}(t)\ \ v_i(t)\ \ a_i(t)]^{\mathrm{T}}$可以分成两部分，其中，$\boldsymbol{x}_i^{o}(t)=[e_i^{\delta}(t)\quad 0\quad 0]^{\mathrm{T}}$表示由车载传感器得到的测量部分；$\boldsymbol{x}_i^{c}(t)=[0\quad v_i(t)\quad a_i(t)]^{\mathrm{T}}$表示通过 VANET 传输的部分。相应地，控制输出也相应地分成两部分：

$$u_i(t)=u_i^{o}(t)+u_i^{c}(t)=\boldsymbol{K}_i^{o}\boldsymbol{x}_i^{o}(t)+\boldsymbol{K}_i^{c}[\boldsymbol{x}_i^{c}(t)-\boldsymbol{x}_{i-1}^{c}(t)] \tag{5-7}$$

其中，$\boldsymbol{K}_i^o=[k_p \quad 0 \quad 0]$；$\boldsymbol{K}_i^c=[0 \quad k_v \quad k_a]$。

对于传统的车队系统，每辆车的速度和加速度的在采样时间点 $kh(k\in\mathcal{N})$ 处的值，是利用车载传感器通过周期性采样得到的，其中，$h>0$ 为采样周期。周期性的数据传送方式，意味着无论当前车通信信道的状态和通信资源的情况如何，在每个采样时刻 kh，第 i 辆车辆都需要通过 VANET 将采样数据 $v_i(kh)$ 和 $a_i(kh)$ 传送到其跟随车辆。这种周期性的 TCM 车间通信机制，虽然有结构简单、易于实现的优势，但却是对有限车间通信资源的一种浪费。为节约车间通信资源，应该避免车辆之间不必要的数据传递，从而提高车间通信效率。

如图 5-2 所示，本章采用基于 DECM 通信机制的车队控制。DECM 通信机制的核心思想是：采样数据 $v_i(kh)$ 和 $a_i(kh)$ 是否需要通过 VANET 传输，是由以下事件条件决定的：

$$\boldsymbol{\alpha}_i^{\mathrm{T}}(kh)\boldsymbol{\Phi}\boldsymbol{\alpha}_i(kh)\geqslant\boldsymbol{\sigma}_i(kh)\boldsymbol{y}_i^{\mathrm{T}}(kh)\boldsymbol{\Phi}\boldsymbol{y}_i(kh),\ k>t_m^i,\ m\in Z^+ \tag{5-8}$$

其中，t_m^ih 表示第 i 辆车的采样数据的第 m 个传输时刻。$\boldsymbol{\Phi}>0$ 为加权矩阵且 $\boldsymbol{\alpha}_i(kh)=\boldsymbol{x}_i^c(kh)-\boldsymbol{x}_i^c(t_m^ih)$，$\boldsymbol{y}_i(kh)=\boldsymbol{x}_i^c(kh)-\boldsymbol{x}_{i-1}^c(t_{m_{i-1}'}^{i-1}h)$，其中 $\boldsymbol{x}_{i-1}^c(t_{m_{i-1}'}^{i-1}h)$ 为前车最新局部测量值，其中，$m_{i-1}'=\arg\min_p\{t_m^i+q_i-t_p^{i-1}\mid t_m^i+q_i>t_p^{i-1},p\in Z^+\}$，$\sigma_i(t_m^ih+q_ih)$ 为动态阈值参数。因此，速度 $v_i(kh)$ 和加速度 $a_i(kh)$ 只有在满足式(5-8)中定义的事件条件触发时，才会允许传送到其跟随车辆。从定义的事件式(5-8)中可以看出，对于第 k 个采样时刻，为车辆 i 定义的事件触发条件与采样数据误差 $\boldsymbol{\alpha}_i(kh)$ 和采样数据 $\boldsymbol{y}_i(kh)$ 密切相关，其中，$\boldsymbol{y}_i(kh)$ 包括来自车辆 i 的最新传输的采样数据 $\boldsymbol{x}_i^c(t_m^ih)$ 和来自前车的最新传输的采样数据。因此，所定义的事件触发条件与车辆的状态有关。

注 5.1：从事件条件式(5-8)中可以看出，车辆 i 的下一个传输时刻不仅与它本身的采样数据有关，而且与其前车的采样数据有关。考虑到车队控制系统是一个级联的控制系统，当车队出现了变化的速度和加速度值(例如制动或加速)，依然可通过条件式(5-8)及时地传输到其跟随车辆。因此，所定义的事件式(5-8)可以帮助车队系统维持其所期望的队形结构。

根据所定义的事件条件式(5-8)，车辆 i 的下一个采样数据的传输时刻 t_{m+1}^ih，可定义为

$$\begin{aligned}t_{m+1}^ih&=t_m^ih+\min_{q_i\geqslant1}\{q_ih\mid\boldsymbol{\alpha}_i^{\mathrm{T}}(t_m^ih+q_ih)\boldsymbol{\Phi}\alpha_i(t_m^ih+q_ih)\\&\geqslant\boldsymbol{\sigma}_i(t_m^ih+q_ih)\boldsymbol{y}_i^{\mathrm{T}}(t_m^ih+q_ih)\boldsymbol{\Phi}\boldsymbol{y}_i(t_m^ih+q_ih)\}\end{aligned} \tag{5-9}$$

其中，$q_i\in\mathcal{N}$。

阈值参数 $\sigma_i(t_m^ih+q_ih)$ 调整的动态规则为

$$\begin{aligned}\sigma(t_m^ih+q_ih)&=\sigma(t_m^ih+q_ih-h)-\\&\theta\sigma(t_m^ih+q_ih)\sigma(t_m^ih+q_ih-h)\boldsymbol{y}_i^{\mathrm{T}}(t_m^ih+q_ih-h)\boldsymbol{\Phi}\boldsymbol{y}_i(t_m^ih+q_ih-h)\end{aligned} \tag{5-10}$$

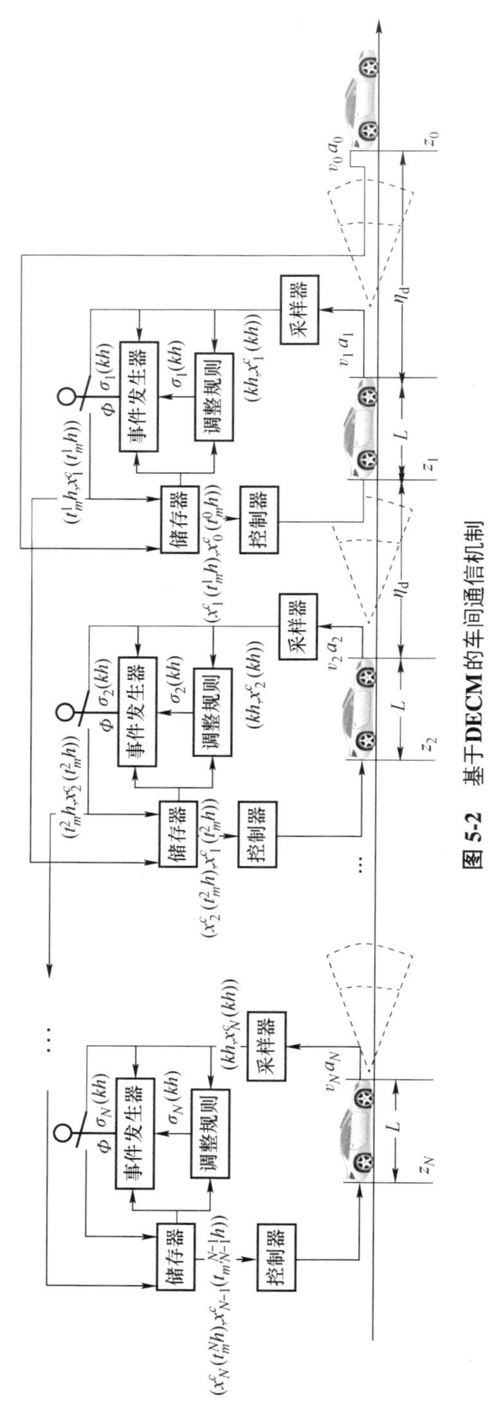

图 5-2　基于DECM的车间通信机制

其中，$\theta>0$ 为预定义的常数，$\sigma(0)=\sigma_0\in[0,1)$ 为初始条件。

注 5.2：需要注意的是，本章利用图 5-2 中的“存储器”来收集车辆 i 及其前车的采样速度和加速度。当检测到来自车辆 i 及其前车更新的采样数据时，存储器将立即更新其信息。然后，车辆 i 的控制器根据从存储器接收到的采样数据，更新其输入。这意味着车辆 i 的控制器更新是由它本身和前车的事件条件驱动的。

注 5.3：对于初始条件 $\sigma_0\in[0,1)$，基于动态阈值参数调整规则式(5-10)的事件触发条件式(5-9)，具有以下特征[8-9]：

$$\alpha_i^{\mathrm{T}}(kh)\boldsymbol{\Phi}\alpha_i(kh)\leqslant\sigma_i(kh)y_i^{\mathrm{T}}(kh)\boldsymbol{\Phi}y_i(kh)\tag{5-11}$$

其中，阈值参数 $\sigma(kh)$ 满足不等式：

$$0\leqslant\sigma(kh)\leqslant\sigma_0<1\tag{5-12}$$

此外，$\{\sigma(kh)\}$ 对于 $k\in\mathcal{N}$ 是单调的非递增数列。

注 5.4：DECM 通信机制可以有效地节省车间通信资源。例如，如果下面的不等式成立

$$\alpha_i^{\mathrm{T}}(t_m^ih+q_ih)\boldsymbol{\Phi}\alpha_i(t_m^ih+q_ih)<\sigma(t_m^ih+q_ih)y_i^{\mathrm{T}}(t_m^ih+q_ih)\boldsymbol{\Phi}y_i(t_m^ih+q_ih)$$

则事件发生器将不会产生任何触发信号。因此，当相邻两次连续采样数据之间的差别非常小时，当前采样数据不会传输到其跟随车辆。因此可以显著减少通过车间通信网络传输采样数据的频率。

注 5.5：具有动态阈值参数调整规则的 DECM 通信机制，同时包括静态 ECM 通信机制和 TCM 通信机制。令式(5-10)中的 $\theta=0$ 和式(5-9)中的阈值参数 $\sigma_i(t_m^ih+q_ih)=\sigma_i$，则 DECM 机制变为具有以下形式的静态 ECM 机制：

$$\begin{aligned}t_{m+1}^ih&=t_m^ih+\min_{q_i\geqslant1}\{q_ih\mid\alpha_i^{\mathrm{T}}(t_m^ih+q_ih)\boldsymbol{\Phi}\boldsymbol{\alpha}_i(t_m^ih+q_ih)\\&\geqslant\sigma_iy_i^{\mathrm{T}}(t_m^ih+q_ih)\boldsymbol{\Phi}y_i(t_m^ih+q_ih)\}\end{aligned}$$

同时，如果式(5-10)中的 $\theta=0$ 和式(5-9)中的 $\sigma(\cdot)\to0$，则可以推导出 $\boldsymbol{\alpha}_i^{\mathrm{T}}(t_m^ih+q_ih)\boldsymbol{\Phi}\boldsymbol{\alpha}_i(t_m^ih+q_ih)\geqslant0$，这意味着车辆 i 的速度和加速度可以在每个采样时刻进行传输。因此，ECM 机制变成 TCM 机制。

采用式(5-9)的 DECM 机制，基于采样数据的反馈控制器 $u_i^c(t)$ 可表示为

$$u_i^c(t)=\boldsymbol{K}_i^c[\boldsymbol{x}_i^c(t_m^ih)-\boldsymbol{x}_{i-1}^c(t_{m'_{i-1}(t)}^{i-1}h)]\qquad t\in[t_m^ih,t_{m+1}^ih)\tag{5-13}$$

其中，$m'_{i-1}(t)=\arg\ \min_p\{t-t_p^{i-1}\mid t>t_p^{i-1},p\in Z^+\}$。

定义车辆在第 k 次采样时刻的采样数据的测量误差为

$$\boldsymbol{e}_i^c(kh)=\boldsymbol{x}_i^c(kh)-\boldsymbol{x}_i^c(t_m^ih)\qquad t_m^i<k<t_{m+1}^i\tag{5-14}$$

由于时间间隔 $[t_m^ih,t_{m+1}^ih)=\bigcup_{k=t_m^i}^{t_{m+1}^i-1}[kh,(k+1)h)$ 和 $[t_m^ih,t_{m+1}^ih)$ 可以划分成为多个采样间隔 $t_{m+1}^i-t_m^i$，对于 $t\in[kh,(k+1)h)$，式(5-13)中的 $u_i^c(t)$ 可以表示为

$$u_i^c(t)=\boldsymbol{K}_i^c[\boldsymbol{x}_i^c(kh)-\boldsymbol{x}_{i-1}^c(kh)-e_i^c(kh)+e_{i-1}^c(kh)]\tag{5-15}$$

结合式(5-7)和式(5-15)，在 $t\in[kh,(k+1)h)$ 范围内，车辆的采样数据反馈控

制器 $u_i(t)$ 可以表示为

$$\begin{aligned}u_i(t)&=\boldsymbol{K}_i^o\boldsymbol{x}_i^o(kh)+\boldsymbol{K}_i^c[\boldsymbol{x}_i^c(kh)-\boldsymbol{x}_{i-1}^c(kh)-e_i^c(kh)+e_{i-1}^c(kh)]\\&=\boldsymbol{K}_i\boldsymbol{x}_i(th)+\boldsymbol{K}_i[e_{i-1}^c(kh)-e_i^c(kh)]\end{aligned}\tag{5-16}$$

其中，$\boldsymbol{x}_i(t)=\boldsymbol{x}_i^o(t)+\boldsymbol{x}_i^c(t)-\boldsymbol{x}_{i-1}^c(t)$ 表示跟踪误差向量；$\boldsymbol{K}_i=\boldsymbol{K}_i^o+\boldsymbol{K}_i^c$ 为反馈控制器增益。

定义延时 $\tau'(t)=t-kh$，其中 $t\in[kh,(k+1)h)$。很明显，当 $t=kh$ 时，$\tau'(t)$ 是线性分段且不连续的，意味着当 $t\neq kh$ 时，$0\leqslant\tau'(t)<h$ 且 $\dot{\tau}'(t)=1$。因此，控制器(5-16)可以重描述为

$$u_i(t)=\boldsymbol{K}_i\boldsymbol{x}_i(t-\tau'(t))+\boldsymbol{K}_i[e_{i-1}^c(t-\tau'(t))-e_i^c(t-\tau'(t))]\tag{5-17}$$

分别定义 $\boldsymbol{x}(t)=\mathrm{Col}[\boldsymbol{x}_i(t)]_{i=1}^N$，$\boldsymbol{u}(t)=\mathrm{Col}[u_i(t)]_{i=1}^N$ 和 $\boldsymbol{w}(t)=\mathrm{Col}[a_i(t)]_{i=0}^{N-1}$ 为跟踪误差、控制输入向量、扰动向量，其中，“Col”表示列向量。基于式(5-4)、式(5-5)和式(5-17)，车辆队列控制系统的状态空间方程可描述成：

$$\dot{\boldsymbol{x}}(t)=\boldsymbol{A}\boldsymbol{x}(t)+\boldsymbol{B}\boldsymbol{u}(t-\tau)+\boldsymbol{D}\boldsymbol{w}(t)\qquad t\in[kh,(k+1)h)\tag{5-18}$$

其中，

$$\boldsymbol{A}=\begin{bmatrix}\boldsymbol{A}_1&0&\cdots&0\\0&\boldsymbol{A}_2&\cdots&0\\\vdots&\vdots&\ddots&\vdots\\0&\cdots&0&\boldsymbol{A}_N\end{bmatrix},\ \boldsymbol{B}=\begin{bmatrix}\boldsymbol{B}_1&0&\cdots&0\\-\boldsymbol{B}_1&\boldsymbol{B}_2&\cdots&0\\\vdots&\vdots&\ddots&\vdots\\0&\cdots&-\boldsymbol{B}_{N-1}&\boldsymbol{B}_N\end{bmatrix},$$

$$\boldsymbol{D}=\begin{bmatrix}\boldsymbol{d}_1&&\\&\ddots&\\&&\boldsymbol{d}_N\end{bmatrix},\ \boldsymbol{A}_i=\begin{bmatrix}0&1&h_v\\0&0&1\\0&0&-\dfrac{1}{\varsigma}\end{bmatrix},\ \boldsymbol{B}_i=\begin{bmatrix}0\\0\\-\dfrac{1}{\varsigma}\end{bmatrix},\ \boldsymbol{d}_i=\begin{bmatrix}h_v\\0\\0\end{bmatrix}。$$

由此，可得以下基于跟踪误差的车队控制系统的采样反馈控制器为

$$\boldsymbol{u}(t-\tau)=\boldsymbol{K}[\boldsymbol{x}(t-\tau(t))+\boldsymbol{\varepsilon}(t-\tau(t))]\qquad t\in[kh,(k+1)h)\tag{5-19}$$

其中，$\tau(t)=\tau'(t)+\tau$，当 $t\neq kh$ 时，$0\leqslant\tau(t)<h'$，且 $h'=h+\tau$，$\dot{\tau}(t)=1$。此外，$\boldsymbol{K}=\mathrm{diag}\{\boldsymbol{K}_1,\cdots,\boldsymbol{K}_N\}$，$\boldsymbol{\varepsilon}(t)=(\boldsymbol{L}\otimes\boldsymbol{I}_3)\boldsymbol{e}(t)$ 且 $\boldsymbol{e}(t)=\mathrm{Col}[\boldsymbol{e}_i^c(t)]_{i=1}^N$，$\boldsymbol{L}=\begin{bmatrix}1&0&\cdots&0\\-1&1&\cdots&0\\\vdots&\vdots&\ddots&\vdots\\0&\cdots&-1&1\end{bmatrix}$。

将式(5-19)代入式(5-18)，对于 $t\in[kh,(k+1)h)$，车队控制系统的状态空间方程可以改写为

$$\dot{\boldsymbol{x}}(t)=\boldsymbol{A}\boldsymbol{x}(t)+\boldsymbol{B}\boldsymbol{K}\boldsymbol{x}[t-\tau(t)]+\boldsymbol{B}\boldsymbol{K}\boldsymbol{\varepsilon}[t-\tau(t)]+\boldsymbol{D}\boldsymbol{w}(t)\tag{5-20}$$

其中，假定该状态的初始条件为 $\boldsymbol{x}(t)=\boldsymbol{\phi}(t)=\boldsymbol{\phi}(t_0)$，$t\in[-h',0]$。

本章的控制目标为：基于动态阈值参数调节规则式(5-10)以及 DECM 机制式(5-9)，为车辆队列控制系统设计采样反馈控制器式(5-16)，使得每辆车辆可以跟踪领队

车辆的速度，同时保持期望的车辆间距离。也即满足以下设计要求：

1）稳态性能：跟踪误差 $\boldsymbol{x}_i(t)$ 是渐近稳定的。

2）抗干扰能力：在零初始值条件下，对于所有非零扰动，$\boldsymbol{w}(t)\in l_2[0,\infty)$，车队控制系统的跟踪误差 $\boldsymbol{x}(t)$，满足以下定义的 H_∞ 扰动抑制性能指标：

$$\|\boldsymbol{x}(t)\|_2\leqslant\gamma\|\boldsymbol{w}(t)\|_2 \tag{5-21}$$

其中，$\gamma>0$。

5.3　基于事件触发的车间通信机制与控制

针对车队控制系统，以下定理给出所提的 DECM 车间通信机制式(5-9)和采样反馈控制器式(5-16)存在的充分条件。

定理 5.1：考虑基于 DECM 通信机制式(5-9)的车队控制系统，其动态阈值参数的调整规则如式(5-10)。对于给定标量 $h>0$、$\tau>0$、$\boldsymbol{\sigma}_0\in[0,1)$ 和 $\gamma>0$，以及反馈增益矩阵 $\boldsymbol{K}$，如果存在适当维度的实数矩阵 $\boldsymbol{P}=\boldsymbol{P}^{\mathrm{T}}>0$、$\boldsymbol{Q}=\boldsymbol{Q}^{\mathrm{T}}>0$ 和 $\boldsymbol{R}=\boldsymbol{R}^{\mathrm{T}}>0$ 满足以下条件：

$$\begin{bmatrix}\boldsymbol{R} & \boldsymbol{S}\\ * & \boldsymbol{R}\end{bmatrix}\geqslant 0 \tag{5-22}$$

$$\begin{bmatrix}\boldsymbol{\Gamma} & h'\boldsymbol{\Omega} & \gamma^{-1}\boldsymbol{I}_{3N}\\ * & -\boldsymbol{R} & 0\\ * & * & -\boldsymbol{I}_{3N}\end{bmatrix}<0 \tag{5-23}$$

其中，$\boldsymbol{\Gamma}=[\boldsymbol{\Gamma}_{pq}]_{5\times5}$ 为对称的分块矩阵，其中每项为 $\boldsymbol{\Gamma}_{11}=\boldsymbol{PA}+\boldsymbol{A}^{\mathrm{T}}\boldsymbol{P}+\boldsymbol{Q}-\boldsymbol{R}$，$\boldsymbol{\Gamma}_{12}=\boldsymbol{PBK}+\boldsymbol{R}+\boldsymbol{S}$，$\boldsymbol{\Gamma}_{13}=-\boldsymbol{S}$，$\boldsymbol{\Gamma}_{14}=\boldsymbol{PB}$，$\boldsymbol{\Gamma}_{15}=\boldsymbol{PD}$，$\boldsymbol{\Gamma}_{22}=-\boldsymbol{S}-\boldsymbol{S}^{\mathrm{T}}-2\boldsymbol{R}+(\boldsymbol{L}\otimes\boldsymbol{I}_3)^{\mathrm{T}}(\sigma_0\boldsymbol{I}_N\otimes\boldsymbol{\Phi})\cdot(\boldsymbol{L}\otimes\boldsymbol{I}_3)$，$\boldsymbol{\Gamma}_{23}=\boldsymbol{R}+\boldsymbol{S}$，$\boldsymbol{\Gamma}_{24}=(\boldsymbol{L}\otimes\boldsymbol{I}_3)^{\mathrm{T}}(\sigma_0\boldsymbol{I}_N\otimes\boldsymbol{\Phi})$，$\boldsymbol{\Gamma}_{33}=-\boldsymbol{R}-\boldsymbol{Q}$ 和 $\boldsymbol{\Gamma}_{44}=(\boldsymbol{L}\otimes\boldsymbol{I}_3)^{\mathrm{T}}\cdot(\sigma_0\boldsymbol{I}_N\otimes\boldsymbol{\Phi})(\boldsymbol{L}\otimes\boldsymbol{I}_3)-\boldsymbol{I}_N\otimes\boldsymbol{\Phi}$，且其他项为 0，那么车队控制系统的跟踪误差是渐进稳定的且保证 H_∞ 扰动抑制性能指标为 γ。

证明：为车队控制系统定义如下 Lyapunov-Krasovskii 函数：

$$V(t)=\sum_{i=1}^{3}V_i(t)\qquad t\in[kh,(k+1)h) \tag{5-24}$$

其中，$V_1(t)=\boldsymbol{x}^{\mathrm{T}}(t)\boldsymbol{Px}(t)$，$V_2(t)=\int_{t-h'}^{t}\boldsymbol{x}^{\mathrm{T}}(s)\boldsymbol{Qx}(s)\mathrm{d}s$；$V_3(t)=\int_{-h'}^{0}\int_{t+\theta}^{t}\dot{\boldsymbol{x}}^{\mathrm{T}}(s)\boldsymbol{R}\dot{\boldsymbol{x}}(s)\mathrm{d}s\mathrm{d}\theta$，$\boldsymbol{P}$、$\boldsymbol{Q}$ 和 $\boldsymbol{R}$ 为正定矩阵。

沿着轨迹式(5-17)，对 $V(t)$ 求导可得

$$\begin{aligned}\dot{V}_1(t)=&\boldsymbol{x}^{\mathrm{T}}(t)[\boldsymbol{PA}+\boldsymbol{A}^{\mathrm{T}}\boldsymbol{P}]\boldsymbol{x}(t)+2\boldsymbol{x}^{\mathrm{T}}(t)\boldsymbol{PBKx}(t-\tau(t))+\\&2\boldsymbol{x}^{\mathrm{T}}(t)\boldsymbol{PBK}\boldsymbol{\varepsilon}(t-\tau(t))+2\boldsymbol{x}^{\mathrm{T}}(t)\boldsymbol{PDw}(t)\end{aligned} \tag{5-25}$$

$$\dot{V}_2(t)=\boldsymbol{x}^{\mathrm{T}}(t)\boldsymbol{Qx}(t)-\boldsymbol{x}^{\mathrm{T}}(t-h)\boldsymbol{Qx}(t-h) \tag{5-26}$$

$$\dot{V}_3(t)=h^2\dot{\boldsymbol{x}}^{\mathrm{T}}(s)\boldsymbol{R}\dot{\boldsymbol{x}}(s)-h\int_{t-\tau(t)}^{t}\dot{\boldsymbol{x}}^{\mathrm{T}}(s)\boldsymbol{R}\dot{\boldsymbol{x}}(s)\mathrm{d}s \tag{5-27}$$

根据参考文献[13]中引理5.1提出的逆凸不等式可得

$$-h\int_{t-\tau(t)}^{t}\dot{\boldsymbol{x}}^{\mathrm{T}}(s)\boldsymbol{R}\dot{\boldsymbol{x}}(s)\mathrm{d}s\leqslant[\boldsymbol{\phi}_1^{\mathrm{T}}\quad\boldsymbol{\phi}_2^{\mathrm{T}}]\begin{bmatrix}-\boldsymbol{R} & \boldsymbol{S}\\ * & -\boldsymbol{R}\end{bmatrix}\begin{bmatrix}\boldsymbol{\phi}_1\\ \boldsymbol{\phi}_2\end{bmatrix} \tag{5-28}$$

其中，$\boldsymbol{\phi}_1=\boldsymbol{x}[t-\tau(t)]-\boldsymbol{x}(t)$、$\boldsymbol{\phi}_2=\boldsymbol{x}(t-h)-\boldsymbol{x}[t-\tau(t)]$和式(5-22)中的$\boldsymbol{S}$是一个实矩阵。

根据式(5-9)、式(5-10)和式(5-12)描述的DECM机制，可知

$$\begin{aligned}\boldsymbol{\varepsilon}^{\mathrm{T}}(kh)(\boldsymbol{I}_N\otimes\boldsymbol{\Phi})\boldsymbol{\varepsilon}(kh)&=\boldsymbol{e}^{\mathrm{T}}(kh)[(\boldsymbol{L}\otimes\boldsymbol{I}_3)^{\mathrm{T}}(\boldsymbol{I}_N\otimes\boldsymbol{\Phi})(\boldsymbol{L}\otimes\boldsymbol{I}_3)]\boldsymbol{e}(kh)\\&\leqslant\boldsymbol{x}^{\mathrm{T}}(kh)[(\boldsymbol{L}\otimes\boldsymbol{I}_3)^{\mathrm{T}}(\sigma_0\boldsymbol{I}_N\otimes\boldsymbol{\Phi})(\boldsymbol{L}\otimes\boldsymbol{I}_3)]\boldsymbol{x}(kh)\end{aligned} \tag{5-29}$$

意味着

$$\begin{bmatrix}\boldsymbol{x}(t-\tau(t))\\ \boldsymbol{\varepsilon}(t-\tau(t))\end{bmatrix}^{\mathrm{T}}\begin{bmatrix}\Pi_1 & \Pi_2\\ * & \Pi_3\end{bmatrix}\begin{bmatrix}\boldsymbol{x}(t-\tau(t))\\ \boldsymbol{\varepsilon}(t-\tau(t))\end{bmatrix}\geqslant0 \tag{5-30}$$

其中，$\Pi_1=(\boldsymbol{L}\otimes\boldsymbol{I}_3)^{\mathrm{T}}(\sigma_0\boldsymbol{I}_N\otimes\boldsymbol{\Phi})(\boldsymbol{L}\otimes\boldsymbol{I}_3)$；$\Pi_2=\boldsymbol{\Gamma}_{24}$；$\Pi_3=\boldsymbol{\Gamma}_{44}$。

结合式(5-25)~式(5-28)和式(5-30)，可得

$$\dot{V}(t)\leqslant\boldsymbol{\Psi}^{\mathrm{T}}(t)(\boldsymbol{\Gamma}+h'^2\boldsymbol{\Omega}^{\mathrm{T}}\boldsymbol{R}\Omega)\boldsymbol{\Psi}(t) \tag{5-31}$$

其中，$\boldsymbol{\Psi}(t)=\mathrm{Col}\{\boldsymbol{x}(t),\boldsymbol{x}(t-\tau(t));\boldsymbol{x}(t-h);\boldsymbol{\varepsilon}(t-\tau(t)),\boldsymbol{w}(t)\}$；$\boldsymbol{\Omega}=[\boldsymbol{A}\quad\boldsymbol{BK}\quad0\quad\boldsymbol{BK}\quad\boldsymbol{D}]$。

通过对式(5-23)应用Schur补定理，得到

$$\begin{bmatrix}\boldsymbol{\Gamma} & h'\boldsymbol{\Omega}\\ * & -\boldsymbol{R}\end{bmatrix}<0 \tag{5-32}$$

对不等式(5-31)应用Schur补定理，可以得到$\boldsymbol{\Gamma}+h'^2\boldsymbol{\Omega}^{\mathrm{T}}\boldsymbol{R}\Omega<0$，意味着$\dot{V}(t)\leqslant0$。因此，跟踪误差系统式(5-18)是渐进稳定的。

接下来，分析车队控制系统的H_∞扰动抑制水平。为此，将$\boldsymbol{x}^{\mathrm{T}}(t)\boldsymbol{x}(t)-\gamma^2\boldsymbol{w}^{\mathrm{T}}(t)\boldsymbol{w}(t)$添加到式(5-31)的两边。根据定理5.1中的条件式(5-23)和Schur补定理，得到

$$\dot{V}(t)+\boldsymbol{x}^{\mathrm{T}}(t)\boldsymbol{x}(t)-\gamma^2\boldsymbol{w}^{\mathrm{T}}(t)\boldsymbol{w}(t)\leqslant\boldsymbol{\Psi}^{\mathrm{T}}(t)(\boldsymbol{\Gamma}+h'^2\boldsymbol{\Omega}^{\mathrm{T}}\boldsymbol{R}\Omega)\boldsymbol{\Psi}(t)+\boldsymbol{x}^{\mathrm{T}}(t)\boldsymbol{x}(t)-\gamma^2\boldsymbol{w}^{\mathrm{T}}(t)\boldsymbol{w}(t)<0$$

因此$\int_0^{h'}[\dot{V}(t)+\boldsymbol{x}^{\mathrm{T}}(t)\boldsymbol{x}(t)-\gamma^2\boldsymbol{w}^{\mathrm{T}}(t)\boldsymbol{w}(t)]\mathrm{d}t<0$。

因此，在零初始条件，有$\int_0^{h'}\boldsymbol{x}^{\mathrm{T}}(t)\boldsymbol{x}(t)]\mathrm{d}t\leqslant\gamma^2\int_0^{\infty}\boldsymbol{w}^{\mathrm{T}}(t)\boldsymbol{w}(t)]\mathrm{d}t$成立，意味着对所有非零$\boldsymbol{w}(t)\in l_2[0,\infty)$，有$\|\boldsymbol{x}(t)\|_2\leqslant\gamma\|\boldsymbol{w}(t)\|_2$成立。

注5.6：所提的基于DECM车间通信机制的采样控制器可以显著减少采样数据通过网络传输的频率，但却不影响车队控制系统的控制性能。根据事件触发条件的性质，可以得到条件式(5-29)，其中，测量误差$\boldsymbol{e}_i^c(kh)$定义可参见式(5-14)。

定理 5.1 中的条件保证了车队控制系统的状态 $\boldsymbol{x}(kh)$ 是稳定的。因此，测量误差 $\boldsymbol{e}_i^c(kh)$ 是稳定的，这意味着当前的采样数据 $\boldsymbol{x}_i^c(kh)$ 相对于最新传输的数据 $x_i^c(t_m^i h)$ 的偏差很小。因此，不需要通过 VANET 传输当前的采样数据，以此进行控制器输入的更新。通过仿真中的对比实验，说明了基于 DECM 机制的采样控制的控制性能与基于 TCM 的采样控制的性能是非常接近的。

定理 5.2：考虑基于 DECM 通信机制式(5-9)的车队控制系统，其应用动态阈值参数调整规则式(5-10)。对于给定标量 $h>0$、$\tau>0$、$\sigma_0\in[0,1)$、$\gamma>0$、$\kappa>0$ 和反馈增益矩阵 $\boldsymbol{K}$，如果存在实数矩阵 $\widetilde{\boldsymbol{P}}=\widetilde{\boldsymbol{P}}^{\mathrm{T}}>0$、$\widetilde{\boldsymbol{Q}}=\widetilde{\boldsymbol{Q}}^{\mathrm{T}}>0$ 和 $\widetilde{\boldsymbol{R}}=\widetilde{\boldsymbol{R}}^{\mathrm{T}}>0$，以及适当维数的矩阵 $\widetilde{\boldsymbol{S}}$ 满足以下条件：

$$\begin{bmatrix} \widetilde{\boldsymbol{R}} & \widetilde{\boldsymbol{S}} \\ * & \widetilde{\boldsymbol{R}} \end{bmatrix} \geqslant 0 \tag{5-33}$$

$$\begin{bmatrix} \boldsymbol{\Gamma} & h'\boldsymbol{\Omega} & \gamma^{-1}\boldsymbol{I}_{3N} \\ * & -\boldsymbol{R} & 0 \\ * & * & -\boldsymbol{I}_{3N} \end{bmatrix} < 0 \tag{5-34}$$

其中，$\boldsymbol{\Gamma}=[\boldsymbol{\Gamma}_{pq}]_{5\times5}$ 为对称分块矩阵，其中每项为 $\boldsymbol{\Gamma}_{11}=\widetilde{\boldsymbol{P}}\boldsymbol{A}+\boldsymbol{A}^{\mathrm{T}}\widetilde{\boldsymbol{P}}+\widetilde{\boldsymbol{Q}}-\widetilde{\boldsymbol{R}}$，$\boldsymbol{\Gamma}_{12}=\boldsymbol{B}\widetilde{\boldsymbol{K}}+\widetilde{\boldsymbol{R}}+\widetilde{\boldsymbol{S}}$，$\boldsymbol{\Gamma}_{13}=-\widetilde{\boldsymbol{S}}$，$\boldsymbol{\Gamma}_{14}=\boldsymbol{B}\widetilde{\boldsymbol{K}}$，$\boldsymbol{\Gamma}_{15}=\widetilde{\boldsymbol{P}}\boldsymbol{D}$，$\boldsymbol{\Gamma}_{22}=-\boldsymbol{S}-\boldsymbol{S}^{\mathrm{T}}-2\boldsymbol{R}+(\boldsymbol{L}\otimes\boldsymbol{I}_3)^{\mathrm{T}}\sigma_0\widetilde{\boldsymbol{\Phi}}(\boldsymbol{L}\otimes\boldsymbol{I}_3)$，$\boldsymbol{\Gamma}_{23}=\widetilde{\boldsymbol{R}}+\widetilde{\boldsymbol{S}}$，$\boldsymbol{\Gamma}_{24}=(\boldsymbol{L}\otimes\boldsymbol{I}_3)^{\mathrm{T}}\sigma_0\widetilde{\boldsymbol{\Phi}}$，$\boldsymbol{\Gamma}_{33}=-\widetilde{\boldsymbol{R}}-\widetilde{\boldsymbol{Q}}$，$\boldsymbol{\Gamma}_{44}=(\boldsymbol{L}\otimes\boldsymbol{I}_3)^{\mathrm{T}}\sigma_0\widetilde{\boldsymbol{\Phi}}(\boldsymbol{L}\otimes\boldsymbol{I}_3)-\boldsymbol{I}_N\otimes\widetilde{\boldsymbol{\Phi}}$，且其他项为 0。那么，车队控制系统的跟踪误差渐近稳定且具有的 H_∞ 扰动抑制水平为 γ。此外，式(5-9)中的事件触发权重矩阵可选择为

$$\boldsymbol{\Phi}=\widetilde{\boldsymbol{P}}^{-1}\widetilde{\boldsymbol{\Phi}}\widetilde{\boldsymbol{P}}^{-1} \tag{5-35}$$

5.4　仿真实验

在本节中，通过仿真实验对比，对基于 DECM 车间通信机制设计的采样反控制器的控制效果进行验证，其中，考虑的车队控制系统由 6 辆车辆构成。对于仿真实验，DECM 车间通信机制涉及的参数见表 5-1，领队车辆的速度和加速度如图 5-3 所示。

表 5-1　仿真参数

参数	符号	数值
惯性延迟	ς	0.25s
采样周期	h	0.1s
车身长度	L	6m

（续）

参数	符号	数值
执行期延迟	τ	0.1s
期望间距	δ_d	5m
H_∞ 扰动衰减水平	γ	1.25

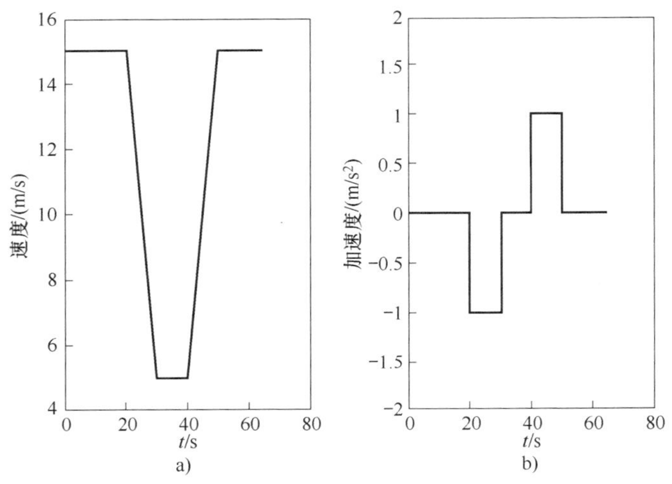

图 5-3 领队车辆的速度和加速度

a）速度 b）加速度

利用参考文献[12]提出的控制器设计方法，忽略传感器故障影响，则可得到车辆的采样反馈控制器的增益为 $\boldsymbol{K}_i=[10\quad 11\quad 12]$，其满足定理 5.1 中的稳定性条件，从而满足了队列稳定性要求。根据表 5-1 的仿真参数，由定理 5.2 可知，车队控制系统中针对 DECM 通信机制的设计求解问题是可行的。由此，得到 DECM 的参数设计为 $\boldsymbol{\Phi}=\begin{bmatrix} 0.061 & 0.007 & 0.005 \\ * & 0.053 & 0.006 \\ * & * & * \end{bmatrix}$，$\theta=8$，$\kappa=1$ 和 $\sigma_0=0.6$。

基于 DECM 机制的采样反馈控制器，可得到各车辆的间距误差、速度和加速度如图 5-4 所示，其中，相应的传输时刻和释放的时间间隔如图 5-5 所示。动态阈值参数如图 5-6 所示。得到的仿真结果可知车辆能够准确、快速地跟踪领队车辆的速度，并且车辆之间能够保持期望的车间距离。相比之下，参考文献[12]中所采用的基于 TCM 机制的采样控制器，得到的车间距误差、速度和加速度如图 5-7 所示。从这些仿真结果中可以看出，基于 DECM 机制的采样控制器的控制性能，与基于 TCM 机制的采样控制器的控制性能非常接近。表 5-2 列出了 DECM 车间通信机制下，每辆车的采样数据的传输比（Sampled-data Transmission Ratio，STR）

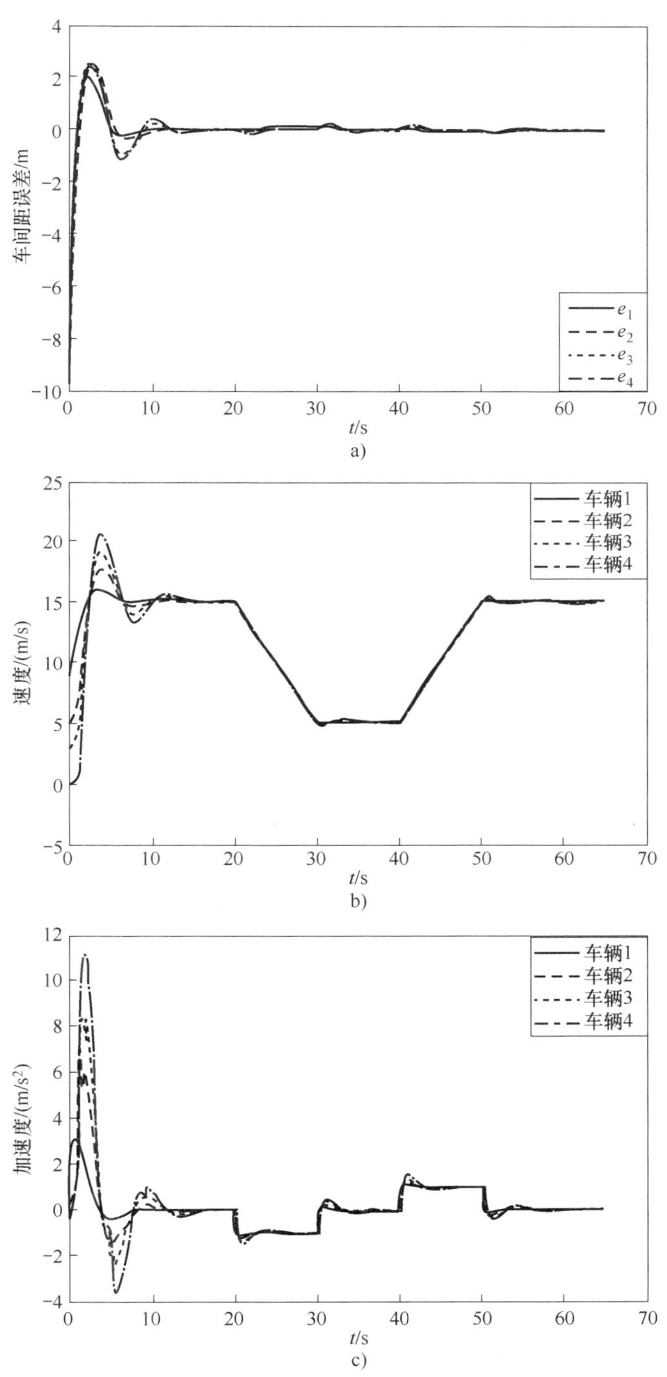

图 5-4　基于 DECM 机制的采样控制器得到的跟随车辆的仿真结果

a）车间距误差　b）速度　c）加速度

和平均释放时间间隔(Average Release Time Intervals，ARTI)，其中释放时间间隔的最大值约为1.2s。车队控制系统的平均STR和ARTI值分别为(42%+46%+44%+51%)/4=45.75%和(0.24s+0.20s+0.22s+0.20s)/4=0.125s。因此，当使用DECM车间通信机制时，在时间间隔[0,65s)内，车辆只需通过VANET传输298个采样数据，平均时间间隔为0.22s。然而，若采用参考文献[12]中的基于TCM车间通信机制的采样控制器，在时间间隔[0,65s)内，共有650个采样数据需要通过通信网络进行传输。这实际上是对车队控制系统中，有限的通信资源的一种浪费。与TCM机制相比，DECM机制可以显著减少通过VANET传输的数据的次数，从而节省有限的通信资源。

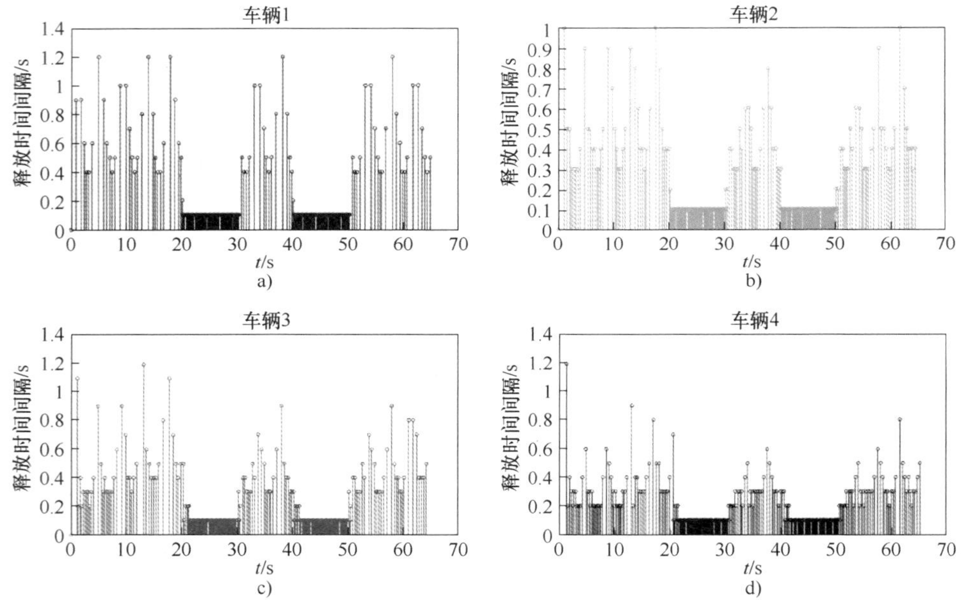

图5-5　基于DECM机制，跟随车辆的车间通信的传输时刻和释放时间间隔(见彩插)

a) 车辆1　b) 车辆2　c) 车辆3　d) 车辆4

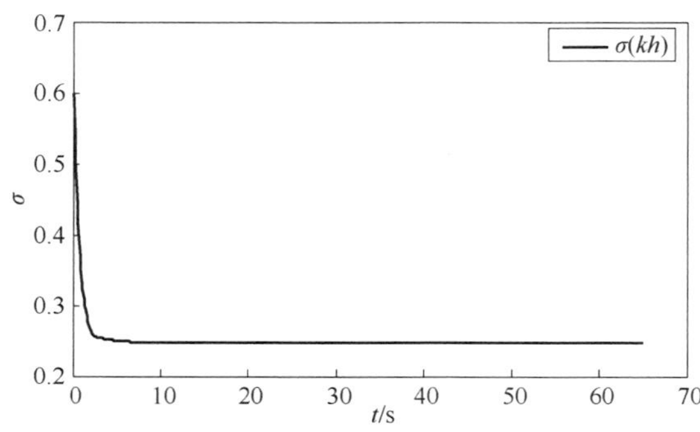

图5-6　当$\sigma_0=0.6$和$\theta=8$时的动态阈值参数

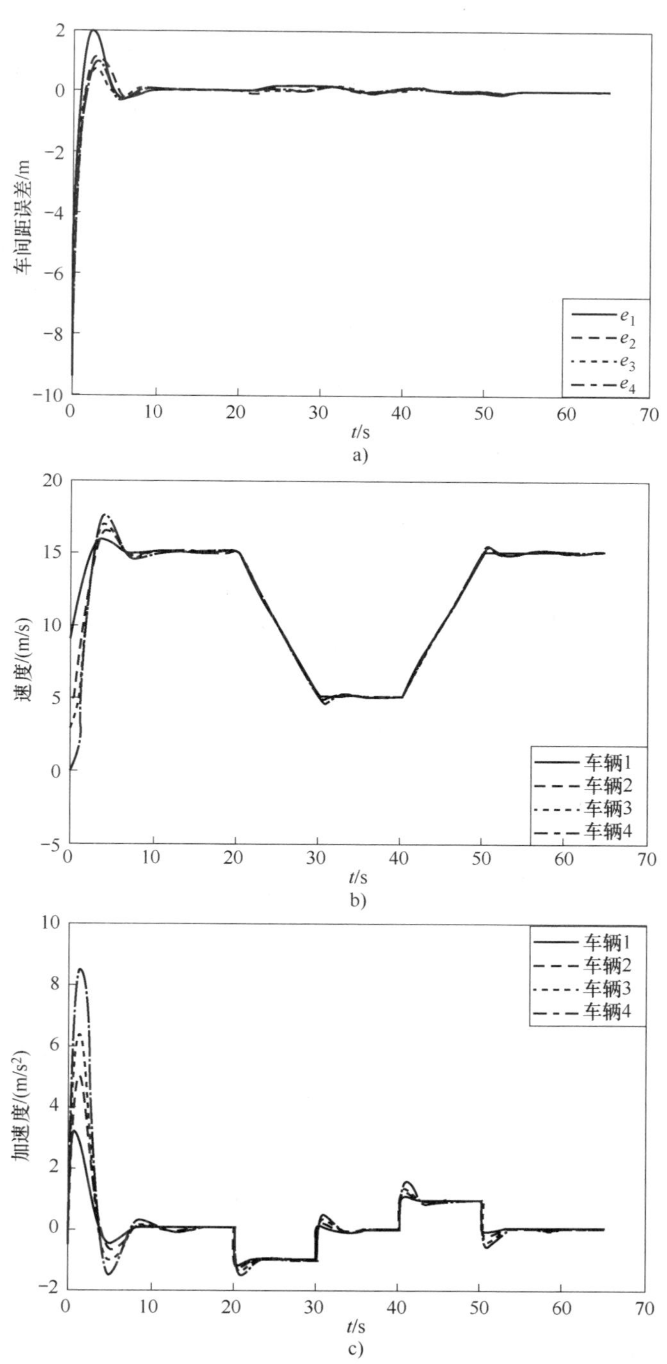

图 5-7　参考文献[12]中基于 TCM 机制的采样控制器得到的跟随车辆的仿真结果

a）车间距误差　b）速度　c）加速度

表 5-2　采用 DECM 和 SECM 通信机制对应的 STR 和 ARTI

	DECM		SECM	
	STR	ARTI	STR	ARTI
$i=1$	42%	0. 24s	36%	0. 29s
$i=2$	46%	0. 20s	36%	0. 25s
$i=3$	44%	0. 22s	39%	0. 20s
$i=4$	51%	0. 20s	41%	0. 20s

在接下来的分析中，与车间通信采用的 SECM 机制进行对比。在这种情况下，式(5-10)中的参数可设成 $\sigma(kh)=\sigma_0=0.6$ 和 $\theta=8$。在 SECM 机制下，各车辆的间距误差、速度和加速度如图 5-8 所示。对应的传输时刻和释放时间间隔如图 5-9 所示。各车辆的 STR 和 ARTI 见表 5-2。通过上述仿真结果，可得出以下结论：

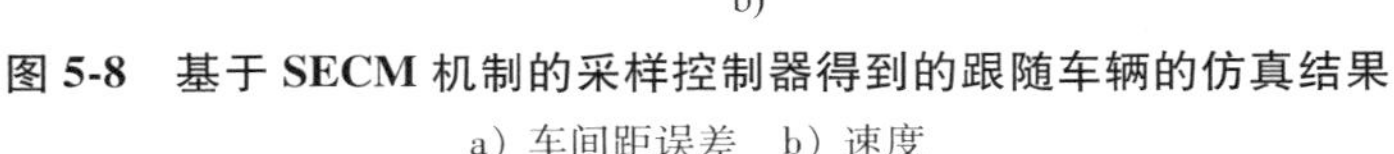

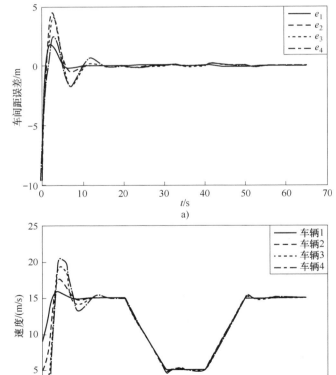

图 5-8　基于 SECM 机制的采样控制器得到的跟随车辆的仿真结果

a）车间距误差　b）速度

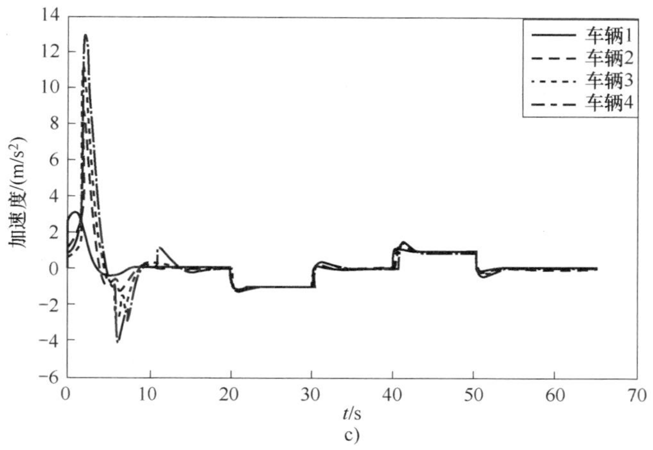

图 5-8　基于 SECM 机制的采样控制器得到的跟随车辆的仿真结果(续)

c）加速度

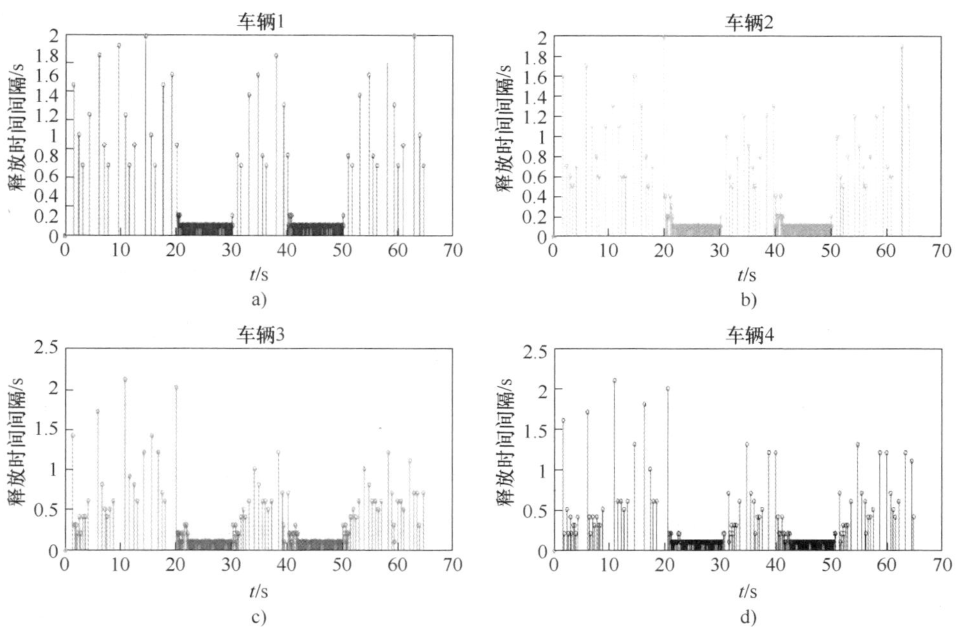

图 5-9　基于 SECM 机制跟随车辆的车间通信的传输时刻和释放时间间隔(见彩插)

a）车辆 1　b）车辆 2　c）车辆 3　d）车辆 4

1）采用 SECM 机制，车队控制系统所需较少的采样数据(见表 5-2)。其主要原因是阈值参数 $\sigma(kh)$ 为固定值 σ_0。相比之下，DECM 中的阈值函数 $\sigma(kh)$ 是单调非递增的，如图 5-6 所示。这就意味着，阈值参数值越大，传送的数据包数量就越少。车队控制系统在 SECM 车间通信机制下，其最大释放时间间隔为 2s(见

图 5-9b)，大于 DECM 机制下的最大的释放时间间隔。

2）采用 DECM 机制的车队控制系统，可获得更好的车队控制性能。虽然在 SECM 机制下可传送较少的数据包，但未传输的采样数据可能包含车队系统的重要信息，若没有传输，则有可能导致车队控制性能下降。这一点如图 5-4a～c 和图 5-8a～c 所示。与 DECM 机制相比，基于 SECM 机制的控制策略，使得各车辆的车间距误差、速度和加速度，在时间间隔[0,20s)内有较大的波动。

因此，基于 DECM 机制的车队控制策略具有以下优势：

1）与参考文献[12]相比，基于 DECM 机制的采样反馈控制器，可提供更大的时变延时的上界，且涉及的计算复杂度更小。考虑与参考文献[12]中采用相同的 Lyapunov-Krasovskii 函数，本章利用参考文献[13]中的逆凸不等式，来寻找时滞车队系统的稳定性判据。与参考文献[12]中采用的方法相比，基于逆凸不等式获取的稳定性条件的保守性更好且需要的矩阵变量的个数较小。这里，通过列举一个例子来说明。本章所提出的定理 5.1 的稳定性判据只涉及一个矩阵变量。然而，参考文献[12]中的稳定性判据，涉及了 3 个矩阵变量，这增加了车队控制算法的计算复杂度。利用 LMI 控制工具箱，分别求解本章和参考文献[12]中所提的稳定性判据的可行解，得到的时变延时的上界分别为 0.31s 和 0.18s。将车队控制系统的延时设置为 0.29s，得到的采样反馈控制器的增益为 $\boldsymbol{K}_i=[10\quad 11\quad 12]$。分别采用基于 DECM 机制的采样反馈控制器和基于 TCM 机制的采样反馈控制器，所得到的各车辆的车间距误差、速度和加速度如图 5-10 和图 5-11 所示。与参考文献[12]相比，利用本章所提的控制策略，车队中跟随车辆的间距误差、速度和加速度的响应是稳定的，而采用参考文献[12]提出的控制方法，得到的结果是振荡的。因此，所提的基于 DECM 机制的采样反馈控制，可保证基于采样控制的车队系统具有更大的延时上限。

2）当考虑加速度变化产生的干扰时，基于 DECM 车间通信机制的采样反馈控制器具有更稳定的性能。下面通过例子来说明这一点。假设领队车辆的加速度变化频繁，如图 5-12 所示。设计的目标是利用基于 DECM 机制的采样反馈控制器，使得车队控制系统满足式(5-21)中定义的期望 H_∞ 扰动抑制水平 $\|\boldsymbol{x}(t)\|_2 * \|\boldsymbol{w}(t)\|_2^{-1} \leqslant \gamma(\gamma=8)$。在这种情况下，在之前仿真研究中所使用的控制器增益 $\boldsymbol{K}_i=[10\quad 11\quad 12]$，并不能保证定理 5.1 中的条件具有可行解。因此，利用参考文献[12]中的算法 5.1 计算并得到了一个新的控制器增益 $\boldsymbol{K}_i=[13\quad 15\quad 11]$，其满足定理 5.1 的条件，并保证了车队系统的队列稳定性要求。图 5-13 和图 5-14 分别给出了基于 DECM 机制的采样反馈控制器(控制器增益为$\boldsymbol{K}_i=[13\quad 15\quad 11]$)和基于 TCM 机制的采样反馈控制器(控制器增益为 $\boldsymbol{K}_i=[10\quad 11\quad 12]$)，各车辆的车间距误差、速度和加速度。其中，值 $\|\boldsymbol{x}(t)\|_2 * \|\boldsymbol{w}(t)\|_2^{-1}$ 如图 5-13d 和图 5-14d 所示。对于所提出的基于 DECM 机制的采样控制器，车队系统的跟踪误差可以满足给定的干扰抑制水平 γ。

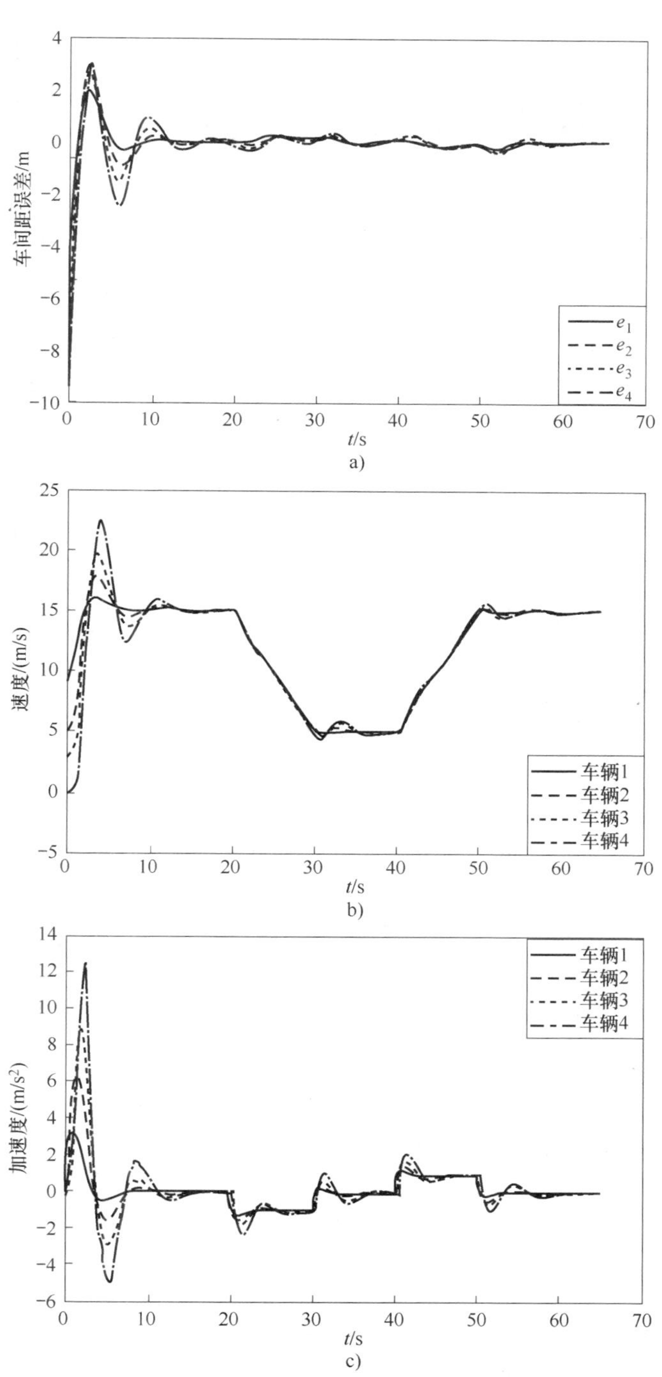

图 5-10　当通信延时为 0.29s 时，基于 DECM 机制的采样控制器跟随车辆的仿真结果

a）车间距误差　b）速度　c）加速度

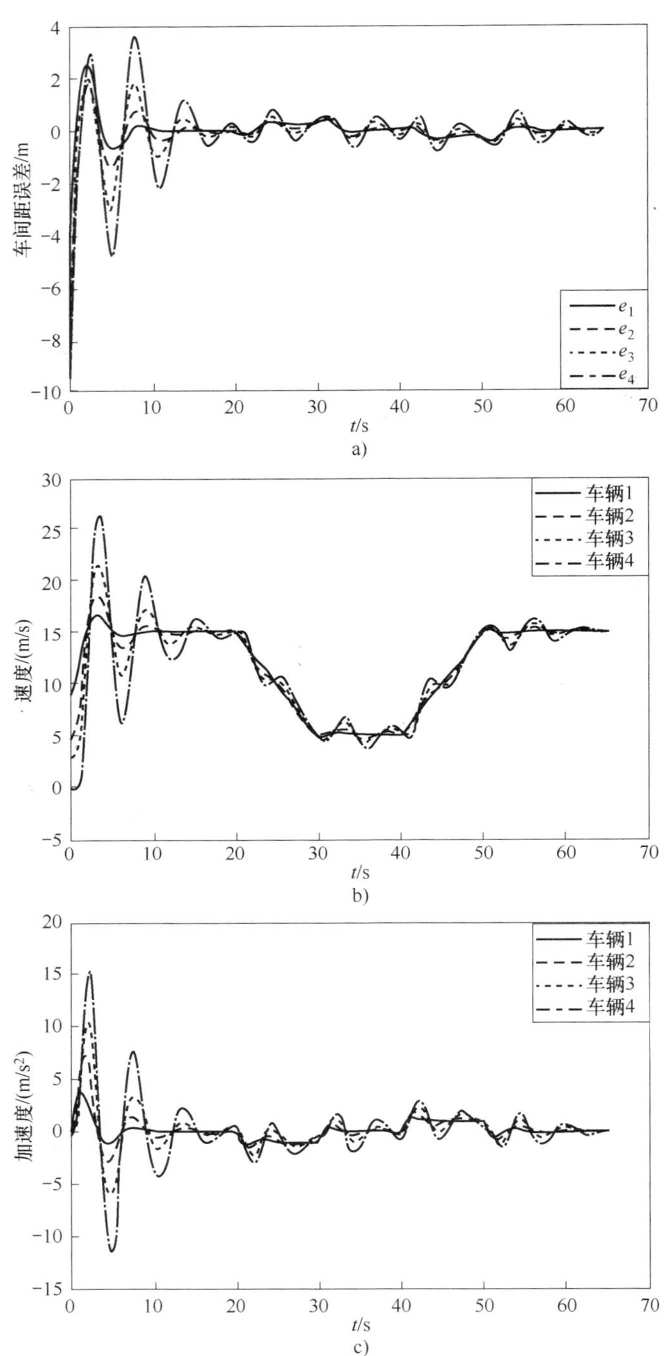

图 5-11 当通信延时为 **0.29s** 时，参考文献[12]中基于 TCM 机制的采样控制器跟随车辆的仿真结果

a）车间距误差　b）速度　c）加速度

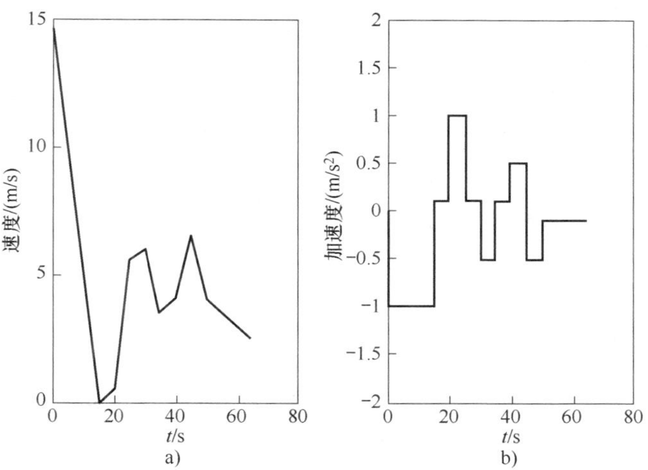

图 5-12　领队车辆的速度和加速度变化

a）速度　b）加速度

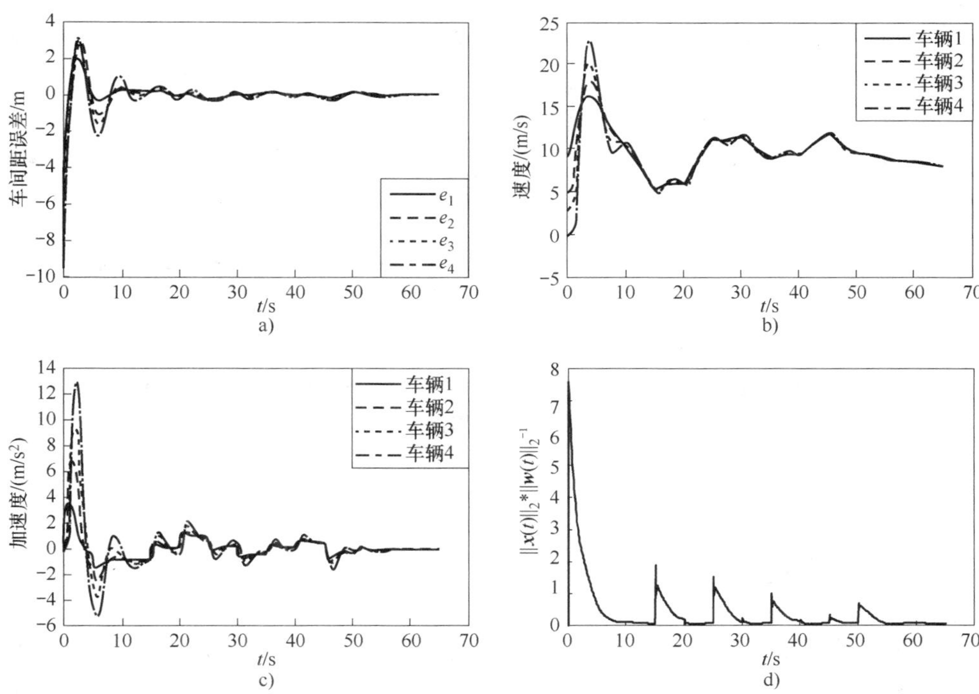

图 5-13　控制器增益为 $K_i=[13\quad 15\quad 11]$ 时，基于 DECM 机制的采样数据控制器跟随车辆的仿真结果

a）车间距误差　b）速度　c）加速度　d）$\|\boldsymbol{x}(t)\|_2 * \|\boldsymbol{w}(t)\|_2^{-1}$

这是因为所提的车队控制算法中采用了 H_∞ 鲁棒控制方法(例如，定理 5.1 中提出的稳定性条件包括 H_∞ 扰动抑制水平 γ)。然而，在参考文献[12]中采用的基于 TCM 机制的采样控制器，其 H_∞ 扰动抑制水平满足 $\gamma>8$(见图 5-14d)。此外，本章中的 $\|\boldsymbol{x}(t)\|_2 * \|\boldsymbol{w}(t)\|_2^{-1}$ 值要比参考文献[12]中的值更小。从图 5-13 和图 5-14 可以看出在加速度干扰下，基于 DECM 机制的采样控制器比参考文献[12]中提出的基于 TCM 机制的采样控制器具有更好的稳定性。

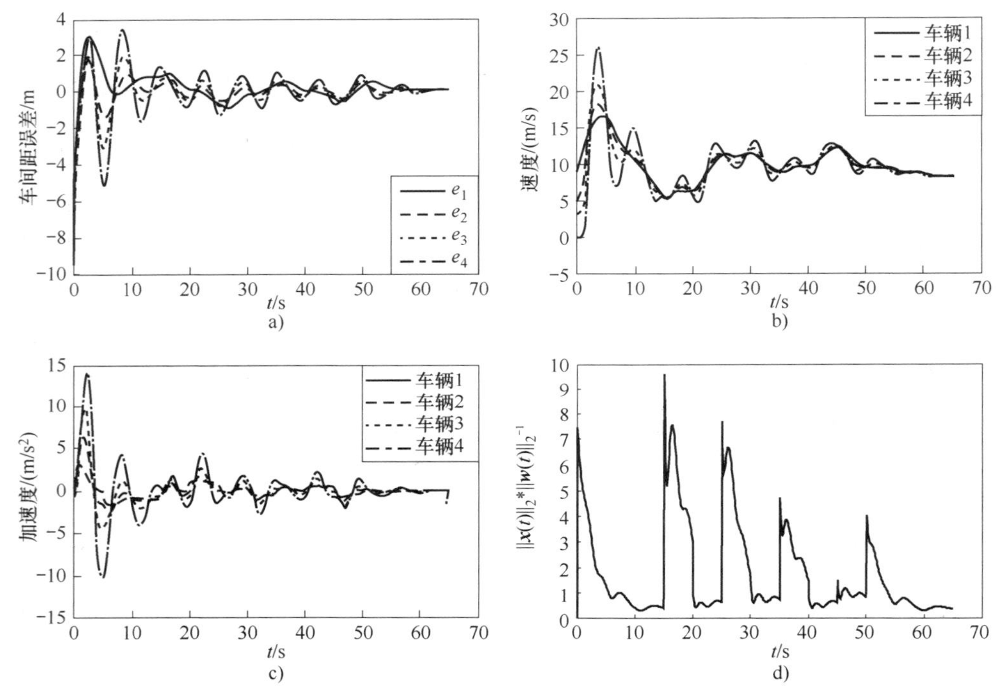

图 5-14　参考文献[12]中基于 TCM 机制的采样数据控制器的增益为 $\boldsymbol{K}_i=[10\quad 11\quad 12]$ 时，跟随车的仿真结果

a) 车间距误差　b) 速度　c) 加速度　d) $\|\boldsymbol{x}(t)\|_2 * \|\boldsymbol{w}(t)\|_2^{-1}$

5.5　本章小结

为车队控制系统设计了 DECM 车间通信机制，可节省有限的车间通信资源。在 DECM 机制下，需要传输到相邻车辆的速度和加速度的采样数据量显著减少。将基于 DECM 机制的采样数据控制器的车队控制系统稳定问题转化为具有时变延时的跟踪误差系统的稳定问题。根据李亚普诺夫稳定性理论，得到基于 DECM 机制的采样控制器可保证车辆的跟踪误差是渐进稳定的。并建立统一的框架来设计

DECM 通信机制参数。通过对比实验表明，所提出的基于 DECM 机制的采样控制器的有效性。通过与 SECM 机制和 TCM 机制的对比实验，反映出了 DECM 机制具有的优势。

油耗和通信资源方面的优化是车队控制系统关注的重点问题。而车队控制系统需要设计一个最优的基于事件触发的采样控制器来实现优化控制。与一般的最优控制问题相比，其性能指标应包括关于采样速度和加速度值的传输状态。另一个问题是将所提出的基于事件触发的通信机制扩展到不确定参数的非线性车队控制系统中，如不确定的车辆质量和发动机时间常数。该问题的难点在于如何利用自适应控制方法设计 DECM 机制中的参数。

参考文献

[1] YASSER T, PAUL M, ANIS L. Vehicle ad hoc networks: Applications and related technical issues[J]. IEEE Commun Surv. Tut, 2008, 10(3): 74-88.

[2] LLATSER I, FESTAG A, FETTWEIS G. Vehicular communication performance in convoys of automated vehicles[C]. Proc. IEEE Int. Conf. Commun. (ICC), 2016, 1-6.

[3] GAO F, LI S, ZHENG Y, et al. Robust control of heterogeneous vehicular platoon with uncertain dynamics and communication delay[J]. IET Intell. Transp. Syst, 2016, 10(7): 503-513.

[4] HARFOUCH Y A, YUAN S, BALDI S. An adaptive switched control approach to heterogeneous platooning with inter-vehicle communication losses[J]. IEEE Transactions on Control of Network Systems, 2017.

[5] GAO F, LI S E, ZHENG Y, et al. Robust control of heterogeneous vehicular platoon with uncertain dynamics and communication delay[J]. IET Intell. Transp. Syst, 2016, 10(7): 503-513.

[6] DING L, HAN Q L, GE X, et al. An overview of recent advances in event-Triggered consensus of multi-agent systems[J]. IEEE Trans. Cybern, 2018, 48(4): 1110-1123.

[7] ZHANG X M, HAN Q L, ZHANG B L. An overview and deep investigation on sampled-data-based event-triggered control and filtering for networked systems[J]. IEEE Trans. Ind. Informat, 2017, 48(4): 4-16.

[8] GE X, HAN Q L. Distributed Formation Control of Networked Multi-Agent Systems Using a Dynamic Event-Triggered Communication Mechanism[J]. IEEE Trans. Ind. Electron, 2017, 64(10): 8118-8127.

[9] YIN X, YUE D, HU S. Adaptive periodic event-triggered consensus for multi-agent systems subject to input saturation[J]. Int. J. Control, 2016, 89(4): 653-667.

[10] ZHENG Y, LI S E, WANG J. Stability and scalability of homogeneous vehicular platoon: Study on the influence of information flow topologies[J]. IEEE Trans. Intell. Transp. Syst, 2016,

17(1)：14-26.

[11] GUO G，YUE W. Autonomous platoon control allowing range-limited sensors[J]. IEEE Trans. Veh. Technol，2012，61(7)：2901-2912.

[12] GUO G，YUE W. Sampled-data cooperative adaptive cruise control of vehicles with sensor failures[J]. IEEE Trans. Intell. Transp. Syst，2014，15(6)：2404-2418.

[13] PARK P，KO J W，JEONG C. Reciprocally convex approach to stability of systems with time-varying delays[J]. Automatica，2011，47(1)：235-238.

第 2 部分

车辆执行机构限制影响下的保性能控制

第6章 执行器饱和影响下的异构车队容错控制

6.1 引言

第1~5章关于联网车辆的研究工作一般都假设车辆的执行机构工作在无故障环境下。然而，由于磨损、老化或外部应力损伤等原因，在实际车辆中执行器可能会发生偶然性故障。例如，执行器常见的两种故障：部分失效和偏置故障[1]。另一方面，采用CTH策略可能会导致车流量不稳定[2]，甚至交通阻塞[3]。因此，为了保证车队的稳定性和交通流的稳定性[4-6]，已经提出了各种间距策略。然而，已有的结果忽略了执行器故障的问题，导致在执行器故障发生时，车辆系统可能无法工作。因此，在执行器故障发生的情况下，保证车队稳定性和交通流稳定性是相当具有挑战性的研究工作。

执行器饱和(由于物理限制)是车队[7]控制面临的另一个挑战性问题。当前，针对执行器饱和的补偿问题，提出了自适应控制[8]和函数逼近[9-10]等控制方法。具体而言，参考文献[8]提供了一种自适应控制算法来应对执行器饱和未知的系统参数，并利用平滑双曲正切函数近似输入约束[9-10]。但在以上提到的研究工作中，一般假定车辆工作在无故障的环境中。如前所述，执行器故障的发生可能会导致较大的补偿控制信号[11]，这可能会导致执行器饱和，进一步导致车辆系统性能下降甚至不稳定[12-13]。因此，有必要同时研究车队系统中的执行器故障和饱和问题。如何在这种情况下制定有效的控制方案，是一项既有现实意义又有理论意义的挑战性难题。这是本章的另外一个动机。

在执行器故障以及饱和影响下，本章为异构车队控制系统建立了容错控制策略。通过引入用神经网络近似逼近车辆模型中存在的非线性函数，基于PID型滑模控制技术以及李亚普诺夫稳定性理论，得到了自适应车队容错控制策略，能够保证单个车辆的稳定性、队列稳定性、道路交通流的稳定性。本章的主要贡献包括：

1）为车队控制系统提出了自适应容错控制方法，用于补偿执行器故障和饱和的影响，其中利用神经网络估计车辆动力学模型中存在的非线性项。

2）针对由初始条件引起的发动机和制动系统产生的瞬态力矩过大问题，提出了一种新颖的二次型车间距策略，消除了初始间距误差为零的假设。

3）为神经网络提出了最小参数学习机制，其涉及的参数个数只依赖于车队的规模，避免了参数维数爆炸问题，从而显著降低了算法所需要的计算量。

符号说明：$|\cdot|$表示实数的绝对值，$\|\cdot\|$表示向量的欧氏范数，$\mathbb{R}^n$ 表示 n 维欧氏空间，并且 $\Omega=\{1,2,\cdots,N\}$ 表示从 $1\sim N$ 的整数集。

6.2　系统建模和问题求解

考虑由 1 辆领队车和 N 辆跟随车辆组成的车队，如图 6-1 所示。其中领队车的动力学模型可表示为

$$\dot{x}_0(t)=v_0(t)\qquad \dot{v}_0(t)=a_0(t) \tag{6-1}$$

其中，$x_0(t)$，$v_0(t)$，$a_0(t)$分别为领队车的位置、速度和加速度，其中 $a_0(t)$为给定函数。

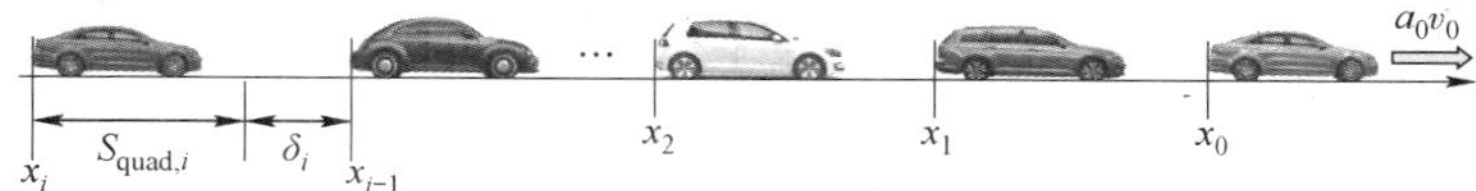

图 6-1　异构智能车队结构

第 i 辆跟随车的动力学模型[1-2]可表示为

$$\begin{aligned}
&\dot{x}_i(t)=v_i(t)\\
&\dot{v}_i(t)=a_i(t)\\
&\dot{a}_i(t)=-\frac{1}{\tau_i}\left(a_i(t)+\frac{vA_iC_{di}}{2m_i}v_i(t)^2+\frac{d_{mi}}{m_i}\right)-\\
&\qquad\frac{vA_iC_{di}v_i(t)a_i(t)}{m_i}+\frac{c_i(t)}{\tau_i m_i}+w_i(t)
\end{aligned} \tag{6-2}$$

其中，$c_i(t)$是发动机或制动机的输入；τ_i 是发动机的时间常数；v 是空气质量密度；m_i，A_i，C_{di}和 d_{mi}分别表示第 i 辆车的质量，横截面积，拽力系数及机械阻力；$\frac{vA_iC_{di}}{2m_i}$表示空气阻力。$w_i(t)$是因风力或道路条件造成的外部干扰，其中，

$$u_i(t)=\frac{c_i(t)}{m_i}$$

$$f_i(v_i,a_i,t)=-\frac{1}{\tau_i}\left(a_i(t)+\frac{vA_iC_{di}}{2m_i}v_i(t)^2+\frac{d_{mi}}{m_i}\right)-\frac{vA_iC_{di}v_i(t)a_i(t)}{m_i}$$

则第 i 辆车的纵向动力学模型为

$$\begin{aligned}\dot{x}_i(t)&=v_i(t)\\ \dot{v}_i(t)&=a_i(t)\\ \dot{a}_i(t)&=f_i(v_i,a_i,t)+\frac{u_i(t)}{\tau_i}+\omega_i(t)\end{aligned} \tag{6-3}$$

利用 $u_i(t)$ 去代替 $c_i(t)$ 实现控制器输入不依赖于车辆质量。由于机械阻力 d_{mi} 和空气阻力 $\frac{vA_iC_{di}}{2m_i}$ 在实际中无法准确得到，因此，非线性函数 $f_i(v_i,a_i,t)$ 需要利用神经网络逼近。

在实际的车辆控制系统中，部分失效和偏移故障是两种常见的执行器故障。其中部分失效是由于磨损而引起的故障[1]，偏移故障是由于老化或外力过大引起的故障。依据参考文献[1]，其可采用以下故障模型来描述：

$$u_{ai}(t)=\rho_i(t)u_i(t)+r_i(t) \tag{6-4}$$

其中，$\rho_i(t)$ 表示执行器失效因子；$r_i(t)$ 代表偏移故障。考虑执行器故障，第 i 辆车的纵向动力学模型为

$$\begin{aligned}\dot{x}_i(t)&=v_i(t)\\ \dot{v}_i(t)&=a_i(t)\\ \dot{a}_i(t)&=f_i(v_i,a_i,t)+\frac{\rho_i(t)u_i(t)+r_i(t)}{\tau_i}+\omega_i(t)\end{aligned} \tag{6-5}$$

另外，考虑到饱和效应，式(6-5)中的第三式为

$$\dot{a}_i(t)=f_i(v_i,a_i,t)+\frac{\rho_i(t)\mathrm{sat}(u_i(t))+r_i(t)}{\tau_i}+\omega_i(t) \tag{6-6}$$

其中 $\mathrm{sat}(u_i(t))$ 表示非对称非线性饱和模型，定义为

$$\mathrm{sat}(u_i(t))=\begin{cases}u_{r,i\max}, & u_i(t)>b_{r,i}\\ g_{r,i}(u_i(t)), & 0\leqslant u_i(t)\leqslant b_{r,i}\\ g_{l,i}(u_i(t)), & b_{l,i}\leqslant u_i(t)<0\\ u_{l,i\min}, & u_i(t)<b_{l,i}\end{cases} \tag{6-7}$$

其中，$u_{r,i\max}>0$ 和 $u_{l,i\min}<0$ 为控制力的未知界值，$b_{r,i}>0$ 和 $b_{l,i}<0$ 表示饱和振幅，$g_{r,i}(u_i(t))$ 和 $g_{l,i}(u_i(t))$ 表示未知的非线性函数。为了更好地设计控制器，饱和模型简化为如下形式：

$$\mathrm{sat}(u_i(t))=\chi_{ui}(t)u_i(t) \tag{6-8}$$

其中，系数$\chi_{ui}(t)\in(0,1]$表示饱和度指数，正如参考文献[9]中所示，存在一个常数χ_l满足

$$0<\chi_l\leqslant\chi_{ui}(t)\leqslant 1 \tag{6-9}$$

当$\chi_{ui}(t)$趋于零时，输入$u_i(t)$几乎完全饱和，而$\chi_{ui}(t)=1$表示饱和没有发生。则第i辆车的纵向动力学模型可以进一步改写为

$$\begin{aligned}\dot{x}_i(t)&=v_i(t)\\ \dot{v}_i(t)&=a_i(t)\\ \dot{a}_i(t)&=\frac{\chi_{ui}(t)\rho_i(t)u_i(t)}{\tau_i}+f_i(v_i,a_i,t)+\omega_i(t)+\frac{r_i(t)}{\tau_i}\end{aligned} \tag{6-10}$$

假设 6.1：失效因子$\rho_i(t)$和偏移故障$r_i(t)$为未知的有界函数，且存在未知常数ρ_{i0}和r_i^*，满足$0<\rho_{i0}\leqslant\rho_i(t)\leqslant 1$和$|r_i(t)|\leqslant r_i^*<\infty$。

假设 6.2：$\omega_i(t)$是一个未知有界扰动$|\omega_i(t)|\leqslant\omega_i^*$，其中$\omega_i^*$是一个常数。

注 6.1：已有的研究中忽略了执行器故障和饱和影响下的车队控制问题。在参考文献[1]中，针对高速列车，开展了类似的容错控制问题。但是，由于列车调度时间隔较大，该方法无法处理车辆间距较近的车队问题。此外，为了保证稳定的道路交通流，将引入二次间距策略(而不是 CTH)来解决此问题。

本章将设计神经网络自适应容错控制器，使车队控制满足以下性能：

1）单车稳定性：使车队中各跟随车辆的速度和加速度最终与领队车的速度、加速度保持一致，实现速度和加速度的一致跟踪。

2）队列稳定性[14]：避免车间距误差在向队尾传送的过程中不被放大，也即，满足以下条件：

$$|\delta_N(s)|\leqslant|\delta_{N-1}(s)|\leqslant\cdots\leqslant|\delta_1(s)| \tag{6-11}$$

其中，对于任意$i=1,2,\cdots,N$，误差传递函数$H_i(s)=\delta_{i+1}(s)/\delta_i(s)$满足$|H_i(s)\leqslant 1|$。这里，$\delta_i(s)$是车间距误差$\delta_i(t)$的拉普拉斯变换。

3）交通流稳定性[14]：梯度$\partial Q/\partial p$需满足

$$\partial Q/\partial p>0 \tag{6-12}$$

其中，Q表示交通流速率；p表示交通流密度。

在进一步讨论之前，先给出一些相关的引理。

引理 6.1[15]：神经网络具有的逼近能力可用于处理非线性函数。基于神经网络技术，任何连续函数$f(Z)$可表示为

$$f(\boldsymbol{Z})=\boldsymbol{W}^{*\mathrm{T}}\xi(\boldsymbol{Z})+\varsigma$$

其中，$\boldsymbol{Z}$是输入向量，$\boldsymbol{W}^*=[\omega_1^*,\omega_2^*,\cdots,\omega_M^*]^{\mathrm{T}}$表示理想权值向量，$M$表示网络节点数，$\varsigma$表示重构或逼近误差，$\boldsymbol{\xi}(\boldsymbol{Z})=[\xi_1(\boldsymbol{Z}),\xi_2(\boldsymbol{Z}),\cdots,\xi_M(\boldsymbol{Z})]^{\mathrm{T}}$表示径向基函数向量。一般情况下，径向基函数$\xi_k(\boldsymbol{Z})$通常选择为高斯函数，即

$$\xi_k(\boldsymbol{Z})=\exp\left[-\frac{(\boldsymbol{Z}-\boldsymbol{\phi}_k)^{\mathrm{T}}(\boldsymbol{Z}-\boldsymbol{\phi}_k)}{2b_k^2}\right],\ k=1,2,3,\cdots,M$$

其中，$\boldsymbol{\phi}_k$ 和 b_k 分别表示高斯函数的中心向量和宽度值。

根据引理 6.1，车辆动力学模型中的非线性函数 $f_i(v_i,a_i,t)$ 可以被逼近为

$$f_i(v_i,a_i,t)=\boldsymbol{W}_i^{*\mathrm{T}}\xi_i(\boldsymbol{Z}_i)+\varsigma_i \qquad i\in\Omega_N \tag{6-13}$$

其中，$\boldsymbol{W}_i^*$ 是理想权向量；ς_i 是重构或逼近误差，并满足 $|\varsigma_i|\leqslant\varsigma_i^*$，其中 ς_i^* 是一个未知的正常数。

引理 6.2[16]：对于任意的 $\forall\varepsilon>0$ 和 $\chi\in\mathbb{R}$，有如下不等式成立

$$0\leqslant|\chi|-\chi\tanh\left|\frac{\chi}{\varepsilon}\right|\leqslant\kappa\varepsilon$$

其中，κ 是一个常数且满足 $\kappa=\mathrm{e}^{(-k-1)}$，且 $\kappa=0.2785$。

引理 6.3(杨氏不等式[17])：对于 $\forall(a,b)\in\mathbb{R}^2$，下面不等式成立：

$$ab\leqslant\frac{\zeta^p}{p}|a|^p+\frac{1}{q\zeta^q}|b|^q$$

其中，$\zeta>0$，$p>1$，$q>1$，且 $(p-1)(q-1)=1$。

6.3 改进的二次型间距策略和自适应 PID 滑模控制

本节基于改进的二次车间距策略和自适应 PID 型滑模面来设计控制器，以此消除稳态车间距误差。

已有文献通常假设初始车间距误差为零，如参考文献[18]和[19]。然而，在实际中，初始间距误差在大多数情况下不为零，因此该假设具有限制性。为了消除这一假设，参考文献[20]，提出了基于车速、安全系数和制动能力的改进二次间距策略，如下式所示：

$$\begin{aligned}
&\delta_i(t)=\tilde{\delta}_i(t)-\Gamma_i(t)\\
&\tilde{\delta}_i(t)=x_{i-1}(t)-x_i(t)-L_i-\Delta_{i-1,i}-hv_i(t)-\frac{\sigma v_i^2(t)}{2A_m}\\
&\Gamma_i(t)=\{\tilde{\delta}_i(0)+[\pi_i\tilde{\delta}_i(0)+\dot{\tilde{\delta}}(0)]t+\\
&\qquad\frac{1}{2}[\pi_i^2\tilde{\delta}_i(0)+2\pi_i\dot{\tilde{\delta}}(0)+\ddot{\tilde{\delta}}(0)]t^2\}\mathrm{e}^{-\pi_i t}
\end{aligned}\tag{6-14}$$

其中，π_i 是一个正常数；L_i 表示第 i 辆车的长度；$\Delta_{i-1,i}$ 表示第 i 辆车与第 $i-1$ 辆车之间的安全距离；h 表示控制系统的延时时间，制动或加速中存在的延时(约 70ms 到 160ms，见参考文献[21])；σ 表示安全系数，A_m 表示最大可能减速度的绝对值。此外，有下式成立：

$$\delta_i(0)=0,\ \dot{\delta}_i(0)=0,\ \ddot{\delta}_i(0)=0 \tag{6-15}$$

表明改进的二次型间距策略解决了非零初始间距误差问题。

相邻车辆之间期望的车间距定义为

$$S_{\text{quad},i}=L_i+\Delta_{i-1,i}+hv_i(t)+\frac{\sigma v_i^2(t)}{2A_m}+\Gamma_i(t) \tag{6-16}$$

注 6.2：为了保证车队队列的稳定性和交通流稳定性，利用了二次型车间距策略[20]，与常用的 CTH 车间距策略相比，可提高道路的通行能力。但参考文献[9]中涉及的二次型车间距策略，没有考虑非零的初始误差的问题，其有可能会造成瞬态发动机、制动力矩过大或导致出现队列不稳定性[22,9]。因此，本章提出了改进的二次型车间距策略，将非零的初始车间距误差转化为零初始车间距误差。

由于其在消除稳态间距误差方面的优异性能，滑模控制，特别是 PID 型滑模控制，已广泛用于解决外部干扰、模型不确定性等问题。本章考虑的自适应 PID 型滑模面如下：

$$s_i(t)=K_p\delta_i(t)+K_i\int_0^t\delta_i(\tau)d\tau+K_d\dot{\delta}_i(t) \tag{6-17}$$

其中，K_p，K_i，K_d 分别代表比例、积分和微分系数。类似于参考文献[6]，需要构建 $\delta_i(t)$ 和 $\delta_{i+1}(t)$ 之间的关系，故定义如下耦合滑模函数：

$$S_i(t)=\begin{cases}\lambda s_i(t)-s_{i+1}(t), & i=1,2,\cdots,N-1\\ \lambda s_i(t), & i=N\end{cases} \tag{6-18}$$

其中，λ 是滑动表面 $s_i(t)$ 和 $s_{i+1}(t)$ 的耦合参数。当 $S_i(t)$ 到达滑动面时，$s_i(t)$ 保持与 $S_i(t)$ 的运动情况一致。

6.4　控制器设计与稳定性分析

本节将神经网络和 PID 滑模控制方法相结合，提出了一种自适应异构智能车队容错控制策略，来处理执行器故障和饱和。

如前所述，神经网络用于处理车辆动力学中存在的未知非线性函数 $f_i(v_i,a_i,t)$。定义估计误差为

$$\begin{aligned}\tilde{\theta}_i(t)&=\theta_i^*-\rho_{i0}\hat{\theta}_i(t)\\ \tilde{\eta}_i(t)&=\eta_i^*-\rho_{i0}\hat{\eta}_i(t)\end{aligned} \tag{6-19}$$

其中，ρ_{i0} 见假设 6.1 中的定义，$\hat{\theta}_i(t)$ 和 $\hat{\eta}_i(t)$ 用来估计如下未知常数 θ_i^* 和 η_i^*：

$$\begin{aligned}\eta_i^*&\geqslant\varsigma_i^*+\omega_i^*+\frac{r_i^*}{\tau_i}\\ \theta_i^*&=\|\boldsymbol{W}_i^*\|^2=\boldsymbol{W}_i^{*\text{T}}\boldsymbol{W}_i^*.\end{aligned} \tag{6-20}$$

所提出的容错控制器具有以下形式：

$$u_i(t)=\frac{\tau_i}{\chi_l}\left\{\frac{k_iS_i(t)}{\lambda K_d\left(h+\frac{\sigma v_i(t)}{A_m}\right)}+\hat{\eta}_i(t)\tanh\left(\frac{S_i(t)}{\mu_i}\right)+\right.$$
$$\left.\frac{\Lambda_i}{\lambda K_d\left(h+\frac{\sigma v_i(t)}{A_m}\right)}\frac{Z_i(t)^2S_i(t)}{|Z_i(t)S_i(t)|+\vartheta_i}+\frac{b_i^2}{2}\hat{\theta}_i(t)\xi_i^{\mathrm{T}}(\boldsymbol{Z}_i)\xi_i(\boldsymbol{Z}_i)S_i(t)\right\} \tag{6-21}$$

其中，$1\leqslant 1/\rho_{i0}\leqslant \Lambda_i$，$\vartheta_i$，$\mu_i$ 和 b_i 是正常数，k_i 是反馈增益，定义 $Z_i(t)$ 如下：

$$\begin{cases}Z_i(t)=\lambda K_p\dot{\delta}_i(t)+\lambda K_i\delta_i(t)+\lambda K_d\left(a_{i-1}(t)-a_i(t)-\frac{\sigma a_i^2(t)}{A_m}-\ddot{\Gamma}_i(t)\right)-\\ \qquad K_p\dot{\delta}_{i+1}(t)-K_i\delta_{i+1}(t)-K_d\ddot{\delta}_{i+1}(t),\quad i=1,2,\cdots,N-1\\ Z_i(t)=\lambda K_p\dot{\delta}_i(t)+\lambda K_i\delta_i(t)+\lambda K_d\left(a_{i-1}(t)-a_i(t)-\frac{\sigma a_i^2(t)}{A_m}-\ddot{\Gamma}_i(t)\right),\quad i=N\end{cases} \tag{6-22}$$

并设计自适应更新律如下：

$$\begin{aligned}\dot{\hat{\theta}}_i(t)&=\alpha_i\lambda K_d\left(h+\frac{\sigma v_i(t)}{A_m}\right)\frac{b_i^2}{2}\xi_i^{\mathrm{T}}(Z_i)\xi_i(Z_i)S_i^2(t)-\Xi_{1i}(t)\hat{\theta}_i(t)\\ \dot{\hat{\eta}}_i(t)&=\beta_i\lambda K_d\left(h+\frac{\sigma v_i(t)}{A_m}\right)S_i(t)\tanh\left(\frac{S_i(t)}{\mu_i}\right)-\Xi_{2i}(t)\hat{\eta}_i(t)\end{aligned} \tag{6-23}$$

其中，$\hat{\theta}_i(0)\geqslant 0$，$\hat{\eta}_i(0)\geqslant 0$，$\lambda,b_i,K_p,K_i,K_d,\alpha_i,\beta_i$ 是任意正常数，μ_i 是较小常数。此外，$\Xi_{1i}(t)$ 和 $\Xi_{2i}(t)$ 是任意有界连续函数，需满足

$$\Xi_{ji}(t)>0,\ \lim_{t\to\infty}\int_{t_0}^{t}\Xi_{ji}(\tau)\mathrm{d}\tau\leqslant\overline{\Xi}_{ji}<+\infty\qquad j=1,2 \tag{6-24}$$

其中，Ξ_{ji}是有界的。

需要指出的是，上述自适应容错控制律可以通过调整参数 Λ_i 和χ_l 来补偿执行器故障及饱和的影响。

注 6.3：径向基函数神经网络方法的一个缺点是，随着神经网络节点[15]的增加，参数的数量增加，可能会导致过大的计算量。受参考文献[22]启发，采用最小学习参数机制，使参数个数只依赖于车辆数量，可以缓解学习参数爆炸的问题。

注 6.4：对于实际系统，参考文献[23]中的方法由于使用不连续的符号函数而容易产生抖振问题。在这里，通过使用连续函数 $\tanh\left|\frac{S_i(t)}{\mu_i}\right|$ 可避免了此问题，其中 μ_i 是一个小的正标量。需要指出的是，如果 μ_i 太小，也可能产生抖振，而较大的 μ_i 则可能降低控制性能。因此，选择合适的控制器参数 μ_i 对保持理想的控制性能至关重要。

定理 6.1：考虑执行器故障式(6-4)和饱和式(6-7)的异构智能车队式(6-3)，

在改进的二次型车间距策略式(6-14)下，通过为自适应容错控制器式(6-21)和自适应律式(6-23)设计合适的参数，可保证 $\delta_i(t)$ 进入原点 $\Omega=\{\delta_i(t):|\delta_i(t)|<\vartheta\}$ 附近的较小邻域内。此外，当 $0<\lambda\leqslant 1$ 时，可以保证车辆的队列稳定性式(6-11)，同时，提出的二次型间距策略式(6-14)，也保证了道路车流的稳定性式(6-12)。

证明：证明由以下三部分构成。

(a) $S_i(t)$ 的有界性：选取李亚普诺夫函数如下：

$$V_i(t)=\frac{1}{2}S_i^2(t)+\frac{1}{2\rho_{i0}\alpha_i}\tilde{\theta}_i^2(t)+\frac{1}{2\rho_{i0}\beta_i}\tilde{\eta}_i^2(t)$$

其中，$\tilde{\theta}_i(t)$ 和 $\tilde{\eta}_i(t)$ 在式(6-19)中定义。

取 $V_i(t)$ 的导数

$$\dot{V}_i(t)=S_i(t)\dot{S}_i(t)-\frac{1}{\alpha_i}\tilde{\theta}_i(t)\dot{\hat{\theta}}_i(t)-\frac{1}{\beta_i}\tilde{\eta}_i(t)\dot{\hat{\eta}}_i(t) \tag{6-25}$$

根据式(6-14)、式(6-17)和式(6-18)，$S_i(t)$ 的导数可以表示为

$$\begin{aligned}
\dot{S}_i(t)&=\lambda(K_p\dot{\delta}_i(t)+K_i\delta_i(t)+K_d\ddot{\delta}_i(t))-\\
&\quad K_p\dot{\delta}_{i+1}(t)-K_i\delta_{i+1}(t)+K_d\ddot{\delta}_{i+1}(t)\\
&=\lambda\left\{K_p\dot{\delta}_i(t)+K_i\delta_i(t)+K_d\left(a_{i-1}(t)-a_i(t)-\right.\right.\\
&\quad\left.\left.h\dot{a}_i(t)-\frac{\sigma a_i^2(t)}{A_m}-\frac{\sigma v_i(t)}{A_m}\dot{a}_i(t)-\ddot{\Gamma}_i(t)\right)\right\}-\\
&\quad K_p\dot{\delta}_{i+1}(t)-K_i\delta_{i+1}(t)-K_d\ddot{\delta}_{i+1}(t)\\
&=-\lambda K_d\left(h+\frac{\sigma v_i(t)}{A_m}\right)\dot{a}_i(t)+Z_i(t),\quad i=1,2,\cdots,N-1\\
\dot{S}_i(t)&=\lambda(K_p\dot{\delta}_i(t)+K_i\delta_i(t)+K_d\ddot{\delta}_i(t))\\
&=\lambda\left\{K_p\dot{\delta}_i(t)+K_i\delta_i(t)+K_d\left(a_{i-1}(t)-a_i(t)-\right.\right.\\
&\quad\left.\left.h\dot{a}_i(t)-\frac{\sigma a_i^2(t)}{A_m}-\frac{\sigma v_i(t)}{A_m}\dot{a}_i(t)-\ddot{\Gamma}_i(t)\right)\right\}\\
&=-\lambda K_d\left(h+\frac{\sigma v_i(t)}{A_m}\right)\dot{a}_i(t)+Z_i(t),\quad i=N
\end{aligned} \tag{6-26}$$

其中，$Z_i(t)$ 在式(6-22)中定义。然后把式(6-10)、式(6-13)和式(6-26)代入 $S_i(t)\dot{S}_i(t)$，可得到

$$\begin{aligned}
&S_i(t)\dot{S}_i(t)\\
&=-\lambda K_d\left(h+\frac{\sigma v_i(t)}{A_m}\right)S_i(t)\left(\frac{\chi_{ui}(t)\rho_i(t)u_i(t)}{\tau_i}+f_i(v_i,a_i,t)+\omega_i(t)+\frac{r_i(t)}{\tau_i}\right)+Z_i(t)S_i(t)
\end{aligned}$$

$$
\begin{aligned}
&= -\lambda K_d\left(h+\frac{\sigma v_i(t)}{A_m}\right)S_i(t)\frac{\chi_{ui}(t)\rho_i(t)u_i(t)}{\tau_i}-\lambda K_d\left(h+\frac{\sigma v_i(t)}{A_m}\right)S_i(t)W_i^{*\mathrm{T}}\xi_i(Z_i)-\\
&\lambda K_d\left(h+\frac{\sigma v_i(t)}{A_m}\right)S_i(t)\left(\varsigma_i+\omega_i(t)+\frac{r_i(t)}{\tau_i}\right)+Z_i(t)S_i(t)\\
&\leqslant -\lambda K_d\left(h+\frac{\sigma v_i(t)}{A_m}\right)S_i(t)\frac{\chi_{ui}(t)\rho_i(t)u_i(t)}{\tau_i}-\lambda K_d\left(h+\frac{\sigma v_i(t)}{A_m}\right)S_i(t)W_i^{*\mathrm{T}}\xi_i(Z_i)+\\
&\lambda K_d\left(h+\frac{\sigma v_i(t)}{A_m}\right)\eta_i^*\left|S_i(t)\right|+\left|Z_i(t)S_i(t)\right| \qquad (6\text{-}27)
\end{aligned}
$$

其中，$\varsigma_i^*+\omega_i^*+\dfrac{r_i^*}{\tau_i}\leqslant\eta_i^*$。然后根据引理 6.3，存在 $b_i>0$，使得下式成立

$$
\begin{aligned}
&-\lambda K_d\left(h+\frac{\sigma v_i(t)}{A_m}\right)S_i(t)\boldsymbol{W}_i^{*\mathrm{T}}\xi_i(\boldsymbol{Z}_i)\\
&\leqslant\lambda K_d\left(h+\frac{\sigma v_i(t)}{A_m}\right)\frac{b_i^2}{2}S_i^2(t)\theta_i^*\xi_i^{\mathrm{T}}(\boldsymbol{Z}_i)\xi_i(\boldsymbol{Z}_i)+\frac{1}{2b_i^2}\lambda K_d\left(h+\frac{\sigma v_i(t)}{A_m}\right) \qquad (6\text{-}28)
\end{aligned}
$$

其中，$\theta_i^*=\|\boldsymbol{W}_i^*\|^2=\boldsymbol{W}_i^{*\mathrm{T}}\boldsymbol{W}_i^*$。通过估计神经网络权重向量范数 θ_i^* 的二次方值，代替直接估计理想权重向量 $\boldsymbol{W}_i^*$，从而使得控制算法中自适应参数的数量从 $\sum_{i=1}^{N}N_i$ 减少到 N，极大减少了自适应律的在线计算量。然后把式(6-28)代入到式(6-27)，可得

$$
\begin{aligned}
S_i(t)\dot{S}_i(t)\leqslant&-\lambda K_d\left(h+\frac{\sigma v_i(t)}{A_m}\right)S_i(t)\frac{\chi_{ui}(t)\rho_i(t)u_i(t)}{\tau_i}+\\
&\lambda K_d\left(h+\frac{\sigma v_i(t)}{A_m}\right)\frac{b_i^2}{2}\theta_i^*\xi_i^{\mathrm{T}}(\boldsymbol{Z}_i)\xi_i(\boldsymbol{Z}_i)S_i^2(t)+\\
&\frac{1}{2b_i^2}\lambda K_d\left(h+\frac{\sigma v_i(t)}{A_m}\right)+\left|Z_i(t)S_i(t)\right|+\\
&\lambda K_d\left(h+\frac{\sigma v_i(t)}{A_m}\right)\eta_i^*\left|S_i(t)\right|\\
\leqslant&-\lambda K_d\left(h+\frac{\sigma v_i(t)}{A_m}\right)S_i(t)\frac{\chi_{ui}(t)\rho_i(t)u_i(t)}{\tau_i}+\\
&\lambda K_d\left(h+\frac{\sigma v_i(t)}{A_m}\right)\frac{b_i^2}{2}\theta_i^*\xi_i^{\mathrm{T}}(\boldsymbol{Z}_i)\xi_i(\boldsymbol{Z}_i)S_i^2(t)+\\
&\frac{1}{2b_i^2}\lambda K_d\left(h+\frac{\sigma v_i(t)}{A_m}\right)+\Lambda_i\rho_{i0}\left|Z_i(t)S_i(t)\right|+\\
&\lambda K_d\left(h+\frac{\sigma v_i(t)}{A_m}\right)\eta_i^*\left|S_i(t)\right| \qquad (6\text{-}29)
\end{aligned}
$$

其中 $1 \leqslant 1/\rho_{i0} \leqslant \Lambda_i$。

通过式(6-23)，可得到 $\dot{\hat{\theta}}_i(t)+\Xi_{1i}(t)\hat{\theta}_i(t) \geqslant 0$，即 $\hat{\theta}_i(t) \geqslant \mathrm{e}^{-\int_0^t \Xi_{1i}(t)\mathrm{d}\tau}\hat{\theta}_i(0)$，这意味着若 $\hat{\theta}_i(0) \geqslant 0$，自适应参数 $\hat{\theta}_i(t)$ 总是非负的。同理自适应参数 $\hat{\eta}_i(t)$ 也是非负的。然后合并式(6-8)和式(6-21)，则有

$$
\begin{aligned}
&-\lambda K_d\left(h+\frac{\sigma v_i(t)}{A_m}\right)S_i(t)\frac{\chi_{ui}(t)\rho_i(t)u_i(t)}{\tau_i}\\
&\leqslant -k_i\rho_{i0}S_i^2(t)-\Lambda_i\rho_{i0}\frac{Z_i^2(t)S_i^2(t)}{|Z_i(t)S_i(t)|+\vartheta_i}-\\
&\quad \lambda K_d\left(h+\frac{\sigma v_i(t)}{A_m}\right)\rho_{i0}\hat{\eta}_i(t)S_i(t)\tanh\left(\frac{S_i(t)}{\mu_i}\right)-\\
&\quad \lambda K_d\left(h+\frac{\sigma v_i(t)}{A_m}\right)\frac{\rho_{i0}b_i^2}{2}\hat{\theta}_i(t)\xi_i^{\mathrm{T}}(\boldsymbol{Z}_i)\xi_i(\boldsymbol{Z}_i)S_i^2(t)\\
&\leqslant -k_i\rho_{i0}S_i^2(t)-\Lambda_i\rho_{i0}|Z_i(t)S_i(t)|+\Lambda_i\rho_{i0}\vartheta_i-\\
&\quad \lambda K_d\left(h+\frac{\sigma v_i(t)}{A_m}\right)\rho_{i0}\hat{\eta}_i(t)S_i(t)\tanh\left(\frac{S_i(t)}{\mu_i}\right)-\\
&\quad \lambda K_d\left(h+\frac{\sigma v_i(t)}{A_m}\right)\frac{\rho_{i0}b_i^2}{2}\hat{\theta}_i(t)\xi_i^{\mathrm{T}}(\boldsymbol{Z}_i)\xi_i(\boldsymbol{Z}_i)S_i^2(t)
\end{aligned}\tag{6-30}
$$

其中，$-\dfrac{Z_i^2(t)S_i^2(t)}{|Z_i(t)S_i(t)|+\vartheta_i} \leqslant -|Z_i(t)S_i(t)|+\vartheta_i$ 和 $0<\rho_{i0} \leqslant \rho_i(t) \leqslant 1$。通过式(6-23)可得

$$
\begin{aligned}
&-\frac{1}{\alpha_i}\tilde{\theta}_i(t)\dot{\hat{\theta}}_i(t)-\frac{1}{\beta_i}\tilde{\eta}_i(t)\dot{\hat{\eta}}_i(t)\\
&=-\lambda K_d\left(h+\frac{\sigma v_i(t)}{A_m}\right)\frac{b_i^2}{2}\tilde{\theta}_i(t)\xi_i^{\mathrm{T}}(\boldsymbol{Z}_i)\xi_i(\boldsymbol{Z}_i)S_i^2(t)-\\
&\quad \lambda K_d\left(h+\frac{\sigma v_i(t)}{A_m}\right)\tilde{\eta}_i(t)S_i(t)\tanh\left(\frac{S_i(t)}{\mu_i}\right)+\\
&\quad \frac{\Xi_{1i}}{\alpha_i}\tilde{\theta}_i(t)\hat{\theta}_i(t)+\frac{\Xi_{2i}}{\beta_i}\tilde{\eta}_i(t)\hat{\eta}_i(t)
\end{aligned}\tag{6-31}
$$

将式(6-29)、式(6-30)和式(6-31)代入式(6-25)中，通过计算可得

$$
\begin{aligned}
\dot{V}_i(t) \leqslant& -k_i\rho_{i0}S_i^2(t)+\frac{\Xi_{1i}(t)}{\alpha_i}\tilde{\theta}_i(t)\dot{\hat{\theta}}_i(t)+\frac{\Xi_{2i}(t)}{\beta_i}\tilde{\eta}_i(t)\dot{\hat{\eta}}_i(t)+\\
&\lambda K_d\left(h+\frac{\sigma v_i(t)}{A_m}\right)\eta_i^*|S_i(t)|-\lambda K_d\left(h+\frac{\sigma v_i(t)}{A_m}\right)\eta_i^*S_i(t)\tanh\left(\frac{S_i(t)}{\mu_i}\right)+\\
&\frac{1}{2b_i^2}\lambda K_d\left(h+\frac{\sigma v_i(t)}{A_m}\right)+\Lambda_i\rho_{i0}\vartheta_i
\end{aligned}\tag{6-32}
$$

进一步，对式(6-19)应用引理 6. 3，可得

$$\begin{aligned}\frac{\varXi_{1i}(t)}{\alpha_i}\tilde{\theta}_i(t)\hat{\theta}_i(t)&\leqslant-\frac{\varXi_{1i}(t)}{2\rho_{i0}\alpha_i}\tilde{\theta}_i^2(t)+\frac{\varXi_{1i}(t)}{2\rho_{i0}\alpha_i}\theta_i^{*2}\\ \frac{\varXi_{2i}(t)}{\beta_i}\tilde{\eta}_i(t)\hat{\eta}_i(t)&\leqslant-\frac{\varXi_{2i}(t)}{2\rho_{i0}\beta_i}\tilde{\eta}_i^2(t)+\frac{\varXi_{2i}(t)}{2\rho_{i0}\beta_i}\eta_i^{*2}\end{aligned}\tag{6-33}$$

结合引理 6. 2 以及式(6-33)和式(6-32)，则有

$$\begin{aligned}\dot{V}_i(t)\leqslant&-k_i\rho_{i0}S_i^2(t)-\frac{\varXi_{1i}(t)}{2\rho_{i0}\alpha_i}\tilde{\theta}_i^2(t)-\\&\frac{\varXi_{2i}(t)}{2\rho_{i0}\beta_i}\tilde{\eta}_i^2(t)+\frac{\varXi_{1i}(t)}{2\rho_{i0}\alpha_i}\theta_i^{*2}+\frac{\varXi_{2i}(t)}{2\rho_{i0}\beta_i}\eta_i^{*2}+\\&0.2785\mu_i\lambda K_d\left(h+\frac{\sigma v_i(t)}{A_m}\right)\eta_i^*+\\&\frac{1}{2b_i^2}\lambda K_d\left(h+\frac{\sigma v_i(t)}{A_m}\right)+\Lambda_i\rho_{i0}\vartheta_i\end{aligned}\tag{6-34}$$

定义：

$$V(t)=\sum_{i=1}^{N}V_i(t)$$

根据式(6-34)，可得

$$\dot{V}(t)\leqslant-\zeta_1V(t)+\zeta_2$$

其中，

$$\zeta_1=\min\{2\rho_{i0}k_i,\min_{1\leqslant i\leqslant N}\varXi_{1i}(t),\min_{1\leqslant i\leqslant N}\varXi_{2i}(t)\}$$

$$\begin{aligned}\zeta_2=\sum_{i=1}^{N}\Bigg\{&\frac{\varXi_{1i}(t)}{2\rho_{i0}\alpha_i}\theta_i^{*2}+\frac{\varXi_{2i}(t)}{2\rho_{i0}\beta_i}\eta_i^{*2}+0.2785\mu_i\lambda K_d\left(h+\frac{\sigma v_i(t)}{A_m}\right)\eta_i^*+\\&\frac{1}{2b_i^2}\lambda K_d\left(h+\frac{\sigma v_i(t)}{A_m}\right)+\Lambda_i\rho_{i0}\vartheta_i\Bigg\}\end{aligned}$$

根据参考文献[18]中的推论 1，可得

$$V(t)\leqslant\left(V(0)-\frac{\zeta_2}{\zeta_1}\right)\mathrm{e}^{-\zeta_1t}+\frac{\zeta_2}{\zeta_1}\leqslant V(0)+\frac{\zeta_2}{\zeta_1}\tag{6-35}$$

当

$$V(0)=\sum_{i=1}^{N}\left\{\frac{1}{2}S_i^2(0)+\frac{1}{2\rho_{i0}\alpha_i}\tilde{\theta}_i^2(0)+\frac{1}{2\rho_{i0}\beta_i}\tilde{\eta}_i^2(0)\right\}$$

若 $V(0)\geqslant0$，可以得到闭环系统所有信号是一致最终有界的，特别地

$$\lim_{t\to\infty}\sum_{i=1}^{N}\frac{1}{2}S_i^2(t)\leqslant V(0)+\frac{\zeta_2}{\zeta_1} \tag{6-36}$$

因此，根据式(6-17)和式(6-18)，车间距误差 $\delta_i(t)$ 最终一致有界。

由参考文献[9]和[22]的结果可分析得到，减少 ζ_2 或者增大 ζ_1 可以得到较小的 $S_i(t)$，因此通过选取合适的设计参数，$S_i(t)$ 最终可以收敛到原点附近的一个很小的邻域内。

(b) 队列稳定性：利用与参考文献[23]中相似的证明过程，可得队列稳定性。因为 $S_i(t)=\lambda s_i(t)-s_{i+1}(t)$ 可以收敛到原点附近的一个很小的邻域内，所以

$$\begin{aligned}&\lambda\left(K_p\delta_i(t)+K_i\int_0^t\delta_i(\tau)\mathrm{d}\tau+K_d\dot{\delta}_i(t)\right)\\&\approx K_p\delta_{i+1}(t)+K_i\int_0^t\delta_{i+1}(\tau)\mathrm{d}\tau+K_d\dot{\delta}_{i+1}(t)\end{aligned} \tag{6-37}$$

对上式进行拉普拉斯变换，可以得到

$$\begin{aligned}&\lambda\left(K_p\delta_i(s)+sK_i\dot{\delta}_i(s)+\frac{K_d}{s}\dot{\delta}_i(s)\right)\\&\approx K_p\delta_{i+1}(t)+K_i\int_0^t\delta_{i+1}(\tau)\mathrm{d}\tau+K_d\dot{\delta}_{i+1}(t)\end{aligned} \tag{6-38}$$

因此 $H_i(s)=\delta_{i+1}(s)/\delta_i(s)\approx\lambda$，若 $0<\lambda\leqslant1$，保证队列稳定性成立。

(c) 交通流稳定性：考虑改进的二次型间距策略，在稳定状态下可以假设，对于所有 i，$S_{\text{quad},i}(t)=S_{\text{quad}}(t)$，$v_i(t)=v(t)$。另外，值得指出的是，在稳定状态下 $\Gamma_i(t)=0$。那么可以得到

$$S_{\text{quad}}=L+\Delta+hv(t)+\frac{\sigma v^2(t)}{2A_m} \tag{6-39}$$

稳态交通的密度为

$$p=\frac{1}{L+\Delta+hv+\dfrac{\sigma v^2(t)}{2A_m}}$$

根据交通流速率 $Q(p)=pv$，进一步得到

$$Q(p)=p\left(\sqrt{\left(\frac{hA_m}{\sigma}\right)^2-\frac{2A_m}{\sigma}\left(L+\Delta-\frac{1}{p}\right)}-\frac{hA_m}{\sigma}\right)$$

并且

$$\frac{\partial Q}{\partial p}=\left(\sqrt{\left(\frac{hA_m}{\sigma}\right)^2-\frac{2A_m}{\sigma}\left(L+\Delta-\frac{1}{p}\right)}-\frac{hA_m}{\sigma}\right)-\frac{A_m}{\sigma p\sqrt{\left(\dfrac{hA_m}{\sigma}\right)^2-\dfrac{2A_m}{\sigma}\left(L+\Delta-\dfrac{1}{p}\right)}}$$

通过计算等式 $\partial Q/\partial p=0$，可以得到临界交通密度 p_{cr} 为

$$p_{cr}=\frac{1}{2(L+\Delta)+h\sqrt{\frac{2(L+\Delta)A_m}{\sigma}}} \tag{6-40}$$

定理得证。

注 6.5：由式(6-40)可知，临界交通密度依赖于常数 A_m 和 σ。减小 A_m 或增大 σ 可以得到较大的 p_{cr} 值，但会导致较大的期望间距，从而降低交通吞吐量。如果参数 A_m 太小或 σ 太大，这种缺点就会更加明显，因此可根据实际需要合理选择设计参数。

为了便于与已有的控制方法进行比较，利用定理 6.1 可得到以下推论。注意，当 $\chi_l=1$ 和 $\Lambda_i=1$ 时，控制器式(6-21)可以简化为标准控制器。

推论 6.1：考虑无执行器故障和饱和的异构车辆队列式(6-3)，在改进的二次型车间距策略式(6-14)下，通过为标准控制器和自适应律式(6-23)选择适当的设计参数，可将 $\delta_i(t)$ 驱动到原点 $\Omega=\{\delta_i(t):|\delta_i(t)|<\vartheta\}$ 附近的一个很小邻域内。当 $0<\lambda\leqslant 1$ 时，可以保证队列稳定性式(6-11)成立。利用新的二次间距策略式(6-14)，车流稳定性要求式(6-12)也可得到保证。

推论 6.2：考虑执行器故障式(6-4)和饱和式(6-7)的异构车辆队列系统式(6-3)，基于传统二次间距策略[15]并假设初始车间距误差为零，利用自适应容错控制律式(6-21)~式(6-23)并且 $\Gamma_i(t)=0$，则通过选择适当的设计参数可驱动 $\delta_i(t)$ 进入到原点 $\Omega=\{\delta_i(t):|\delta_i(t)|<\vartheta\}$ 附近的一个较小的领域内。当 $0<\lambda\leqslant 1$ 时，可以保证队列的稳定性式(6-11)，二次型车间距策略[13]也保证了交通流的稳定性式(6-12)。

6.5 仿真结果

为了验证所提控制方案的有效性，以一个由 1 辆领队车和 6 辆跟随车组成的异构车队为例，在 MATLAB 环境下给出了本章间距策略与传统二次型间距策略的对比仿真结果。在实验中，设定安全距离为 $\Delta_{i-1,i}=7\text{m}$，延时时间为 $h=0.12\text{s}$，安全系数为 $\sigma=0.2$，最大可能减速度的绝对值为 $A_m=7\text{m/s}^2$ 车辆其他仿真参数见表 6-1 和表 6-2。另外神经网络向量 $\boldsymbol{W}_i^{*\mathrm{T}}\xi_i(\boldsymbol{Z}_i)$ 包含 $M=20$ 个结点，当 $Z_i(t)=v_i(t)$，中心点 $\boldsymbol{\phi}_k$ 广泛分布在 $[-2,5]$，宽度 $b_k=2\,(k=1,2,\cdots,20)$。外部干扰为 $\omega_i=0.01\sin(t)$，$i\in\Omega_N$，领队车辆的期望加速度(单位为 m/s^2)为

$$a_0(t)=\begin{cases}0.5t & 1\text{s}\leqslant t<4\text{s}\\ 2 & 4\text{s}\leqslant t<8\text{s}\\ -0.5t+6.5 & 8\text{s}\leqslant t<12\text{s}\\ 0 & \text{其他}\end{cases}$$

另外，考虑的执行器饱和模型 $\text{sat}(u_i(t))$ 为

$$\operatorname{sat}(u_i(t))=\begin{cases}15, & u_i(t)>15\\ u_i(t), & 0\leqslant u_i(t)\leqslant 15\\ u_i(t), & -20\leqslant u_i(t)<0\\ -20, & u_i(t)<-20\end{cases}$$

表 6-1　车辆动力学参数

参数名称	模拟值
空气的比质量	$v=1.2\text{kg/m}^3$
横截面积	$A_i=2.2\text{m}^2$
阻力系数	$C_{di}=0.35$
机械阻力	$d_{mi}=5\text{N}$

表 6-2　跟随车辆的参数 m_i，τ_i，L_i

i	1	2	3	4	5	6
m_i/kg	1500	1600	1550	1650	1500	1400
τ_i/s	0.1	0.3	0.2	0.4	0.25	0.4
L_i/m	4	4.5	5	5	4.5	3.5

假设$\chi_l=0.5$，执行器故障失效因子为$\rho_i=0.75+0.25\sin(0.1it)$，偏移故障为$r_i(t)=0.01\sin(t)$，可以得到$\rho_{i0}=0.5$。根据$1\leqslant 1/\rho_{i0}\leqslant \Lambda_i$，假设$\Lambda_i=2$。初始状态列于表 6-3 中，控制参数列于表 6-4。请注意，本章省略了参考文献[22]中给出的设计参数选择的方法。

表 6-3　跟随车辆的初始状态

i	0	1	2	3	4	5	6
$x_i(0)$/m	150	135	125.5	112.5	99.5	87	75.5
$v_i(0)$/(m/s)	1	4	2	0	5	3	1
$a_i(0)$/(m/s^2)	0	1	5	2	1	3	1

表 6-4　跟随车辆的控制参数

参数	仿真数值
控制参数	$k_i=45$，$\lambda=0.75$，$\pi_i=3$
PID 参数	$K_p=1$，$K_i=2.8$，$K_d=0.15$
自适应初始值	$\hat{\theta}_i(0)=1$，$\hat{\eta}_i(0)=1$
自适应参数 1	$\alpha=15$，$\beta=10$
自适应参数 2	$\Xi_{1i}=0.01\mathrm{e}^{-20t}$，$\Xi_{2i}=0.1\mathrm{e}^{-10t}$
调整参数	$b_i=2$，$\mu_i=0.3$，$\vartheta_i=0.8$

在本小节中，对推论 6.1 和定理 6.1 进行了对比仿真实验。首先，当执行器不存在故障和饱和时，根据推论 6.1 得到的仿真结果如图 6-2 所示。仿真图 6-2a 中的车间距误差，其大小沿着队列方向递减，保证了队列稳定性。仿真图 6-2b 的曲线，由于没有交叉或重叠的出现，说明避免了碰撞。仿真图 6-2c 和图 6-2d 表明，所有跟随车辆的速度和加速度最终会保持与领队车的速度和加速度。仿真图 6-2e 和图 6-2f 中的滑模面和控制输入，可以收敛到原点邻域，最终消除抖振。图 6-2g 和图 6-2h 表明，自适应规律的信号 $\hat{\theta}_i(t)$ 和 $\hat{\eta}_i(t)$ 都是有界的。

但当执行器发生故障和饱和时，系统性能会显著下降。具体来说，图 6-3a 表明，车队不满足队列稳定性，并且车间距误差不会收敛到原点附近的邻域内。图 6-3e 和图 6-3f 中的滑模面和控制输入存在严重的抖振。图 6-3g 和图 6-3h 表明，自适应规律的估计方法的信号 $\hat{\theta}_i(t)$ 和 $\hat{\eta}_i(t)$ 不能收敛到常数。图 6-3 的结果表明，需要利用有效的控制策略来处理执行器故障和饱和。

根据定理 6.1，得到的仿真结果如图 6-4 所示。在执行器故障和饱和影响下，队列稳定性仍然可保证，控制性能与图 6-2 非常相似，说明通过调整故障和饱和参数，所提的控制方法，可有效处理执行器故障和饱和。

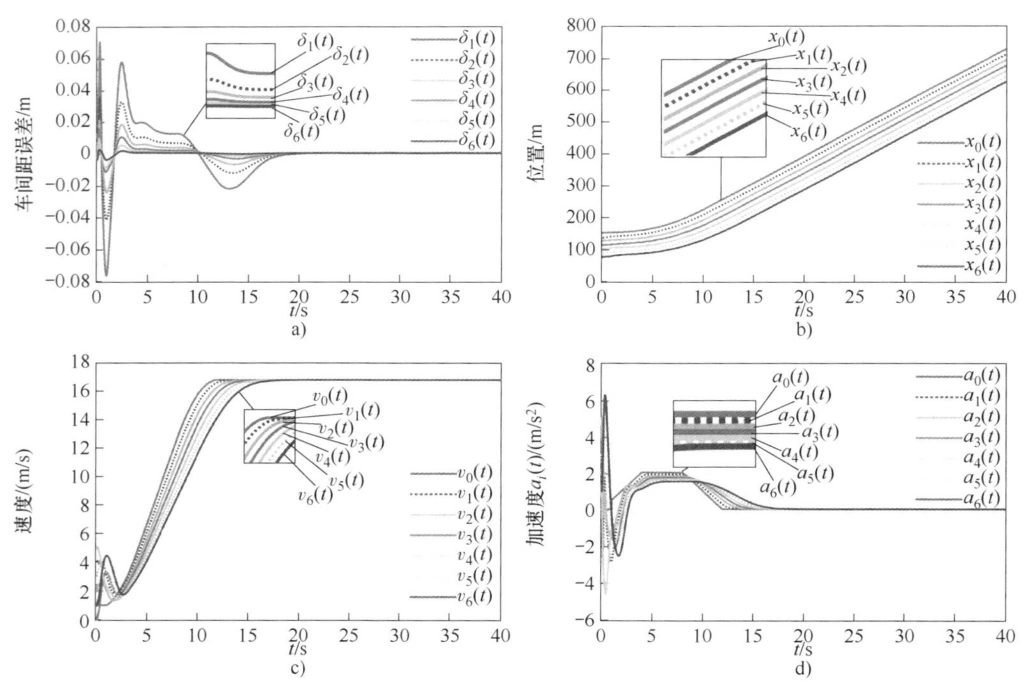

图 6-2　无执行器故障和饱和影响下的基于推论 6.1 得到的仿真结果（见彩插）

a）车间距误差　b）位置　c）速度　d）加速度

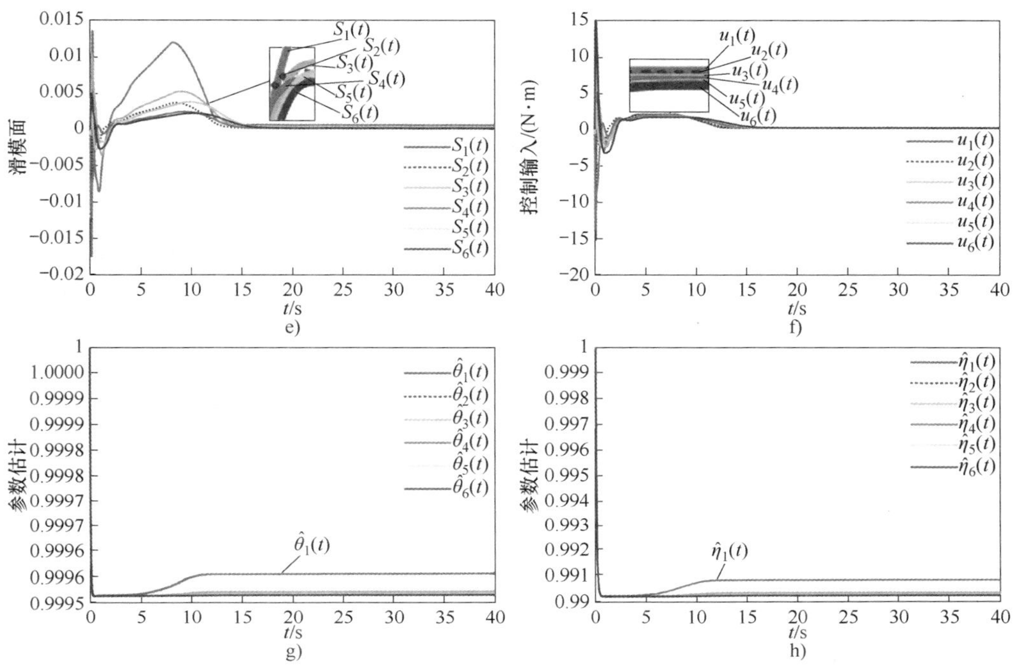

图 6-2　无执行器故障和饱和影响下的基于推论 6.1 得到的仿真结果（续）（见彩插）

e）滑模面　f）执行机构的控制输入　g）估算 $\hat{\theta}_i(t)$　h）估算 $\hat{\eta}_i(t)$

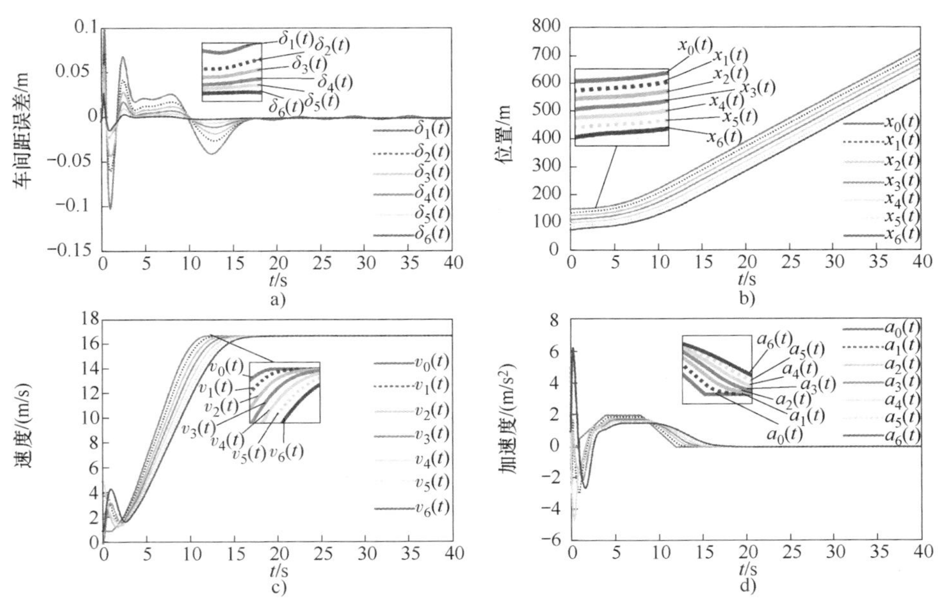

图 6-3　考虑执行器故障和饱和的推论 6.1 下的仿真结果（见彩插）

a）车间距误差　b）位置　c）速度　d）加速度

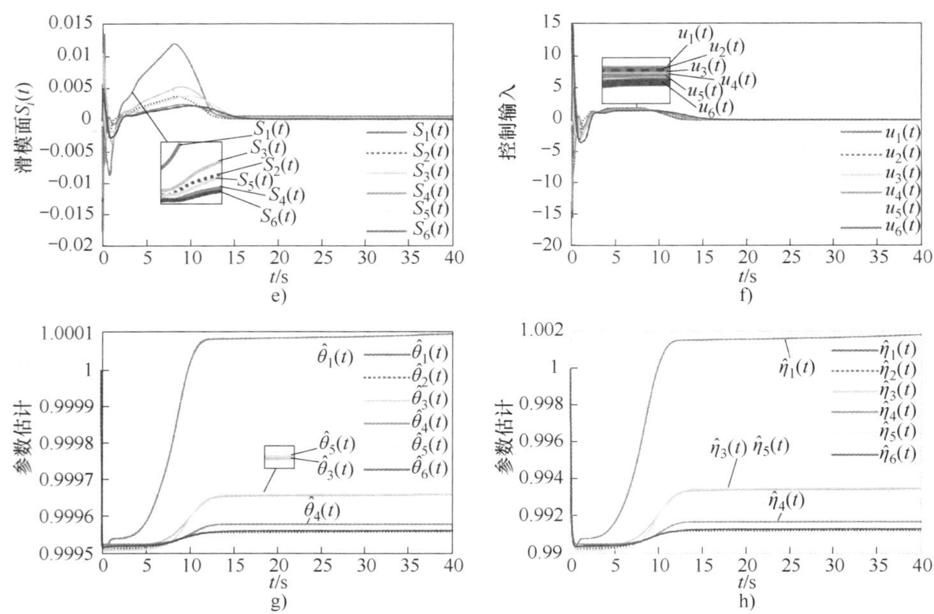

图 6-3　考虑执行器故障和饱和的推论 6.1 下的仿真结果（续）（见彩插）

e）滑模面　f）执行机构的控制输入　g）估算 $\hat{\theta}_i(t)$　h）估算 $\hat{\eta}_i(t)$

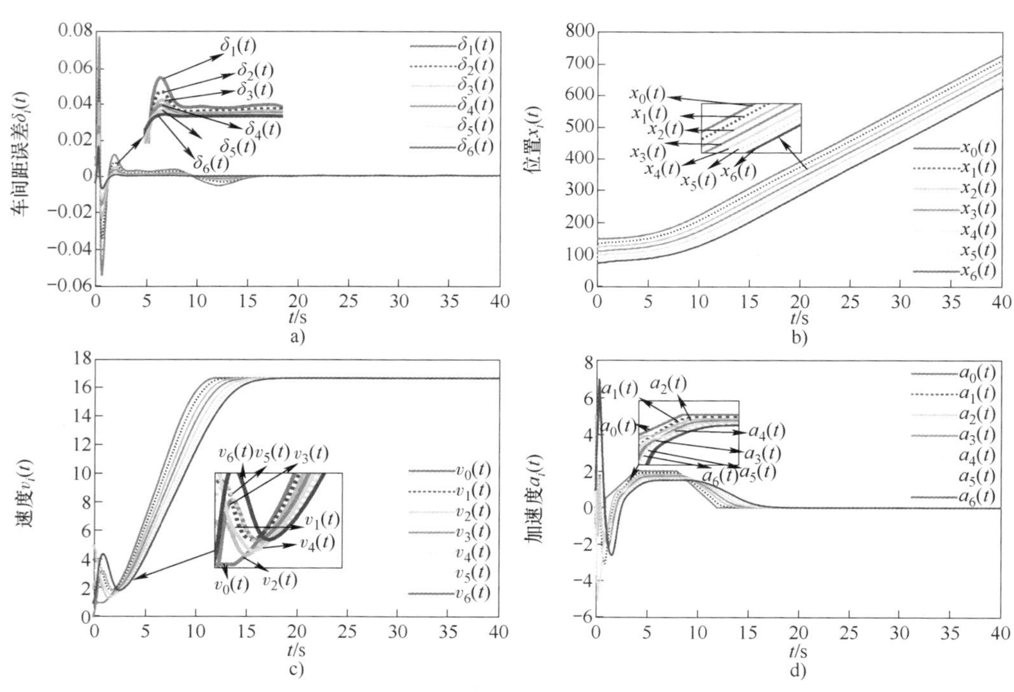

图 6-4　基于定理 6.1 得到的执行器故障和饱和时的仿真结果（见彩插）

a）车间距误差　b）位置　c）速度　d）加速度

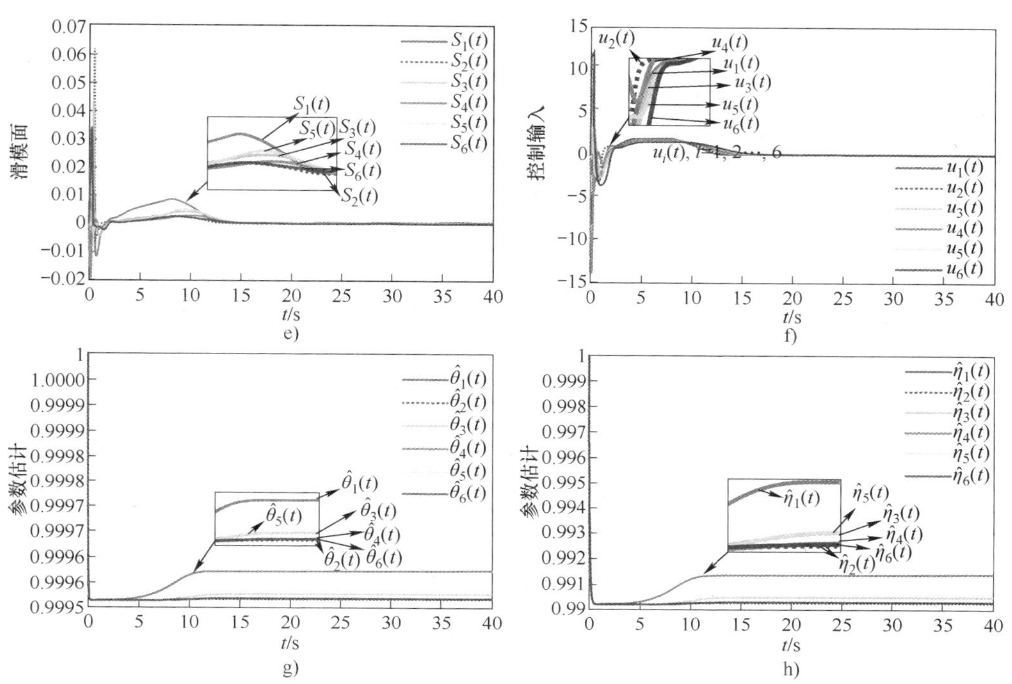

图 6-4　基于定理 6.1 得到的执行器故障和饱和时的仿真结果（续）（见彩插）

e）滑模面　f）执行机构的控制输入　g）估算 $\hat{\theta}_i(t)$　h）估算 $\hat{\eta}_i(t)$

为了讨论非零初始车间距误差的影响，基于推论 6.2，图 6-5 给出了相应的仿真结果。滑模面的运动、输入控制、自适应更新定律与图 6-4 的仿真结果相似，在此省略。由图 6-5 可知，非零初始间距误差可能导致车辆队列出现不稳定。因此，有必要考虑非零初始车间距误差对车队控制的影响。

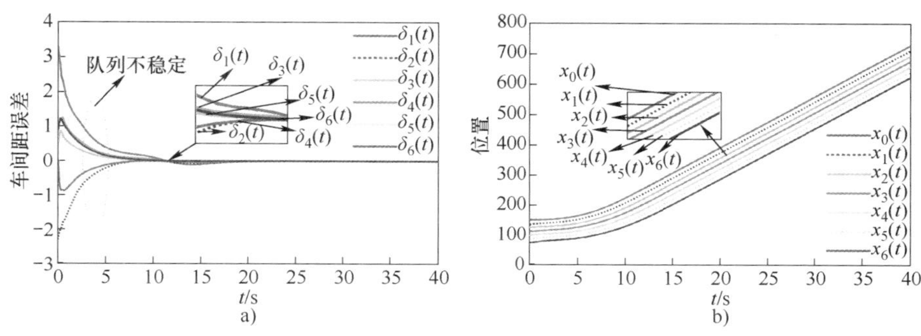

图 6-5　考虑执行器故障和饱和影响下基于推论 6.2 得到的仿真结果（见彩插）

a）车间距误差　b）位置

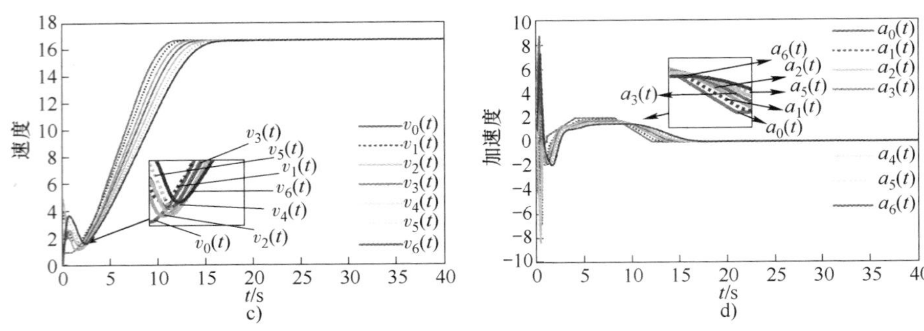

图 6-5　考虑执行器故障和饱和影响下基于推论 6.2 得到的仿真结果(续)(见彩插)

c）速度　d）加速度

6.6　本章小结

针对执行器存在故障和饱和的异构车辆队列，提出了一种基于改进的二次型车间距策略的自适应容错控制策略。该策略既能保证单车稳定性、队列稳定性和车流稳定性，又能消除执行器故障和饱和的影响，移除了初始车间距误差为零的假设。

本章仅从控制系统的角度研究了受故障和饱和影响的队列稳定性。然而，车辆的协同控制也严重依赖于车辆之间可靠的通信。但由于车辆自组织网络有限的带宽和覆盖范围，导致车间通信不可避免地存在通信限制，如多个车辆节点同时访问网络产生的通信冲突。而存在的通信限制问题将影响车队的控制性能。

参考文献

[1] GUO X G, WANG J L, LIAO F. Adaptive fuzzy fault-tolerant control for multiple high-speed trains with proportional and integral-based sliding mode[J]. IET Control Theory Appl, 2017, 11(8): 1234-1244.

[2] SANTHANAKRISHNAN K, RAJAMANI R. On spacing policies for highway vehicle automation[J]. IEEE Trans. Intell. Transp. Syst, 2003, 4(4): 198-204.

[3] DARBHA S, RAJAGOPAL K R. Intelligent cruise control systems and traffic flow stability[J]. Transp. Res. C, Emerg. Technol, 1999, 7(6): 329-352.

[4] ZHOU J, PENG H. Range policy of adaptive cruise control vehicle for improved flow stability and string stability[J]. IEEE Trans. Intell. Transp. Syst, 2005, 6(2): 229-237.

[5] ZHAO J, OYA M, EL KAMEL A. A safety spacing policy and its impact on highway traffic flow[C]. Proc. IEEE Intell. Vehicles Symp, 2009, 960-965.

[6] SUNGU H E, INOUE M, IMURA J I. Nonlinear spacing policy based vehicle platoon control for local string stability and global traffic flow stability[C]. Proc. Eur. Control Conf. (ECC), 2015, 3396-3401.

[7] WARNICK S C, RODRIGUEZ A A. A systematic antiwindup strategy and the longitudinal control of a platoon of vehicles with control saturations[J]. IEEE Trans. Veh. Technol, 2000, 49(3):

1006-1016.

[8] GUO X, WANG J, LIAO F, et al. A low-complexity control for nonlinear vehicular platoon with asymmetric actuator saturation[C]. Proc. IEEE 14th Int. Conf. Control Automat. (ICCA), 2018, 387-392.

[9] GUO X G, WANG J L, LIAO F, et al. CNN-based distributed adaptive control for vehicle-following platoon with input saturation [J]. IEEE Trans. Intell. Transp. Syst, 2018, 19 (10): 3121-3232.

[10] GUO G, LI D. Adaptive sliding mode control of vehicular platoons with prescribed tracking performance[J]. IEEE Trans. Veh. Technol, 2019, 68(8): 7511-7520.

[11] HAO L Y, ZHANG H, GUO G, et al. Quantized sliding mode control of unmanned marine vehicles: Various thruster faults tolerated with a unified model [J]. IEEE Trans. Syst, Man, Cybern. Syst, early access, 2019.

[12] XIAO B, HU Q, SHI P. Attitude stabilization of spacecrafts under actuator saturation and partial loss of control effectiveness[J]. IEEE Trans. Control Syst. Technol, 2013, 21(6): 2251-2263.

[13] SHEN Q, WANG D, ZHU S, et al. Finite-time fault-tolerant attitude stabilization for spacecraft with actuator saturation[J]. IEEE Trans. Aerosp. Electron. Syst, 2015, 51(3): 2390-2405.

[14] DARBHA S, RAJAGOPAL K R. Intelligent cruise control systems and traffic flow stability[J]. Transp. Res. C, Emerg. Technol, 1999, 7(6): 329-352.

[15] CHEN M, TAO G, JIANG B. Dynamic surface control using neural networks for a class of uncertain nonlinear systems with input saturation[J]. IEEE Trans. Neural Netw. Learn. Syst, 2015, 26(9): 2086-2097.

[16] POLYCARPOU M M. Stable adaptive neural control scheme for nonlinear systems[J]. IEEE Trans. Autom. Control, 1996, 41(3): 447-451.

[17] DENG H, KRSTI'C M. Stochastic nonlinear stabilization—I: A backstepping design[J]. Syst. Control Lett, 1997, 32(3): 143-150.

[18] ALI A, GARCIA G, MARTINET P. The flatbed platoon towing model for safe and dense platooning on highways[J]. IEEE Intell. Transp. Syst. Mag, 2015, 7(1): 58-68.

[19] XIAO L, GAO F. Practical string stability of platoon of adaptive cruise control vehicles[J]. IEEE Trans. Intell. Transp. Syst, 2011, 12(4): 1184-1194.

[20] SUNGU H E, INOUE M, IMURA J I. Nonlinear spacing policy based vehicle platoon control for local string stability and global traffic flow stability[C]. Proc. Eur. Control Conf. (ECC), 2015, 3396-3401.

[21] ZHAO J, OYA M, EL KAMEL A. A safety spacing policy and its impact on highway traffic flow [C]. Proc. IEEE Intell. Vehicles Symp, 2009, 960-965.

[22] GUO X, WANG J, LIAO F, et al. Neuroadaptive quantized PID sliding-mode control for heterogeneous vehicular platoon with unknown actuator dead zone[J]. Int. J. Robust Nonlinear Control, 2019, 29(1): 188-208.

[23] KWON J W, CHWA D. Adaptive bidirectional platoon control using a coupled sliding mode control method[J]. IEEE Trans. Intell. Transp. Syst, 2014, 15(5): 2040-2048.

[24] GHASEMI A, KAZEMI R, AZADI S. Stable decentralized control of a platoon of vehicles with heterogeneous information feedback[J]. IEEE Trans. Veh. Technol, 2013, 62(9): 4299-4308.

第 7 章　执行器量化和死区特性影响下的容错控制

7.1　引言

与第 6 章的讨论不同，本章考虑由于控制器量化[1]、死区非线性[2]因素的影响下，导致执行机构可能出现故障的情况。在实际中，量化因素对车辆控制的影响一直是学术界关注的热点问题[3-5]。另外，常见的油门/制动存在的死区非线性，其可能会导致车队性能下降甚至出现不稳定[6-7]。最近，在参考文献[8]中，同时考虑了控制器量化和死区非线性的影响，为异构车队提出了基于神经网络的自适应量化控制方法。然而，参考文献[8]中采用了恒时距间距策略，这可能导致交通流不稳定，从而降低交通流量，甚至造成道路交通拥堵[9-10]。例如将期望间距 S 定义为 $S=L+\Delta+hv$，其中 L 为车辆长度，Δ 为期望的车间最小距离，h 为恒定的时间常数。由此，当采用恒时距车间距策略时，梯度 $\partial Q/\partial p=-\dfrac{L+\Delta}{v}\leqslant 0$，表明交通流不稳定，其中，$Q$ 和 p 分别为交通流速和交通密度[11-12]。此外，参考文献[8]没有考虑执行器故障发生的概率影响。然而车辆系统在长期的运行过程中，由于磨损、老化或外部牵引力受损等因素，执行机构极易出现故障或失效。执行器故障可能会引起系统控制性能下降[14-15]，严重时可能影响系统的稳定性，乘客乘车的舒适性与安全性。

为此，本章为车队设计了容错控制策略来处理执行机构的故障影响，同时，提出新颖的车间距策略，来解决恒时距间距策略可能引起的交通流不稳定问题。为减少传统的二次型车间距策略的保守性，利用故障因子的下界，提出了改进的二次型车间距策略，该策略可以消除零初始间距误差的假设。通过利用神经网络逼近车辆动力学方程中的非线性项，采用自适应控制器补偿近似误差和模型不确定性。基于李亚普诺夫稳定性理论，推导出了能保证单车稳定和车队稳定的自适应滑模容错控制器。此外，所设计的车间距策略保证了交通流的稳定性。主要贡献如下：

1）基于故障因子的下界提出了改进的二次型车间隔策略。

2）为了解决由不确定的初始条件引起的发动机系统和制动系统的瞬态力矩过大的问题，所提出的车间距策略移除了对零初始间距误差的假设。

3）采用最小参数学习机制，其中，参数个数只依赖于车队规模的大小，避免了参数数量爆炸问题，显著减少了控制算法所需的计算量。

符号说明： $|\cdot|$表示实数的绝对值，$\|\cdot\|$表示向量的欧氏范数，$\mathbb{R}^n$ 表示 n 维欧氏空间，并且 $\Omega=\{1,2,\cdots,N\}$ 表示从 1 到 N 的整数集并且 $\Omega_N\setminus\{N\}$ 代表着$\{N\}$在 Ω_N 中的补足关系。

7.2　系统建模和问题求解

考虑由 1 辆领队车和 N 辆跟随车辆组成的车辆队列，如图 7-1 所示。其中领队车辆的动力学模型可表示为

$$\dot{x}_0=v_0 \qquad \dot{v}_0=a_0 \tag{7-1}$$

其中，x_0、v_0、a_0 分别为领队车的位置、速度、加速度，a_0 为给定函数。

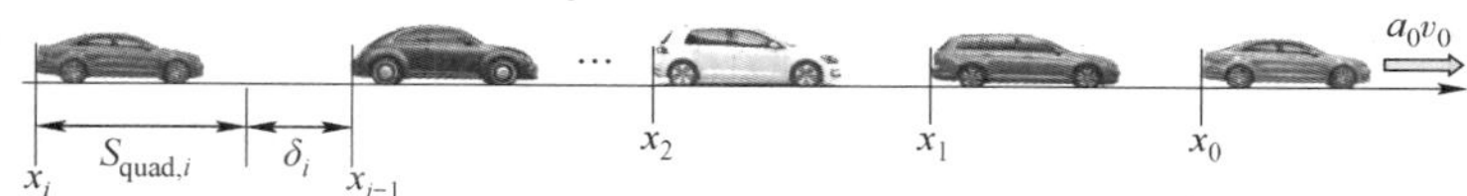

图 7-1　异构智能车队结构

第 i 辆跟随车的动力学模型，利用以下非线性三阶模型[16]描述：

$$\begin{aligned}\dot{x}_i&=v_i\\ \dot{v}_i&=a_i\\ \dot{a}_i&=f_i(v_i,a_i)+\frac{p_i}{\tau_i m_i}+\omega_i\end{aligned} \tag{7-2}$$

其中，p_i 为发动机/制动输入，ω_i 为由风或复杂路况引起的未知外部干扰，$f_i(v_i,a_i)$由

$$f_i(v_i,a_i)=-\frac{1}{\tau_i}\left(a_i+\frac{vA_iC_{di}}{2m_i}v_i^2+\frac{d_{mi}}{m_i}\right)-\frac{vA_iC_{di}v_ia_i}{m_i}$$

其中，τ_i 为发动机时间常数；v 为空气比质量；m_i、A_i 和 C_{di}分别为车辆 i 的质量、截面积和阻力系数；d_{mi}为机械阻力；$\dfrac{vA_iC_{di}}{2m_i}$为空气阻力。

定义

$$u_i=\frac{p_i}{m_i}$$

则第 i 辆车的纵向动力学模型为

$$\dot{x}_i=v_i$$

$$
\begin{aligned}
\dot{v}_i &= a_i \\
\dot{a}_i &= f_i(v_i, a_i) + \frac{u_i}{\tau_i} + \omega_i
\end{aligned}
\tag{7-3}
$$

这里利用 u_i 代替 p_i，使得控制输入不依赖于车辆的质量。由于机械阻力 d_{mi} 和空气阻力 $\frac{vA_iC_{di}}{2m_i}$ 在实际中无法准确求得，故非线性函数 $f_i(v_i, a_i)$ 是未知的，可用神经网络方[6]对其逼近，如：

$$
f_i(v_i, a_i) = \boldsymbol{W}_i^{*\mathrm{T}} \xi_i(Z_i) + \varsigma_i \tag{7-4}
$$

其中，Z_i 是输入向量；$\boldsymbol{W}_i^* = [\omega_i^{1*}, \omega_i^{2*}, \cdots, \omega_i^{M*}]^{\mathrm{T}}$ 是未知的理想参数向量；M 表示网络节点数；ς_i 是重构或逼近误差，并满足 $|\varsigma_i| \leqslant \varsigma_i^*$ 且 $\varsigma_i^* > 0$；$\xi_i(\boldsymbol{Z}_i) = [\xi_i^1(\boldsymbol{Z}_i), \xi_i^2(\boldsymbol{Z}_i), \cdots, \xi_i^M(\boldsymbol{Z}_i)]^{\mathrm{T}}$ 表示高斯函数向量。

$$
\xi_i^k(\boldsymbol{Z}_i) = \exp\left[-\frac{(\boldsymbol{Z}_i - \boldsymbol{c}_i^k)^{\mathrm{T}}(\boldsymbol{Z}_i - \boldsymbol{c}_i^k)}{2(d_i^k)^2}\right],\ k = 1, 2, 3, \cdots, M
$$

其中，$\boldsymbol{c}_i^k$ 和 d_i^k 分别表示高斯函数的中心向量和宽度值。

在实际控制中，部分失效和偏移故障是两种常见的执行器故障。其中部分失效是由于磨损而引起的故障，偏移故障是由于老化或外部应力损伤而引起的故障。参考文献[13]采用以下故障模型：

$$
u_i^f = \rho_i(t) u_i^d + r_i(t) \tag{7-5}
$$

其中，$\rho_i(t)$ 表示执行器失效因子；$r_i(t)$ 代表偏移故障。

对于执行器死区和量化，本章采用如下执行器死区模型[8]：

$$
\begin{aligned}
u_i^d &= D_i(u_i^q) \\
&= \begin{cases}
n_i^r(u_i^q - b_i^r), & u_i^q \geqslant b_i^r \\
0, & -b_i^l < u_i^q < b_i^r \\
n_i^l(u_i^q + b_i^l), & u_i^q \leqslant -b_i^l
\end{cases}
\end{aligned}
\tag{7-6}
$$

其中，n_i^l 和 n_i^r 表示死区特性的左右斜率；b_i^r 和 b_i^l 表示死区模型的断点；u_i^q 表示量化输入，其具体形式如下：

$$
\begin{aligned}
u_i^q &= Q_i(u_i) \\
Q_i(u_i) &\triangleq \phi_i^d q(u_i / \phi_i^c)
\end{aligned}
\tag{7-7}
$$

其中，函数 $q(\cdot) \triangleq \mathrm{round}(\cdot)$ 表示就近取整，$q(u_i/\phi_i^c)$ 表示控制输入的有限精度实现，$\phi_i^c > 0$ 和 $\phi_i^d > 0$ 分别表示编码器和解码器端的量化调节参数，正常情况下，$\phi_i^c = \phi_i^d$。但是由于硬件不完善，很难达到正常条件，因此本章考虑不匹配的量化器，定义 $\phi_i = \phi_i^d / \phi_i^c$ 表示不匹配率，注意其值可能是时变函数，定义执行器的量化函数 $Q_i(\cdot)$ 为

$$
Q_i(u_i) = \phi_i q_{\phi_i^c}(u_i)
$$

$$q_{\phi_i^c}(u_i)=\phi_i^c q(u_i/\phi_i^c) \tag{7-8}$$

假设 7.1：ω_i 是一个未知有界扰动，$|\omega_i|\leqslant\omega_i^*$，其中 ω_i^* 是一个正常数。

假设 7.2：失效因子 $\rho_i(t)$ 和偏移故障 $r_i(t)$ 为未知有界函数时，存在未知正常数 ρ_{i0} 和 r_i^* 满足 $0<\rho_{i0}\leqslant\rho_i(t)\leqslant 1$ 和 $|r_i(t)|\leqslant r_i^*<\infty$。

假设 7.3：死区参数 n_i^r、n_i^l、b_i^r 和 b_i^l 是未知正数，对于所有的 $i\in\Omega_N$，存在一个充分小的参数 $\zeta_i>0$，使得 $0<\zeta_i\leqslant n_i^r$，$0<\zeta_i\leqslant n_i^l$。

假设 7.4：量化模型中的不匹配率 ϕ_i 是有界的，对于任意 $t>0$，存在 $\phi_i^m\leqslant\phi_i\leqslant\phi_i^M$，其中 ϕ_i^m 和 ϕ_i^M 是未知正常数。

为了简化式(7-7)中的量化模型 $Q_i(u_i)$，把式(7-8)中的量化器 $q_{\phi_i^c}(u_i)$ 分解为线性部分和非线性部分，具体形式如下：

$$q_{\phi_i^c}(u_i)=u_i+\Delta u_i \tag{7-9}$$

那么量化误差可定义为

$$\Delta u_i\triangleq q_{\phi_i^c}(u_i)-u_i \tag{7-10}$$

根据量化特性式(7-8)，当时间为 t 时，Δu_i 的每个分量都以 ϕ_i^c 的一半为界，即

$$\|\Delta u_i\|_\infty\leqslant 0.5\max_{t\geqslant 0}\phi_i^c \tag{7-11}$$

另外，类似参考文献[8]，死区输入特性可以转换成如下形式：

$$D_i(u_i^q)=n_i u_i^q+\Delta n_i \tag{7-12}$$

其中，

$$n_i=\begin{cases}n_i^l, & u_i^q\leqslant 0\\ n_i^r, & u_i^q>0\end{cases}$$

并且，

$$\Delta n_i=\begin{cases}-n_i^r b_i^r, & u_i^q\geqslant b_i^r\\ -n_i u_i^q, & -b_i^l<u_i^q<b_i^r\\ n_i^l b_i^l, & u_i^q\leqslant -b_i^l\end{cases}$$

这里的 Δn_i 是有界的，存在 $\Delta n_i^*>0$，使得 $|\Delta n_i|\leqslant\Delta n_i^*$，其中 Δn_i^* 是未知常数。

将式(7-8)、式(7-9)和式(7-12)代入式(7-5)，故障模型 u_i^f 可分解为如下形式：

$$\begin{aligned}u_i^f&=\rho_i(t)n_i\phi_i u_i+\Delta N_i\\ \Delta N_i&=\rho_i(t)n_i\phi_i\Delta u_i+\rho_i(t)\Delta n_i+r_i(t)\end{aligned} \tag{7-13}$$

其中，$0<\zeta_i\phi_i^m\leqslant n_i\phi_i\leqslant\phi_i^M\max\{n_i^l,n_i^r\}$，$|\Delta N_i|\leqslant\frac{1}{2}\phi_i^M\max\{n_i^l,n_i^r\}\max\limits_{t\geqslant 0}\phi_i^c+\Delta n_i^*+r_i^*\triangleq\Delta N_i^*$，值得注意的是，因为 ζ_i、ϕ_i^m、ϕ_i^M 和 $\max\{n_i^l,n_i^r\}$ 是未知的，故控制器增益 $n_i\phi_i$ 是未知的。本章选用自适应更新律 $\hat{\psi}_i$，在线估计式(7-13)中控制增益下界的

倒数 $\psi_i^* = \dfrac{1}{\zeta_i \phi_i^m}$。

注 7.1：注意参考文献[8]中的研究工作，忽略了执行器故障的影响，而执行器故障可能导致系统性能下降甚至不稳定。在车队容错控制系统中，本章考虑了执行器故障。此外，参考文献[8]中的车间隔策略采用的是简单的恒时距车间距策略，不利于交通流的稳定。为此本章提出二次型车间距策略来解决此问题。

定义 7.1(弱队列稳定性[15])：若车队的车间距误差是一致有界的，如果对于某些$\varrho>0$，$\exists\vartheta>0$，则下式成立：

$$\sup_i \max\{|\delta_i(0),\dot{\delta}_i(0)|\}<\varrho$$
$$\Rightarrow \sup_i \sup_{t\geq 0} \max\{|\delta_i(t),\dot{\delta}_i(t)|\}<\vartheta \tag{7-14}$$

定义 7.2(强队列稳定性[18-19])：车队控制系统是队列稳定的，如果满足

$$|\delta_N(t)|\leq|\delta_{N-1}(t)|\leq\cdots\leq|\delta_1(t)| \tag{7-15}$$

即误差传递函数 $G_i(s):=\delta_{i+1}(s)/\delta_i(s)$ 对于任意 $i=\Omega_N$，满足 $|G_i(s)|\leq 1$，其中 $\delta_i(s)$ 是 $\delta_i(t)$ 的拉普拉斯变换。

本章的目标是：在执行器故障、输入量化和死区非线性的影响下，设计车辆队列控制策略，完成以下控制目标：

1）单车稳定性：车队中各跟随车辆的速度和加速度与领队车的速度、加速度保持一致，实现速度和加速度的一致跟踪。

2）在动态过程中，保证队列稳定性；在稳态过程中，保证强队列稳定性。

3）交通流稳定性[9]：梯度$\partial Q/\partial p$ 需满足

$$\partial Q/\partial p>0 \tag{7-16}$$

其中，Q 表示交通流速率；p 表示交通密度。

在进一步讨论之前，先给出一些相关的引理。

引理 7.1[20]：对于任意的$\forall\varepsilon>0$ 和 $x\in\mathbb{R}$，有如下不等式成立

$$0\leq|\chi|-\chi\tanh\left|\frac{\chi}{\varepsilon}\right|\leq\kappa\varepsilon$$

其中，κ 是一个常数且满足 $\kappa=\mathrm{e}^{-(k+1)}$，且 $\kappa=0.2785$。

引理 7.2(杨氏不等式[21])：对于$\forall(a,b)\in\mathbb{R}^2$，不等式成立：

$$ab\leq\frac{\varphi^p}{p}|a|^p+\frac{1}{q\varphi^q}|b|^q$$

其中，$\varphi>0$，$p>1$，$q>1$，且$(p-1)(q-1)=1$。

7.3 改进的二次型车间距策略和自适应 PID 型滑模控制

本节基于改进的二次型车间距策略和自适应 PID 滑模面设计控制器，以此消

除稳态车间距误差。

为减少传统二次型车间距策略[12]的保守性，根据车速、制动能力和故障因子的下界，引入如下的改进的二次型车间距策略：

$$\delta_i=\widetilde{\delta}_i-\Gamma_i$$

$$\widetilde{\delta}_i=x_{i-1}-x_i-\left(L_i+\Delta_{i-1,i}+hv_i+\frac{\sigma v_i^2}{2A_m\underline{\rho}_i}\right)$$

$$\Gamma_i=\left\{\widetilde{\delta}_i(0)+[\pi_i\widetilde{\delta}_i(0)+\dot{\widetilde{\delta}}_i(0)]t+\frac{1}{2}[\pi_i^2\widetilde{\delta}_i(0)+2\pi_i\dot{\widetilde{\delta}}_i(0)+\ddot{\widetilde{\delta}}_i(0)]t^2\right\}e^{-\pi_i t}\tag{7-17}$$

其中，π_i 是一个正常数，L_i 表示第 i 辆车的长度，$\Delta_{i-1,i}$表示第 i 辆车与第 $i-1$ 辆车之间的安全距离，h 表示控制系统的延迟时间(大约10~80ms，见参考文献［19］)，σ 表示安全系数，A_m 表示最大可能减速度的绝对值，用来实现以下等式：

$$\delta_i(0)=0,\ \dot{\delta}_i(0)=0,\ \ddot{\delta}_i(0)=0\tag{7-18}$$

这表明改进的二次型车间距策略，解决了非零初始间距误差问题。

相邻车辆之间期望间距定义为

$$S_{\text{quad},i}=L_i+\Delta_{i-1,i}+hv_i+\frac{\sigma v_i^2}{2A_m\rho_{i0}}+\Gamma_i\tag{7-19}$$

注 7.2：基于常用的恒时间距车间距策略，参考文献[12]提出的非线性二次型车间距策略，可保证队列的稳定性和交通流的稳定性，也可提高道路的通行能力。但当执行器发生故障时，最大加速度发生变化，可能导致参考文献[12]提出的车间距策略失效。此外，参考文献[12]提出的二次型车间距策略，没有考虑初始间距误差非零的问题，同样可导致队列不稳定。

注 7.3：为降低传统二次型车间距策略[19]的保守性，提出了一种考虑故障因子下界的改进型二次间距策略。此外，新的间距策略消除了初始间距误差为零的假设。

由于其在消除稳态间距误差方面的优异性能，滑模控制，特别是 PID 滑模控制，已广泛用于处理外部干扰、模型不确定性。本章考虑的自适应 PID 滑模面，如下：

$$s_i=K_p\delta_i+K_i\int_0^t\delta_i(\tau)\,d\tau+K_d\dot{\delta}_i\tag{7-20}$$

其中，K_p，K_i，K_d 分别代表比例、积分和微分系数。类似于参考文献［19］，需要构建 δ_i 和 δ_{i+1}之间的关系，故定义如下耦合滑模函数：

$$S_i(t)=\begin{cases}\lambda s_i(t)-s_{i+1}(t), & i=1,2,\cdots,N-1\\ \lambda s_i(t), & i=N\end{cases}\tag{7-21}$$

其中，λ 是滑动表面 $s_i(t)$和 $s_{i+1}(t)$的耦合参数。当 $S_i(t)$到达滑动面时，$s_i(t)$保持与 $S_i(t)$的运动情况一致。

7.4 控制器设计与稳定性分析

本节将神经网络和 PID 滑模控制方法相结合，针对执行器故障、输入量化和死区非线性的异构车辆队列，提出了一种自适应容错车队控制策略。

如前所述，将神经网络技术用于对车辆动力学中的未知非线性函数 $f_i(v_i, a_i)$ 的逼近。定义估计误差为

$$
\begin{aligned}
\tilde{\theta}_i &= \theta_i^* - \rho_{i0}\hat{\theta}_i \\
\tilde{\eta}_i &= \eta_i^* - \rho_{i0}\hat{\eta}_i \\
\tilde{\psi}_i &= \psi_i^* - \hat{\psi}_i
\end{aligned} \tag{7-22}
$$

其中，ρ_{i0} 在假设 7.2 中定义，并且

$$
\begin{aligned}
\psi_i^* &= \frac{1}{\zeta_i \phi_i^m} \\
\eta_i^* &\geqslant \varsigma_i^* + \omega_i^* + \frac{\Delta N_i^*}{\tau_i} \\
\theta_i^* &= \| \boldsymbol{W}_i^* \|^2 = \boldsymbol{W}_i^{*\mathrm{T}} \boldsymbol{W}_i^*
\end{aligned} \tag{7-23}
$$

提出具有以下形式的容错控制器：

$$
\begin{aligned}
u_i &= \hat{\psi}_i \bar{u}_i \\
\bar{u}_i &= \tau_i \left\{ \frac{k_i S_i}{\lambda K_d \left(h + \dfrac{\sigma v_i}{A_m \rho_{i0}} \right)} + \frac{b_i^2}{2} \hat{\theta}_i \xi_i^{\mathrm{T}}(Z_i) \xi_i(Z_i) S_i + \right. \\
&\qquad \left. \hat{\eta}_i \tanh\left(\frac{S_i}{\mu_i} \right) + \frac{\Lambda_i}{\lambda K_d \left(h + \dfrac{\sigma v_i}{A_m \rho_{i0}} \right)} \frac{R_i^2 S_i}{|R_i S_i| + \vartheta_i} \right\}
\end{aligned} \tag{7-24}
$$

其中，$1 \leqslant 1/\rho_{i0} \leqslant \Lambda_i$；$\vartheta_i$、$\mu_i$ 和 b_i 是正常数；k_i 是反馈增益；定义 R_i 如下：

$$
\begin{cases}
R_i = \lambda K_p \dot{\delta}_i + \lambda K_i \delta_i + \lambda K_d \left(a_{i-1} - a_i - \dfrac{\sigma a_i^2}{A_m \rho_{i0}} - \ddot{\Gamma}_i \right) - \\
\qquad K_p \dot{\delta}_{i+1} - K_i \delta_{i+1} - K_d \ddot{\delta}_{i+1}, \quad i \in \Omega_N \setminus \{N\} \\
R_i = \lambda K_p \dot{\delta}_i + \lambda K_i \delta_i + \lambda K_d \left(a_{i-1} - a_i - \dfrac{\sigma a_i^2}{A_m \rho_{i0}} - \ddot{\Gamma}_i \right), \quad i = N
\end{cases} \tag{7-25}
$$

由此设计的自适应更新律如下：

$$\dot{\hat{\theta}}_i=\alpha_i\lambda K_d\left(h+\frac{\sigma v_i}{A_m\rho_{i0}}\right)\frac{b_i^2}{2}\xi_i^{\mathrm{T}}(Z_i)\xi_i(Z_i)S_i^2-\varXi_{1i}\hat{\theta}_i$$

$$\dot{\hat{\eta}}_i=\beta_i\lambda K_d\left(h+\frac{\sigma v_i}{A_m\rho_{i0}}\right)S_i\tanh\left(\frac{S_i}{\mu_i}\right)-\varXi_{2i}\hat{\eta}_i$$

$$\dot{\hat{\psi}}_i=\gamma_i\lambda K_d\left(h+\frac{\sigma v_i}{A_m\rho_{i0}}\right)\frac{1}{\tau_i}\rho_{i0}\bar{u}_iS_i-\varXi_{3i}\hat{\psi}_i \tag{7-26}$$

其中，$\hat{\theta}_i(0)\geqslant 0$，$\hat{\eta}_i(0)\geqslant 0$ 和 $\hat{\psi}_i(0)\geqslant 0$，$\lambda$、$b_i$、$K_p$、$K_i$、$K_d$、$\alpha_i$、$\beta_i$ 和 γ_i 是任意正常数，μ_i 是较小常数。此外，$\varXi_{1i}$、$\varXi_{2i}$和 $\varXi_{3i}$是任意有界连续函数，需满足

$$\varXi_{ji}(t)>0 \qquad \lim_{t\to\infty}\int_{t_0}^{t}\varXi_{ji}(\tau)\,\mathrm{d}\tau\leqslant\overline{\varXi}_{ji}<+\infty\ ,\ j=1,2,3 \tag{7-27}$$

其中，$\varXi_{ji}$是有界的。

注 7.4：基于神经网络控制方法的一个缺点是，随着节点[6]数量的增加，待估计的参数数量会急剧增加，可能造成较大的计算负担。受参考文献[8]启发，采用最小学习参数机制，使参数个数只依赖于车辆数量，可以缓解学习参数爆炸的问题。

现在给出以下主要结论。

定理 7.1：对于执行器故障式(7-5)、输入量化式(7-8)和未知死区式(7-6)的车队式(7-3)，采用改进的二次型车间距策略式(7-17)下，自适应容错控制律式(7-24)和自适应律式(7-26)可以将车间距误差驱动到在原点 $\Omega=\{\delta_i(t):|\delta_i(t)|<\vartheta\}$ 附近的一个较小领域内，即保证了队列稳定性式(7-14)。此外，当 $0<\lambda\leqslant 1$ 时，可使车辆队列满足强队列稳定性式(7-15)，且采用的新的二次型车间距策略，可保证交通流稳定性式(7-16)。

证明：证明包括以下三个部分。

(a) $S_i(t)$的有界性：选取李亚普诺夫函数如下：

$$V_i=\frac{1}{2}S_i^2+\frac{1}{2\rho_{i0}\alpha_i}\tilde{\theta}_i^2+\frac{1}{2\rho_{i0}\beta_i}\tilde{\eta}_i^2+\frac{1}{2\gamma_i}\zeta_i\phi_i^m\tilde{\psi}_i^2 \tag{7-28}$$

其中，$\tilde{\theta}_i(t)$、$\tilde{\eta}_i(t)$和 $\tilde{\psi}_i(t)$在式(7-22)中定义。

V_i 的导数为

$$\dot{V}_i=S_i\dot{S}_i-\frac{1}{\alpha_i}\tilde{\theta}_i\dot{\hat{\theta}}_i-\frac{1}{\beta_i}\tilde{\eta}_i\dot{\hat{\eta}}_i-\frac{1}{\gamma_i}\zeta_i\phi_i^m\tilde{\psi}_i\dot{\hat{\psi}}_i \tag{7-29}$$

根据式(7-17)、式(7-20)和式(7-21)，S_i 的导数可以表示为

$$\begin{aligned}\dot{S}_i&=\lambda(K_p\dot{\delta}_i+K_i\delta_i+K_d\ddot{\delta}_i)-K_p\dot{\delta}_{i+1}-K_i\delta_{i+1}+K_d\ddot{\delta}_{i+1}\\&=\lambda\left\{K_p\dot{\delta}_i+K_i\delta_i+K_d\left(a_{i-1}-a_i-h\dot{a}_i-\frac{\sigma a_i^2}{A_m\rho_{i0}}-\frac{\sigma v_i\dot{a}_i}{A_m\rho_{i0}}-\ddot{\varGamma}_i\right)\right\}-\\&\quad K_p\dot{\delta}_{i+1}-K_i\delta_{i+1}-K_d\ddot{\delta}_{i+1}\\&=-\lambda K_d\left(h+\frac{\sigma v_i}{A_m\rho_{i0}}\right)\dot{a}_i+R_i,\ i\in\Omega_N\setminus\{N\}\end{aligned}$$

$$\begin{aligned}\dot{S}_i &= \lambda\left\{K_p\dot{\delta}_i+K_i\delta_i+K_d\left(a_{i-1}-a_i-h\dot{a}_i-\frac{\sigma a_i^2}{A_m\rho_{i0}}-\frac{\sigma v_i\dot{a}_i}{A_m\rho_{i0}}-\ddot{\Gamma}_i\right)\right\}\\ &=-\lambda K_d\left(h+\frac{\sigma v_i}{A_m\rho_{i0}}\right)\dot{a}_i+R_i,\ i=N\end{aligned} \tag{7-30}$$

其中 R_i 在式(7-25)中有相关定义。将式(7-3)、式(7-4)、式(7-13)和式(7-30)代入 $S_i\dot{S}_i$，可得

$$\begin{aligned}S_i\dot{S}_i &= -\lambda K_d\left(h+\frac{\sigma v_i}{A_m\rho_{i0}}\right)\left(\frac{1}{\tau_i}\rho_i(t)n_i\phi_iu_i+f_i(v_i,a_i)+\frac{\Delta N_i}{\tau_i}+\omega_i\right)S_i+R_iS_i\\ &=-\lambda K_d\left(h+\frac{\sigma v_i}{A_m\rho_{i0}}\right)\frac{1}{\tau_i}\rho_i(t)n_i\phi_iu_iS_i-\lambda K_d\left(h+\frac{\sigma v_i}{A_m\rho_{i0}}\right)W_i^{*\mathrm{T}}\xi_i(\boldsymbol{Z}_i)S_i-\\ &\quad\lambda K_d\left(h+\frac{\sigma v_i}{A_m\rho_{i0}}\right)\left(\varsigma_i+\omega_i+\frac{\Delta N_i}{\tau_i}\right)S_i+R_iS_i\\ &\leqslant-\lambda K_d\left(h+\frac{\sigma v_i}{A_m\rho_{i0}}\right)\frac{1}{\tau_i}\rho_i(t)\zeta_i\phi_i^mu_iS_i-\lambda K_d\left(h+\frac{\sigma v_i}{A_m\rho_{i0}}\right)W_i^{*\mathrm{T}}\xi_i(\boldsymbol{Z}_i)S_i+\\ &\quad\lambda K_d\left(h+\frac{\sigma v_i}{A_m\rho_{i0}}\right)\eta_i^*\,|S_i|+|R_iS_i|\end{aligned} \tag{7-31}$$

其中，$\varsigma_i^*+\omega_i^*+\dfrac{\Delta N_i^*}{\tau_i}\leqslant\eta_i^*$ 和 $0<\zeta_i\phi_i^m\leqslant n_i\phi_i$。然后根据引理 7.2，存在 $b_i>0$，使得

$$\begin{aligned}&-\lambda K_d\left(h+\frac{\sigma v_i}{A_m\rho_{i0}}\right)W_i^{*\mathrm{T}}\xi_i(\boldsymbol{Z}_i)S_i\\ &\leqslant\lambda K_d\left(h+\frac{\sigma v_i}{A_m\rho_{i0}}\right)\frac{b_i^2}{2}\theta_i^*\,\xi_i^{\mathrm{T}}(\boldsymbol{Z}_i)\xi_i(\boldsymbol{Z}_i)S_i^2+\frac{1}{2b_i^2}\lambda K_d\left(h+\frac{\sigma v_i}{A_m\rho_{i0}}\right)\end{aligned} \tag{7-32}$$

其中，$\theta_i^*=\|\boldsymbol{W}_i^*\|^2=\boldsymbol{W}_i^{*\mathrm{T}}\boldsymbol{W}_i^*$。通过估计神经网络权重向量范数 θ_i^* 的平方值，替代了直接估计理想权重向量 $\boldsymbol{W}_i^*$，从而使得控制算法中自适应参数的数目从 $\sum_{i=1}^{N}N_i$ 减少到 N，极大减少了自适应律的在线计算量。将式(7-32)代入到式(7-31)，可得到

$$\begin{aligned}S_i\dot{S}_i &\leqslant-\lambda K_d\left(h+\frac{\sigma v_i}{A_m\rho_{i0}}\right)\frac{1}{\tau_i}\rho_i(t)\zeta_i\phi_i^mu_iS_i+\lambda K_d\left(h+\frac{\sigma v_i}{A_m\rho_{i0}}\right)\frac{b_i^2}{2}\theta_i^*\,\xi_i^{\mathrm{T}}(\boldsymbol{Z}_i)\xi_i(\boldsymbol{Z}_i)S_i^2+\\ &\quad\lambda K_d\left(h+\frac{\sigma v_i}{A_m\rho_{i0}}\right)\eta_i^*\,|S_i|+|R_iS_i|+\frac{1}{2b_i^2}\lambda K_d\left(h+\frac{\sigma v_i}{A_m\rho_{i0}}\right)\\ &\leqslant-\lambda K_d\left(h+\frac{\sigma v_i}{A_m\rho_{i0}}\right)\frac{1}{\tau_i}\rho_{i0}\zeta_i\phi_i^mu_iS_i+\lambda K_d\left(h+\frac{\sigma v_i}{A_m\rho_{i0}}\right)\frac{b_i^2}{2}\theta_i^*\,\xi_i^{\mathrm{T}}(\boldsymbol{Z}_i)\xi_i(\boldsymbol{Z}_i)S_i^2+\\ &\quad\lambda K_d\left(h+\frac{\sigma v_i}{A_m\rho_{i0}}\right)\eta_i^*\,|S_i(t)|+\rho_{i0}\Lambda_i\,|R_iS_i|+\frac{1}{2b_i^2}\lambda K_d\left(h+\frac{\sigma v_i}{A_m\rho_{i0}}\right)\end{aligned} \tag{7-33}$$

其中，$0<\rho_{i0}\leqslant\rho_i(t)\leqslant 1$，$1\leqslant 1/\rho_{i0}\leqslant\Lambda_i$。

通过式(7-26)，可得到 $\dot{\hat{\theta}}_i+\Xi_{1i}\hat{\theta}_i\geqslant 0$，即 $\hat{\theta}_i\geqslant \mathrm{e}^{-\Xi_{1i}t}\hat{\theta}_i(0)$，这意味着若 $\hat{\theta}_i(0)\geqslant 0$，自适应参数 $\hat{\theta}_i$ 总是非负的。同理自适应参数 $\hat{\eta}_i$ 和 $\hat{\Psi}_i$ 也是非负的。然后根据式(7-24)，则有

$$
\begin{aligned}
&-\lambda K_d\left(h+\frac{\sigma v_i}{A_m\,\rho_{i0}}\right)\frac{1}{\tau_i}\rho_{i0}\zeta_i\phi_i^m u_i S_i\\
&=-\lambda K_d\left(h+\frac{\sigma v_i}{A_m\,\rho_{i0}}\right)\frac{1}{\tau_i}\rho_{i0}\bar{u}_i S_i+\lambda K_d\left(h+\frac{\sigma v_i}{A_m\,\rho_{i0}}\right)\frac{1}{\tau_i}\rho_{i0}\zeta_i\phi_i^m\tilde{\psi}_i\bar{u}_i S_i\\
&\leqslant-\rho_{i0}k_iS_i^2-\rho_{i0}\Lambda_i|R_iS_i|+\rho_{i0}\Lambda_i\vartheta_i-\lambda K_d\left(h+\frac{\sigma v_i}{A_m\,\rho_{i0}}\right)\frac{b_i^2}{2}\rho_{i0}\hat{\theta}_i\xi_i^{\mathrm{T}}(\boldsymbol{Z}_i)\xi_i(\boldsymbol{Z}_i)S_i^2-\\
&\quad\lambda K_d\left(h+\frac{\sigma v_i}{A_m\,\rho_{i0}}\right)\rho_{i0}\hat{\eta}_iS_i\tanh\left(\frac{S_i}{\mu_i}\right)+\lambda K_d\left(h+\frac{\sigma v_i}{A_m\,\rho_{i0}}\right)\frac{1}{\tau_i}\rho_{i0}\zeta_i\phi_i^m\tilde{\psi}_i\bar{u}_iS_i
\end{aligned}
\tag{7-34}
$$

其中，$u_i=\tilde{\psi}_i\bar{u}_i$，并且 $-\dfrac{R_i^2S_i^2}{|R_iS_i|+\vartheta_i}\leqslant-|R_iS_i|+\vartheta_i$，利用式(7-26)可得

$$
\begin{aligned}
&-\frac{1}{\alpha_i}\tilde{\theta}_i\dot{\hat{\theta}}_i-\frac{1}{\beta_i}\tilde{\eta}_i\dot{\hat{\eta}}_i-\frac{1}{\gamma_i}\zeta_i\phi_i^m\tilde{\psi}_i\dot{\hat{\psi}}_i\\
&=-\lambda K_d\left(h+\frac{\sigma v_i}{A_m\,\rho_{i0}}\right)\frac{b_i^2}{2}\tilde{\theta}_i\xi_i^{\mathrm{T}}(\boldsymbol{Z}_i)\xi_i(\boldsymbol{Z}_i)S_i^2-\lambda K_d\left(h+\frac{\sigma v_i}{A_m\,\rho_{i0}}\right)\tilde{\eta}_iS_i\tanh\left(\frac{S_i}{\mu_i}\right)+\\
&\quad\frac{\Xi_{li}}{\alpha_i}\tilde{\theta}_i\hat{\theta}_i+\frac{\Xi_{2i}}{\beta_i}\tilde{\eta}_i\hat{\eta}_i+\frac{\Xi_{3i}}{\gamma_i}\zeta_i\phi_i^m\tilde{\psi}_i\hat{\psi}_i
\end{aligned}
\tag{7-35}
$$

将式(7-33)、式(7-34)、式(7-35)代入式(7-29)，通过简单的计算可得

$$
\begin{aligned}
\dot{V}_i(t)\leqslant&-\rho_{i0}k_iS_i^2+\frac{\Xi_{li}}{\alpha_i}\tilde{\theta}_i\hat{\theta}_i+\frac{\Xi_{2i}}{\beta_i}\tilde{\eta}_i\hat{\eta}_i+\frac{\Xi_{3i}}{\gamma_i}\zeta_i\phi_i^m\tilde{\psi}_i\hat{\psi}_i+\lambda K_d\left(h+\frac{\sigma v_i}{A_m\,\rho_{i0}}\right)\eta_i^*\,|S_i|-\\
&\lambda K_d\left(h+\frac{\sigma v_i}{A_m\,\rho_{i0}}\right)\eta_i^*\,S_i\tanh\left(\frac{S_i}{\mu_i}\right)+\frac{1}{2b_i^2}\lambda K_d\left(h+\frac{\sigma v_i}{A_m\,\rho_{i0}}\right)+\rho_{i0}\Lambda_i\vartheta_i
\end{aligned}
\tag{7-36}
$$

进一步，将式(7-22)并应用引理 7. 2，可得

$$
\begin{aligned}
\frac{\Xi_{1i}}{\alpha_i}\tilde{\theta}_i\hat{\theta}_i&\leqslant-\frac{\Xi_{1i}}{2\rho_{i0}\alpha_i}\tilde{\theta}_i^2+\frac{\Xi_{1i}}{2\rho_{i0}\alpha_i}\theta_i^{*2}\\
\frac{\Xi_{2i}}{\beta_i}\tilde{\eta}_i\hat{\eta}_i&\leqslant-\frac{\Xi_{2i}}{2\rho_{i0}\,\beta_i}\tilde{\eta}_i^2+\frac{\Xi_{2i}}{2\rho_{i0}\,\beta_i}\eta_i^{*2}\\
\frac{\Xi_{3i}}{\gamma_i}\tilde{\psi}_i\hat{\psi}_i&\leqslant-\frac{\Xi_{3i}}{2\gamma_i}\tilde{\psi}_i^2+\frac{\Xi_{3i}}{2\gamma_{ii}}\psi_i^{*2}
\end{aligned}
\tag{7-37}
$$

结合引理 7. 1 以及式(7-36)和式(7-37)，可以得出

$$
\begin{aligned}
\dot{V}_i \leqslant & -\rho_{i0}k_iS_i^2-\frac{\Xi_{1i}}{2\rho_{i0}\alpha_i}\widetilde{\theta}_i^2-\frac{\Xi_{2i}}{2\rho_{i0}\beta_i}\widetilde{\eta}_i^2-\frac{\Xi_{3i}}{2\gamma_i}\zeta_i\phi_i^m\widetilde{\psi}_i^2+ \\
& \frac{\Xi_{1i}}{2\rho_{i0}\alpha_i}\theta_i^{*2}+\frac{\Xi_{2i}}{2\rho_{i0}\beta_i}\eta_i^{*2}+\frac{\Xi_{3i}}{2\gamma_i}\zeta_i\phi_i^m\psi_i^{*2}+ \\
& 0.2785\mu_i\lambda K_d\left(h+\frac{\sigma v_i}{A_m\rho_{i0}}\right)\eta_i^*+ \\
& \frac{1}{2b_i^2}\lambda K_d\left(h+\frac{\sigma v_i}{A_m\rho_{i0}}\right)+\rho_{i0}\Lambda_i\vartheta_i
\end{aligned}
\tag{7-38}
$$

定义

$$
V=\sum_{i=1}^{N}V_i
$$

根据式(7-38)，可得

$$
\dot{V}\leqslant-\zeta_1V+\zeta_2
$$

其中

$$
\zeta_1=\min\{2\rho_{i0}k_i,\min_{1\leqslant i\leqslant N}\Xi_{1i},\min_{1\leqslant i\leqslant N}\Xi_{2i},\min_{1\leqslant i\leqslant N}\Xi_{3i}\}
$$

$$
\begin{aligned}
\zeta_2=\sum_{i=1}^{N}\Bigg\{&\frac{\Xi_{1i}}{2\rho_{i0}\alpha_i}\theta_i^{*2}+\frac{\Xi_{2i}}{2\rho_{i0}\beta_i}\eta_i^{*2}+\frac{\Xi_{3i}}{2\gamma_i}\zeta_i\phi_i^m\psi_i^{*2}+0.2785\mu_i\lambda K_d\left(h+\frac{\sigma v_i}{A_m\rho_{i0}}\right)\eta_i^*+ \\
&\frac{1}{2b_i^2}\lambda K_d\left(h+\frac{\sigma v_i}{A_m\rho_{i0}}\right)+\rho_{i0}\Lambda_i\vartheta_i\Bigg\}
\end{aligned}
$$

然后，根据参考文献[21]中的推论1，可得

$$
V\leqslant\left(V(0)-\frac{\zeta_2}{\zeta_1}\right)\mathrm{e}^{-\zeta_1t}+\frac{\zeta_2}{\zeta_1}\leqslant V(0)+\frac{\zeta_2}{\zeta_1}
\tag{7-39}
$$

其中

$$
V(0)=\sum_{i=1}^{N}\left\{\frac{1}{2}S_i^2(0)+\frac{1}{2\rho_{i0}\alpha_i}\widetilde{\theta}_i^2(0)+\frac{1}{2\rho_{i0}\beta_i}\widetilde{\eta}_i^2(0)\right\}
$$

若 $V(0)\geqslant0$，得到闭环系统的所有信号是一致有界的，特别地

$$
\lim_{t\to\infty}\sum_{i=1}^{N}\frac{1}{2}S_i^2\leqslant V(0)+\frac{\zeta_2}{\zeta_1}
\tag{7-40}
$$

因此，根据式(7-20)和式(7-21)，车间距误差 δ_i 最终一致有界。

由参考文献[8]和[13]的结果，通过分析可得，减少 ζ_2 或者增大 ζ_1 可以得到较小的 S_i 值，因此通过选取合适的设计参数，S_i 最终可以收敛到原点附近的一个很小的邻域内。

(b) 队列稳定性：对队列稳定性的证明分为两部分，一是对瞬态过程的弱队列稳定性的证明，二是对稳态过程的强队列稳定性的证明。在到达滑动面之前，根据前面的证明，间距误差是有界的，即满足式(7-14)，保证了弱队列稳定性。

利用与参考文献[19]证明相似的思路，可以证明队列稳定性。因为 $S_i(t)=\lambda s_i(t)-s_{i+1}(t)$ 可以收敛到原点附近的一个很小的邻域内，所以

$$\lambda\left(K_p\delta_i + K_i\int_0^t\delta_i(\tau)\mathrm{d}\tau + K_d\dot{\delta}_i\right)$$
$$\approx K_p\delta_{i+1} + K_i\int_0^t\delta_{i+1}(\tau)\mathrm{d}\tau + K_d\dot{\delta}_{i+1} \tag{7-41}$$

对上式进行拉普拉斯变换，可以得到

$$\lambda\left(K_p\delta_i(s) + sK_i\dot{\delta}_i(s) + \frac{K_d}{s}\dot{\delta}_i(s)\right)$$
$$\approx K_p\delta_{i+1}(s) + sK_i\delta_{i+1}(s) + \frac{K_d}{s}\delta_{i+1}(s) \tag{7-42}$$

因此，$G_i(s)=\delta_{i+1}(s)/\delta_i(s)\approx\lambda$，若 $0<\lambda\leqslant 1$，可以保证队列稳定性。

（c）交通流稳定性：对于改进的二次型车间距策略，在稳定状态下可以假设，对于所有 i，有 $S_{\mathrm{quad},i}=S_{\mathrm{quad}}$，$v_i=v$ 成立。另外，值得指出的是，在稳定状态下 $\varGamma_i=0$，可以得到

$$S_{\mathrm{quad}}=L+\Delta+hv(t)+\frac{\sigma v^2}{2A_{\mathrm{m}}\rho_{i0}} \tag{7-43}$$

稳态交通密度为

$$p=\frac{1}{L+\Delta+hv+\dfrac{\sigma v^2}{2A_{\mathrm{m}}\rho_{i0}}}$$

根据交通流速率 $Q(p)=pv$，进一步得到

$$Q(p)=p\left(\sqrt{\frac{h^2A_m^{\ 2}\rho_{i0}^2}{\sigma^2}-\frac{2(L+\Delta)A_m\rho_{i0}}{\sigma}+\frac{2A_m\rho_{i0}}{\sigma p}}-\frac{hA_m\rho_{i0}}{\sigma}\right)$$

为了分析交通流稳定性，需要计算 $\partial Q/\partial p$，然后可以得到

$$\frac{\partial Q}{\partial p}=\left(\sqrt{\frac{h^2A_m^{\ 2}\rho_{i0}^2}{\sigma^2}-\frac{2(L+\Delta)A_m\rho_{i0}}{\sigma}-\frac{2A_m\rho_{i0}}{\sigma p}}\right)-$$
$$\frac{A_m\rho_{i0}}{\sigma p\sqrt{\dfrac{h^2A_m^{\ 2}\rho_{i0}^2}{\sigma^2}-\dfrac{2(L+\Delta)A_m\rho_{i0}}{\sigma}-\dfrac{2A_m\rho_{i0}}{\sigma p}}}-\frac{hA_m\rho_{i0}}{\sigma}$$

通过计算等式 $\partial Q/\partial p=0$，可以得到临界交通密度 p_{cr1} 为

$$p_{cr1}=\frac{1}{2(L+\Delta)+h\sqrt{\dfrac{2(L+\Delta)A_m\rho_{i0}}{\sigma}}} \tag{7-44}$$

定理得证。

注 7.5：需要指出的是，当 ζ_1 的值过大或 ζ_2 的值过小时，控制信号就会较大，可能会导致控制饱和。因此，选择合适的控制器参数对保持理想的车队性能至关重要。

注 7.6：改进的二次型车间距策略与传统的二次型车间距[12]策略相比，能够显著提高道路的交通容量。在传统的车间距策略下，其临界流量密度为

$$p_{cr2}=\frac{1}{2(L+\Delta)+h\sqrt{\dfrac{2(L+\Delta)A_m}{\sigma}}}$$

由此可见，其值远小于 p_{cr1}。

7.5 仿真结果

本节通过利用 MATLAB 软件建立仿真环境，对本章所设计的算法的有效性进行验证。在仿真中，期望的车辆间距 $\Delta_{i-1,i}=7\text{m}$，延时时间 $h=0.08\text{s}$，安全因子 $\sigma=0.2$，最大可能的减速的绝对值为 $A_m=7\text{m/s}^2$。参考文献[21]，其他参数在表 7-1 和表 7-2 中给出。RBF 神经网络向量 $W_i^{*\text{T}}\xi_i(Z_i)$ 包含 $M=20$ 个结点。输入 $Z_i(t)=v_i(t)$ 的中心 c_i^k，在[−2,5]内均匀分布，其宽度为 $d_i^k=2(k=1,2,\cdots,20)$。外部干扰为 $\omega_i(t)=0.01\sin(t)$，$i\in\Omega_N$，领队车辆的期望加速度(单位为 m^2/s)为

$$a_0(t)=\begin{cases}0.5t, & 1\leqslant t<4\\ 2, & 4\leqslant t<9\\ -0.5t+6.5, & 9\leqslant t<13\\ 0, & \text{其他}\end{cases}$$

另外，取执行器故障失效因子取值为 $\rho_i=0.75+0.25\sin(0.1it)$，取偏移故障 $r_i(t)=0.01\sin(t)$，则可得 $\rho_{i0}=0.5$。根据关系式 $1\leqslant 1/\rho_{i0}\leqslant\Lambda_i$，设 $\Lambda_i=2$。车队的初始状态见表 7-3，控制器参数见表 7-4。

表 7-1 车辆动力学参数

参数名称	模拟值
空气的比质量	$v=1.2\text{kg/m}^3$
横截面积	$A_i=2.2\text{m}^2$
阻力系数	$C_{di}=0.35$
机械阻力	$d_{mi}=5\text{N}$

表 7-2 跟随车辆的参数 m_i、τ_i、L_i

i	1	2	3	4	5	6
m_i/kg	1500	1600	1550	1650	1500	1400
τ_i/s	0.1	0.3	0.2	0.4	0.25	0.4
L_i/m	4	4.5	5	5	4.5	3.5

表 7-3　所有车辆的初始状态

i	0	1	2	3	4	5	6
$x_i(0)$/m	150	135	125.5	112.5	99.5	87	75.5
$v_i(0)$/(m/s)	1	4	2	0	5	3	1
$a_i(0)$/(m/s^2)	0	1	5	2	1	3	1

表 7-4　跟随车辆的控制参数

参数	仿真数值
量化参数	$\phi_i^c=0.05(1+5\mathrm{e}^{-0.25t})$，$\phi_i^d=0.01$
死区参数	$n_i^r=0.7$，$n_i^l=b_i^r=1$，$b_i^l=2$
控制参数	$k_i=45$，$\lambda=0.65$，$\pi_i=3$
PID 参数	$K_p=10$，$K_i=12$，$K_d=0.6$
自适应初始值	$\hat{\theta}_i(0)=1$，$\hat{\eta}_i(0)=1$，$\hat{\psi}_i(0)=1$
自适应参数 1	$\alpha=15$，$\beta=0.05$，$\gamma=80$
自适应参数 2	$\Xi_{1i}=\Xi_{2i}=\Xi_{3i}=0.01\mathrm{e}^{-10t}$
调整参数	$b_i=2$，$\mu_i=0.5$，$\vartheta_i=0.5$

为了验证所提方法的有效性，本节将本章所提的控制方法与参考文献[8]中所提的方法进行对比实验。参考文献[8]考虑了输入量化和死区非线性的综合效应，但其忽略了执行器故障对车队控制的影响。需要注意的是，当执行器不存在故障时，参考文献[8]给出的仿真结果是令人满意的。然而，当执行器发生故障时，采用参考文献[8]中所提的方法得到的仿真结果表明，系统的性能明显下降。具体来说，从图 7-2a 可以看出，从初始时刻开始，不满足队列稳定性，且可能会导致图 7-2b 中的连续车辆之间发生碰撞。仿真结果表明，执行器故障可能导致车辆队列出现不稳定，并可能由此导致车辆之间发生碰撞，因此，需要设计有效的控制策略，来抑制执行器故障对车队控制性能的影响。而应用本章所提的定理 7.1，得到的仿真结果如图 7-3 所示。在执行器故障、输入量化和未知死区的影响下，从图 7-3a 中的仿真结果可以看出，其可满足队列稳定性的要求。在图 7-3b 所示的仿真结果中，没有出现位置交叉或重叠的，说明了车辆之间避免了发生碰撞。从图 7-3c 和图 7-3d 的速度和加速度曲线可以看出，所提出的控制算法具有很好的跟踪性能。图 7-3e 和 f 的仿真结果说明了，滑模面和控制输入可以收敛到原点附近，并可消除抖振。综上所述，本章所提的该方法能够有效抑制执行器故障、输入量化和未知死区对车队控制的影响。

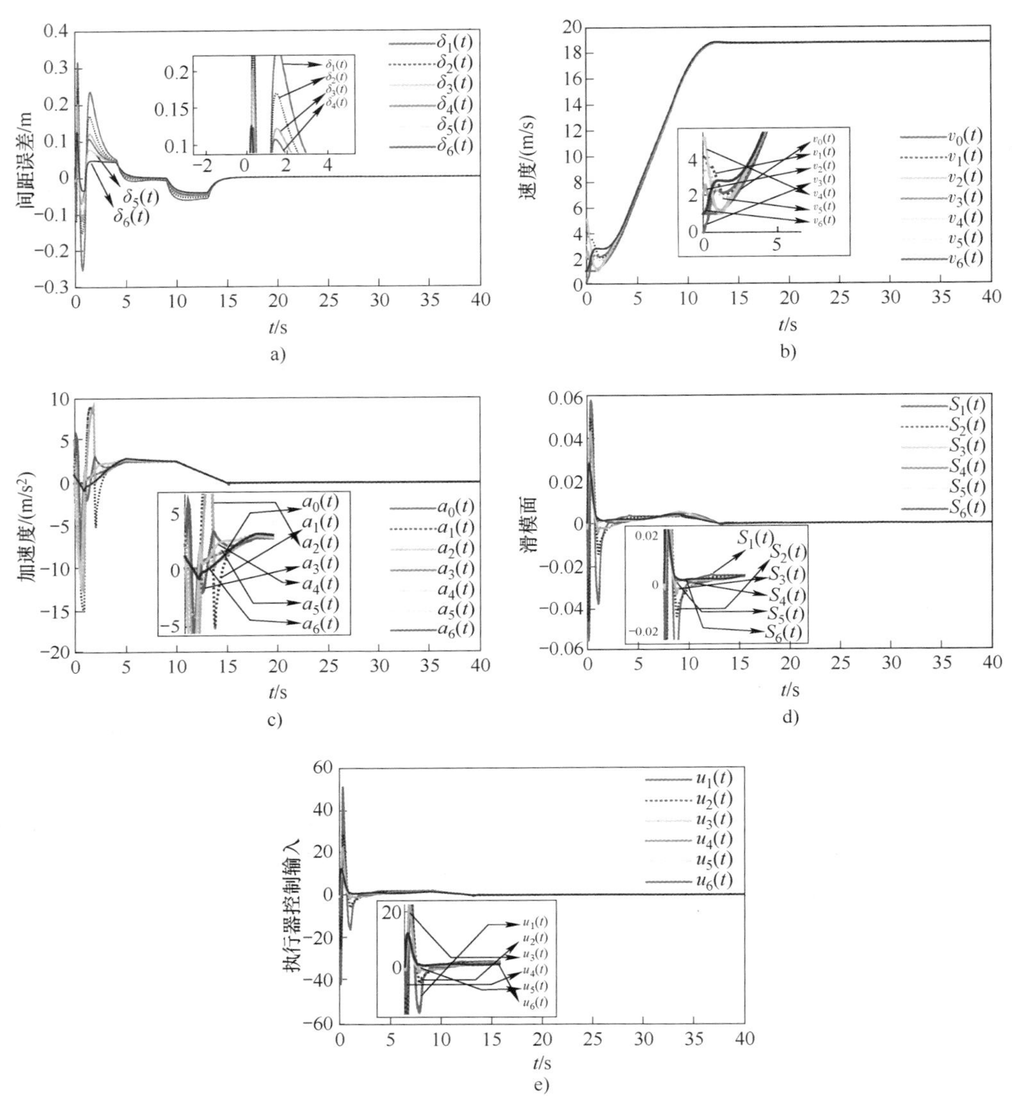

图 7-2　考虑参考文献[8]中采用该方法处理执行器故障、输入量化和死区非线性得到的仿真结果（见彩插）

a）间距误差　b）速度　c）加速度　d）滑模面　e）执行器控制输入

为了说明非零初始车间距误差对车队控制的影响，本小节给出了图 7-4 中基于传统二次型车间距[12]策略得到的仿真结果。滑模面和输入控制与图 7-3 相似，因此在此并没有给出。由图 7-4 可知，非零初始间距误差可能导致车辆队列出现不稳定的情况。因此，考虑非零初始车间距误差对车队控制的影响是有必要的。

a)

b)

c)

d)

e)

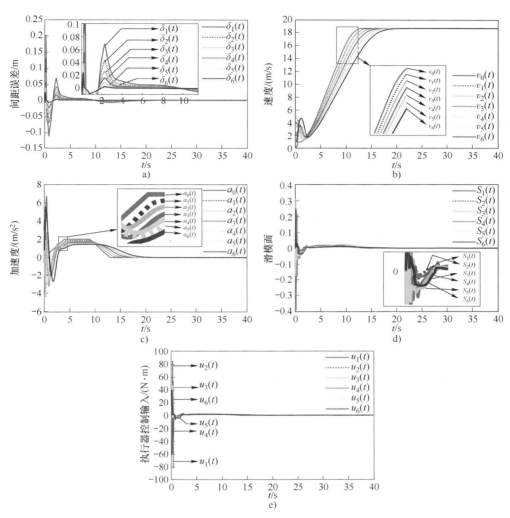

图 7-3　基于本章所提的方法，考虑执行器故障、输入量化和死区非线性得到仿真结果（见彩插）

a）间距误差　b）速度　c）加速度　d）滑模面　e）执行器控制输入

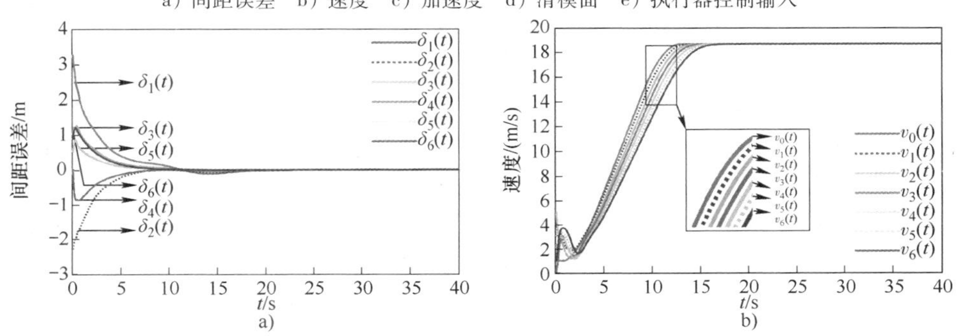

a)　　b)

图 7-4　基于参考文献[12]所提的传统二次型车间距，考虑执行器故障、输入量化和死区非线性得到的仿真结果（见彩插）

a）间距误差　b）速度

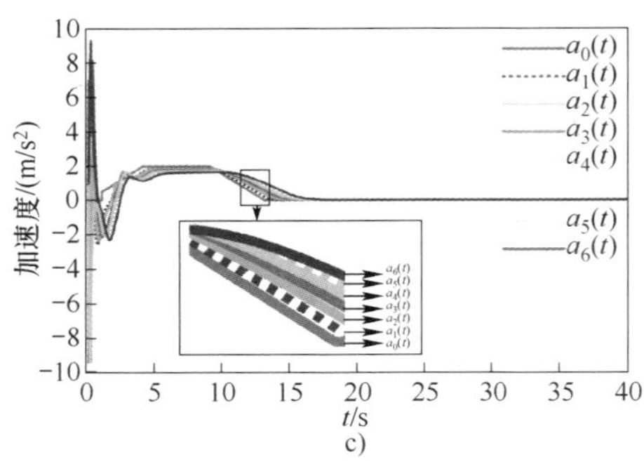

图 7-4　基于参考文献[12]所提的传统二次型车间距，考虑执行器故障、输入量化和死区非线性得到的仿真结果(续)(见彩插)

c）加速度

7.6　本章小结

本章提出了基于改进的二次型车间距策略下的车队自适应容错控制方案，考虑了执行器故障、输入量化的综合影响和死区非线性对车队控制的影响。该控制策略可保证单车稳定性、车队稳定性和道路车流稳定性的同时，消除了执行器故障、输入量化和死区非线性对车队控制性能影响，同时避免了初始间距误差为零的假设。

参考文献

[1] HAO L Y, ZHANG H, GUO G, et al. Quantized sliding mode control of unmanned marine vehicles: various thruster faults tolerated with a unified model[J]. IEEE Trans. Syst, Man, Cybern, Syst, 2019.

[2] TONG S, LI Y. Adaptive fuzzy output feedback control of MIMO nonlinear systems with unknown dead-zone input[J]. IEEE Trans. Fuzzy Syst, 2013, 21(1): 134-146.

[3] LIBERZON D. Hybrid feedback stabilization of systems with quantized signals[J]. Automatica, 2003, 39(9): 1543-1554.

[4] YUN S W, CHOI Y J, PARK P. H2 control of continuous-time uncertain linear systems with input quantization and matched disturbances[J]. Automatica, 2009, 45(10): 2435-2439.

[5] KAMENEVA T, NEŠI'C D. Robustness of quantized control systems with mismatch between coder/decoder initializations. Automatica[J]. Automatica, 2009, 45(3): 817-822.

[6] CHEN M, TAO G. Adaptive fault-tolerant control of uncertain nonlinear large-scale systems with unknown dead zone[J]. IEEE Trans. Cybern, 2015, 46(8): 1851-1862.

[7] LI Y X, YANG G H. Adaptive fuzzy decentralized control for a class of large-scale nonlinear systems

with actuator faults and unknown dead zones[J]. IEEE Trans. Syst, Man, Cybern, Syst, 2017, 47(5): 729-740.

[8] GUO X, WANG J, LIAO F, et al. Neuroadaptive quantized PID sliding-mode control for heterogeneous vehicular platoon with unknown actuator deadzone[J]. Int. J. Robust Nonlinear Control, 2019, 29(1): 188-208.

[9] DARBHA S, RAJAGOPAL K R. Intelligent cruise control systems and traffic flow stability[J]. Transp. Res, 1999, 7(6): 329-352.

[10] BASKAR L D, SCHUTTER B D, HELLENDOORN H. Traffic management for automated highway systems using model-based predictive control [J]. IEEE Trans. Intell. Transp. Syst, 2012, 13(2): 838-847.

[11] SANTHANAKRISHNAN K, RAJAMANI R. On spacing policies for highway vehicle automation[J]. IEEE Trans. Intell. Transp. Syst, 2003, 4(4): 198-204.

[12] SUNGU H E, INOUE M, IMURA J I. Nonlinear spacing policy based vehicle platoon control for local string stability and global traffic flow stability[C]. In Proc. Control Conf. Eur, 2015, 3396-3401.

[13] XIAO B, HU Q, SHI P. Attitude stabilization of spacecrafts under actuator saturation and partial loss of control effectiveness[J]. IEEE Trans. Control Syst. Technol, 2013, 21(6): 2251-2263.

[14] XU S S D, CHEN C C, WU Z L. Study of nonsingular fast terminal sliding-mode fault-tolerant control[J]. IEEE Trans. Ind. Electron, 2015, 62(6): 3906-3913.

[15] GUO G, YUE W. Autonomous platoon control allowing range-limited sensors [J]. IEEE Trans. Veh. Technol, 2012, 61(7): 2901-2912.

[16] SWAROOP D, HEDRICK J K, CHOI S B. Direct adaptive longitudinal control of vehicle platoons[J]. IEEE Trans. Veh. Technol, 2001, 50(1): 150-161.

[17] SWAROOP D. String stability of interconnected systems: An application to platooning in automated highway systems[D]. Univ. California, Berkeley, CA, USA, 1994.

[18] KWON J W, CHWA D. Adaptive bidirectional platoon control using a coupled sliding mode control method[J]. IEEE Trans. Intell. Transp. Syst, 2014, 15(5): 2040-2048.

[19] POLYCARPOU M M. Stable adaptive neural control scheme for nonlinear systems[J]. IEEE Trans. Autom. Control, 1996, 41(3): 447-451.

[20] DENG H, KRSTI'C M. Stochastic nonlinear stabilization—I: A backstepping design [J]. Syst. Control Lett, 1997, 32(3): 143-150.

[21] GE S S, WANG C. Adaptive neural control of uncertain MIMO nonlinear systems[J]. IEEE Trans. Neural Netw, 2004, 15(3): 674-692.

第 8 章　预设性能控制

8.1　引言

注意，第 1~7 章得到的结果主要考虑的是车队控制系统的稳态性能。实际中，车队系统的瞬态性能（如，收敛速率、车间距误差的超调量）也是影响其控制性能的重要指标[1]。为此，参考文献[2]为车队控制系统提出了预设控制策略。其中，当预设的收敛速率、超调量不超过给定值时，可以将跟踪误差限制在很小的残差集合中。在此过程中，引入了误差变换函数将限制的跟踪误差变换成与之等效的、没有限制的误差。所提出的结果是有效的，但存在两方面的局限性：①误差变换函数依赖于起始误差的符号；②变换误差的二次导数增加了控制器的设计的复杂性。

本章针对具有非线性三阶车辆动力学和双向信息流的车辆队列控制问题，开展了研究。依据规划层为车队设定的参考速度与跟随车辆速度之间的误差，引入新的车间距策略。与参考文献[2]中涉及的单个性能指标不同，分别基于跟踪误差 e_i 以及滑模变量 Π_i，使车队控制器的设计不依赖于初始误差的符号。然后提出了预设性能控制策略，可以保证跟踪误差以及滑模变量时实地满足设定的性能限制，因此，保证了单车稳定性以及队列稳定性。本章主要的主要贡献如下：

1）为了提高稳定性能以及道路交通容量，基于跟随车辆与领队车辆之间的相对速度，提出了新的车间距策略。

2）所提的车队预设性能控制中涉及的两个性能指标，即跟踪误差以及滑模变量，分别与单车稳定性以及队列稳定性相关联。所提的跟踪误差函数不依赖于起始跟踪误差的符号，使得所提的控制方法极易应用于实际中。而且，与参考文献[1]不同，不需要变换误差的二次导数，因此，减少了控制器设计和计算的复杂性。

3）为非线性三阶车队控制系统，设计了分布式自适应滑模控制策略，可同时改进车队控制的跟踪误差的稳态以及动态性能，保证了队列稳定性。同时，消除了非零初始跟踪误差对车队控制性能的影响。

8.2 问题描述

如图 8-1 所示，本章考虑由一辆领队车辆(编号为 0)和 N 辆跟随车辆(编号为 i)组成的车辆队列，其中，p_i、v_i 和 a_i 分别为车辆 i 的位置、速度和加速度，其中，$i\in\boldsymbol{\nu}_N$，$\boldsymbol{\nu}_N=\{1,2,\cdots,N\}$。为实现车辆间的相互连接作用，车队中的车辆配备了路线图、全球定位系统、无线通信设备和车载传感器。本章考虑了双向信息流。此外，车队中的每辆车辆都可以从队列规划层接收队列参考速度 v_p，其可看作是一个虚拟领队车辆。同时，假定车间通信信道是可靠的。

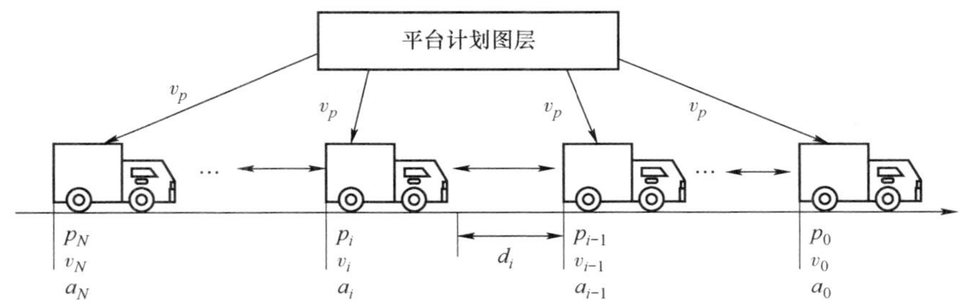

图 8-1　CAVs 队列结构

假设 8.1：$v_p(t)$、$\dot{v}_p(t)$ 和 $\ddot{v}_p(t)$ 的轨迹是光滑的和有界的，其中，$\dot{v}_p(t)$ 和 $\ddot{v}_p(t)$ 分别为 $v_p(t)$ 的一阶和二阶导数。

本章将第 i 辆车的纵向动力学模型描述为以下非线性三阶方程[3]：

$$\dot{p}_i(t)=v_i(t) \tag{8-1a}$$

$$\dot{v}_i(t)=a_i(t) \tag{8-1b}$$

$$\dot{a}_i(t)=\frac{\text{sat}(u_i(t))}{m_i\tau_i}-\frac{a_i(t)}{\tau_i}-\frac{c_i(v_i^2+2\tau_i v_i a_i)}{m_i\tau_i}+D_i(t) \tag{8-1c}$$

其中，m_i 为第 i 辆车的质量；c_i 为气动阻力系数；τ_i 为发动机的时间常数；$D_i(t)$ 表示由未建模的动力学和外部扰动引起的扰动。本章假设参数 c_i 和 m_i 都是未知的常数，并以 $|m_i\tau_i D_i|\leqslant\overline{D}_i$ 为界且 $\overline{D}_i$ 是未知的。u_i 表示执行器输入，并考虑了由于物理结构限制而存在非对称饱和模型，如：

$$\text{sat}(u_i(t))=\begin{cases}u_{\max i},u_i(t)\geqslant u_{\max i}/C_{ri}\\ C_{ri}u_i(t),0<u_i(t)<u_{\max i}/C_{ri}\\ C_{li}u_i(t),u_{\min i}/C_{li}<u_i(t)<0\\ u_{\min i},u_i(t)\leqslant u_{\min i}/C_{li}\end{cases} \tag{8-2}$$

式中，C_{li} 和 C_{ri} 分别表示饱和特性的左右斜率。$u_{\max i}$ 和 $u_{\min i}$ 是已知的执行器的上界和下界。

注 8.1：与二阶非线性模型相比，引入的三阶非线性车辆模型更接近实际车辆，并考虑了发动机动力学的非对称执行器饱和。此外，领队车辆的动力学模型也存在一个控制输入，用于实现跟踪车辆队列的参考速度。

为了提高道路的车流密度，保证队列稳定性，本章采用了如下车间距策略，并定义跟踪误差 $e_i(t)$ 为

$$e_i(t)=d_i(t)-d^*-h_i(v_i(t)-v_p(t)) \tag{8-3}$$

其中，$d_i(t)$ 为相邻两辆车辆之间的距离，其中 $d_i(t)=p_{i-1}(t)-p_i(t)-l_i$，$l_i$ 为第 i 辆车的长度；d^* 是期望的安全距离；h_i 是车头时距。

式(8-3)中，e_i 的时间导数由下式给出：

$$\dot{e}_i=v_{i-1}-v_i-h_i(\dot{v}_i-\dot{v}_p) \tag{8-4a}$$

$$\ddot{e}_i=\dot{v}_{i-1}-\dot{v}_i-h_i(\ddot{v}_i-\ddot{v}_p) \tag{8-4b}$$

注 8.2：应注意的是，式(8-3)中的间距策略考虑当前车辆速度与车队参考速度之间的速度差或相对速度。这种策略可以避免车辆高速行驶时过大的车间距离。若车辆的跟踪误差满足

$$-\underline{\xi}_i\,\rho_i(t)<e_i(t)<\bar{\xi}_i\,\rho_i(t) \tag{8-5}$$

则可得到为车辆跟踪误差预设的动态性能以及稳态性能。其中$\underline{\xi}_i$，$\bar{\xi}_i>0$ 是正常数。性能函数 $\rho_i(t)$ 是正的，严格递减，这里选择为 $\rho_i(t)=(\rho_{0i}-\rho_{\infty i})\exp(-\delta_i t)+\rho_{\infty i}$，其中，$\rho_{0i}$、$\rho_{\infty i}$ 和 δ_i 是设计的常数，严格保证 $\rho_{\infty i}<\rho_{0i}$、$\rho_{0i}=\rho_i(0)$ 和 $\lim\limits_{t\to\infty}\rho_i(t)=\rho_{i\infty}>0$ 成立。即，跟踪误差 $e_i(t)$ 的收敛速度不小于常数 δ_i，并且最大超调小于 $\min(\underline{\xi}_i,\bar{\xi}_i)\rho_i(0)$。此外，初始跟踪误差 $e_i(0)$ 还应该满足 $|e_i(0)|\leqslant\min(\underline{\xi}_i,\bar{\xi})\rho_i(0)$。

式(8-5)中的跟踪误差存在约束，使得控制器的设计非常困难。为了解决此问题，引入以下误差变换，将有约束的跟踪误差转换为无约束的跟踪误差：

$$\varepsilon_i(t)=\psi_i^{-1}(e_i(t)/\rho_i(t)) \tag{8-6}$$

其中，$\psi_i^{-1}(\cdot)$ 为 $\psi_i(\cdot)$ 的逆函数，且 $\psi_i(\cdot)$ 是自定义的光滑、严格递增函数，具有以下性质：$\lim\limits_{\varepsilon_i\to-\infty}\psi_i(\varepsilon_i)=-\underline{\xi}_i$，$\lim\limits_{\varepsilon_i\to+\infty}\psi_i(\varepsilon_i)=\bar{\xi}_i$。在本章中，选择的函数 $\psi_i(\cdot)$ 为

$$\psi_i(\varepsilon_i)=\frac{\bar{\xi}_i\,\underline{\xi}_i(e^{\varepsilon_i}-e^{-\varepsilon_i})}{\underline{\xi}_i e^{\varepsilon_i}+\bar{\xi}_i e^{-\varepsilon_i}} \tag{8-7}$$

和变换后的跟踪误差为

$$\varepsilon_i(t)=\frac{1}{2}\ln\frac{\bar{\xi}_i(e_i(t)+\underline{\xi}_i\,\rho_i(t))}{\underline{\xi}_i(\bar{\xi}_i\,\rho_i(t)-e_i(t))} \tag{8-8}$$

取 $\varepsilon_i(t)$ 的时间导数，可得

$$\dot{\varepsilon}_i=\partial\psi_i^{-1}/\partial(e_i/\rho_i)(1/\rho_i)(\dot{e}_i-e_i\,\dot{\rho}_i/\rho_i)=R_i(\dot{e}_i+e_i\eta_i) \tag{8-9}$$

其中，$R_i=(\partial\psi_i^{-1}/\partial(e_i/\rho_i))(1/\rho_i)$，并且 $R_i>0$，$\eta_i=-\dot{\rho}_i/\rho_i$。

注意，由于 $\psi_i(\varepsilon_i)$ 函数的性质，如果所设计的控制器满足 $-\underline{\xi}_i\rho_i(0)<e_i(0)<\overline{\xi}_i\rho_i(0)$，并且变换后的误差 $\varepsilon_i(t)$ 能够保证有界，将有下式成立：

$$-\underline{\xi}_i<\psi_i(\varepsilon_i)<\overline{\xi}_i \tag{8-10}$$

注 8.3：变换后的误差函数式(8-8)与初始跟踪误差的符号无关，当变换后的误差接近于零时，稳态跟踪误差可以收敛到零。

本章的控制目标为

1）单个车辆的稳定性：与前辆车辆保持期望的车间距离，并与队列行驶的速度保持一致(即 $d_i\to d^*$，$v_i(t)\to v_p(t)$)；

2）队列稳定性：跟踪误差不能沿着队列传播方向增加，即 $|e_N(t)|\leqslant|e_{N-1}(t)|\leqslant\cdots\leqslant|e_0(t)|$；

3）满足设定的跟踪性能：跟踪误差 $e_i(t)$ 满足设定的瞬态性能和稳态跟踪性能，即，$-\underline{\xi}_i\rho_i(t)<e_i(t)<\overline{\xi}_i\rho_i(t)$。

8.3　预设性能控制器设计

为了实现上述目标，本节提出了一种基于自适应滑模控制的预设性能控制方法。所提出的队列控制结构的方框图如图 8-2 所示。此外，还考虑了非零的初始跟踪误差对整个车辆队列控制的影响。

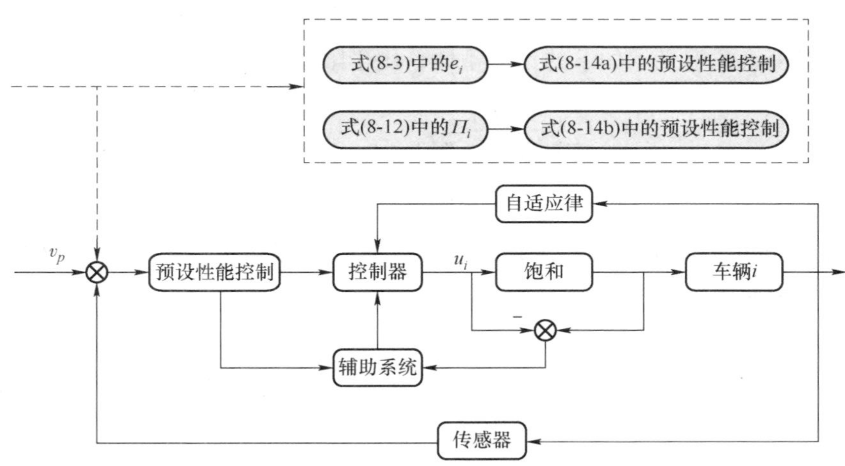

图 8-2　控制结构方框图

为了便于证明队列稳定性分析，给出了以下引理。

引理 8.1[3]：考虑连续的函数 $V(t)\geqslant0$，并且 $V(0)$ 是有界的。如果以下不等式 $\dot{V}(t)\leqslant-q_1V(t)+q_2$ 成立，那么函数 $V(t)$ 是有界的，其中 $q_1>0$，q_2 是一个常数。

将滑模变量 $s_i(t)$ 定义为

$$s_i(t)=\dot{e}_i(t)+\lambda e_i(t) \tag{8-11}$$

其中，λ 是一个正常数。

很明显，$e_i(t)$ 的收敛性依赖于 $s_i(t)$ 和 λ。然而，队列稳定性取决于 $e_i(t)$ 和 $e_{i+1}(t)$ 之间的关系。因此，队列控制系统采用参考文献[4]中定义的耦合滑动面 $\Pi_i(t)$：

$$\Pi_i(t)=qs_i(t)-s_{i+1} \tag{8-12}$$

其中，$i\in\nu_N$，$q>0$ 是一个加权因子。对于车队中的最后一辆车，s_{N+1} 不存在，即 $s_{N+1}=0$ 和 $e_{N+1}=\dot{e}_{N+1}=\ddot{e}_{N+1}=0$。因此，可得

$$\Pi(t)=\boldsymbol{Q}\boldsymbol{s}(t) \tag{8-13}$$

其中，

$$\Pi(t)=[\Pi_1(t)\quad \Pi_2(t)\quad \cdots\quad \Pi_N(t)]^{\mathrm{T}};$$

$$\boldsymbol{s}(t)=[s_1(t)\quad s_2(t)\quad \cdots\quad s_N(t)]^{\mathrm{T}};$$

$$\boldsymbol{Q}=\begin{bmatrix} q & -1 & \cdots & 0 & 0\\ 0 & q & -1 & \cdots & 0\\ & & \vdots & & \\ 0 & 0 & \cdots & q & -1\\ 0 & 0 & \cdots & 0 & q \end{bmatrix}。$$

根据参考文献[5]可知，$s_i(t)$ 和 $\Pi_i(t)$ 的收敛性是等价的。对于图 8-2 中提出的预设性能策略，定义了如下的约束条件，用于限制跟踪误差 $e_i(t)$ 和 $\Pi_i(t)$ 的预设性能：

$$-\underline{\xi}_{ei}\rho_{ei}(t)<e_i(t)<\overline{\xi}_{ei}\rho_{ei}(t) \tag{8-14a}$$

$$-\underline{\xi}_{\Pi i}\rho_{\Pi i}(t)<\Pi_i(t)<\overline{\xi}_{\Pi i}\rho_{\Pi i}(t) \tag{8-14b}$$

其中，$\rho_{ei}(t)$ 和 $\rho_{\Pi i}(t)$ 分别是考虑了 e_i 和 Π_i 的性能函数，$\underline{\xi}_{ei}$、$\overline{\xi}_{ei}$、$\underline{\xi}_{\Pi i}$ 和 $\overline{\xi}_{\Pi i}$ 是正常数。因此，变换后的误差 ε_{ei} 和 $\varepsilon_{\Pi i}$，分别定义为

$$\varepsilon_{ei}(t)=\psi_{ei}^{-1}(e_i(t)/\rho_{ei}(t)) \tag{8-15a}$$

$$\varepsilon_{\Pi i}(t)=\psi_{\Pi i}^{-1}(\Pi_i(t)/\rho_{\Pi i}(t)) \tag{8-15b}$$

从式(8-9)中可得

$$\begin{aligned}\dot{\varepsilon}_{ei}&=\partial\psi_{ei}^{-1}/\partial(e_i/\rho_{ei})(1/\rho_{ei})(\dot{e}_i-e_i\dot{\rho}_{ei}/\rho_{ei})\\&=R_{ei}(\dot{e}_i+e_i\eta_{ei})\end{aligned} \tag{8-16a}$$

$$\begin{aligned}\dot{\varepsilon}_{\Pi i}&=\partial\psi_{\Pi i}^{-1}/\partial(\Pi_i/\rho_{\Pi i})(1/\rho_{\Pi i})(\dot{\Pi}_i-\Pi_i\dot{\rho}_{\Pi i}/\rho_{\Pi i})\\&=R_{\Pi i}(\dot{\Pi}_i+\Pi_i\eta_{\Pi i})\end{aligned} \tag{8-16b}$$

其中，

$R_{ei}=(\partial\psi_{ei}^{-1}/\partial(e_i/\rho_{ei}))(1/\rho_{ei})>0$，$\eta_{ei}=-\dot{\rho}_{ei}/\rho_{ei}$ 并且 $R_{\Pi i}=(\partial\psi_{\Pi i}^{-1}/\partial(\Pi_i/\rho_{\Pi i}))\cdot(1/\rho_{\Pi i})>0$，$\eta_{\Pi i}=-\dot{\rho}_{\Pi i}/\rho_{\Pi i}$。

此外，依据参考文献[6]，可得

$$\varepsilon_{ei}R_{ei}e_i\geqslant\ell\varepsilon_{ei}^2 \tag{8-17}$$

其中，ℓ 是一个正常数。

注 8.4：上述方法的新颖性体现在两个方面。首先，参考文献[2]中设定的性能仅根据变换后的跟踪误差来定义，而本章的性能约束则是由两个误差变量来设定的，即跟踪误差和耦合滑模面。其次，参考文献[2]中的控制器设计需要变换后的跟踪误差的二阶导数，而本章的方法则不需要。由于该控制器的结构简单，在很大程度上降低了计算的复杂度。与参考文献[7]和[8]相比，在实际的应用中显得更加灵活。

在本节中，考虑零初始跟踪误差下的，预设性能跟踪控制器的设计问题。

提出了如下新颖的分布式自适应预设跟踪控制器 u_i：

$$\begin{aligned}u_i=\frac{1}{qR_{\pi i}h_i}\Bigg\{&k_s(\varepsilon_{\Pi i}-\phi_i)+qR_{\Pi i}h_i\hat{c}_i(v_i^2+2\tau_iv_ia_i)+qR_{\Pi i}h_i\hat{f}_i+\\&\tau_iR_{\Pi i}\hat{m}_iT_i+qR_{\Pi i}h_i\hat{\bar{D}}_i\tanh\left(\frac{\varepsilon_{\Pi i}}{\gamma_i}\right)\Bigg\}\end{aligned} \tag{8-18}$$

其具有以下自适应律：

$$\dot{\hat{c}}_i=\beta_{ci}[(v_i^2+2\tau_iv_ia_i)R_{\Pi i}\varepsilon_{\Pi i}qh_i-\sigma_{ci}\hat{c}_i] \tag{8-19a}$$

$$\dot{\hat{m}}_i=\beta_{mi}(\tau_iR_{\Pi i}T_i\varepsilon_{\Pi i}-\sigma_{mi}\hat{m}_i) \tag{8-19b}$$

$$\dot{\hat{\bar{D}}}_i=\beta_{\bar{D}i}\left[\varepsilon_{\Pi i}R_{\Pi i}qh_i\tanh\left(\frac{\varepsilon_{\Pi i}}{\gamma_i}\right)-\sigma_{\bar{D}i}\hat{\bar{D}}_i\right] \tag{8-19c}$$

同时，辅助系统由下式给出[9]：

$$\dot{\phi}_i=\begin{cases}-\dfrac{qR_{\Pi i}h_i|\varepsilon_{\Pi i}\Delta u_i|+0.5(\Delta u_i)^2+\cosh(|R_{ei}\varepsilon_{ei}s_i|)}{|\phi_i|^2}\phi_i-k_\phi\phi_i+\Delta u_i, & |\phi_i|\geqslant\mu_i\\0, & |\phi_i|<\mu_i\end{cases} \tag{8-20}$$

其中，k_s，k_ϕ 和 γ_i 为正常数。$\hat{c}_i$，$\hat{m}_i$ 和 $\hat{\bar{D}}_i$ 分别是参数 c_i，m_i 和 $\bar{D}_i$ 的估计。β_{ci}、β_{mi} 和 $\beta_{\bar{D}i}$、σ_{ci}、σ_{mi}、$\sigma_{\bar{D}i}$ 和 μ_i 是正常数。ϕ_i 是辅助设计系统的状态并且 $\Delta u_i=\mathrm{sat}(u_i)-u_i$。并定义 T_i 为

$$\begin{aligned}&T_i=q[a_{i-1}-a_i+h_i\ddot{v}_p+h_ia_i/\tau_i+\lambda\dot{e}_i]-\dot{s}_{i+1}+\Pi_i\eta_{\Pi i},\ i=1,\cdots,N\\&T_0=q[h_i\ddot{v}_p+h_ia_i/\tau_i+\lambda\dot{e}_i]-\dot{s}_{i+1}+\Pi_i\eta_{\Pi i}\end{aligned} \tag{8-21}$$

值得注意的是，在式(8-18)和式(8-19)中，采用了自适应控制方法[10]来处理不确定的参数 c_i、m_i 和 $\bar{D}_i$。辅助系统式(8-20)可补偿执行器饱和以及预设性能之

间存在的耦合。由式(8-19)中的第二项可知，所提出的适应定律可以防止适应参数的估计值发生的漂移[2]。

利用上述控制器，在定理8.1中给出了以下结论。

定理8.1：将控制器式(8-18)、自适应律式(8-19)和辅助系统式(8-20)应用于车队控制系统，在零初始跟踪误差条件下，当跟踪误差 ε_{ei} 和 $\varepsilon_{\Pi i}$ 是一致的并且最终趋近于零时，可保证单个车辆的稳定性。此外，若 q 满足 $0<q\leqslant 1$，还可以保证队列稳定性。

证明：首先，定义以下李亚普诺夫函数：

$$V(t)=\sum_{i=0}^{N}V_i(t) \tag{8-22a}$$

$$V_i=\frac{\varepsilon_{ei}^2}{2}+\frac{m_i\tau_i\varepsilon_{\Pi i}^2}{2}+\frac{\tilde{c}_i^2}{2\beta_{ci}}+\frac{\tilde{m}_i^2}{2\beta_{mi}}+\frac{\tilde{\bar{D}}_i^2}{2\beta_{\bar{D}i}}+\frac{\phi_i^2}{2} \tag{8-22b}$$

其中，$(\tilde{\cdot})=(\hat{\cdot})-(\cdot)$ 为估计误差。对式(8-22b)求导，可得

$$\dot{V}_i=\varepsilon_{ei}\dot{\varepsilon}_{ei}+m_i\tau_i\varepsilon_{\Pi i}\dot{\varepsilon}_{\Pi i}+\frac{\tilde{c}_i\dot{\hat{c}}_i}{\beta_{ci}}+\frac{\tilde{m}_i\dot{\hat{m}}_i}{\beta_{mi}}+\frac{\tilde{\bar{D}}_i\dot{\hat{\bar{D}}}_i}{\beta_{\bar{D}i}}+\phi_i\dot{\phi}_i \tag{8-23}$$

由式(8-4)和式(8-12)，$\dot{\Pi}_i$ 的导数可由下式给出：

$$\begin{aligned}\dot{\Pi}_i&=q\dot{s}_i-\dot{s}_{i+1}=q(\ddot{e}_i+\lambda\dot{e}_i)-\dot{s}_{i+1}\\&=q[\dot{v}_{i-1}-\dot{v}_i-h_i(\ddot{v}_i-\ddot{v}_p)+\lambda\dot{e}_i]-\dot{s}_{i+1}\end{aligned} \tag{8-24}$$

将式(8-24)代入式(8-16b)中，可得

$$\begin{aligned}\dot{\varepsilon}_{\Pi i}&=R_{\Pi i}(\dot{\Pi}_i+\Pi_i\eta_{\Pi i})\\&=R_{\Pi i}\{q[\dot{v}_{i-1}-\dot{v}_i-h_i(\ddot{v}_i-\ddot{v}_p)+\lambda\dot{e}_i]-\dot{s}_{i+1}+\Pi_i\eta_{\Pi i}\}\end{aligned} \tag{8-25}$$

根据式(8-1)和式(8-18)，式(8-25)可以重新写成：

$$\begin{aligned}\dot{\varepsilon}_{\Pi i}&=R_{\Pi i}\left\{qh_i\left[\frac{-u_i}{m_i\tau_i}+\frac{c_i}{m_i\tau_i}(v_i^2+2\tau_iv_ia_i)-\frac{\Delta u_i}{m_i\tau_i}-D_i\right]+T_i\right\}\\&=-R_{\Pi i}qh_i\frac{1}{m_i\tau_i}\left\{\frac{1}{qR_{\pi i}h_i}\left[k_s(\varepsilon_{\Pi i}-\phi_i)+\tau_iR_{\Pi i}\hat{m}_iT_i+\right.\right.\\&\quad\left.\left.qR_{\Pi i}h_i\hat{c}_i(v_i^2+2\tau_iv_ia_i)+qR_{\Pi i}h_i\hat{\bar{D}}_i\tanh\left(\frac{\varepsilon_{\Pi i}}{\gamma_i}\right)\right]\right\}+\\&\quad\frac{R_{\Pi i}qh_ic_i}{m_i\tau_i}(v_i^2+2\tau_iv_ia_i)-\frac{R_{\Pi i}qh_i\Delta u_i}{m_i\tau_i}-R_{\Pi i}qhD_i+R_{\Pi i}T_i\end{aligned} \tag{8-26}$$

进一步，可得

$$m_i\tau_i\varepsilon_{\Pi i}\dot{\varepsilon}_{\Pi i}=-\varepsilon_{\Pi i}\Bigg\{\Bigg[k_s(\varepsilon_{\Pi i}-\phi_i)+\tau_iR_{\Pi i}\hat{m}_iT_i+ qR_{\Pi i}h_i\hat{c}_i(v_i^2+2\tau_iv_ia_i)+qR_{\Pi i}h_i\hat{\overline{D}}_i\tanh\left(\frac{\varepsilon_{\Pi i}}{\gamma_i}\right)\Bigg]\Bigg\}+ \varepsilon_{\Pi i}R_{\Pi i}qh_ic_i(v_i^2+2\tau_iv_ia_i)-\varepsilon_{\Pi i}R_{\Pi i}qh_i\Delta u_i- \varepsilon_{\Pi i}R_{\Pi i}qhm_i\tau_iD_i+\varepsilon_{\Pi i}R_{\Pi i}m_i\tau_iT_i \tag{8-27}$$

显然，下面的不等式成立

$$-R_{\Pi i}\varepsilon_{\Pi i}qh_im_i\tau_iD_i\leqslant R_{\Pi i}qh_i\overline{D}_i|\varepsilon_{\Pi i}|$$

$$-qR_ih_i\Delta u_i\varepsilon_{\Pi i}\leqslant qR_ih_i|\Delta u_i\varepsilon_{\mathrm{T}i}|$$

依据式(8-19)和式(8-20)，式(8-23)满足：

$$\dot{V}_i\leqslant-k_s\varepsilon_{\Pi i}^2+k_s\varepsilon_{\Pi i}\phi_i-qR_{\Pi i}h_i\varepsilon_{\Pi i}\hat{\overline{D}}_i\tanh\left(\frac{\varepsilon_{\Pi i}}{\gamma_i}\right)+ \varepsilon_{\Pi i}R_{\Pi i}qh_i\tilde{\overline{D}}_i\tanh(\varepsilon_{\Pi i}/\gamma_i)+R_{\Pi i}qh_i|\varepsilon_{\Pi i}\Delta u_i|+ R_{\Pi i}qh\overline{D}_i|\varepsilon_{\Pi i}|+\varepsilon_{ei}R_{ei}(\dot{e}_i+e_i\eta_{ei})-\sigma_{ci}\tilde{c}_i\hat{c}_i- \sigma_{mi}\tilde{m}_i\hat{m}_i-\sigma_{\overline{D}i}\tilde{\overline{D}}_i\hat{\overline{D}}_i-k_\phi\phi_i^2-qR_{\Pi i}h_i|\varepsilon_{\Pi i}\Delta u_i|- 0.5(\Delta u_i)^2-\cosh(|R_{ei}\varepsilon_{ei}s_i|)+\Delta u_i\phi_i \tag{8-28}$$

基于以下不等式[11]：

$$0\leqslant|\varepsilon_{\Pi i}|-\varepsilon_{\Pi i}\tanh\left(\frac{\varepsilon_{\Pi i}}{\gamma_i}\right)\leqslant k_\varepsilon\gamma_i,\ k_\varepsilon=0.2785 \tag{8-29a}$$

以及杨氏不等式：

$$\varepsilon_{\Pi i}\phi_i\leqslant0.5\varepsilon_{\Pi i}^2+0.5\phi_i^2 \tag{8-29b}$$

$$\Delta u_i\phi_i\leqslant0.5\Delta u_i^2+0.5\phi_i^2 \tag{8-29c}$$

$$-\sigma_{ci}\tilde{c}_i\hat{c}_i\leqslant\frac{\sigma_{ci}}{2}c_i^2-\frac{\sigma_{ci}}{2}\tilde{c}_i^2 \tag{8-29d}$$

$$-\sigma_{mi}\tilde{m}_i\hat{m}_i\leqslant\frac{\sigma_{mi}}{2}m_i^2-\frac{\sigma_{mi}}{2}\tilde{m}_i^2 \tag{8-29e}$$

$$-\sigma_{\overline{D}i}\tilde{\overline{D}}_i\hat{\overline{D}}_i\leqslant\frac{\sigma_{\overline{D}i}}{2}\overline{D}_i^2-\frac{\sigma_{\overline{D}i}}{2}\tilde{\overline{D}}_i^2 \tag{8-29f}$$

可得

$$\dot{V}_i\leqslant-\frac{1}{2}k_s\varepsilon_{\Pi i}^2-\left(k_\phi-\frac{1}{2}k_s-\frac{1}{2}\right)\phi_i^2-|R_{ei}\varepsilon_{ei}s_i|+\varepsilon_{ei}R_{ei}(\dot{e}_i+e_i\eta_{ei})-\frac{\sigma_{ci}}{2}\tilde{c}_i^2- \frac{\sigma_{mi}}{2}\tilde{m}_i^2-\frac{\sigma_{\overline{D}i}}{2}\tilde{\overline{D}}_i^2+\frac{\sigma_{ci}}{2}c_i^2+\frac{\sigma_{mi}}{2}m_i^2+\frac{\sigma_{\overline{D}i}}{2}\overline{D}_i^2+qR_{\Pi i}h_i\overline{D}_ik_\varepsilon\gamma_i \tag{8-30}$$

根据式(8-11)和式(8-17)，式(8-30)可重新写成：

$$
\begin{aligned}
\dot{V}_i \leqslant & -\frac{1}{2}k_s\varepsilon_{\Pi i}^2-\left(k_\phi-\frac{1}{2}k_s-\frac{1}{2}\right)\phi_i^2-|R_{ei}\varepsilon_{ei}s_i|+ \\
& \varepsilon_{ei}R_{ei}s_i-\varepsilon_{ei}R_{ei}e_i(\lambda-\eta_{ei})-\frac{\sigma_{ci}}{2}\tilde{c}_i^2-\frac{\sigma_{mi}}{2}\tilde{m}_i^2-\frac{\sigma_{\overline{D}i}}{2}\tilde{\overline{D}}_i^2+ \\
& \frac{\sigma_{ci}}{2}c_i^2+\frac{\sigma_{mi}}{2}m_i^2+\frac{\sigma_{\overline{D}i}}{2}\overline{D}_i^2+\sigma_{\Pi i}+qR_{\Pi i}h_i\overline{D}_ik_\varepsilon\gamma_i \\
\leqslant & -\frac{1}{2}k_s\varepsilon_{\Pi i}^2-\left(k_\phi-\frac{1}{2}k_s-\frac{1}{2}\right)\phi_i^2-\ell(\lambda-\eta_{ei})\varepsilon_{ei}^2- \\
& \frac{\sigma_{ci}}{2}\tilde{c}_i^2-\frac{\sigma_{mi}}{2}\tilde{m}_i^2-\frac{\sigma_{\overline{D}i}}{2}\tilde{\overline{D}}_i^2+\frac{\sigma_{ci}}{2}c_i^2+ \\
& \frac{\sigma_{mi}}{2}m_i^2+\frac{\sigma_{\overline{D}i}}{2}\overline{D}_i^2+\sigma_{\Pi i}+qR_{\Pi i}h_i\overline{D}_ik_\varepsilon\gamma_i \\
\leqslant & -\varsigma_iV_i+\chi_i
\end{aligned} \tag{8-31}
$$

其中，

$$
\varsigma_i=\min\left\{\frac{k_s}{m_i\tau_i},\sigma_{ci}\beta_{ci},\sigma_{mi}\beta_{mi},\sigma_{\overline{D}i}\beta_{\overline{D}i},2k_\phi-k_s-1,2\ell(\lambda-\eta_{ei})\right\}
$$

$$
\chi_i=\frac{\sigma_{ci}}{2}c_i^2+\frac{\sigma_{mi}}{2}m_i^2+\frac{\sigma_{\overline{D}i}}{2}\overline{D}_i^2+\sigma_{\Pi i}+qR_{\Pi i}h_i\overline{D}_ik_\varepsilon\gamma_i
$$

并且 $\ell(\lambda-\eta_{ei})>0$，$2k_\phi-k_s-1>0$。

根据引理 8.1，得出结论 V_i 是一致有界的，并且满足以下不等式：

$$
\begin{aligned}
V_i(t) &\leqslant [V_i(0)-\chi_i/\varsigma_i]\mathrm{e}^{-\varsigma_it}+\chi_i/\varsigma_i \\
&\leqslant V_i(0)+\chi_i/\varsigma_i
\end{aligned} \tag{8-32}
$$

其中，$V_i(0)$为 V_i 的初始值，则也可以知道变换后的误差 ε_{ei}、$\varepsilon_{\Pi i}$、参数估计误差$(\tilde{\cdot})$以及辅助变量 ϕ_i 都是有界的。

对于所设计的李亚普诺夫函数，可以得到：

$$
\dot{V}=-\varsigma\sum_{i=1}^{N}V_i+\sum_{i=1}^{N}\chi_i=-\varsigma V+\chi \tag{8-33}
$$

其中，$\varsigma=\min(\varsigma_i)$，$\chi=\sum_{i=1}^{N}\chi_i$。

依据式(8-32)，可得

$$
0\leqslant V\leqslant[V(0)-\chi/\varsigma]\mathrm{e}^{-\varsigma t}+\chi/\varsigma\leqslant V(0)+\chi/\varsigma \tag{8-34}
$$

上述分析表明，车辆队列系统中的所有信号都是一致有界的。因此，保证了预设的跟踪性能，即满足条件式(8-14)。此外，耦合滑模变量 Π_i 可以收敛到任意小的一个为零的邻域内，并满足：

$$|\Pi_i| \leqslant \min(\underline{\xi}_i, \bar{\xi}_i)\rho_\infty = \Pi_i^+ \tag{8-35}$$

考虑 $\Pi_i = qs_i - s_{i+1} = \Pi_i^+$，因此，可得

$$q(\dot{e}_i + \lambda e_i) = (\dot{e}_{i+1} + \lambda e_{i+1}) + \Pi_i^+ \tag{8-36}$$

在初始跟随误差为零的条件下[12]，对式(8-36)进行拉普拉斯变换，可得

$$q[sE_i(s) + \lambda E_i(s)] = sE_{i+1}(s) + \lambda E_{i+1}(s) + \Pi_i^+ \tag{8-37}$$

可得

$$G_i(s) = \frac{E_{i+1}(s)}{E_i(s)} \leqslant \frac{(s+\lambda)E_{i+1}(s) + \Pi_i^+}{(s+\lambda)E_i(s)} = q \tag{8-38}$$

因此，若 q 满足 $0<q\leqslant 1$，可以保证队列稳定性，即 $|e_{i+1}(t)| \leqslant |e_i(t)|$ 成立。证明已完成。

为了消除非零初始跟随误差对队列稳定性的影响，定义了新的跟踪误差 $\bar{e}_i(t)$ 为

$$\bar{e}_i(t) = e_i(t) - \tilde{e}_i(t) \tag{8-39}$$

其中，$\tilde{e}_i = \{e_i(0) + \dot{e}_i(0)t + 0.5[2\alpha e_i(0) + \ddot{e}_i(0)]t^2\}\mathrm{e}^{-\alpha t^2}$

$$\dot{\tilde{e}}_i = \{\dot{e}_i(0) + [2\alpha e_i(0) + \ddot{e}_i(0)]t\}\mathrm{e}^{-\alpha t^2} - 2\alpha t\mathrm{e}^{-\alpha t^2}\{e_i(0) + \dot{e}_i(0)t + 0.5[2\alpha e_i(0) + \ddot{e}_i(0)]t^2\}$$

$$\begin{aligned}\ddot{\tilde{e}}_i = {} & [2\alpha e_i(0) + \ddot{e}_i(0)]\mathrm{e}^{-\alpha t^2} - 4\alpha t\mathrm{e}^{-\alpha t^2}\{\dot{e}_i(0) + \\ & [2\alpha e_i(0) + \ddot{e}_i(0)]t\} - [2\alpha\mathrm{e}^{-\alpha t^2} - 4\alpha^2 t^2\mathrm{e}^{-\alpha t^2}]\{e_i(0) + \\ & \dot{e}_i(0)t + 0.5[2\alpha e_i(0) + \ddot{e}_i(0)]t^2\}\end{aligned}$$

由此可得

$$\bar{e}_i(0) = \dot{\bar{e}}_i(0) = \ddot{\bar{e}}_i(0) = 0 \tag{8-40}$$

值得注意的是，变量 $\tilde{e}_i(t)$ 可以将非零的初始跟随误差的问题转化为零跟踪的情况。也就是说，由于快速衰减项 $\mathrm{e}^{-\alpha t^2}$ 的存在，当 $\tilde{e}_i(t)$ 收敛到零时，$\bar{e}_i(t)$ 可以收敛到 $e_i(t)$。然后，类似于零初始跟随误差的情况，新的滑动模态变量 $\bar{s}_i(t)$ 可定义为

$$\bar{s}_i(t) = \dot{\bar{e}}_i(t) + \lambda\bar{e}_i(t) \tag{8-41}$$

因此，新的耦合滑动变量 $\overline{\Pi}_i(t)$ 成为

$$\overline{\Pi}_i(t) = q\bar{s}_i(t) - \bar{s}_{i+1} \tag{8-42}$$

经过误差变换后，得到新的变换误差 $\bar{\varepsilon}_{\bar{e}i}$ 和 $\bar{\varepsilon}_{\overline{\Pi}i}$ 以及相关项，$\overline{R}_{\bar{e}i}$、$\overline{R}_{\overline{\Pi}i}$、$\bar{\eta}_{\bar{e}i}$ 和 $\bar{\eta}_{\overline{\Pi}i}$。在这种情况下，新的分布式自适应预设性能的跟踪控制器，可表示为

$$u_i = \frac{1}{q\overline{R}_{\overline{\Pi}i}h_i}\left\{k_s(\bar{\varepsilon}_{\overline{\Pi}i} - \phi_i) + \tau_i\overline{R}_{\overline{\Pi}i}\hat{m}_i\overline{T}_i + q\overline{R}_{\overline{\Pi}i}h_i\hat{c}_i(v_i^2 + 2\tau_i v_i a_i) + q\overline{R}_{\overline{\Pi}i}h_i\hat{\overline{D}}_i\tanh\left(\frac{\bar{\varepsilon}_{\overline{\Pi}i}}{\gamma_i}\right)\right\} \tag{8-43}$$

其中，$\overline{T}_i=q[a_{i-1}-a_i+h_i\ddot{v}_p+h_ia_i/\tau_i+\lambda\dot{\overline{e}}_i]-\dot{\overline{s}}_{i+1}+\overline{\Pi}_i\overline{\eta}_{\overline{\Pi}i}$，$i=1,\cdots,N$ 且 $\overline{T}_0=q[h_i\ddot{v}_p+h_ia_i/\tau_i+\lambda\dot{\overline{e}}_i]-\dot{\overline{s}}_{i+1}+\overline{\Pi}_i\overline{\eta}_{\overline{\Pi}i}$

其涉及的自适应律为

$$\dot{\hat{c}}_i=\beta_{ci}[(v_i^2+2\tau_iv_ia_i)\overline{R}_{\overline{\Pi}i}\overline{\varepsilon}_{\overline{\Pi}i}qh_i-\sigma_{ci}\hat{c}_i] \tag{8-44a}$$

$$\dot{\hat{m}}_i=\beta_{mi}(\tau_i\overline{R}_{\overline{\Pi}i}\overline{T}_i\overline{\varepsilon}_{\overline{\Pi}i}-\sigma_{mi}\hat{m}_i) \tag{8-44b}$$

$$\dot{\hat{\overline{D}}}_i=\beta_{\overline{D}i}\left[\overline{\varepsilon}_{\overline{\Pi}i}\overline{R}_{\overline{\Pi}i}qh_i\tanh\left(\frac{\overline{\varepsilon}_{\overline{\Pi}i}}{\gamma_i}\right)-\sigma_{\overline{D}i}\hat{\overline{D}}_i\right] \tag{8-44c}$$

相应地，辅助系统变成：

$$\dot{\phi}_i=\begin{cases}-\dfrac{q\overline{R}_{\Pi i}h_i|\overline{\varepsilon}_{\Pi i}\Delta u_i|+0.5(\Delta u_i)^2+\cosh(|\overline{R}_{ei}\overline{\varepsilon}_{ei}\overline{s}_i|)}{|\phi_i|^2}\phi_i+\Delta u_i-k_\phi\phi_i, & |\phi_i|\geqslant\mu_i\\ 0, & |\phi_i|<\mu_i\end{cases} \tag{8-45}$$

定理 8.2：将控制器式(8-43)、自适应律式(8-44)和辅助系统式(8-45)应用于式(8-1)、式(8-2)所描述的车队系统，在初始跟踪误差不为零的情况下，当跟踪误差 $\overline{\varepsilon}_{ei}$ 和 $\overline{\varepsilon}_{\Pi i}$ 一致有界且最终趋近于零时，可保证车辆的单车稳定性。同时，若条件 $0<q\leqslant1$ 成立，则可以保证车辆的队列稳定性。

证明：该证明与定理 8.1 相似，并且沿着类似的方法，可以证明变换后的误差 $\overline{\varepsilon}_{\overline{e}i}$ 和 $\overline{\varepsilon}_{\Pi i}$ 最终是一致有界的。同时，还保证了预定的跟踪性能和队列稳定性。

注 8.5：与现有的队列控制策略[13-17]相比，其突出的优点是可保证车辆控制系统的瞬态及稳态性能以及队列稳定性。

8.4 仿真研究

为了对所提出的预设性能队列控制策略的有效性进行验证，分别考虑初始跟踪误差为零和非零，两种情况下的仿真实验。并与参考文献[2]中的预设性能控制方法进行了对比。

在仿真实验中，考虑的车辆队列由五辆跟随车辆和一辆领队车辆构成。车辆 $i(i=0,1,\cdots,5)$ 的参数为：$l_i=4$、$m_i=1600$、$c_i=0.33$、$\tau_i=0.25$ 和 $h_i=0.2$。车辆队列设定的速度如图 8-3 所示，并且 $D_i(t)=0.1\sin(t)$。车辆之间的期望距离设置为 $d^*=10\text{m}$。

首先，为简便，两个性能函数相同，且性能函数为 $\rho_i(t)=(2.5-0.06)\exp(-0.1t)+0.06$ 相同。车辆的初始位置和速度见表 8-1。根据式(8-3)，车辆的初始跟踪误差均为零。参考文献[2]中的单一预设性能方法，其涉及的控制器参数分别列于表 8-2 和表 8-3。相应的仿真结果如图 8-4 和图 8-5 所示。

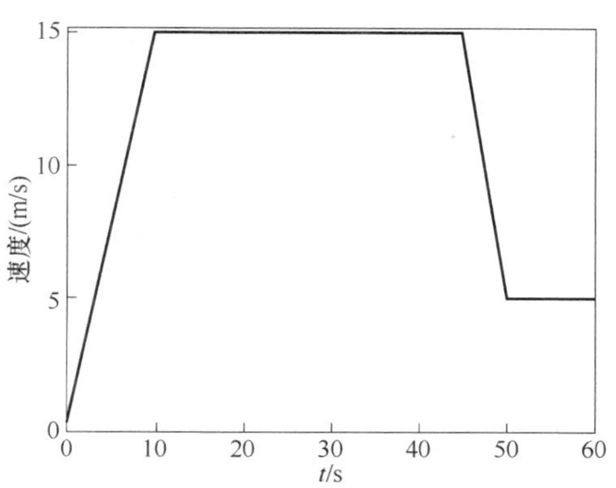

图 8-3　车辆队列设定的速度

表 8-1　车辆参数 $p_i(0)$ 和 $v_i(0)$ $(i=0,1,\cdots,5)$

i	5	4	3	2	1	0
$p_i(0)$/m	0	14	28	42	56	70
$v_i(0)$/(m/s)	0	0	0	0	0	0

表 8-2　车辆控制器参数 $(i=0,1,\cdots,5)$

q	λ	k_s	k_ϕ	β_i	σ_i	γ_i	$\underline{\xi}_i$	$\overline{\xi}_i$
0.9	35	2	200	10^{-5}	10^{-5}	0.01	0.9	0.9

表 8-3　参考文献[2]中的控制器参数

q	λ	k_s	k_ϕ	β_i	σ_i	γ_i	$\underline{\xi}_i$	$\overline{\xi}_i$
0.95	208	165	260	10^{-8}	10^{-8}	0.01	0.9	0.9

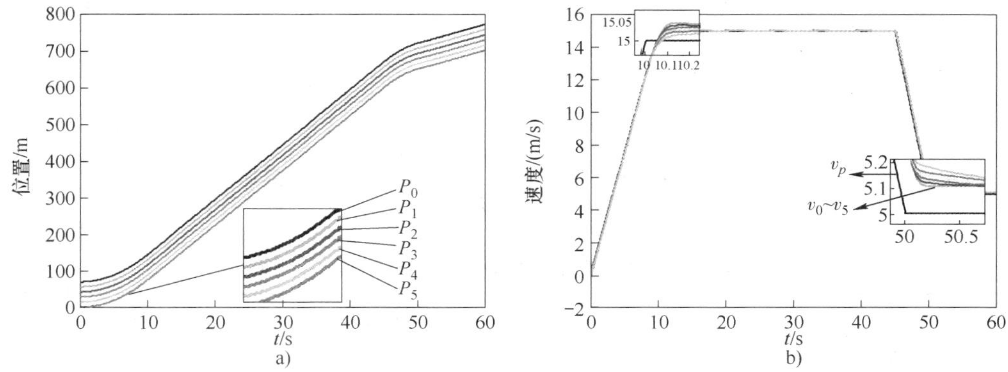

图 8-4　初始跟踪误差为零的预设性能控制的仿真结果（见彩插）

a）位置　b）速度

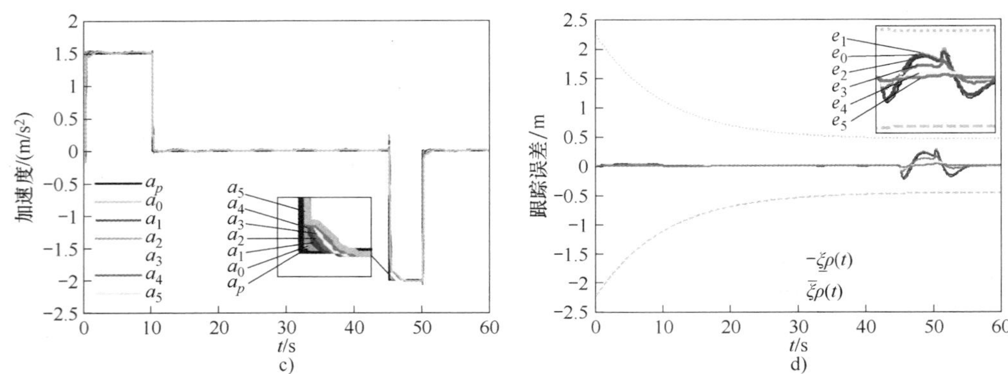

图 8-4　初始跟踪误差为零的预设性能控制的仿真结果(续)(见彩插)

c）加速度　d）跟踪误差

通过图 8-4 和图 8-5，很明显看出这两种方案都可以保证预设的性能，并实现队列稳定性，即 $|e_5|\leqslant|e_4|\leqslant\cdots\leqslant|e_0|$ 和 $-\underline{\xi}_i\,\rho_i(t)<e_i(t)<\overline{\xi}_i\,\rho_i(t)$，$i=0,1,\cdots,5$。从图 8-4d 和图 8-5b 可以看出，当 $t>45\text{s}$ 时，基于 PPCC 控制得到的跟踪误差更小。此外，两种方法的计算时间也不同(见表 8-4)，这意味着预设性能方案更易于在实际中应用。非零初始跟踪误差见表 8-5。控制参数列于表 8-2，另外 $\lambda=30$，$\alpha=1$。仿真结果如图 8-6 和图 8-7 所示。

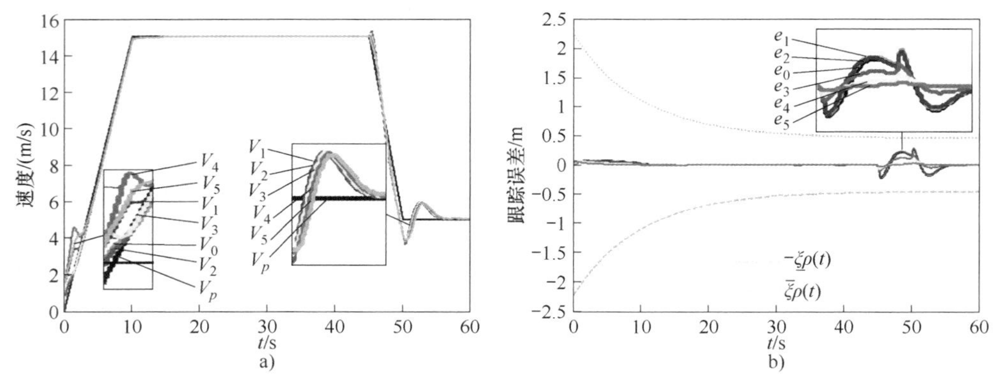

图 8-5　参考文献[2]中零初始跟踪误差的单一预设性能的仿真结果(见彩插)

a）速度　b）跟踪误差

表 8-4　在零初始跟踪误差条件下的计算时间的比较

	参考文献[2]中的单一预设性能	本章的预设性能控制
第一次时间	108s	26s
第二次时间	107s	25s

（续）

	参考文献[2]中的单一预设性能	本章的预设性能控制
第三次时间	109s	28s
平均时间	108s	26s

表 8-5　车辆的参数($i=0,1,\cdots,5$)

i	5	4	3	2	1	0
$p_i(0)$/m	1	14	31	46	58	74
$v_i(0)$/(m/s)	1.5	1.5	2	1	1.5	1
$a_i(0)$/(m/s^2)	0	1.5	1	−2	1	0

两种方法的计算时间见表 8-6。请注意，非零初始跟踪误差的情况可以通过引入误差变换式(8-39)转换为零初始跟踪误差的情况。因此，该场景的仿真结果与前面的小节相似。也就是说，无论初始跟踪误差是否为零，车辆队列中的每一辆车都能成功地跟踪队列的速度。同时，在参数不确定性、干扰和执行器饱和影响的情况下，也可以保证整个队列的队列稳定性。

表 8-6　在非零初始跟踪误差条件下的计算时间的比较

	参考文献[2]中的单一预设性能	本章的预设性能控制
第一次时间	109s	24s
第二次时间	114s	26s
第三次时间	111s	25s
平均时间	111s	25s

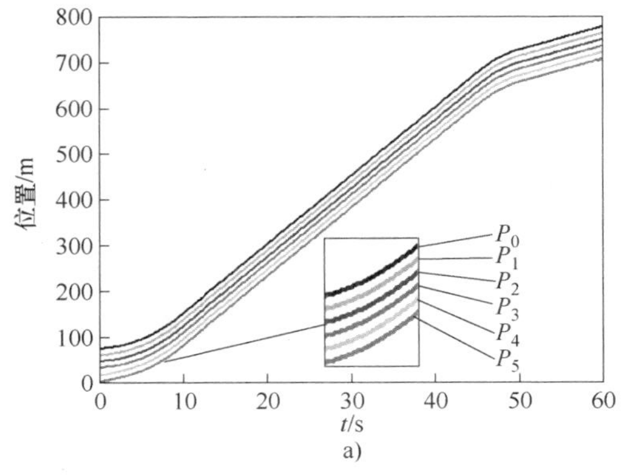

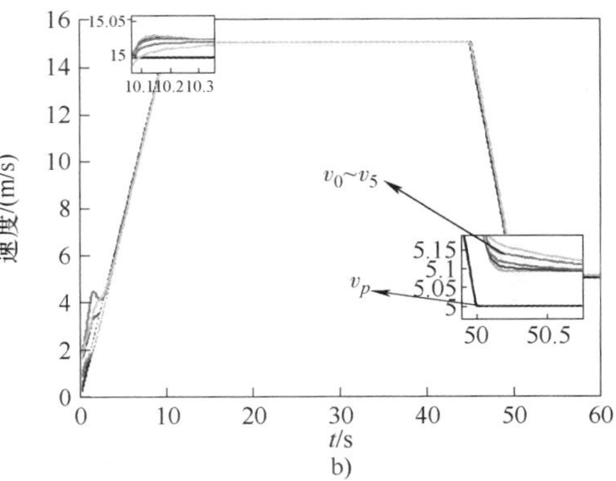

图 8-6　初始跟踪误差为非零的预设性能控制仿真结果(见彩插)

a) 位置　b) 速度

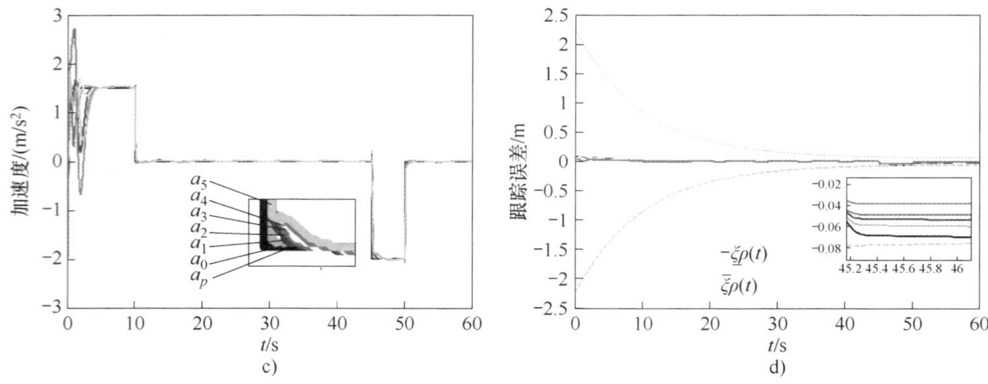

图 8-6　初始跟踪误差为非零的预设性能控制仿真结果(续)(见彩插)

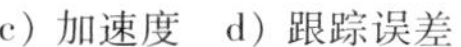
c）加速度　d）跟踪误差

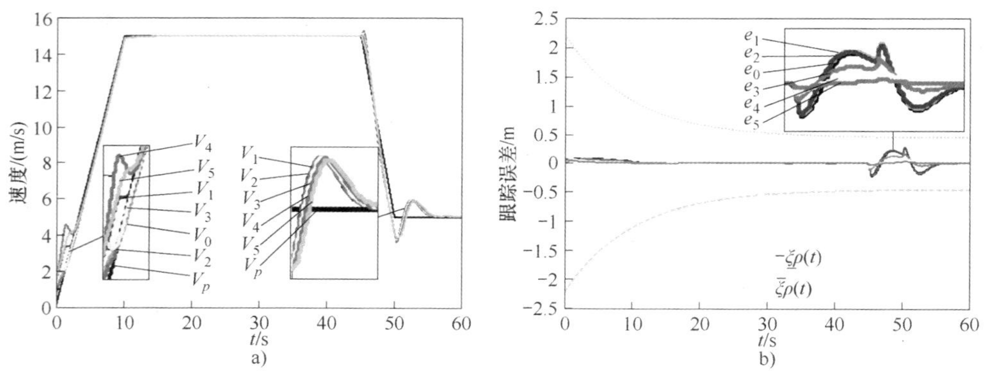

图 8-7　参考文献[2]中的单一预设性能控制在非零初始跟踪误差下的仿真结果(见彩插)

a）速度　b）跟踪误差

8.5　本章小结

本章针对非线性三阶车辆队列控制，提出了一种新的分布式自适应预设性能滑模控制方案。特别是所提出的单一预设性能方案可满足车辆队列的控制目标。所有的车辆都可以保持期望车辆间距和相同的速度，即使在非零的初始跟踪误差影响下，也能保证队列稳定性和预设的性能。仿真结果表明，该方法在控制精度和响应速度两方面都具有良好的性能。

参考文献

[1] HU Y, CHEN H, GONG X, et al. Control-oriented modeling and robust nonlinear triple-step con-

troller design for an air-feed system for polymer electrolyte membrane fuel cells [J]. Asian J. Control, 2019, 21(4): 1811-1823.

[2] GUO G, LI D. Adaptive sliding mode control of vehicular platoons with prescribed tracking performance[J]. IEEE Trans. Veh. Technol, 2019, 68(8).

[3] STANKOVIĆ S S, STANOJEVIĆ M J, ŠILJAK D D. Decentralized overlapping control of a platoon of vehicles[J]. IEEE Trans. Control Syst. Technol, 2000, 8(5): 816-832.

[4] GE S S, WANG C. Adaptive neural control of uncertain MIMO nonlinear systems. IEEE Trans[J]. Neural. Netw, 2004, 15(3): 674-692.

[5] KWON J W, CHWA D. Adaptive bidirectional platoon control using a coupled sliding mode control method[J]. IEEE Trans. Intell. Transp. Syst, 2014, 15(5): 2040-2048.

[6] KARAYIANNIDIS Y, PAPAGEORGIOU D, DOULGERI Z. A model-free controller for guaranteed prescribed performance tracking of both robot joint positions and velocities [J]. IEEE Robotics Autom. Lett, 2016, 1(1): 267-273.

[7] HU X, CHEN H, LI Z, et al. An energy-saving torque vectoring control strategy for electric vehicles considering handling stability under extreme conditions[J]. IEEE Trans. Veh. Technol, 2020, 1-10.

[8] GUO G, LI D. PMP-based set-point optimization and sliding-mode control of vehicular platoons[J]. IEEE Trans. Comput. Social Syst, 2018, 5(2): 553-562.

[9] CHEN M, GE S S, CHOO Y S. Neural network tracking control of ocean surface vessels with input saturation[C]. In Proc. IEEE Int. Conf. Autom. and Logistics, 2009, 85-89.

[10] HU Y, GU W, ZHANG H, et al. Adaptive robust triple-step control for compensating cogging torque and model uncertainty in a DC motor[J]. IEEE Trans. Syst, 2019, 49(12): 2396-2405.

[11] POLYCARPOU M M, IOANNOU P A. A robust adaptive nonlinear control design[J]. Automatica, 1996, 32(3): 423-427.

[12] YAN M, SONG J, YANG P, et al. Neural adaptive sliding-mode control of a bidirectional vehicle platoon with velocity constraints and input saturation[J]. Complexity, 2018: 1-11.

[13] GUO X, WANG J, LIAO F, et al. Distributed adaptive sliding mode control strategy for vehicle-following systems with nonlinear acceleration uncertainties[J]. IEEE Trans. Veh. Technol, 2017, 66(2): 981-991.

[14] YAN M, SONG J, ZUO L, et al. Neural adaptive sliding-mode control of a vehicle platoon using output feedback[J]. Energies, 2017, 10(11): 1906.

[15] GUO X, WANG J, LIAO F, et al. CNN-based distributed adaptive control for vehicle-following platoon with input saturation[J]. IEEE Trans. Intell. Transp. Syst, 2018, 19(10): 3121-3132.

[16] ZHU Y, ZHU F. Distributed adaptive longitudinal control for uncertain third-order vehicle platoon in a networked environment[J]. IEEE Trans. Veh. Technol, 2018, 67(10): 9183-9197.

[17] RUPP A, STEINBERGER M, HORN M. Sliding mode based platooning with non-zero initial spacing errors[J]. IEEE Control Syst. Lett, 2017, 1(2): 274-279.

第 9 章　保证预设性能指标的自适应滑模控制

9.1　引言

第 8 章中提出的预设性能控制方法忽略了发动机的动力学特性。然而，在实际的车辆控制中，车辆的油门、制动存在的饱和非线性影响不可避免。另一方面，第 1~5 章中涉及的车辆动力学模型通过利用反馈线性化获取的。然而，在实际环境中，车辆的动力学模型通常具有非线性特征，并且遭遇不确定的参数和外部干扰(如风和路况)的影响。

基于上述讨论，本章针对不确定三阶非线性车队控制系统，考虑执行器饱和影响下的车队预设性能控制问题。针对领队车-跟随(LP)车以及双向领队车-跟随(LB)车间通信拓扑结构，分别提出了两种分布式自适应滑模控制方法，以保证车队队列稳定性以及强队列稳定性要求，并将车辆的轨迹跟踪误差保持在预设的范围内。与已有研究成果相比，本章的主要贡献如下：

1）本章考虑了执行器饱和、不确定系统模型参数以及外部干扰影响下的车队控制问题。利用光滑的双曲正切函数近似处理了执行器的饱和非线性。所引入的自适应律，可有效处理模型参数不确定以及外部扰动。

2）基于领队车-跟随车以及双向领队车-跟随车间通信拓扑结构，分别建立了两种滑模控制策略，在满足设定的跟踪性的同时，也可保证车队队列稳定性。

9.2　问题描述

考虑如图 9-1 所示的网联车辆队列，其由 1 辆车领队车辆(编号为 0)和 N 辆跟随车构成，其中，p_i、v_i 和 a_i 分别为车辆 i 的位置、速度和加速度，$i \in \nu_N$，$\nu_N = \{1,2,\cdots,N\}$。假设车辆都配备了路线图、全球定位系统(GPS)和车载传感器。每一辆跟随车辆可周期性地接收领队车辆及其邻居车辆(前车或/后车)的状态信息，如位置、速度和加速度。假定车间的通信是可靠的。

由牛顿第二定律，可得第 i 辆车的纵向动力学方程为

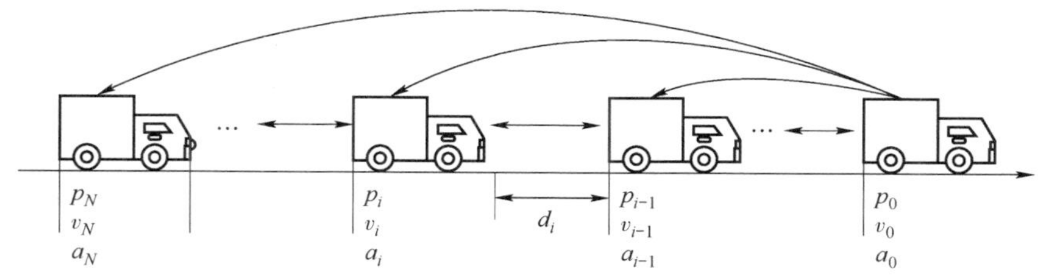

图 9-1　网联车辆队列

$$\dot{p}_i(t)=v_i(t),\ i\in\boldsymbol{\nu}_N \tag{9-1a}$$

$$\dot{v}_i(t)=a_i(t)=\frac{1}{m_i}[F_{ei}(t)-F_{ai}(t)-F_{gi}(t)-F_{ri}(t)]+y_i(t) \tag{9-1b}$$

其中，m_i 为第 i 辆车辆质量；F_{ei}为发动机产生的驱动力；$F_{ai}=c_iv_i^2$ 为空气阻力，其中，$c_i=h_{ai}A_iC_{di}/2$，h_{ai}为空气密度，A_i 为车辆横截面积，C_{di}为空气阻力系数；$F_{ri}=r_im_ig\cos\theta$ 为滚动阻力，r_i 为滚动阻力系数，g 为重力加速度，θ 为路面坡度；$F_{gi}=m_ig\sin\theta$ 为重力。y_i 表示由阵风、路面不平或其他引起的未知外部扰动。在这里，假定扰动是有界的，即 $|y_i|\leqslant\bar{y}_i$，同时，y_i 的导数也是有界的。

发动机动力学建模为一阶饱和模型，由下式给出：

$$\dot{F}_{ei}(t)=-\frac{1}{\tau_i}F_{ei}(t)+\frac{1}{\tau_i}\mathrm{sat}(u_i(t)) \tag{9-1c}$$

其中，τ_i 为发动机时间常数，u_i 表示油门/制动输入。由于其结构存在的限制，导致饱和非线性，如

$$\mathrm{sat}(u_i(t))=\begin{cases}u_{\mathrm{max}i}, & u_i(t)\geqslant u_{\mathrm{max}i}\\ u_i(t), & u_{\mathrm{min}i}<u_i(t)<u_{\mathrm{max}i}\\ u_{\mathrm{min}i}, & u_i(t)\leqslant u_{\mathrm{min}i}\end{cases} \tag{9-1d}$$

其中，$u_{\mathrm{max}i}$和 $u_{\mathrm{min}i}$分别是控制输入的上界和下界。

令 $f_i=r_im_ig\cos\theta+m_ig\sin\theta$ 和 $D_i=y_i/\tau_i+\dot{y}_i$。假设这些扰动为有界的[8]，则车辆车的纵向动力学方程可以改写为

$$\dot{a}_i(t)=\frac{1}{m_i\tau_i}\mathrm{sat}(u_i(t))-\frac{1}{\tau_i}a_i(t)-\frac{1}{m_i\tau_i}[c_i(v_i^2+2\tau_iv_ia_i)+f_i]+D_i(t) \tag{9-2}$$

值得注意的是，与参考文献[2]和[3]中建立的模型相比，式(9-1a)~式(9-1d)和式(9-2)中的车辆模型考虑了发动机动和油门/制动存在的饱和影响。

定义车间距为

$$d_i=p_{i-1}-p_i-l_i \tag{9-3}$$

其中，l_i 为第 i 辆车的长度。定义 $\delta_i=d_i-d^*$ 为第 i 辆跟随车与期望的安全间距 d^* 之间的距离误差。这里，跟踪误差定义为

$$e_i=k_1(d_i-d^*)+k_2(v_i-v_0)+k_3(p_i-p_i^*) \tag{9-4}$$

式中，p_i^* 为第 i 辆车的期望轨迹，且 $p_i^*=p_0-id^*-(l_1+l_2+\cdots+l_i)$，$p_0$ 和 v_0 为领队车辆和的位置和速度，满足 $\dot{p}_0(t)=v_0(t)$。k_1、k_2 和 k_3 为权重系数。

本章的目标是设计能够保证期望车辆队列控制性能的控制策略，使得跟踪误差严格控制在以下规定的区域内[5]：

$$\begin{cases}-\xi_i\rho_i(t)<e_i(t)<\rho_i(t),e_i(0)\geqslant 0\\ -\rho_i(t)<e_i(t)<\xi_i\rho_i(t),e_i(0)\leqslant 0\end{cases} \tag{9-5}$$

其中，$0<\xi_i<1$ 为设计参数，$e_i(0)$ 为初始跟踪误差并满足 $|e_i(0)|<\rho_i(0)$。假设性能函数 $\rho_i(t)$ 为正的且严格递减，$\lim\limits_{t\to\infty}\rho_i(t)=\rho_{i\infty}>0$，可描述为

$$\rho_i(t)=(\rho_{0i}-\rho_{\infty i})\exp(-\phi_i t)+\rho_{\infty i} \tag{9-6}$$

其中，ρ_{0i}、$\rho_{\infty i}$ 和 ϕ_i 为严格的正常数，满足 $\rho_{\infty i}<\rho_{0i}$，及 $\rho_{0i}=\rho_{0i}(0)$。注意，ϕ_i 为 $\rho_i(t)$ 的下降速度，它与跟踪误差 $e_i(t)$ 的收敛速度有关。

本章的目标是寻找一种自适应车辆队列制方法，当车辆存在外部干扰和输入饱和时，实现以下目标：

1）队列中的跟随车辆都可以保持期望的车间距离（即 $d_i(t)\to d^*$），并且与领队车辆的速度保持一致，（即 $v_i(t)\to v_0(t)$）。

2）车辆队列中的所有跟随车辆的跟踪误差能够保证期望的性能，即跟踪误差被严格地限制在由衰减时间函数限制的期望区域内变化。

3）保证车辆队列的队列稳定性。

定义 9.1（队列稳定性）[6]：若使得具有车辆动力学式（9-2）的跟踪误差系统的初始值满足队列稳定性要求，则需要对于任意参数 $\varepsilon>0$、$\delta>0$，有 $\|e_i(0)\|_\infty<\delta\Rightarrow\sup_i\|e_i(\cdot)\|_\infty<\varepsilon$ 成立。

定义 9.2（强队列稳定性）[1]：若使得具有车辆动力学式（9-2）的跟踪误差系统的初始值满足强队列稳定性要求，则需要 $|e_N(t)|\leqslant|e_{N-1}|\leqslant\cdots\leqslant|e_1(t)|$ 成立。

为方便后面的讨论，给出以下引理。

引理 9.1[7]：对于一个有界的连续函数 $V(t)\geqslant 0$ 并且 $V(0)$ 是有界的。如 $\dot{V}_i\leqslant -q_1V(t)+q_2$，那么保证函数 $V(t)$ 有界的条件是 $q_1>0$，其中 q_2 为常数。

9.3 模型变换

利用以下光滑的双曲切函数来近似执行器饱和函数 $\mathrm{sat}(u_i(t))$[2]：

$$g(u_i(t))=\begin{cases}u_{\max i}\tanh(u_i(t)/u_{\max i}), & u_i(t)\geqslant 0\\ u_{\min i}\tanh(u_i(t)/u_{\min i}), & u_i(t)<0\end{cases} \tag{9-7}$$

值得注意的是函数 $\mathrm{sat}(u_i(t))$ 与函数 $g(u_i(t))$ 之间不可避免地存在偏差 $\Delta u_i(t)$。定义式（9-2）中的函数 $\mathrm{sat}(u_i(t))$ 为

$$\mathrm{sat}(u_i(t)) = g(u_i(t)) + \Delta u_i(t) \tag{9-8}$$

其中，偏差 $\Delta u_i(t)$ 是界的，即

$$|\Delta u_i(t)| = |\mathrm{sat}(u_i(t)) - g(u_i(t))| \leqslant \max\{u_{\max i}(1-\tanh(1)), u_{\min i}(\tanh(1)-1)\} \tag{9-9}$$

根据均值定理，式(9-7)中的函数 $g(u_i(t))$ 可以表示为

$$g(u_i(t)) = g(u^0) + \left.\frac{\partial g(u_i(t))}{\partial u_i(t)}\right|_{u_i(t)=u_{\mu i}} (u_i(t) - u^0) \tag{9-10}$$

其中，$u_{\mu i} = \mu u_i(t) + (1-\mu) u^0 (0<\mu<1)$。

考虑到 $u^0=0$ 时 $g(0)=0$，令 $g_{ui}(t) = \left.\frac{\partial g(u_i(t))}{\partial u_i(t)}\right|_{u_i(t)=u_{\mu i}}$。假定存在一个未知的正常数 g_{mi}，使得 $0<g_{mi} \leqslant g_{ui}(t) \leqslant 1$[4] 成立。为此，可以得到：

$$\mathrm{sat}(u_i(t)) = g_{ui}(t) u_i + \Delta u_i(t) \tag{9-11}$$

那么第 i 辆车的动力学可以重新描述为

$$\begin{aligned}\dot{a}_i(t) = &-\frac{1}{\tau_i} a_i(t) - \frac{1}{m_i \tau_i}[c_i(v_i^2 + 2\tau_i v_i a_i) + f_i] + \\ &\frac{1}{m_i \tau_i} g_{ui}(t) u_i(t) + \frac{1}{m_i \tau_i} \Delta u_i(t) + D_i(t)\end{aligned} \tag{9-12}$$

通过如下变换，可将带有约束的跟踪误差转换为与之等效的无约束跟踪误差，其中，变换后的误差为

$$s_i(t) = \psi_i^{-1}(e_i(t)/\rho_i(t)) \tag{9-13}$$

其中，$\psi_i^{-1}(\cdot)$ 是光滑、严格递增、函数 $\psi_i(\cdot)$ 的逆函数，满足：

$$\begin{cases}\lim\limits_{s_i \to -\infty} \psi_i(s_i) = -\xi_i \\ \lim\limits_{s_i \to +\infty} \psi_i(s_i) = 1\end{cases}, \quad e_i(0) \geqslant 0 \tag{9-14a}$$

$$\begin{cases}\lim\limits_{s_i \to -\infty} \psi_i(s_i) = -1 \\ \lim\limits_{s_i \to +\infty} \psi_i(s_i) = \xi_i\end{cases}, \quad e_i(0) \leqslant 0 \tag{9-14b}$$

依据参考文献[5]，可将 $\psi_i(s_i)$ 选择为

$$\begin{cases}\psi_i(s_i) = \dfrac{\mathrm{e}^{s_i} - \xi_i \mathrm{e}^{-s_i}}{\mathrm{e}^{s_i} + \mathrm{e}^{-s_i}}, & e_i(0) \geqslant 0 \\ \psi_i(s_i) = \dfrac{\xi_i \mathrm{e}^{s_i} - \mathrm{e}^{-s_i}}{\mathrm{e}^{s_i} + \mathrm{e}^{-s_i}}, & e_i(0) \leqslant 0\end{cases} \tag{9-15}$$

基于式(9-13)和式(9-15)，可得到如下关系：

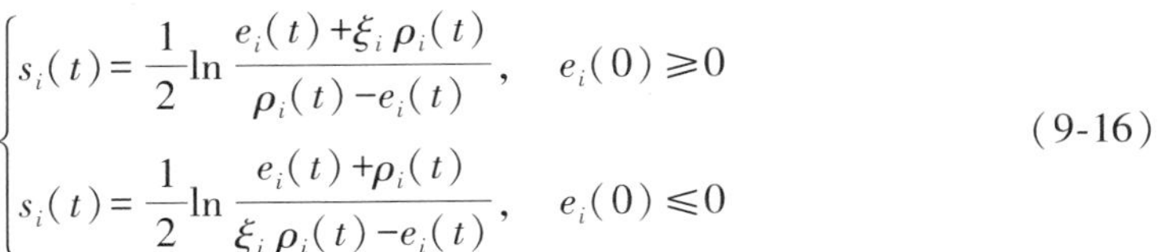

$$\begin{cases} s_i(t)=\dfrac{1}{2}\ln\dfrac{e_i(t)+\xi_i\,\rho_i(t)}{\rho_i(t)-e_i(t)}, & e_i(0)\geqslant 0 \\ s_i(t)=\dfrac{1}{2}\ln\dfrac{e_i(t)+\rho_i(t)}{\xi_i\,\rho_i(t)-e_i(t)}, & e_i(0)\leqslant 0 \end{cases} \tag{9-16}$$

因此，若变换后的跟踪误差是有界的，则有以下关系成立：

$$\begin{cases} -\xi_i<\psi_i(s_i)<1, & e_i(0)\geqslant 0 \\ -1<\psi_i(s_i)<\xi_i, & e_i(0)\leqslant 0 \end{cases} \tag{9-17}$$

注 9.1：为了方便预设性能控制的分析，根据跟踪误差的初始值提出了能够保证期望性能控制策略。通过跟踪误差变换，驱使跟踪误差将进入等式(9-5)所规定的允许的区域内。参考文献[8-11]给出了其他更加实用、有效的期望性能。

9.4 跟踪控制器设计

在本节中，为跟随车辆设计了能够满足期望跟踪性能的队列控制器，使得每辆跟随车辆的速度与领队车辆保持一致，车辆间保持期望的车间距离。此外，依据不同的队列稳定性定义，给出了两种队列控制策略，分别考虑了领队车-跟随(Leader-Predecessor，LP)车和双向领队车-跟随(Leader-Bidirectional，LB)车信息流拓扑。

在本节中，设计了一种基于预设性能控制的新型控制器，以保证定义 9.1 中涉及的队列稳定性。不同于已有的文献，基于转换误差，构建了一个新的滑模面：

$$S_i(t)=\dot{s}_i+\lambda s_i \tag{9-18}$$

其中，$\lambda>0$，满足赫尔维茨稳定性条件。

为了设计一个驱动 $S_i(t)$ 收敛于零的控制律，对 $S_i(t)$ 求导可得

$$\dot{S}_i(t)=\ddot{s}_i+\lambda\dot{s}_i \tag{9-19a}$$

根据式(9-16)可以得到 $\dot{s}_i$ 和 $\ddot{s}_i$ 为

$$\dot{s}_i(t)=\frac{\partial\psi_i^{-1}}{\partial\left(\dfrac{e_i}{\rho_i}\right)}\frac{1}{\rho_i}\left(\dot{e}_i-\frac{e_i\dot{\rho}_i}{\rho_i}\right)=R_i\left(\dot{e}_i-\frac{e_i\dot{\rho}_i}{\rho_i}\right) \tag{9-19b}$$

$$\ddot{s}_i=\dot{R}_i\left(\dot{e}_i-\frac{e_i\dot{\rho}_i}{\rho_i}\right)+R_i\left(\ddot{e}_i-\frac{(\dot{e}_i\dot{\rho}_i+e_i\ddot{\rho}_i)\rho_i-e_i\dot{\rho}_i^2}{\rho_i^2}\right) \tag{9-19c}$$

其中，$R_i=\left(\partial\psi_i^{-1}\Big/\partial\left(\dfrac{e_i}{\rho_i}\right)\right)\left(\dfrac{1}{\rho_i}\right)$，$R_i>0$。

设计的控制器如下：

$$u_i=\frac{1}{R_ik_2g_{mi}}\left[-k_4S_i+R_ik_2c_i(v_i^2+2\tau_iv_ia_i)+R_ik_2f_i-R_ik_2\hat{\varepsilon}_i\tanh\left(\frac{S_i}{\gamma_i}\right)-\tau_im_iT_i\right] \tag{9-20}$$

其中，k_4 和 γ_i 为正常数，$\hat{\bar{\varepsilon}}_i$ 为参数 $\bar{\varepsilon}_i$ 的估计值，$|\Delta u_i+\varepsilon_{di}|\leqslant\bar{\varepsilon}_i$，$T_i(t)$ 由以下方程给出：

$$T_i(t)=R_i\left[k_1(a_{i-1}-a_i)+k_3(a_i-a_0)-\frac{k_2}{\tau_i}a_i\right]+\lambda\dot{s}_i+\dot{R}_i\left(\dot{e}_i-\frac{e_i\dot{\rho}_i}{\rho_i}\right)-R_i\frac{(\dot{e}_i\dot{\rho}_i+e_i\ddot{\rho}_i)\rho_i-e_i\dot{\rho}_i^2}{\rho_i^2} \tag{9-21}$$

在实际应用中，针对参数 c_i、m_i 和 f_i 在车辆模型中是未知的情况，可以利用其估计值 $\hat{c}_i$、$\hat{m}_i$、$\hat{f}_i$ 设计如下控制器：

$$u_i=\frac{1}{R_ik_2g_{mi}}\left[-k_4S_i+R_ik_2\hat{c}_i(v_i^2+2\tau_iv_ia_i)+R_ik_2\hat{f}_i-R_ik_2\hat{\bar{\varepsilon}}_i\tanh\left(\frac{S_i}{\gamma_i}\right)-\tau_i\hat{m}_iT_i\right] \tag{9-22}$$

相应的自适应律为

$$\dot{\hat{c}}_i(t)=-\eta_{ci}[(v_i^2+2\tau_iv_ia_i)R_ik_2S_i+\sigma_{ci}\hat{c}_i] \tag{9-23a}$$

$$\dot{\hat{f}}_i(t)=-\eta_{fi}[R_ik_2S_i+\sigma_{fi}\hat{f}_i] \tag{9-23b}$$

$$\dot{\hat{m}}_i(t)=\eta_{mi}[\tau_iT_iS_i-\sigma_{mi}\hat{m}_i] \tag{9-23c}$$

$$\dot{\hat{\bar{\varepsilon}}}_i(t)=\eta_{\bar{\varepsilon}i}\left[R_ik_2S_i\tanh\left(\frac{S_i}{\gamma_i}\right)-\sigma_{\bar{\varepsilon}i}\hat{\bar{\varepsilon}}_i\right] \tag{9-23d}$$

其中，参数 η_{ci}、η_{fi}、η_{mi} 及 $\eta_{\bar{\varepsilon}i}$ 均为正数，σ_{ci}、σ_{fi}、σ_{mi} 和 $\sigma_{\bar{\varepsilon}i}$ 是较小的常数。

注 9.2：在控制器式(9-22)中，与通常使用符号函数或饱和函数不同，采用了连续双曲切函数进行切换，可以缓解滑模控制中的存在抖振现象。此外，在自适应定律式(9-23)中引入的修正项，可以提高鲁棒性，从而防止了自适应参数的估计值出现的非常大的漂移[12]。

在以下定理给出了第一个主要结论，它保证了在 LP 拓扑结构下，车辆跟踪误差的有界稳定性及车队的队列稳定性。

定理 9.1：对于具有动力学式(9-12)的车辆队列系统，式(9-22)中的控制律和式(9-23)中的参数估计律可以保证车辆的稳定性，即跟踪误差 e_i 和转换后的误差 s_i 最终与指定的瞬态性能及/稳态性能一致。

证明：为进行稳定性分析，选择以下李亚普诺夫函数：

$$V_i=\frac{m_i\tau_i}{2}S_i^2+\frac{1}{2\eta_{ci}}\tilde{c}_i^2+\frac{1}{2\eta_{fi}}\tilde{f}_i^2+\frac{1}{2\eta_{mi}}\tilde{m}_i^2+\frac{1}{2\eta_{\bar{\varepsilon}i}}\tilde{\bar{\varepsilon}}_i^2 \tag{9-24}$$

其中，$(\tilde{\cdot})=(\hat{\cdot})-(\cdot)$ 为估计误差。对 V_i 求导，可得

$$\dot{V}_i=m_i\tau_iS_i\dot{S}_i+\frac{1}{\eta_{ci}}\tilde{c}_i\dot{\tilde{c}}_i+\frac{1}{\eta_{fi}}\tilde{f}_i\dot{\tilde{f}}_i+\frac{1}{\eta_{mi}}\tilde{m}_i\dot{\tilde{m}}_i+\frac{1}{\eta_{\bar{\varepsilon}i}}\tilde{\bar{\varepsilon}}_i\dot{\tilde{\bar{\varepsilon}}}_i \tag{9-25}$$

根据式(9-19)和式(9-22)，可以写成：

$$\begin{aligned}\dot{S}_i=&\frac{R_ik_2g_{ui}}{m_i\tau_i}\frac{1}{R_ik_2g_{mi}}\Bigg[-k_4S_i+R_ik_2\hat{c}_i(v_i^2+2\tau_iv_ia_i)+\\&R_ik_2\hat{f}_i-R_ik_2\hat{\varepsilon}_i\tanh\left(\frac{S_i}{\gamma_i}\right)-\tau_i\hat{m}_iT_i\Bigg]-\\&\frac{R_ik_2}{m_i\tau_i}[c_i(v_i^2+2\tau_iv_ia_i)+f_i]+\\&\frac{R_ik_2}{m_i\tau_i}[\Delta u_i+m_i\tau_iD_i]+T_i\end{aligned}\tag{9-26}$$

由此，可以得出

$$\begin{aligned}m_i\tau_iS_i\dot{S}_i\leqslant&-k_4S_i^2+\tilde{c}_i(v_i^2+2\tau_iv_ia_i)R_ik_2S_i+\\&\tilde{f}_iR_ik_2S_i-\tau_iT_iS_i\tilde{m}_i-\\&R_ik_2S_i\left(\hat{\bar{\varepsilon}}_i\tanh\left(\frac{S_i}{\gamma_i}\right)-\bar{\varepsilon}_i\right)\end{aligned}\tag{9-27}$$

通过式(9-23)中的自适应定律，可得到如下关系：

$$\begin{aligned}\dot{V}_i\leqslant&-k_4S_i^2-R_ik_2S_i\left(\hat{\bar{\varepsilon}}_i\tanh\left(\frac{S_i}{\gamma_i}\right)-\bar{\varepsilon}_i\right)-\\&\sigma_{ci}\tilde{c}_i\hat{c}_i-\sigma_{fi}\tilde{f}_i\hat{f}_i-\sigma_{mi}\tilde{m}_i\hat{m}_i-\\&\sigma_{\bar{\varepsilon}i}\tilde{\bar{\varepsilon}}_i\hat{\bar{\varepsilon}}_i+R_ik_2S_i\tilde{\bar{\varepsilon}}_i\tanh\left(\frac{S_i}{\gamma_i}\right)\end{aligned}\tag{9-28}$$

根据性质 $0\leqslant|\kappa|-\kappa\tanh(\kappa/\gamma)\leqslant k_\gamma\gamma$，$k_\gamma=0.2785$，对于 $\forall k_\gamma>0$ 和 $\kappa\in\mathbb{R}$，$\mathbb{R}$ 表示实数[13]，可以得到以下不等式：

$$|S_i|-S_i\tanh\left(\frac{S_i}{\gamma_i}\right)\leqslant k_\gamma\gamma_i,\ k_\gamma=0.2785\tag{9-29}$$

进一步，可以得到：

$$-\bar{\varepsilon}_iR_ik_2S_i\tanh\left(\frac{S_i}{\gamma_i}\right)\leqslant R_ik_2(\bar{\varepsilon}_ik_\gamma\gamma_i-\bar{\varepsilon}_i|S_i|)\tag{9-30}$$

根据杨氏不等式，可以得到如下关系：

$$-\sigma_{ci}\tilde{c}_i\hat{c}_i\leqslant\frac{\sigma_{ci}}{2}c_i^2-\frac{\sigma_{ci}}{2}\tilde{c}_i^2\tag{9-31a}$$

$$-\sigma_{fi}\tilde{f}_i\hat{f}_i\leqslant\frac{\sigma_{fi}}{2}f_i^2-\frac{\sigma_{fi}}{2}\tilde{f}_i^2\tag{9-31b}$$

$$-\sigma_{mi}\tilde{m}_i\hat{m}_i\leqslant\frac{\sigma_{mi}}{2}m_i^2-\frac{\sigma_{mi}}{2}\tilde{m}_i^2\tag{9-31c}$$

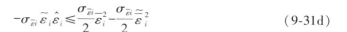

$$-\sigma_{\bar{\varepsilon}i}\tilde{\varepsilon}_i\hat{\varepsilon}_i \leqslant \frac{\sigma_{\bar{\varepsilon}i}}{2}\bar{\varepsilon}_i^2 - \frac{\sigma_{\bar{\varepsilon}i}}{2}\tilde{\varepsilon}_i^2 \tag{9-31d}$$

也即以下不等式成立：

$$\begin{aligned}\dot{V}_i \leqslant & -k_4S_i^2 - \frac{\sigma_{ci}}{2}\tilde{c}_i^2 - \frac{\sigma_{fi}}{2}\tilde{f}_i^2 - \frac{\sigma_{mi}}{2}\tilde{m}_i^2 - \\ & \frac{\sigma_{\bar{\varepsilon}i}}{2}\tilde{\varepsilon}_i^2 + \frac{\sigma_{ci}}{2}c_i^2 + \frac{\sigma_{fi}}{2}f_i^2 + \\ & \frac{\sigma_{mi}}{2}m_i^2 + \frac{\sigma_{\bar{\varepsilon}i}}{2}\bar{\varepsilon}_i^2 + R_ik_2\bar{\varepsilon}_ik_\gamma\gamma_i \\ \leqslant & -\varsigma_iV_i + \chi_i\end{aligned} \tag{9-32}$$

其中，

$$\varsigma_i = \frac{\min\{2k_4, \sigma_{ci}, \sigma_{fi}, \sigma_{mi}, \sigma_{\bar{\varepsilon}i}\}}{\max\{m_i\tau_i, 1/\eta_{ci}, 1/\eta_{fi}, 1/\eta_{mi}, 1/\eta_{\bar{\varepsilon}i}\}} \tag{9-33a}$$

$$\chi_i = \frac{\sigma_{ci}}{2}c_i^2 + \frac{\sigma_{fi}}{2}f_i^2 + \frac{\sigma_{mi}}{2}m_i^2 + \frac{\sigma_{\bar{\varepsilon}i}}{2}\bar{\varepsilon}_i^2 + R_ik_2\bar{\varepsilon}_ik_\gamma\gamma_i \tag{9-33b}$$

因此，根据引理 9.1，我们知道 V_i 最终是有界的。此外，还可以得到以下不等式：

$$V_i(t) \leqslant [V_i(0) - \chi_i/\varsigma_i]\mathrm{e}^{-\varsigma_it} + \chi_i/\varsigma_i \leqslant V_i(0) + \chi_i/\varsigma_i \tag{9-34}$$

接下来，将证明车辆队列的队列稳定性。考虑以下李亚普诺夫函数：

$$V(t) = \sum_{i=1}^{N} V_i(t) \tag{9-35a}$$

其时间导数为

$$\dot{V} = -\varsigma\sum_{i=1}^{N} V_i(t) + \sum_{i=1}^{N}\chi_i = -\varsigma V + \chi \tag{9-35b}$$

其中，$\varsigma = \varsigma_i$，$\chi = \sum_{i=1}^{N}\chi_i$，根据式(9-32)，可以得出以下结论：

$$0 \leqslant V \leqslant [V(0) - \chi/\varsigma]\mathrm{e}^{-\varsigma t} + \chi/\varsigma \tag{9-36}$$

这意味着 V 最终是一致有界的，结合定义，意味着通过选择适当的参数，$S_i(t)$ 可以收敛到一个很小的零邻域。根据式(9-18)，变换后的误差 $s_i(t)$ 最终是一致有界的。因此，在式(9-13)和式(9-17)的基础上，跟踪误差最终是一致有界的，即满足式(9-5)，整个队列系统满足队列稳定要求。证明得证。

注 9.3：采用 LP 通信拓扑的预设性能控制策略，能够有效地解决输入饱和、不确定参数和外部干扰的情况下的车辆队列控制，保证了期望的跟踪控制性能。

在接下来的小节中，给出了针对双向的领队车-跟随车拓扑的控制方案，保证定义 9.2 中的强队列稳定性成立。

由于式(9-18)中定义的滑模面不能保证队列稳定性，为了保证队列稳定性要求，类似于参考文献[8]，引入了基于车辆 i 变换误差的耦合滑动面：

$$\Pi_i(t)=qS_i(t)-S_{i+1} \tag{9-37}$$

其中，$i\in\nu_N$，$q>0$ 为一个加权因子。对于最后一辆车，满足 $S_{N+1}=0$，并且 $s_{N+1}=\dot{s}_{N+1}=\ddot{s}_{N+1}=0$。由此，得到 $\Pi_i(t)$ 和 $S_i(t)$ 之间的关系为

$$\boldsymbol{\Pi}(t)=\boldsymbol{QS}(t) \tag{9-38}$$

其中，

$$\boldsymbol{\Pi}(t)=[\Pi_1(t)\Pi_2(t)\cdots\Pi_N(t)]^{\mathrm{T}}$$

$$\boldsymbol{S}(t)=[S_1(t)S_2(t)\cdots S_N(t)]^{\mathrm{T}}$$

$$\boldsymbol{Q}=\begin{bmatrix} q & -1 & \cdots & 0 & 0 \\ 0 & q & -1 & \cdots & 0 \\ & & \vdots & & \\ 0 & 0 & \cdots & q & -1 \\ 0 & 0 & \cdots & 0 & q \end{bmatrix}$$

根据参考文献[1]中的引理 9.1，对所有的 $i\in\nu_N$，$\Pi_i(t)$ 和 $S_i(t)$ 可保证具有相同的收敛性。接下来给出的主要结果，不仅能够保证单个车辆的稳定性，而且还能保证车辆队列稳定性要求。为此，引入了以下控制定律：

$$u_i=\frac{1}{qR_ik_2g_{mi}}\left[-k_4\Pi_i+qR_ik_2\hat{c}_i(v_i^2+2\tau_iv_ia_i)+qR_ik_2\hat{f}_i-qR_ik_2\hat{\varepsilon}_i\tanh\left(\frac{\Pi_i}{\gamma_i}\right)-\tau_i\hat{m}_iP_i\right] \tag{9-39}$$

其中，P_i 由下式给出：

$$P_i=q\left[\lambda\dot{s}_i+\dot{R}_i\left(\dot{e}_i-\frac{e_i\dot{\rho}_i}{\rho_i}\right)-R_i\frac{(\dot{e}_i\dot{\rho}_i+e_i\rho_i)\rho_i-e_i\dot{\rho}_i^2}{\rho_i^2}\right]+qR_i\left[k_1(a_{i-1}-a_i)+k_3(a_i-a_0)-\frac{k_2}{\tau_i}a_i\right]-\ddot{s}_{i+1}-\lambda\dot{s}_{i+1}$$

且各参数的自适应规律为

$$\dot{\hat{c}}_i=-\eta_{ci}[(v_i^2+2\tau_iv_ia_i)qR_ik_2\Pi_i+\sigma_{ci}\hat{c}_i] \tag{9-40a}$$

$$\dot{\hat{f}}_i=-\eta_{fi}[qR_ik_2\Pi_i+\sigma_{fi}\hat{f}_i] \tag{9-40b}$$

$$\dot{\hat{m}}_i=\eta_{mi}[\tau_iP_i\Pi_i-\sigma_{mi}\hat{m}_i] \tag{9-40c}$$

$$\dot{\hat{\bar{\varepsilon}}}_i=\eta_{\varepsilon i}\left[qR_ik_2\Pi_i\tanh\left(\frac{\Pi_i}{\gamma_i}\right)-\sigma_{\bar{\varepsilon}i}\hat{\bar{\varepsilon}}_i\right] \tag{9-40d}$$

本章给出的主要结论如下：

定理 9.2：考虑如式(9-12)描述的车辆控制系统，若式(9-39)中的控制器 u_i 涉及的自适应律满足式(9-40)，则可保证车辆协作控制系统的稳定性要求，也即，

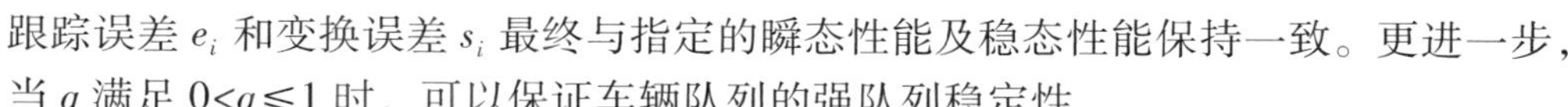

跟踪误差 e_i 和变换误差 s_i 最终与指定的瞬态性能及稳态性能保持一致。更进一步，当 q 满足 $0<q\leqslant 1$ 时，可以保证车辆队列的强队列稳定性。

证明： 单车辆的稳定性证明与 9.4 节部分相似，由此，很容易地证明跟踪误差 e_i 和变换误差 s_i 是一致有界的，并且 $\Pi_i(t)$（和 $S_i(t)$）可以收敛到零。因此只需证明车辆队列的强队列稳定性[8]。由于 $\Pi_i=qS_i-S_{i+1}$ 能够在有限的时间内收敛到零，由此可得

$$q(\dot{s}_i+\lambda s_i)=\dot{s}_{i+1}+\lambda s_{i+1} \tag{9-41}$$

其拉普拉斯变换的结果如下：

$$q[(s+\lambda)\overline{E}_i(s)]=(s+\lambda)\overline{E}_{i+1}(s) \tag{9-42}$$

其中，$\overline{E}_i(s)$ 是 s_i 的拉普拉斯变换。因此，变换后的误差的传递函数为

$$G_i(s)=\frac{\overline{E}_{i+1}(s)}{\overline{E}_i(s)}=q \tag{9-43}$$

根据式(9-13)中的定义，变换后的误差 $s_i(t)$ 与跟踪误差 $e_i(t)$ 具有相同的单调性。因此，当 $0<q\leqslant 1$ 时，可保证车辆队列的队列稳定性。定理得证。

注 9.4： 两种滑模控制方案的不同之处在于，跟随车辆 i 需要来自跟随车辆 $i+1$ 的加速度和速度等信息，以保证车辆队列的强队列稳定性。

注 9.5： 请注意，队列稳定性是车辆队列控制中的重要属性。在参考文献[3]和[4]的研究工作中，并没有对队列稳定性进行分析。而参考文献[1]和[2]中所提出的 SMC 方法，虽可以保证强队列稳定性，但没有对车辆队列控制所需要满足的指定的性能进行研究。本章的方法除了满足跟踪误差的瞬态性能和稳态性能外，还保证跟踪误差的稳定性，同时所采用的基于指定的性能的控制策略，可保证强队列稳定性。值得一提的是，这里采用的是一种间接的方法来实现指定的跟踪性能和强队列稳定性。但也可以用直接的方法来解决此类问题。例如，可以引入关于跟踪误差 e_i 的分层性能函数，并使用耦合的滑模面 $\Pi_i=qS_i-S_{i+1}$，其中 $s_i=\dot{e}_i+\lambda e_i$，具体的细节将在以后的研究工作中进一步讨论。

9.5　仿真研究

本节通过仿真实验，对所提的车辆队列控制方法的有效性进行验证。为此，提出了两种仿真研究实例：①基于 LP 通信拓扑，考虑指定性能（PP）的跟踪控制；②基于 LB 通信拓扑，考虑指定性能（PP）的跟踪控制。

在仿真实验中，考虑由六车队车辆构成的车辆队列，并假定车辆模型参数与参考文献[1]中的参数相同，如：$m_i=1607$，$c_i=0.414$，$f_i=236.229$，$\tau_i=0.25$，和 $D_i(t)=0.1\sin(t)$。领队车辆的行驶轨迹如图 9-2 所示，并且 $p_0(0)=60$。车辆之间的期望车间距离为 $d^*=10\text{m}$，车辆的长度为 2m。该队列中车辆的初始位置和速度的

选择如下：$p_i(0)=[0,12,24,36,48]$，和 $v_i(0)=0$，初始的跟踪误差设置为零。

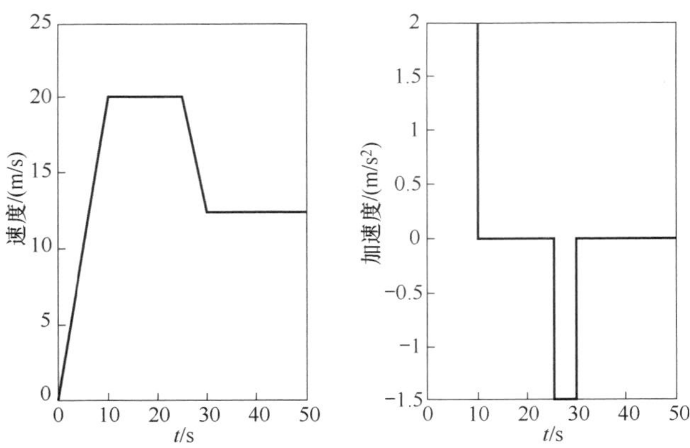

图 9-2　领队车辆的速度与加速度

（1）LP 下指定性能队列控制仿真结果

本小节验证了定理 9.1 和定义 9.1 中所提出的 LP 控制器的控制效果。控制器的参数见表 9-1。为车队控制选择的指定性能函数为 $\rho(t)=(0.8-0.09)\exp(-0.5t)+0.09$，且 $\xi_i=1$。仿真结果如图 9-3 和图 9-4 所示，其中图 9-3 为基于指定性能的 LP 控制方案下的队列控制结果，图 9-4 为没有采用基于指定性能控制策略的队列控制结果。

表 9-1　车辆控制器参数（$i=1,2,\cdots,5$）

k_1	k_2	k_3	k_4	λ	γ_i	η_i	σ_i	g_{mi}
0.1	0.1	1	65	20	0.01	0.001	0.001	0.5

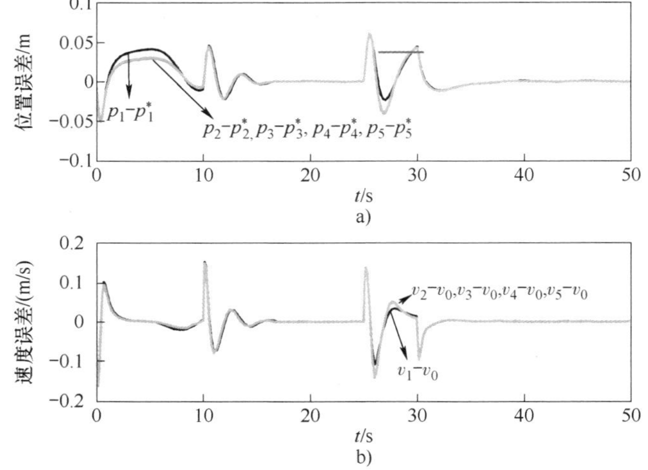

图 9-3　LP 通信拓扑下的跟踪控制结果（见彩插）

a）位置误差　b）速度误差

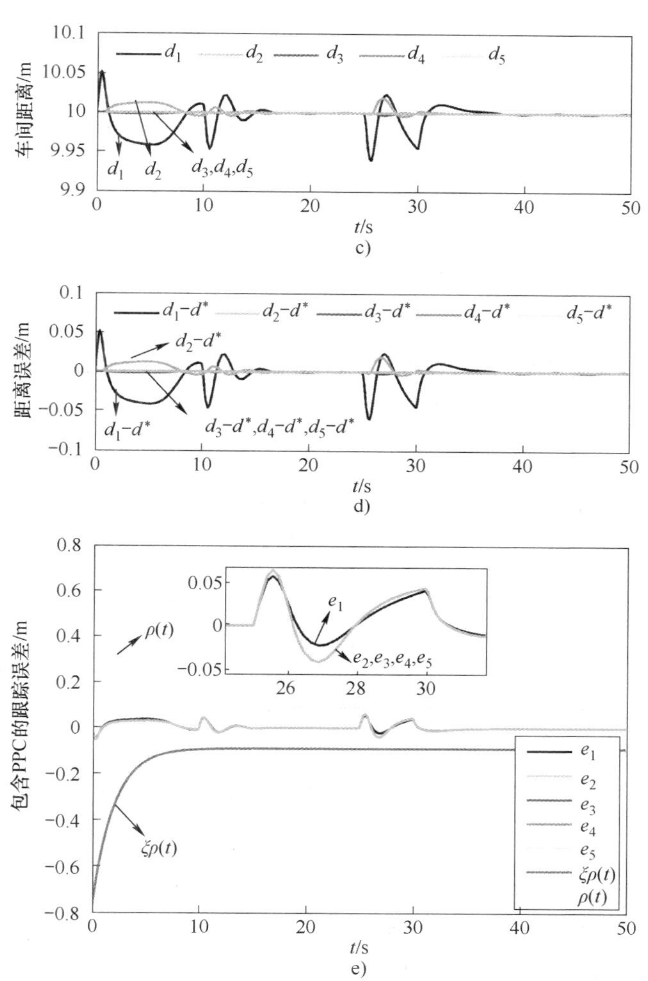

图 9-3　LP 通信拓扑下的跟踪控制结果(续)(见彩插)

c）车间距离　d）距离误差　e）包含 PPC 的跟踪误差

接下来，考虑本章所提的控制器对于非零的初始跟踪误差的控制效果。在实验中，初始的车辆间误差为 $\delta_1=\delta_3=\delta_4=0.2$、$\delta_2=0.8$ 和 $\delta_5=0$。车辆队中跟随车辆的初始速度为 $v_i(0)=[1,1.5,2,1,2]$。参数 $k_2=0.5$、$k_4=75$、$\lambda=35$，其余控制参数与表 9-1 中的相同，实验中的指定的性能函数 $\rho(t)=(2-0.5)\exp(-0.5t)+0.5$ 且 $\xi_i=1$，满足 $|e_i(0)|<\rho(0)$。仿真结果如图 9-5 所示。

从图 9-3e 和图 9-5a 可以看出，无论初始跟踪误差是否为零，所有车辆的跟踪误差都能达到指定的区域，都保证了队列稳定性要求。此外，从图 9-4 和图 9-5b 中可以明显地看出没有采用预策略的 LP 控制方案不能保证队列稳定性。

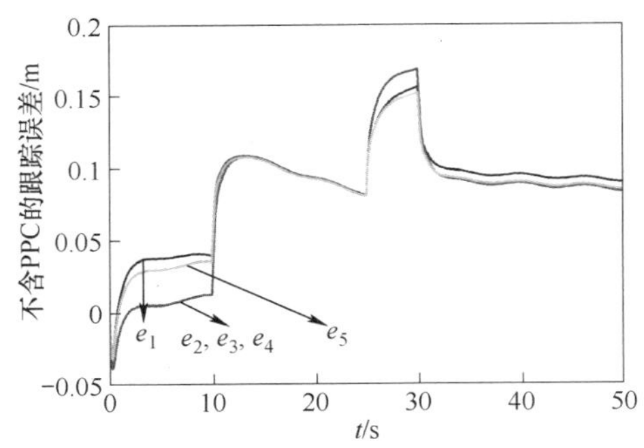

图 9-4　没有采用预设性能策略，基于 LP 通信拓扑得到的跟踪误差(见彩插)

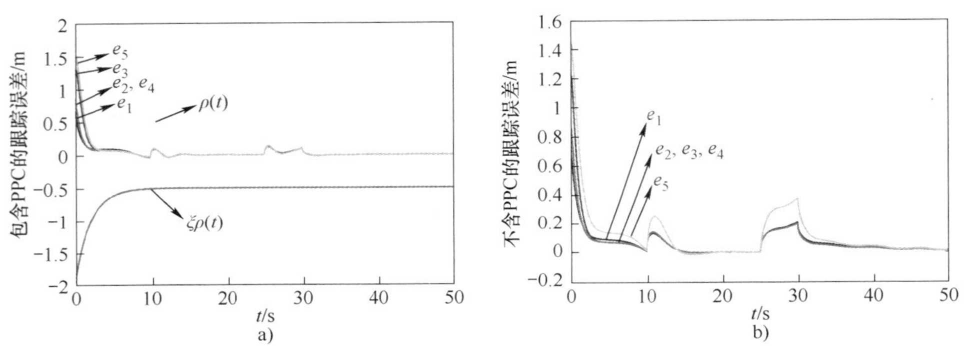

图 9-5　非零初始跟踪误差影响下的基于 LP 通信拓扑下的跟踪误差(见彩插)

a) 包含 PPC 的跟踪误差　b) 不含 PPC 的跟踪误差

(2) LB 下指定性能队列控制仿真结果

首先，验证基于 LB 策略的 PP 跟踪控制的有效性。仿真结果如图 9-6~图 9-8 所示。其中，图 9-6 和图 9-7 分别为基于(没有基于)指定性能的 LB 控制策略下的队列控制结果；图 9-8 为在非零初始跟踪误差影响下，基于 LB 策略的预设性能跟踪控制下的跟踪误差。在仿真实验中，除了图 9-6 和图 9-7 涉及的参数 $k_4=155$、$\lambda=75$ 和图 9-8 中涉及的参数 $q=0.9$、$k_2=0.5$、$k_4=145$ 和 $\lambda=45$，其他的参数以及指定的性能函数与之前实验中的参数相同。

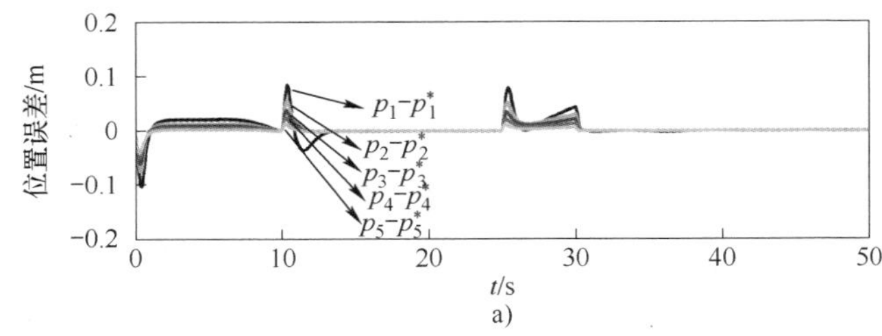

图 9-6　采用 LB 通信拓扑的指定性能跟踪控制结果(见彩插)

a) 位置误差

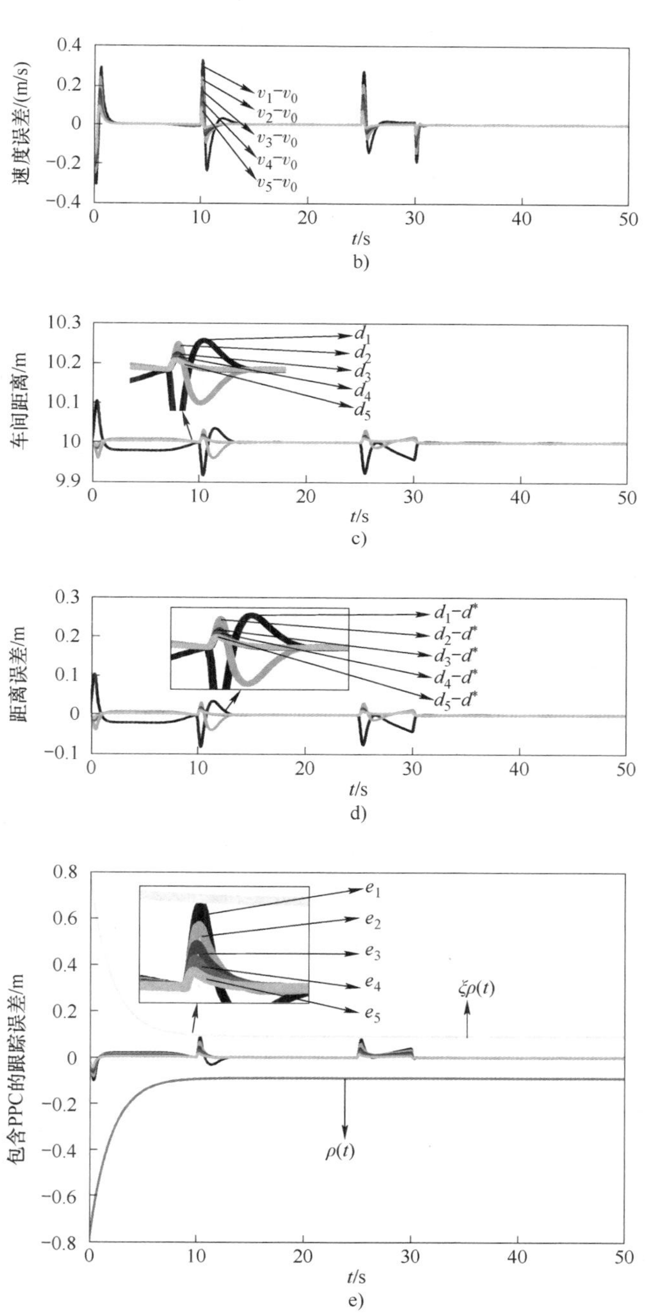

图 9-6　采用 LB 通信拓扑的指定性能跟踪控制结果(续)(见彩插)

b) 速度误差　c) 车间距离　d) 距离误差　e) 包含 PPC 的跟踪误差

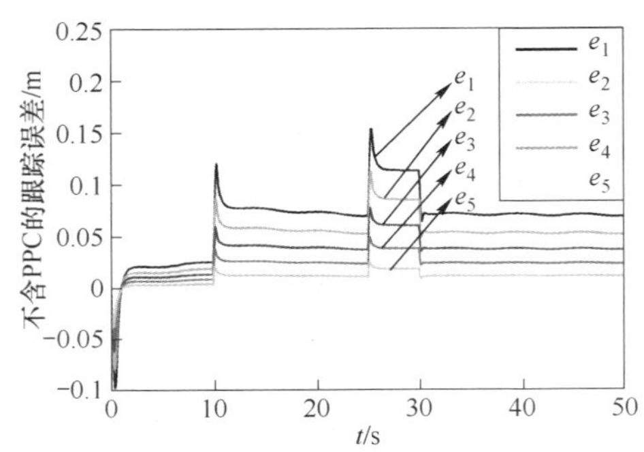

图 9-7　没有采用预设性能控制策略的 LB 通信拓扑的跟踪误差（见彩插）

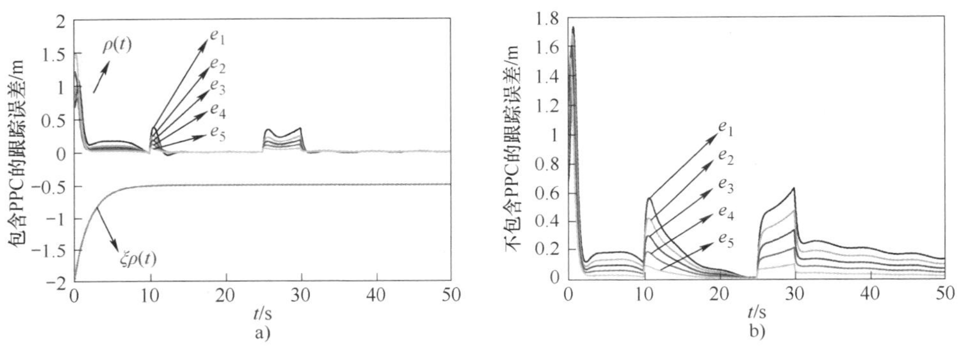

图 9-8　LB 通信拓扑考虑非零初始跟踪误差影响的跟踪误差（见彩插）

a）包含预设性能控制的跟踪误差　b）不包含预设性能控制的跟踪误差

从图 9-6、图 9-7 和图 9-8 可以看出，无论初始跟踪误差是否为零，所有车辆的跟踪误差都能保证强队列稳定性，即 $|e_5|\leqslant|e_4|\leqslant\cdots\leqslant|e_1|$。同时，采用预设性能策略的 LB 控制比没有采用预设性能的 LB 控制相比，具有更好的瞬态性能和稳态跟踪性能。与参考文献[3]和[4]中所提出的不考虑队列稳定性的方法相比，本章所提的控制方法可以保证车辆的队列稳定性要求。对于车队来说，这是非常重要的。综上所述，该方法的有效性得到了很好的证明，即使在输入饱和、不确定参数影响以及指定的瞬态性能和稳态跟踪性能限制下，本章所提的控制可以实现车辆的队列稳定性要求。

9.6　本章小结

本章研究了在输入饱和度、不确定性参数和外部干扰条件下，车辆队列的跟踪控制问题。提出了两种基于 LP 和 LB 通信拓扑的自适应滑模方法。针对这两种通信拓扑所提的控制策略下，车辆可以保持相同的速度以及指定的车辆间距，同时，

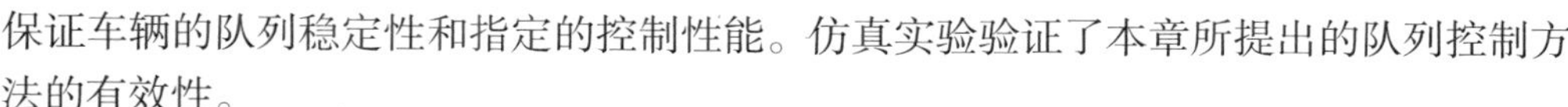

保证车辆的队列稳定性和指定的控制性能。仿真实验验证了本章所提出的队列控制方法的有效性。

参考文献

[1] KWON, J W, CHWA D. Adaptive bidirectional platoon control using a coupled sliding mode control method[J]. IEEE Trans. Intell. Transp. Syst, 2014, 15(5): 2040-2048.

[2] GUO X, WANG J, LIAO F, et al. CNN-based distributed adaptive control for vehicle-following platoon with input saturation[J]. IEEE Trans. Intell. Transp. Syst, 2018, 19(10): 3121-3132.

[3] BECHLIOULIS C P, DIMAROGONAS D V, KYRIAKOPOULOS K J. Robust control of large vehicular platoons with prescribed transient and steady state performance[C]. Proc. IEEE Conf. Decision Control, 2014, 3689-3694.

[4] VERGINIS C K, BECHLIOULIS C P, DIMAROGONAS D V, et al. Robust distributed control protocols for large vehicular platoons with prescribed transient and steady-state performance[J]. IEEE Trans. Control Syst. Technol, 2018, 26(1): 299-304.

[5] BECHLIOULIS C P, ROVITHAKIS G A. Robust adaptive control of feedback linearizable MIMO nonlinear systems with prescribed performance[J]. IEEE Trans. Autom. Control, 2008, 53(9): 2090-2099.

[6] SWAROOP D, HEDRICK J K, CHOI S B. Direct adaptive longitudinal control of vehicle platoons[J]. IEEE Trans. Veh. Technol, 2001, 50(1): 150-161.

[7] GE S S, WANG C. Adaptive neural control of uncertain MIMO nonlinear systems[J]. IEEE Trans. Neural. Netw, 2004, 15(3): 674-692.

[8] BECHLIOULIS C P, ROVITHAKIS G A. A low-complexity global approximation-free control scheme with prescribed performance for unknown pure feedback systems[J]. Automatica, 2014, 50(4): 1217-1226.

[9] LIU D, YANG G H. Data-driven adaptive sliding mode control of nonlinear discrete-time Systems with prescribed performance[J]. IEEE Trans. Syst. , Man, Cybern. , Syst, 2017, 1-7.

[10] LIU D, YANG G H. Performance-based data-driven model-free adaptive sliding mode control for a class of discrete-time nonlinear processes[J]. Process. Control, 2018, 68: 186-194.

[11] LIU D, YANG G H. Prescribed Performance Model-Free Adaptive Integral Sliding Mode Control for Discrete-Time Nonlinear Systems[J]. IEEE Trans. Neural Netw. Learn. Syst, 2018.

[12] IOANNOU P A, KOKOTOVIC P V. Instability analysis and improvement of robustness of adaptive control[J]. Automatica, 1984, 20(5): 583-594.

[13] POLYCARPOU M M, IOANNOU P A. A robust adaptive nonlinear control design[J]. Automatica, 1996, 32(3): 423-427.

[14] GUO G, LI D. PMP-based set-point optimization and sliding-mode control of vehicular platoons[J]. IEEE Trans. Comput. Soc. Syst, 2018, 5(2): 553-562.

第 3 部分
轨迹规划与控制

第 10 章　车队的速度规划与跟踪控制

10.1　引言

在第 1~9 章中，所关注的重点为车队控制器的设计，满足内稳定性、队列稳定性要求。然而，对于车队而言，即使在同一道路段下，当为车队设定的参考速度不同，可能会导致不同的燃油消耗。由于车队的规模和涉及的车辆尺寸、重量和动力学可能不同，在不同的路况下让所有车队都以相同的参考速度行驶显然是不合理的。因此，经过适当设计的一个速度设定点对于最大化车队优势是非常必要的，其应该考虑到参与车辆的参数和动力学、路况和限速。为此，考虑车队中车辆动力学模型中的参数、行驶路况和道路限速等因素，为车队设计一个恰当的速度规划点，对于最大化车队控制的优势具有重要的意义。随着技术的不断发展，车辆可通过车联网和智能传感器设备（如 GPS 和摄像头）获取道路相关的配置文件、其他车辆状态和道路交通等信息。因此，从技术来看，可为车辆规划行驶的速度以便充分利用车队优势。对于给定的一段道路，可通过动态规划[1-2]来解决涉及的优化问题，以此确定最优的行驶速度。为了避免动态规划解决方案造成的高计算成本，优化问题应该谨慎地求解，从而使其满足实际应用中对算法效率的要求。由于燃油经济性速度规划问题的求解难度高，因此，其仅仅应用于解决单个车辆涉及的优化问题[3-6]。除了参考文献[7]中涉及的研究工作外，考虑路面坡度以及道路交通情况影响下的车队速度规划问题的相关研究仍然存在不足，并极具挑战性。本章的主要贡献包括：

1）提出了分层的控制结构用于实现运输车队协调控制。其包含两层；上层是速度规划层，以燃油效率规划车队速度；下层是车辆跟踪控制层，以确保队列稳定性。在已有的针对车队控制得到的结果中，往往关注车辆队列控制器的设计，但忽略了车队速度的规划。因此，已有的研究中通常假定车队按照预设的速度行驶。

2）为车队提出了燃油经济型速度规划算法。不同于传统的动态规划算法，所提的算法结合了燃油-时间成本函数以及滚动动态规划，可大大减少涉及的计算量以便应用于实际的运输车队控制中。在速度规划中，由于利用车队包含车辆的平均速度取代了车队领队车辆的速度，使得所提算法可为由不同重量和尺寸的车辆构成的车队规划的速度，更加的节能。

3）设计了非线性车队控制器。利用离散时间反步控制方法设计的控制器，可有效克服异质车辆的模型中存在的非线性项以及道路坡度的影响。与基于反馈线性化的控制器设计方法相比，其更适用于实际控制需要。同时，为离散车队的队列稳定性分析提供了新的思路。

10.2　问题描述

如图 10-1 所示，考虑在道路上行驶的由 N 辆不同类型车辆构成的车队，其中，p_i、v_i 和 a_i 分别为车辆 i 的位置、速度和加速度（$i=0,\cdots,N-1$，$i=0$ 为领队车辆）。假设所有车辆都配备了数字地图（例如，谷歌地图）、GPS、无线通信设备和车载传感器。领队车辆通过无线通信网络向所有跟随车辆广播其状态（位置、速度和加速度）。跟随车辆已知道路坡度、本车的位置、速度和加速度，前车的状态和领队车的状态信息。即车队中所有车辆，都可通过利用相邻车辆的状态、实时交互车间信息和道路状况，来实现车辆协作控制。本章假定车间通信网络是完全可靠的，不考虑车间通信存在的限制问题，如信道衰退，数据丢包和通信延时等问题。

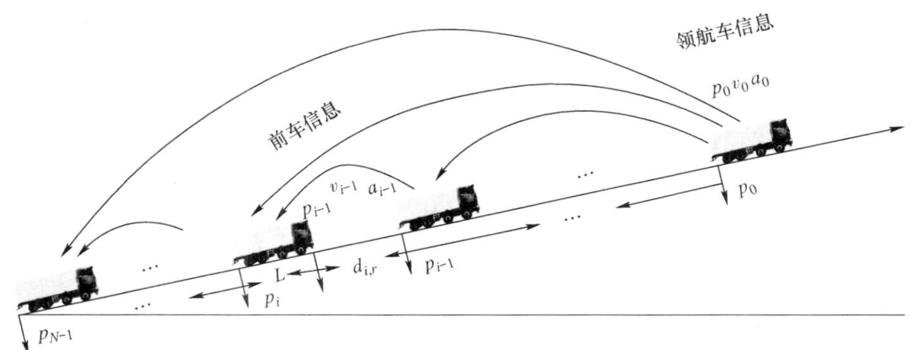

图 10-1　一个车辆队列

根据牛顿第二定律，车辆 i 的纵向动力学可以表示为

$$\dot{p}_i(t)=v_i(t) \tag{10-1}$$

$$m_i\dot{v}_i(t)=F_{e,i}-F_{g,i}-F_{r,i}-F_{air,i}(v_i(t),d_i(t)) \tag{10-2}$$

式中，m_i 为其质量；$F_{e,i}$ 为发动机提供的力；$F_{g,i}=m_i g\sin(\theta(t))$ 为重力引起的力，g 为重力加速度，θ 是道路坡度；$F_{r,i}=c_r m_i g\cos(\theta(t))$ 和 $F_{air,i}(v_i,d_i)=\dfrac{1}{2}\rho c(d_i)A_i v_i^2$ 分别为滚动阻力和空气阻力，c_r 为滚动阻力系数，ρ 为空气密度，A_i 为车辆横截面面积，$c(d_i)$ 是依赖于实际车间距 d_i 的空气阻力系数，满足[7]：

$$c(d_i)=\begin{cases}c_d, & i=0\\ \eta_i c_{\mathrm{d}}, & i\geqslant 1\end{cases} \tag{10-3}$$

式中，c_d 为标准空气阻力系数，$0<\eta_i<1-\dfrac{\alpha_1}{\alpha_2+d_i}<1$ 表示由于车辆列队而产生的空气阻力减少的百分比，以 α_1 和 α_2 为相应的参数。

需要注意的是，严格来讲，空气阻力系数并不是常数，而是随着气流速度和方向、空气密度和黏度以及车辆尺寸(横截面积)等因素的变化而变化。然而这种情况对于高速公路上的汽车而言影响不大，因此，空气阻力系数可视为常数。当车辆以较小的车间距行驶时，空气阻力可能会大幅减少，但领队车的空气阻力减少的程度，并不像跟随车那样明显。因此，本章假设领队车的空气阻力相当于单独驾驶时的情况，忽略车队模式对其空气阻力的影响[7-8]，即 $c(d_i)=c_d$。

定义第 i 辆跟随车辆的车间距误差为

$$\Delta_i(t)=p_{i-1}(t)-p_i(t)-d_{i,r} \tag{10-4}$$

其中，$d_{i,r}$是期望的车间距，定义为

$$d_{i,r}=v_i(t)\tau+\delta_d \tag{10-5}$$

其中，δ_d 是常数，τ 是车头时距。那么，间距误差可以改写为

$$\Delta_i(t)=p_{i-1}(t)-p_i(t)-v_i(t)\tau-\delta_d \tag{10-6}$$

注 10.1：式(10-1)和式(10-2)中的车辆模型是非线性的，并考虑了道路坡度和车辆质量的变化。然而，在现有的车辆队列控制文献中，车辆动力学通常通过反馈线性化来简化[9-12]，忽略了车辆质量和道路坡度对系统动力学的影响，进而忽略了对速度和燃油消耗的影响。

注 10.2：恒定车间距策略，是车队中经常采用的车间距策略，即，相邻两车之间保持恒定的车间距[11-12]。其中，如果扰动是引起领队车辆速度变化的原因，显然，这种扰动的影响会在整个队列中传播。因此，在式(10-4)中定义的依赖于车辆速度的车间距策略，可以减弱扰动对车队控制的影响。

车辆的燃油消耗取决于各种因素，如发动机转速、齿轮传动比、扭矩、温度和效率。为简单起见，这里采用以下近似的燃油消耗模型[13]：

$$f_{i,v}(t)=\begin{cases}b_0+b_1v_i(t)+b_2v_i^2(t)+b_3v_i^3(t)+\hat{a}_i(t)(q_0+q_1v_i(t)+q_2v_i^2(t)), & a_i\geqslant 0\\ 0, & a_i<0\end{cases} \tag{10-7}$$

其中，$f_{\mathrm{criuse}}=b_0+b_1v_i(t)+b_2v_i^2(t)+b_3v_i{}^3(t)$ 表示匀速 v_i 下每秒消耗的油量，而$f_{\mathrm{accel}}=\hat{a}_i(t)(q_0+q_1v_i(t)+q_2v_i^2(t))$是在 v_i 速度下以 $\hat{a}_i$ 为加速度时额外的油耗，车辆 i 的等效加速度 $\hat{a}_i$ 定义为 $\hat{a}_i=a_i+a_\theta$，其中 a_θ 为路面坡度引起的加速度，b_0、b_1、b_2、b_3 和 q_0、q_1、q_2 为燃油消耗参数，可以使用从典型车辆的发动机扭矩-速度-效率图获得的数据来近似处理。

请注意，发动机在空转时也会消耗燃油[13]，但消耗的燃油量几乎可以忽略不

计。所以，这里忽略空转油耗。

注 10.3：实车的油耗相当复杂，受多种因素影响，例如空气阻力、重量、发动机类型/功率、发动机状态、轮胎尺寸/螺纹/压力、道路和天气条件。类似于CMEM、FASTSim 和 Autoamide 这样的动力系统模型，可能更适合于单个车辆的燃油效率控制，因为在计算基于行驶周期的车辆排放和燃油消耗时，这些微观实时排放模型显得更加复杂和微妙。然而，本章关注的不是单个车辆的燃油效率，而是智能交通系统中车队的整体燃油的经济性。由于车队速度规划涉及的优化问题非常复杂，本章选择使用相对简单的基于回归的油耗模型，因为车队速度规划所涉及的优化问题十分复杂。

注 10.4：这里使用的油耗模型，是参考文献[13]中通过曲线拟合过程得到的近似函数。实验表明，它非常接近实际油耗。曲线拟合过程基于车辆的平均机械功率 Pow_i，如下所示：

$$Pow_i=\left(\frac{1}{2}\rho c(d_i)A_iv_i^2+m_ig\sin(\theta)+c_rm_ig\cos(\theta)+m_ia_i\right)v_i$$

机械功率通过下面的等式对应于燃料消耗率 $F_{i,\text{rate}}$：

$$F_{i,\text{rate}}=\frac{\varphi}{\kappa\psi}\left(LMD+\frac{Pow_i}{\eta_t\eta_{tf}}\right)$$

其中，φ 是燃料/空气比质量比，κ 是典型柴油燃料的热值，L、M、D、ψ、η_t、η_{tf} 分别是发动机摩擦因数、发动机转速、发动机排量、将燃油速率从克每秒转换为升每秒的因数、柴油机效率参数、传动系效率。因此，根据发动机恒功率特性图和发动机效率曲线关于扭矩和发动机转速，可以得到任何车辆状态下的燃油消耗率，从而得到式(10-7)中的模型。

将车队状态表示为 $\boldsymbol{x}_p=[p_p,v_p]^{\mathrm{T}}$，其中 p_p 和 v_p 分别是位置和速度。对于车队速度规划问题，将车队中的所有车辆视为一个整体，并假设 $\boldsymbol{x}_p=\boldsymbol{x}_0=\boldsymbol{x}_1=\boldsymbol{x}_2=\cdots=\boldsymbol{x}_{N-1}$。然后，选择任一车辆为车队规划速度曲线。为此，分别定义车队平均发动机产生的力矩和质量，如下：

$$F_{e,p}=\sum_{i=0}^{N-1}F_{e,i}/N,\ m_p=\sum_{i=0}^{N-1}m_i/N \tag{10-8}$$

其中，$F_{e,i}$ 和 m_i 分别是第 i 辆车的控制输入和质量。车队的动力学方程可以描述为

$$\dot{p}_p(t)=v_p(t) \tag{10-9}$$

$$m_p\dot{v}_p(t)=-c_rm_pg\cos(\theta(t))-m_pg\sin(\theta(t))-\frac{1}{2}\rho c_pA_pv_p^2(t)+F_{e,p}(t) \tag{10-10}$$

其中，$c_p=c_d$ 考虑的是单独驾驶的车辆和领队车辆，否则，$c_p=c_d\sum_{i=1}^{N-1}\eta_i\big/N$ 考虑的是车队中的跟随车辆。

相应地，车队的油耗模型可以描述为

$$f_{p,v}(t)=\begin{cases}b_0+b_1v_p(t)+b_2v_p^2(t)+b_3v_p^3(t)+\hat{a}_p(t)(q_0+q_1v_p(t)+q_2v_p^2(t)), & a_p\geqslant 0\\ 0, & a_p<0\end{cases} \tag{10-11}$$

定义的性能指标如下：

$$J=J_{p,f}+\beta J_{p,t} \tag{10-12}$$

其表示的是车辆队列的燃油消耗 $J_{p,f}$ 和行驶时间 $J_{p,t}$ 的加权和，其中 $J_{p,f}=\int_{t_0}^{t_0+t}f_{p,v}(\lambda)\mathrm{d}\lambda$ 和 $J_{p,t}=t$，β 代表了权衡的权重。

注 10.5：通常情况下，车队的速度是由领队车辆的速度决定的[1]，或者像参考文献[7]中那样针对领队车辆进行规划的。然而，对于由不同尺寸、重量的车辆构成的异构车队，基于领队车的速度规划是不公平的，也是不节能的。因此，本章采用平均法(引入具有平均的质量、尺寸、重量和空气阻力的车辆)为车队速度进行规划。平均队列模型类似于参考文献[14]中的总和队列模型，两者都比基于领队车或任何单个车辆的队列速度规划方案更加节能。

本章旨在建立运输车队的速度规划和协同控制方法，即实现以下目标：

1）给出一种道路自适应速度规划方案，该方案以车队整体油耗最小为优化目标生成最优参考速度曲线 v_p^*。具体而言，设计 v_p^* 使得性能指标最小化，即 $\min J$。

2）为运输车队设计协同控制方法，实现对给定的速度曲线 v_p^* 的跟踪控制，并保证队列稳定性，即避免因领队车辆或其他干扰而使得车间距误差沿车辆队列放大。也就是说，所设计的控制器应确保 $\lim_{t\to\infty}|v_i-v_p^*|=0$，并且对任意 $\omega>0$，$|G_i(s)|\leqslant 1$，其中，$|G_i(s)|=\Delta_i(s)/\Delta_{i-1}(s)$。

注意到频域中的传递函数 $|G_i(s)|=\Delta_i(s)/\Delta_{i-1}(s)$ 对应于时域中的脉冲响应函数 $g_i(t)$，它是 $G_i(s)$ 的拉普拉斯逆变换。从脉冲函数的定义可得 $\Delta_i(t)=\int_0^t g_{ir}(t-\lambda)\cdot\Delta_{i-1}(t)\mathrm{d}\lambda$，这意味着对于单位脉冲输入 $\Delta_{i-1}(t)$，有 $\Delta_i(t)=g_i(t)$。因此，队列稳定性条件 $|G_i(\mathrm{j}\omega)|=|\Delta_i(\mathrm{j}\omega)/\Delta_{i-1}(\mathrm{j}\omega)|\leqslant 1$ 对任意 $\omega>0$ 成立，意味着对任意时间 t 有 $|g_{ir}(t)|\leqslant 1$ 或者 $|\Delta_i(t)|\leqslant|\Delta_{i-1}(t)|$。换言之，车间距误差不会沿着队列的方向而逐渐被放大。

10.3　速度规划

为实现车队的燃油经济性，需要基于道路的路况为车队规划最优的速度。本节给出基于滚动优化的车队速度规划方法。根据油耗-行驶时间性能函数以及车队离散化的控制模型，构造优化问题，通过采用基于空间采样的滚动动态规划方法求解该问题，从而获得最优解决方案。

滚动动态规划(Receding Dynamic Programming，RDP)，是在已知干扰信息的情况下来预测系统的未来行为。优化是通过滚动动态规划过程完成的，优化过程如

图 10-2 所示。每个前瞻域 S_{DP}（任务中总行进距离的一部分）分为 H 个阶段或长度相等的部分 Δs。优化是在从 $h=H$ 向后到 $h=1$ 的前瞻域内进行的，并将 $h=1$ 的最优解应用于当前时间周期的队列控制系统。然后在下一个循环开始时重复该过程。令 j 表示 RDP 优化的第 j 个循环，(j,h) 表示第 j 个循环的第 h 阶段。对于每个阶段，假设道路坡度和速度限制是已知的。

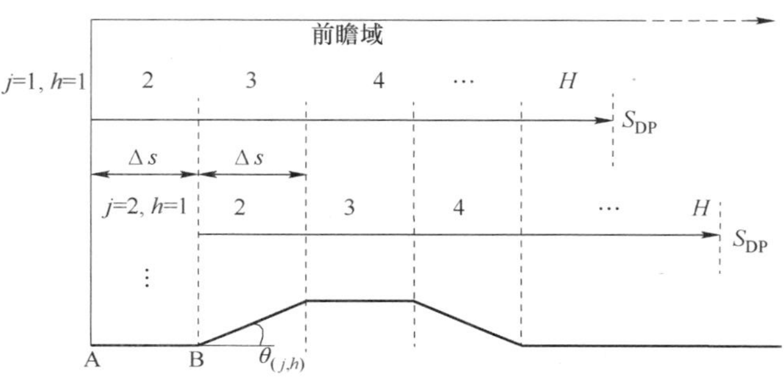

图 10-2　滚动动态规则过程的图示

令 $\Delta s=p_{(j,h+1)}-p_{(j,h)}$，其中，$p_{(j,h)}$ 是第 j 次循环的第 h 个空间样本的位置，$v(p_{(j,h)})$ 和 $\theta(p_{(j,h)})$ 分别是位置 $p_{(j,h)}$ 处的速度和坡度。为此，车队动力学可以用离散空间形式改写为

$$v_p(p_{(j,h+1)})=\frac{\Delta s}{m_p v_p(p_{(j,h)})}\left(-c_r m_p g\cos(\theta(p_{(j,h)}))-m_p g\sin(\theta(p_{(j,h)}))-\frac{1}{2}\rho A_p c_p v_p^2(p_{(j,h)})+F_{e,p}(p_{(j,h)})\right)+v_p(p_{(j,h)}) \tag{10-13}$$

在后面的 RDP 问题表述中，其将被表示为 $v_p(p_{(j,h+1)})=f_p^s(v_p(p_{(j,h)}),F_{e,p}(p_{(j,h)}))$。而在循环 j 处的性能指标为

$$J^{DP}(j)=J_{p,f}^{DP}(j)+\beta J_{p,t}^{DP}(j) \tag{10-14}$$

其中，$J_{p,f}^{DP}(j)=\sum_{h=1}^{H} f_{p,v}(h)\times(\Delta s/v_p(p_{(j,h)}))$ 以及 $J_{p,t}^{DP}(j)=\sum_{h=1}^{H}\Delta s\big/v_p(p_{(j,h)})$。

为实现目标 1），需要在速度规划层解决以下优化问题：

问题 10.1：

$$\min_{F_{e,p(j)}} J^{DP}(j)\ F_{e,p(j,h)}=\{F_{e,p}^1,F_{e,p}^1+\delta_F,\cdots,F_{e,p}^{N_{F_{e,p}}}\},\ j=1,2,\cdots \tag{10-15}$$

$$v_p(p_{(j,h+1)})=f_p^s(v_p(p_{(j,h)}),F_{e,p}(p_{(j,h)})) \tag{10-16}$$

$$F_{e,p\min}\leqslant F_{e,p}(j,h)\leqslant F_{e,p\max} \tag{10-17}$$

$$v_{\min}(j,h)\leqslant v_p(j,h)\leqslant v_{\max}(j,h) \tag{10-18}$$

$$v_{p,(j,1)}=v_p(t) \tag{10-19}$$

$$p_{p,(j,1)}=p_p(t) \tag{10-20}$$

对于 $h=1,2,\cdots,H$，其中方程式（10-17）和式（10-18）分别为路段 (j,h) 的输入与速

度限制条件，式(10-19)和式(10-20)表示第 j 个循环周期的初始条件。采用 RDP 解决问题 10.1，对于 $h=H-1,H-2,\cdots,1$，性能指标按照以下方程计算：

$$J_{(j,h)}^{DP}(v_{p,(j,h)})=\min_{F_{e,p(j,h)}\in F_{e,ps}}\{\gamma_h(v_{p,(j,h)},F_{e,p(j,h)})+J_{(j,h+1)}^{DP}(v_{p,(j,h+1)})\} \tag{10-21}$$

其中，$\gamma_h(v_{p,(j,h)},F_{e,p(j,h)})=f_{p,v}(h)\times(\Delta s/v_p(p_{(j,h)}))+\Delta s/v_p(p_{(j,h)})$是阶段 h 的增量成本，$J_{(j,h+1)}^{DP}(v_{p,(j,h+1)})$是从速度 $v_{p,(j,h+1)}$ 到末端速度 $v_{p,(j,H)}$ 的最小成本。在 h 每个阶段，速度和驱动力分别量化为 N_{v_p} 和 $N_{F_{e,p}}$ 级，间隙分别为 δ_v 和 δ_F。即 $v_{p,(j,h)}=\{v_p^1,v_p^1+\delta_v,\cdots,v_p^{N_{v_p}}\}$，其中，$v_p^1=v_{p,\min}$，$v_p^{N_{v_p}}=v_{p,\max}$ 以及 $F_{e,p(j,h)}=\{F_{e,p}^1,F_{e,p}^1+\delta_F,\cdots,F_{e,p}^{N_{F_{e,p}}}\}$，其中，$F_{e,p}^1=F_{e,p\min}$ 以及 $F_{e,p}^{N_{F_{e,p}}}=F_{e,p\max}$。将式(10-16)中这些量化值应用于式 $v_p(p_{(j,h+1)})=f_p^s(v_p^i(p_{(j,h)}),F_{e,p}^{i,l}(p_{(j,h)}))$，以递归运算所有阶段 h 的速度，其中 $v_p^i(p_{(j,h)})\in v_{p,(j,h)}$和 $F_{e,p}^{i,l}(p_{(j,h)})\in F_{e,p}$分别为第 j 次循环第 h 阶段的第 i 个量化速度和第 l 个量化驱动力。

为此，给出如下实现车辆队列的燃油经济的最优速度规划算法 10.1。

算法 10.1：基于 RDP 的速度规划算法

1）初始化 $j:=1$，δ_v 和 δ_F；

2）检测第 j 次循环时领队车状态 $v_0(j,1)$并且令$\boldsymbol{v}_p(j,1)=v_0(j,1)$；

3）遍历状态空间 $v_{p,(j,H)}$ 计算 $J_{(j,H)}$；

4）对 $i=1,2,\cdots,N_{v_p}$，$l=1,2,\cdots,N_{F_{e,p}}$，从 $h=H-1$ 到 $h=1$ 求解算式(10-20)，获得对应于 $v_p^i(j,h)$的可行阶段决策 $F_{e,p}^{i,l}(j,h)$；

5）将 $v_p(j,1)$代入第 4)步的结果，反推最终的最优控制序列 $F_{e,p}(j)=\{F_{e,p}^*(j,h)\}_{h=1}^H$；

6）实现 $F_{e,p}(j)$第一项，即，对于优化问题式(10-16)有 $F_{e,p}(j,1)=F_{e,p}^*(j,1)$，并输出 $v_p^*(j,2)$；

7）设置 $j:=j+1$ 并返回第 2)步。

10.4 车辆队列的协同速度跟踪控制

在车辆轨迹跟踪层，为每辆跟随车辆设计跟踪控制器，跟踪最优速度轨迹 v_p^*，同时并保证车队队列稳定性。本节基于非线性车辆动态模型，首先，给出的离散反步法控制器设计过程。然后，证明该控制器可以保证车队队列稳定性。

将式(10-2)重新写成以下形式：

$$\dot{v}_i=\frac{1}{m_i}(F_{e,i}-F_{g,i}-F_{r,i}-F_{air,i}(v_i,d_i)) \tag{10-22}$$

其中，$F_{e,i}$是车辆 i 的发动机力，满足：

$$\dot{F}_{e,i}(t)=-\frac{1}{\varsigma_i}F_{e,i}(t)+\frac{1}{\varsigma_i}u_i(t) \tag{10-23}$$

其中，u_i 是来自发动机的驱动力(kg · m/s^2)，ς_i 表示发动机的时间常数。从式(10-2)

和式(10-23)中，可得

$$F_{e,i}(t)=m_i\dot{v}_i+F_{a,i}+F_{g,i}+F_{r,i} \tag{10-24}$$

对式(10-2)的两边进行微分，并使用等式(10-23)，可得如下的车辆动力学方程：

$$\begin{cases}\dot{p}_i=v_i\\ \dot{v}_i=a_i\\ \dot{a}_i=f_i(v_i,a_i)+g_i(v_i)u_i(t)\end{cases} \tag{10-25}$$

其中，$f_i(v_i,a_i)$和$g_i(v_i)$由下式给出：

$$f_i(v_i,a_i)=-\frac{1}{\varsigma_i}\left(\dot{v}_i(t)+\frac{\rho A_i c(d_i)}{2m_i}v_i^2(t)+c_r g\cos\theta(t)+\right.$$

$$\left.g\sin\theta(t)\right)+c_r g\sin\theta(t)-g\cos\theta(t)-\frac{\rho A_i c(d_i)}{m_i}v_i(t)a_i(t)$$

$$g_i(v_i)=\frac{1}{\varsigma_i m_i}$$

值得注意的是，很难直接根据式(10-1)、式(10-2)或式(10-9)、式(10-10)对发动机的驱动力进行控制。这些模型只适用于速度规划，而不适用于控制器设计。通过引入上述模型变换来生成式(10-25)中的模型，使得控制器设计问题变得更加方便。通过这种方式，避免了直接对发动机的驱动力进行控制，从而转化为加速度控制的问题。此问题可以通过油门控制实现。

通过对式(10-25)中的模型进行离散化，可得到以下非线性动力学方程：

$$p_i(k+1)=p_i(k)+T_s v_i(k) \tag{10-26}$$

$$v_i(k+1)=v_i(k)+T_s a_i(k) \tag{10-27}$$

$$a_i(k+1)=a_i(k)+T_s[f_i(a_i(k),v_i(k))+g_i u_i(k)] \tag{10-28}$$

其中，T_s 是采样周期。以下讨论均基于该离散化非线性车辆动态模型。

在给出反步法控制器设计之前，定义了以下跟踪误差：

$$z_{i1}(k)=2p_i(k)-p_{id}(k) \tag{10-29}$$

$$z_{i2}(k)=2v_i(k)-v_{id}(k) \tag{10-30}$$

$$z_{i3}(k)=2a_i(k)-a_{id}(k) \tag{10-31}$$

其中，$p_{id}(k)=p_0(k)-\tau\sum_{jj=1}^{i}v_{jj}(k)-i\delta_d+p_{i-1}(k)-v_i(k)\tau-\delta_d$ 是期望的参考轨迹，$a_{id}(k)$ 和 $v_{id}(k)$ 为待设计函数。

注 10.6：注意，式(10-29)中的误差可以看作是 $p_i(k)+i\delta_d+\tau\sum_{jj=1}^{i}v_{jj}(k)-p_0(k)$ 和 $p_i(k)+\delta_d+\tau v_i(k)-p_{i-1}(k)$ 两项之和，即车辆 i 与领队车辆的车间距误差，以及车辆 i 和其前车的车间距误差。这种定义是合理的，其主要原因性在于，这两种车间距误差在保证车队跟踪性能和队列稳定性方面发挥重要作用[15]。

接下来，给出基于反步法的控制器设计过程：

第一步：由式(10-26)和式(10-29)，可得

$$z_{i1}(k+1)=2(p_i(k)+T_s v_i(k))-p_{id}(k+1) \tag{10-32}$$

其中，$p_{id}(k+1)=p_0(k+1)+p_{i-1}(k+1)$是参考轨迹。把$v_i(k)$代入式(10-32)作为虚拟控制输入并将其期望值设计为

$$v_{id}(k)=\frac{1}{T_s}(-2p_i(k)+c_{i1}z_{i1}(k)+p_{id}(k+1)) \tag{10-33}$$

其中，$0<c_{i1}<1$。

通过结合式(10-30)、式(10-32)和式(10-33)，可以得到以下公式：

$$z_{i1}(k+1)=c_{i1}z_{i1}(k)+T_s z_{i2}(k) \tag{10-34}$$

第二步：由式(10-27)和式(10-30)，可得

$$z_{i2}(k+1)=2(v_i(k)+T_s a_i(k))-v_{id}(k+1) \tag{10-35}$$

把$a_i(k)$代入式(10-35)作为虚拟控制输入，其期望值为

$$a_{id}(k)=\frac{1}{T_s}(-2v_i(k)+c_{i2}z_{i2}(k)+v_{id}(k+1)) \tag{10-36}$$

其中，$0<c_{i2}<1$。然后，将式(10-31)、式(10-35)和式(10-36)结合起来，得出如下公式：

$$z_{i2}(k+1)=c_{i2}z_{i2}(k)+T_s z_{i3}(k) \tag{10-37}$$

第三步：由式(10-28)和式(10-31)，可得

$$z_{i3}(k+1)=2(a_i(k)+T_s(f_i+g_i u_i(k)))-a_{id}(k+1) \tag{10-38}$$

将实际控制输入定义为

$$u_i(k)=\frac{1}{T_s g_i}\left(-a_i(k)+c_{i3}z_{i3}(k)+\frac{1}{2}a_{id}(k+1)-T_s f_i+T_s z_{i3}(k)\right) \tag{10-39}$$

其中，$0<c_{i3}<1$。然后，将式(10-31)、式(10-38)和式(10-39)结合起来，得出如下公式：

$$z_{i3}(k+1)=2c_{i3}z_{i3}(k)+2T_s z_{i3}(k) \tag{10-40}$$

接下来，将证明由式(10-33)、式(10-36)和式(10-39)定义的反步法控制器，可保证式(10-29)~式(10-31)中的系统的状态是有界的，详见以下定理。

定理 10.1：考虑系统式(10-29)~式(10-31)，为其设计的控制器如式(10-33)、式(10-36)和式(10-39)中所示，所有误差$z_{i1}(k)$、$z_{i2}(k)$和$z_{i3}(k)$都是半全局一致最终稳定。

证明：考虑以下李亚普诺夫函数：

$$L_i(k)=L_{i1}(k)+L_{i2}(k)+L_{i3}(k) \tag{10-41}$$

其中，

$$L_{i1}(k)=z_{i1}^2(k) \tag{10-42}$$

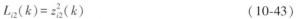

$$L_{i2}(k)=z_{i2}^2(k) \tag{10-43}$$

$$L_{i3}(k)=z_{i3}^2(k) \tag{10-44}$$

李亚普诺夫函数的差分方程为

$$\Delta L_i(k)=L_i(k+1)-L_i(k) \tag{10-45}$$

由此，可得

$$\begin{aligned}\Delta L_{i1}(k)&=z_{i1}^2(k+1)-z_{i1}^2(k)\\&=(c_{i1}z_{i1}(k)+T_s z_{i2}(k))^2-z_{i1}^2(k)\\&=(c_{i1}z_{i1}(k))^2+(T_s z_{i2}(k))^2+2c_{i1}z_{i1}(k)T_s z_{i2}(k)-z_{i1}^2(k)\end{aligned} \tag{10-46}$$

利用不等式

$$2ab\leqslant\rho a^2+\frac{1}{\rho}b^2 \tag{10-47}$$

其中 ρ 是正常数，可得

$$\begin{aligned}\Delta L_{i1}(k)&\leqslant(c_{i1}z_{i1}(k))^2+(T_s z_{i2}(k))^2+\rho_{i1}(c_{i1}z_{i1}(k))^2+\frac{1}{\rho_{i1}}(T_s z_{i2}(k))^2-z_{i1}^2(k)\\&=-(1-c_{i1}{}^2-\rho_{i1}c_{i1}{}^2)z_{i1}^2(k)+T_s^2\left(1+\frac{1}{\rho_{i1}}\right)z_{i2}^2(k)\\&=-\tau_{11}L_{i1}(k)+\tau_{12}L_{i2}(k)\end{aligned} \tag{10-48}$$

其中，$\tau_{11}=1-c_{i1}{}^2-\rho_{i1}c_{i1}{}^2$，$\tau_{12}=T_s^2\left(1+\frac{1}{\rho_{i1}}\right)$。

同样，有下式成立：

$$\begin{aligned}\Delta L_{i2}(k)&=z_{i2}^2(k+1)-z_{i2}^2(k)\\&=(c_{i2}z_{i2}(k)+T_s z_{i3}^2(k))-z_{i2}^2(k)\\&\leqslant-\tau_{21}L_{i2}(k)+\tau_{22}L_{i3}(k)\end{aligned} \tag{10-49}$$

$$\begin{aligned}\Delta L_{i3}(k)&=z_{i3}^2(k+1)-z_{i3}^2(k)\\&=(2c_{i3}z_{i3}(k)+2T_s z_{i3}^2(k))-z_{i3}^2(k)\\&=-\tau_{31}L_{i3}(k)\end{aligned} \tag{10-50}$$

其中，$\tau_{21}=1-c_{i2}{}^2-\rho_{i2}c_{i2}{}^2$，$\tau_{22}=T_s^2\left(1+\frac{1}{\rho_{i2}}\right)$，以及 $\tau_{31}=1-(2c_{i3}+2T_s)^2$。因此，

$$\begin{aligned}\Delta L_i(k)&=\Delta L_{i1}(k)+\Delta L_{i2}(k)+\Delta L_{i3}(k)\\&\leqslant-\kappa_1 L_{i1}(k)-\kappa_2 L_{i2}(k)-\kappa_3 L_{i3}(k)\end{aligned} \tag{10-51}$$

其中，$\kappa_1=\tau_{11}$，$\kappa_2=\tau_{21}-\tau_{12}$，$\kappa_3=\tau_{31}-\tau_{22}$。

通过选择合适的正常数 ρ_{ij} 使得以下条件成立：

$$\begin{cases}\kappa_1=-\tau_{11}<0\\\kappa_2=-\tau_{21}+\tau_{12}<0\\\kappa_3=-\tau_{31}+\tau_{22}<0\end{cases} \tag{10-52}$$

从而得到 $\Delta L_i(k)\leqslant -r_A L_i(k)$，其中，$r_A=\min\{\kappa_1,\kappa_2,\kappa_3\}$。根据参考文献[16]可知 $L_i(k)$ 是有界的。因此，所有误差 $z_{i1}(k)$、$z_{i2}(k)$ 和 $z_{i3}(k)$ 都是半全局最终一致有界的，证明完成。

注 10.7：与基于线性化的方法[2-5]不同，所提出的反步法控制器充分考虑了非线性动态（如道路坡度），因此更贴近实际情况。此外，参考文献[4]控制器设计时没有考虑领队车辆的信息对后面跟随车辆的影响，导致车队稳定需要更长的时间。

本节讨论队列稳定性和控制器存在的条件，以确保队列中的车辆以期望的间距行驶，同时避免间距误差沿队列扩大。主要目标是找到实现目标 ii）中的条件，即，$|G_i(z)|=|G_i(\mathrm{e}^{\mathrm{j}\omega})|\leqslant 1$ 对任意 $\omega>0$ 成立，其中 $G_i(z)$ 是 $G_i(s)$ 的 z 变换。

本节的主要结果由以下定理给出。

定理 10.2：对于式（10-26）~式（10-28）中描述的系统，所设计的控制器如式（10-33）、式（10-36）和式（10-39），则 $|G_i(z)|=|G_i(\mathrm{e}^{\mathrm{j}\omega})|\leqslant 1$ 对于任何 $\omega>0$ 均成立。

证明：考虑基于控制器式（10-39）的队列中的每个跟随车辆，由式（10-28）可得

$$\begin{aligned}
a_i(k+1)&=a_i(k)+T_s[f_i(a_i(k),v_i(k))+g_iu_i(k)]\\
&=(T_s+c_{i3})z_3+\frac{1}{2}a_{id}(k+1)\\
&=(T_s+c_{i3})\Big[2a_i(k)+\frac{2v_i(k)}{T_s}-\frac{2c_{i2}}{T_s}v_i(k)-\frac{2c_{i2}}{T_s^2}p_i(k)+\\
&\quad\frac{c_{i1}c_{i2}}{T_s^2}(2p_i(k)-p_{id}(k))+\frac{c_{i2}}{T_s^2}p_{id}(k+1)-\\
&\quad\frac{1}{T_s}v_{id}(k+1)\Big]+\frac{1}{2}a_{id}(k+1)
\end{aligned}\tag{10-53}$$

用 $p_{id}(k)=p_0(k)-\tau\sum_{jj=1}^{i}v_{jj}(k)-(i+1)\delta_d+p_{i-1}(k)-v_i(k)\tau$ 和等式（10-26）、式（10-27），可以得

$$\begin{aligned}
&\Delta_i(k+3)-2\Delta_i(k+2)+\Delta_i(k+1)\\
&=(T_s+c_{i3})[2(\Delta_i(k+2)-2\Delta_i(k+1)+\Delta_i(k))+\\
&\quad 2(1-c_{i2})(\Delta_i(k+1)-\Delta_i(k))-2c_{i2}(1-c_{i1})\Delta_i(k)+\\
&\quad c_{i1}c_{i2}\Delta_{i-1}(k)-c_{i2}\Delta_{i-1}(k+1)-2(c_{i1}-2)\Delta_i(k+1)-\\
&\quad c_{i1}\Delta_{i-1}(k+1)+\Delta_{i-1}(k+2)]+\frac{1}{2}T_s[(2c_{i1}-2)\Delta_i(k+1)+\\
&\quad c_{i1}\Delta_{i-1}(k+1)-\Delta_{i-1}(k+2)]
\end{aligned}\tag{10-54}$$

通过对式（10-54）进行 z 变换，可以得到传递函数式（10-55）

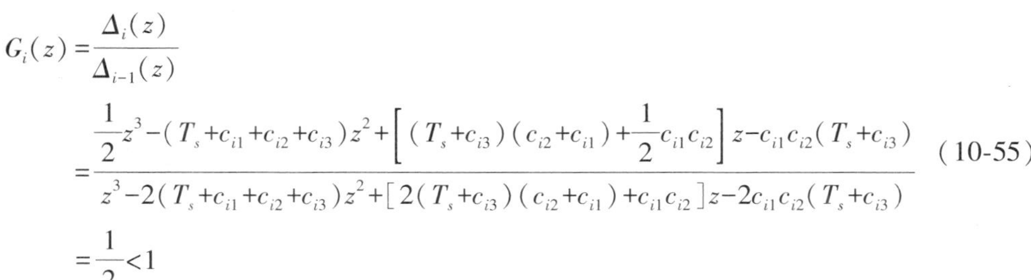

$$
\begin{aligned}
G_i(z) &= \frac{\Delta_i(z)}{\Delta_{i-1}(z)} \\
&= \frac{\frac{1}{2}z^3-(T_s+c_{i1}+c_{i2}+c_{i3})z^2+\left[(T_s+c_{i3})(c_{i2}+c_{i1})+\frac{1}{2}c_{i1}c_{i2}\right]z-c_{i1}c_{i2}(T_s+c_{i3})}{z^3-2(T_s+c_{i1}+c_{i2}+c_{i3})z^2+[2(T_s+c_{i3})(c_{i2}+c_{i1})+c_{i1}c_{i2}]z-2c_{i1}c_{i2}(T_s+c_{i3})} \\
&= \frac{1}{2}<1
\end{aligned}
\tag{10-55}
$$

那么对于任意 $\omega>0$，$|G_i(z)|=0.5<1$ 都成立。

注 10.8：队列稳定性条件确保了误差不会沿着随队列方向放大。而在已有的文献中，队列的稳定性的分析是在连续时间域中完成的[9-12]。而本章给出了离散时间域中的队列稳定性条件。

在确定控制器参数时，需要求解式(10-52)中涉及的非线性不等式。显然，寻找非线性系统的解析解是非常复杂的。为此，可以利用参考文献[17]提到中的数学方法，将其转换为一组非线性方程来获得数值解。结合式(10-52)中的不等式和条件 $-\rho_{i1}<0$ 和 $-\rho_{i2}<0$，将它们表示为 $F(\chi)=[f^1(\chi),f^2(\chi),\cdots,f^5(\chi)]^{\mathrm{T}}\leqslant 0$，其中 $\chi=[c_{i1},c_{i2},c_{i3},\rho_{i1},\rho_{i2}]^{\mathrm{T}}$，$f^1(\chi)=-1+{c_{i1}}^2+\rho_{i1}{c_{i1}}^2$，$f^2(\chi)=-1+{c_{i2}}^2+\rho_{i2}{c_{i2}}^2+T_s^2\left(1+\frac{1}{\rho_{i1}}\right)$，$f^3(\chi)=-1+4(c_{i3}+T_s)^2+T_s^2\left(1+\frac{1}{\rho_{i2}}\right)$，$f^4(\chi)=-\rho_{i1}$，$f^5(\chi)=-\rho_{i2}$。引入下列辅助函数 $\phi(\mu,\chi)$[17]：

$$
\phi(\mu,\chi)=\begin{cases}\frac{1}{2}\chi^2+\frac{1}{6}\mu^2, & \chi\geqslant\mu \\ \frac{1}{12\mu}(\chi+\mu)^3, & -\mu<\chi<\mu \\ 0, & \chi\leqslant-\mu\end{cases}
\tag{10-56}
$$

其中，$\mu>0$ 和 $\phi(\mu,\chi)$ 是二阶连续可微的。采用辅助函数式(10-56)，非线性不等式的集 $F(\chi)\leqslant 0$ 可等效地转换一组等价的非线性方程：

$$
\phi(f^i(\chi),\mu)=0 \quad (i=1,2,\cdots,5)
\tag{10-57}
$$

令 $\Phi_\mu(\chi)=(\phi(f^1(\chi),\mu),\phi(f^2(\chi),\mu),\cdots,\phi(f^5(\chi),\mu))^{\mathrm{T}}$，式(10-57)可表示为 $\Phi_\mu(\chi)=0$。从而，利用牛顿迭代法，可求得此非线性方程组的数值解。

基于以上讨论，给出如下的队列控制算法。

算法 10.2：车辆队列控制算法

1）给定算法 1 输出的车队期望参考速度 v_p^*；

2）初始化 χ_0，ε_1，ε_2，$\mu_0\leqslant\alpha\|F(\chi_0)\|$，$0<\alpha<1$，$T_s$，$k:=0$。

3）计算 $b_k=\Phi_{u_k}(\chi_k)$，如果 $\|b_k\|\leqslant\varepsilon_1$，则输出 χ_k，跳到第 6)步，否则，转到第 4)步；

4）计算 $J_k=\Phi'_{u_k}$，其中 Φ'_{u_k} 为 Φ_{μ_k} 的广义逆；

（续）

5）求解 $J_k\Delta\chi_k=-b_k$ 得到 $\Delta\chi_k$；令 $\chi_{k+1}=\chi_k+\Delta\chi_k$，$\mu_{k+1}=0.25\mu_k$；如果 $\|\Delta\chi_k\|\leqslant\varepsilon_2$，则输出 χ_{k+1}，并跳到第 6）步，否则，设置 $k:=k+1$，$\chi_k:=\chi_{k+1}$，$\mu_k:=\mu_{k+1}$ 并返回到第 3）步；
6）利用第 5）步所获得的控制器参数，通过式(10-39)计算控制器输出。

10.5 仿真实验

在本节中将所提的双层控制结构应用于车队控制，首先利用 MATLAB 中的 System Build 建立的虚拟环境，进行仿真实验；然后基于 Arduino Cars 进行实验验证。

（1）速度规划

如图 10-3 所示，假设一个由 10 辆重型车辆组成的车队（其参数列于表 10-1 中）在 3km 的道路上行驶。斜坡由三部分组成，上坡 300m，坡度 3%，水平路段 300m，下坡 300m，坡度为−3%。在仿真中，在油耗模型中使用以下参数[15]：

$$b_0=0.1569,\ b_1=2.450\times10^{-2},\ b_2=-7.415\times10^{-4},\ b_3=5.975\times10^{-5}$$

$$q_0=0.07224,\ q_1=9.681\times10^{-2},\ q_2=1.075\times10^{-3}$$

算法 10.1 得到的一队车辆的燃油最优速度曲线如图 10-4 所示。

表 10-1　车辆参数

参数	值
平均质量(m_p)	40t
滚动阻力系数(c_r)	3×10^{-3}
车辆横截面积(A_p)	10m^2
发动机时间常数(ς_i)	0.25s
空气密度(ρ)	$1.29\text{kg}\cdot\text{m}^{-3}$
空气阻力系数(c_p)	0.3
速度限制	$v_{p,\max}=25\text{m/s}$ $v_{p,\min}=20\text{m/s}$

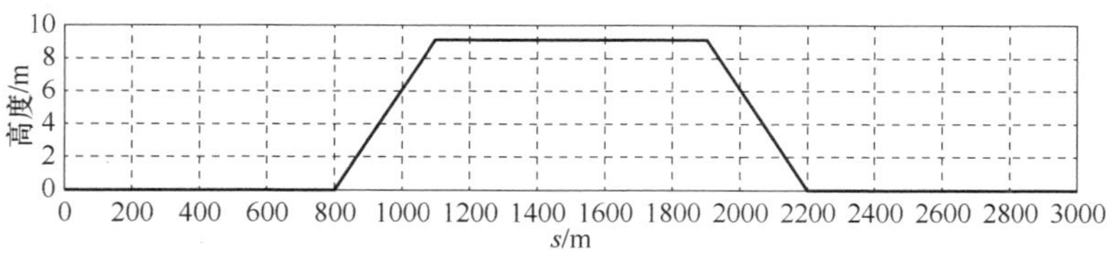

图 10-3　道路场景

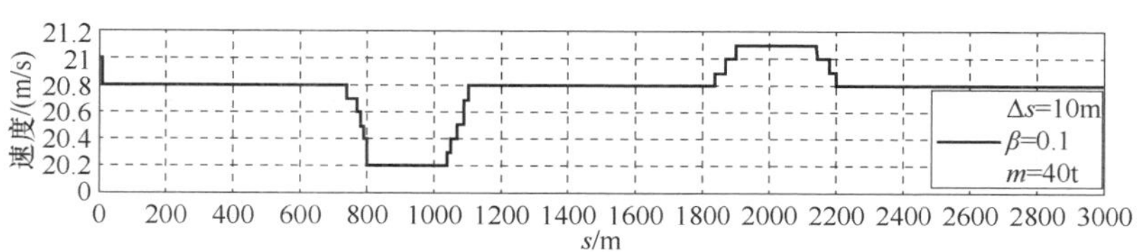

图 10-4　空间领域的节油速度

节油速度轨迹取决于空间步长。图 10-5 比较了不同空间步长 Δs（$\Delta s=5\text{m}$，$\Delta s=20\text{m}$ 以及 $\Delta s=10\text{m}$）对轨迹的影响。虽然较小的步长可生成更精确的速度曲线，但仿真结果表明，当空间步长从 10m 减小到 5m 时，规划的速度轨迹几乎相同，但计算时间增加了 40%。因此，折衷考虑计算时间和速度轨迹精度，在以下仿真中，选择 $\Delta s=10\text{m}$。

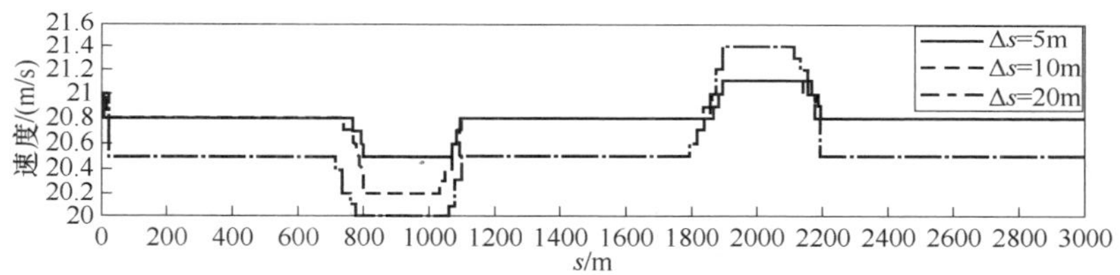

图 10-5　不同 Δs 的省油速度

这里还考虑了不同平均质量（$m_p=10\text{t}$ 和 $m_p=40\text{t}$）和权重（$\beta=6$ 和 $\beta=0.1$）对节油速度规划的影响。速度曲线分别如图 10-6 和图 10-7 所示。从图 10-7 中明显可见，当 $\beta=0.1$ 时，车辆队列的油耗最小，而最优速度远小于 $\beta=6$ 的情况，后者的油耗更高。

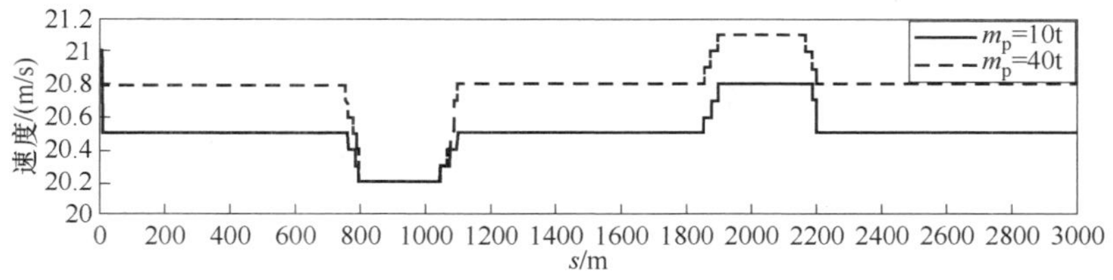

图 10-6　不同平均质量的节油速度

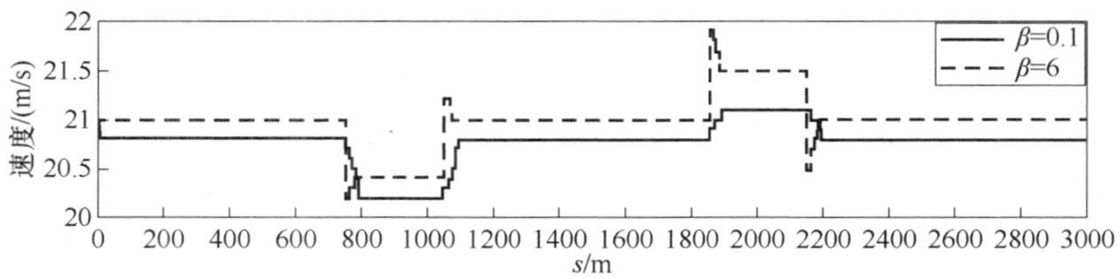

图 10-7　不同权重系数 β 下的节油速度

(2)速度跟踪

在仿真中，利用所提出的控制方法对车辆队列的速度进行跟踪控制，控制性能如图 10-8 所示。根据算法 10.2，控制器参数选择为 $c_{i,1}=0.7$，$c_{i,2}=0.7$，$c_{i,3}=0.03$ 以及 $T_s=0.02\text{s}$。τ 和常数 δ_d 分别设置为 $\tau=0.7\text{s}$，$\delta_d=3\text{m}$。从图 10-8a 可以看出，所有车辆都可以跟踪速度规划层给出的参考速度。图 10-8b 和图 10-8c 是相邻车辆之间的速度误差和位置误差。

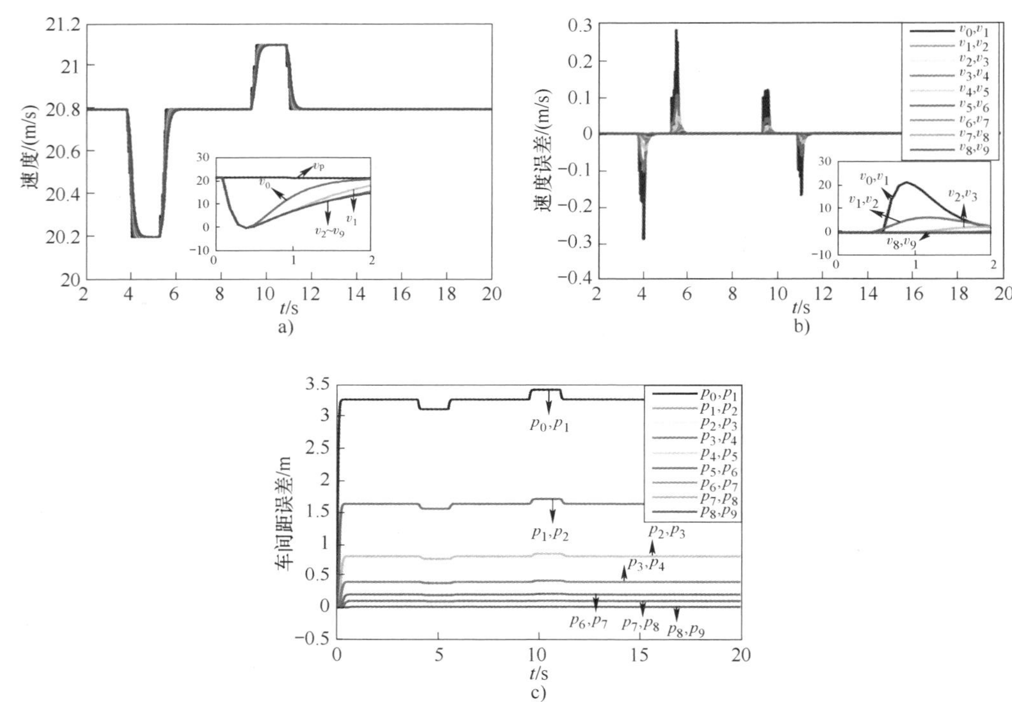

图 10-8　车队跟踪规划的参考速度，响应和间隔传播特性(见彩插)

a）速度　b）速度误差　c）车间距误差

仿真还表明所设计的方法，优于参考文献[9]考虑的预设速度的情况。需要注意的是本章所提的算法的优势并不在于控制性能(见图 10-8)，特别是当参考文献[9]中的参考速度的设置与本章中规划算法计算的速度完全一致相反，真正的区别体现在油耗上，即所提的方法更节能。在图 10-8 和图 10-9 所示的仿真结果中，在两种情况下都使用相同的参考速度。利用本章所提的方法，十辆车构成的队列的油耗为 350.45mL，而使用参考文献[9]中的方法所需要的油耗为 356.86mL。因此，减少了 1.80%的燃油消耗。如果参考文献[9]中的参考速度曲线与规划算法计算的完全不同，则本章所提方法优势会明显。例如，当在参考文献[9]中使用恒定的参考速度 23m/s 时，本章所提的方法可以节省大约 19.52%的燃油消耗。

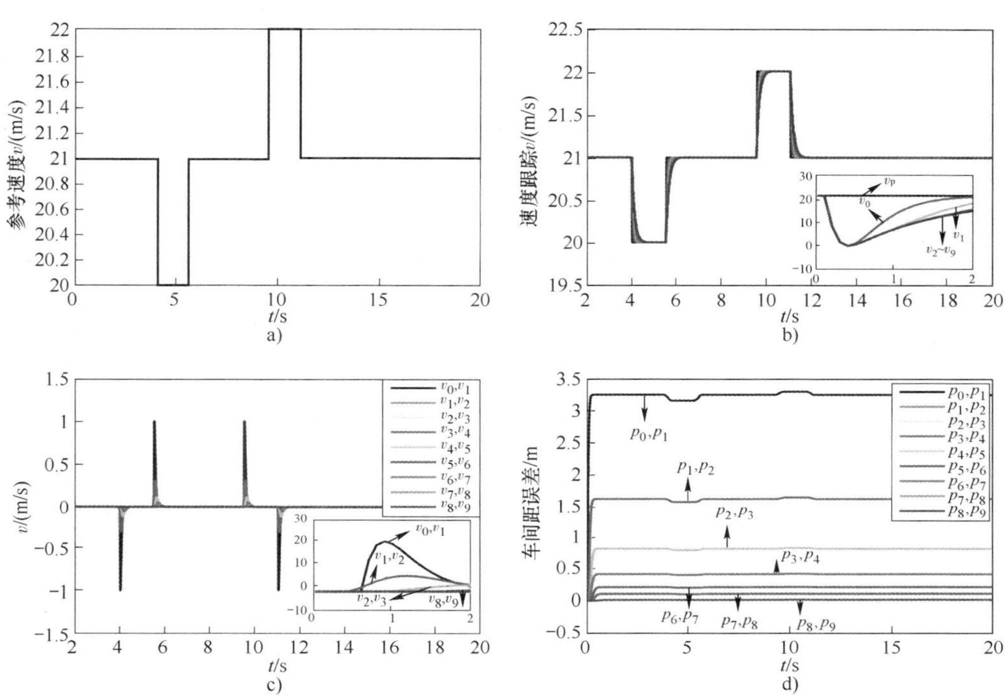

图 10-9　车队跟踪提前设定的参考速度，响应和间距传播特性(见彩插)

a）参考速度　b）速度跟踪　c）速度误差　d）车间距误差

为了验证所设计的非线性控制器对外部突发干扰或噪声的鲁棒性，考虑两种扰动，分别为突发极值加速度±2m/s^2 和轻度加速度与阵风的集总干扰。其中，第二种扰动可表示为

$$r(t)=0.2a_p(t)+\varpi(t)$$

其中，$a_p(t)$为车队的参考加速度，$\varpi(t)=\begin{cases}2, & 1<t<2\\ 0, & \text{其他}\end{cases}$ 代表阵风。

第一种情况下的仿真结果如图 10-10a 所示，结果显示，虽然车间距误差增加了大约 0.5m，但整个车队保持稳定，且跟踪性能良好(见图 10-10b)。第二种情况的仿真结果如图 10-11 所示，结果表明，干扰几乎对跟踪性能没有影响(见图 10-11a)，只有车辆 1 与车辆 0 之间的车间距误差在阵风干扰的情况下有轻微波动，随后返回到初始值，其他车辆的车间距误差基本保持不变(见图 10-11b)。

本小节对 10 辆双轴半挂车车队进行了上述两种扰动共同作用下的仿真验证，集总扰动如图 10-12 所示。图 10-13 的仿真结果清晰地显示，本章中的非线性控制器同样表现良好。半挂车参数设置为：平均质量 m_p = 16t，滚动阻力系数 c_r = 0.015，车辆横截面面积 A_p = 5.4m^2，发动机时间常数ς_i = 0.25s，空气密度 ρ =

1.29kg·m^{-3}，空气阻力系数 $c_p=0.3$，速度限制 $v_{p,\max}=25\text{m/s}$，$v_{p,\min}=20\text{m/s}$。

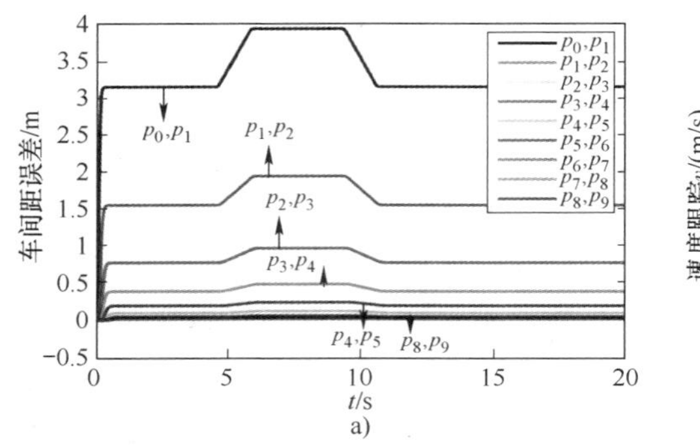

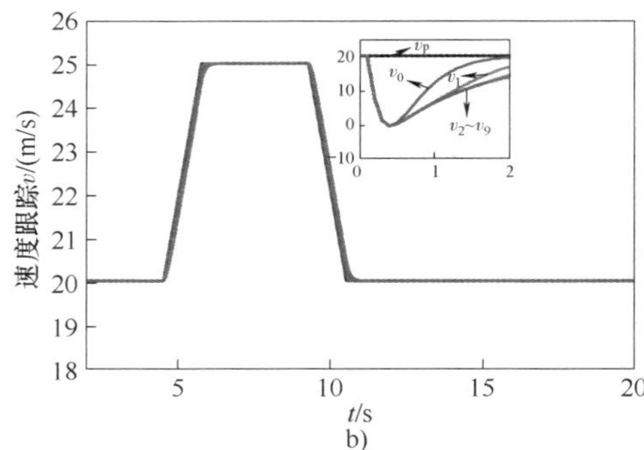

图 10-10　车队最大加速度 2m/s^2：响应和间距传播特性（见彩插）

a）车间距误差　b）速度跟踪

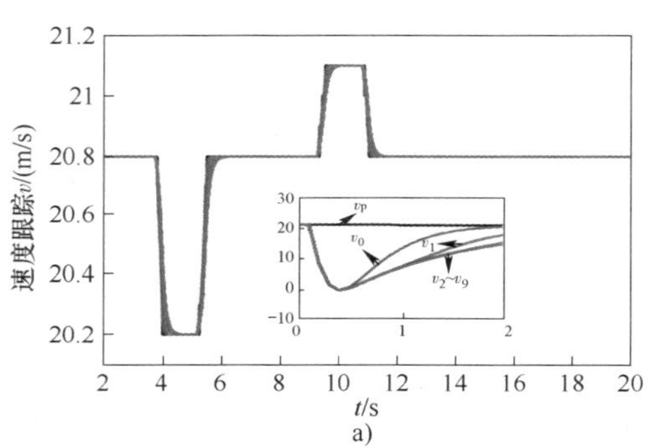

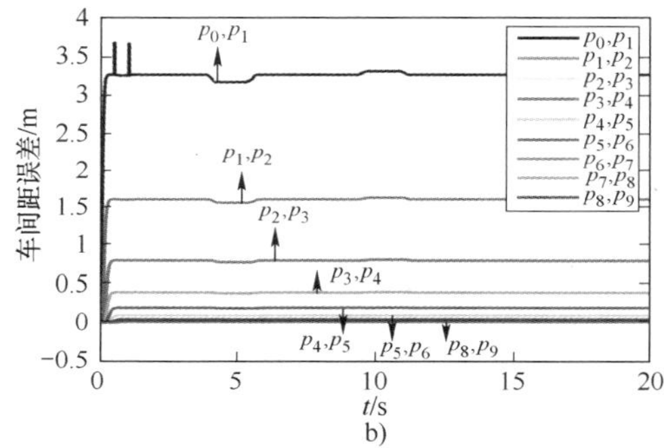

图 10-11　车队集总扰动、响应与间距传播特性（见彩插）

a）速度跟踪　b）车间距误差

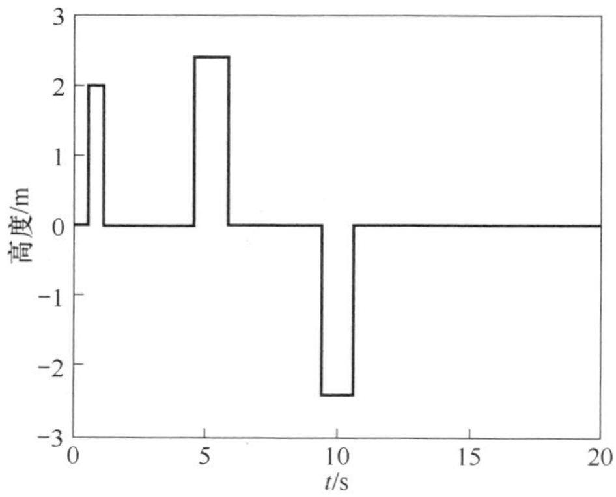

图 10-12　双轴半挂车车队的集总扰动

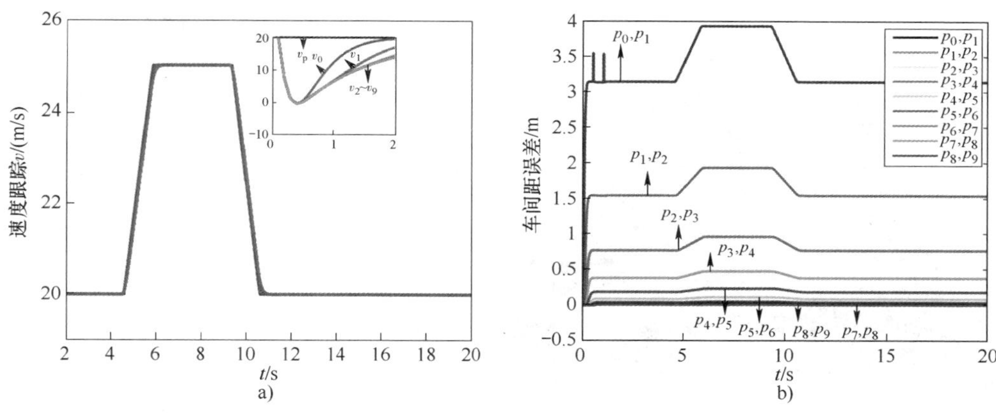

图 10-13　双轴半挂车车队的集总扰动：响应和间距传播特性(见彩插)

a）速度跟踪　b）车间距误差

本节利用三辆 Arduino 智能车辆来验证所设计的非线性反步控制器的实用性和有效性(见图 10-14)。表 10-2 中给出了 Arduino 汽车参数。所需间距设置为 15cm。汽车与前车之间的纵向速度和间距分别由安装在后轮轴上的增量编码器传感器和两个红外传感器检测。采样周期设置为 $T_s=0.1\text{s}$。实验中的控制器参数根据算法 10.2 为

$$c_{i1}=0.5,\quad c_{i2}=0.5,\quad c_{i3}=0.35$$

车辆 i 的相应闭环动力学为

$$\begin{aligned} a_i(k+1)=&\ 0.15a_i(k)+1.5v_i(k)+22.5p_i(k)-\\ &\ 0.575(a_0(k)+a_{i-1}(k))-5.75(v_0(k)+v_{i-1}(k))-\\ &\ 11.25(p_0(k)+p_{i-1}(k)) \end{aligned} \tag{10-58}$$

其中领队车的速度曲线如图 10-15 所示，实验结果如图 10-16a 和 b 所示。如图 10-16a 所示，虽然速度切换瞬间出现速度波动(不严重)，但可以在短时间内稳定速度，Arduino 车队的速度跟踪性能良好。图 10-16b 显示了速度跟踪过程中的间距误差，间距误差收敛在可接受的范围内，显示出队列具有的良好鲁棒性。注意，部分间距误差是由于信息延时和跑道的粗糙度造成的。

表 10-2　Arduino 汽车的参数

第 i 辆车	m_i/kg	A_i/cm^2	$c(d_i)$
0	1.2	15	0.15
1	1.1	12	0.15
2	1.1	12	0.15

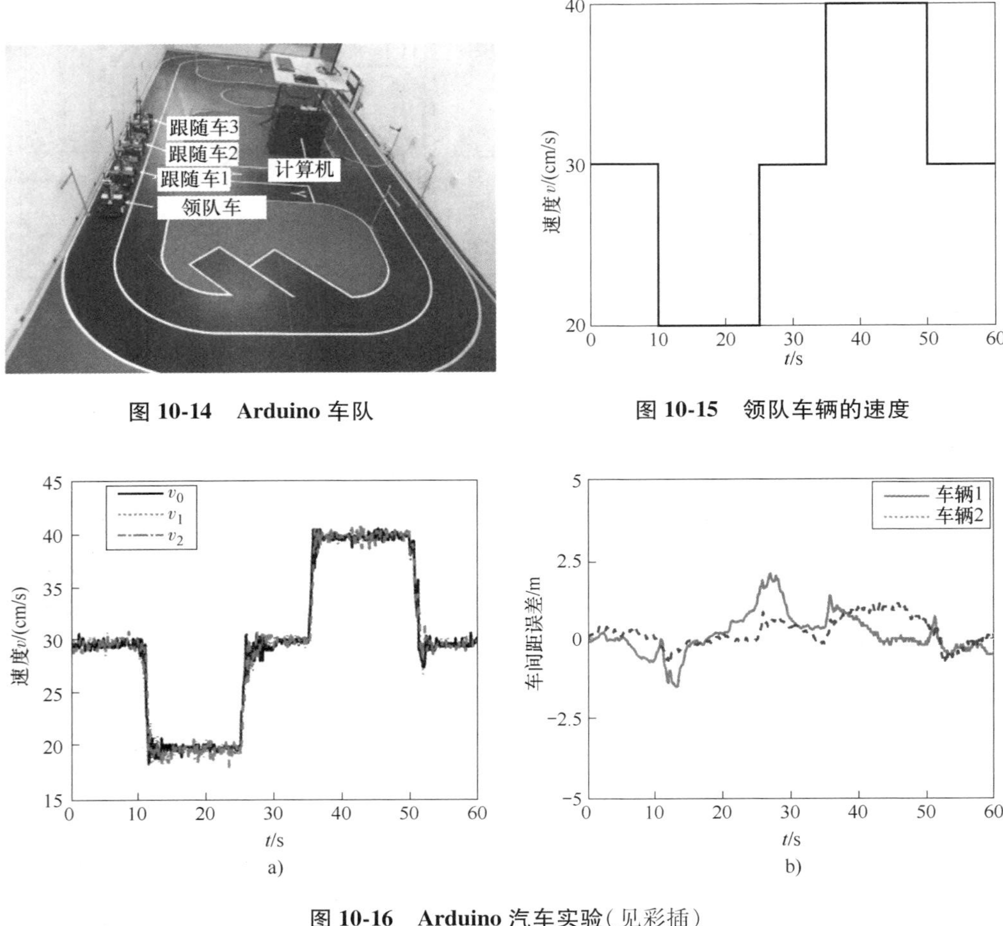

图 10-14　Arduino 车队

图 10-15　领队车辆的速度

图 10-16　Arduino 汽车实验（见彩插）

a）速度　b）车间距误差

10.6　本章小结

本章提出了一种用于节油和安全的车队的分层控制框架。基于道路坡度，利用速度规划层平均车队建模的概念，得到了节油最优的参考速度分布的规划算法。然后在速度跟踪层为每个车辆推导出非线性反步控制方法。给出了车队控制算法，以保证所有车辆跟踪参考速度曲线并实现队列稳定性。由于引入了速度规划算法，基于双层规划和控制方法优于现有的具有预设速度曲线的单层队列控制方法。该新方法的优点通过实验进行验证。

参考文献

[1] DENG Q, MA X. A fast algorithm for planning optimal platoon speeds on highway[C]. Proc. IFAC World Congr, Cape Town, South Africa, 2014: 8073-8078.

[2] MA X. Towards intelligent fleet management: Local optimal speeds for fuel and emissions[C]. Proc. IEEE Int. Conf. Intell. Transp. Syst, 2013, 2201-2206.

[3] GILBERT E G. Vehicle cruise: Improved fuel economy by periodic control[J]. Automatica, 1976, 12(2): 159-166.

[4] SCHWARZKOPF A B, LEIPNIK R B. Control of highway vehicles for minimum fuel consumption over varying terrain[J]. Transp. Res, 1977, 11(4): 279-286.

[5] KAMAL M A S, MUKAI M, MURATA J, et al. Ecological driver assistance system using model-based anticipation of vehicle-road traffic information[J]. IET Intell. Transp. Syst, 2010, 4(4): 244-251.

[6] LARSON J, LIANG K Y, JOHANSSON K H. A distributed framework for coordinated heavy-duty vehicle platooning[J]. IEEE Trans. Intell. Transp. Syst, 2015, 16(1): 419-429.

[7] TURRI V, BESSELINK B, JOHANSSON K H. Cooperative look-ahead control for fuel-efficient and safe heavy-duty vehicle platooning[J]. IEEE Trans. Control Syst. Technol, 2017, 25(1): 12-28.

[8] ALAM A. Fuel-efficient heavy-duty vehicle platooning[D]. School Elect. Eng. Autom. Control, KTH Roy. Inst. Technol, Stockholm, Sweden, 2014, 1-18.

[9] XIAO L, GAO F. Practical string stability of platoon of adaptive cruise control vehicles[J]. IEEE Trans. Intell. Transp. Syst, 2011, 12(4): 1184-1194.

[10] NAUS G J L, VUGTS R P A, PLOEG J, et al. String-stable CACC design and experimental validation: A frequency-domain approach[J]. IEEE Trans. Veh. Technol, 2010, 59(9): 4268-4279.

[11] GHASEMI A, KAZEMI R, AZADI S. Stable decentralized control of a platoon of vehicles with heterogeneous information feedback[J]. IEEE Trans. Veh. Technol, 2013, 62(9): 4299-4308.

[12] GUO G, YUE W. Sampled-data cooperative adaptive cruise control of vehicles with sensor failures[J]. IEEE Trans. Intell. Transp. Syst, 2014, 15(6): 2404-2418.

[13] KAMAL M A S, MUKAI M, MURATA J, et al. Ecological vehicle control on roads with up-down slopes[J]. IEEE Trans. Intell. Transp. Syst, 2011, 12(3): 783-794.

[14] KOLLER J P J, COLÍN A G N, BESSELINK B, et al. Fuel-efficient control of merging maneuvers for heavy-duty vehicle platooning[C]. Proc. IEEE Int. Conf. Intell. Transp. Syst, 2015, 1702-1707.

[15] SWAROOP D, HEDRICK J K. Constant spacing strategies for platooning in automated highway systems[J]. J. Dyn. Syst. Meas. Control, 1991, 121(3): 462-470.

[16] IOANNOU P A, SUN J. Robust Adaptive Control[J]. Englewood Cliffs, NJ, USA: Prentice-Hall, 1996.

[17] PSHENICHNYI B N. Newton's method for the solution of systems of equalities and inequalities[J]. Math Notes Acad. Sci. USSR, 1970, 8(5): 827-830.

第 11 章　速度规划和跟踪控制的解析求解

11.1　引言

在第 10 章中，通过在线的定点优化技术可显著提高车辆队列控制的性能。值得注意的是，所提出的网联车辆速度规划算法依赖滚动时域动态规划技术。由于该算法是一种数值解法，导致其计算量大、效率不高，因此很难应用于实际。为此，本章旨在为车队速度规划和跟踪控制问题提出一种新的、计算量较小的解决方案。利用 Pontryagin 原理[1]，给出了一种解析方法用于求解所涉及的优化问题，从而得到车队参考速度，其显著降低了所需要的计算量。以此建立了分层的车队控制结构，其由速度规划层和队列控制层组成。上层为速度规划层，以最小油耗和行程时间为目标，为车队规划最优的速度轨迹。下层为跟踪控制层，实现车辆队列控制，以此实现以下两个控制目标：①为每辆跟随车辆计算其最优速度参考值；②以期望的车间距离保证整个车队的队列稳定性。由此，为跟随车辆设计了分布式滑模控制器，能有效抑制外界干扰和参数摄动。与已有的研究工作相比，本章的主要贡献如下：

1）提出了新的分层车队控制结构，其上层是车队速度规划层，下层为速度跟踪控制层。速度规划使用平均速度方案，该方案以燃油时间最优的方式计算期望的队列速度曲线。下层控制器在保证车辆稳定性和车队稳定性的前提下，使每辆车都能跟踪期望速度，保证车辆稳定性和队列稳定性。不同于已有的研究结果，速度可以随时间和路况实时变化，而不是恒定不变的。

2）提出了实现车队速度规划以及跟踪控制的算法，并基于燃油时间成本函数和 PMP 方法推导了速度规划算法。与第 10 章所考虑的基于单车辆平均策略来规划队列的速度曲线的方式不同，本章选择为每个车辆推导其最优速度曲线，然后将平均最优速度作为队列的参考速度。对于由大量的质量、尺寸不同的车辆构成的规模较大的异质车队，平均速度曲线比单车辆平均方案更加灵活。此外，这里设计的滑模控制器比第 10 章的滑模控制器更简单实用，第 10 章的滑模控制器的设计包含三个步骤，其中的计算涉及虚拟变量，不易处理。

11.2　系统建模和问题描述

考虑行驶在高速公路上、由 $n+1$ 辆车辆组成的车辆队列(见图 11-1)，其中，s_i、v_i 和 a_i 分别为第 i 辆车的位置、速度和加速度($i=0,1,\cdots,n$,$i=0$ 表示头车)。假设车辆配备有路线图、全球定位系统、无线通信设备和车载传感器。每辆跟踪车辆可周期性地接收领队车辆以及其前车的状态(位置、速度和加速度)信息。在车队运输过程中，车辆允许在高速公路的服务区停留。因此，根据车队所选择的服务区对应的依靠点，将行驶路线划分为如图 11-2 所示的连续路段。

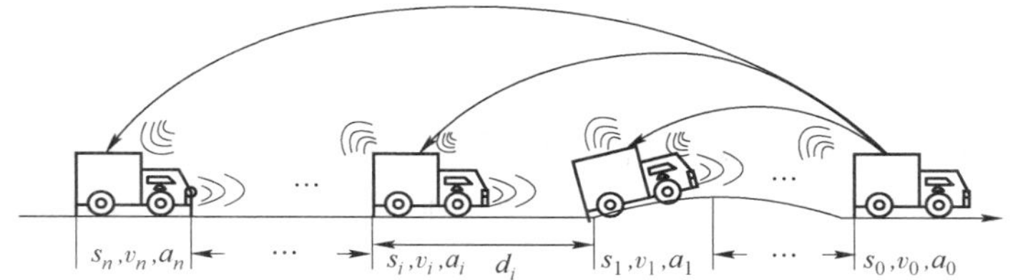

图 11-1　异构车队控制结构

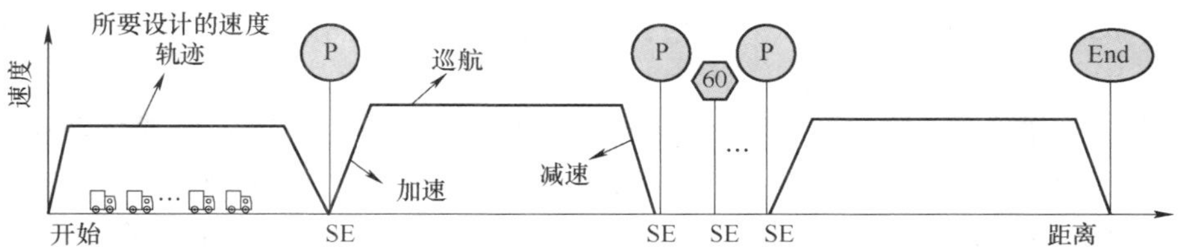

图 11-2　车辆队列通过最佳的速度轨迹通过路段的示意图

第 i 辆车的纵向动力学方程为

$$\dot{s}_i(t)=v_i(t) \tag{11-1}$$

$$\begin{aligned}\dot{v}_i(t)&=\frac{1}{m_i}(F_{ei}(t)-F_{ai}(t)-F_{gi}(t)-F_{ri}(t))\\&=\frac{1}{m_i}\left(F_{e,i}-\frac{1}{2}\rho A_iC_{di}v_i^2-m_ig\sin\theta-\mu_im_ig\cos\theta\right)\end{aligned} \tag{11-2}$$

式中，m_i 表示第 i 辆车的质量；F_{ei}为发动机产生的驱动力；F_{ai}为空气动力阻力，可表示为 $F_{ai}=(1/2)\rho A_iC_{di}v_i^2$，$\rho$ 为空气密度，A_i 为截面积，C_{di}为空气阻力系数；F_{gi}为重力，可表示为 $F_{gi}=m_ig\sin\theta$，g 为重力加速度，θ 为道路坡度；F_{ri}表示滚动阻力，可表示为 $F_{ri}=\mu_im_ig\cos\theta$，$\mu_i$ 为滚动阻力系数。

车辆之间的车间距定义为

$$d_i=s_{i-1}-s_i-l_i \tag{11-3}$$

其中，l_i 是第 i 辆车的长度。设 δ_i 为第 i 辆跟随车辆与安全间距 d^* 之间的间距误差。由此可得车辆队列的运动学模型：

$$\delta_i = s_{i-1} - s_i - l_i - d^* \tag{11-4}$$

并且

$$\dot{\delta}_i = v_{i-1} - v_i \tag{11-5}$$

本章考虑以下成本函数：

$$J_i = J_{fi} + \beta J_{ti} \tag{11-6}$$

其表示为燃油消耗 J_{fi} 和车辆行驶时间 J_{ti} 的加权求和，$J_{ti} = \int_{t_{0,i}}^{t_{f,i}} \beta \mathrm{d}t$，$\beta>0$ 表示权重。依据参考文献[2]，总的燃油消耗量取决于驱动车辆所需的能量，如：

$$J_{fi} = K_{Ei} \int_{t_{0,i}}^{t_{f,i}} \phi F_{ei}(t) v_i(t) \mathrm{d}t \tag{11-7}$$

其中，$t_{0,i}$ 和 $t_{f,i}$ 分别表示路段的初始时间和最终时间，K_{Ei} 是能量转换常数，由燃油的能量密度和发动机燃油效率决定的；ϕ 是车辆制动时防止给发动机注入燃油的指示函数

$$\phi = \begin{cases} 1 & F_{ei} \geqslant 0 \\ 0 & \text{其他} \end{cases} \tag{11-8}$$

本章的控制目标为车辆队列规划行驶速度并设计车辆队列控制方法，满足下目标：

1）在燃油消耗和行驶时间的总成本最小化的情况下，为车队规划行驶速度方案，由此得到车队的参考速度 $v_p^*(t)$。请注意，优化问题采用 PMP 方法来求解，与参考文献[1]不同，得到的 $v_p^*(t)$ 指的是每个车辆的最优速度的平均值。

2）设计能够实现对车队的参考速度 $v_p^*(t)$ 跟踪的控制算法，并保证队列稳定性，使得对于前车辆或其他干扰，车间距误差不会随着在队列中的传播而被逐渐放大。即对任意的 ω，控制法应保证 $\lim\limits_{t\to\infty} |v_i - v_p^*| = 0$ 和 $|G_i(\mathrm{j}\omega)| \leqslant 1$，其中，$G_i(s) = \delta_i(s)/\delta_{i-1}(s)$。本章基于滑模控制，提出了一种简单、易实现的分布式控制策略。

为此，构建了一个具有规划层和控制层的分层控制结构来实现以上控制目标。在速度规划层中，利用 PMP 求解最优速度值，以此得到的节油速度作为轨迹跟踪控制层的参考速度，从而保证了期望的车辆间距下的队列稳定性要求。

11.3 基于 PMP 的设定点速度优化

节省燃油消耗以及行驶时间的队列控制，需要优化车队的速度规划或采用定点优化。其主要思想是，根据不同路段，获取车辆队列行驶的速度优化设定点。优化是在每个路段离开服务区时进行，而不是一次性对整个路线进行优化。这样，可根据选择的停靠点对应的服务区，将车辆队列行驶的路线划分为连续的路段。

速度设定值优化问题可以根据队列中的领队车辆或其他车辆来描述。为每一辆车 i 选择其中最优速度的设定点，然后利用平均最优速度作为该车队的参考速度。对于具有不同重量、尺寸的异构车队，平均速度分布要比基于领队车辆的速度规划的方案更合理。基于 PMP 方法为行驶在各路段的车辆规划速度。在这里，首先给出了考虑油耗和行驶时间的优化问题。然后，讨论了优化问题的求解过程，并给出了优化算法。

由于非线性车辆动力学模型的复杂性，其解析解可能无法在实际中获取。为此，在式(11-1)和式(11-2)中使用线性化的车辆模型，从而可得到一个容易、求解的队列速度规划算法。考虑到队列中的车辆 i，其动力学模型为

$$\begin{bmatrix} \dot{s}_i \\ \dot{v}_i \end{bmatrix} = \begin{bmatrix} v_i \\ C_1 F_{e,i} - \overline{C}_2 v_i - C_3 - C_4 + C_5 \end{bmatrix} \equiv f_i(s_i, v_i, F_{ei}) \tag{11-9}$$

其中，$C_1 = 1/m_i$；$\overline{C}_2 = 2C_2 v_{0,i}$；$C_2 = 0.5\rho A_i C_{di}/m_i$；$C_3 = g\sin\theta$；$C_4 = \mu_i g\cos\theta$；$C_5 = C_2 {v_{0,i}}^2$；$v_{0,i}$为第 i 辆车的初始速度。这里，空气阻力项 $C_2 v_i^2$采用线性项 $\overline{C}_2 v_i - C_5$ 来近似处理。

为了得到最优轨迹，涉及的速度规划问题描述为以下优化问题：

$$\min Ji = \int_{t_{0,i}}^{t_{f,i}} (\phi K_E F_{ei} v_i + \beta)\,\mathrm{d}t \tag{11-10}$$

$$\text{s. t. } [\dot{s}_i \quad \dot{v}_i]^{\mathrm{T}} = f_i(s_i, c_i, F_{ei}) \tag{11-11}$$

$$F_{ei} \in [F_{ei,\min}, F_{ei,\max}] \tag{11-12}$$

$$v_i \in [v_{i,\min}, v_{i,\max}] \tag{11-13}$$

$$s(t_{0,i}) = s_{0,i}, \quad v(t_{0,i}) = v_{0,i} \tag{11-14}$$

$$s(t_{f,i}) = s_{f,i}, \quad v(t_f) = v_{f,i} \tag{11-15}$$

其中，$[v_{i,\min}, v_{i,\max}]$为路段的最小、最大允许速度，$s_{0,i}$和 $s_{f,i}$分别为给定的起始位置和最终位置，$v_{0,i}$和 $v_{f,i}$分别为初始速度和最终速度。

引入下面的哈密顿函数(为了简单起见，省略了下标 i)：

$$H = \phi K_E F_e v + \beta + \lambda_1 v + \lambda_2 (C_1 F_e - \overline{C}_2 v - C_3 - C_4 + C_5) + \lambda_3 f_3[v(t)] \tag{11-16}$$

其中，λ_1、λ_2 和 λ_3 是三个协态，速度约束函数$f_3[v(t)]$的定义如下：

$$f_3[v(t)] = g_1^2[v(t)]\mathrm{sgn}(-g_1) + g_2^2[v(t)]\mathrm{sgn}(-g_2) \tag{11-17}$$

其中，

$$g_1[v(t)] = v(t) - v_{\min} \geqslant 0 \tag{11-18}$$

$$g_2[v(t)] = v_{\max} - v(t) \geqslant 0 \tag{11-19}$$

和

$$\mathrm{sgn}(-g_j) = \begin{cases} 0, & g_j[v(t)] \geqslant 0 \\ 1, & g_j[v(t)] < 0 \end{cases} \quad j = 1, 2 \tag{11-20}$$

上述相关的细节可见参考文献[3]。设 $\dot{x}_3=f_3[v(t)]$，给出以下边界条件：

$$x_3(t_0)=x_3(t_f)=0 \tag{11-21}$$

根据 PMP 方法，最优解的必要条件可表示为

$$\frac{\partial H}{\partial F_e}=\phi K_E v+\lambda_2 C_1=0 \tag{11-22}$$

$$\dot{\lambda}_1=-\frac{\partial H}{\partial s}=0 \tag{11-23}$$

$$\dot{\lambda}_2=-\frac{\partial H}{\partial v}=-\phi K_E F_e-\lambda_1+\lambda_2\overline{C}_2-2\lambda_3[(v-v_{\min})\operatorname{sgn}(-g_1)-(v_{\max}-v)\operatorname{sgn}(-g_2)] \tag{11-24}$$

$$\dot{\lambda}_3=-\frac{\partial H}{\partial x_3}=0 \tag{11-25}$$

当车辆队列停靠在路段的两端时，其在每个路段车辆的速度值需要考虑三个不同时期的情况：加速、定速巡航和在目的地停靠时的减速行驶。为利用 PMP 得到最优的速度和位置轨迹，考虑形如参考文献[4]中的 bang-bang 控制律：

$$F_e(t)=\begin{cases}F_{e,\max}, & \sigma<0\\ F_{e,\sigma}, & \sigma=0\\ F_{e,\min}, & \sigma>0\end{cases} \tag{11-26}$$

其中，$\sigma=\phi K_E v+\lambda_2 C_1$ 是开关函数，在这里，$\sigma<0$，$\sigma>0$ 和 $\sigma=0$，分别对应于加速、减速和恒速巡航的情况。对于 $\sigma<0$，$\sigma>0$，对应的控制律分别表示为 $F_e=F_{e,\max}$ 和 $F_e=F_{e,\min}$。特别是，在恒速巡航 $\sigma=0$ 的情况下，控制轨迹 $F_{e,\sigma}$ 是一个奇异弧。在这种情况下，σ 的时间导数应该满足：

$$\dot{\sigma}=\phi K_E\dot{v}+\dot{\lambda}_2 C_1=0 \tag{11-27}$$

本节重点讨论解决上述最优速度轨迹问题。为了简便，不考虑其他车辆的影响。设 $M=a$，d 和 $M_\sigma=c$ 为行驶模式，当 $F_e=F_{e,\max}$ 时 $M=a$，车辆行驶在加速模式，在 $F_e=F_{e,\min}$ 时 $M=d$，车辆行驶在减速模式，和当 $F_e=F_{e,\sigma}$ 时 $M_\sigma=c$，车辆行驶在恒速模式。其中，最后阶段，车辆行驶在减速模式。设 t_M^0、t_M^f、t_c^0 和 t_c^f 分别为不同行驶模式的对应的开始时间和结束时间，且 s_M^0、s_M^f、v_M^0 和 v_M^f 分别为这些行驶模式对应的初始位置、速度和最终位置以及速度。然后，给出以下结果，这些结果在实际应用程序中非常容易实现。

对于开始阶段，车辆行驶在加速模式或减速模式，即 $M=a$ 或 $M=d$，此时，车辆的速度轨迹和位置轨迹可以分别为

$$v^*(t)=\left[-\frac{1}{\overline{C}_2}(C_1F_e-C_3-C_4+C_5)+v_M^0\right]e^{-\overline{C}_2(t-t_M^0)}+\frac{1}{\overline{C}_2}(C_1F_e-C_3-C_4+C_5) \tag{11-28}$$

$$s^*(t)=-\frac{1}{\overline{C}_2}\left[v_M^0-\frac{1}{\overline{C}_2}(C_1F_e-C_3-C_4+C_5)\right]e^{-\overline{C}_2(t-t_M^0)}+\frac{1}{\overline{C}_2}(C_1F_e-C_3-C_4+C_5)(t-t_M^0)+\frac{1}{\overline{C}_2}\left[v_M^0-\frac{1}{\overline{C}_2}(C_1F_e-C_3-C_4+C_5)\right]+s_M^0 \tag{11-29}$$

而协态轨迹可以写成：

$$\lambda_1^*(t)=K_1 \tag{11-30}$$

$$\lambda_2^*(t)=K_2e^{\overline{C}_2t}+\frac{1}{\overline{C}_2}(\phi K_EF_e+K_1) \tag{11-31}$$

$$\lambda_3^*(t)=K_3 \tag{11-32}$$

对于恒速模式，通过将式(11-9)和式(11-18)代入式(11-20)，并使用式(11-16)，可以很容易地得到最优的恒定速度以及相对应的位置轨迹为

$$v^*(t)=v_c=\frac{\phi K_E(C_3+C_4-C_5)+K_1C_1}{-2\overline{C}_2\phi K_E-2C_1K_3[\operatorname{sgn}(-g_1)+\operatorname{sgn}(-g_2)]}+\frac{2C_1K_3[v_{\max}\operatorname{sgn}(-g_2)]+v_{\min}\operatorname{sgn}(-g_1)}{2\overline{C}_2\phi K_E+2C_1K_3[\operatorname{sgn}(-g_1)+\operatorname{sgn}(-g_2)]} \tag{11-33}$$

$$s^*(t)=v_c(t-t_c^0)+s(t_c^0) \tag{11-34}$$

值得注意的是，对于式(11-33)，由于路段的限速，v_c 有两种情况。若在没有速度限制的情况下，其最优恒定速度可表示为

$$v_c=-\frac{C_3+C_4-C_5}{2\overline{C}_2}-\frac{K_1C_1}{2\phi K_E\overline{C}_2} \tag{11-35}$$

考虑到速度的限制，其速度轨迹为

$$v_c=\begin{cases}\dfrac{\phi K_E(C_3+C_4-C_5)+K_1C_1-2K_3v_{\min}}{-2\overline{C}_2\phi K_E-2K_3}, & v_c<v_{\min}\\[2ex] \dfrac{\phi K_E(C_3+C_4-C_5)+K_1C_1-2K_3v_{\max}}{-2\overline{C}_2\phi K_E-2K_3}, & v_c>v_{\max}.\end{cases} \tag{11-36}$$

因此，协态和驱动力分别为

$$\lambda_2^*=-\frac{\phi K_Ev_c}{C_1} \tag{11-37}$$

$$F_{e,\sigma}=\frac{1}{C_1}[\overline{C}_2v_c+C_3+C_4-C_5] \tag{11-38}$$

对于任何加速或减速模式，可推导出相应的恒定行驶速度，即可以在模式结束 t_M^f 时有一个恒定的速度 $v_M^f=v_c$ 与之相对应。此外，在两个阶段之间的过渡时刻，相应的速度应该相等，协态也是如此。因此，基于式(11-21)和式(11-25)，可以得到模式结束时间 $t_M^f(t_M^f=t_c^0)$ 为

$$t_M^f=-\frac{1}{\overline{C}_2}\ln\left[\frac{\overline{C}_2v_c-(C_1F_e-C_3-C_4+C_5)}{\overline{C}_2v_M^0-(C_1F_e-C_3-C_4+C_5)}\right]+t_M^0 \tag{11-39}$$

同样地，最后阶段 t_d^0 时刻的协态必须相寻，并且 $t_d^0=t_c^f$；然后，基于式(11-31)和式(11-37)，由于不同的相邻点，可以通过不同的方程推导出参数 K_2。

此外，利用边界条件式(11-17)和哈密顿函数在时间 $t=t_f$ 时刻的值，可得到：

$$H(t_f)=0 \tag{11-40}$$

由此可得未知参数 t_M^f、t_f 和 K_1 的值。

最后，基于上述讨论，可以得到每辆车最佳速度轨迹 $v_i^*(t)$。对于不同重量和大小的车辆队列，可以采用以下最优速度的平均值作为车辆队列的参考行驶速度：

$$v_p^*(t)=\frac{1}{n+1}\sum_{i=0}^{n}v_i^*(t) \tag{11-41}$$

注 11.1： 虽然本章与第 10 章都考虑了异构车辆队列的速度规划和跟踪控制问题，但所提的方法不同。具体来说，第 10 章基于车辆平均速度进行速度规划，提出了一种数值解法。由于这种数值解法需要更多的车辆信息，导致上层控制器的计算需要更多的通信、计算成本。而本章中的速度规划方法采用的是基于平均最优速度方法。此外，本章提出了一种解析方案，即每辆车的最优速度值都可以通过分布式的方式独立计算，相应的算法更加灵活和高效。此外，该方案可以很容易地推广到队列合并和分离操作。

基于上述结果，算法 11.1 给出基于 PMP 的车辆队列的最优速度规划算法。

算法 11.1：

输入：当前路段和每辆车的参数，包括限速 $[v_{\min},v_{\max}]$，K_E，C_1，C_2，C_3，C_4，C_5，$F_{e,\max}$，$F_{e,\min}$ 和 t_0，s_0，s_f，v_0，v_f。

输出：平均最优速度轨迹 $v_p^*(t)$。

设置 $\mathrm{sgn}(-g_j)=0$，$j=1$，2 和 $F_e=F_{e,\max}$。

第一步：当 $t=t_f$ 时，根据式(11-28)、式(11-31)和式(11-40)的条件计算 K_1。

第二步：根据式(11-35)计算恒定速度 v_c。

第三步：根据初始速度 v_0 和 v_c，确定第一阶段的行驶模式。

如果 $v_0<v_c$，使用加速模式，即，$M=a$、$v_0=v_a^0$；如果 $v_0>v_c$，选择减速模式，$M=d$、$v_0=v_d^0$；如果 $v_0=v_c$，则选择恒速模式。

第四步：确定是否要触发速度约束。

如果 $v_c\in[v_{\min},v_{\max}]$，则前往第六步；

如果 $v_c\notin[v_{\min},v_{\max}]$，则前往第五步。

（续）

第五步：根据式(11-36)计算恒定速度 v_c。
第六步：根据式(11-39)计算 t_M^f。
第七步：根据式(11-29)计算 $s(t_M^f)$。
第八步：根据 s_f 计算 t_c^f。
第九步：根据式(11-34)计算 $s(t_c^f)$。
第十步：计算最终时间 t_f。
第十一步：计算每辆车的最优轨迹 $v^*(t)$ 和 $s^*(t)$。
第十二步：利用式(11-41)求平均，计算出车辆队列的最优行驶速度轨迹 $v_p^*(t)$。

11.4　速度跟踪控制和队列稳定性

本节旨在为跟随车辆设计分布式控制律，实现对期望的车辆队列行驶的速度轨迹(由领队车辆表示)以及期望的恒定车辆间距的跟踪控制，并保证车辆队列稳定性要求，即实现 11.2 节中的控制目标 2)。

使用 $\dot{v}_i = a_i$ 并且基于式(11-2)，可得

$$F_{ei} = m_i a_i + \frac{\rho_i A_i C_{di}}{2} v_i^2 + m_i g\sin\theta + \mu_i m_i g\cos\theta \tag{11-42}$$

在两边求导，可得

$$\dot{a}_i = \frac{1}{m_i}(\dot{F}_{ei}(t) - \rho_i A_i C_{di} v_i(t) a_i(t) - m_i g\cos\theta + \mu_i m_i g\sin\theta) \tag{11-43}$$

在式(11-43)中，F_{ei} 为发动机产生的驱动力，其动力学可由下式给出[5]：

$$\dot{F}_{ei}(t) = -F_{ei}(t)/\tau_i + c_i(t)/\tau_i \tag{11-44}$$

其中，c_i 是发动机输入，$\tau_i > 0$ 是发动机的时间常数。基于式(11-42)～式(11-44)，车辆动力学模型可以写为

$$\begin{cases} \dot{s}_i = v_i \\ \dot{v}_i = a_i \\ \dot{a}_i = f_i(v_i, a_i) + g_i(v_i) c_i \end{cases} \tag{11-45}$$

其中，$f_i(v_i, a_i)$ 和 $g_i(v_i)$ 由下式给出：

$$f_i(v_i, a_i) = -\frac{1}{\tau_i}\left(a_i + \frac{\rho_i A_i C_{di}}{2m_i} v_i^2 + g\sin\theta + \mu_i g\cos\theta\right) - \frac{\rho_i A_i C_{di}}{m_i} v_i a_i - g\cos\theta + \mu_i g\sin\theta$$

$$g_i(v_i) = \frac{1}{\tau_i m_i}$$

通过引入以下反馈线性化控制律，可以将上述车辆非线性模型进一步转化为以下描述的线性模型：

$$c_i = m_i u_i + \tau_i \rho_i A_i C_{di} v_i \dot{v}_i + \tau_i m_i g\cos\theta - \tau_i \mu_i m_i g\sin\theta + \frac{1}{2}\rho_i A_i C_{di} v_i^2 + m_i g\sin\theta + \mu_i m_i g\cos\theta \tag{11-46}$$

其中，u_i 是要设计的额外控制输入。在引入式(11-46)后，式(11-45)中的第三个方程变为

$$\dot{a}_i = -a_i/\tau_i + u_i/\tau_i \tag{11-47}$$

根据式(11-3)~式(11-5)中的车辆间距和车辆队列动力学方程，车辆队列模型可以用以下微分方程来描述：

$$\begin{bmatrix} \dot{\delta}_i \\ \dot{v}_i \\ \dot{a}_i \end{bmatrix} = \begin{bmatrix} v_{i-1} - v_i \\ a_i \\ -a_i/\tau_i + u_i/\tau_i \end{bmatrix} \tag{11-48}$$

在本节中，假设领队车辆的轨迹是生成的最优轨迹，即 $v_0 = v_p^*$。将第 i 辆跟随车的跟踪误差 e_i 定义为

$$\dot{e}_i = k_1(d_i - d^*) + k_2(v_i - v_0) + k_3(s_i - s_i^*) \tag{11-49}$$

其中，s_i^* 表示第 i 辆车的期望轨迹，定义为 $s_i^* = s_0 - id^* - (l_1 + l_2 + \cdots + l_i)$；$k_1$、$k_2$ 和 k_3 表示误差权重参数。

为了利用滑模控制方法将跟踪误差镇定为零，为车辆选择如下的滑模面：

$$S_i = \dot{e}_i + ce_i \tag{11-50}$$

其中，$c>0$ 满足赫尔维茨稳定性条件。对 S_i 求导，可得

$$\dot{S}_i = k_1(\dot{v}_{i-1} - \dot{v}_i) + k_2\left(-\frac{a_i}{\tau_i} + \frac{u_i}{\tau_i}\right) + k_3(\dot{v}_i - \dot{v}_0) + c\dot{e}_i \tag{11-51}$$

为了保证滑模面在有限时间能够收敛到零，针对滑模面 S_i 的运动情况，施加以下限制：

$$\dot{S}_i = -\eta S_i \tag{11-52}$$

其中，$\eta>0$，根据式(11-49)和式(11-50)，控制器可设计为

$$\begin{aligned} u_i &= \frac{\tau_i}{k_2}\left[-\eta S_i - k_1(\dot{v}_{i-1} - \dot{v}_i) + \frac{k_2}{\tau_i}a_i - k_3(\dot{v}_i - \dot{v}_0) - c\dot{e}_i\right] \\ &= \frac{\tau_i}{k_2}\Big\{-(\eta + c)k_1(v_{i-1} - v_i) - k_1(\dot{v}_{i-1} - \dot{v}_i) - \\ &\quad k_2(\eta + c)(\dot{v}_i - \dot{v}_0) - [k_3(\eta + c) + \eta c k_2](v_i - v_0) - \\ &\quad \eta c k_3(s_i - s_i^*) - \eta c k_1(d_i - d^*) + \frac{k_2}{\tau_i}a_i\Big\} \end{aligned} \tag{11-53}$$

定理 11.1：若将式(11-53)所示的控制律用于式(11-48)所描述的车辆控制系统，则当滑模面和跟踪误差渐近收敛于零时，可保证车辆的稳定性。

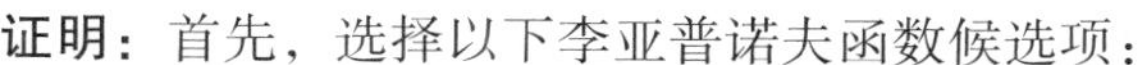

证明：首先，选择以下李亚普诺夫函数候选项：

$$V_i=\frac{1}{2}S_i^2 \tag{11-54}$$

利用式(11-49)，对上式求导可得

$$\dot{V}_i=S_i\dot{S}_i=S_i\left[k_1(\dot{v}_{i-1}-\dot{v}_i)-\frac{k_2}{\tau_i}a_i+\frac{k_2}{\tau_i}\frac{\tau_i}{k_2}u_i+k_3(\dot{v}_i-\dot{v}_0)+c\dot{e}_i\right] \tag{11-55}$$

将控制定律式(11-53)代入式(11-55)，可得

$$\begin{aligned}\dot{V}_i=S_i\dot{S}_i=S_i\Bigg\{&k_1(\dot{v}_{i-1}-\dot{v}_i)-\frac{k_2}{\tau_i}a_i+\frac{k_2}{\tau_i}\frac{\tau_i}{k_2}\Bigg[-\eta S_i-k_1(\dot{v}_{i-1}-\dot{v}_i)+\\&\frac{k_2}{\tau_i}a_i-k_3(\dot{v}_i-\dot{v}_0)-c\dot{e}_i\Bigg]+k_3(\dot{v}_i-\dot{v}_0)+c\dot{e}_i\Bigg\}=-\eta S_i^2\end{aligned} \tag{11-56}$$

由于 $\eta>0$，$\dot{V}_i$ 为负定，满足李亚普诺夫稳定性的条件。因此，跟踪误差可以在有限的时间内达到滑模面 $S_i=0$。至此定理得证。

本节对车辆队列控制稳定性进行分析，并根据所得到的队列稳定性条件，给出了相应的车辆队列控制算法。

结合式(11-48)中的纵向车辆动力学模型以及所提的控制律式(11-53)，可得如下的车间距误差方程：

$$\begin{aligned}&k_2\dddot{\delta}_i+[k_3+(c+\eta)k_2-k_1]\ddot{\delta}_i+[(c+\eta)(k_3-k_1)+c\eta k_2]\dot{\delta}_i+c\eta(k_3-k_1)\delta_i\\&=-k_1\ddot{\delta}_{i-1}-k_1(c+\eta)\dot{\delta}_{i-1}-c\eta k_1\delta_{i-1}\end{aligned} \tag{11-57}$$

采用拉普拉斯变换，式(11-57)描述的系统动力学方程对应的传递函数为

$$G_i(s)=\frac{\delta_i(s)}{\delta_{i-1}(s)}=\frac{\text{num}}{\text{den}} \tag{11-58}$$

其中，

$$\begin{aligned}\text{num}&=-k_1s^2-k_1(c+\eta)s-c\eta k_1\\\text{den}&=k_2s^3+[k_3+(c+\eta)k_2-k_1]s^2+\\&\quad[(c+\eta)(k_3-k_1)+c\eta k_2]s+c\eta(k_3-k_1)\end{aligned}$$

注意，$G_i(s)$的分母是 Hurwitz 稳定的当且仅当

$$\begin{cases}k_2>0\\\eta>0\\c>0\\k_3-k_1>0\end{cases} \tag{11-59}$$

为了确保车间距误差不会沿着队列方向而被放大，需要传递函数满足：

$$|G_i(\mathrm{j}\omega)|\leqslant 1\quad\forall\omega \tag{11-60}$$

其中，

$$|G_i(\mathrm{j}\omega)|=\sqrt{\frac{A^2+B^2}{C^2+D^2}} \tag{11-61}$$

其中

$$A=k_1\omega^2-c\eta k_1,\quad B=-k_1(c+\eta)\omega$$
$$C=-(k_3+ck_2+\eta k_2-k_1)\omega^2+c\eta(k_3-k_1)$$
$$D=-k_2\omega^3+[(c+\eta)(k_3-k_1)+c\eta k_2]\omega$$

算法 11.2：

第一步：利用算法 11.1 给出的最优的队列速度轨迹 v_p^*。

第二步：设计式(11-46)中的反馈线性化控制器。

第三步：根据定理 11.1 确定参数 c 和 η。利用这些参数，并利用方程式(11-59)和定理 11.2 中的不等式(11-62)，求出控制器增益 k_1，k_2 和 k_3。

第四步：利用第三步中获得的参数计算式(11-53)中的控制输入。

第五步：将跟踪控制器应用于队列系统。

定理 11.2： 对任意的 $\omega>0$，如果以下条件满足，则车间距误差的传递函数满足 $|\delta_i(\mathrm{j}\omega)/\delta_{i-1}(\mathrm{j}\omega)|\leqslant 1$：

$$\begin{cases} k_3^2-2k_1k_3\geqslant 0 \\ c>0 \\ \eta>0 \end{cases} \tag{11-62}$$

证明： 根据式(11-60)中的条件，可得

$$a_1\omega^6+a_2\omega^4+a_3\omega^2+a_4\geqslant 0 \tag{11-63}$$

其中，

$$\begin{aligned} &a_1=k_2^2 \\ &a_2=[k_3+(c+\eta)k_2-k_1]^2-2k_2[(c+\eta)(k_3-k_1)+c\eta k_2]-k_1^2 \\ &a_3=[(c+\eta)(k_3-k_1)+c\eta k_2]-2c\eta(k_3-k_1)[k_3+(c+\eta)k_2-k_1]+ \\ &\qquad 2k_1^2c\eta-k_1^2(c+\eta)^2 \\ &a_4=[c\eta(k_3-k_1)]^2-(c\eta k_1)^2 \end{aligned} \tag{11-64}$$

因为 $a_1>0$ 和 $a_4>0$，如果 $a_2>0$ 并且 $a_3>0$，可知对于任意 $\omega>0$，$|\delta_i(\mathrm{j}\omega)/\delta_{i-1}(\mathrm{j}\omega)|\leqslant 1$ 都成立，等价于式(11-62)中的条件。因此，定理得证。

最后，依据上述分析，给出车辆队列控制算法，见算法 11.2。

11.5 仿真研究

在本节中，利用 MATLAB 工具箱对本章所提出的速度规划和车辆队列控制方法进行仿真验证。为此，考虑由四辆相同车辆组成的队列，其中，车辆的参数与参

考文献[6]相同，见表 11-1。在仿真实验中，车辆的初始车间距误差为零。首先，对不同道路的最优的参考速度轨迹进行验证。其次，验证车辆的跟踪控制性能。

表 11-1　车辆仿真参数

参数	描述	数值
l	车辆长度	2m
m	车辆质量	1607kg
ρ	空气密度	1.19854kg/m^3
A	横截面面积	2.250842m^2
C_d	空气阻力系数	0.3
μ	滚动阻力系数	0.015
g	重力加速度	9.81m/s^2

在本节中，对算法 11.1 中考虑的不同情况进行了验证。首先，根据算法 11.1，应该确定驱动模式。为此，考虑不同初始速度，在长度为 10km 的平直公路上进行仿真实验。仿真结果如图 11-3 所示。其次，在一条长度为 20km 的平直公路上进行了仿真实验，该公路上有两个服务区，分为三个具有不同坡度和限速的路段。利用所提出的方法，得到的最优的速度轨迹，如图 11-4 和图 11-5 所示。

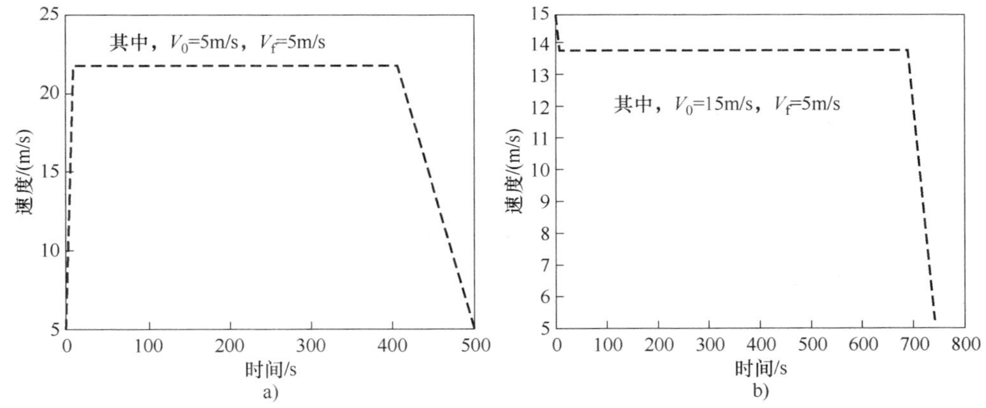

图 11-3　最佳的速度轨迹

a）初始速度为 5m/s　b）初始速度为 15m/s

在本节中，考虑在道路路段上行驶车辆的跟踪控制性能。其最优的参考轨迹可由算法 11.1 计算得到，如图 11-3 所示，其中领队车辆速度的初始值为 $v_0=5\text{m/s}$ 并减速至 $v_f=5\text{m/s}$。四辆车辆的初始位置和初始速度分别设置如下：$\boldsymbol{s}(t_0)=[0\quad 12\quad 24\quad 36]\text{m}$ 和 $\boldsymbol{v}(t_0)=[5\quad 5\quad 5\quad 5]\text{m/s}$。仿真中，期望的车辆间距为 $d^*=10\text{m}$。根据条件式(11-59)和式(11-62)，可设置 $c=0.5$、$\eta=0.5$、$k_1=-1$、$k_2=1.5$ 和 $k_3=3$。仿真结果如图 11-6 和图 11-7 所示。

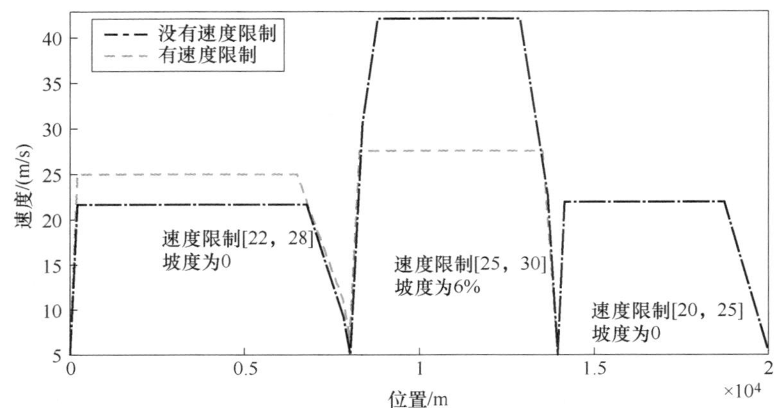

图 11-4 包含上坡的最优速度轨迹（见彩插）

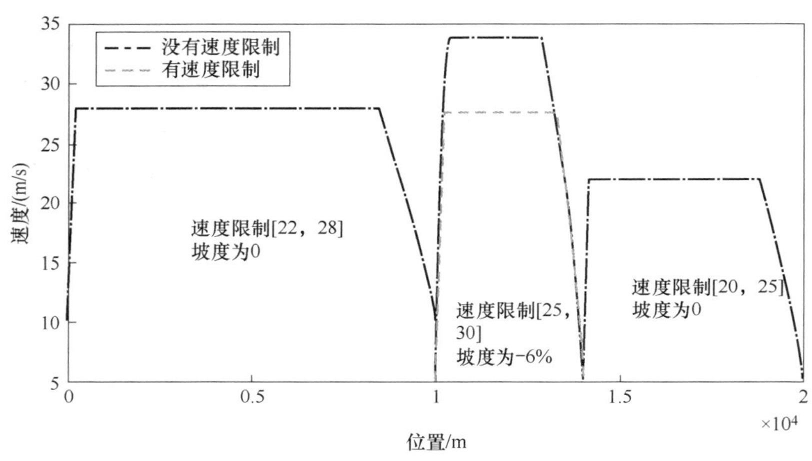

图 11-5 包括下坡的最优速度轨迹（见彩插）

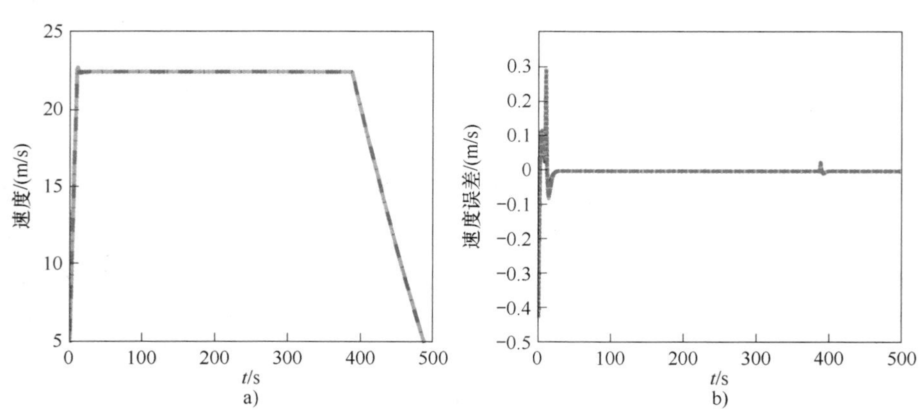

图 11-6 速度轨迹跟踪控制（见彩插）

a）第 i 辆车的速度轨迹　b）第 i 辆车的速度误差

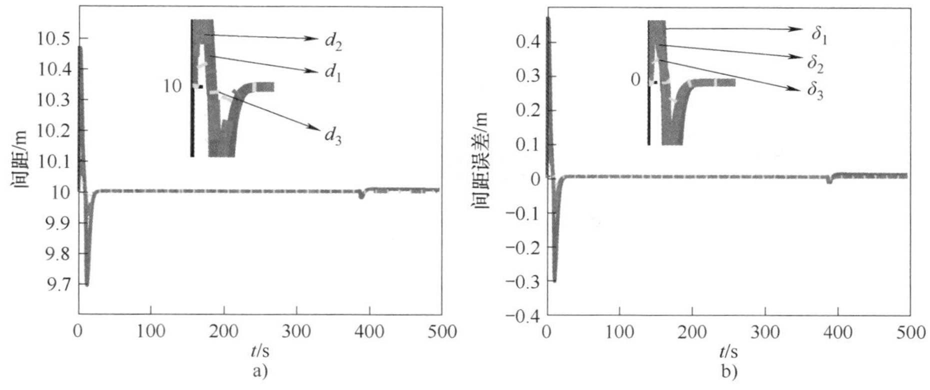

图 11-7　车辆间距控制（见彩插）

a）第 i 辆车辆的间距　b）第 i 辆车辆的间距误差

11.6　本章小结

本章研究了公路运输车辆考虑燃油效率的车辆队列控制问题。构建了分层的控制结构，首先结合油耗和行驶时间构建了成本函数，并利用 PMP 方法得到了车辆队列的最优速度轨迹。其次，提出了一种基于滑模控制策略的速度跟踪控制算法，该算法可应用于跟踪层实现分布式控制，保证队列的稳定性。仿真结果验证了所提方法的有效性。

参考文献

[1] KIRK D E. Optimal Control Theory：An Introduction（Dover Books on Electrical Engineering）[J]. Mineola，NY，USA：Dover，2012.

[2] LIANG K Y，MÅRTENSSON J，JOHANSSON K H. Heavy-duty vehicle platoon formation for fuel efficiency[J]. IEEE Trans. Intell. Transp. Syst，2016，17(4)：1051-1061.

[3] LI C J，MA G F. Optimal Control[J]. Beijing，China：Science Press，2011.

[4] OZATAY E，OZGUNER U，ONORI S，et al. Analytical solution to the minimum fuel consumption optimization problem with the existence of a traffic light[C]. Proc. DSCC，2012，837-846.

[5] ALI A，GARCIA G，MARTINET P. The flatbed platoon towing model for safe and dense platooning on highways[J]. IEEE Intell. Transp. Syst. Mag，2015，7(1)：58-68.

[6] LIM H，SU W，MI C C. Distance-based ecological driving scheme using a two-stage hierarchy for long-term optimization and short-term adaptation[J]. IEEE Trans. Veh. Technol，2017，66(3)：1940-1949.

第 12 章　异质车队分布式轨迹优化与滑模控制

12.1　引言

本章主要针对车辆的速度规划和最优跟踪控制问题展开讨论。第 10 章对这一问题进行了研究，提出了一个滚动时域速度规划和反步法的队列控制框架；第 11 章针对同一问题，基于 Pontryagin 极小值原理和滑模控制原理得到的具有解析解的形式。从车队控制的性能指标上来，虽然以上提到的两种方法都能够实现车辆队列的最优控制，但从瞬态响应上来看，这两种方案忽略了车间距误差最小化的要求。众所周知，间距误差对于车辆保持紧凑的队形至关重要[1-2]。

为此，本章提出利用分布式控制策略，解决车队控制中涉及的车间距最小化问题。但解决此问题非常具有挑战性，其主要难点在于：①车载自组织网络中的通信通常是不可靠的，造成跟随车辆一般不易获取领队车辆信息或其邻居车辆的信息，用于其控制输入的更新。因此，通过假定可靠的车间通信（如前车领队者跟随（LPF）通信拓扑、前车跟随（PF）通信拓扑、双向前车跟随（BPF）通信拓扑等），得到的可保证队列稳定性的控制策略，往往在实际中很难实现。②异质车队通常由具有不同尺寸、不同参数的车辆构成，并且车辆模型还具有不确定的参数。另外，车队系统实际上是一个级联的控制系统，导致跟随车辆的车间距误差相互影响[3]。

为此，本章提出了分布式协同控制算法，用于实现车辆间距误差最小化。针对车载自组织网络中的不可靠的车间通信和车辆模型中存在的不确定的动力学参数，提出了分层控制方法。具体来说，在上层控制器中，利用分布式连续凸优化技术，为每辆跟随车规划设计了期望的行驶轨迹。当车辆的间距误差最小时，跟随车与领队车的行驶轨迹保持一致。下层提出了自适应滑模控制器，对上层的优化轨迹实现跟踪控制。通过分析滑模面上跟踪误差的动态变化，推导出能够满足内稳定性和队列稳定性的控制器参数。本章主要的贡献如下：

1）当车间距误差达到最小时，上层输入的最优轨迹与领队车辆的轨迹达成一致，为此，在满足车队的队列稳定性的同时，可不需要直接利用来自领队车辆或其邻居车辆的信息。依据参考文献[4]和[5]可知，当车队中能够从领队车辆获取的信息的跟随车辆的数目越多，整个车队的控制性能越好。

2）在任意时刻，只通过与相邻车辆之间的信息交换，实现了对车队所有跟随车辆的车间距误差的最小化，并且允许跟随车辆模型参数不同以及包含参数未知的情况。

3）通过构建具有分层的控制器结构，在车队控制的设计中，实现了控制与通信两部分的解耦控制。通过利用这种策略，可以将更有效的控制策略（自适应滑模控制器）应用于下层控制中，以此改善车队控制性能。

符号说明：$\mathbb{R}^n$ 表示 n 维欧几里得空间，diag{·}是对角矩阵。矩阵不等式 $\boldsymbol{A}>(\geqslant)\boldsymbol{B}$ 表示矩阵 $\boldsymbol{A}-\boldsymbol{B}$ 是正（半）定的。此外，$\|x\|_p$ 表示向量 x 的 p 范数，$\boldsymbol{A}^{\mathrm{T}}$ 是矩阵 $\boldsymbol{A}$ 的转置，⊗表示矩阵的克罗内克积，$\lambda_{\min}(\boldsymbol{A})$ 是矩阵 $\boldsymbol{A}$ 的最小特征值。令 $\boldsymbol{1}_N$ 和 $\boldsymbol{0}_N$ 分别表示 N 个 1 和 0 的列向量，其中 $\boldsymbol{I}_N$ 表示 $N\times N$ 单位矩阵。sgn(·)表示符号函数，|·|代表绝对值。

12.2　问题描述

基于车载自组织网络，考虑在水平道路上行驶的 $N+1$ 辆车组成的异质车辆队列（见图 12-1）。定义 z_i、v_i 和 a_i 分别表示第 i（$i=0,1,2,\cdots,N$）辆车的位置、速度和加速度。在队列中，领队车的编号为 0，跟随车的编号为 1 到 N。每辆跟随车辆都可以通过车载自组织网络，与相邻车辆通信来获取信息。假设车辆间的通信时稳定且可靠的。

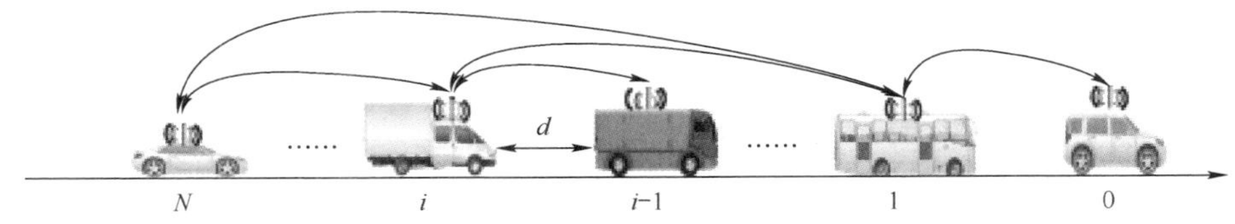

图 12-1　车辆队列

车队的通信拓扑可以由有向连通图 $\mathcal{G}_N=(\mathcal{V}_N,\mathcal{E}_N)$ 表示，其中 $\mathcal{V}_N=\{1,2,\cdots,N\}$ 表示车辆集合，$\mathcal{G}_N=(\mathcal{V}_N,\mathcal{E}_N)$ 是边缘集合。定义 $\mathcal{E}_{ij}\triangleq(i,j)\in\mathcal{E}_N$ 作为边，它意味着存在从车辆 j 到车辆 i 的定向通信链路，即 $(i,j)\in\mathcal{E}_N$。路径是图中一系列的连通边。$\boldsymbol{A}=[a_{ij}]_{N\times N}$ 表示图 $\mathcal{G}_N$ 的邻接矩阵，对于任意车辆 i，$a_{ii}=0$，并且如果 $\varepsilon_{ij}\in\mathcal{E}_N$，则 $a_{ij}=1$，否则 $a_{ij}=0$。如果任意节点之间存在一条通路，则称图 $\mathcal{G}_N$ 是连通的。令 $\boldsymbol{D}=[d_{ij}]_{N\times|\varepsilon_N|}$ 作为 $\mathcal{G}_N$ 的关联矩阵，如果车辆 i 远离 ε_j 的方向，则 $d_{ij}=-1$；如果车辆 i 驶向 ε_j，则 $d_{ij}=1$，否则 $d_{ij}=0$。拉普拉斯矩阵 $\boldsymbol{L}$ 描述了所有跟随车之间的连接关系，定义 $\boldsymbol{L}=[l_{ij}]_{N\times N}$，$l_{ii}=-\sum\limits_{j=1,j\neq i}^{N}l_{ij}$。如果车辆 i 能够接收到车辆 j 的发出的信息，

则 $l_{ij}=-1$；否则 $l_{ij}=0$。注意到 $\boldsymbol{L}\triangleq\boldsymbol{D}\boldsymbol{D}^{\mathrm{T}}$。跟随车中车辆 i 的相邻车辆的集合定义为

$$\boldsymbol{N}_i=\{j\in\mathcal{V}_N,(i,j)\in\mathcal{E}_N\} \tag{12-1}$$

为了描述领队车与跟随车之间的通信，定义一个增广有向图 $\mathcal{G}_{N+1}=(\mathcal{V}_{N+1},\mathcal{E}_{N+1})$，它具有 $N+1$ 个顶点，$\mathcal{V}_{N+1}=\{0,1,2,\cdots,N\}$。对角矩阵 $\boldsymbol{\mathcal{P}}=\mathrm{diag}\{p_1,p_2,\cdots,p_N\}$ 表示每辆跟随车与领队车的连接情况：如果跟随车 i 和领队车相连，则 $p_i=1$，否则 $p_i=0$。节点 i 的包含领队车辆的集合定义为

$$\boldsymbol{P}_i=\begin{cases}\phi, & p_i=0\\ \{0\}, & p_i=1\end{cases} \tag{12-2}$$

其中，ϕ 表示空集，集合$\{0\}$表示只有索引号 0。根据连接状态 p_i 的可知集合 $\boldsymbol{P}_i$ 是空集或者是只包含领队车的集合。

图 $\mathcal{G}_{N+1}$的关联矩阵 $\overline{\boldsymbol{D}}=[d_{ij}]_{N\times|\mathcal{E}_{N+1}|}$，可推得 $\boldsymbol{L}+\boldsymbol{P}\triangleq\overline{\boldsymbol{D}}\,\overline{\boldsymbol{D}}^{\mathrm{T}}$。上述符号同样适用于时变的图，其中 $\mathcal{G}_N(t)/\mathcal{G}_{N+1}(t)$、$\boldsymbol{L}(t)$、$\boldsymbol{D}(t)/\overline{\boldsymbol{D}}(t)$ 和 $\boldsymbol{P}(t)$ 分别是随时间 t 变化的无向图、拉普拉斯矩阵、关联矩阵和邻接矩阵。

本章主要考虑无向通信拓扑图，即跟随车之间的信息流是无向的，由此可得边(i,j)和(j,i)是等价的。

首先做出如下假设[6]：

假设 12.1：增广图 $\mathcal{G}_{N+1}$包含至少一个源于领队车辆的有向生成树。

假设 12.1 意味着在 $\mathcal{G}_{N+1}$中，领队车的信息是全局可达的。即每辆跟随车都可以直接或者间接地获取领队车的信息，这是保证车辆队列控制内稳定的前提。通常，内稳定性表示车队相对于闭环系统特征值的渐进稳定性。考虑车辆间通信拓扑结构，给出以下定义：

定义 12.1：具有线性时不变特性的车队控制系统是内部稳定的，当且仅当其闭环控制系统是渐近稳定的[7]。

引理 12.1：对于任意无向通信拓扑，当 $\lambda_{\min}(L)=0$ 时，$\boldsymbol{1}_N$ 为相对应的特征向量。如果假设 12.1 成立，$\lambda_{\min}(L)=0$ 是其唯一的特征值，并且所有 $\boldsymbol{L}+\boldsymbol{\mathcal{P}}$的特征值都大于 0，即 $\lambda_{\min}(\boldsymbol{L}+\boldsymbol{\mathcal{P}})>0$[8]。

根据反馈线性化技术，可得到以下线性化的三阶车辆模型[9-10]：

$$\begin{cases}\dot{z}_i(t)=v_i(t)\\ \dot{v}_i(t)=a_i(t)\\ \dot{a}_i(t)=-\varsigma_i a_i(t)+\varsigma_i u_{i2}(t)\end{cases} \tag{12-3}$$

其中，$\varsigma_i=1/\theta_i$，θ_i 表示车辆传动系统动不确定的时间常数，$u_{i2}(t)$ 作为跟随车 i 的控制输入。

为车辆 i 定义以下距离误差

$$\delta_i(t)=z_i(t)-z_{i-1}(t)-d_{i,i-1} \tag{12-4}$$

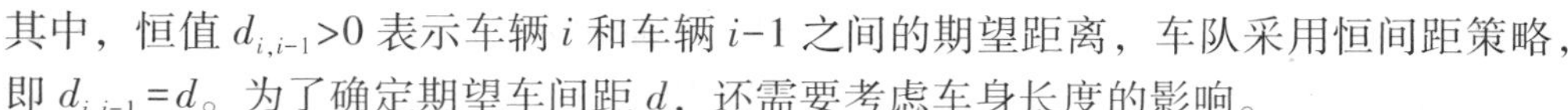

其中，恒值 $d_{i,i-1}>0$ 表示车辆 i 和车辆 $i-1$ 之间的期望距离，车队采用恒间距策略，即 $d_{i,i-1}=d$。为了确定期望车间距 d，还需要考虑车身长度的影响。

为了最大限度地减小车队级联系统的车间距误差，定义以下优化控制问题：

$$\min_{z_i(t)} J(t)=\sum_{i=1}^{N}\delta_i^2(t) \tag{12-5a}$$

$$\text{s. t.}\begin{cases}\lim\limits_{t\to\infty}|v_i(t)-v_0(t)|=0\\ \lim\limits_{t\to\infty}|\delta_i(t)|=0\end{cases} \tag{12-5b}$$

假定领队车辆匀速行驶，即 $a_0=0$，$z_0=v_0t$。需要注意的是，式(12-5a)中定义的车队的性能指标函数是凸函数。

本章利用分层的控制框架，来解决式(12-5a)和式(12-5b)中定义的分布式优化控制问题。如图 12-2 所示，分别在不同的控制层中实现车队的轨迹优化和跟踪控制目标。具体来说，上层控制器用于跟踪优化，利用车辆 i 本身和相邻车辆的位置和速度，来确定一组时变参考位置 $z_i^*(t)$ 和速度 $v_i^*(t)$ 以满足式(12-5a)和式(12-5b)中定义的控制目标。下层控制中，设计了自适应跟踪控制器来跟踪轨迹 $z_i^*(t)$ 和 $v_i^*(t)$，使得在车辆动力学中存在不确定参数 ς_i 时，依然能够满足车队的内稳定性和队列稳定性要求。

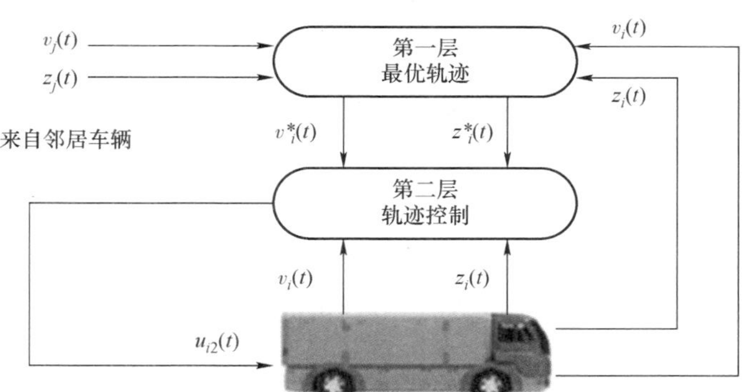

图 12-2　车队的分层控制结构

12.3　车队轨迹优化

本节考虑上层控制中涉及的车队轨迹优化问题。首先定义以下关于参考位置和速度的动力学方程

$$\begin{cases}\dot{z}_i^*(t)=v_i^*(t)\\ \dot{v}_i^*(t)=u_{i1}(t)\end{cases} \tag{12-6}$$

利用邻居集合 $\boldsymbol{I}_i=\boldsymbol{N}_i\cup\boldsymbol{P}_i$ 中的节点信息来设计控制输入 $u_{i1}(t)$，使得由式(12-6)确定的轨迹 $z_i^*(t)$ 和 $v_i^*(t)$，是式(12-5a)和式(12-5b)中定义的优化问题的可行解。由集合 $\boldsymbol{I}_i$ 可知领队车辆是否是第 i 辆跟随车辆的邻居。

对于上层控制器的轨迹优化问题，给出以下结论：

定理 12.1：考虑模型参数不确定的异质车辆队列，如果假设 12.1 成立，对于常系数 μ、α、γ 和 ξ，如果 $\dfrac{\gamma}{\alpha\xi}<\lambda_{\min}(L+\mathcal{P})$ 成立，则上层控制器式(12-7a)可保证参考位置 $z_i^*(t)$ 和速度 $v_i^*(t)$ 是式(12-5a)和式(12-5b)中定义的优化问题的可行解。其中，控制器式(12-7a)中的增益 $\beta_{ij}(t)$ 和内部信号 $\phi_i(t)$ 的具体表示如下式所示：

$$\begin{aligned}u_{i1}(t)=&-\sum_{j\in\boldsymbol{I}_i}\mu(z_i(t)-z_j(t)-d_{i,j})+\alpha(v_i(t)-v_j(t))-\\&\sum_{j\in\boldsymbol{I}_i}\beta_{ij}(t)\operatorname{sgn}(\gamma(z_i(t)-z_j(t)-d_{i,j})+\xi(v_i(t)-v_j(t)))+\phi_i(t)\end{aligned}\tag{12-7a}$$

$$\dot{\beta}_{ij}(t)=|\gamma(z_i(t)-z_j(t)-d_{i,j})+\xi(v_i(t)-v_j(t))|\tag{12-7b}$$

$$\phi_i(t)=-2(z_i(t)-z_j(t)-d_{i,j})-(v_i(t)-v_j(t))\tag{12-7c}$$

其中，$\beta_{ij}(0)=\beta_{ji}(0)\geqslant 0$。

证明：在上层控制器中，定义以下跟踪误差

$$\begin{cases}\hat{z}_i^*(t)=z_i^*(t)-z_0(t)-d_{i,0}\\\hat{v}_i^*(t)=v_i^*(t)-v_0(t)\end{cases}\tag{12-8}$$

其中，$\hat{z}_i^*(t)$ 和 $\hat{v}_i^*(t)$ 分别表示第 i 辆跟随车和领队车之间的距离误差和速度误差，通过引入跟踪误差 $\hat{z}_i^*(t)$ 和 $\hat{v}_i^*(t)$，易知

$$\begin{cases}\hat{z}_i^*(t)-\hat{z}_j^*(t)=z_i^*(t)-z_j^*(t)-d_{i,j}\\\hat{v}_i^*(t)-\hat{v}_j^*(t)=v_i^*(t)-v_j^*(t)\end{cases}$$

由式(12-8)可知，跟踪误差的动态特性可以表示为

$$\begin{cases}\dot{\hat{z}}_i^*(t)=\hat{v}_i^*(t)\\\dot{\hat{v}}_i^*(t)=u_{i1}(t)\end{cases}\tag{12-9}$$

这里，假设领队车辆的加速度满足 $a_0(t)=0$。

设计下层控制器实现对位置和速度的跟踪控制，即当 $t\to\infty$ 时，满足 $z_i(t)\to z_i^*(t)$，$v_i(t)\to v_i^*(t)$。为此，将控制器 $u_{i1}(t)$ 中的位置 $z_i(t)$ 和速度 $v_i(t)$ 分别替换为参考位置和速度 $z_i^*(t)$、$v_i^*(t)$，式(12-7a)表示的控制器 $u_{i1}(t)$ 可以重新列写为式(12-10a)，与之相应，增益 $\beta_{ij}(t)$ 和内部信号 $\phi_i(t)$ 可以重新表示为

$$\begin{aligned}u_{i1}(t)=&-\sum_{j\in\boldsymbol{I}_i}\mu(\hat{z}_i^*(t)-\hat{z}_j^*(t))+\alpha(\hat{v}_i^*(t)-\hat{v}_j^*(t))-\\&\sum_{j\in\boldsymbol{I}_i}\beta_{ij}(t)\operatorname{sgn}(\gamma(\hat{z}_i^*(t)-\hat{z}_j^*(t))+\xi(\hat{v}_i^*(t)-\hat{v}_j^*(t)))+\phi_i(t)\end{aligned}\tag{12-10a}$$

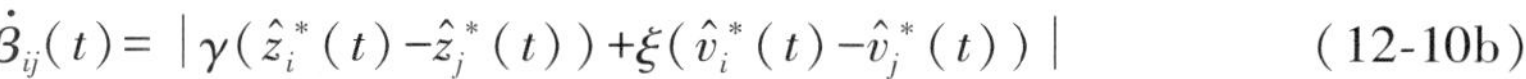

$$\dot{\beta}_{ij}(t)=|\gamma(\hat{z}_i^*(t)-\hat{z}_j^*(t))+\xi(\hat{v}_i^*(t)-\hat{v}_j^*(t))| \tag{12-10b}$$

$$\phi_i(t)=-2(\hat{z}_i^*(t)-\hat{z}_j^*(t))-(\hat{v}_i^*(t)-\hat{v}_j^*(t)) \tag{12-10c}$$

根据式(12-8)中定义的 $\hat{z}_i^*(t)$ 和 $\hat{v}_i^*(t)$，在式(12-5a)和式(12-5b)中描述的优化问题可以转化为以下的一致性优化问题：

$$\min_{\hat{z}_i^*(t)} J=\sum_{i=1}^{N}[\hat{z}_i^*(t)-\hat{z}_{i-1}^*(t)]^2 \tag{12-11a}$$

$$\text{s. t.}\begin{cases}\hat{z}_i^*(t)=\hat{z}_j^*(t)\\ \hat{v}_i^*(t)=\hat{v}_j^*(t)\end{cases} \tag{12-11b}$$

为了证明 $\hat{z}_i^*(t)$ 和 $\hat{v}_i^*(t)$ 是式(12-11a)和式(12-11b)中优化问题的可行解，需要以下定义和假设。

定义 12.2：定义 $a'_{ij}=a_{ij}\beta_{ij}(t)$，$p'_i=p_i\beta_{i0}(t)$。引入新的拉普拉斯矩阵 $L'=[l'_{ij}]_{N\times N}$ 和邻接矩阵 $\boldsymbol{P}'=\mathrm{diag}\{p'_1,p'_2,\cdots,p'_n\}$，其中，$l'_{ii}=-\sum\limits_{j=1,j\neq i}^{N}l'_{ij}$，$l'_{ij}=-a'^2_{ij}$。因为 $l'_{ij}=l'_{ji}$，拉普拉斯矩阵 $\boldsymbol{L}'$ 是对称的。类似于矩阵 $\boldsymbol{D}$ 和 $\overline{\boldsymbol{D}}$ 的定义，$\boldsymbol{D}'=[d'_{ij}]_{N\times|\varepsilon_N|}$ 和 $\overline{\boldsymbol{D}}'=[d'_{ij}]_{N\times|\varepsilon_{N+1}|}$ 是与拉普拉斯矩阵 $\boldsymbol{L}'$ 相关联的、新定义的两个度矩阵，其中如果边 ε_{ij} 离开节点 i，则 $d'_{ij}=-a'_{ij}$；如果其进入节点 i，则 $d'_{ij}=a'_{ij}$；其他情况，则 $d_{ij}=0$。注意到 $\boldsymbol{L}'\triangleq\boldsymbol{D}'\boldsymbol{D}'^{\mathrm{T}}$，$\boldsymbol{L}'+\boldsymbol{P}'\triangleq\overline{\boldsymbol{D}}'\overline{\boldsymbol{D}}'^{\mathrm{T}}$。

假设 12.2：对于式(12-7c)中定义的内部信号 $\phi_i(t)$，存在正常数 $\overline{\phi}$ 使得 $|\phi_i(t)-\phi_j(t)|\leqslant\overline{\phi}$，$\forall i,j\in\{1,2,\cdots,N\}$。易知 $|z_i(t)-z_j(t)-d_{i,j}|$ 和 $|v_i(t)-v_j(t)|$ 的有界性，可以保证 $\overline{\phi}$ 的有界性。

定义 $\overline{\boldsymbol{Z}}(t)=[\hat{z}_1^*(t)\quad \hat{z}_2^*(t)\quad\cdots\quad\hat{z}_N^*(t)]^{\mathrm{T}}$，$\overline{\boldsymbol{V}}(t)=[\hat{v}_1^*(t)\quad\hat{v}_2^*(t)\quad\cdots\quad\hat{v}_N^*(t)]^{\mathrm{T}}$ 且 $\boldsymbol{\Phi}(t)=[\phi_1(t)\quad\phi_2(t)\quad\cdots\quad\phi_N(t)]^{\mathrm{T}}$。首先，证明当 $t\to\infty$ 时，车间距误差 $\hat{z}_i^*(t)$ 和速度误差 $\hat{v}_i^*(t)$ 可以趋于一致。

将控制器式(12-10a)代入跟踪误差动态式(12-9)中，则闭环队列控制系统可以重新写成：

$$\begin{cases}\dot{\overline{\boldsymbol{Z}}}(t)=\overline{\boldsymbol{V}}(t)\\ \dot{\overline{\boldsymbol{V}}}(t)=-\mathcal{G}(\mu\overline{\boldsymbol{Z}}(t)+\alpha\overline{\boldsymbol{V}}(t))-\boldsymbol{\Omega}(t)+\boldsymbol{\Phi}(t)\end{cases} \tag{12-12}$$

其中，$\mathcal{G}=\boldsymbol{L}+\boldsymbol{P}$，$\boldsymbol{\Omega}(t)=\overline{\boldsymbol{D}}'\mathrm{sgn}(\overline{\boldsymbol{D}}^{\mathrm{T}}(\gamma\overline{\boldsymbol{Z}}(t)+\xi\overline{\boldsymbol{V}}(t)))$。为了便于对车队控制系统式(12-12)的稳定性分析，定义以下误差向量：

$$\begin{cases}\hat{\boldsymbol{Z}}(t)=\boldsymbol{\Pi}\overline{\boldsymbol{Z}}(t)\\ \hat{\boldsymbol{V}}(t)=\boldsymbol{\Pi}\overline{\boldsymbol{V}}(t)\end{cases}$$

其中，矩阵 $\boldsymbol{\Pi}\triangleq\boldsymbol{I}_N-\frac{1}{N}\mathbf{1}_N\mathbf{1}_N^{\mathrm{T}}$。由于矩阵 $\boldsymbol{\Pi}$ 有一个特征值为0，其对应的特征向量为 $\mathbf{1}_N$；另一个特征值为1，其重数为 $N-1$。当且仅当 $\hat{z}_i^*(t)=\hat{z}_j^*(t)$ 并且 $\hat{v}_i^*(t)=\hat{v}_j^*(t)$ 时，有 $\hat{\boldsymbol{Z}}(t)=0$，$\hat{\boldsymbol{V}}(t)=0$。因此，车队控制系统式(12-12)可以重新改写为

$$\begin{cases}\dot{\hat{\boldsymbol{Z}}}(t)=\hat{\boldsymbol{V}}(t)\\ \dot{\hat{\boldsymbol{V}}}(t)=-\mathcal{G}(\mu\hat{\boldsymbol{Z}}(t)+\alpha\hat{\boldsymbol{V}}(t))-\boldsymbol{\Omega}'(t)+\boldsymbol{\Pi}\phi(t)\end{cases}\tag{12-13}$$

其中，$\boldsymbol{\Omega}'(t)=\overline{\boldsymbol{D}}'\mathrm{sgn}(\overline{\boldsymbol{D}}^{\mathrm{T}}(\gamma\hat{\boldsymbol{Z}}(t)+\xi\hat{\boldsymbol{V}}(t)))$

对于闭环车队控制系统式(12-13)，定义以下李亚普诺夫函数：

$$W_1(t)=\frac{1}{2}\begin{bmatrix}\hat{\boldsymbol{Z}}(t)\\ \hat{\boldsymbol{V}}(t)\end{bmatrix}^{\mathrm{T}}\boldsymbol{H}\begin{bmatrix}\hat{\boldsymbol{Z}}(t)\\ \hat{\boldsymbol{V}}(t)\end{bmatrix}+\frac{1}{4}\sum_{i=1}^{N}\sum_{j\in\boldsymbol{I}_i}(\beta_{ij}(t)-\bar{\beta})^2\tag{12-14}$$

其中，$\boldsymbol{H}=\begin{bmatrix}(\alpha\gamma+\mu\xi)\mathcal{G} & \gamma\boldsymbol{I}_N\\ \gamma\boldsymbol{I}_N & \xi\boldsymbol{I}_N\end{bmatrix}$，$\bar{\beta}>0$。为了证明矩阵 $\boldsymbol{H}$ 的正定性，定义矩阵 $\hat{\boldsymbol{H}}$ 为

$$\hat{\boldsymbol{H}}=\begin{bmatrix}(\alpha\gamma+\mu\xi)\lambda_{\min}(\mathcal{G})\boldsymbol{I}_N & \gamma\boldsymbol{I}_N\\ \gamma\boldsymbol{I}_N & \xi\boldsymbol{I}_N\end{bmatrix}$$

易知 $\hat{\boldsymbol{H}}\leqslant\boldsymbol{H}$，因此有下式成立：

$$(\alpha\gamma+\mu\xi)\lambda_{\min}(\mathcal{G})-\frac{\gamma^2}{\xi}>0$$

基于Schur补，可知 $\hat{\boldsymbol{H}}>0$。即 $0\leqslant\hat{\boldsymbol{H}}\leqslant\boldsymbol{H}$。

将对 $W_1(t)$ 求导，得

$$\begin{aligned}\dot{W}_1(t)=&\begin{bmatrix}\hat{\boldsymbol{Z}}(t)\\ \hat{\boldsymbol{V}}(t)\end{bmatrix}^{\mathrm{T}}\boldsymbol{H}\begin{bmatrix}\hat{\boldsymbol{V}}(t)\\ \dot{\hat{\boldsymbol{V}}}(t)\end{bmatrix}+\frac{1}{2}\sum_{i=1}^{N}\sum_{j\in\boldsymbol{I}_i}(\beta_{ij}(t)-\bar{\beta})\dot{\beta}_{ij}(t)\\ =&-\gamma\mu\hat{\boldsymbol{Z}}^{\mathrm{T}}(t)\mathcal{G}\hat{\boldsymbol{Z}}(t)+\hat{\boldsymbol{V}}^{\mathrm{T}}(t)(\gamma\boldsymbol{I}_N-\alpha\xi\mathcal{G})\hat{\boldsymbol{V}}(t)-\\ =&-\gamma\mu\hat{\boldsymbol{Z}}^{\mathrm{T}}(t)\mathcal{G}\hat{\boldsymbol{Z}}(t)+\hat{\boldsymbol{V}}^{\mathrm{T}}(t)(\gamma\boldsymbol{I}_N-\alpha\xi\mathcal{G})\hat{\boldsymbol{V}}(t)-\\ &\frac{1}{2}\sum_{i=1}^{N}\sum_{j\in\boldsymbol{I}_i}\beta_{ij}(t)\left|\gamma(\hat{z}_i^*(t)-\hat{z}_j^*(t))+\xi(\hat{v}_i^*(t)-\hat{v}_j^*(t))\right|+\\ &\frac{1}{N}\sum_{i=1}^{N}\sum_{j=1}^{N}[\gamma(\hat{z}_i^*(t)-\hat{z}_j^*(t))+\xi(\hat{v}_i^*(t)-\hat{v}_j^*(t))]\phi_i(t)+\\ &\frac{1}{2}\sum_{i=1}^{N}\sum_{j\in\boldsymbol{I}_i}(\beta_{ij}(t)-\bar{\beta})\dot{\beta}_{ij}(t)\end{aligned}\tag{12-15}$$

将式(12-10b)中的 $\dot{\beta}_{ij}(t)$ 代入式(12-15)，可得

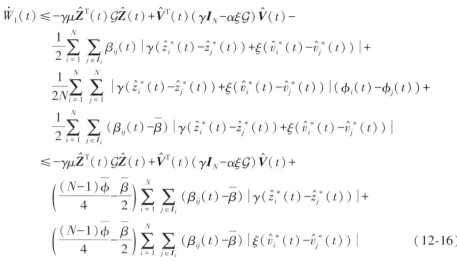

$$
\begin{aligned}
\dot{W}_1(t) \leqslant & -\gamma\mu\hat{\boldsymbol{Z}}^{\mathrm{T}}(t)\mathcal{G}\hat{\boldsymbol{Z}}(t)+\hat{\boldsymbol{V}}^{\mathrm{T}}(t)(\gamma\boldsymbol{I}_N-\alpha\xi\mathcal{G})\hat{\boldsymbol{V}}(t)- \\
& \frac{1}{2}\sum_{i=1}^{N}\sum_{j\in\boldsymbol{I}_i}\beta_{ij}(t)\left|\gamma(\hat{z}_i^*(t)-\hat{z}_j^*(t))+\xi(\hat{v}_i^*(t)-\hat{v}_j^*(t))\right|+ \\
& \frac{1}{2N}\sum_{i=1}^{N}\sum_{j=1}^{N}\left|\gamma(\hat{z}_i^*(t)-\hat{z}_j^*(t))+\xi(\hat{v}_i^*(t)-\hat{v}_j^*(t))\right|(\phi_i(t)-\phi_j(t))+ \\
& \frac{1}{2}\sum_{i=1}^{N}\sum_{j\in\boldsymbol{I}_i}(\beta_{ij}(t)-\bar{\beta})\left|\gamma(\hat{z}_i^*(t)-\hat{z}_j^*(t))+\xi(\hat{v}_i^*(t)-\hat{v}_j^*(t))\right| \\
\leqslant & -\gamma\mu\hat{\boldsymbol{Z}}^{\mathrm{T}}(t)\mathcal{G}\hat{\boldsymbol{Z}}(t)+\hat{\boldsymbol{V}}^{\mathrm{T}}(t)(\gamma\boldsymbol{I}_N-\alpha\xi\mathcal{G})\hat{\boldsymbol{V}}(t)+ \\
& \left(\frac{(N-1)\bar{\phi}}{4}-\frac{\bar{\beta}}{2}\right)\sum_{i=1}^{N}\sum_{j\in\boldsymbol{I}_i}(\beta_{ij}(t)-\bar{\beta})\left|\gamma(\hat{z}_i^*(t)-\hat{z}_j^*(t))\right|+ \\
& \left(\frac{(N-1)\bar{\phi}}{4}-\frac{\bar{\beta}}{2}\right)\sum_{i=1}^{N}\sum_{j\in\boldsymbol{I}_i}(\beta_{ij}(t)-\bar{\beta})\left|\xi(\hat{v}_i^*(t)-\hat{v}_j^*(t))\right|
\end{aligned} \tag{12-16}
$$

其中，最后一个不等式是基于假设 12.1 和 12.2 得到的。注意到 $\gamma-\alpha\xi\lambda_{\min}(\mathcal{G})<0$，则 $\gamma\boldsymbol{I}_N-\alpha\xi\mathcal{G}<0$。因此，$\hat{\boldsymbol{V}}^{\mathrm{T}}(t)(\gamma\boldsymbol{I}_N-\alpha\xi\mathcal{G})\hat{\boldsymbol{V}}(t)\leqslant 0$

对于 $\bar{\beta}$，$\bar{\beta}>\frac{(N-1)\bar{\phi}}{2}$，可以得到

$$
\begin{aligned}
\dot{W}_1(t) & \leqslant\left(\frac{(N-1)\bar{\phi}}{4}-\frac{\bar{\beta}}{2}\right)\sum_{i=1}^{N}\sum_{j\in\boldsymbol{I}_i}\left|\gamma(\hat{z}_i^*(t)-\hat{z}_j^*(t))\right|+\xi(\hat{v}_i^*(t)-\hat{v}_j^*(t)) \\
& =\left(\frac{(N-1)\bar{\phi}}{2}-\bar{\beta}\right)(\gamma\hat{\boldsymbol{Z}}(t)+\xi\hat{\boldsymbol{V}}(t))^{\mathrm{T}}\boldsymbol{\Omega}'(t) \\
& \leqslant\left(\frac{(N-1)\bar{\phi}}{2}-\bar{\beta}\right)\left\|\bar{D}^{\mathrm{T}}(\gamma\hat{\boldsymbol{Z}}(t)+\xi\hat{\boldsymbol{V}}(t))\right\|_1 \\
& \leqslant\left(\frac{(N-1)\bar{\phi}}{2}-\bar{\beta}\right)\sqrt{\lambda_{\min}(\mathcal{G})}\left\|\gamma\hat{\boldsymbol{Z}}(t)+\xi\hat{\boldsymbol{V}}(t)\right\|_2<0
\end{aligned} \tag{12-17}
$$

其中，$\mathcal{G}=\overline{\boldsymbol{D}\boldsymbol{D}}^{\mathrm{T}}$ 用于最后一个不等式。因为 $W_1(t)\geqslant 0$ 且 $\dot{W}_1(t)\leqslant 0$，可知 $\hat{\boldsymbol{Z}}(t)$，$\hat{\boldsymbol{V}}(t)\in\mathcal{L}_\infty$。通过对式(12-17)的两侧同时进行积分，可得 $\hat{\boldsymbol{Z}}(t)$，$\hat{\boldsymbol{V}}(t)\in\mathcal{L}_2$。根据 Barbalat 引理[11]，可知 $\hat{\boldsymbol{Z}}(t)$ 和 $\hat{\boldsymbol{V}}(t)$ 渐进收敛到 0。因此，当 $t\to\infty$ 时，有 $\hat{z}_i^*(t)=\hat{z}_j^*(t)$ 和 $\hat{v}_i^*(t)=\hat{v}_j^*(t)$ 成立。

接下来，将证明优化目标式(12-11a)是可以实现的。为此，定义以下李亚普诺夫函数：

$$
W_2(t)=\frac{1}{2}\sum_{i=1}^{N}\sum_{j\in\boldsymbol{I}_i}(\hat{z}_i^*(t)-\hat{z}_j^*(t))^2+\frac{1}{2}\sum_{i=1}^{N}\sum_{j\in\boldsymbol{I}_i}(\hat{z}_i^*(t)-\hat{z}_j^*(t)-\dot{v}_i^*(t))^2 \tag{12-18}
$$

沿着式(12-9)以及控制器式(12-10a)，对 $W_2(t)$ 求导，可得

$$\dot{W}_2(t) = \sum_{i=1}^{N} \sum_{j\in \boldsymbol{I}_i} (\hat{z}_i^*(t)-\hat{z}_j^*(t))(\hat{v}_i^*(t)-\hat{v}_j^*(t)) + \sum_{i=1}^{N} \sum_{j\in \boldsymbol{I}_i} (\hat{z}_i^*(t)-\hat{z}_j^*(t)-\dot{v}_i^*(t))(\hat{v}_i^*(t)-\hat{v}_j^*(t)) \tag{12-19}$$

将控制器式(12-10a)代入闭环跟踪系统式(12-9)中，并同时对其两侧进行求和操作，可得$\sum_{i=1}^{N}\dot{\hat{v}}_i^*(t)=\sum_{i=1}^{N}\phi_i(t)$。将式(12-10c)中的$\phi_i(t)$值代入式(12-19)，可得

$$\dot{W}_2(t)=\sum_{i=1}^{N}\sum_{j\in \boldsymbol{I}_i}-(\hat{v}_i^*(t)-\hat{v}_j^*(t))^2 \tag{12-20}$$

因此，对于$\sum_{i=1}^{N}\sum_{j\in \boldsymbol{I}_i}(\hat{v}_i^*(t)-\hat{v}_j^*(t))\neq 0$，有$\dot{W}_2(t)<0$。当$W_2(t)>0$且$\dot{W}_2(t)<0$，可得$\sum_{i=1}^{N}\sum_{j\in \boldsymbol{I}_i}(\hat{z}_i^*(t)-\hat{z}_j^*(t))\in\mathcal{L}_\infty$，意味着$\sum_{i=1}^{N}\sum_{j\in \boldsymbol{I}_i}(\hat{v}_i^*(t)-\hat{v}_j^*(t))\in\mathcal{L}_\infty$。对式(12-20)两边求积分，可得$\sum_{i=1}^{N}\sum_{j\in \boldsymbol{I}_i}(\hat{v}_i^*(t)-\hat{v}_j^*(t))\in\mathcal{L}_2$。基于 Barbalat 引理[11]，得出$\sum_{i=1}^{N}\sum_{j\in \boldsymbol{I}_i}(\hat{v}_i^*(t)-\hat{v}_j^*(t))$将渐进收敛到 0。这意味着为车队定义的性能指标$J(t)$的时间导数，也将渐进收敛到 0。此外，车队性能指标函数$J(t)$是一个连续可微的凸函数。因此，当时间$t\to\infty$[12]时，它在$\hat{z}_i^*(t)$处取最小值。此外，根据参考文献[13]，最优解$\hat{z}_i^*(t)$是唯一的。根据式(12-8)，易知$z_i^*(t)$和$v_i^*(t)$是式(12-5a)和式(12-5b)中定义的优化问题的可行解。

注 12.1：本章提出的控制器$u_{i1}(t)$中，求和项$\sum_{j\in \boldsymbol{I}_i}\mu(z_i(t)-z_j(t)-d_{i,j})+\alpha(v_i(t)-v_j(t))$和$\sum_{j\in \boldsymbol{I}_i}\beta_{ij}(t)\operatorname{sgn}(\gamma(z_i(t)-z_j(t)-d_{i,j})+\xi(v_i(t)-v_j(t)))$是通过信息反馈作用于一致性问题式(12-5b)中的。正如符号函数会瞬间切换为零，它可以补偿车辆之间不一致的时变优化信号的影响，保证式(12-5b)成立。由于性能指标函数$J(t)$是时变的，因此可变增益β_{ij}能够根据间距误差$z_i-z_j-d_{i,j}$和速度误差v_i-v_j来调整其值。此外，内部信号$\phi_i(t)$为性能指标函数$J(t)$及其变化率设置了界限，从而可以求解式(12-5a)和式(12-5b)中定义的优化问题。

12.4 跟踪控制器设计

在本节中，给出下层的滑模跟踪控制器$u_{i2}(t)$的设计，以此跟踪参考轨迹$z_i^*(t)$和$v_i^*(t)$，以此避免车辆传动系统的不确定时间常数(TCDD)的影响。通过分析跟踪误差在滑模面上的动力学特性，可得出设计滑模跟踪控制器参数的条件，使得内部稳定性和队列稳定性都得到满足。

在下层中，位置跟踪误差和速度跟踪误差可定义为

$$\begin{cases}\tilde{z}_i(t)=z_i(t)-z_i^*(t)\\ \tilde{v}_i(t)=v_i(t)-v_i^*(t)\end{cases} \tag{12-21}$$

利用设置的滑模面来实现对跟踪最优的位置 $z_i^*(t)$ 和速度 $v_i^*(t)$ 的跟踪控制：

$$s_i(t)=\tilde{a}_i(t)+\boldsymbol{K}\tilde{\boldsymbol{e}}_i(t) \tag{12-22}$$

其中跟踪误差向量 $\tilde{\boldsymbol{e}}_i(t)=[\tilde{z}_i(t)\quad \tilde{v}_i(t)]^{\mathrm{T}}$，$\tilde{a}_i(t)=a_i(t)-u_{i1}(t)$，$\boldsymbol{K}=[k_1\quad k_2]$是滑模控制器的设计参数。

为了保证所设计的滑模跟踪控制器的收敛速度和平稳性，选择如下能够保证指数衰减速率[14]的滑模运动状态：

$$\dot{s}_i(t)=-\kappa s_i(t) \tag{12-23}$$

其中，常数 $\kappa>0$ 决定了 $s_i(t)$的指数收敛速度。

跟踪控制设计结果如下：

定理 12.2：考虑下层的跟踪控制，基于滑模跟踪控制技术[14-15]推导出如下控制器：

$$u_{i2}(t)=a_i(t)-\frac{\boldsymbol{K}\dot{\tilde{\boldsymbol{e}}}_i}{\hat{\varsigma}_i}-\frac{\kappa s_i}{\hat{\varsigma}_i} \tag{12-24}$$

其所设计的参数自适应律为

$$\dot{\hat{\varsigma}}_i=-\frac{\boldsymbol{K}\dot{\tilde{\boldsymbol{e}}}_i(t)s_i(t)}{\hat{\varsigma}_i q} \tag{12-25}$$

则每辆跟随车辆的滑模面 $s_i(t)$将指数收敛到零。这里，常数 $q>0$ 的设计是由自适应速度决定的。

证明：为了证明 $s_i(t)$是渐近收敛的，定义了如下的李亚普诺夫函数

$$\mathcal{W}_i(t)=\frac{1}{2}s_i^2(t)+\frac{1}{2}q(\hat{\varsigma}_i-\varsigma_i)^2 \tag{12-26}$$

将 $\mathcal{W}_i(t)$对时间求导

$$\dot{\mathcal{W}}_i(t)=s_i(t)\dot{s}_i(t)+q(\hat{\varsigma}_i-\varsigma_i)\dot{\hat{\varsigma}}_i \tag{12-27}$$

根据式(12-22)，很明显

$$\dot{s}_i(t)=\dot{\tilde{a}}_i(t)+\boldsymbol{K}\dot{\tilde{\boldsymbol{e}}}_i(t) \tag{12-28}$$

将式(12-24)和式(12-25)中的控制器代入式(12-28)，根据动力学方程式(12-3)和 $u_{i1}(t)=0$，可以推导出

$$\dot{s}_i(t)=\left(1-\frac{\varsigma_i}{\hat{\varsigma}_i}\right)\boldsymbol{K}\dot{\tilde{\boldsymbol{e}}}_i(t)-\frac{\varsigma_i\kappa s_i(t)}{\hat{\varsigma}_i} \tag{12-29}$$

将式(12-25)和式(12-29)代入式(12-27)，可得到 $\dot{\mathcal{W}}_i(t)$为

$$\dot{\mathcal{W}}_i(t)=-\frac{\varsigma_i}{\hat{\varsigma}_i}\kappa s_i^2(t) \tag{12-30}$$

由于不确定参数ς_i是正的，如果$s_i(t)\neq 0$，则$\dfrac{\varsigma_i}{\hat{\varsigma}_i}>0$导致$\dot{\mathcal{W}}_i(t)<0$。根据李亚普诺夫稳定性理论，可知$s_i(t)$将渐进收敛到零。

为了分析滑模面上的跟踪误差的运动状态，考虑以下跟踪误差系统

$$\dot{\tilde{\boldsymbol{e}}}_i(t)=\boldsymbol{A}\tilde{\boldsymbol{e}}_i(t)+\boldsymbol{B}\tilde{a}_i(t) \tag{12-31}$$

其中，$\boldsymbol{A}=\begin{bmatrix}0 & 1\\ 0 & 0\end{bmatrix}$，$\boldsymbol{B}=\begin{bmatrix}0\\ 1\end{bmatrix}$。

在误差运动到滑模面以后，即$s_i(t)=0$，根据式(12-22)，可得

$$\tilde{a}_i(t)=-\boldsymbol{K}\tilde{\boldsymbol{e}}_i(t) \tag{12-32}$$

将式(12-32)代入式(12-31)，可以得到下层控制中涉及的跟踪误差运动状态为

$$\dot{\tilde{\boldsymbol{e}}}_i(t)=(\boldsymbol{A}-\boldsymbol{B}\boldsymbol{K})\tilde{\boldsymbol{e}}_i(t) \tag{12-33}$$

定理 12.3：考虑跟踪误差系统式(12-33)的状态到达了滑模面，由式(12-24)和式(12-25)决定的控制器可保证跟踪误差$\tilde{\boldsymbol{e}}_i(t)$渐进收敛到零，并且控制器中的参数$\boldsymbol{K}$可由下式确定：

$$\boldsymbol{K}=\boldsymbol{B}^{\mathrm{T}}\boldsymbol{P}^{-1} \tag{12-34}$$

其中正定矩阵$\boldsymbol{P}>0$满足以下线性矩阵不等式(LMI)

$$\boldsymbol{AP}+\boldsymbol{PA}^{\mathrm{T}}-2\boldsymbol{BB}^{\mathrm{T}}<0 \tag{12-35}$$

证明：为跟踪误差系统式(12-33)，选择以下李亚普诺夫函数

$$\mathfrak{W}_i(t)=\tilde{\boldsymbol{e}}_i^{\mathrm{T}}(t)\boldsymbol{P}\tilde{\boldsymbol{e}}_i(t) \tag{12-36}$$

沿系统式(12-33)的轨迹，对$\mathfrak{W}_i(t)$求导，可得

$$\dot{\mathfrak{W}}_i(t)=2\tilde{\boldsymbol{e}}_i^{\mathrm{T}}(t)\boldsymbol{P}\dot{\tilde{\boldsymbol{e}}}_i(t)=2\tilde{\boldsymbol{e}}_i^{\mathrm{T}}(t)(\boldsymbol{A}-\boldsymbol{BK})^{\mathrm{T}}\boldsymbol{P}\tilde{\boldsymbol{e}}_i(t) \tag{12-37}$$

根据线性矩阵不等式(12-35)，将控制器增益式(12-34)代入式(12-37)，可得

$$\dot{\mathfrak{W}}_i(t)<0 \tag{12-38}$$

由此可得，跟踪误差$\tilde{\boldsymbol{e}}_i(t)$将渐进收敛到零。

根据定理 12.3，可知道跟踪误差在滑模面上的运动是稳定的。对于匀速行驶的车队，有$\dot{u}_{i1}(t)=0$。在队列稳定性分析中，假设$\tilde{z}_0(t)=0$，$\tilde{a}_0(t)=0$且$\tilde{e}_0(t)=0$。

根据式(12-4)中定义的车间距误差$\delta_i(t)$，可得

$$\dddot{\delta}_i(t)=\dot{a}_i(t)-\dot{a}_{i-1}(t)=\dot{\tilde{a}}_i(t)-\dot{\tilde{a}}_{i-1}(t) \tag{12-39}$$

根据$\dot{\tilde{a}}_i(t)=\dddot{\tilde{z}}_i(t)$，式(12-39)可以表示为

$$\dddot{\delta}_i(t)=\dot{\tilde{a}}_i(t)-\dot{\tilde{a}}_{i-1}(t)=\dddot{\tilde{z}}_i(t)-\dddot{\tilde{z}}_{i-1}(t) \tag{12-40}$$

当车队的状态达到滑模面时，根据式(12-32)，可知

$$\dot{\tilde{a}}_i(t)-\dot{\tilde{a}}_{i-1}(t)=-\boldsymbol{K}\dot{\tilde{e}}_i(t)+\boldsymbol{K}\dot{\tilde{e}}_{i-1}(t) \tag{12-41}$$

考虑式(12-40)和式(12-41)，可得

$$\dddot{\tilde{z}}_i(t)-\dddot{\tilde{z}}_{i-1}(t)=-k_1\dot{\tilde{z}}_i(t)-k_2\ddot{\tilde{z}}_i(t)+k_1\dot{\tilde{z}}_{i-1}(t)+k_2\ddot{\tilde{z}}_{i-1}(t) \tag{12-42}$$

在零初始条件下，对式(12-42)进行拉普拉斯变换，可得

$$\frac{\tilde{z}_i(s)}{\tilde{z}_{i-1}(s)}=1 \tag{12-43}$$

根据式(12-40)，定义的车间距误差 $\delta_i(t)$ 和 $\delta_{i+1}(t)$ 之间，满足如下关系：

$$\dddot{\delta}_{i+1}(t)-\dddot{\delta}_i(t)=\dddot{\tilde{z}}_{i+1}(t)-\dddot{\tilde{z}}_i(t)-(\dddot{\tilde{z}}_i(t)-\dddot{\tilde{z}}_{i-1}(t)) \tag{12-44}$$

在零初始条件下，对式(12-44)两边进行拉普拉斯变换并利用式(12-43)，可得

$$\delta_{i+1}(s)-\delta_i(s)=0 \tag{12-45}$$

由此，车队的车间距误差的传递函数满足：

$$G_i(s)=\frac{\delta_{i+1}(s)}{\delta_i(s)}=1,i=1,2,\cdots,N$$

根据参考文献[3]，可知本章所设计的 ASM 控制器，能够满足队列稳定性要求。

12.5 仿真实验

在本节，通过仿真实验对所提出的分层的车辆队列的控制方法的有效性进行验证。根据参考文献[15]，通过对非线性动力学模型进行线性化，得到的车辆控制模型可表示为

$$a_i(t)=[F_{d,i}(t)-F_{r,i}(t)]/m_i \tag{12-46}$$

其中，m_i 为车辆的质量。根据参考文献[15]，$F_{r,i}(t)$ 和 $F_{d,i}(t)$ 分别是作用在车辆上的实际阻力和驱动力，其可分别描述为

$$F_{r,i}(t)=\phi_i'[v_i+v_w]^2+m_ig[f_i\cos(\rho)+\sin(\rho)] \tag{12-47a}$$

$$\dot{F}_{d,i}(t)=[u_i(t)-F_{d,i}(t)]/\theta_i \tag{12-47b}$$

其中，ϕ_i' 是气动阻力系数；g 是重力加速度；f_i 是滚动阻力系数；v_w 是风速；ρ 是道路坡度；$u_i(t)$ 是车辆 i 的发动机输入。

沿着式(12-47a)和式(12-47b)对式(12-46)两边进行求导，可得到

$$\dot{a}_i(t)=-\varsigma_ia_i(t)+\frac{\varsigma_i}{m_i}\left[u_i(t)-F_{r,i}(t)-\frac{1}{\varsigma_i}\dot{F}_{r,i}(t)\right] \tag{12-48}$$

其中，$\dot{F}_{r,i}(t)=2\phi_i'[v_i+v_w]a_i$。

利用反馈线性化控制技术，可得到式(12-48)中的控制器 $u_i(t)$ 为

$$u_i(t)=m_iu_{i2}(t)+F_{r,i}(t)+\frac{1}{\varsigma_i}\dot{F}_{r,i}(t) \tag{12-49}$$

将控制器式(12-49)代入车辆动力学式(12-48)，如式(12-3)中的第三个方程所示，可得到的线性化后的动力学方程 $\dot{a}_i(t)=-\varsigma_ia_i(t)+\varsigma_iu_{i2}(t)$。

在仿真实验中，车辆间期望的车间距为 $d_{i,i-1}=5\text{m}$。将不确定参数 ς_i 定义为 $\varsigma_i=\bar{\varsigma}_i+\Delta\varsigma_i$，其中 $\Delta\varsigma_i$ 是均值为 0，方差为 0.01 的白噪声。车辆的质量 m_i，参数 $\bar{\varsigma}_i$，

以及气动阻力系数 ϕ_i'，见表 12-1。滚动阻力系数 $f_i=0.02$。如参考文献[15]所示，风速和路面坡度分别利用以下正弦函数来表示：

$$\begin{aligned} v_m(t) &= 0.25\sin(\pi t/5) \\ \rho(z) &= 0.01\sin(\pi z/150+\pi) \end{aligned} \tag{12-50}$$

其中，π 表示圆周率；z 表示位置。这里假设车队中所有跟随车辆都已经获取道路的坡度信息。为衡量车队的控制性能，为车队定义以下性能指标：

$$\begin{cases} J_1(t) = \lim\limits_{T\to\infty}\displaystyle\int_0^T \sum_{i=1}^{4} (z_i(t) - z_i^*(t))^2\mathrm{d}t \\ J_2(t) = \lim\limits_{T\to\infty}\displaystyle\int_0^T \sum_{i=1}^{4} (z_{i-1}(t) - z_i(t) - d_{i,i-1})^2\mathrm{d}t \end{cases} \tag{12-51}$$

表 12-1　仿真实验中涉及的车辆参数

车辆索引	1	2	3	4
$m_i(\times10^3\text{kg})$	2.81	2.90	2.27	2.09
$\overline{\varsigma}_i(\text{s})$	0.50	0.25	0.60	0.35
ϕ_i'	0.29	0.30	0.25	0.35

在仿真实验中，领队车的加速度和速度如图 12-3 所示，并将不为 0 的加速度视为队列的扰动[6]。参考表 12-2 所示参数，根据定理 12.1 和定理 12.2，可分别得到能够优化轨迹的控制器 $u_{i1}(t)$ 和跟踪控制器 $u_{i2}(t)$。利用 MATLAB LMI 工具箱，可得到 ASM 控制器的增益为 $\boldsymbol{K}=[-0.46\quad -1.38]$。为了验证所设计算法的有效性，考虑的车间通信拓扑为图 12-4 所示的 LBPF 型、BPF 型和双向 BPF 型（TBPF）通信拓扑。由此可得，领队车的信息是全局可达的。

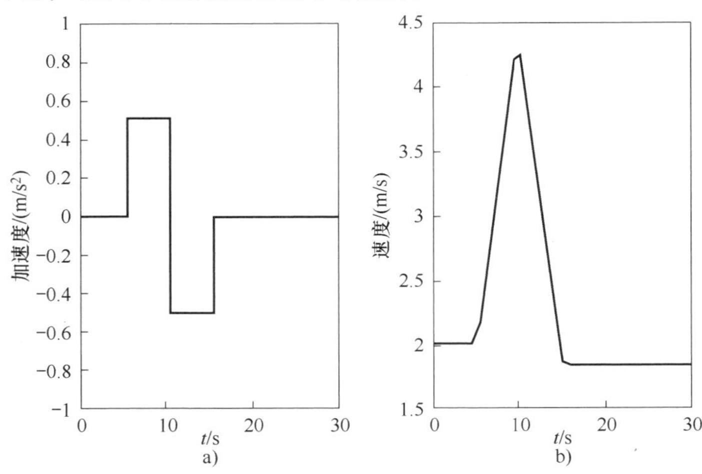

图 12-3　领队车的加速度和速度

a）加速度　b）速度

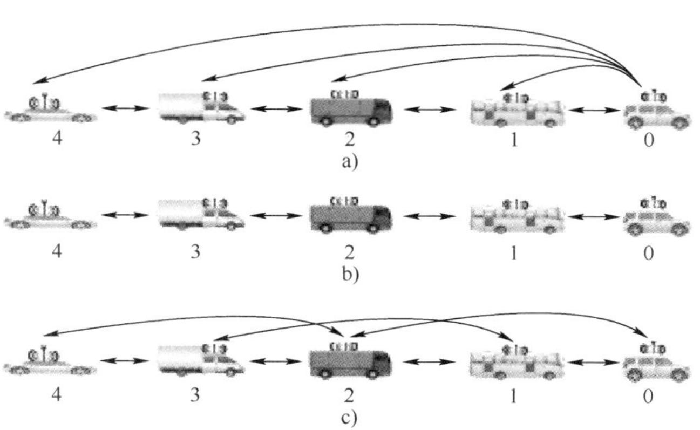

图 12-4　车辆队列控制中的 LBPF、BPF 和 TBPF 通信拓扑

a) LBPF　b) BPF　c) TBPF

表 12-2　所设计的控制算法中涉及的参数值

参数	μ	α	γ	ξ	κ	q
数值	0.5	0.5	0.5	0.5	5	2

利用本章所提出的分层控制方法，图 12-5~图 12-7 给出了由 5 辆车构成的队列，在 LBPF、BPF 和 TBPF 通信拓扑下的仿真结果。第一层的控制性能如图 12-5~图 12-7 中的 a，b 所示。当式(12-8)中定义的 $\hat{z}_i^*$ 和 $\hat{v}_i^*$ 渐进收敛到零时，期望轨迹 z_i^* 和 v_i^* 可以与领队车辆保持一致。注意到，在 BPF 和 TBPF 通信拓扑中，并不是所有的跟随车都可直接与领队车进行通信。因此，上层控制器具有减少车间距误差、保证队列稳定性的优势。所提出的滑模控制器的跟踪控制性能如图 12-5~图 12-7 中的 c、d 所示。可知，滑模控制器可以快速准确地跟踪期望的轨迹 z_i^* 和 v_i^*，从而避免车辆传动系统动不确定的时间常数(TCCD)的影响。如图 12-5~图 12-7e、f 所示，通过使用分层的控制方法，每辆跟随车辆可以保持期望的车间距离，并保证与领队车辆的速度保持一致。由于间距误差 δ_i 和速度误差 v_i-v_{i-1} 没有沿着车辆队列方向而逐渐被放大，在不确定 TCDD 和领队车加速/减速操作等干扰的影响下，车辆队列的队列稳定性仍然满足。对于本章考虑的异构车辆队列，如图 12-8 所示，每辆跟随车受到的阻力 $F_{r,i}(t)$ 是不同的。这些结果验证了所提出的分层控制方法的有效性。

当车辆队列存在随机的加速度扰动时，考虑所提的控制算法的控制性能

$$\bar{a}_0=a_0\pm\vartheta \tag{12-52}$$

其中，ϑ 表示从集合$[-0.25, 0.25]$中随机取值的加速扰动。在这种情况下，领队车的加速度和速度曲线如图 12-9 所示。根据图 12-10 中所示的仿真结果可知，车队的控制性能明显下降。与图 12-5~图 12-7 中 e、f 相比，图 12-10 中的跟踪误差出现了振荡，并且跟踪误差的收敛速度较慢，这影响了乘坐的舒适性。通过对比表 12-3 和表 12-4 中列出的性能指标，可知随机的加速度扰动，导致式(12-51)中

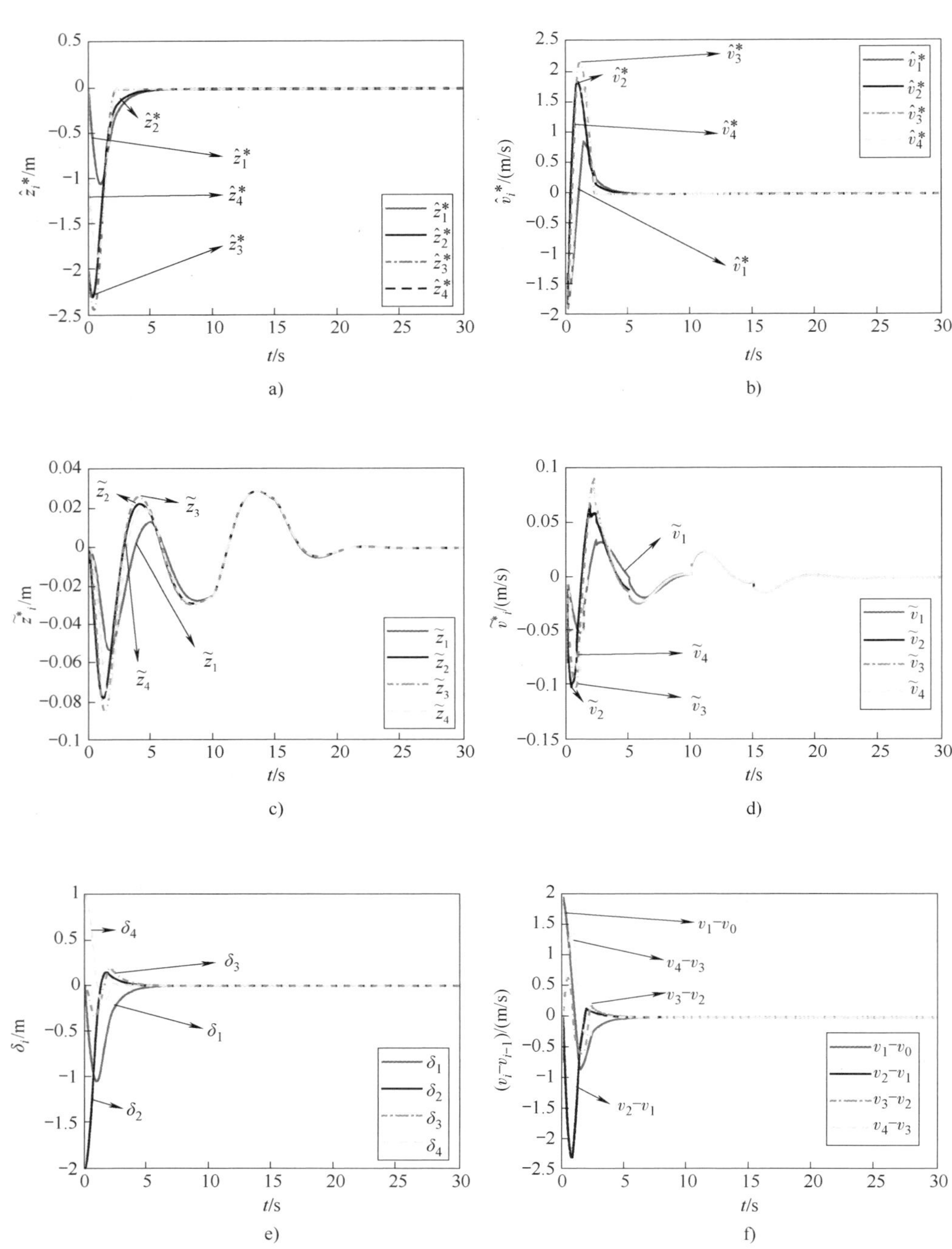

图 12-5 LBPF 通信拓扑下的车队利用分层控制方法得到的控制性能（见彩插）

a) $\hat{z}_i^*$ b) $\hat{v}_i^*$ c) $\tilde{z}_i$ d) $\tilde{v}_i$ e) δ_i f) v_i-v_{i-1}

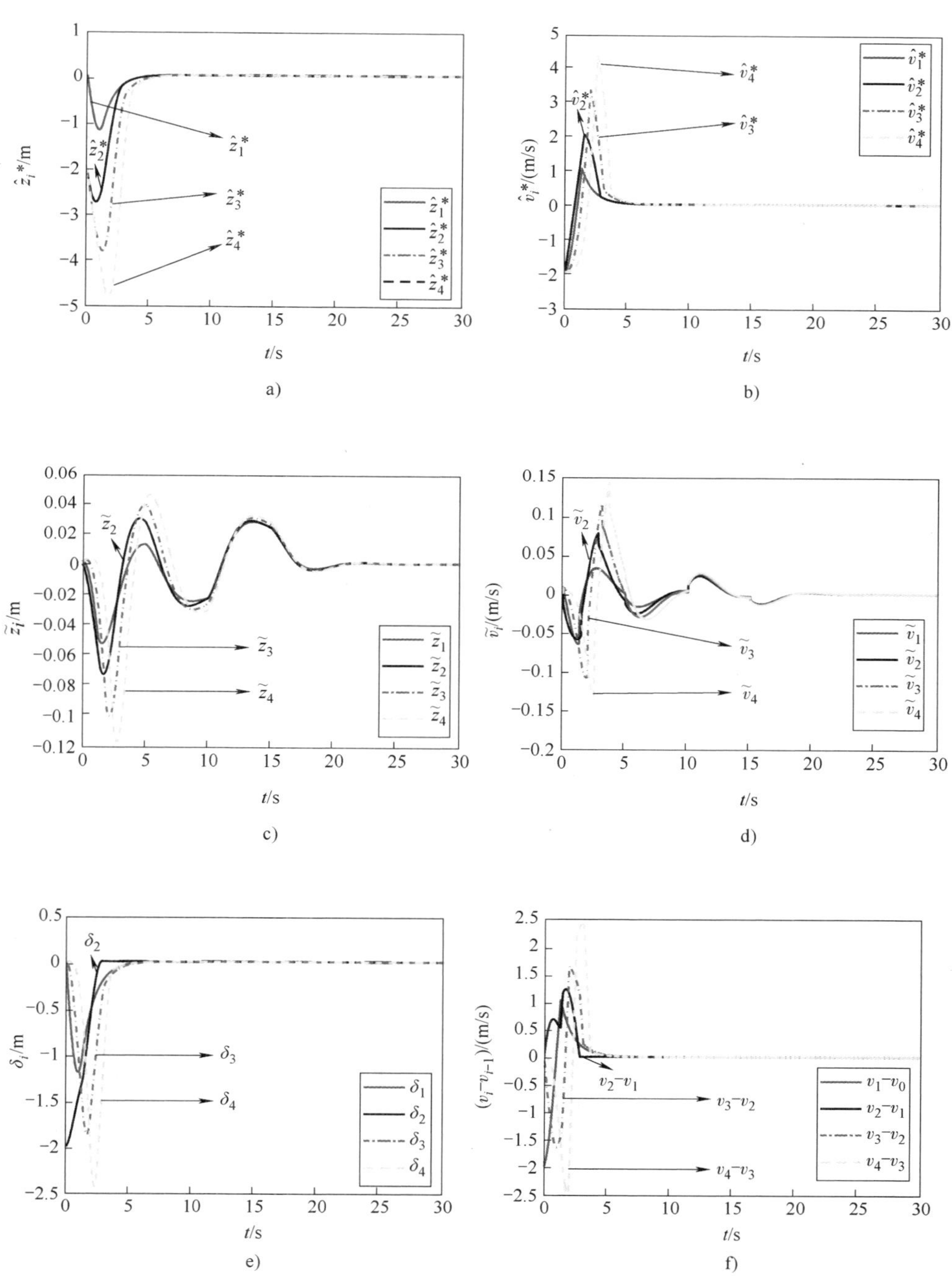

图 12-6　BPF 通信拓扑结构下车辆队列基于分层控制方法得到控制性能（见彩插）

a) $\hat{z}_i^*$　b) $\hat{v}_i^*$　c) $\tilde{z}_i$　d) $\tilde{v}_i$　e) δ_i　f) $v_i - v_{i-1}$

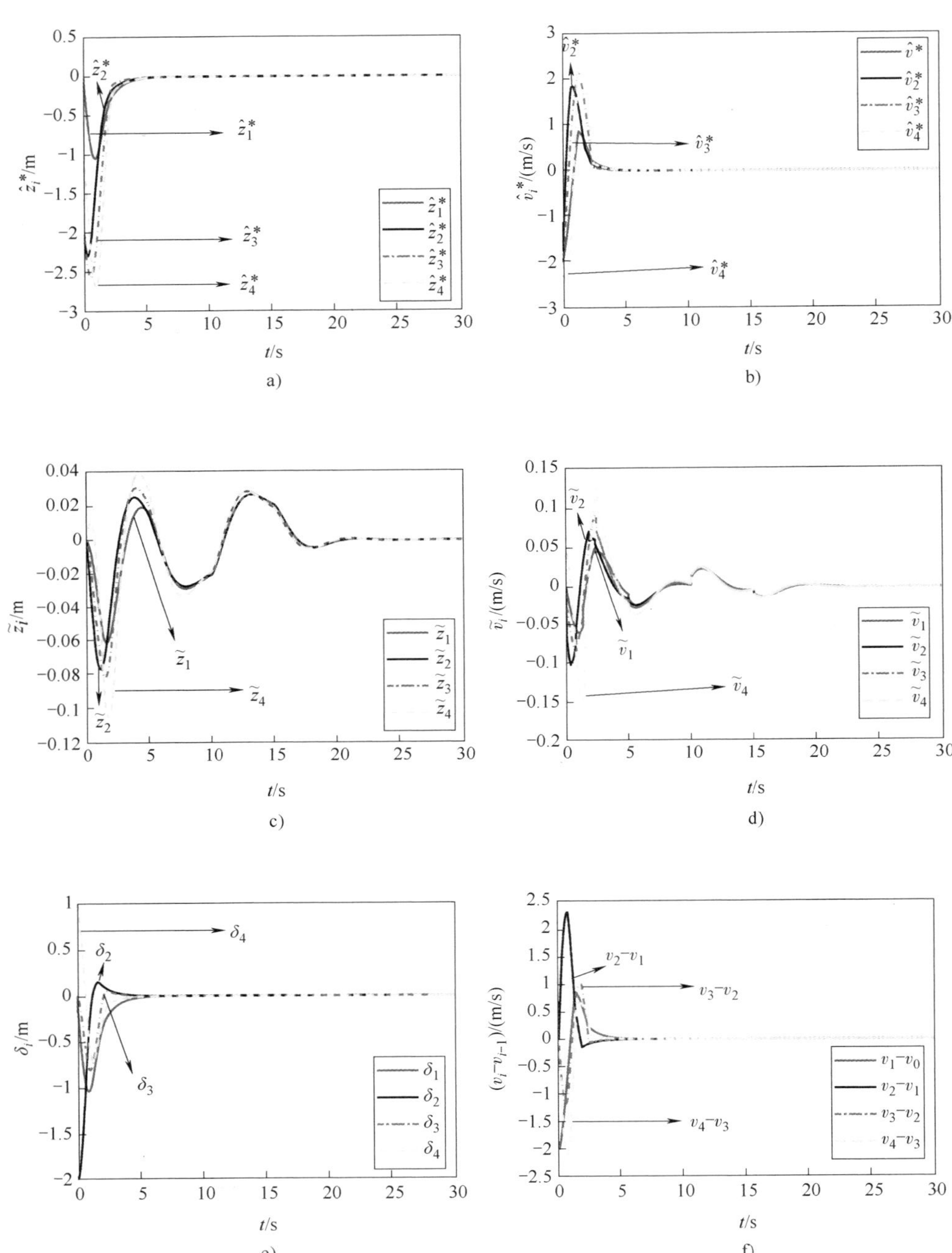

图 12-7　TBPF 通信拓扑结构下车辆队列基于分层控制方法得到控制性能（见彩插）

a) $\hat{z}_i^*$　b) $\hat{v}_i^*$　c) $\tilde{z}_i$　d) $\tilde{v}_i$　e) δ_i　f) $v_i - v_{i-1}$

定义的性能指标函数 $J_1(t)$ 和 $J_2(t)$ 变大。具体来说，领队车的频繁加速/减速操作，产生了较大的随机的加速度扰动。然而，所提出的分级控制方法忽略了存在的随机加速扰动对车队控制性能的影响。

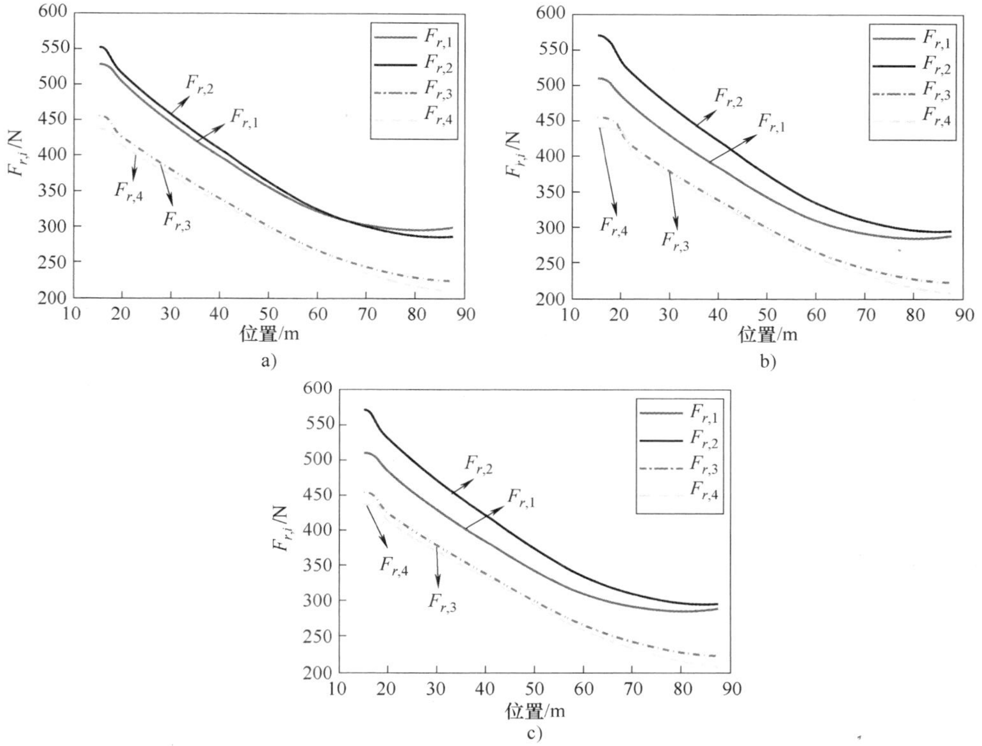

图 12-8　跟随车辆的阻力 $\boldsymbol{F}_{r,i}(\boldsymbol{t})$（见彩插）

a）具有 LBPF 通信拓扑的车队　b）具有 BPF 通信拓扑的车队　c）具有 TBPF 通信拓扑的车队

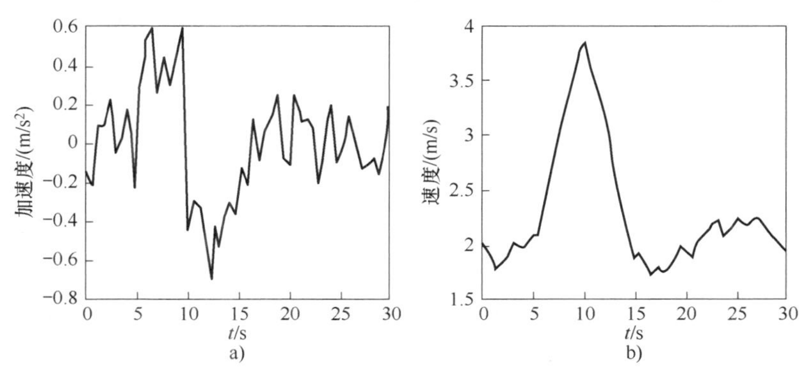

图 12-9　加速度和具有随机加速度的领队车的速度

a）加速度　b）速度

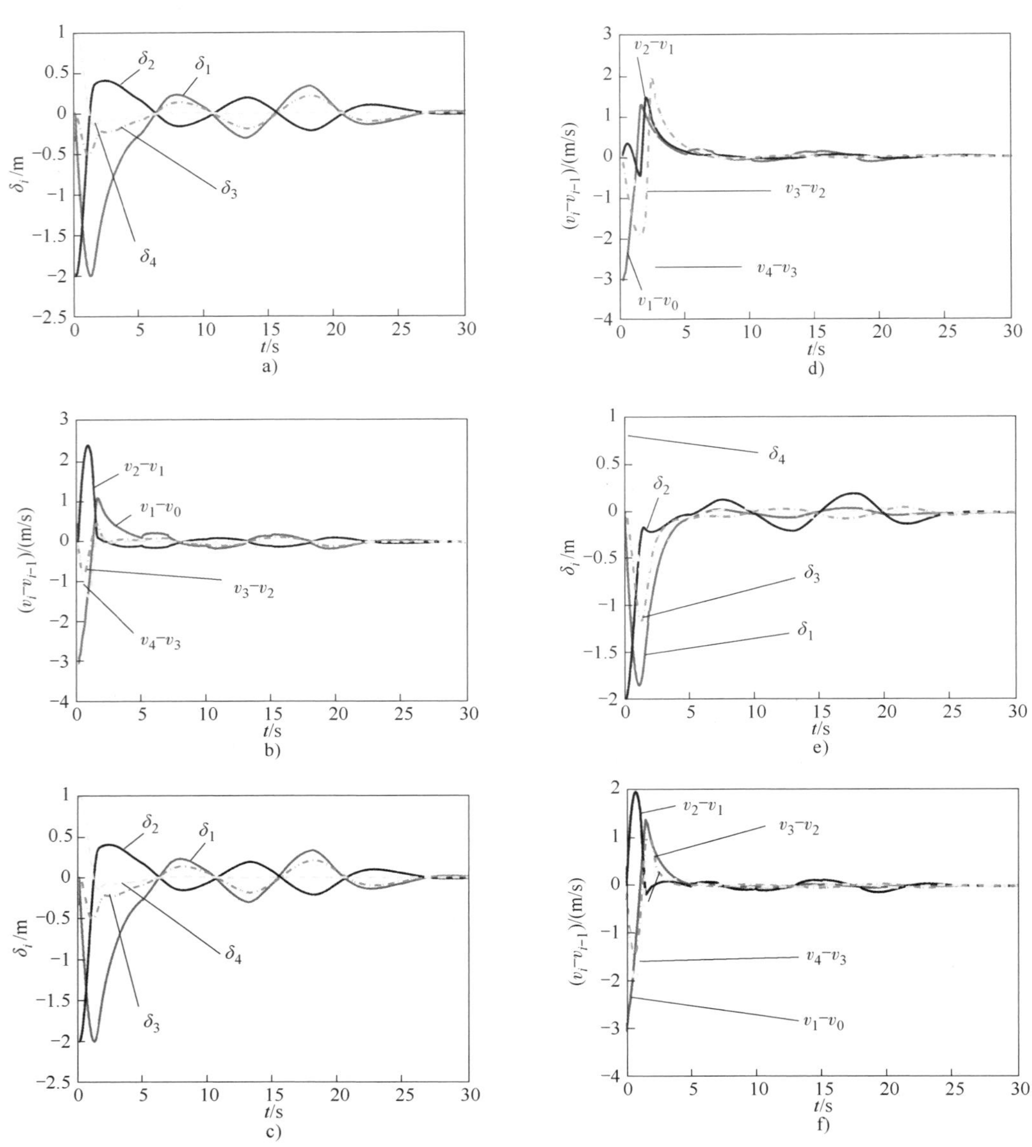

图 12-10　在加速度扰动影响下，基于 LBPF、BPF 和 TBPF 通信拓扑，利用分层控制方法得到的车队车间距误差 $\boldsymbol{\delta}_i$ 和速度误差 $\boldsymbol{v}_i-\boldsymbol{v}_{i-1}$（见彩插）

a）基于 LBPF 的 δ_i　b）基于 LBPF 的 v_i-v_{i-1}　c）基于 BPF 的 δ_i

d）基于 BPF 的 v_i-v_{i-1}　e）基于 TBPF 的 δ_i　f）基于 TBPF 的 v_i-v_{i-1}

表 12-3　LBPF、BPF 和 TBPF 通信拓扑下车队控制的性能指标函数

性能指标函数	LBPF	BPF	TBPF
$J_1(t)$	0.05	0.06	0.053
$J_2(t)$	3.81	11.41	4.5

表 12-4　具有随机加速度的车队的性能指标函数

性能指标函数	LBPF	BPF	TBPF
$J_1(t)$	0.21	0.39	0.26
$J_2(t)$	13.61	20.20	17.72

在本节中，将本章提出的分层队列控制方法与参考文献[6]中设计的 H_∞ 反馈控制器，进行对比实验。参考文献[6]与本章所用到的车辆模型是相似的，其中都涉及相同的三阶车辆动力学式(12-3)和无向通信拓扑。这里，基于 BPF 通信拓扑来进行仿真对比实验。依据参考文献[6]，H_∞ 反馈控制器可设计为

$$u_i(t)=-c\boldsymbol{k}^{\mathrm{T}}\sum_{j\in\boldsymbol{I}_i}(\hat{\boldsymbol{x}}_i-\hat{\boldsymbol{x}}_j) \tag{12-53}$$

当耦合强度 $c=25$ 时，$\hat{\boldsymbol{x}}_i=[z_i-z_0-d_{i,0}\quad v_i-v_0\quad a_i-a_0]^{\mathrm{T}}$，控制器增益 $\boldsymbol{k}=[2.122\quad 3.425\quad 2.501]$ 且 $d_{i,0}=i*5$。需要注意的是式(12-53)中得到的 H_∞ 控制器依赖于确定的 TCDD，即 $\theta_i=0.25$。

首先，通过对比实验，说明在上层运行轨迹优化控制器的优势。仿真中利用了确定的 TCDD，仿真场景与图 12-5～图 12-7 中的相同，例如，$\theta_i=0.25$。在对比实验中，每辆跟随车都有不同的控制器结构。在没有轨迹优化方法的情况下，图 12-11c、d 给出了仅使用 H_∞ 控制器式(12-53)得到的队列的间距和速度误差。相比之下，图 12-11a、b 给出了在分层控制框架下，车队的控制性能。注意到，这里利用参考文献[6]的 H_∞ 控制器替代了下层中设计的 ASM 控制器，以此跟踪期望的轨迹 $z_i^*(t)$ 和 $v_i^*(t)$。其控制器的具体形式由下式描述：

$$u_{i2}(t)=-c\boldsymbol{k}^{\mathrm{T}}\hat{\boldsymbol{x}}_i' \tag{12-54}$$

其中，跟踪误差向量为 $\hat{\boldsymbol{x}}_i'=[z_i-z_i^*\quad v_i-v_i^*\quad a_i-u_{i1}]^{\mathrm{T}}$。如表 12-5 所示，图 12-11a 中的性能指标函数 $J_2(t)$ 小于图 12-11c 中的主要原因在于，每辆跟随车跟踪由上层控制器提供的优化轨迹。这与跟踪误差收敛的速度反映的情况一致。显然，图 12-11a、b 中跟踪误差的收敛速度，要快于图 12-11c、d 中的。因此，在上层应用的轨迹优化技术，可有效减少车队中的间距误差。

表 12-5　对比实验中的性能指标函数 $J_2(t)$

	图 12-11a	图 12-11c	图 12-12a	图 12-12c
$J_2(t)$	10.23	18.76	11.53	23.57

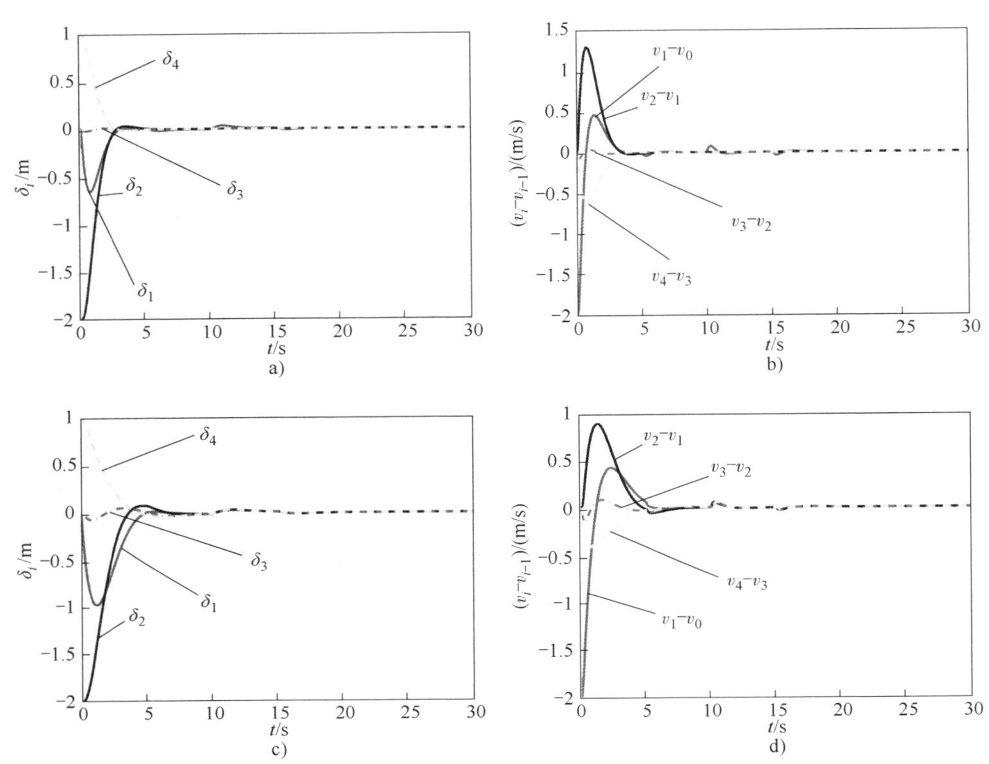

图 12-11　针对确定 TCDD，利用本章设计的具有的分层控制结构的车队控制方法得到的 $\boldsymbol{\delta}_i$ 和 $\boldsymbol{v}_i-\boldsymbol{v}_{i-1}$ 与使用参考文献[6]中的 $\boldsymbol{H}_\infty$ 控制器且没有跟踪优化控制方法得到的 $\boldsymbol{\delta}_i$ 和 $\boldsymbol{v}_i-\boldsymbol{v}_{i-1}$ 对比(见彩插)

a）本章的 δ_i　b）本章的 v_i-v_{i-1}　c）参考文献[6]的 δ_i　d）参考文献[6]的 v_i-v_{i-1}

接下来，通过仿真实验验证所提出的滑模控制器的有效性。在实验中考虑不确定的 TCDD，将其表示为 $\theta_i=0.25+\Delta\theta_i$，其中，$\Delta\theta_i$ 是均值为 0 且方差为 0.01 的白噪声。在仿真中，每辆跟随车都利用了分层控制结构，由轨迹优化层和跟踪控制层组成。然而，下层涉及的跟踪控制器是不同的，其中涉及所提出滑模控制器和 H_∞ 控制器式(12-54)。图 12-12a、b 和图 12-12c、d 分别给出了利用相应跟踪控制器得到的控制结果。从图 12-12c、d 可以看出，H_∞ 控制器的控制性能明显下降了。与图 12-11a、b 的仿真结果相比，车队的车间距误差较大，跟踪误差的收敛较慢。相比之下，基于所提出的滑模控制器，车队的控制性能几乎不受不确定 TCDD θ_i 的影响。如图 12-12a、b 所示，每辆跟随车的跟踪误差可以快速收敛为零。这意味着所提出滑模控制器，可以有效地估计和补偿由不确定的 TCDD 引起的干扰。如表 12-5 所示，图 12-12a 中的性能指标函数 $J_2(t)$ 远小于图 12-12c 中的性能指标函

数。很明显，本章所提的分层的控制方法的性能要优于参考文献[6]中所提的 H_∞ 方法，特别是对于不确定 TCDD 的影响。

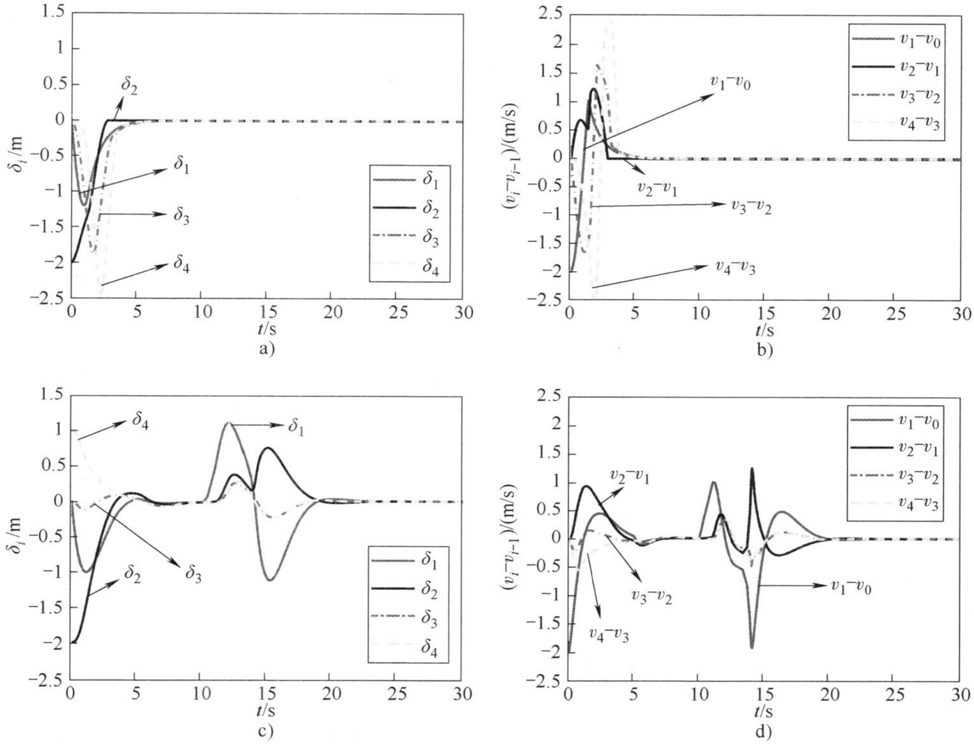

图 12-12　针对不确定的 TCDD，利用 ASM 控制器得到的 $\boldsymbol{\delta_i}$ 和 $\boldsymbol{v_i-v_{i-1}}$ 与基于参考文献[6]中的 $\boldsymbol{H_\infty}$ 控制器得到的 $\boldsymbol{\delta_i}$ 和 $\boldsymbol{v_i-v_{i-1}}$ 的对比结果（见彩插）

a）ASM 控制器的 δ_i　b）ASM 控制器的 v_i-v_{i-1}

c）参考文献[6]基于 H_∞ 控制器的 δ_i　d）参考文献[6]基于 H_∞ 控制器的 v_i-v_{i-1}

通过比较不同通信拓扑下车队的控制性能，可得出，若跟随车从领队车获得的信息越多，则其控制性能越好。在 LBPF 通信拓扑下，如图 12-5a、b 所示，每辆跟随车的轨迹与领队车的保持一致的速度最快，因为每个跟随车都可以直接与领队车进行通信。因此，该车队具有最小的车辆间距误差，这可从图 12-5e、f 所示的仿真结果中看出，其中性能指标函数 $J_2(t)$ 在表 12-3 中可以得到。并且通信拓扑拉普拉斯矩阵的特征值，会影响车辆队列的控制性能。相比之下，利用 BPF 拓扑的车队，具有较大的跟踪误差，因为通信拓扑拉普拉斯矩阵的较小特征值将降低反馈控制的效果。由于 LBPF 拓扑结构拉普拉斯矩阵的最小特征值总是“1”（见图 12-13a），与 TBPF 拓扑结构相比，基于 LBPF 拓扑的车队的控制性能更好。如图 12-13b 所示，在 LBPF、BPF 和 TBPF 通信拓扑结构下，车队的规模越大，通信拓扑结构拉普拉斯矩阵的特征值就越大。

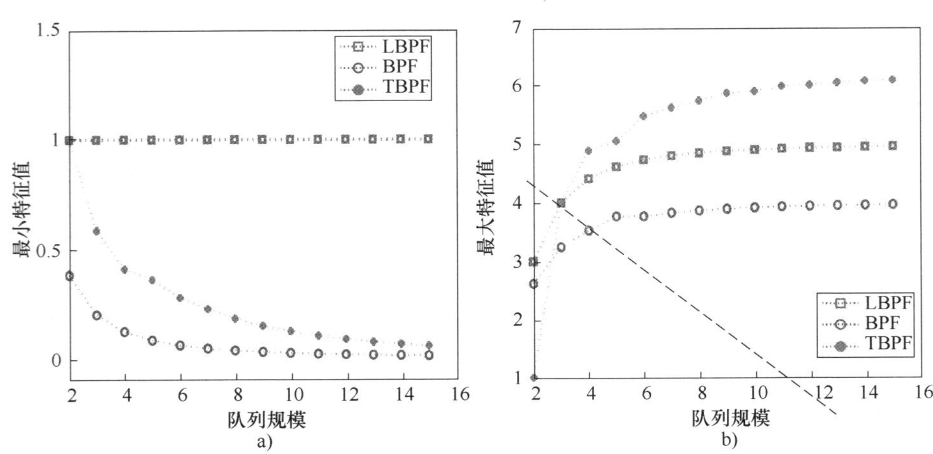

图 12-13 拓扑结构分别为 LBPF、BPF 和 TBPF 时对应的拉普拉斯矩阵的最小特征值和最大特征值（见彩插）

a）最小特征值 b）最大特征值

由于车辆的高速运动，无线信道的状况在 VANET 中是动态变化的[16]。为了验证所提出的控制方法的可靠性，考虑车间通信拓扑发生切换的情况[17]。如图 12-14 所示，S_1 和 S_2 表示的是两个不同的切换序列，其中 y 轴的值“0”“1”“2”分别表示 LBPF、BPF、TBPF 的通信拓扑结构。在时间间隔[0,30s]内，S_1 和 S_2 的切换次数分别为 3 和 16。然而，如表 12-6 所示，在这个时间间隔内，S_1 和 S_2 的每个通信拓扑的激活的总时间是相等的。图 12-15 给出了通过切换通信拓扑结构得到的间距误差 $\delta_i(t)$ 和速度误差 $v_i(t)-v_{i-1}(t)$。与图 12-15a、b 和图 12-15c、d 相比，可以看出，在切换序列 S_1 下，车队的控制性能优于切换序列 S_2。通过计算，S_1 的平均驻留时

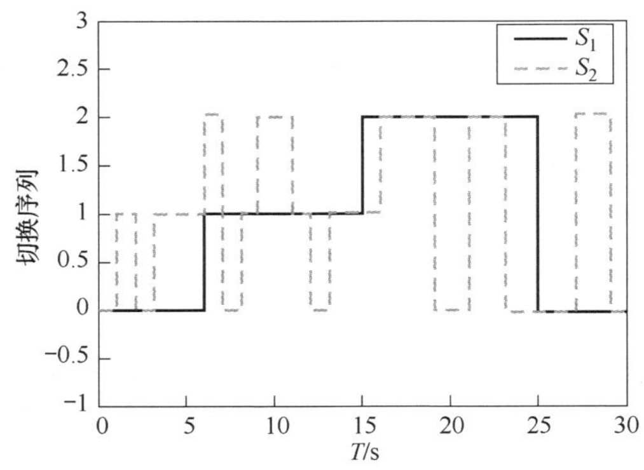

图 12-14 具有切换通信拓扑结构的车辆队列

间（ADT=7.5s）比 S_2（ADT=1.8s）的时间更长。这里，ADT 定义为总时间与车辆在不同通信拓扑结构之间的切换次数的比。根据切换系统控制理论[18]，具有切换形式的车队控制系统的控制性能与 ADT 有关联。

表 12-6　对应切换序列 S_1 和 S_2 下，LBPF、BPF 和 TBPF 通信拓扑结构的总激活时间

时间/s	LBPF	BPF	TBPF
S_1	12	9	10
S_2	12	9	10

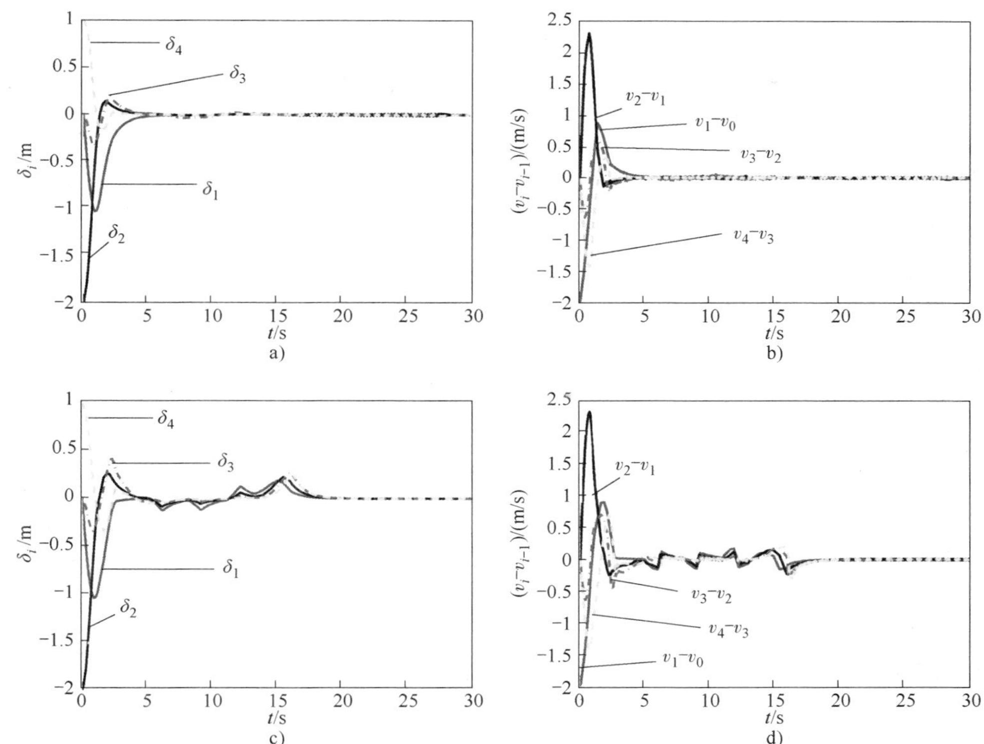

图 12-15　在切换通信拓扑影响下的分层控制器的控制性能（见彩插）

a）S_1 下的 $\delta_i(t)$　b）S_1 下的 $v_i(t)-v_{i-1}(t)$　c）S_2 下的 $\delta_i(t)$　d）S_2 下的 $v_i(t)-v_{i-1}(t)$

12.6　本章小结

本章提出了一种分布式协同优化车队控制方法，旨在通过协同控制使相邻车辆保持期望的车间距。在分布式连续时间凸优化和自适应滑模控制基础上，利用分层控制方法，实现车辆轨迹优化和跟踪控制。本章证明了所建立的分层控制方法不仅能使跟踪误差收敛，而且对于具有不确定车辆动力学参数的异质车队，也满足队列稳定性。

仿真结果表明，在频繁切换通信拓扑的情况下，所提出的分层控制框架的控制性能可能会降低。此外，在车载自组织网络下，不可避免地会出现通信网络不可靠的情况，例如通信延时、数据丢包和介质访问约束。因此，下一阶段的主要工作是改进本章中轨迹优化的方法来消除不可靠车间通信的影响；此外还将考虑执行器延时（包括制动延时和燃油延时）和随机扰动对滑模控制器的影响。

参考文献

[1] NAUS G J L, VUGTS R P A, PLOEG J, et al. String-stable CACC design and experimental validation: A frequency-domain approach[J]. IEEE Transactions on Vehicular Technology, 2010, 59(9): 4268-4279.

[2] CHEN Q, ZHOU Y, AHN S, et al. Robustly string stable longitudinal control for vehicle platoons under communication failures: A generalized extended state observer-based control approach[J]. IEEE Transactions on Intelligent Vehicles, 2022.

[3] SWAROOP D, HEDRICK J K. String stability of interconnected systems[J]. IEEE Trans. Autom. Control, 1996, 41(3): 349-357.

[4] ZHENG Y, LI S E, LI K, et al. Stability margin improvement of vehicular platoon considering undirected topology and asymmetric control[J]. IEEE Trans. Control Syst. Technol, 2016, 24(4): 1253-1265.

[5] SEILER P, PANT A, HEDRICK K. Disturbance propagation in vehicle strings[J]. IEEE Trans. Autom. Control, 2004, 49(10): 1835-1842.

[6] ZHENG Y, LI S E, LI K, et al. Platooning of connected vehicles with undirected topologies: Robustness analysis and distributed H-infinity controller synthesis[J]. IEEE Trans. Intell. Transp. Syst, 2018, 19(5): 1353-1364.

[7] ZHENG Y, LI S E, WANG J, et al. Stability and scalability of homogeneous vehicular platoon: Study on the influence of information flow topologies[J]. IEEE Trans. Intell. Transp. Syst, 2016, 17(1): 14-26.

[8] OLFATI-SABER R, MURRAY R M. Consensus problems in networks of agents with switching topology and time-delays[J]. IEEE Trans. Autom. Control, 2004, 49(9): 1520-1533.

[9] GUO G, YUE W. Sampled-data cooperative adaptive cruise control of vehicles with sensor failures [J]. IEEE Trans. Intell. Transp. Syst, 2014, 15(6): 2404-2418.

[10] GUO G, WEN S. Communication scheduling and control of a platoon of vehicles in VANETs[J]. IEEE Trans. Intell. Transp. Syst, 2016, 17(6): 1551-1563.

[11] SLOTINE J, LI W. Applied Nonlinear Control[M]. Upper Saddle River, NJ, USA: Prentice-Hall, 1991.

[12] BAZARAA M S, SHERALI H D, SHETTY C M. Nonlinear Programming: Theory and Algorithms

[M]. Hoboken, NJ, USA: Wiley, 2005.

[13] BOYD S, VANDENBERGHER L. Convex Optimization [M]. Cambridge, U.K.: Cambridge Univ. Press, 2004.

[14] BAEK J, JIN M, HAN S. A new adaptive sliding-mode control scheme for application to robot manipulators[J]. IEEE Trans. Ind. Electron, 2016, 63(6): 3628-3637.

[15] GAO F, HU X, LI S E, et al. Distributed adaptive sliding mode control of vehicular platoon with uncertain interaction topology[J]. IEEE Trans. Ind. Electron, 2018, 65(8): 6352-6361.

[16] FU F, VAN DER SCHAAR M. Structure-aware stochastic control for transmission scheduling [J]. IEEE Trans. Veh. Technol, 2012, 61(9): 3931-3945.

[17] WEN S, GUO G. Sampled-data control for connected vehicles with Markovian switching topologies and communication delay[J]. IEEE Trans. Intell. Transp. Syst, 2020, 21(7): 2930-2942.

[18] LIBERZON D. Switching in Systems and Control[M]. Boston, MA, USA: Birkhäuser, 2013.

第 13 章　减少车间距的轨迹规划和 PID 型滑模控制

13.1　引言

为了解决车辆速度规划和最优跟踪控制涉及的协同设计问题，第 12 章提出了一种分布式车队最优控制方法，该方法利用车辆间距误差定义性能指标函数。但其所得的结论基于定常的车间距策略，因此对于动态耦合的车队控制系统涉及的速度规划，在改善速度跟踪性能以及节省车间通信成本两方面[1-2]，已有的文献的研究仍存在不足。由于第 12 章中定义的滑模面和设计的到达率比较简单，导致其在收敛速度和抗抖动方面存在不足，不利于保证队列稳定性要求[3-5]。为此，本章重新考虑第 12 章的问题，并从以下两个方面进行改进。首先，引入了基于领队速度(即预期的车队速度)的二次型车间隔策略，以此改善速度跟踪性能，从而保证队列稳定性和车流稳定性。其次，提出了一种新颖的 PID 型滑模控制器，该控制器具有双幂次趋近律，使得车队控制性能和抗抖动能力得到明显改善。本章的主要贡献如下：

1）通过引入与实际车队速度相关的二次型车间隔策略，提出分布式速度优化方法规划车辆速度，以此最小化车辆间距误差。

2）提出了一种具有双幂次趋近律到达率的 PID 型滑模控制器，能够有效抑制车辆速度以及车间距存在的抖动问题，并且保证较快的收敛速率。除了保证跟踪性能和队列稳定性外，该方法还可以保证车流的稳定性，这一点在第 12 章中没有涉及。

符号说明： $\mathbf{0}_N=[0,0,\cdots,0]^{\mathrm{T}}\in\mathbb{R}^N$ 是 N 维欧式空间，表示为 $\mathbf{1}_N=[0,0,\cdots,0]^{\mathrm{T}}\in\mathbb{R}^N$ 和 $\mathbf{0}_N=[0,0,\cdots,0]^{\mathrm{T}}\in\mathbb{R}^N$。$\boldsymbol{I}_N\in\mathbb{R}^{N\times N}$是大小为 $N\times N$ 的单位矩阵，向量 $\boldsymbol{x}$ 的p-范数用 $\|\boldsymbol{x}\|_p$ 来表示。对于矩阵 $\boldsymbol{A}$，其转置为 $\mathbf{0}_N=[0,0,\cdots,0]^{\mathrm{T}}\in\mathbb{R}^N$，$\boldsymbol{A}$ 的最小特征值为 $\lambda_{\min}(\boldsymbol{A})$，定义 diag{·}为对角阵，矩阵不等式 $\boldsymbol{A}>\boldsymbol{B}(\boldsymbol{A}\geqslant\boldsymbol{B})$表示 $\boldsymbol{A}-\boldsymbol{B}$ 是正定(半正定)的，克罗内克积用⊗表示 sgn(·)是符号函数。

13.2　问题描述

考虑一组由 $N+1$ 辆车组成的车辆队列在道路上行驶(见图 13-1)，领队车辆编号为 0。每个跟随车可以通过下面描述的通信拓扑与它的邻车交换信息(例如，位置、速度、加速度)。

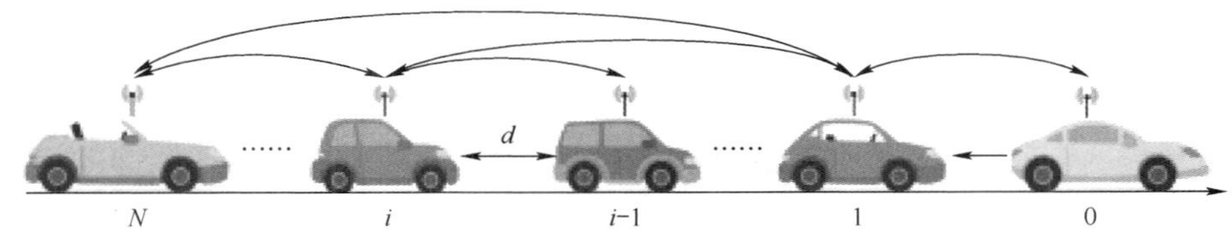

图 13-1　车辆队列通信和控制系统

车队的通信拓扑可以由有向连通图 $\mathcal{G}_N=(\mathcal{V}_N,\mathcal{E}_N)$ 来表示，其中 $\mathcal{V}_N=\{1,2,\cdots,N\}$ 表示节点集合，$\mathcal{E}_N\subseteq\mathcal{V}_N\times\mathcal{V}_N$ 表示边缘集合。定义 $\varepsilon_{ij}\triangleq(i,j)\in\mathcal{E}_N$ 作为边，意味着存在从车辆 j 到车辆 i 的定向通信链路。$\boldsymbol{A}=[a_{ij}]_{N\times N}$ 表示图 $\mathcal{G}_N$ 的邻接矩阵，其中 $a_{ii}=0$，若 $\varepsilon_{ij}\in\mathcal{E}_N$，$a_{ij}=1$，否则 $a_{ij}=0$。拉普拉斯矩阵定义为 $\boldsymbol{L}=[l_{ij}]_{N\times N}$，其中当 $i\neq j$，$l_{ij}=-a_{ij}$ 且 $l_{ii}=\sum\limits_{j=1}^{N}a_{ij}$。如果任意节点之间存在一条通路，则称则 $\mathcal{G}_N$ 是连通的。令 $\boldsymbol{D}=[d_{ij}]_{N\times|\mathcal{E}_N|}$ 作为 $\mathcal{G}_N$ 的关联矩阵，若车辆 i 远离 ε_j 的方向，则 $d_{ij}=-1$；若车辆 i 驶向 ε_j，则 $d_{ij}=1$，否则 $d_{ij}=0$。注意到 $\boldsymbol{L}\triangleq\boldsymbol{D}\boldsymbol{D}^{\mathrm{T}}$。跟随车中车辆 i 的相邻车辆的集合定义为

$$\boldsymbol{N}_i=\{j\in\mathcal{V}_N,(i,j)\in\mathcal{E}_N\}$$

为了刻画领队车与跟随车之间的通信，定义增广有向图 $\mathcal{G}_{N+1}=(\mathcal{V}_{N+1},\mathcal{E}_{N+1})$，其具有 $N+1$ 个顶点，$\mathcal{V}_{N+1}=\{0,1,\cdots,N\}$。对角矩阵 $\boldsymbol{P}=\mathrm{diag}\{p_1p_2,\cdots,p_N\}$，表示每辆跟随车与领队车的连接情况：如果跟随车 i 与领队车相连，则 $p_i=1$，否则 $p_i=0$。注意对于图 $\mathcal{G}_{N+1}$ 的关联矩阵 $\overline{\boldsymbol{D}}=[d_{ij}]_{N\times|\mathcal{E}_{N+1}|}$，可推得 $\boldsymbol{L}+\boldsymbol{P}\triangleq\overline{\boldsymbol{D}}\,\overline{\boldsymbol{D}}^{\mathrm{T}}$，节点 i 包含领队车辆的集合定义为

$$\boldsymbol{P}_i=\begin{cases}\varnothing, & p_i=0\\ \{0\}, & p_i=1\end{cases}\tag{13-1}$$

其中，$\varnothing$表示空集。然后，车辆 i 邻居车辆的集合为 $\boldsymbol{I}_i=\boldsymbol{N}_i\cup\boldsymbol{P}_i$。

假设 13.1：增广图 $\mathcal{G}_{N+1}=(\mathcal{V}_{N+1},\mathcal{E}_{N+1})$ 包含至少一个源于领队车的有向生成树。

引理 13.1：对于无向图，$\lambda_{\min}(\boldsymbol{L})=0$，$\boldsymbol{1}_N$ 为相关的特征向量。对于满足假设 13.1 的无向图，$\lambda_{\min}(\boldsymbol{L})=0$ 是一个简单的特征值，由参考文献[6]可知，$\lambda_{\min}(\boldsymbol{L}+\boldsymbol{P})\geqslant0$。

令 $x_i(t)$、$v_i(t)$ 和 $a_i(t)$ 分别为跟随车辆 $i=0,1,2,\cdots,N$ 的位置、速度和加速

度。假设领队车辆以匀速行驶，即 $a_0=0$，$x_0=v_0t$。对于第 i 辆跟随车辆，动力学模型为

$$\begin{cases}\dot{x}_i(t)=v_i(t)\\ \dot{v}_i(t)=a_i(t)\\ \dot{a}_i(t)=-\xi_i a_i(t)+\xi_i u_{i2}(t)\end{cases} \tag{13-2}$$

其中，$\xi_i=1/\theta_i$，θ_i 为车辆 i 的动力系统的时间常数，u_{i2}是其控制输入。

设 $d_{i,i-1}(t)>0$ 为车辆 i 和 $i-1$ 之间的期望的车间距离。基于领队车辆的速度(即期望的车队速度)，引入以下二次型车间隔策略：

$$d_{i,i-1}(t)=hv_0^2(t)+cv_0(t)+l_i \tag{13-3}$$

其中，$h>0$，c 为系数，$l_i>0$ 为期望的最小车间安全距，其中包含了车辆长度 L_i。通过对涉及的参数的选择，可以保证道路交通流的稳定性，将在后续的章节中给出相关的讨论。

本章的控制目标为，设计能够实现分布式速度规划和车辆队列控制的分层控制框架，以解决以下优化问题：

$$\min_{x_i(t)} J(t)=\sum_{i=1}^{N}\delta_i^2(t) \tag{13-4a}$$

$$\text{s. t.}\begin{cases}\lim\limits_{t\to\infty}|v_i(t)-v_0(t)|=0\\ \lim\limits_{t\to\infty}|\delta_i(t)|=0\end{cases} \tag{13-4b}$$

其中，δ_i 为跟随车 i 的车间距误差，定义为

$$\delta_i(t)=x_i(t)-x_{i-1}(t)+d_{i,i-1}(t)+L_{i-1} \tag{13-5}$$

因此对于跟随车辆的控制设计应该满足以下标准：

1）内部稳定性[7]：车辆都可以跟踪领队车辆的速度和加速度，并且保持期望的车间距离。

2）队列稳定性[7]：$|\delta_N(s)|\leqslant|\delta_{N-1}(s)|\leqslant\cdots\leqslant|\delta_1(s)|$或者间距误差的传递函数 $G_i(s)=\delta_{i+1}(s)/\delta_i(s)$满足$|G_i(s)|\leqslant 1$，其中，$\delta_i(s)$为$\delta_i(t)$的拉普拉斯变换。

3）交通流稳定性[5,8]：梯度不等式$\partial Q/\partial P>0$ 成立，其中，Q 和 P 分别为道路交通的流量和密度。

为了实现以上控制目标，本章提出了一种分层的控制框架(见图 13-2)，用于在不同的控制层中，实现轨迹优化和跟踪控制。

注 13.1：第 10 章和第 11 章中的优化控制方法是基于定常车间距策略的，虽然其可节省燃油消耗和时间，但很少关注交通流的平稳性和稳定性。与集中式的控制方法不同，本章给出了基于二次型车间隔策略的分布式控制框架，以满足交通流的稳定性，并降低计算和通信成本。

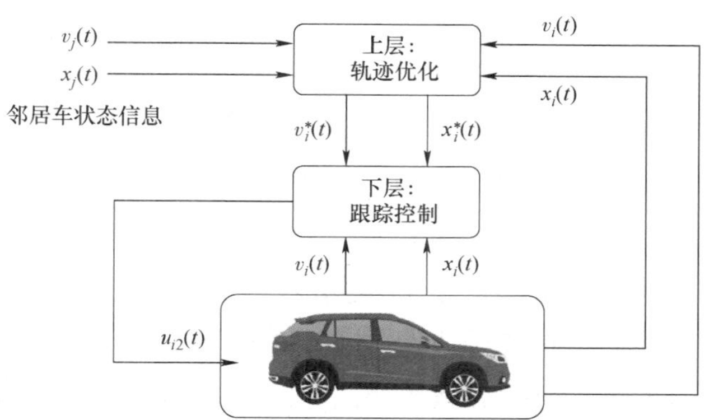

图 13-2　针对车辆队列控制的分层控制结构

13.3　分布式轨迹优化

车辆 i 的位置和速度的参考轨迹为

$$\begin{cases}\dot{x}_i^*(t)=v_i^*(t)\\ \dot{v}_i^*(t)=u_{i1}(t)\end{cases} \tag{13-6}$$

本章的目标是设计控制器 $u_{i1}(t)$，使得参考的轨迹 $x_i^*(t)$ 和 $v_i^*(t)$ 是式(13-4a)和式(13-4b)中的分布优化问题的可行解。为此，分别定义参考位置误差和参考速度误差。

$$\begin{cases}\hat{x}_i^*(t)=x_i^*(t)-x_0(t)+d_{i,0}(t)\\ \hat{v}_i^*(t)=v_i^*(t)-v_0(t)\end{cases} \tag{13-7}$$

由此可得到

$$\begin{cases}\hat{x}_i^*(t)-\hat{x}_j^*(t)=x_i^*(t)-x_j^*(t)+d_{i,j}(t)\\ \hat{v}_i^*(t)-\hat{v}_j^*(t)=v_i^*(t)-v_j^*(t)\end{cases} \tag{13-8}$$

对式(13-7)求导，可得

$$\begin{cases}\dot{\hat{x}}_i^*(t)=\hat{v}_i^*(t)+\mathrm{d}\left(\sum\limits_{i=1}^{N}(hv_0^2+cv_0+l_i)\right)/\mathrm{d}t\\ \hat{v}_i^*(t)=v_i^*(t)-v_0(t)\end{cases} \tag{13-9}$$

根据式(13-6)可得到

$$\begin{cases}\dot{\hat{x}}_i^*(t)=\hat{v}_i^*(t)\\ \dot{\hat{v}}_i^*(t)=u_{i1}(t)\end{cases} \tag{13-10}$$

根据式(13-7)和式(13-8)，式(13-4a)和式(13-4b)中定义的优化问题可重新描述为

$$\min_{\hat{x}_i^*(t)} J=\sum_{i=1}^{N}\left[\hat{x}_i^*(t)-\hat{x}_{i-1}^*(t)\right]^2 \tag{13-11a}$$

$$\text{s. t.}\begin{cases}\lim\limits_{t\to\infty}\hat{x}_i^*(t)=\hat{x}_j^*(t)\\ \lim\limits_{t\to\infty}\hat{v}_i^*(t)=\hat{v}_j^*(t)\end{cases} \tag{13-11b}$$

如上所述，需要解决的问题是设计 $u_{i1}(t)$，保证式(13-10)是式(13-11)中的优化问题的可行解。针对此问题，给出以下结论：

定理 13.1：对于满足假设 13.1 的车间通信拓扑结构，如果存在正参数 η，τ，ρ 和 ς 使得 $\frac{\rho}{\tau\varsigma}<\lambda_{\min}(\boldsymbol{L}+\boldsymbol{P})$ 成立，则满足式(13-4a)和式(13-4b)中所定义的优化问题的车队参考轨迹 $x_i^*(t)$ 和 $v_i^*(t)$ 可由以下控制器得到

$$\begin{aligned}u_{i1}(t)=&-\sum_{j\in I_i}(\eta(x_i(t)-x_j(t)+d_{i,j}(t))+\tau(v_i(t)-v_j(t)))\\&-\sum_{j\in I_i}\{\chi_{ij}(t)\operatorname{sgn}(\rho(x_i(t)-x_j(t)+d_{i,j}(t))+\varsigma(v_i(t)-\\&v_j(t)))\}+\psi_i(t)\end{aligned} \tag{13-12}$$

其中，控制器增益 $\chi_{ij}(t)=\chi_{ji}(t)\geqslant 0$ 及内部信号 $\psi_i(t)$ 分别为

$$\dot{\chi}_{ij}(t)=|\rho(x_i(t)-x_j(t)+d_{i,j}(t))+\varsigma(v_i(t)-v_j(t))| \tag{13-13}$$

$$\psi_i(t)=-2(x_i(t)-x_j(t)+d_{i,j}(t))-(v_i(t)-v_j(t)) \tag{13-14}$$

证明：利用时变代价函数[9]的分布式优化算法可得到证明。

为了证明系统式(13-6)中 $u_{i1}(t)$ 产生的参考信号 $\hat{x}_i^*$ 和 $\hat{v}_i^*$ 是优化问题式(13-4a)的解，只需要证明系统式(13-10)的 $u_{i1}(t)$ 可以解决优化问题式(13-4a)，那只需要证明应用系统式(13-10)的 $u_{i1}(t)$ 可以解决问题式(13-11)。

随着时间 $t\to\infty$，下层跟踪控制器中的速度和位置满足 $x_i(t)\to x_i^*(t)$ 和 $v_i(t)\to v_i^*(t)$。因此控制器式(13-12)~式(13-14)中的位置 $x_i(t)$ 和速度 $v_i(t)$ 可以被替换为 $x_i^*(t)$ 和 $v_i^*(t)$，由此得到

$$\begin{aligned}u_{i1}(t)=&-\sum_{j\in I_i}(\eta(\hat{x}_i^*(t)-\hat{x}_j^*(t))+\tau(\hat{v}_i^*(t)-\hat{v}_j^*(t)))-\\&\sum_{j\in I_i}\chi_{ij}(t)(\rho(\hat{x}_i^*(t)-\hat{x}_j^*(t))+\varsigma(\hat{v}_i^*(t)-\hat{v}_j^*(t)))+\psi_i(t)\end{aligned} \tag{13-15}$$

$$\dot{\chi}_{ij}(t)=|\rho(\hat{x}_i^*(t)-\hat{x}_j^*(t))+\varsigma(\hat{v}_i^*(t)-\hat{v}_j^*(t))| \tag{13-16}$$

$$\psi_i(t)=-2(\hat{x}_i^*(t)-\hat{x}_j^*(t))-(\hat{v}_i^*(t)-\hat{v}_j^*(t)) \tag{13-17}$$

首先，证明 $x_i^*(t)$ 和 $v_i^*(t)$ 随着 $t\to\infty$ 可以达到一致。

定义 $a'_{ij}=a_{ij}\chi_{ij}(t)$ 和 $p'_i=p_i\chi_{i0}(t)$。则拉普拉斯矩阵表示为 $\boldsymbol{L}'=[l'_{ij}]_{N\times N}$，其中当 $i\neq j$ 时 $l'_{ii}=\sum_{j=1}^{N}a'_{ij}$，牵引矩阵为 $\boldsymbol{P}=\operatorname{diag}\{p'_1p'_2,\cdots,p'_N\}$。定义关联矩阵 $\boldsymbol{D}'=[d'_{ij}]_{N\times|\mathcal{E}_N|}$

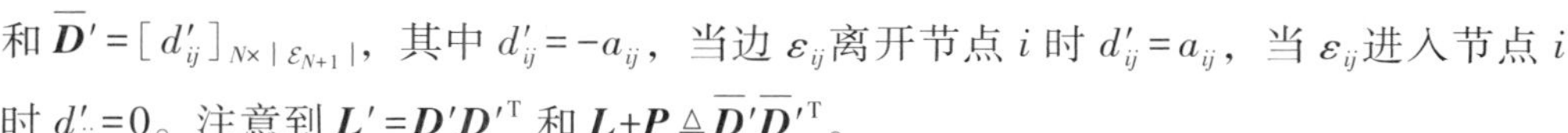

和 $\overline{\boldsymbol{D}}'=[d'_{ij}]_{N\times|\mathcal{E}_{N+1}|}$，其中 $d'_{ij}=-a_{ij}$，当边 ε_{ij}离开节点 i 时 $d'_{ij}=a_{ij}$，当 ε_{ij}进入节点 i 时 $d'_{ij}=0$。注意到 $\boldsymbol{L}'=\boldsymbol{D}'\boldsymbol{D}'^{\mathrm{T}}$ 和 $\boldsymbol{L}+\boldsymbol{P}\triangleq\overline{\boldsymbol{D}}'\overline{\boldsymbol{D}}'^{\mathrm{T}}$。

令列向量 $\overline{\boldsymbol{X}}(t)=[\hat{x}_1^*(t),\hat{x}_2^*(t),\cdots,\hat{x}_N^*(t)]^{\mathrm{T}}$，$\overline{\boldsymbol{V}}(t)=[\hat{v}_1^*(t),\hat{v}_2^*(t),\cdots,\hat{v}_N^*(t)]^{\mathrm{T}}$，并定义向量 $\boldsymbol{\Psi}(t)=[\psi_1(t),\psi_2(t),\cdots,\psi_N(t)]^{\mathrm{T}}$。

闭环系统式(13-10)和式(13-15)可以写成如下形式：

$$\begin{cases}\dot{\overline{\boldsymbol{X}}}(t)=\overline{\boldsymbol{V}}(t)\\ \dot{\overline{\boldsymbol{V}}}(t)=-\boldsymbol{G}(\eta\overline{\boldsymbol{X}}(t)+\tau\overline{\boldsymbol{V}}(t))-\boldsymbol{\Theta}(t)+\boldsymbol{\Psi}(t)\end{cases}\tag{13-18}$$

其中利用线性变换

$$\begin{cases}\hat{\boldsymbol{X}}(t)=\boldsymbol{\Gamma}\overline{\boldsymbol{X}}(t)\\ \hat{\boldsymbol{V}}(t)=\boldsymbol{\Gamma}\overline{\boldsymbol{V}}(t)\end{cases}\tag{13-19}$$

其中矩阵 $\boldsymbol{\Gamma}\triangleq\boldsymbol{I}_N-\frac{1}{N}\boldsymbol{1}_N\boldsymbol{1}_N^{\mathrm{T}}$，系统式(13-18)重新描述为

$$\begin{cases}\dot{\hat{\boldsymbol{X}}}(t)=\hat{\boldsymbol{V}}(t)\\ \dot{\hat{\boldsymbol{V}}}(t)=-\boldsymbol{G}(\eta\hat{\boldsymbol{X}}(t)+\tau\hat{\boldsymbol{V}}(t))-\boldsymbol{\Theta}'(t)+\boldsymbol{\Gamma}\boldsymbol{\Psi}(t)\end{cases}\tag{13-20}$$

其中，$\boldsymbol{\Theta}'(t)=\overline{\boldsymbol{D}}'\mathrm{sgn}(\overline{\boldsymbol{D}}^{\mathrm{T}}(\rho\hat{\boldsymbol{X}}(t)+\varsigma\hat{\boldsymbol{V}}(t)))$。

选择以下李亚普诺夫函数：

$$W_1(t)=\frac{1}{2}\begin{bmatrix}\hat{\boldsymbol{X}}(t)\\ \hat{\boldsymbol{V}}(t)\end{bmatrix}^{\mathrm{T}}\boldsymbol{M}\begin{bmatrix}\hat{\boldsymbol{X}}(t)\\ \hat{\boldsymbol{V}}(t)\end{bmatrix}+\frac{1}{4}\sum_{i=1}^{N}\sum_{j\in I_i}(\chi_{ij}(t)-\bar{\chi})^2\tag{13-21}$$

其中，$\bar{\chi}>0$ 和

$$\boldsymbol{M}=\begin{bmatrix}(\tau\rho+\eta\varsigma)\boldsymbol{G} & \rho\boldsymbol{I}_N\\ \rho\boldsymbol{I}_N & \varsigma\boldsymbol{I}_N\end{bmatrix}$$

定义矩阵 $\hat{M}$ 为

$$\hat{\boldsymbol{M}}=\begin{bmatrix}(\tau\rho+\eta\varsigma)\mathcal{G} & \rho\boldsymbol{I}_N\\ \rho\boldsymbol{I}_N & \varsigma\boldsymbol{I}_N\end{bmatrix}$$

显然 $\hat{\boldsymbol{M}}\leqslant\boldsymbol{M}$。因为 $\lambda_{\min}(G)>\frac{\rho}{\tau\varsigma}$，得到

$$(\tau\rho+\eta\varsigma)\lambda_{\min}(\boldsymbol{G})-\frac{\rho^2}{\varsigma}>0$$

通过 Schur 补定理，可以得出结论 $\hat{\boldsymbol{M}}\geqslant0$，然后可得 $0\leqslant\hat{\boldsymbol{M}}\leqslant\boldsymbol{M}$，因此，$\boldsymbol{M}$ 是正定的

且$W_1(t) \geqslant 0$。

对 $W_1(t)$沿式(13-20)求导可得

$$
\begin{aligned}
\dot{W}_1(t) &= \begin{bmatrix} \hat{\boldsymbol{X}}(t) \\ \hat{\boldsymbol{V}}(t) \end{bmatrix}^{\mathrm{T}} \boldsymbol{M} \begin{bmatrix} \hat{\boldsymbol{X}}(t) \\ \hat{\boldsymbol{V}}(t) \end{bmatrix} + \frac{1}{2}\sum_{i=1}^{N}\sum_{j\in I_i}(\chi_{ij}(t)-\bar{\chi})\dot{\chi}_{ij}(t) \\
&= -\rho\eta\hat{\boldsymbol{X}}^{\mathrm{T}}(t)\boldsymbol{G}\hat{\boldsymbol{X}}(t) + \hat{\boldsymbol{V}}^{\mathrm{T}}(t)(\rho\boldsymbol{I}_N-\tau\varsigma\boldsymbol{G})\hat{\boldsymbol{V}}(t) - \\
&\quad \frac{1}{2}\sum_{i=1}^{N}\sum_{j\in I_i}\chi_{ij}(t)\left|\rho\left(\hat{x}_i^*(t)-\hat{x}_j^*(t)\right)+\varsigma\left(\hat{v}_i^*(t)-\hat{v}_j^*(t)\right)\right| + \\
&\quad \frac{1}{N}\sum_{i=1}^{N}\sum_{j=1}^{N}\left[\rho\left(\hat{x}_i^*(t)-\hat{x}_j^*(t)\right)+\varsigma\left(\hat{v}_i^*(t)-\hat{v}_j^*(t)\right)\right]\psi_i(t) + \\
&\quad \frac{1}{2}\sum_{i=1}^{N}\sum_{j\in I_i}(\chi_{ij}(t)-\bar{\chi})\dot{\chi}_{ij}(t)
\end{aligned}
\tag{13-22}
$$

假设$|\psi_i(t)-\psi_j(t)|$是有界的，即存在一个常数$\bar{\psi}>0$使$|\psi_i(t)-\psi_j(t)| \leqslant \bar{\psi}$。显然，假设合理，并且$|x_i(t)-x_j(t)+d_{i,j}(t)|$和$|v_i(t)-v_j(t)|$的有界性可以保证$\bar{\psi}$的有界性。

因为$\rho-\tau\varsigma\lambda_{\min}(\boldsymbol{G})<0$，得到$\rho\boldsymbol{I}_N-\tau\varsigma\boldsymbol{G}<0$和$\hat{V}^{\mathrm{T}}(t)(\rho\boldsymbol{I}_N-\tau\varsigma\boldsymbol{G})\hat{V}(t) \leqslant 0$。将式(13-16)代入式(13-22)，依据假设13.1和上面的有界假设可得

$$
\begin{aligned}
\dot{W}_1(t) &\leqslant -\rho\eta\hat{\boldsymbol{X}}^{\mathrm{T}}(t)\boldsymbol{G}\hat{\boldsymbol{X}}(t) + \hat{\boldsymbol{V}}^{\mathrm{T}}(t)(\rho\boldsymbol{I}_N-\tau\varsigma\boldsymbol{G})\hat{\boldsymbol{V}}(t) + \left(\frac{(N-1)\bar{\boldsymbol{\psi}}}{4}-\frac{\bar{\chi}}{2}\right) \times \\
&\quad \sum_{i=1}^{N}\sum_{j\in I_i}(\chi_{ij}(t)-\bar{\chi})\,|\rho(\hat{x}_i^*(t)-\hat{x}_j^*(t))| \times \sum_{i=1}^{N}\sum_{j\in I_i}(\chi_{ij}(t)-\bar{\chi})\,|\varsigma(\hat{v}_i^*(t)-\hat{v}_j^*(t))| \\
&\leqslant \left(\frac{(N-1)\bar{\psi}}{4}-\frac{\bar{\chi}}{2}\right)(\rho\hat{\boldsymbol{X}}(t)+\varsigma\hat{\boldsymbol{V}}(t))^{\mathrm{T}}\boldsymbol{\Theta}'(t) \\
&\leqslant \left(\frac{(N-1)\bar{\psi}}{4}-\frac{\bar{\chi}}{2}\right)\|\bar{\boldsymbol{D}}^{\mathrm{T}}(\rho\hat{\boldsymbol{X}}(t)+\varsigma\hat{\boldsymbol{V}}(t))\|_1 \\
&\leqslant \left(\frac{(N-1)\bar{\psi}}{4}-\frac{\bar{\chi}}{2}\right)\sqrt{\lambda_{\min}(\boldsymbol{G})}\,\|\rho\hat{\boldsymbol{X}}(t)+\varsigma\hat{\boldsymbol{V}}(t)\|_2<0
\end{aligned}
\tag{13-23}
$$

选择合适的$\bar{\chi}$使$\bar{\chi}>\dfrac{(N-1)\bar{\psi}}{2}$导出第二个不等式。由$\mathcal{G} \triangleq \bar{\boldsymbol{D}}\bar{\boldsymbol{D}}^{\mathrm{T}}$可导出倒数第二个不等式。由参考文献[10]中的Barbal引理，$\hat{\boldsymbol{X}}(t)$和$\hat{\boldsymbol{V}}(t)$将渐近收敛于零，即$\hat{x}_i^*(t)=\hat{x}_j^*(t)$和$\hat{v}_i^*(t)=\hat{v}_j^*(t)$。

利用以下推导可解决优化问题式(13-11)。为此，选择以下李亚普诺夫函数：

$$
W_2(t)=\frac{1}{2}\sum_{i=1}^{N}\sum_{j\in I_i}(\hat{x}_i^*(t)-\hat{x}_j^*(t))^2+\frac{1}{2}\sum_{i=1}^{N}\sum_{j\in I_i}(\hat{x}_i^*(t)-\hat{x}_j^*(t)-\dot{v}_i^*(t))^2 \tag{13-24}
$$

对式(13-24)求导可得

$$
\begin{aligned}
\dot{W}_2(t) = & \sum_{i=1}^{N}\sum_{j\in I_i}(\hat{x}_i^*(t)-\hat{x}_j^*(t))(\hat{v}_i^*(t)-\hat{v}_j^*(t))+ \\
& \sum_{i=1}^{N}\sum_{j\in I_i}(\hat{x}_i^*(t)-\hat{x}_j^*(t)-\dot{v}_i^*(t))(\hat{v}_i^*(t)-\hat{v}_j^*(t))
\end{aligned} \tag{13-25}
$$

代入$\sum_{i=1}^{N}\dot{\hat{v}}_i^*(t)=\sum_{i=1}^{N}\psi_i(t)$和式(13-17)，得到

$$
\dot{W}_2(t)=\sum_{i=1}^{N}\sum_{j\in I_i}-(\hat{v}_i^*(t)-\hat{v}_j^*(t))^2 \tag{13-26}
$$

因此 $\dot{W}_2(t)<0$，$\sum_{i=1}^{N}\sum_{j\in I_i}(\hat{v}_i^*(t)-\hat{v}_j^*(t))$将渐近收敛于零。由此可见，优化问题式(13-12)中的性能指标函数 $J(t)$的导数将渐近收敛于零。此外，由于 $J(t)$是凸函数的，当时间趋于无穷大时，其值在 $\hat{x}_i^*(t)$[14]最小。根据参考文献[15]可以得出结论：$\hat{x}_i^*(t)$是优化问题式(13-11)的唯一解。证明完成。

注 13.2：与第 12 章类似，所提出的二次间隔策略式(13-3)可以通过引入参考位置和速度误差将参考车辆力学转化为标准的双积分器模型。基于此车间距策略得到的车队控制方法，可使道路交通流稳定在所需的交通密度内。

13.4　PID 型滑模控制器设计

本节，通过引入改进的 PID 型滑模面，来设计滑模控制器。所设计滑模控制器，可保证跟踪误差是指数衰减的，同时消除稳态误差。通过设计控制器 $u_{i2}(t)$，实现对参考位置 $x_i^*(t)$和速度 $v_i^*(t)$的跟踪控制，以此保证单车稳定性、队列稳定性和道路交通流稳定性。

定义位置跟踪误差和速度跟踪误差为

$$
\begin{cases}
\tilde{x}_i(t)=x_i(t)-x_i^*(t)\\
\tilde{v}_i(t)=v_i(t)-v_i^*(t)
\end{cases} \tag{13-27}
$$

定义如下跟踪误差：

$$
e_i(t)=\tilde{x}_i(t)+\tilde{v}_i(t) \tag{13-28}
$$

由此可得

$$
\begin{cases}
\dot{e}_i(t)=\dot{\tilde{x}}_i(t)+\dot{\tilde{v}}_i(t)=\tilde{v}_i(t)+\tilde{a}_i(t)\\
\ddot{e}_i(t)=\dot{\tilde{v}}_i(t)+\dot{\tilde{a}}_i(t)=a_i(t)-u_{i1}(t)+\dot{a}_i(t)-\dot{u}_{i1}(t)
\end{cases} \tag{13-29}
$$

其中，$\tilde{a}_i(t)=a_i(t)-u_{i1}(t)$。

引入以下 PID 型滑模面：

$$s_i(t)=k_p e_i(t)+k_i\int_0^t e_i^{q/p}(\tau)\mathrm{d}\tau+k_d\dot{e}_i(t) \tag{13-30}$$

其中，k_p、k_i 和 k_d 是正实数，p 和 q 表示奇数并且是正整数，且 $q<p$。给出如下跟踪控制器的设计方法：

定理 13.2：若为每辆跟随车辆设计的跟踪控制器 $u_{i2}(t)$ 如式(13-31)，则滑模面 $s_i(t)$ 可收敛到零，具有趋近率式(13-33)：

$$u_{i2}(t)=-\frac{1}{\xi_i}a_i(t)+a_i(t)-\frac{k_p}{\xi_i k_d}\dot{e}_i(t)-\frac{k_i}{\xi_i k_d}e_i^{q/p}(t)\ -\frac{K_1}{\xi_i k_d}s_i^{\alpha}(t)-\frac{K_2}{\xi_i k_d}s_i^{\beta}(t) \tag{13-31}$$

其中，ξ_i 由发动机时间常数决定，K_1 和 K_2 为正实数，α、$\beta>0$ 是奇数。

证明：对滑模面 $s_i(t)$ 求导可得

$$\dot{s}_i(t)=k_p\dot{e}_i(t)+k_i\dot{e}_i^{q/p}(t)+k_d(a_i(t)-\xi_i a_i(t)+\xi_i u_{i2}(t)) \tag{13-32}$$

将式(13-31)代入式(13-32)中，可得

$$\dot{s}_i(t)=-K_1 s_i^{\alpha}(t)-K_2 s_i^{\beta}(t) \tag{13-33}$$

选择以下李亚普诺夫函数：

$$V(t)=\frac{1}{2}s_i^2(t) \tag{13-34}$$

对其求导可得

$$\dot{V}(t)=s_i(t)\dot{s}_i(t)=-K_1 s_i^{\alpha+1}(t)-K_2 s_i^{\beta+1}(t)\leqslant 0 \tag{13-35}$$

由此，滑模面 $s_i(t)$ 收敛于零。式(13-32)是为了保证所设计控制器的收敛速度和平滑性而选择的控制律。

根据式(14-30)，当误差到达滑模面时，跟踪误差满足：

$$\dot{e}_i(t)=-\frac{k_p}{k_d}e_i(t)-\frac{k_i}{k_d}\int_0^t e_i^{q/p}(\nu)\mathrm{d}\nu \tag{13-36}$$

式中的跟踪误差是渐近收敛的，此结论可由以下定理给出。

定理 13.3：对于互为奇数的 p 和 q，若满足 $0<q<p$，利用滑模控制器式(13-30)，则位置跟踪误差 $\tilde{x}_i(t)$ 和速度跟踪误差 $\tilde{v}_i(t)$ 可到达滑模面，并渐进收敛到零。

证明：对于跟踪误差系统式(13-35)，考虑如下的李亚普诺夫函数

$$V_0(t)=\frac{1}{2}e_i^2(t) \tag{13-37}$$

$V_0(t)$ 沿系统式(13-36)的导数为

$$\dot{V}_0(t)=e_i(t)\left(-\frac{k_p}{k_d}e_i(t)-\frac{k_i}{k_d}\int_0^t e_i^{q/p}(\nu)\mathrm{d}\nu\right) \tag{13-38}$$

因为 p 和 q 互为奇数且 $0<q<p$，可得

$$\dot{V}_0(t)=-\frac{k_p}{k_d}e_i^2(t)-\frac{k_i}{k_d}\int_0^t (e_i^2(\nu))^{\frac{q/p+1}{2}}\mathrm{d}\nu\leqslant 0 \tag{13-39}$$

可知跟踪误差 $e_i(t)$ 渐近地收敛于零，即 $\tilde{x}_i(t)+\tilde{v}_i(t)\to 0$。因此，$\dot{\tilde{x}}_i(t)=\tilde{v}_i(t)=-\tilde{x}_i(t)$ 成立，显然跟踪误差是渐近稳定的。由此可得：位置跟踪误差 $\tilde{x}_i(t)$ 和速度跟踪误差 $\tilde{v}_i(t)$ 是渐近稳定的。

注 13.3：与第 12 章的方法相比，通过引入分数阶 q/p 项降低积分饱和度，使得本章提出的 PID 型滑模控制器在收敛速度和控制精度上有更好的表现，也具有更好的鲁棒性和抗扰动能力。

对于匀速行驶的车辆队列，可知，$u_{i1}(t)=0$，以及 $\tilde{x}_0(t)=0$，$\tilde{v}_0(t)=0$ 和 $e_0=0$。

根据定义，式(13-5)中定义的车辆间距误差 $\delta_i(t)$，满足如下条件：

$$\dddot{\delta}_i(t)=\dddot{x}_i(t)-\dddot{x}_{i-1}(t)=\dot{a}_i(t)-\dot{a}_{i-1}(t) \tag{13-40}$$

根据式(13-2)和设计的控制器 $u_{i2}(t)$，可得

$$\dot{a}_i(t)=-a_i(t)-\frac{k_p}{k_d}\dot{e}_i(t)-\frac{k_i}{k_d}e_i^{q/p}(t) \tag{13-41}$$

结合式(13-40)，可得以下车间距误差

$$\begin{aligned}\dddot{\delta}_i(t)&=\dot{a}_i(t)-\dot{a}_{i-1}(t)\\&=\left(-a_i(t)-\frac{k_p}{k_d}\dot{e}_i(t)-\frac{k_i}{k_d}e_i^{q/p}(t)\right)-\left(-a_{i-1}(t)-\frac{k_p}{k_d}\dot{e}_{i-1}(t)-\frac{k_i}{k_d}e_{i-1}^{q/p}(t)\right)\end{aligned} \tag{13-42}$$

当误差到达滑模面后，$\dot{s}_i(t)=0$。因此，$k_p\dot{e}_i(t)+k_ie_i^{q/p}(t)+k_d\ddot{e}_i(t)=0$，即

$$e_i^{q/p}(t)=-\frac{k_p}{k_i}\dot{e}_i(t)-\frac{k_d}{k_i}\ddot{e}_i(t) \tag{13-43}$$

因此，式(13-42)可重新写为

$$\begin{aligned}\dddot{\delta}_i(t)=&-(a_i(t)-a_{i-1}(t))-\frac{k_p}{k_d}(\dot{e}_i(t)-\dot{e}_{i-1}(t))+\\&\frac{k_p}{k_d}(e_i(t)-e_{i-1}(t))+\ddot{e}_i(t)-\ddot{e}_{i-1}(t)\end{aligned} \tag{13-44}$$

根据前面给出的定义，可得到

$$\ddot{\delta}_i(t)-\delta_i(t)=\ddot{d}(t)-d(t)-\frac{k_d}{k_p}\ddot{d}(t)-\frac{k_d}{k_p}\dddot{d}(t)$$

对上式两端进行拉普拉斯变换，可得

$$\delta_i(s)=\frac{-\frac{k_p}{k_d}\cdot s^3d_{i,i-1}(s)+\left(1-\frac{k_p}{k_d}\right)\cdot s^2d_{i,i-1}(s)-d_{i,i-1}(s)}{s^2-1}$$

其中，s 是一个复变量，因此，当 $i=1,2,\cdots,N$ 时，可以得到如下传递函数

$$G_i(s)=\frac{\delta_{i+1}(s)}{\delta_i(s)}=\frac{-\frac{k_p}{k_d}\cdot s^3d_{i+1,i}(s)+\left(1-\frac{k_p}{k_d}\right)\cdot s^2d_{i+1,i}(s)-d_{i+1,i}(s)}{-\frac{k_p}{k_d}\cdot s^3d_{i,i-1}(s)+\left(1-\frac{k_p}{k_d}\right)\cdot s^2d_{i,i-1}(s)-d_{i,i-1}(s)}$$

根据间距策略，在 s 域内，车辆间距相等，即 $d_{i,i-1}(s)=d_{i+1,i}(s)$。因此对于所有车辆，有 $G_i(s)=1$ 成立，即满足队列稳定性。

给出满足交通流稳定涉及的条件和所需要的交通密度如下：

定理 13.4：对于车队系统式(13-2)，当 $h\geqslant c^2/4l$ 和 $-2\sqrt{h(l+L)}\leqslant c\leqslant 0$ 时，则二次型车间距策略式(13-3)和所提的控制方法能够保证道路交通流的稳定性。此外，涉及的交通密度为

$$P_{\lim}=\frac{h}{c\sqrt{h(l+L)}+2h(l+L)}-\frac{h}{c\sqrt{h(l+L)}-2h(l+L)}$$

证明：如果 $h\geqslant c^2/4l$ 成立，可以得到 $d_{i,i-1}(t)>0$，对于 $\forall v_0(t)>0$ 都有 $d_{i,i-1}(t)>0$。在稳定的道路交通情况下，每辆车的速度和间距是相同的，对于所有的 i，有 $d_{i,i-1}(t)=d_{\text{steady}}(t)$ 和 $v_i(t)=v(t)$ 成立。因此，根据参考文献[11]可以得到稳定的道路交通情况下的车间距离为

$$d_{\text{steady}}(t)=hv^2(t)+cv(t)+l+L \tag{13-45}$$

相应的稳态交通密度为

$$P=\frac{1}{d_{\text{steady}}}=\frac{1}{hv^2(t)+cv(t)+l+L} \tag{13-46}$$

根据流量和密度公式 $Q=pv$ 和式(13-46)，可得道路交通流量为

$$Q(P)=P\left(-\frac{c}{2h}+\frac{\sqrt{c^2-4h\left(l+L-\frac{1}{P}\right)}}{2h}\right)$$

对上式求偏导可得

$$\frac{\partial Q}{\partial P}=-\frac{c}{2h}+\frac{\sqrt{c^2-4h\left(l+L-\frac{1}{P}\right)}}{2h}-\frac{1}{P\sqrt{c^2-4h\left(l+L-\frac{1}{P}\right)}}$$

由 $\frac{\partial Q}{\partial P}=0$，可得交通流密度的上限 $P_{\lim}$ 为

$$P_{\lim}=\frac{h}{c\sqrt{h(l+L)}+2h(l+L)}-\frac{h}{c\sqrt{h(l+L)}-2h(l+L)} \tag{13-47}$$

注意对于 $-2\sqrt{h(l+L)}\leqslant c\leqslant 0$，有 $P_{\lim}\geqslant 0$ 成立。

注 13.4：与第 12 章的结果不同，本章所提出的方法可以在交通密度低于临界值的情况下保证交通流的稳定性，以及单车稳定性和队列的稳定性。

13.5　仿真实验

本节通过仿真实验对本章所提出的队列控制方法的有效性进行验证。考虑一个由 5 辆车辆组成的车队，其中领队车辆编号为 0，跟随车辆编号为 1~4，车辆参数见表 13-1。

表 13-1　仿真实验中的车辆参数

车辆编号	1	2	3	4
ξ_i/s^{-1}	0.5	0.25	0.60	0.35
L_i/m	5.0	4.6	4.0	4.7

在仿真中，车队的初始位置为 $\boldsymbol{x}(0)=[0,-5,-12,-17,-12]$。领队车辆的速度和加速度如图 13-3 所示，跟随车辆都具有零初始速度和非零的初始间距误差。仿真中考虑的通信拓扑，包括双向前车-跟随（BPF）、双向领航者-跟随（LBPF）和双向双两前车-跟随（TBPF）（见图 13-4），其均满足假设 13.1。根据定理 13.1、定理 13.2 和定理 13.3，表 13-2 中给出了控制器 $u_{i2}(t)$ 和跟踪控制器 $u_{i2}(t)$ 涉及的参数。

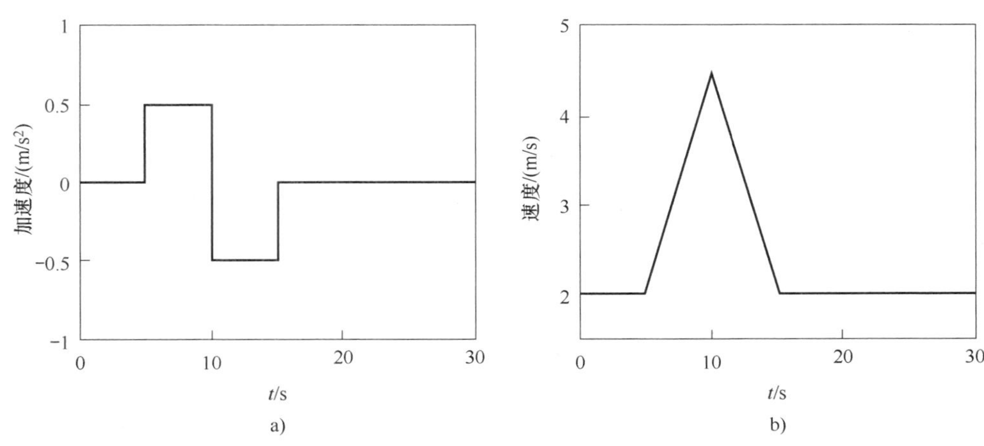

图 13-3　领队车的加速度和速度

a）加速度　b）速度

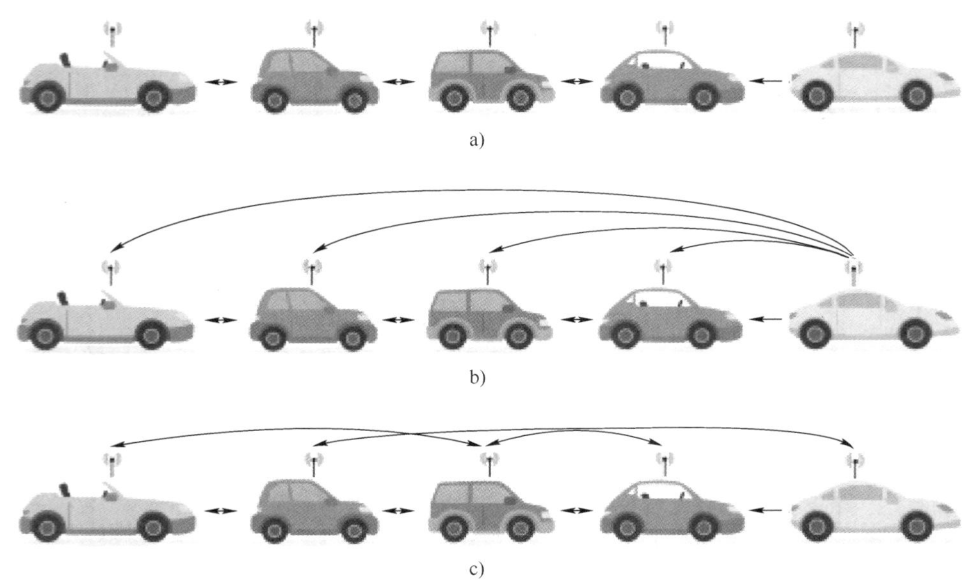

图 13-4　针对车队的三种通信拓扑

a）BPF　b）LBPF　c）TBPF

表 13-2　控制器设计中涉及的参数

参数名	模拟值	参数名	模拟值
η	0.5	q	3
τ	0.5	a	5
ρ	0.5	β	7
ς	0.5	K_1	5
p	5	K_2	40

图 13-5~图 13-7 分别给出车队基于 BPF、LBPF 和 TBPF 车间通信拓扑，进行轨迹优化和跟踪控制的仿真实验结果。图 13-5~图 13-7 中，a 和 b 给出所有跟随车辆的参考轨迹(位置和速度)，其可以与领队车辆的参考轨迹保持一致；从 c、d 中可以看出，采用本章方法，所有车辆均能跟踪其参考轨迹；从 e 和 f 中可得，相邻车辆之间的间距误差和速度误差均能收敛到零。车队在三种拓扑结构下，实时的位置如图 13-8 所示。从仿真结果中可以看出，车队的队列稳定性和交通流畅性得到保证。

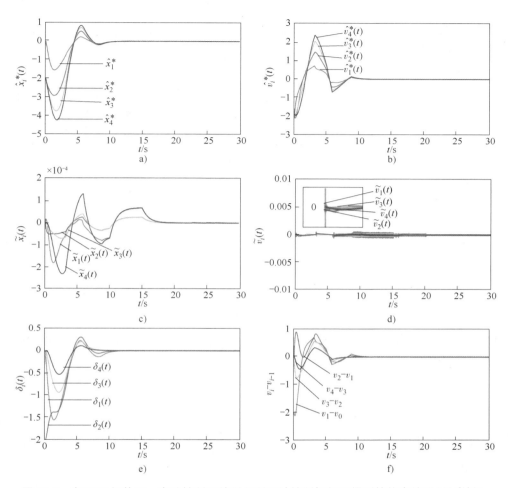

图 13-5　在 BPF 拓扑下，车队控制系统利用所设计控制框架下得到的仿真结果(见彩插)

a) 参考位置误差 $\hat{x}_i^*(t)$　b) 参考速度误差 $\hat{v}_i^*(t)$　c) 位置跟踪误差 $\tilde{x}_i(t)$

d) 速度跟踪误差 $\tilde{v}_i(t)$　e) 间距误差 $\delta_i(t)$　f) 速度误差 v_i-v_{i-1}

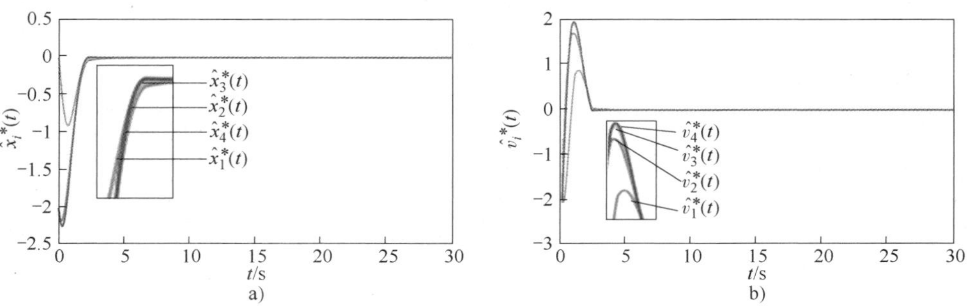

图 13-6　车辆队列在 LBPF 通信拓扑下，利用所设计的控制器得到的仿真结果(见彩插)

a) 参考位置误差 $\hat{x}_i^*(t)$　b) 参考速度误差 $\hat{v}_i^*(t)$

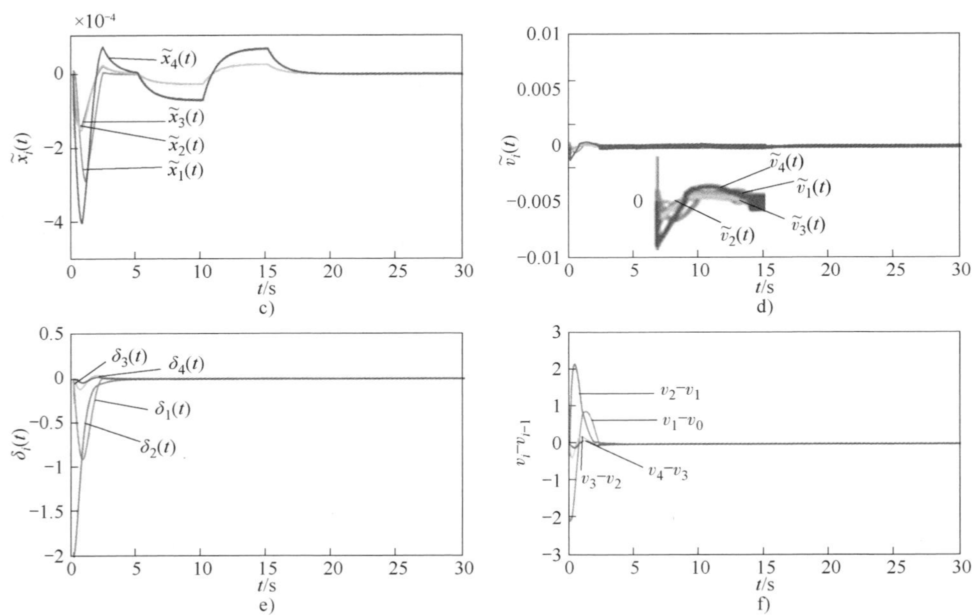

图 13-6　车辆队列在 LBPF 通信拓扑下，利用所设计的控制器得到的仿真结果(续)(见彩插)

c) 位置跟踪误差 $\tilde{x}_i(t)$　d) 速度跟踪误差 $\tilde{v}_i(t)$　e) 间距误差 $\delta_i(t)$　f) 速度误差 v_i-v_{i-1}

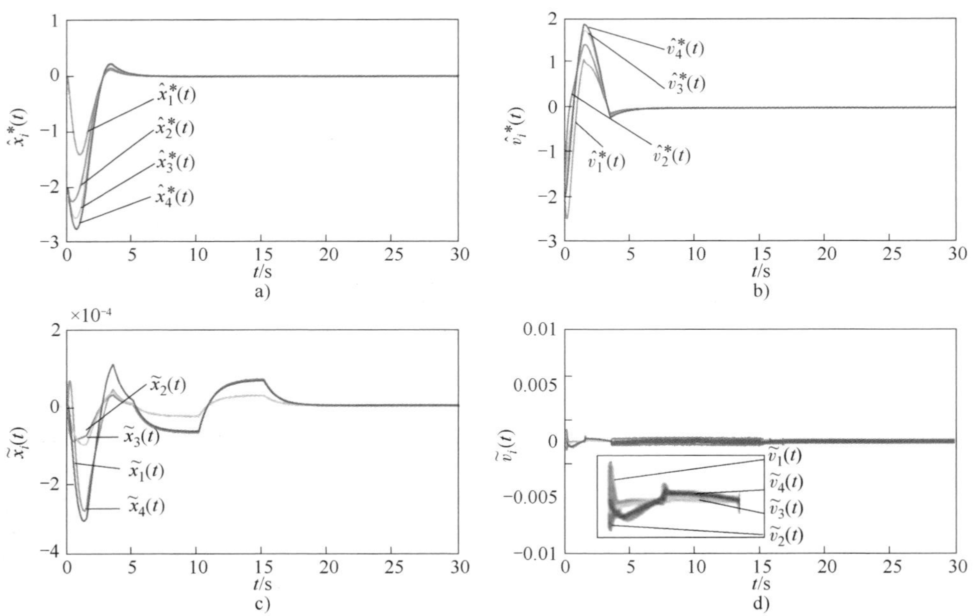

图 13-7　车辆队列在 TBPF 拓扑下，利用所设计控制器得到的仿真结果(见彩插)

a) 参考位置误差 $\hat{x}_i^*(t)$　b) 参考速度误差 $\hat{v}_i^*(t)$　c) 位置跟踪误差 $\tilde{x}_i(t)$　d) 速度跟踪误差 $\tilde{v}_i(t)$

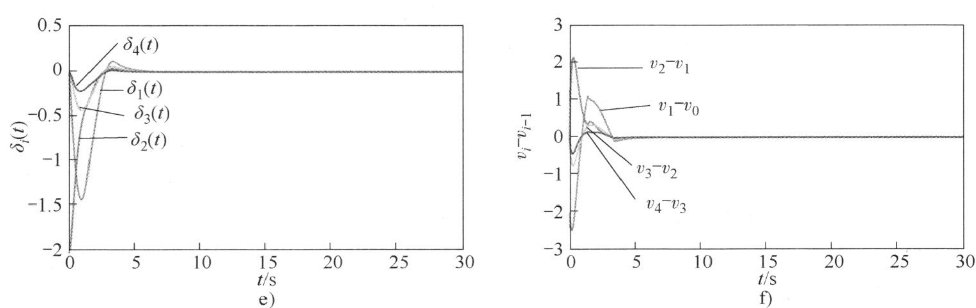

图 13-7　车辆队列在 TBPF 拓扑下，利用所设计控制器得到的仿真结果（续）（见彩插）

e）间距误差 $\delta_i(t)$　f）速度误差 v_i-v_{i-1}

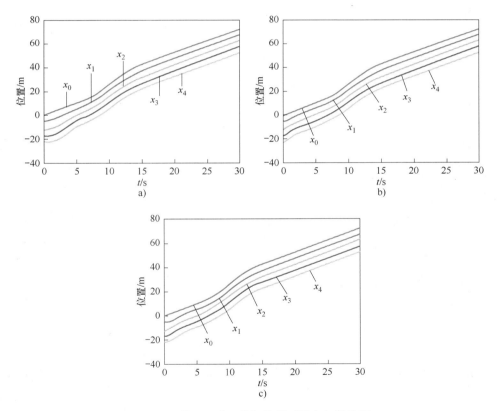

图 13-8　基于三种通信拓扑得到的车辆的位置

a）BPF　b）LBPF　c）TBPF

将本章所提的方法与参考文献[12]和第 12 章中所提的方法进行比较，定义如下性能指标：

$$\begin{cases} J_1(t) = \lim\limits_{T\to\infty}\int_0^T \sum\limits_{i=1}^{4} \delta_i^2(t)\,\mathrm{d}t \\ J_2(t) = \lim\limits_{T\to\infty}\int_0^T \sum\limits_{i=1}^{4} \widetilde{x}_i^2(t)\,\mathrm{d}t \end{cases} \tag{13-48}$$

其中，$J_1(t)$表示所有车辆的车间距误差，$J_2(t)$表示所有车辆的跟踪性能。

图 13-9 给出了 LBPF 通信拓扑下车队的实际速度、间距误差和速度误差。可以看出，所提方法的车间距误差和速度跟踪误差更小，收敛更快，且无明显抖动。相应的性能指标见表 13-3。

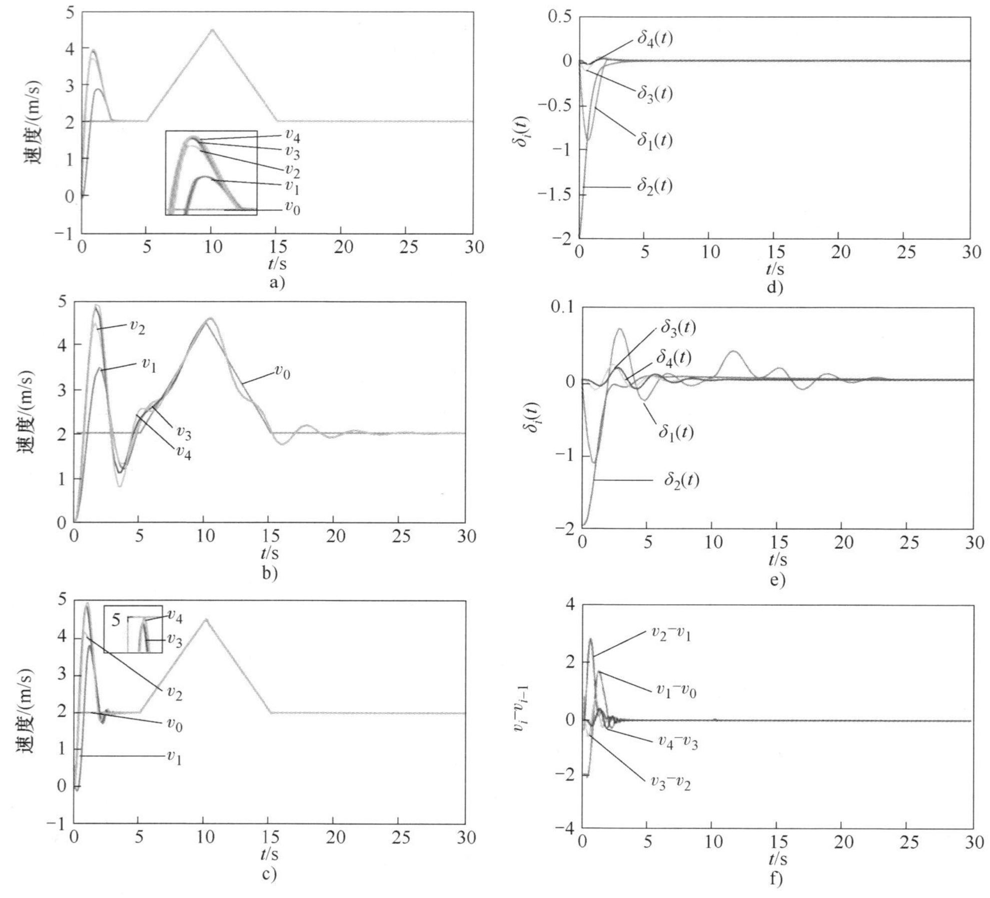

图 13-9　在 LBPF 通信拓扑下，将本章所提方法(左)与参考文献[12]中和第 12 章的车队控制方法的仿真对比实验(见彩插)

a) 车辆速度 v_i(本章方法)　b) 车辆速度 v_i(参考文献[12]方法)　c) 车辆速度 v_i(第 12 章方法)

d) 间距误差 $\delta_i(t)$(本章方法)　e) 间距误差 $\delta_i(t)$(参考文献[12]方法)

f) 间距误差 v_i-v_{i-1}(第 12 章方法)

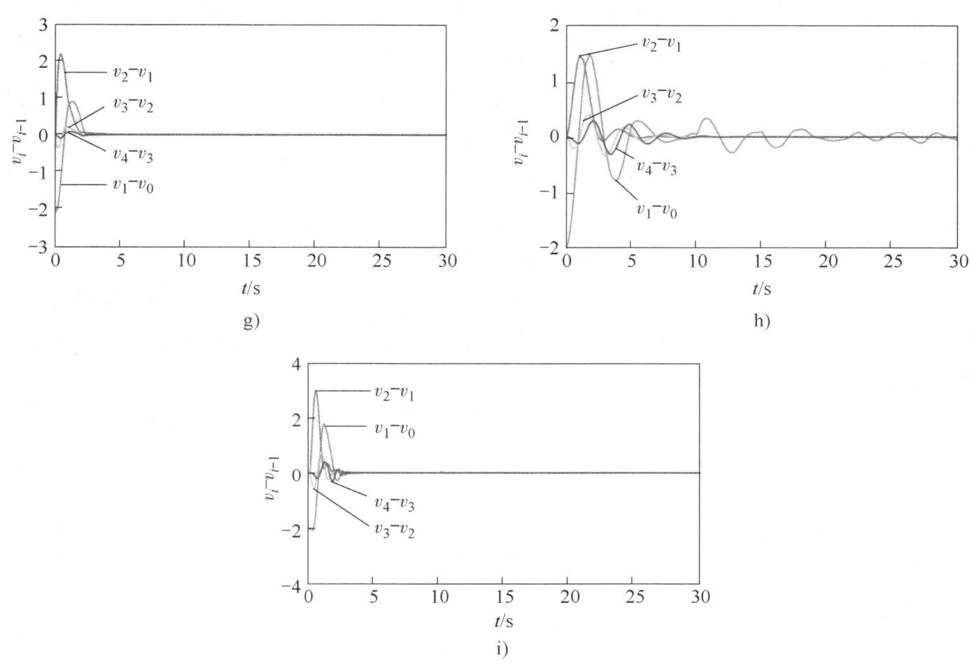

图 13-9　在 LBPF 通信拓扑下，将本章所提方法（左）与参考文献[12]中和第 12 章的车队控制方法的仿真对比实验（续）（见彩插）

g）速度误差 v_i-v_{i-1}（本章方法）　h）速度误差 v_i-v_{i-1}（参考文献[12]方法）
i）速度误差 v_i-v_{i-1}（第 12 章方法）

表 13-3　在 LBPF 下，采用不同控制器得到的队列控制性能指标

控制器	本章方法	参考文献[12]方法	第 12 章方法
$J_1(t)$	2.422	5.914	2.702
$J_2(t)$	3.095×10^{-7}	—	0.762
调节时间/s	3.783	18.810	4.978

最后，当领队车辆的加速度存在扰动时，将本章的方法与第 12 章所提的方法进行对比。为此考虑的加速度扰动为

$$a_{\text{jerk}}(t)=a_0(t)+\sigma(t) \tag{13-49}$$

其中，$a_0(t)$表示领队车加速度；$\sigma(t)$表示加速度扰动。图 13-10 给出当$\sigma(t)$的值

在[−0. 15,0. 15]中任取时，领队车的加速度和速度。

车辆队列采用不同控制策略，所得的性能比较如图 13-11 所示。从中可以看出，第 12 章所提的方法无法处理加速度存在的扰动。相比之下，本章所提的方法能够有效抑制加速度扰动的影响，因此，跟踪误差的振荡较小，同时具有更快的收敛速度。另外，从表 13-4 中给出的基于 LBPF 通信拓扑车队的性能指标，也可说明本章所提的方法的优势。图 13-11 描述了车辆之间的间距误差和速度误差。

最后，考虑当车队规模较大时，将本章所提的方法与参考文献[13]控制策略进行比较，从而说明分布式控制策略存在的优势。图 13-12 给出了由 20 辆车组成的车辆队列的位置以及车辆之间的间距和速度误差。显然，利用本章所提的方法，误差更小、收敛速度更快。

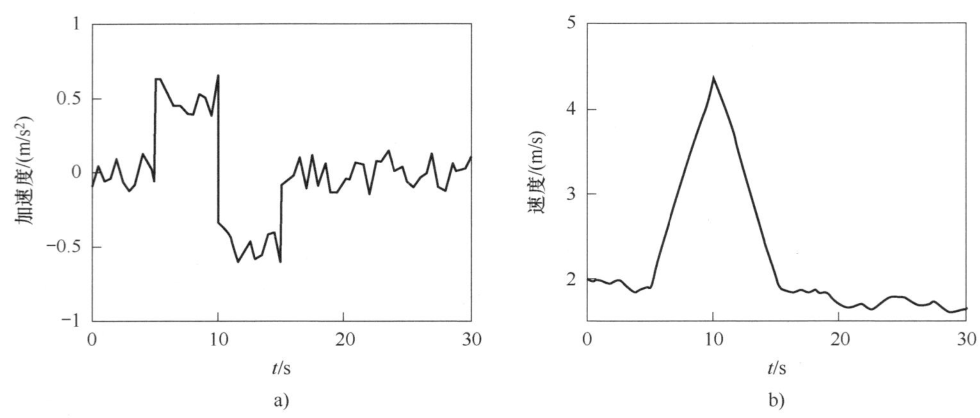

图 13-10 具有随机加速度变化率的领导者的加速度和速度

a）加速度 b）速度

表 13-4 不同控制策略的在 LBPF 通信拓扑下车辆队列的控制性能

控制器	本章方法	参考文献[12]方法	第 12 章方法
$J_1(t)$	2. 410	5. 911	2. 709
$J_2(t)$	3.079×10^{-7}	—	0. 762
调节时间/s	4. 647	27. 82	5. 071

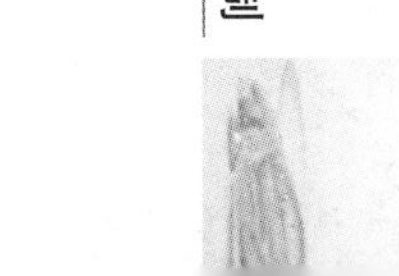

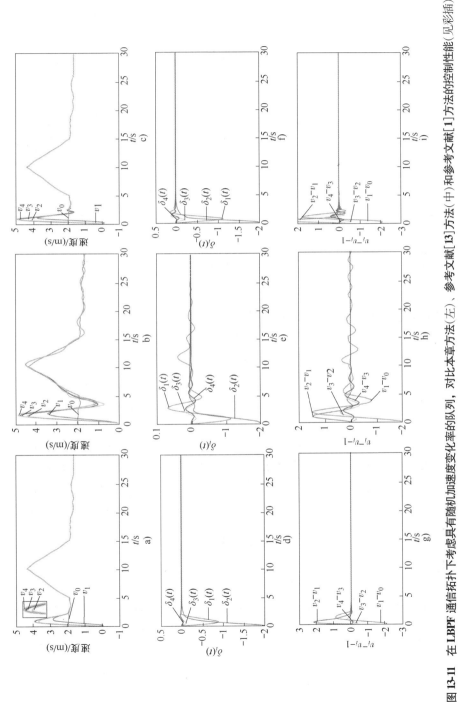

图 13-11　在 LBPF 通信拓扑下考虑具有随机加速度变化率的队列，对比本章方法(左)、参考文献[13]方法(中)和参考文献[1]方法的控制性能(见彩插)

a）车辆速度 v_i(本章方法)　b）车辆速度 v_i(参考文献[13]方法)　c）车辆速度 v_i(参考文献[1]方法)　d）间距误差 $\delta_i(t)$(本章方法)

e）间距误差 $\delta_i(t)$(参考文献[13]方法)　f）间距误差 $\delta_i(t)$(参考文献[1]方法)　g）速度误差 v_i-v_{i-1}(本章方法)

h）速度误差 v_i-v_{i-1}(参考文献[13]方法)　i）速度误差 v_i-v_{i-1}(第 12 章方法)

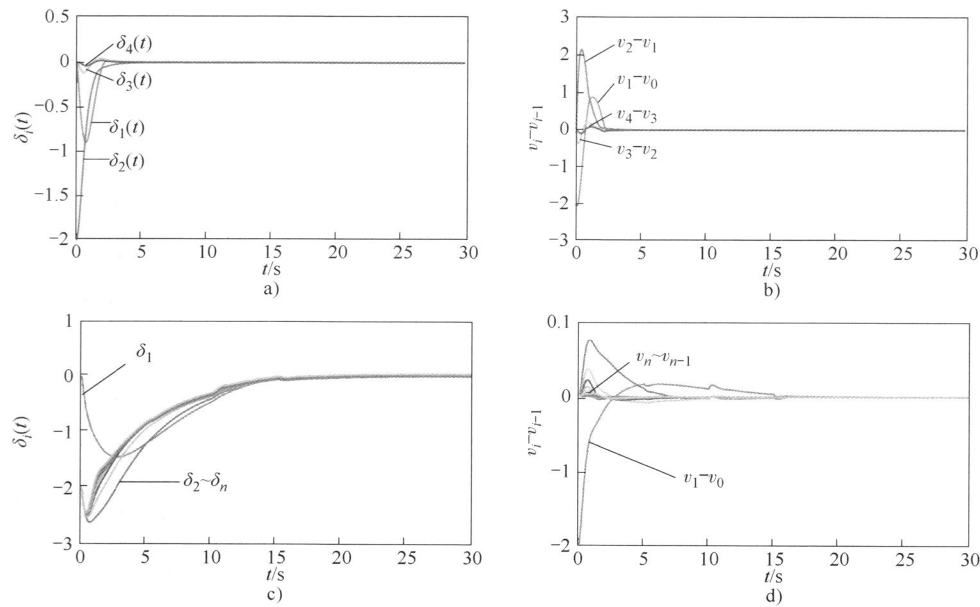

图 13-12　在 LBPF 下的 20 辆车的仿真结果，本章方法和参考文献[13]集中控制方法(见彩插)

a）间距误差 $\delta_i(t)$（本章方法）　b）速度误差 v_i-v_{i-1}（本章方法）

c）间距误差 $\delta_i(t)$（参考文献[11]方法）　d）速度误差 v_i-v_{i-1}（参考文献[13]方法）

13.6　本章小结

在本章中，提出了分布式最优车队控制方法。通过对基于车间距误差的性能指标函数进行优化，得出了每个跟随车辆的最优轨迹。在此基础上，为车辆设计了一种新型的 PID 滑模控制器，该控制器具有双高能量到达率，以此实现最优的轨迹跟踪控制。所提出的方法可以实现平滑和稳定的车队控制，并允许灵活的速度调节以及保证交通流稳定。

参考文献

[1] ZHENG Y, LI S E, LI K, et al. Stability margin improvement of vehicular platoon considering undirected topology and asymmetric control[J]. IEEE Transactions on Control Systems Technology, 2016, 24(4): 1253-1265.

[2] ZHENG Y, LI S E, WANG J, et al. Stability and scalability of homogeneous vehicular platoon: Study on the influence of information flow topologies[J]. IEEE Transactions on Intelligent Transportation Systems, 2016, 17(1): 14-26.

[3] ALI A, GARCIA G, MARTINET P. The flatbed platoon towing model for safe and dense platooning on highways[J]. IEEE Intelligent Transportation Systems Magazine, 2015, 7(1): 58-68.

[4] GUO G, LI P, HAO L Y. A new quadratic spacing policy and adaptive fault-tolerant platooning with actuator saturation[J]. IEEE Transactions on Intelligent Transportation Systems, 2022, 23(2): 1200-1212.

[5] DARBHA S, RAJAGOPAL K. Intelligent cruise control systems and traffic flow stability[J]. Transportation Research Part C: Emerging Technologies, 1999, 7(6): 329-352.

[6] OLFATI-SABER R, MURRAY R. Consensus problems in networks of agents with switching topology and time-delays[J]. IEEE Transactions on Automatic Control, 2004, 49(9): 1520-1533.

[7] SWAROOP D, HEDRICK J. String stability of interconnected systems[J]. IEEE Transactions on Automatic Control, 1996, 41(3): 349-357.

[8] SUNGU H E, INOUE M, IMURA J. Nonlinear spacing policy based vehicle platoon control for local string stability and global traffic flow stability[C]. 2015 European Control Conference (ECC), 2015, 3396-3401.

[9] RAHILI S, REN W. Distributed continuous-time convex optimization with time-varying cost functions[J]. IEEE Transactions on Automatic Control, 2017, 62(4): 1590-1605.

[10] SLOTINE J, LI W. Applied Nonlinear Control[M]. Upper Saddle River, NJ, USA: Prentice-Hall, 1991.

[11] SUNGU H E, INOUE M, IMURA J. Nonlinear spacing policy based vehicle platoon control for local string stability and global traffic flow stability[C]. 2015 European Control Conference (ECC), 2015: 3396-3401.

[12] FIENGO G, LUI D G, PETRILLO A, et al. Distributed robust PID control for leader tracking in uncertain connected ground vehicles with V2V communication delay[J]. IEEE/ASME Transactions on Mechatronics, 2019, 24(3): 1153-1165.

[13] CHEHARDOLI H, GHASEMI A, NAJAFI A. Centralized and decentralized distributed control of longitudinal vehicular platoons with non-uniform communication topology[J]. Asian Journal of Control, 2019, 21(6): 2691-2699.

[14] BAZARAA M S, SHERALI H D, SHETTY C M. Nonlinear Programming: Theory and Algorithms [M]. Hoboken, NJ, USA: Wiley, 2005.

[15] BOYD S, VANDENBERGHE L. Convex Optimization[M]. Cambridge, U. K.: Cambridge Univ. Press, 2004.

第 14 章　车队分布式轨迹优化与有限时间跟踪控制协同

14.1　引言

对于第 12 章和第 13 章所提的车辆速度规划和最优跟踪控制问题所设计的控制算法，只有当时间趋于无穷时，车辆才能够渐近地跟踪领队车辆的速度。因此，不便于应用于实际的车辆控制中。因此，本章重新讨论此问题，并在两个方面进行改进：①基于累积车间距误差定义车队控制性能指标，提出一种新颖的轨迹优化算法[1-2]；②提出了新颖的终端滑模控制(Terminal Sliding Mode Control，TSMC)方法用于实现有限时间的车队跟踪控制[3-4]，其在消除抖动、零稳态误差以及队列稳定性具有优势。本章研究内容的主要贡献如下：

1）利用领队车辆与所有跟随车辆的一致性问题，提出新颖的分布式轨迹优化算法，用于保证车间距误差最小，

2）基于 bi-limit 齐次性理论[3]，提出了有限时间-终端滑模控制器，使得队列中所有车辆在保证队列稳定性的前提下，实现对优化轨迹的快速跟踪控制，并具有较强的鲁棒性。

符号说明： 定义 $\mathbb{R}^n$ 为 n 维欧氏空间。定义 $\mathbf{1}_N=[1,1,\cdots,1]^{\mathrm{T}}\in\mathbb{R}^N$，$\mathbf{0}_N=[0,0,\cdots,0]^{\mathrm{T}}\in\mathbb{R}^N$，$\boldsymbol{I}_N\in\mathbb{R}^{N\times N}$为 $N\times N$ 维单位矩阵。$\|p\|_q$ 为向量 p 的 q 范数。$\boldsymbol{B}^{\mathrm{T}}$ 为矩阵 $\boldsymbol{B}$ 的转置，$\lambda_{\min}(\boldsymbol{B})$ 和 $\lambda_{\max}(\boldsymbol{B})$ 分别为最小特征值和最大特征值，diag{·}为对角矩阵，且 $\sigma_{\max}(\boldsymbol{B})=\sqrt{\lambda_{\max}(\boldsymbol{B}^{\mathrm{T}}\boldsymbol{B})}$。集合 V_N 为{1, 2, …, N}。定义$\lceil p\rfloor^{\eta}=|p|^{\eta}\mathrm{sgn}(p)$。⊗表示克罗内克积，sgn(·)为符号函数，非线性函数 $h(\cdot)$ 定义为 $h(a)=\begin{cases}\dfrac{a}{\|a\|}, & \|a\|\neq 0\\ 0, & \|a\|=0\end{cases}$。

14.2　问题描述

车队中的跟随车根据通信关系可以构成一个无向图 $\mathcal{G}_N=(\mathcal{V}_N,\mathcal{E}_N)$，其中 $\mathcal{V}_N=$

$\{1,2,\cdots,N\}$ 是节点集，$\mathcal{E}_N \subseteq \mathcal{V}_N \times \mathcal{V}_N$ 是边集。车辆 j 到车辆 i 的信息流定义为 $\mathcal{E}_{ij} \triangleq (i,j) \in \mathcal{E}_N$，$i,j \in \mathcal{V}_N$。$\boldsymbol{A}=[a_{ij}]_{N\times N}$表示图 $\mathcal{G}_N$ 的邻接矩阵，其中对于所有 i，$a_{ii}=0$，当 $\mathcal{E}_{ij} \in \mathcal{E}_N$ 时 $a_{ij}=1$，否则 $a_{ij}=0$。拉普拉斯矩阵为 $\boldsymbol{L}=[l_{ij}]_{N\times N}$，其中，$l_{ii}=\sum_{j=1}^{N} a_{ij}$，当 $i\neq j$ 时，$l_{ij}=-a_{ij}$。$\boldsymbol{D}=[d_{ij}]_{N\times|\varepsilon_N|}$为关联矩阵，其中当边 $\mathcal{E}_j$ 与点 i 无关时，$d_{ij}=-1$，如果其中包含点 i，$d_{ij}=1$，否则 $d_{ij}=0$。注意，$\boldsymbol{L} \triangleq DD^{\mathrm{T}}$。$i$ 的邻点集用 $N_i=\{j\in\mathcal{V}_N,(i,j)\in\mathcal{E}_N\}$ 表示。

引理 14.1[5]：假设无向图 $\mathcal{G}$ 是连通的，且其拉普拉斯矩阵 $\boldsymbol{L}$ 是不可约的，并满足以下条件：

1）$\boldsymbol{L}\boldsymbol{1}_N=0$；

2）$\xi^{\mathrm{T}}\boldsymbol{L}=0$，其中 $\xi=(\xi_1,\xi_2,\cdots,\xi_N)^{\mathrm{T}}$；

3）正定对角矩阵 $\boldsymbol{\Xi}=\mathrm{diag}(\xi_1,\xi_2,\cdots,\xi_n)>0$，同时，$\hat{\boldsymbol{L}}$ 是一个对称矩阵且 $\sum_{j=1}^{N}\hat{l}_{ij}=\sum_{j=1}^{N}\hat{l}_{ji}=0$，$\hat{\boldsymbol{L}}=(1/2)(\boldsymbol{\Xi}\boldsymbol{L}+\boldsymbol{L}^{\mathrm{T}}\boldsymbol{\Xi})$。

定义 14.1[6]：定义 $a(\boldsymbol{L})=\min\limits_{x^{\mathrm{T}}\xi=0,x\neq0}\dfrac{\boldsymbol{x}^{\mathrm{T}}\hat{\boldsymbol{L}}\boldsymbol{x}}{\boldsymbol{x}^{\mathrm{T}}\boldsymbol{\Xi}\boldsymbol{x}}$，$b(\boldsymbol{L})=\max\limits_{x^{\mathrm{T}}\xi=0,x\neq0}\dfrac{\boldsymbol{x}^{\mathrm{T}}\hat{\boldsymbol{L}}\boldsymbol{x}}{\boldsymbol{x}^{\mathrm{T}}\boldsymbol{\Xi}\boldsymbol{x}}$。如果 $\boldsymbol{\Xi}=\eta\boldsymbol{I}_N$，则 $a(\boldsymbol{L})$ 是 $\boldsymbol{L}$ 的第二小特征值，即 $a(\boldsymbol{L})=\lambda_2(\boldsymbol{L})$。

引理 14.2[6]：如果矩阵 $\boldsymbol{P}\in\mathbb{R}^{n\times n}$是正定的，矩阵 $\boldsymbol{Q}\in\mathbb{R}^{n\times n}$是对称的，则对于向量 $\boldsymbol{x}\in\mathbb{R}^n$，可以得出结论：

$$\lambda_{\min}(\boldsymbol{P}^{-1}\boldsymbol{Q})\boldsymbol{x}^{\mathrm{T}}\boldsymbol{P}\boldsymbol{x} \leqslant \boldsymbol{x}^{\mathrm{T}}\boldsymbol{Q}\boldsymbol{x} \leqslant \lambda_{\max}(\boldsymbol{P}^{-1}\boldsymbol{Q})\boldsymbol{x}^{\mathrm{T}}\boldsymbol{P}\boldsymbol{x}$$

考虑非线性系统：

$$\dot{\boldsymbol{x}}=f(\boldsymbol{x},t),\ f(0)=0,\ \boldsymbol{x}_0\triangleq\boldsymbol{x}(0) \tag{14-1}$$

其中 $\boldsymbol{x}(t)\in\boldsymbol{R}^n$ 为状态向量，$f(x):\boldsymbol{R}^n\to\boldsymbol{R}^n$ 是向量场函数。

定义 14.2[7]：对于标量函数 $V(x):\boldsymbol{R}^n\to\boldsymbol{R}^n$ 或向量场 $f(x):\boldsymbol{R}^n\to\boldsymbol{R}^n$，如果其存在的 0 极限和∞极限是齐次的，则称其为双极限齐次的。

引理 14.3[8]：（固定时间李亚普诺夫稳定性定理）对于系统式(14-1)，如果存在李亚普诺夫函数 $V(x):U\to\boldsymbol{R}^n$

$$\dot{V}(x)\leqslant-\varpi V^s(x)-\theta V^r(x) \tag{14-2}$$

其中，系数$\varpi>0$，$\theta>0$，$0<s<1$，$r>1$ 则系统式(14-1)的平衡点是固定时间稳定的。其收敛时间具有确定的上界，满足：

$$T\leqslant T_{\max}=\frac{1}{\varpi(1-s)}+\frac{1}{\theta(r-1)} \tag{14-3}$$

考虑车辆队列，其包含一个领队车和 N 辆跟随车，如图 14-1 所示，车辆动力学可用以下模型描述：

$$\begin{aligned}\dot{x}_i(t) &= v_i(t) \\ \dot{v}_i(t) &= a_i(t) \\ \dot{a}_i(t) &= \frac{u_i(t)}{\tau_i} + \mu_i\end{aligned} \tag{14-4}$$

其中，$x_i(t)$、$v_i(t)$ 和 $a_i(t)$ 分别是车辆 i 的位置，速度和加速度，$u_i(t)$ 代表油门/制动控制输入，μ_i 表示未知的不确定项，如粗糙路面和不确定参数等，τ_i 是发动机时间常数。假设领队车匀速行驶，即 $a_0=0$，$x_0=v_0 t$。

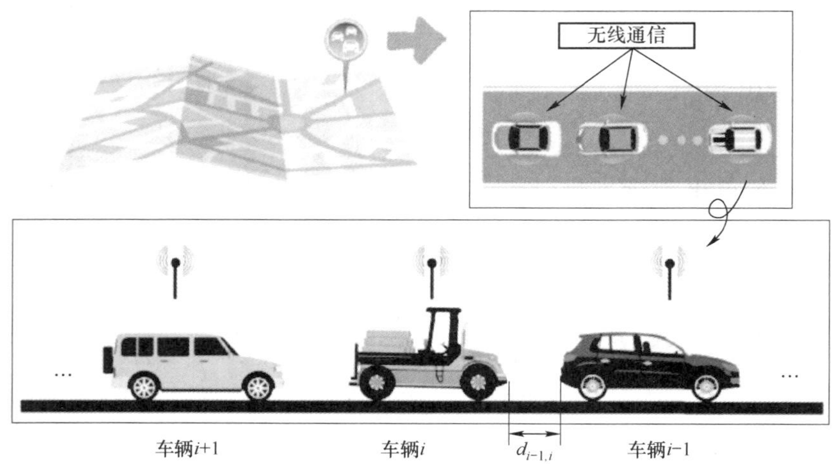

图 14-1　异质车辆队列

跟随车辆的位置误差定义如下：

$$\delta_i(t)=x_{i-1}(t)-x_i(t)-d_{i-1,i} \tag{14-5}$$

其中，$d_{i-1,i}>0$ 表示期望车辆间距。引入恒定间距策略[8]，即 $d_{i-1,i}=d$，其为包含车辆长度和期望车辆间距的常数。

接着引入以下假设。

假设 14.1：在车辆队列系统中，领队车辆只与跟随车辆之间存在通信，因此，所有跟随车辆所形成的通信拓扑是一个无向连通图。

假设 14.2：车辆队列系统的扰动及其一阶导数有界：

$$|\mu_i|\leqslant l_d,\ |\dot{\mu}_i|\leqslant k_d$$

其中，l_d、k_d 为已知正常数。

本章旨在设计一个分布式速度规划和固定时间车辆队列跟踪控制器，以解决如下优化问题：

$$\min_{x_i(t)} J(t)=\frac{1}{2}\sum_{i=1}^{N}\delta_i^2(t) \tag{14-6}$$

$$\text{s.t.}\begin{cases}\lim\limits_{t\to\infty}|v_i(t)-v_0(t)|=0\\ \lim\limits_{t\to\infty}|\delta_i(t)|=0\end{cases} \tag{14-7}$$

如前所述，队列稳定性对于车辆队列控制至关重要，具体定义如下：

定义 14.3[10]：（队列稳定性）如果给定任意 $\Delta>0$，存在 $\partial>0$ 使得 $\|e_i(0)\|<\partial\Rightarrow\sup\limits_i\|e_i(\cdot)\|_\infty<\Delta$，则所定义车辆跟踪误差系统的原点是队列稳定的。

综上所述，本章主要构建如图 14-2 所示的分层控制结构，以此满足以下要求：

1）利用测量的位置和速度，在上层确定一组参考位置 $x_i^*(t)$ 和速度 $v_i^*(t)$，满足式(14-6)和式(14-7)给出的控制目标。

2）在下层设计固定终端滑模跟踪控制器，实现对 $x_i^*(t)$ 和 $v_i^*(t)$ 的跟踪控制，同时，满足单车稳定性以及队列稳定性要求。

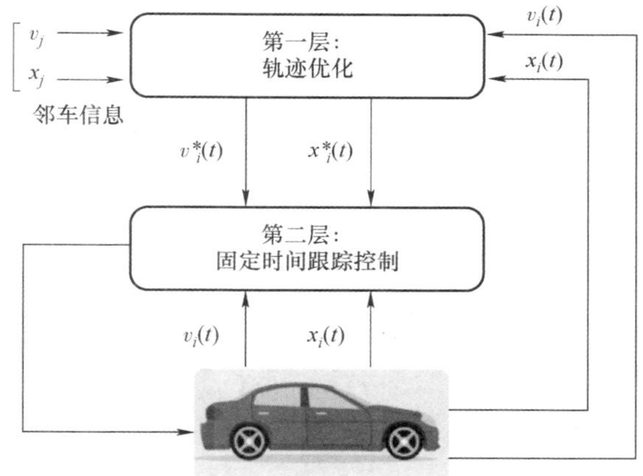

图 14-2　车辆队列两层控制结构

14.3　车辆队列轨迹优化

首先，车辆 i 位置和速度参考轨迹构建如下：

$$\begin{aligned}\dot{x}_i^*(t)&=v_i^*(t)\\ \dot{v}_i^*(t)&=u_{i1}(t)\end{aligned} \tag{14-8}$$

接下来，将设计控制律 $u_{i1}(t)$ 保证式(14-8)中的 $x_i^*(t)$ 和 $v_i^*(t)$ 是优化问题式(14-6)和式(14-7)中的可行解。

为此，上层控制律设计为

$$u_{i1}(t) = -\sum_{j=1}^{N} a_{ij}(\mu(x_i(t) - x_j(t) - d_{i,j}) + \partial(v_i(t) - v_j(t))) - \beta h\Big(\sum_{j=0}^{N} a_{ij}(\lambda(x_i(t) - x_j(t) - d_{i,j}) - \zeta(v_i(t) - v_j(t)))\Big) + \phi_i(t) \tag{14-9}$$

$$\phi_i(t) = -(x_i(t) - x_{i-1}(t) - d_{i,j}) - (v_i(t) - v_{i-1}(t)) \tag{14-10}$$

其中，μ、∂、β、λ、ζ 为控制器参数。可得到如下结果。

定理 14.1：考虑具有外部干扰的异质车辆队列控制系统，如果控制器参数 μ、∂、β、λ、ζ 均为正，且 $a(\boldsymbol{L}) > \max\left\{\frac{\lambda}{\partial\zeta}, \frac{\sigma_{\max}(\boldsymbol{L})\bar{\xi}}{\beta\underline{\xi}}\|\boldsymbol{\Phi}\|\right\}$，其中 $\underline{\xi} = \min\{\xi_i\}$，$\bar{\xi} = \max\{\xi_i\}$，那么基于控制器式(14-9)和式(14-10)的车队控制系统式(14-8)得到的车辆参考轨迹 $x_i^*(t)$ 和 $v_i^*(t)$，是定义的优化问题式(14-6)和式(14-7)中的可行解。

证明：定义参考位置误差和参考速度误差为

$$\begin{aligned} \hat{x}_i^*(t) &= x_i^*(t) - x_0(t) - d_{i,0} \\ \hat{v}_i^*(t) &= v_i^*(t) - v_0(t) \end{aligned} \tag{14-11}$$

可得

$$\begin{aligned} \hat{x}_i^*(t) - \hat{x}_j^*(t) &= x_i^*(t) - x_j^*(t) - d_{i,j} \\ \hat{v}_i^*(t) - \hat{v}_j^*(t) &= v_i^*(t) - v_j^*(t) \end{aligned} \tag{14-12}$$

根据式(14-11)和式(14-12)，式(14-11)可等价表示为

$$\begin{aligned} \dot{\hat{x}}_i^*(t) &= \hat{v}_i^*(t) \\ \dot{\hat{v}}_i^*(t) &= u_{i1}(t) \end{aligned} \tag{14-13}$$

则式(14-9)、式(14-10)可由

$$u_{i1} = \phi_i(t) - \sum_{j=0}^{N} a_{ij}(\mu(\hat{x}_i^*(t) - \hat{x}_j^*(t)) + \partial(\hat{v}_i^*(t) - \hat{v}_j^*(t))) - \beta h\Big(\sum_{j=0}^{N} a_{ij}(\lambda(\hat{x}_i^*(t) - \hat{x}_j^*(t)) - \zeta(\hat{v}_i^*(t) - \hat{v}_j^*(t)))\Big) \tag{14-14}$$

$$\phi_i(t) = -(\hat{x}_i^*(t) - \hat{x}_{i-1}^*(t)) - (\hat{v}_i^*(t) - \hat{v}_{i-1}^*(t)) \tag{14-15}$$

根据上述分析，这部分的优化问题可以等价地写成：

$$\min_{\hat{x}_i^*(t)} J = \frac{1}{2}\sum_{i=1}^{N}[\hat{x}_{i-1}^*(t) - \hat{x}_i^*(t)]^2 \tag{14-16}$$

$$\text{s.t.}\begin{cases} \hat{x}_i^*(t) = \hat{x}_j^*(t) \\ \hat{v}_i^*(t) = \hat{v}_j^*(t) \end{cases} \tag{14-17}$$

接下来，当 $t \to \infty$ 时，证明 $\hat{x}_i^*(t)$ 和 $\hat{v}_i^*(t)$ 可以达到一致。

令 $\boldsymbol{\Phi}(t) = (\boldsymbol{I}_N - \boldsymbol{1}_N\boldsymbol{\xi}^{\mathrm{T}})\phi(t)$，$\phi(t) = (\phi_1^{\mathrm{T}}(t), \phi_2^{\mathrm{T}}(t), \cdots, \phi_N^{\mathrm{T}}(t))^{\mathrm{T}}$，$\bar{\boldsymbol{X}}(t) = [\hat{x}_1^*(t),$

$\hat{x}_2^*(t),\cdots,\hat{x}_N^*(t)]^{\mathrm{T}}$，$\overline{\boldsymbol{V}}(t)=[\hat{v}_1^*(t),\hat{v}_2^*(t),\cdots,\hat{v}_N^*(t)]^{\mathrm{T}}$。

将式(14-14)代入式(14-13)，闭环车辆队列系统可表示为

$$\begin{aligned}\dot{\overline{\boldsymbol{X}}}(t)&=\overline{\boldsymbol{V}}(t)\\ \dot{\overline{\boldsymbol{V}}}(t)&=-\boldsymbol{L}(\mu\overline{\boldsymbol{X}}(t)+\partial\overline{\boldsymbol{V}}(t))+\boldsymbol{\Phi}(t)+\beta h[-\boldsymbol{L}(\lambda\overline{\boldsymbol{X}}(t)+\zeta\overline{\boldsymbol{V}}(t))]\end{aligned}\tag{14-18}$$

为了简化系统式(14-18)，我们定义：

$$\begin{cases}\hat{\boldsymbol{X}}(t)=\boldsymbol{\Pi}\overline{\boldsymbol{X}}(t)\\ \hat{\boldsymbol{V}}(t)=\boldsymbol{\Pi}\overline{\boldsymbol{V}}(t)\end{cases}\tag{14-19}$$

其中，$\boldsymbol{\Pi}\triangleq\boldsymbol{I}_N-\dfrac{1}{N}\boldsymbol{1}_N\boldsymbol{1}_N^{\mathrm{T}}$。注意 $\hat{x}_i^*(t)=\hat{x}_j^*(t)$，$\hat{v}_i^*(t)=\hat{v}_j^*(t)$ 当且仅当 $\hat{\boldsymbol{X}}(t)=0$，$\hat{\boldsymbol{V}}(t)=0$。利用上述坐标变换，将系统式(14-18)转化为

$$\begin{aligned}\dot{\hat{X}}(t)&=\hat{V}(t)\\ \dot{\hat{V}}(t)&=-L(\mu\hat{X}(t)+\partial\hat{V}(t))+\Pi\Phi(t)+\beta h[-L(\lambda\hat{X}(t)+\zeta\hat{V}(t))]\end{aligned}\tag{14-20}$$

令 $\boldsymbol{y}=(\hat{\boldsymbol{X}}^{\mathrm{T}}(t),\hat{\boldsymbol{V}}^{\mathrm{T}}(t))^{\mathrm{T}}$，就有 $\dot{\boldsymbol{y}}(t)=\boldsymbol{\Psi}+\boldsymbol{A}\boldsymbol{y}(t)$，其中 $\boldsymbol{\Psi}=\begin{bmatrix}\boldsymbol{0}_N\\ \boldsymbol{\Pi}\boldsymbol{\Phi}(t)+\beta h[-\boldsymbol{L}(\gamma\hat{\boldsymbol{X}}(t)+\boldsymbol{\zeta}\hat{V}(t))]\end{bmatrix}$，$\boldsymbol{A}=\begin{bmatrix}\boldsymbol{0}_N & \boldsymbol{I}_N\\ -\mu\boldsymbol{L} & -\partial\boldsymbol{L}\end{bmatrix}$。

选取如下李亚普诺夫函数

$$W(t)=\frac{1}{2}\boldsymbol{y}^{\mathrm{T}}(t)\boldsymbol{P}\boldsymbol{y}(t)\tag{14-21}$$

其中，$\boldsymbol{P}=\begin{bmatrix}(\partial\lambda+\mu\zeta)\hat{\boldsymbol{L}} & \lambda\boldsymbol{\Xi}\\ \lambda\boldsymbol{\Xi} & \zeta\boldsymbol{\Xi}\end{bmatrix}$，$\hat{\boldsymbol{L}}=\dfrac{1}{2}(\boldsymbol{\Xi}\boldsymbol{L}+\boldsymbol{L}^{\mathrm{T}}\boldsymbol{\Xi})$，$\boldsymbol{\Xi}=\mathrm{diag}(\boldsymbol{\xi}_1,\boldsymbol{\xi}_2,\cdots,\boldsymbol{\xi}_N)$，$\boldsymbol{\xi}$ 是矩阵与零特征值相关的左正特征向量，且 $\boldsymbol{\xi}^{\mathrm{T}}\boldsymbol{1}_N=1$。根据定义 14.1 可得

$$\begin{aligned}W(t)&=\frac{\partial\lambda+\mu\zeta}{2}\hat{\boldsymbol{X}}^{\mathrm{T}}(t)\hat{\boldsymbol{L}}\hat{\boldsymbol{X}}(t)+\lambda\hat{\boldsymbol{X}}^{\mathrm{T}}(t)\boldsymbol{\Xi}\hat{\boldsymbol{V}}(t)+\frac{\boldsymbol{\zeta}}{2}\hat{\boldsymbol{V}}^{\mathrm{T}}(t)\boldsymbol{\Xi}\hat{\boldsymbol{V}}(t)\\ &\geqslant\frac{1}{2}\boldsymbol{y}^{\mathrm{T}}(t)(\hat{\boldsymbol{P}}\otimes\boldsymbol{\Xi})\boldsymbol{y}(t)\end{aligned}\tag{14-22}$$

其中，$\hat{\boldsymbol{P}}=\begin{bmatrix}((\partial\lambda+\mu\boldsymbol{\zeta})a(\boldsymbol{L})) & \lambda\\ \lambda & \boldsymbol{\zeta}\end{bmatrix}$，由 Schur 补定理[11]，若 $\boldsymbol{P}\geqslant\hat{\boldsymbol{P}}\otimes\boldsymbol{\Xi}$，有 $W(t)\geqslant0$，因为 $\hat{\boldsymbol{X}}^{\mathrm{T}}(t)\boldsymbol{\Xi}\boldsymbol{L}\hat{\boldsymbol{X}}(t)=\hat{\boldsymbol{X}}^{\mathrm{T}}(t)\boldsymbol{L}^{\mathrm{T}}\boldsymbol{\Xi}\hat{\boldsymbol{X}}(t)=\hat{\boldsymbol{X}}^{\mathrm{T}}(t)\hat{\boldsymbol{L}}\hat{\boldsymbol{X}}(t)$，可知 $(\partial\lambda+\mu\boldsymbol{\zeta})\hat{\boldsymbol{X}}^{\mathrm{T}}(t)\hat{\boldsymbol{L}}\hat{\boldsymbol{X}}(t)=\partial\lambda\hat{\boldsymbol{X}}^{\mathrm{T}}(t)\boldsymbol{\Xi}\boldsymbol{L}\hat{\boldsymbol{X}}(t)+\mu\boldsymbol{\zeta}\hat{\boldsymbol{X}}^{\mathrm{T}}(t)\boldsymbol{L}^{\mathrm{T}}\boldsymbol{\Xi}\hat{\boldsymbol{X}}(t)$，则李亚普诺夫函数式(14-21)可描述为

$$W(t)=\frac{1}{2}\boldsymbol{y}^{\mathrm{T}}(t)\widetilde{\boldsymbol{P}}\boldsymbol{y}(t)\tag{14-23}$$

其中，$\widetilde{\boldsymbol{P}}=\begin{bmatrix}\partial\lambda \boldsymbol{X}\boldsymbol{L}+\mu\zeta\boldsymbol{L}^{\mathrm{T}}\boldsymbol{\Xi} & \lambda\boldsymbol{\Xi}\\ \lambda\boldsymbol{\Xi} & \zeta\boldsymbol{\Xi}\end{bmatrix}$。

由 $\hat{\boldsymbol{L}}=\frac{1}{2}(\boldsymbol{\Xi}\boldsymbol{L}+\boldsymbol{L}^{\mathrm{T}}\boldsymbol{\Xi})$，有

$$\frac{1}{2}(\widetilde{\boldsymbol{P}}\boldsymbol{A}+\boldsymbol{A}^{\mathrm{T}}\widetilde{\boldsymbol{P}}^{\mathrm{T}})=\begin{bmatrix}-\lambda\mu\hat{\boldsymbol{L}} & \boldsymbol{0}_N\\ \boldsymbol{0}_N & \lambda\boldsymbol{\Xi}-\partial\zeta\hat{\boldsymbol{L}}\end{bmatrix} \tag{14-24}$$

其中

$$\begin{aligned}\widetilde{\boldsymbol{P}}\boldsymbol{A}&=\begin{bmatrix}\partial\lambda\boldsymbol{\Xi}\boldsymbol{L}+\mu\zeta\boldsymbol{L}^{\mathrm{T}}\boldsymbol{\Xi} & \lambda\boldsymbol{\Xi}\\ \lambda\boldsymbol{\Xi} & \zeta\boldsymbol{\Xi}\end{bmatrix}\begin{bmatrix}\boldsymbol{0}_N & \boldsymbol{I}_N\\ -\mu\boldsymbol{L} & -\partial\boldsymbol{L}\end{bmatrix}\\ &=\begin{bmatrix}-\lambda\mu\boldsymbol{\Xi}\boldsymbol{L} & \mu\zeta\boldsymbol{L}^{\mathrm{T}}\boldsymbol{\Xi}\\ -\mu\zeta\boldsymbol{\Xi}\boldsymbol{L} & \lambda\boldsymbol{\Xi}-\partial\zeta\boldsymbol{\Xi}\boldsymbol{L}\end{bmatrix}\end{aligned} \tag{14-25}$$

对 $W(t)$ 求导，可得

$$\begin{aligned}\dot{W}(t)&=\boldsymbol{y}^{\mathrm{T}}(t)\widetilde{\boldsymbol{P}}[\boldsymbol{A}\boldsymbol{y}(t)+\boldsymbol{\Psi}]\\ &=\frac{1}{2}\boldsymbol{y}^{\mathrm{T}}(t)(\widetilde{\boldsymbol{P}}\boldsymbol{A}+\boldsymbol{A}^{\mathrm{T}}\widetilde{\boldsymbol{P}}^{\mathrm{T}})\boldsymbol{y}(t)+\boldsymbol{y}^{\mathrm{T}}(t)\widetilde{\boldsymbol{P}}\boldsymbol{\Psi}\\ &\leqslant-\lambda\mu a(\boldsymbol{L})\hat{\boldsymbol{X}}^{\mathrm{T}}(t)\boldsymbol{\Xi}\hat{\boldsymbol{X}}(t)-(\partial\zeta a(\boldsymbol{L})-\lambda)\boldsymbol{\Xi}\hat{\boldsymbol{V}}^{\mathrm{T}}(t)+\\ &\quad(\lambda\hat{\boldsymbol{X}}(t)+\boldsymbol{\zeta}\hat{\boldsymbol{V}}(t))^{\mathrm{T}}\boldsymbol{\Xi}\times[\boldsymbol{\Phi}+\beta h(-\boldsymbol{L}(\lambda\hat{\boldsymbol{X}}(t)+\boldsymbol{\zeta}\hat{V}(t))]\\ &=-\hat{\boldsymbol{V}}^{\mathrm{T}}(t)(\boldsymbol{P}_1\otimes\boldsymbol{\Xi})\hat{\boldsymbol{V}}(t)+\boldsymbol{G}\end{aligned} \tag{14-26}$$

其中，

$$\boldsymbol{P}_1=\begin{bmatrix}\lambda\mu a(\boldsymbol{L}) & 0\\ 0 & \partial\zeta a(\boldsymbol{L})-\lambda\end{bmatrix}>0$$

$\boldsymbol{G}=\beta(\lambda\hat{\boldsymbol{X}}^{\mathrm{T}}(t)+\boldsymbol{\zeta}\hat{\boldsymbol{V}}^{\mathrm{T}}(t))^{\mathrm{T}}\boldsymbol{\Xi}\times h(-\boldsymbol{L})(\lambda\hat{\boldsymbol{X}}^{\mathrm{T}}(t)+\boldsymbol{\zeta}\hat{\boldsymbol{V}}^{\mathrm{T}}(t))+(\lambda\hat{\boldsymbol{X}}^{\mathrm{T}}(t)+\boldsymbol{\zeta}\hat{\boldsymbol{V}}^{\mathrm{T}}(t))^{\mathrm{T}}\boldsymbol{\Xi}\boldsymbol{\Phi}$。

令 $\boldsymbol{z}=(z_1^{\mathrm{T}},z_2^{\mathrm{T}},\cdots,z_N^{\mathrm{T}})=\lambda\hat{\boldsymbol{X}}^{\mathrm{T}}(t)+\boldsymbol{\zeta}\hat{\boldsymbol{V}}^{\mathrm{T}}(t)$，所以 $\boldsymbol{z}^{\mathrm{T}}\boldsymbol{\xi}=\lambda\hat{\boldsymbol{X}}^{\mathrm{T}}(t)\boldsymbol{\xi}+\boldsymbol{\zeta}\hat{\boldsymbol{V}}^{\mathrm{T}}(t)\boldsymbol{\xi}=0$，$z^{\mathrm{T}}\hat{L}z\geqslant a(L)z^{\mathrm{T}}\Xi z$。

有下式成立

$$\|\boldsymbol{L}z\|\leqslant\sqrt{z^{\mathrm{T}}(\boldsymbol{L}^{\mathrm{T}}\boldsymbol{L})z}\leqslant\sigma_{\max}(\boldsymbol{L})\|z\| \tag{14-27}$$

基于以上讨论，有

$$\begin{aligned}\boldsymbol{G}&=-\beta z^{\mathrm{T}}\Xi h\boldsymbol{L}z+z^{\mathrm{T}}\boldsymbol{\Xi}\boldsymbol{\Phi}\\ &=-\beta\frac{z^{\mathrm{T}}\boldsymbol{\Xi}\boldsymbol{L}z}{\|\boldsymbol{L}z\|}+z^{\mathrm{T}}\boldsymbol{\Xi}\boldsymbol{\Phi}\leqslant-\beta a(\boldsymbol{L})\frac{z^{\mathrm{T}}\boldsymbol{\Xi}z}{\|\boldsymbol{L}z\|}+\bar{\xi}\|z\|\|\boldsymbol{\Phi}\|\\ &=-\left(\frac{\beta a(\boldsymbol{L})\underline{\xi}}{\sigma_{\max}(\boldsymbol{L})}-\bar{\xi}\|\boldsymbol{\Phi}\|\right)\|z\|\end{aligned} \tag{14-28}$$

意味着如果 $a(\boldsymbol{L})>\dfrac{\sigma_{\max}(\boldsymbol{L})\bar{\xi}}{\beta\underline{\xi}}\|\boldsymbol{\Phi}\|$，则有 $\boldsymbol{G}\leqslant 0$，因此可得

$$\dot{W}(t)\leqslant -\boldsymbol{y}^{\mathrm{T}}(t)(\boldsymbol{P}_1\otimes\boldsymbol{\Xi})\boldsymbol{y}(t) \tag{14-29}$$

基于 $\hat{\boldsymbol{X}}(t)\hat{\boldsymbol{L}}\hat{\boldsymbol{X}}(t)\leqslant b(\boldsymbol{L})\hat{\boldsymbol{X}}^{\mathrm{T}}(t)\boldsymbol{\Xi}\hat{\boldsymbol{X}}(t)$，可得

$$W(t)\leqslant \frac{1}{2}\boldsymbol{y}^{\mathrm{T}}(t)(\boldsymbol{P}_2\otimes\boldsymbol{\Xi})\boldsymbol{y}(t) \tag{14-30}$$

其中，$\boldsymbol{P}_2=\begin{bmatrix}(\partial\lambda+\mu\zeta)b(\boldsymbol{L}) & \lambda\\ \lambda & \zeta\end{bmatrix}>0$，通过引理 14.2，可以得到

$$\dot{W}(t)\leqslant -\lambda_{\min}(\boldsymbol{P}_1)\underline{\xi}\boldsymbol{y}^{\mathrm{T}}(t)\boldsymbol{y}(t)=-\delta_1\boldsymbol{y}^{\mathrm{T}}(t)\boldsymbol{y}(t) \tag{14-31}$$

$$W(t)\leqslant \lambda_{\max}(\boldsymbol{P}_2)\bar{\xi}\boldsymbol{y}^{\mathrm{T}}(t)\boldsymbol{y}(t)=\delta_2\boldsymbol{y}^{\mathrm{T}}(t)\boldsymbol{y}(t) \tag{14-32}$$

由式(14-31)和式(14-32)，可得

$$\dot{W}(t)\leqslant -\boldsymbol{\Theta}_1\boldsymbol{y}^{\mathrm{T}}(t)\boldsymbol{y}(t)\leqslant -\frac{\boldsymbol{\Theta}_1}{\boldsymbol{\Theta}_2}W(t) \tag{14-33}$$

其中，$\boldsymbol{\Theta}_1=\min\{\lambda\mu a(\boldsymbol{L}),(\partial\boldsymbol{\zeta}a(\boldsymbol{L})-\boldsymbol{\lambda})\}$ 且 $\boldsymbol{\Theta}_2=(\sigma+\zeta+\sqrt{(\sigma-\zeta)^2+4\lambda^2})\bar{\xi}/4$，$\sigma=(\partial\lambda+\mu\zeta)b(\boldsymbol{L})$。此外，有以下不等式成立：

$$W(t)\leqslant W(0)\exp(-\boldsymbol{\Theta}_1t/\boldsymbol{\Theta}_2)\rightarrow 0,t\rightarrow\infty \tag{14-34}$$

即意味着 $\hat{x}_i^*(t)=\hat{x}_j^*(t)$，$\hat{v}_i^*(t)=\hat{v}_j^*(t)$。接下来证明目标式(14-6)是可以实现的。为此，选择如下李亚普诺夫函数：

$$\widetilde{W}(t)=\frac{1}{2}\left[\sum\nolimits_{i=1}^{N}\xi_i2(\hat{x}_i^*-\hat{x}_{i-1}^*)\right]^2+\frac{1}{2}\left[\sum\nolimits_{i=1}^{N}\xi_i(\hat{v}_i^*+\hat{x}_i^*-\hat{x}_{i-1}^*)\right]^2 \tag{14-35}$$

对 $\widetilde{W}(t)$ 求导，可得

$$\begin{aligned}\dot{\widetilde{W}}(t)&=\left[\sum_{i=1}^{N}2\xi_i(\hat{x}_i^*-\hat{x}_{i-1}^*)\right]\left(\sum_{i=1}^{N}2\xi_i\dot{\hat{x}}_i^*\right)+\left[\sum_{i=1}^{N}\xi_i(\hat{v}_i^*+\hat{x}_i^*-\hat{x}_{i-1}^*)\right]\left[\sum_{i=1}^{N}\xi_i(\dot{\hat{v}}_i^*+\hat{v}_i^*-\hat{v}_{i-1}^*)\right]\\&=\left[\sum_{i=1}^{N}2\xi_i(\hat{x}_i^*-\hat{x}_{i-1}^*)\right]\left(\sum_{i=1}^{N}2\xi_i\hat{v}_i^*\right)+\left[\sum_{i=1}^{N}\xi_i(\hat{v}_i^*+\hat{x}_i^*-\hat{x}_{i-1}^*)\right]\left[\sum_{i=1}^{N}\xi_i(\phi_i+\hat{v}_i^*-\hat{v}_{i-1}^*)\right]\\&=\left[\sum_{i=1}^{N}2\xi_i(\hat{x}_i^*-\hat{x}_{i-1}^*)\right]\left(\sum_{i=1}^{N}2\xi_i\hat{v}_i^*\right)+\left[\sum_{i=1}^{N}\xi_i(\hat{v}_i^*+\hat{x}_i^*-\hat{x}_{i-1}^*)\right]\left[\sum_{i=1}^{N}4\xi_i(\hat{x}_i^*-\hat{x}_{i-1}^*)\right]\\&=-\left(\sum_{i=1}^{N}2\xi_i(\hat{x}_i^*-\hat{x}_{i-1}^*)\right)^2\end{aligned}$$

因此，$\dot{\widetilde{W}}(t)\leqslant 0$ 当且仅当 $\sum_{i=1}^{N}2\xi_i(\hat{x}_i^*-\hat{x}_{i-1}^*)=0$。根据 Barbalat 引理[12]，得到 $\sum\limits_{i=1}^{N}2\xi_i(\hat{x}_i^*-\hat{x}_{i-1}^*)$ 将收敛于 0。另外，对于任意 i，性能指标函数式(14-16)都可以简化并满足 $\hat{x}_i^*\rightarrow\hat{x}_{i-1}^*$，$\hat{v}_i^*\rightarrow\hat{v}_{i-1}^*$。因此，对于式(14-6)中定义的优化问题，可以得出 x_i^* 和 v_i^* 是最优轨迹的唯一解。证毕。

注 14.1：与参考文献[1]相比，本章提出了一种新颖的分布式轨迹优化算法，

使车间距误差最小，大大降低了算法的计算复杂度。

14.4 跟踪控制器设计

本节旨在为每辆跟随车辆设计跟踪控制器，跟踪上层产生的位置和速度的参考轨迹。如图 14-3 所示，引入连续滑模控制器，在固定时间内实现轨迹跟踪和抑制扰动，保证稳态间距误差为零。

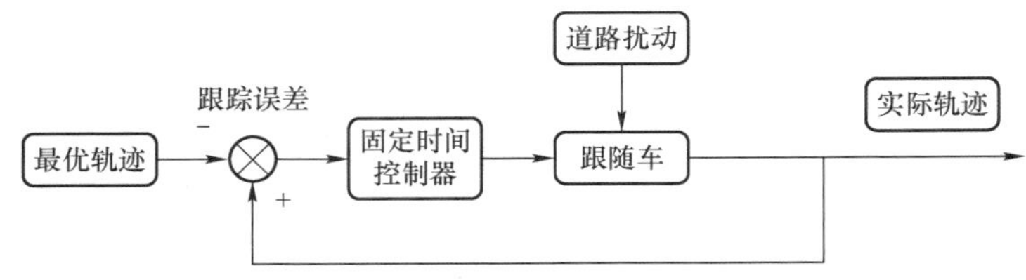

图 14-3 固定时间跟踪控制框图

跟踪误差定义如下

$$
\begin{aligned}
e_{1i} &= x_i - x_i^* \\
e_{2i} &= v_i - v_i^* \\
e_{3i} &= a_i - u_{i1}
\end{aligned}
\tag{14-36}
$$

根据参考文献[13]和参考文献[14]可得

$$
\begin{aligned}
\dot{e}_{1i} &= e_{2i} \\
\dot{e}_{2i} &= e_{3i} \\
\dot{e}_{3i} &= \frac{1}{\tau_i}u_i + \mu_i - \dot{u}_{i1}
\end{aligned}
\tag{14-37}
$$

基于有限时间终端滑模控制技术的跟踪控制器将在下面设计并给出。

终端滑模面选择如下：

$$
s_i = \dot{e}_{3i} + (c_1\lceil e_{1i}\rfloor^{\eta_1} + c_2\lceil e_{2i}\rfloor^{\eta_2} + c_3\lceil e_{3i}\rfloor^{\eta_3}) + (k_1\lceil e_{1i}\rfloor^{\theta_1} + k_2\lceil e_{2i}\rfloor^{\theta_2} + k_3\lceil e_{3i}\rfloor^{\theta_3}) \tag{14-38}
$$

其中，$c_i, k_i, \eta_i, \theta_i (i=1,2,3)$ 均为正常数。若以下条件满足，上述曲面是固定时间收敛的[15]：

1）$s^3 + c_3 s^2 + c_2 s + c_1$ 是 Hurwitz；

2）$s^3 + k_3 s^2 + k_2 s + b_1$ 是 Hurwitz；

3）$\theta_{i-1} = \dfrac{\theta_i \theta_{i+1}}{2\theta_{i+1} - \theta_i}$，$\eta_{i-1} = \dfrac{\eta_i \eta_{i+1}}{2\eta_{i+1} - \eta_i}$，$i=2,3$。

其中，$\theta_4=1$，$0<\theta_3<1$ 且 $\eta_4=1$，$\eta_3>1$。需要注意的是，$\eta_i \in (0,1)$，$\theta_i \in (1,1+m)$，其中 $m>0$ 是足够小的。

由 $s_i=0$，可以得到系统式(14-37)在运动过程中的动力学方程为

$$\dot{e}_{1i}=e_{2i}$$
$$\dot{e}_{2i}=e_{3i} \tag{14-39}$$
$$\dot{e}_{3i}=-(c_1\lceil e_{1i}\rfloor^{\eta_1}+c_2\lceil e_{2i}\rfloor^{\eta_2}+c_3\lceil e_{3i}\rfloor^{\eta_3})-(k_1\lceil e_{1i}\rfloor^{\theta_1}+k_2\lceil e_{2i}\rfloor^{\theta_2}+k_3\lceil e_{3i}\rfloor^{\theta_3})$$

定理 14.2：如果参数 c_i、k_i、η_i、θ_i 满足上述约束条件，则滑模轨迹式(14-39)可在固定时间内收敛到原点。

证明：定义所选择的李亚普诺夫函数如下：

$$V_{i1}=\boldsymbol{x}^{\mathrm{T}}\boldsymbol{P}\boldsymbol{x} \tag{14-40}$$

其中，$\boldsymbol{x}=[e_{1i},e_{2i},e_{3i}]^{\mathrm{T}}$。其中，正定对称矩阵 P 满足如下定义的李亚普诺夫方程：

$$\boldsymbol{P}\boldsymbol{A}+\boldsymbol{A}^{\mathrm{T}}\boldsymbol{P}=-\boldsymbol{Q} \tag{14-41}$$

其中，$\boldsymbol{Q}$ 是正定对称矩阵，$\boldsymbol{A}$ 定义如下：

$$\boldsymbol{A}=\begin{bmatrix}0 & 1 & 0\\ 0 & 0 & 1\\ -c_1 & -c_2 & -c_3\end{bmatrix} \tag{14-42}$$

V_{i1}的导数满足下式：

$$\dot{V}_{i1}=-\boldsymbol{x}^{\mathrm{T}}\boldsymbol{Q}\boldsymbol{x}<0 \tag{14-43}$$

对于 $\eta_i\in(1-m,1)$，以上等式也是成立的，其中 $m>0$ 且足够小。此外，式(14-39)的右侧为齐次度是 $n_1=(\eta_3-1)\eta_3$ 的齐次向量场[15]，其中，$i=1,2,3$。因此，以下不等式成立，使其在固定时间收敛。

$$\dot{V}_1(\boldsymbol{\zeta})\leqslant-\Theta_1V_1^{1+n_1}(\boldsymbol{\zeta}) \tag{14-44}$$

其中，$\Theta_1=\dfrac{\lambda_{\min}(\boldsymbol{Q})}{\lambda_{\max}(\boldsymbol{P})}$且 $\boldsymbol{\zeta}=[e_{1i}^{\eta_1},e_{2i}^{\eta_2},e_{3i}^{\eta_3}]$。上述微分方程的收敛时间可求，并由 $T_1\leqslant\dfrac{V_{i1}^{\delta\zeta(t_0)}}{\Theta_1\delta}$给出，其中 $\delta=\dfrac{1-\eta_3}{\eta_3}$。使用 Rayleigh 不等式，可以证明 $T_1\leqslant\dfrac{\lambda_{\max}(\boldsymbol{P})}{\Theta_1\delta}$。

定义系统式(14-39)的另一个李亚普诺夫函数为

$$V_{i2}=\boldsymbol{x}^{\mathrm{T}}\boldsymbol{P}'\boldsymbol{x} \tag{14-45}$$

对称正定矩阵 $\boldsymbol{P}'$必须满足下列李亚普诺夫方程：

$$\boldsymbol{P}'\boldsymbol{A}'+\boldsymbol{A}'^{\mathrm{T}}\boldsymbol{P}'=-\boldsymbol{Q}' \tag{14-46}$$

其中，

$$\boldsymbol{A}'=\begin{bmatrix}0 & 1 & 0\\ 0 & 0 & 1\\ -k_1 & -k_2 & -k_3\end{bmatrix} \tag{14-47}$$

则 V_{i2}的导数满足：

$$\dot{V}_{i2}=-\boldsymbol{x}^{\mathrm{T}}\boldsymbol{Q}'\boldsymbol{x}<0 \tag{14-48}$$

其证明过程与之前的情况相同，故可以看出 V_{i2} 在不大于 $T_2=\dfrac{1}{\Theta_2 n_2 \lambda_{\min}(\boldsymbol{P}')^{n_2}}$ 的时间内减小，并达到稳定值，其中 $n_2=\dfrac{\theta_3-1}{\theta_3}>0$，$\Theta_2=\dfrac{\lambda_{\min}(\boldsymbol{Q}')}{\lambda_{\max}(\boldsymbol{P}')}$ 与初始条件无关。

基于上述分析，可得总收敛时间 $T_{\max}\leqslant T_1+T_2$。证毕。

注 14.2：现有方法[16-17]只能保证距离误差在有限时间内收敛为零，但没有给出关于稳定性所需要的时间限制。而本章提出的方法则给出了具体的收敛时间。

定理 14.3：对于式(14-37)所述的跟踪误差系统，若基于终端滑模技术的控制律设计如下：

$$\begin{aligned}
u_i &= \tau_i(u_{i,eq}+u_{i,n})\\
u_{i,eq} &= -(c_1\lceil e_{1i}\rfloor^{\eta_1}+c_2\lceil e_{2i}\rfloor^{\eta_2}+c_3\lceil e_{3i}\rfloor^{\eta_3})\\
&\quad -(k_1\lceil e_{1i}\rfloor^{\theta_1}+k_2\lceil e_{2i}\rfloor^{\theta_2}+k_3\lceil e_{3i}\rfloor^{\theta_3})\\
\dot{u}_{i,n} &= -(k_d+T)\operatorname{sgn}(s_i)-\varpi\lceil s_i\rfloor^{\vartheta}-\kappa\lceil s_i\rfloor^{\varepsilon}
\end{aligned} \tag{14-49}$$

则跟踪误差在固定时间可内收敛为零，且不依赖于任何初始条件。其中，控制器参数 θ_i，η_i，$k_i(i=1,2,3)$ 和 k_d 已在上文给出，$T>0$ 是一个可调常数，ϖ，κ 都是正常数，$\vartheta>1$，且 $0<\varepsilon<1$。

证明：将式(14-49)代入式(14-38)

$$\begin{aligned}
s_i &= \dot{e}_{3i}+(c_1\lceil e_{1i}\rfloor^{\eta_1}+c_2\lceil e_{2i}\rfloor^{\eta_2}+c_3\lceil e_{3i}\rfloor^{\eta_3})+\\
&\quad (k_1\lceil e_{1i}\rfloor^{\theta_1}+k_2\lceil e_{2i}\rfloor^{\theta_2}+k_3\lceil e_{3i}\rfloor^{\theta_3})\\
&= \mu_i-u_{i1}+\frac{1}{\tau_i}u_i+(c_1\lceil e_{1i}\rfloor^{\eta_1}+c_2\lceil e_{2i}\rfloor^{\eta_2}+c_3\lceil e_{3i}\rfloor^{\eta_3})+\\
&\quad (k_1\lceil e_{1i}\rfloor^{\theta_1}+k_2\lceil e_{2i}\rfloor^{\theta_2}+k_3\lceil e_{3i}\rfloor^{\theta_3})
\end{aligned} \tag{14-50}$$

由式(14-49)，显然

$$\begin{aligned}
s_i &= \mu_i-u_{i1}+u_{i,eq}+u_{i,n}+\\
&\quad (c_1\lceil e_{1i}\rfloor^{\eta_1}+c_2\lceil e_{2i}\rfloor^{\eta_2}+c_3\lceil e_{3i}\rfloor^{\eta_3})+\\
&\quad (k_1\lceil e_{1i}\rfloor^{\theta_1}+k_2\lceil e_{2i}\rfloor^{\theta_2}+k_3\lceil e_{3i}\rfloor^{\theta_3})
\end{aligned} \tag{14-51}$$

其导数为

$$\dot{s}_i=\dot{\mu}_i+\dot{u}_n=\dot{\mu}_i-(k_d+\mathrm{T})\operatorname{sgn}(s_i)-\varpi\lceil s_i\rfloor^{\vartheta}-\kappa\lceil s_i\rfloor^{\varepsilon} \tag{14-52}$$

考虑如下李亚普诺夫函数：

$$V_{S,i}(s_i)=\frac{1}{2}s_i^2 \tag{14-53}$$

$V_{S,i}(s_i)$ 的导数为

$$
\begin{aligned}
\dot{V}_{S,i}(s_i) &= (s_i\dot{\mu}_i-(k_d+T)\,|s_i|)-\varpi s_i\lceil s_i\rfloor^{\vartheta}-\kappa s_i\lceil s_i\rfloor^{\varepsilon} \\
&\leqslant -T|s_i|-\varpi|s_i|^{\vartheta+1}-\kappa|s_i|^{\varepsilon+1} \\
&\leqslant -\varpi V_{S,i}^{\frac{\vartheta+1}{2}}-\kappa V_{S,i}^{\frac{\varepsilon+1}{2}}
\end{aligned} \tag{14-54}
$$

因为 $\vartheta>1$，$\varepsilon\in(0,1)$，有 $\frac{\vartheta+1}{2}>1$，$\frac{\varepsilon+1}{2}\in(0,1)$。根据引理 14.3，车辆队列的跟踪误差可以在收敛时间 T_r 内达到 $s_i=0$，且 $T_r<T_r^*(\varpi,\kappa,\vartheta,\varepsilon)=\frac{2}{\varpi(\vartheta-1)}+\frac{2}{\kappa(1-\varepsilon)}$。结合以上两个结果，整个收敛时间为

$$
T\leqslant T_1+T_2+T_r \tag{14-55}
$$

根据定义 14.3 中给出的车辆队列稳定性定义，选择如下的全局李亚普诺夫函数：

$$
V(s_i)=\sum_{i=1}^{N}V_{S,i}(s_i) \tag{14-56}
$$

可知 $\dot{V}$ 为

$$
\dot{V}\leqslant -\varpi\sum_{i=1}^{N}\left(V_{S,i}^{\frac{\vartheta+1}{2}}\right)-\kappa\sum_{i=1}^{N}\left(V_{S,i}^{\frac{\vartheta+1}{2}}\right)\leqslant 0 \tag{14-57}
$$

根据式(14-36)，有

$$
x_i=x_i^*+e_{1i} \tag{14-58}
$$

车间距误差可以等价表示为下式：

$$
\delta_i(t)=x_{i-1}^*-x_i^*+e_{1i-1}-e_{1i}-d_{i-1,i} \tag{14-59}
$$

基于定理 14.1 和定理 14.3，可知通过选择合适的参数，可保证 δ_i 是一致最终有界的。根据定义 14.3，可知车辆队列系统满足队列稳定性要求。

注 14.3：传统的有限时间滑模控制方法，其收敛时间依赖于车辆的初始状态。而终端滑模控制方法，在任意的初始条件下，总能保证车辆队列的跟踪误差在有限的固定时间内收敛于零。

注 14.4：对于参考文献[1]和[16]中采用滑模控制方法，其收敛性和抗抖振性能较差，不利于车辆队列保证稳定性。然而，本章引入了一种新型终端滑模控制律，显著提高了车辆队列控制性能和抗抖振能力，并可保证队列稳定性。

14.5　仿真

在本节中，采用 MATLAB 软件对所提出的速度规划和跟踪控制算法的有效性进行验证。考虑一个由一辆领队车和四辆跟随车组成的异构车队，其中每辆车的车辆长度和安全距离 $d_{i-1,i}$ 均不同，发动机时间常数 τ_i 也有所不同，参数见表 14-1。

表 14-1　车辆模型参数

$d_{0,1}$	$d_{1,2}$	$d_{2,3}$	$d_{3,4}$	τ_1	τ_2	τ_3	τ_4
5	6	4	5	2.5	2.6	2.7	2.8

为了能更好地衡量车辆队列系统的控制性能，将性能指标定义如下：

$$J_1(t)=\lim_{T\to\infty}\int_0^T\sum_{i=1}^4(x_i(t)-x_i^*(t))^2\mathrm{d}t$$

$$J_2(t)=\lim_{T\to\infty}\int_0^T\sum_{i=1}^4(x_{i-1}(t)-x_i(t)-d_{i,i-1})^2\mathrm{d}t$$

首先，车队的初始位置设置如下：$\boldsymbol{x}(0)=[0,-5,-11,-15,-20]$，根据实际情况，设置领队车辆的加速度设置为 0，领队车辆的速度轨迹如图 14-4 所示。令干扰 $\mu_i=\sin t$。本节考虑图 14-5 所示的具有 NN(Nearest-Neighbor)型和 2NN(two NN)型通信拓扑时的车辆队列的控制情况，对于 NN 通信拓扑，相邻车辆之间的信息可以通过车载传感器进行传输。参数说明见表 14-2，相应的控制器和滑模参数见表 14-3。

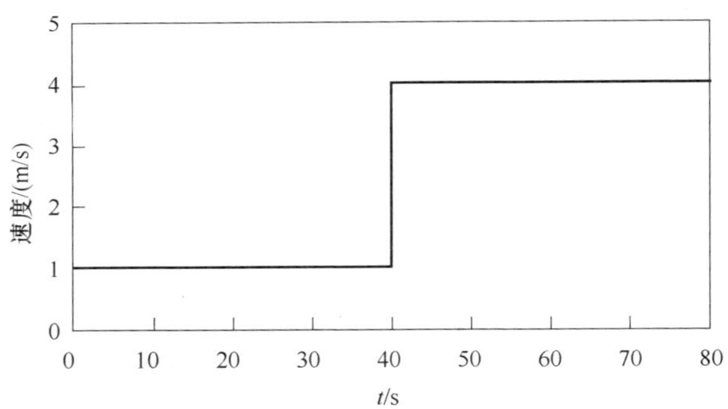

图 14-4　领队车的速度轨迹

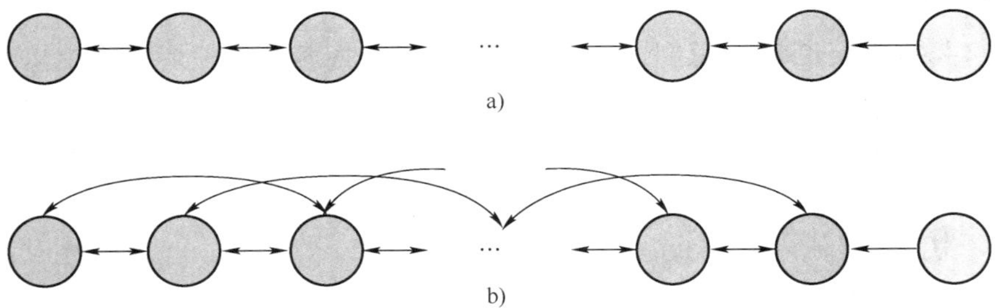

图 14-5　车间双向信息流拓扑

a) NN　b) 2NN

表 14-2　车辆参数

	参数	描述
1	d	车辆间距
2	τ	发动机时间常数
3	μ	未知的不确定性
4	c, k, η, θ	滑动面系数
5	μ, ∂ , β, λ, ζ	分布控制器参数
6	ϖ, κ, ϑ, ε, T	跟踪控制器参数

表 14-3　控制器参数

c_1	c_2	c_3	k_1	k_2	k_3	η_1	η_2	η_3
15	66	80	15	66	80	$\frac{7}{10}$	$\frac{7}{13}$	$\frac{7}{16}$
θ_1	θ_2	θ_3	T	ϑ	ε	ϖ	κ	
$\frac{21}{20}$	$\frac{21}{19}$	$\frac{21}{18}$	2	8	0.01	2	0.5	

图 14-6、图 14-7 分别给出了 NN 通信拓扑和 2-NN 通信拓扑下的，基于车队的分层控制结构得到的仿真结果。轨迹优化层的优化性能由图 14-6a、图 14.7a 和图 14-6b、图 14.7b 可见。综上可知，上层可以保证更小的车间距误差，并保证队列稳定性。图 14-6c、图 14.7c 和图 14-6d、图 14-7d 为基于新型终端滑动面，得到的跟踪控制器的仿真结果。由图 14-6e、图 14-7e 和图 14-6f、图 14.7f，可知相邻车辆之间的间距误差和速度误差都可以收敛为零。通过引入分层的控制算法，每一辆车辆都可以保持所需的安全距离，并与领队车辆保持期望的安全距离。同时，由于间隔误差和速度偏差 v_i-v_{i-1} 在车辆队列中没有沿着队列方向放大，说明其在干扰影响下，可保证队列稳定性。分析表明，上层控制器可以减少车间距误差，同时，下层控制器可以在固定时间内实现对上层优化信号的跟踪控制，同时，保证跟踪误差收敛到零。

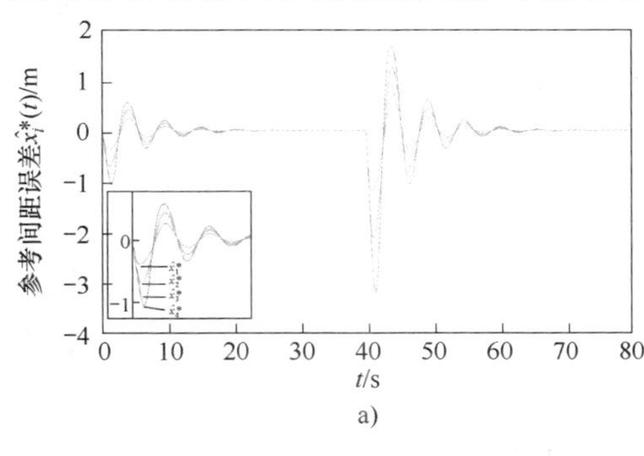

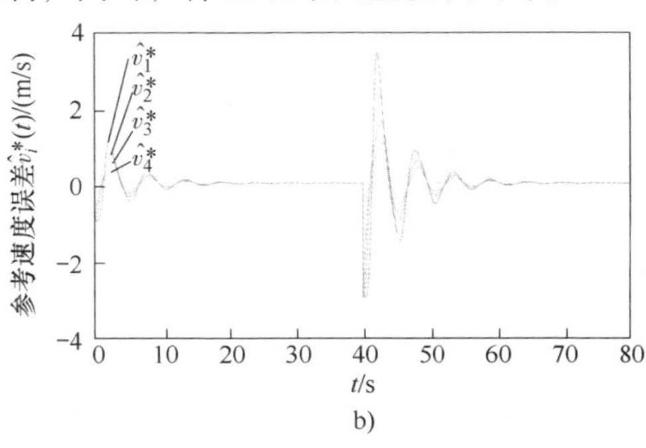

图 14-6　基于 NN 型拓扑仿真结果（见彩插）

a）参考间距误差　b）参考速度误差

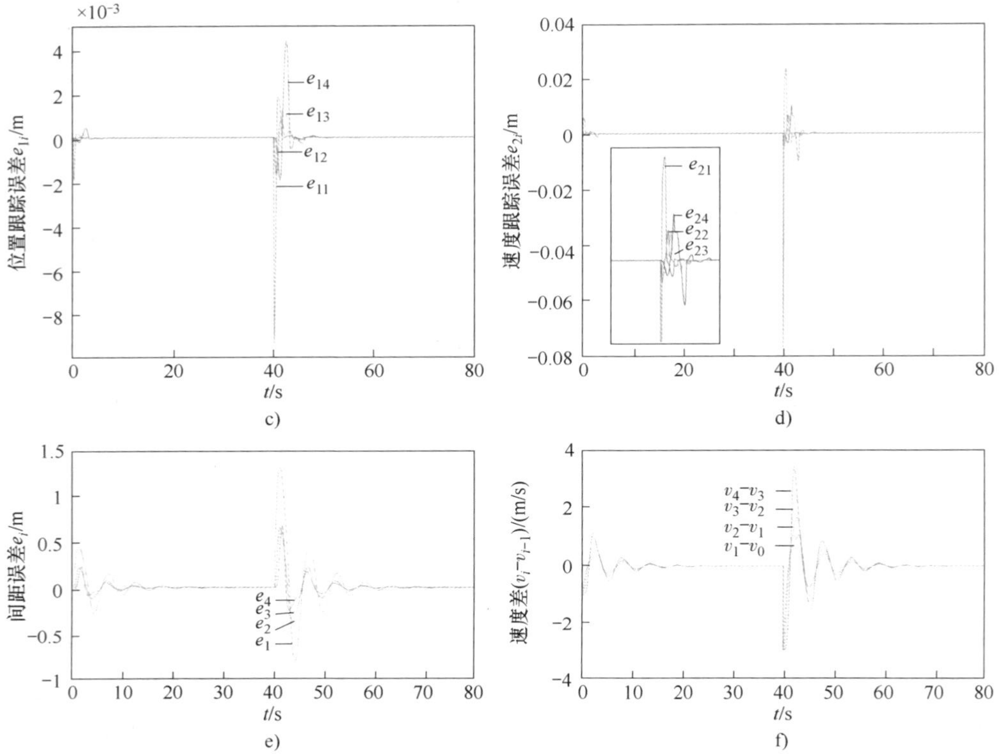

c)

d)

e)

f)

图 14-6　基于 NN 型拓扑仿真结果(续)(见彩插)

c）位置跟踪误差　d）速度跟踪误差　e）间距误差　f）速度差

图 14-8 和图 14-9 分别表明，利用本章所提出的算法，得到的车辆间距误差和速度跟踪误差更小，并且误差的收敛速度更快且无明显抖动。首先，与参考文献[1]中设计的分布式轨迹优化算法进行了比较，由图 14-8a、b 可得 $J_1(t)=24.7826$，

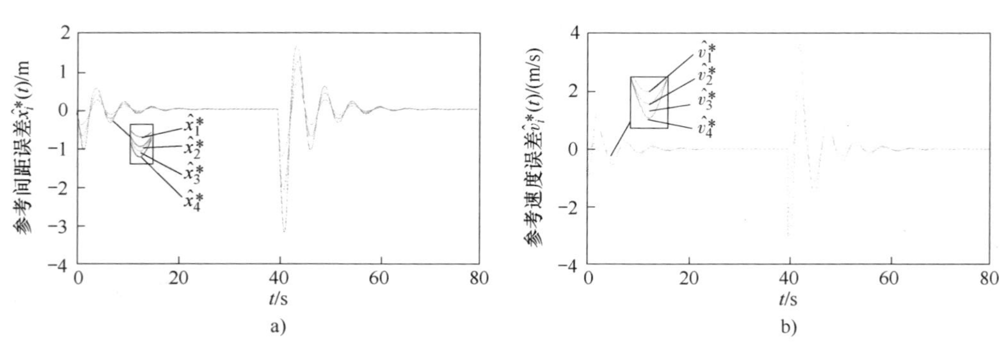

图 14-7　基于 2-NN 拓扑仿真结果(见彩插)

a）参考间距误差　b）参考速度误差

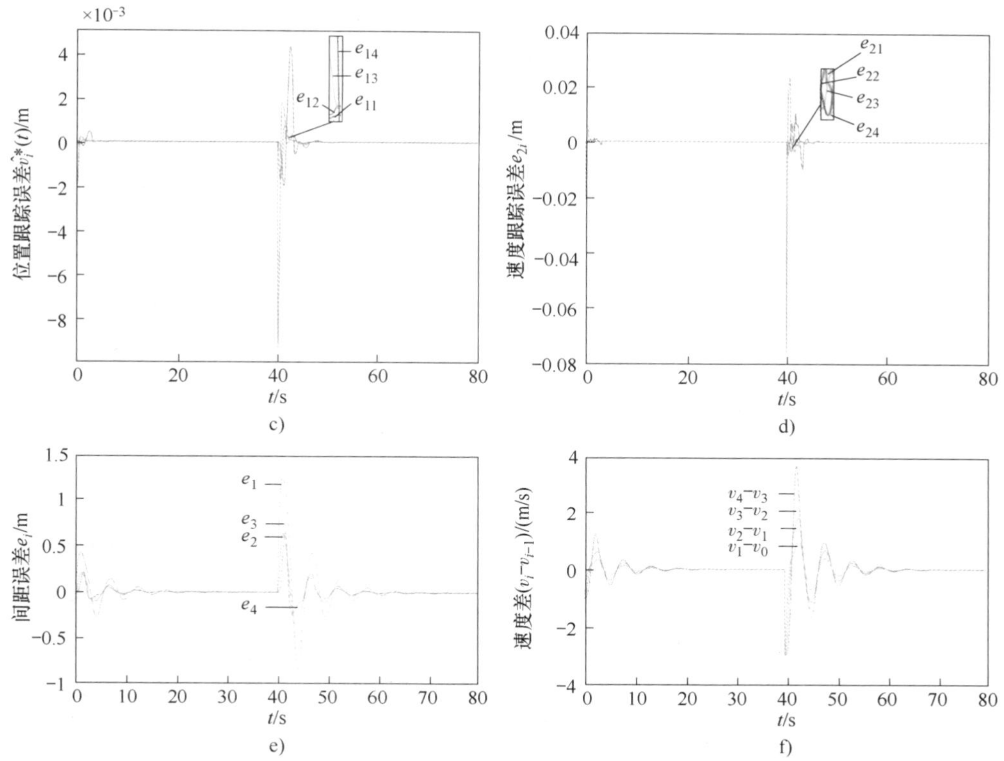

图 14-7　基于 2-NN 拓扑仿真结果(续)(见彩插)

c）位置跟踪误差　d）速度跟踪误差　e）间距误差　f）速度差

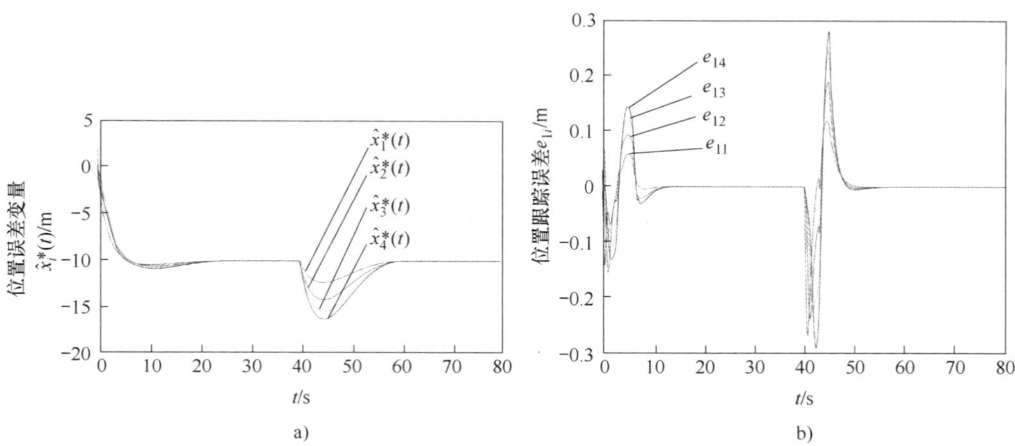

图 14-8　基于 NN 拓扑与参考文献[1]的对比实验结果(见彩插)

a）位置误差变量　b）位置跟踪误差

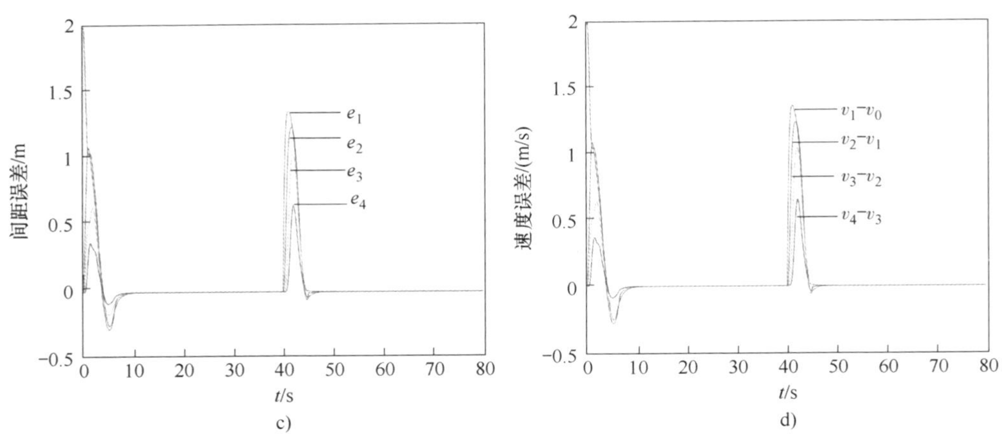

图 14-8　基于 NN 拓扑与参考文献[1]的对比实验结果（续）（见彩插）

c）间距误差　d）速度误差

显然，本章的参考位置误差和速度误差要小于参考文献[1]。同时，由图 14-8e、f，可知 $J_2(t)=11.41$，与本章 $J_2(t)=6.4415$ 相比，对比邻车之间的位置误差和速度误差，可知，本章的控制策略要优于参考文献[1]中所提的控制策略。

同时，将本章的分层控制方法与参考文献[18]中所提的无优化设计的滑模控制算法进行了比较，其中采用相同车辆动力学、恒定车间距策略和 NN 型通信拓扑结构。图 14-9a、b 为利用参考文献[18]所提的控制器得到的间距误差和速度差曲线。可以看出本章所提方法在轨迹优化层具有优越的性能。根据定义的性能指标函数，可得其在参考文献[18]中的值为 $J_2(t)=21.2658$。而本章在 NN 通信拓扑下的优化算法所得 $J_2(t)=6.4415$，与之比较，说明了本章提的优化方法的优越性。综上所述，本章所提出的分层控制算法的有效性得到了很好的验证，体现在此算法的车间距误差和速度误差更小，收敛速度更快，且没有明显的抖振。

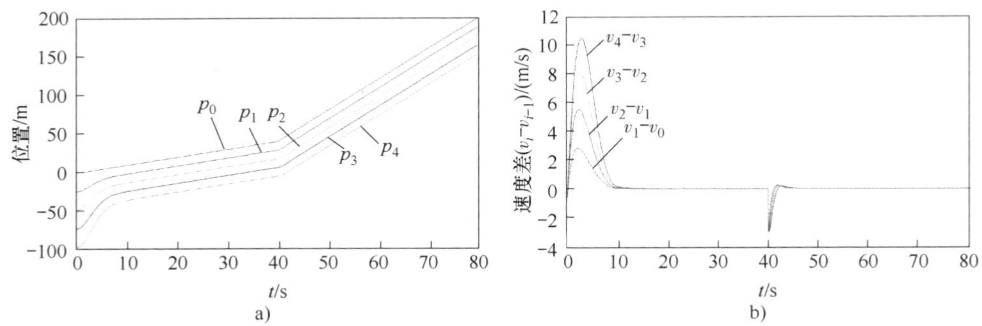

图 14-9　基于 NN 拓扑与参考文献[18]的对比实验结果（见彩插）

a）位置　b）速度差

14.6　本章小结

本章提出一种新颖的分布式车辆队列固定时间最优轨迹跟踪控制算法。利用分布式凸优化技术实现了对基于位置误差定义的车队控制系统的性能指标函数的最小化，由此推导出了每辆跟随车辆的最优轨迹。然后，提出了一种新颖的车辆最优轨迹跟踪控制策略。结果表明，所提出的分层控制策略能最大限度地减小间距误差，保证队列稳定性。

在车队控制中，不可避免地受通信中断、延时、数据丢包等通信限制的影响。为此，在以后的研究中，将考虑这些通信因素、用于改进优化方法。同时，还将考虑路径规划和油耗优化问题，如结合路况，探讨车辆队列最优的路线规划及其油耗优化。

参考文献

[1] WEN S，GUO G. Distributed trajectory optimization and sliding mode control of heterogenous vehicular platoons[J]. IEEE Trans. Intell. Transp. Syst，2021，1-16.

[2] RAHILI S，REN W. Distributed continuous-time convex optimization with time-varying cost functions[J]. IEEE Trans. Autom. Control，2017，62(4)：1590-1605.

[3] TIAN B，ZUO Z，YAN X，et al. A fixed-time output feedback control scheme for double integrator systems[J]. Automatica，2017，80：17-24.

[4] HOU H，YU X，XU L，et al. Finite-time continuous terminal sliding mode control of servo motor systems[J]. IEEE Trans. Ind. Electron，2020.

[5] YU W，CHEN G，CAO M，et al. Second-order consensus for multiagent systems with directed topologies and nonlinear dynamics[J]. IEEE Trans. Syst. Man，Cybern. B Cybern，2010，40(3)：881-891.

[6] WEN G，DUAN Z，YU W，et al. Consensus in multi-agent systems with communication constraints[J]. IET Control Theory Appl，2012，22(2)：170-182.

[7] ANDRIEU V，PRALY L，ASTOLFI A. Homogeneous approximation，recursive observer design，and output feedback[J]. SIAM J. Control Optim，2009，47(4)：1814-1850.

[8] HUANG Y，JIA Y. Fixed-time consensus tracking control for second-order multi-agent systems with bounded input uncertainties via NFFTSM[J]. IET Control Theory Appl，2017，11(16)：2900-2909.

[9] GUO G，YUE W. Sampled-data cooperative adaptive cruise control of vehicles with sensor failures[J]. IEEE Trans. Intell. Transp. Syst，2014，15(6)：2404-2418.

[10] GUO G，LI D. Adaptive sliding mode control of vehicular platoons with prescribed tracking performance[J]. IEEE Trans. Intel. Transp. Syst，2019，68(8)：7511-7520.

[11] YAZ E. Linear matrix inequalities in system and control theory[J]. Proceedings of the IEEE，

1998, 86(12): 2473-2474.

[12] SLOTINE J, LI W. Applied nonlinear control[M]. Upper Saddle River, NJ, USA: Prentice-Hall, 1991.

[13] XIAO S, GE X, HAN Q, et al. Dynamic event-triggered platooning control of automated vehicles under random communication topologies and various spacing policies[J]. IEEE Trans. Cybern, 2021.

[14] DUNBAR W B, CAVENEY D S. Distributed receding horizon control of vehicle platoons: Stability and string stability[J]. IEEE Trans. Autom. Control, 2012, 57(3): 620-633.

[15] MISHRA J P, YU X, JALILI M. Arbitrary-order continuous finite-time sliding mode controller for fixed-time convergence[J]. IEEE Transactions on Circuits and Systems II: Express Briefs, 2018, 65(12): 1988-1992.

[16] GUO G, LI D. Pmp-based set-point optimization and sliding-mode control of vehicular platoons[J]. IEEE Trans. Comput. Social Syst, 2018, 5(2): 553-562.

[17] GUO G, KANG J, LEI H, et al. Finite-time stabilization of a collection of connected vehicles subject to communication interruptions[J]. IEEE Trans. Intel. Transp. Syst, 2021, 1-9.

[18] LI Y, TANG C, PEETA S, et al. Integral-sliding-mode braking control for a connected vehicle platoon: Theory and application[J]. IEEE Trans. Ind. Electron, 2019, 66(6): 4618-4628.